Uni-Taschenbücher 594

UTB
FÜR WISSEN
SCHAFT

Eine Arbeitsgemeinschaft der Verlage

Wilhelm Fink Verlag München
Gustav Fischer Verlag Jena und Stuttgart
A. Francke Verlag Tübingen und Basel
Paul Haupt Verlag Bern · Stuttgart · Wien
Hüthig Fachverlage Heidelberg
Leske Verlag + Budrich GmbH Opladen
Lucius & Lucius Verlagsgesellschaft Stuttgart
Mohr Siebeck Tübingen
Quelle & Meyer Verlag · Wiesbaden
Ernst Reinhardt Verlag München und Basel
Schäffer-Poeschel Verlag · Stuttgart
Ferdinand Schöningh Verlag Paderborn · München · Wien · Zürich
Eugen Ulmer Verlag Stuttgart
Vandenhoeck & Ruprecht in Göttingen und Zürich

Günther Kaiser

Kriminologie

Eine Einführung in die Grundlagen

10., völlig neubearbeitete Auflage

C. F. Müller Verlag
Heidelberg

Günther Kaiser, Dr. jur., Dr. h.c. mult., Jahrgang 1928. Studium generale und Studium der Rechtswissenschaften in Tübingen und Göttingen. 1956 Erste, 1960 Zweite juristische Staatsprüfung. 1962 Promotion an der Universität Tübingen. Mehrjährige Tätigkeit im höheren Justizdienst des Landes Baden-Württemberg, ab 1963 wissenschaftlicher Assistent und Akademischer Rat am Institut für Kriminologie der Universität Tübingen. Nach der Habilitation (1969) Wissenschaftliches Mitglied des Max-Planck-Instituts für ausländisches und internationales Strafrecht in Freiburg, seit 1973 Direktor des MPI. Außerdem Professor für Kriminologie und Strafrecht an den Universitäten Freiburg i.Br. und Zürich.

Wichtige Veröffentlichungen: „Randalierende Jugend" (1959), „Verkehrsdelinquenz und Generalprävention" (1970; spanisch 1979), „Strategien und Prozesse strafrechtlicher Sozialkontrolle" (1972), „Jugendrecht und Jugendkriminalität" (1973), „Stand und Entwicklung der kriminologischen Forschung in Deutschland" (1975), „Betriebsjustiz" (Mitherausgeber, 1976), „Gesellschaft, Jugend und Recht" (1977), „Jugendkriminalität" (3. Aufl. 1982), „Strafvollzug im europäischen Vergleich" (1983; englisch 1984; chinesisch 1989), „Juristischer Studienkurs: Kriminologie, Jugendstrafrecht, Strafvollzug" (Mitverfasser, 4. Aufl. 1994), „Kriminologie – Ein Lehrbuch" (3. Aufl. 1996), „Strafvollzug – Ein Lehrbuch" (Mitverfasser, 4. Aufl. 1992), „Kleines Kriminologisches Wörterbuch" (Mitherausgeber, Mitverfasser, 3. Aufl. 1993).

Russische Ausgabe durch den Verlag „Juristische Literatur", Moskau 1979.
Übersetzung ins Italienische durch C. Blonk Steiner Morselli, Mailand 1984.
Chinesische Ausgabe durch die Forschungsabteilung des Politischen und Juristischen Instituts von Südwest-China, Beijing 1985.
Übersetzung ins Japanische durch K. Yamanaka, Tokio 1987.
Übersetzung ins Spanische durch J.A. Rodríguez Núñez, Madrid 1988.
Übersetzung ins Tschechische durch Helena Válková, Prag 1994.
Übersetzung ins Makedonische durch Georgi Marjanović, Skopje 1996.
Übersetzung ins Portugiesische durch Silma Marlice Madlener, erscheint in Rio de Janeiro 1997.

© 1997 C. F. Müller Verlag GmbH, Heidelberg
Einbandgestaltung: Alfred Krugmann, Stuttgart
Satz: Textservice Zink, Schwarzach
Druck und Verarbeitung: Druckerei Lokay, Reinheim
Printed in Germany
ISBN 3-8252-0594-0

Vorwort

Die Neuauflage ist vollständig überarbeitet und im Aufbau erheblich verändert worden. Im Hinblick auf die zwischenzeitlich veröffentlichte dritte Auflage meines Lehrbuchs Kriminologie (1996) erscheint es geboten, den Text zu straffen, um dadurch dem beabsichtigten Einführungscharakter noch stärker Rechnung zu tragen. Dem entspricht es, wenn nur die Grundlinien, insbesondere Tendenzen und Theorieentwicklung, die kriminologischen Erkenntnisgegenstände sowie Aspekte angewandter Kriminologie und Viktimologie behandelt werden. Außerdem werden um der Aktualität und Bedeutung willen Probleme der Gewalt-, Drogen- und Ausländerkriminalität als Schwerpunkte erörtert. Im übrigen kann auf die umfassende Darstellung im Lehrbuch verwiesen werden. Entsprechendes gilt für die Dokumentation der weiterführenden Literatur. Um die Schrifttumsübersichten in den einzelnen Abschnitten zu entlasten, sind ferner die bibliographischen Daten der häufiger zitierten kriminologischen Lehrwerke in das Abkürzungsverzeichnis aufgenommen.

Schrifttum und Kriminalstatistik sind auf den Stand vom 1. März 1997 gebracht. Falls nichts anderes vermerkt ist, beziehen sie sich hinsichtlich Deutschlands auch auf das Gebiet der neuen Bundesländer. Dies gilt allerdings nicht für die Daten der Strafverfolgungsstatistik, weil diese sich noch auf das Altbundesgebiet beschränkt.

Frau Monika Becker sowie die Herren Matthias Rebmann, Michael Knecht und Karsten-Nils Schwarz haben mir bei der Überarbeitung, besonders bei der Einfügung der neuesten kriminalstatistischen Daten, der Prüfung der Druckfahnen und der Zusammenstellung des Sachregisters geholfen. Dafür danke ich ihnen. Dank schulde ich ferner Frau Beate Lickert und Herrn Dr. Volker Grundies für die Erstellung der Schaubilder und Tabellen sowie vor allem Frau Jacqueline Kaspar; sie hat auch die neue Manuskriptfassung mit der gewohnten Sorgfalt und Geduld geschrieben sowie für den Druck vorbereitet. Nicht zuletzt habe ich dem Verlag für die gute Zusammenarbeit zu danken.

Freiburg, Ostern 1997   *Günther Kaiser*

Aus dem Vorwort zur 1. Auflage

Dieses Buch ist aus Vorlesungen an den Universitäten Tübingen, Münster und Freiburg hervorgegangen. Es will einen Überblick verschaffen über Begriffe und Grundfragen des Verbrechens, über das Erscheinungsbild der Kriminalität und die Antworten der Gesellschaft auf das Verbrechen. Nach den Absichten des Verfassers soll es sich vorrangig an Studenten der Rechtswissenschaften wenden. Darüber hinaus kann die Einführung auch für angehende Sozialwissenschaftler von Interesse sein. Denn sie unterrichtet über Möglichkeiten und Grenzen sozialwissenschaftlicher Aussagen zu einem Gegenstandsbereich, der Soziologen, Psychologen und Sozialpädagogen ihrer herkömmlichen Ausbildung nach weitgehend fremd bleibt.

Eine solche Einführung muß sich allerdings darauf beschränken, nur Grundzüge darzustellen und zur Weiterarbeit anzuregen. Sie kann nicht beanspruchen, den Inhalt eines vielleicht mehrbändigen „Wörterbuchs der Kriminologie" zu vermitteln, etwa beginnend mit „Abweicher" und endend mit „Zufallstäter". Sie will dies auch nicht. Denn entsprechend dem Trend der juristischen Ausbildung folgt sie bewußt der exemplarischen Methode …

Aufgrund dieser Auswahl werden in dem ersten Abschnitt Grundbegriffe, Ansätze und deren Wandlungen in einem Allgemeinen Teil der Kriminologie zusammengefaßt … In einem Besonderen Teil werden nach exemplarischer Methode einzelne Fragestellungen und ausgewählte kriminologische Sachverhalte zu vertiefen gesucht. Dabei soll jeweils die Einheitlichkeit des Ansatzes angestrebt werden. Damit ist gemeint, sowohl den Rechtsbrecher als auch die soziale Reaktion wie schließlich die Täter-Opfer-Beziehung mit in die Analyse einzubeziehen.

Schließlich beabsichtigt die Einführung auch die Vertiefung kriminalpolitischen Denkens. Sie versteht sich damit traditionell als Beitrag zu einer rationalen Rechtspolitik.

Freiburg, im Januar 1971   *Günther Kaiser*

Inhaltsübersicht

Inhaltsverzeichnis

Verzeichnis der Schaubilder

Verzeichnis der Tabellen

XVIII

Abkürzungsverzeichnis

a.A.	anderer Auffassung
a.a.O.	am angeführten Ort
Abs.	Absatz
AE-WGM	Alternativentwurf Wiedergutmachung
a.F.	alte Fassung
AJS	American Journal of Sociology, Chicago
Ann	Annales Internationales de Criminologie, Paris
ArchKrim	Archiv für Kriminologie, Lübeck
Art.	Artikel
ASR	American Sociological Review, Albany, New York
A.T.	Allgemeiner Teil
Aufl.	Auflage
Ausgewählte Zahlen für die Rechtspflege	Rechtspflege, Fachserie 10, Reihe 1, Ausgewählte Zahlen für die Rechtspflege, hrsg. vom Statistischen Bundesamt, Stuttgart, Mainz
Bd. (Bde)	Band (Bände)
BDSG	Bundesdatenschutzgesetz vom 20.12.1990 (BGBl. I, 1030)
BewHi	Bewährungshilfe, Fachzeitschrift für Bewährungs-, Gerichts- und Straffälligenhilfe, Bonn
BewHiSta	Rechtspflege, Fachserie 10, Reihe 5: Bewährungshilfe, hrsg. vom Statistischen Bundesamt, Stuttgart, Mainz
BGB	Bürgerliches Gesetzbuch vom 18.8.1896
BGBl.	Bundesgesetzblatt
BGE	(Schweiz.) Bundesgerichtsentscheidung
BGH	Bundesgerichtshof
BGHSt	Entscheidungen des Bundesgerichtshofes in Strafsachen
BKA	Bundeskriminalamt, Wiesbaden
BMJ	Bundesministerium der Justiz
BMJFFG	Bundesminister für Jugend, Familie, Frauen und Gesundheit
Bock	*Bock, M.*, Kriminologie, München 1995
BPS	Bundesprüfstelle für jugendgefährdende Schriften
BritJCrim	The British Journal of Criminology, Delinquency and Deviant Social Behaviour, London
BT	Besonderer Teil, Bundestag
BT-Drucksache	Bundestagsdrucksache
BtM(G)	Betäubungsmittel(-Gesetz) vom 28.8.1981 (BGBl. I, 683)
Bull	Bulletin
BVerfG(E)	Bundesverfassungsgericht(s) (Entscheidungen des)
BZR	Bundeszentralregister

BZRG	Gesetz über das Zentralregister und das Erziehungs-register (Bundeszentralregister) i.d.F. vom 21.9.1984 (BGBl. I, 1229)
CanJCrim	The Canadian Journal of Criminology and Corrections, Ottawa
dass.	dasselbe
DBH	Deutsche Bewährungshilfe
ders., dies.	derselbe, dieselbe(n)
DFG	Deutsche Forschungsgemeinschaft
Diss.	Dissertation
DJT	Deutscher Juristentag
DRiZ	Deutsche Richterzeitung, Karlsruhe
dt.	deutsch(e)
DVJJ e.V.	Deutsche Vereinigung für Jugendgerichte und Jugend-gerichtshilfen e.V., München
ed(s)., ed.	editor(s), edited
EDU	European Drugs Unit
EGStGB	Einführungsgesetz zum Strafgesetzbuch i.d.F. vom 2.3.1974 (BGBl. I, 469)
Eisenberg	*Eisenberg, U.*, Kriminologie, Köln u.a. 1995[4]
EMRK	Konvention zum Schutze der Menschenrechte und Grundfreiheiten v. 4.11.1950
EU	Europäische Union
EuCrimRes	Collected Studies in Criminological Research, European Committee on Crime Problems, Council of Europe, Strasbourg 1967 ff.
EuJCrim	European Journal of Crime, Criminal Law and Criminal Justice, Deventer u.a.
Exner	*Exner, F.*, Kriminologie, Berlin 1949[3]
f., ff.	folgende, fortfolgende
FamRZ	Ehe und Familie im privaten und öffentlichen Recht. Zeitschrift für das gesamte Familienrecht, Bielefeld
FAZ	Frankfurter Allgemeine Zeitung, Frankfurt/M.
FS	Festschrift
GA	Goltdammer's Archiv für Strafrecht, Hamburg
Garofalo	*Garofalo, R.*, Criminologia, Rom u.a. 1885
GG	Grundgesetz für die Bundesrepublik Deutschland v. 23.5.1949 (BGBl I, 1)
GjS	Gesetz über die Verbreitung jugendgefährdender Schriften vom 12.7.1985 (BGBl. I, 1502)

Göppinger	*Göppinger, H.*, Kriminologie, München 1980[4]; 5. Aufl. bearb. v. *M. Bock* und *A. Böhm.* München 1997
GS	Gedächtnisschrift
GVG	Gerichtsverfassungsgesetz i.d.F. vom 9.5.1975 (BGBl. I, 1077)
GwG	Gesetz über das Aufspüren von Gewinnen aus schweren Straftaten v. 25.10.1993 (BGBl I, 1770)
HB	Handbuch, Handbook
Herw	Heranwachsende
Heuni	Helsinki Institute for Crime Prevention and Control affiliated with the United Nations
HIV	Human Immunodeficiency Virus
HomOffResBull	Home Office Research Bulletin, London
Hrsg., hrsg.	Herausgeber, herausgegeben
HWKrim	Handwörterbuch der Kriminologie und der anderen strafrechtlichen Hilfswissenschaften, 2. Aufl., Berlin 1966 ff.
i.d.F.	in der Fassung
i.e.S.	im engeren Sinne
IKV	Internationale Kriminalistische Vereinigung
Interpol	Internationale Kriminalpolizeiliche Organisation
IntJCrim	International Journal of Criminology and Penology, London, New York
IntHB	International Handbook of Contemporary Developments in Criminology, ed. by *E.H. Johnson,* 2. Vol. Westport, London 1983
i.S.d.	im Sinne der(s)
J	Journal
JA	Juristische Arbeitsblätter
JAbSocPsych	Journal of Abnormal and Social Psychology, Washington/ D.C.
Jb	Jahrbuch
JCrim	The Journal of Criminal Law, Criminology and Police Science, Chicago
JGG	Jugendgerichtsgesetz vom 4.8.1953 i.d.F. der Bekanntmachung vom 11.12.1974 (BGBl. I, 3427)
JQuantCrim	Journal of Quantitative Criminology, New York
JR	Juristische Rundschau, Berlin
JResCrim	Journal of Research in Crime and Delinquency, Davis/Cal.
Jur.	juristisch(e)
Jur. Studienkurs	Juristischer Studienkurs „Kriminologie, Jugendstrafrecht, Strafvollzug", hrsg. von *G. Kaiser* und *H. Schöch.* München 1994[4]

Jura	Juristische Ausbildung, Berlin, New York
JuS	Juristische Schulung, München, Frankfurt/M.
JZ	Juristenzeitung, Tübingen
KB	Kriminalsoziologische Bibliographie, Wien
KFN	Kriminologisches Forschungsinstitut Niedersachsen
KFZ	Kraftfahrzeug
KG	Kammergericht
KJ	Kritische Justiz, Frankfurt/M.
KKW	Kleines Kriminologisches Wörterbuch, hrsg. von *G. Kaiser, H.-J. Kerner, F. Sack* und *H. Schellhoss*, Heidelberg 1993³
Krim	Kriminalistik. Zeitschrift für die gesamte kriminalistische Wissenschaft und Praxis, Heidelberg
KrimBull	Kriminologisches Bulletin, Zürich
KrimFo	Kriminologische Forschung in den 80er Jahren, 3 Bde. hrsg. von *G. Kaiser, H. Kury* und *H.-J. Albrecht,* Freiburg 1988
KrimGegfr	Kriminologische Gegenwartsfragen, Stuttgart
KrimJ	Kriminologisches Journal, München (früher Hamburg)
KriSta	Kriminalstatistik des Kantons Zürich
KritV	Kritische Vierteljahresschrift für Gesetzgebung und Rechtswissenschaft, München
Kürzinger	*Kürzinger, J.*, Kriminologie, Eine Einführung in die Lehre vom Verbrechen, Stuttgart u.a. 1982; 1996²
KZfSS	Kölner Zeitschrift für Soziologie und Sozialpsychologie, Köln, Opladen
lat.	lateinisch
LB	*Kaiser, G.*, Kriminologie: Ein Lehrbuch. Heidelberg 1988²; 1996³
Lüderssen	*Lüderssen, K.*, Kriminologie, Einführung in die Probleme, Baden-Baden 1984
MDR	Monatsschrift für Deutsches Recht, Hamburg
Mergen	*Mergen, A.*, Die Kriminologie, Eine systematische Darstellung, München 1995⁵
Mezger	*Mezger, E.*, Kriminologie, Ein Studienbuch, München u.a. 1951
Mio.	Millionen
MPG	Max-Planck-Gesellschaft
Mrd.	Milliarden
MS	Manuskript
MschrKrim	Monatsschrift für Kriminologie und Strafrechtsreform, Köln
m.(w.) N.	mit (weiteren) Nachweisen

n.F.	neue Fassung
NIJ	National Institute of Justice, Washington/D.C.
NJW	Neue Juristische Wochenschrift, München, Frankfurt
no.	number
Nr.	Nummer
NStZ	Neue Zeitschrift für Strafrecht, München
NZZ	Neue Zürcher Zeitung, Zürich
ö	österreichisch(e)
OEG	Gesetz über die Entschädigung für Opfer von Gewalttaten i.d.F. vom 7.1.1985 (BGBl. I, 1)
öGerKriSta	österreichische Gerichtliche Kriminalstatistik
ÖJZ	Österreichische Juristenzeitung, Wien
ÖRiZ	Österreichische Richterzeitung, Wien
o.J.	ohne Jahr
OLG	Oberlandesgericht
o.O.	ohne Ort
OrgKG	Gesetz zur Bekämpfung des illegalen Rauschgifthandels und anderer Erscheinungsformen der Organisierten Kriminalität vom 15.7.1992 (BGBl. I, 1302)
OWiG	Gesetz über Ordnungswidrigkeiten i.d.F. vom 19.2.1987 (BGBl. I, 602)
PAD	Personenauskunftsdatei der Polizei
PFA	Polizei-Führungsakademie, Münster
phil.	philosophisch(e)
PKS	Polizeiliche Kriminalstatistik
PsychRsch	Psychologische Rundschau, Göttingen
rd.	rund
RdJB	Recht der Jugend und des Bildungswesens, Neuwied
Rdn(rn.)	Randnummer(n)
Revdrpencrim	Revue de Droit Pénal et de Criminologie, Bruxelles
ScandStudCrim	Scandinavian Studies in Criminology, Oslo
Schaub.	Schaubild(er)
Schneider	*Schneider, H.-J.*, Kriminologie, Berlin u.a. 1987
Schwind	*Schwind, H.-D.*, Kriminologie in der Praxis, Heidelberg 1986
Schwind	*Schwind, H.-D.*, Kriminologie, Eine praxisorientierte Einführung mit Beispielen, Heidelberg 1996[7]
schw	schweizerisch(e)
SchwZStr	Schweizerische Zeitschrift für Strafrecht, Bern
SH	Sonderheft
SJZ	Schweizerische Juristen-Zeitung, Zürich

StaBA	Statistisches Bundesamt, Wiesbaden
StaJB	Statistisches Jahrbuch für die Bundesrepublik Deutschland, hrsg. v. Statistischen Bundesamt Wiesbaden, Stuttgart, Mainz
StGB	Strafgesetzbuch i.d.F. vom 10.3.1987 (BGBl. I, 945)
StPO	Strafprozeßordnung i.d.F. vom 7.4.1987 (BGBl. I, 1074)
StrÄndG	Strafrechtsänderungsgesetz
StrRG	Gesetz zur Reform des Strafrechts vom 18.6.1974
StV	Strafverteidiger, Frankfurt
StVollzG	Gesetz über den Vollzug der Freiheitsstrafe und der freiheitsentziehenden Maßregeln der Besserung und Sicherung vom 16.3.1976 (BGBl. I, 581)
StVollzSta	Rechtspflege, Fachserie 10, Reihe 4, Strafvollzug, hrsg. vom Statistischen Bundesamt, Stuttgart, Mainz
StVSta	Rechtspflege, Fachserie 10, Reihe 3, Strafverfolgung, hrsg. vom Statistischen Bundesamt, Stuttgart, Mainz
StVSta(A)	Strafverfolgungsstatistik, Arbeitsunterlage, hrsg. vom Statistischen Bundesamt, Wiesbaden
StVZO	Straßenverkehrszulassungsordnung vom 29.8.1988 (BGBl. I, 1793)
Tab.	Tabelle(n)
u.a.	und andere, unter anderem
UCR	Uniform Crime Reports, Washington/D.C.
US Dept. Justice	U.S. Department of Justice
UWG	Gesetz gegen unlauteren Wettbewerb vom 7.6.1909 (RGBl. 499)
vgl.	vergleiche
Vol.	Volume
VZ	Verurteiltenziffer
VZR	Verkehrszentralregister
WGO	Weltgesundheitsorganisation
Zf	Zeitschrift für
ZfPäd	Zeitschrift für Pädagogik, Weinheim
ZfRVergl	Zeitschrift für Rechtsvergleichung, internationales Privatrecht und Europarecht, Wien
ZfSoz	Zeitschrift für Soziologie, Stuttgart
ZStrVo	Zeitschrift für Strafvollzug und Straffälligenhilfe, Saarbrücken
ZRP	Zeitschrift für Rechtspolitik, Frankfurt/M.
ZStW	Zeitschrift für die gesamte Strafrechtswissenschaft, Berlin

Erstes Kapitel

Begriff, Aufgaben und Rolle der Kriminologie

§ 1 Begriff und Selbstverständnis der Kriminologie

Schrifttum: *Bock*, Kriminologie als Wirklichkeitswissenschaft. Berlin 1984; *Hassemer*, Einführung in die Grundlagen des Strafrechts. München 1990[2]; *Kaiser*, Was ist eigentlich kritisch an der „kritischen Kriminologie"? In: FS für R. Lange. Berlin 1976, 521-539; *Mannheim* (ed.), Pioneers in Criminology. London u.a. 1960.

1. Definition und Gegenstand

Kriminologie ist die geordnete Gesamtheit des Erfahrungswissens über das Verbrechen, den Rechtsbrecher, die negativ soziale Auffälligkeit und über die Kontrolle dieses Verhaltens. Ihr Wissenschaftsgebiet läßt sich mit den drei Grundbegriffen Verbrechen, Verbrecher und Verbrechenskontrolle treffend kennzeichnen. Ihnen sind auch Opferbelange und Verbrechensverhütung zugeordnet.

Die **Wortbildung** „criminologie" (Lehre vom Verbrechen), abgeleitet von lat. crimen (dt. Verbrechen), wird dem französischen Anthropologen *Topinard* (1879) zugeschrieben. Der italienische Jurist *Garofalo* benutzte den Begriff erstmalig zur Kennzeichnung seines Buches „Criminologia" (1885). Die Bezeichnung hat sich allgemein durchgesetzt. Neben dem Wort Kriminologie begegnen wir auch den Begriffen Kriminalpsychologie (seit 1792), Kriminalsoziologie (seit 1882) und Kriminalbiologie (seit 1883) als sogenannten **Bindestrich-Kriminologien.** Häufig werden diese Wortverbindungen ähnlich wie neuerdings die Strafrechtssoziologie gleichsinnig mit Kriminologie gebraucht. Derartige Verknüpfungen beziehen sich jedoch strenggenommen nur auf **einzelne Erkenntnisgegenstände** der Kriminologie. Darüber herrscht innerhalb der kriminologischen Wissenschaft, soweit sie in juristischen Fachbereichen vertreten wird, kaum noch Streit.

Eine vorherrschende oder gar einheitlich-verbindliche Begriffsbestimmung der Kriminologie gibt es nicht, weder im Inland noch im Ausland. Gleichwohl unterscheiden sich die Meinungen darüber, was man **in der Gegenwart** unter Kriminologie versteht, trotz abweichender Akzentuierung nicht erheblich. **Übereinstimmung** besteht darüber, daß Kriminologie eine empirische Wissenschaft ist. Ferner ist man allgemein der Auffassung, daß sich die kriminologische Wissenschaft mit dem **Ver-**

brechen, dem **Rechtsbrecher** und dem **Verbrechensopfer** befaßt sowie mit der **Verbrechenskontrolle** insoweit, als es um Auswahl, Zumessung und Vollzug von Kriminalsanktionen sowie um die Prognose und Behandlung des Täters geht. Schließlich ist man sich einig, daß **auch** die Erscheinungen des **Alkoholismus,** der **Gemeinlästigkeit,** der **Prostitution** und des **Selbstmordes** bereits zum Gegenstand der Kriminologie gehören. Dem steht nicht entgegen, daß man den darüber hinausgreifenden kriminalsoziologischen Sammelbegriff des abweichenden Verhaltens als zu vage und uferlos betrachtet. Kriminologische Erkenntnis muß sich danach vornehmlich auf beobachtbare und intersubjektiv nachprüfbare **Tatsachen** des Problemfeldes beziehen (Näheres unten § 4). Spekulationen, Meinungen oder Werturteile reichen nicht aus, können jedoch ihrerseits den Gegenstand empirischer Untersuchung bilden. Die Befunde sollen im übrigen nicht zufällig, sondern **systematisch** gewonnen und daher auch nicht „anekdotisch" geordnet sein. Ferner genügt „zeitkritische Essayistik" wissenschaftlichen Anforderungen nicht.

Meinungsverschiedenheiten bestehen im wesentlichen über die Funktion und Leistungsfähigkeit kriminologischer Theorien sowie über die interdisziplinäre Orientierung, ferner über die Reichweite und Bezeichnung des „Vorfeldes" der Kriminalität. Außerdem streitet man über die kriminologische Bedeutung der Persönlichkeitsforschung, der Praxisorientierung und der Verbrechenskontrolle einschließlich Selektion, Polizei und Kriminalistik. Letztlich vertritt man unterschiedliche Auffassungen zum Begriff der Empirie sowie über Aufgaben, Forschungsansätze und Rolle der Kriminologie. Dabei läuft man gelegentlich Gefahr, die beachtlichen Gemeinsamkeiten inhaltlicher Darstellung kriminologischen Wissens in den zeitgenössischen Lehrbüchern zu verkennen, die diese trotz unterschiedlicher Systeme aufweisen. Die verschiedenen Konzeptionen jedoch deuten nicht auf Mängel oder Armut der Wissenschaft hin, sondern bereichern als Ausdruck fachorientierter Sichtweise und kriminologischer Phantasie den Kenntnisstand.

Das unterschiedliche **Selbstverständnis** der Gegenwartskriminologie läßt sich nach der Weite des Gegenstands wie folgt ordnen:

Kriminologie beschränkt sich nach traditionell engerer Auffassung auf die empirische **Erforschung des Verbrechens und der Täterpersönlichkeit.** Kennzeichnend für diese Position sind **beschreibende Darstellungen** der Gesamtkriminalität oder von Einzeldelikten sowie wissenschaftliche Einzelfall- und Längsschnittstudien.

Hingegen bezieht die weitgefaßte Konzeption in der Kriminologie **auch** die erfahrungswissenschaftliche Kenntnis über die **Wandlungen des Verbrechensbegriffs** (Kriminalisierung) **und** über die Bekämpfung des Verbrechens, die Kontrolle des sonstigen sozial abweichenden Verhaltens sowie die Untersuchung der polizeilichen und justitiellen **Kontrollmechanismen** mit in die Analyse ein.

Der kriminologische Gegenstand umfaßt danach die Entstehung von Strafgesetzen, deren Verletzung und die entsprechenden Reaktionen.

Vor allem der aus der Kriminalsoziologie stammende Labeling approach oder soziale Reaktionsansatz hat mit seiner Blickschärfung für Verbrechensbegriff, Handlungsmuster und Bedeutung der strafrechtlichen Sozialkontrolle für Bewegung, aber auch für neue Streitfragen im kriminologischen Denken gesorgt. Dazu haben nicht zuletzt die von ihm favorisierten Strategien der Entkriminalisierung, Entstigmatisierung, Entinstitutionalisierung (Diversion) und seine Ablehnung des Behandlungsmodells als kriminalpolitische Folgerungen beigetragen. Manche Vertreter der jüngeren Generation meinen überdies, daß die Kriminologie damit „den Nullpunkt" erreicht habe, auf dem sich verheißungsvoll der Bau der **„neuen Kriminologie"** errichten lasse. Danach soll dieses Gebäude vor allem **„kritisch"** und **„historisch reflexiv"**, ja **radikal** entworfen werden. Dabei darf man freilich nicht übersehen, daß eine solche kriminalsoziologische Gegenwartsströmung neben fruchtbarer Anregung und Erweiterung des kriminologischen Denkens, von dem die traditionelle Kriminologie noch nichts weiß, auch beträchtliche Blickverengungen mit sich bringt (eingehend unten §§ 5; 14).

2. Abgrenzung

Allerdings befaßt sich nicht nur die Kriminologie mit dem Verbrechen, dem Rechtsbrecher, dem Verbrechensopfer und der Verbrechenskontrolle. Vielmehr beschäftigen sich auch Strafrechtswissenschaft, Kriminalistik und Kriminalpolitik mit diesen Erkenntnisgegenständen. Auch wenn man die verschiedenen Disziplinen durch den übergeordneten Begriff der **„Kriminalwissenschaften"** miteinander verknüpft, bleibt nicht nur zu fragen, was sie verbindet, sondern auch, was sie in ihrer Sichtweise unterscheidet.

Es ist seit langer Zeit üblich, **Strafrecht und Kriminologie** mit den Begriffen juristische und nichtjuristische Wissenschaft, normative und empirische Wissenschaft zu scheiden. Die Strafrechtswissenschaft behandelt vor allem das Entscheidungsdenken, die normative Abgrenzung, die Auslegung und die theoretische Strukturanalyse des Verbrechens sowie die prozessualen Voraussetzungen und justizförmigen Wege der Verbrechensverfolgung. Sie bringt die rechtspolitischen Grundsätze oder kriminalpolitischen Konstanten (Humanität, Gleichheit, Rechtsstaatlichkeit und Verhältnismäßigkeit) rechtsdogmatisch zur Geltung. Demgegenüber geht es der Kriminologie um die möglichst bewertungsfreie Analyse der realen Erscheinungsformen, Umstände und Folgen, die mit der Entstehung,

Entwicklung und Kontrolle des Verbrechens zusammenhängen. Auch wenn sich die Fragestellung, das methodische Vorgehen und das Erkenntnisinteresse unterscheiden, liefern Verbrechen und Verbrechenskontrolle gemeinsame Ausgangs- und Bezugspunkte. Nur mit den Disziplinen und Mitteln der „gesamten **Straf-rechtswissenschaft**" scheint sich der kriminalpolitische Denk-, Willensbildungs- und Entscheidungsprozeß der rationalen Kontrolle zu fügen. Dadurch wird aber auch die Wahrscheinlichkeit, daß Kriminologie und Strafrecht zueinander finden, und damit die Bereitschaft zu größerer Rationalität wachsen.

Trotz geschichtlicher, institutioneller und funktionaler Gemeinsamkeiten unterscheiden sich Fragestellung und Denkstil in Kriminologie und Strafrecht. Der Strafjurist wird auf formale Rechtsgleichheit und Rechtsstaatlichkeit, der Kriminologe hingegen auf die Mängel bei der Rechtsanwendung, z.B. auf die „**Gleich-heit im Unrecht**" sowie deren Konsequenzen, hinweisen **und die Folgenorien-tierung** betonen. Im Strafrecht finden wir Elemente des Erkennens und der bewußten Bewertung nebeneinander, in der Kriminologie demgegenüber die Tendenz, nicht wissenschaftsimmanente Werturteile möglichst auszuschalten. Die Strafrechtswissenschaft neigt dazu, aus dem Kriminalrecht stets ein (Kern-) Strafrecht zu formen, während die Kriminologie dazu tendiert, es als strafrecht-liche Sozialkontrolle zu begreifen.

Kriminalpolitik wiederum betrifft als Teil der Politik den kriminalrechtlich verankerten Schutz von Rechtsgütern des einzelnen Bürgers und der Gesellschaft. Sie legt ihren Entscheidungen Tatsachen der Verbrechenswirklichkeit und der Verbrechenskontrolle zugrunde, bringt jedoch auch sozialethische Grundsätze und Wertungen mit ein. Sie ist Ausdruck politischer Kultur und folgt nicht nur dem der Funktionalität verpflichteten Effizienzprinzip. Da gemessen an der Kriminalität und an ihren unerwünschten Nebenwirkungen kein uns bekanntes System des Gesellschaftsschutzes befriedigt, findet die Kriminalpolitik seit jeher ihren Schwerpunkt in der Erneuerung des Strafrechts, der Reform der Strafrechts-pflege und des Sanktionensystems. Daher faßt man Kriminalpolitik und Straf-rechtsreform nicht selten als sinngleich auf (Näheres unten Zehntes Kapitel).

Kriminalistik schließlich obliegt die polizeiliche Vorbeugung, Verfolgung und Aufklärung des Verbrechens. Sie gliedert sich in Kriminalstrategie, Kriminaltak-tik und Kriminaltechnik.

Danach läßt sich feststellen, daß sich trotz beachtlicher Gemeinsamkei-ten in den Erkenntnisgegenständen das **methodische Vorgehen** und das **Erkenntnisinteresse** der verschiedenen Disziplinen erheblich unter-scheiden. Neue Bedürfnisse, unterschiedliche Fragestellungen und An-sätze, aber auch die im Hinblick auf die Stoffbeherrschung erzwungene **Arbeitsteilung** haben den Verselbständigungsprozeß notwendig ge-macht. Gleichwohl scheint sich der kriminalpolitische Denk-, Willens-bildungs- und Entscheidungsprozeß nur bei Berücksichtigung der rele-vanten einzelwissenschaftlichen Beiträge der rationalen Kontrolle zu fügen.

3. Folgerungen und Ausgangspunkte

Es besteht heute Einigkeit darüber, daß die Kriminologie eine **Erfahrungswissenschaft** ist, **und** weitgehend auch darüber, daß sie eine **selbständige Disziplin** darstellt.

Der Anspruch, eine empirische Wissenschaft zu sein, bezieht sich auf Forschungsansätze, die mehr auf Beobachtungen gegründet sind als auf Meinungen. Freilich bleibt auch in der Kriminologie dafür Raum. Aber die solide Grundlage der Wissenschaft sind die erhobenen Fakten und die gewonnenen Beobachtungen, an denen Hypothesen und Theorien überprüft werden. Die **empirische Haltung** meint daher nichts anderes, als eher mit Fakten denn mit Meinungen umzugehen, und vor allem die Bereitschaft, sich der Kraft der Tatsachen auch dann zu beugen, wenn sie den eigenen Erwartungen und Wunschvorstellungen des Forschers entgegenstehen. Diese Haltung geht davon aus, daß es besser ist, ohne Antwort zu bleiben als eine unangemessene hinzunehmen. Allerdings besteht überall das Problem, ständig bereit und genügend offen zu sein, um auch persönlich unerwünschte Forschungstatsachen zu akzeptieren, ohne sie „frisieren" oder umdeuten zu wollen. Diese wichtige **Frage nach der Objektivität** der Forschung sowie nach der persönlichen Lauterkeit und Redlichkeit des Forschers wendet sich als Aufforderung an jedermann im kriminologischen Forschungsbereich. Sie kann letztlich nur durch wissenschaftliches Ethos (vgl. § 3, 3), Forschungspluralismus und Kritik sichergestellt werden.

Nach der heftigen Auseinandersetzung und Fortentwicklung während der letzten Jahrzehnte herrscht ferner weite Übereinstimmung darüber, daß „Verbrechen", „Verbrecher", „Verbrechensopfer" und Sanktionsvollzug zum festen Bestandteil kriminologischen Denkens und Forschens gehören. Ist es auch schwierig, die postulierte Einheitlichkeit des kriminologischen Denkens durchzuhalten, so hat es die Kriminologie doch immer mit einem vielschichtigen Problemfeld zu tun. Dieses läßt sich anhand der genannten **Grundbegriffe** treffend kennzeichnen (dazu §§ 17 ff.). Die darauf gerichtete **Dauerbeobachtung** obliegt der Kriminologie. Demgemäß erfahren alle Forschungsansätze der Gegenwart von hier aus ihre Orientierung oder lassen sich hierauf zurückführen.

Über die Behandlungs- und Sanktionsforschung sowie in ihrem Mitwirkungsanspruch bei der Klärung kriminalpolitischer Fragen nähern sich auch Vertreter der engeren Kriminologie-Auffassung im Ergebnis der weitergefaßten Position. Allerdings werden die Nähe zur Strafrechtswissenschaft sowie die Bedeutung der strafrechtlichen Sozialkontrolle für die kriminologische Analyse noch immer unterschiedlich eingeschätzt.

Die **engere Auffassung** von der Kriminologie erscheint **unbefriedigend und inkonsequent**. Will man den jeweiligen Legalbegriff des Verbre-

5

chens – wie weit und zufällig er auch sei – nicht einfach positivistisch hinnehmen, so muß man auch die Prozesse und deren Motive, die zur Kriminalisierung menschlichen Handelns führen, erforschen. Außerdem erschöpft sich der Wirklichkeitsbereich des Strafrechts keinesfalls im materiellen Strafrecht und im Strafvollzug, sondern umschließt das gesamte „Feld der Strafrechtspflege", also **auch** den **Strafprozeß** sowie die kriminalpolitische Willensbildung **und Gesetzgebung**. Damit werden auch Normanwendung und -durchführung (**Implementation**) wissenschaftlich einbezogen. Nur eine willkürliche Trennung vermag diesen Zusammenhang zu zerreißen. Wird aber die empirische Analyse des Strafverfahrens als eine wichtige Forschungsaufgabe der Kriminologie betrachtet, dann kann sich diese Untersuchung nicht auf die Darstellung möglicher Besonderheiten der **Strafzumessung** beschränken. Sie muß **auch** die **Prozeß-** und **Ergebnisevaluation** des kriminalrechtlichen Handelns sowie den **Rechtsstab** (Richter, Staatsanwälte, Strafvollzugsbedienstete und Bewährungshelfer) und dessen Handlungsmuster bereits im Vorverfahren mit in die Betrachtung einschließen. Weil die **Polizei** neben der **Staatsanwaltschaft** die Straftaten zu erforschen (§§ 152, 160, 163 StPO) und im übrigen neben Verbrechensopfer und **Anzeigeerstatter** die ersten Begegnungen mit dem Rechtsbrecher hat, sind auch Handlungs- und Entscheidungsmuster von Polizei und Staatsanwaltschaft in die kriminologische Forschung einzubeziehen. Dies ist schon deshalb notwendig, weil ohne die Kenntnis polizeilichen Vorgehens die Polizeiliche Kriminalstatistik und ohne Wissen über Funktion und Tätigkeit der Staatsanwaltschaft die Rechtspflegestatistik nicht zureichend interpretiert werden können.

Verbrechen beruht allgemein auf keinem genetisch vorgegebenen Defekt der Persönlichkeit. Vielmehr bestimmt die staatlich organisierte Gesellschaft, welches sozialschädliche Verhalten als Verbrechen beurteilt werden soll. Dies meint die nicht selten mißverstandene Formel von der „Machbarkeit" des Verbrechens. Auch geht es darum, die Wirkung der Strafgesetze auf die Kriminalität zu erforschen. Daher setzt die Theorie des Verbrechens eine Theorie der Kriminalisierung voraus. Dem steht nicht entgegen, daß der Kern- und Grundbestand des Verbrechens, teilweise am Dekalog orientiert, seit langer Zeit ziemlich gleichgeblieben ist. Allerdings werden schon von der Kriminalisierung gewisser Verhaltensformen her bestimmte Gruppen oder Schichten in der Gesellschaft stärker als Normadressaten angesprochen als andere. Die traditionelle **Kriminalisierung** des Diebstahls (dazu LB § 66) einerseits und **die neuere Blickschärfung** für Wirtschaftskriminalität (dazu LB

§ 72 ff.), Umweltschutzdelikte (vgl. LB §§ 75 f.) sowie für die partielle Entkriminalisierung der Verkehrsstraftaten und Depönalisierung des Ladendiebstahls andererseits verdeutlichen dies. Gerade das Konzept des White-Collar-Crime sowie jenes von der „Kriminalität der Mächtigen" (vgl. § 23) verdanken ihre Entstehung und Resonanz weitgehend dem Protest gegen die **Verkürzung der Gerechtigkeit**, die in der herkömmlichen Handhabung der strafrechtlichen Legalordnung erblickt wird. Mit dem Inhalt des Strafgesetzes treffen Gesellschaft und Gesetzgeber bereits die wichtige Vorentscheidung über den tatsächlichen Adressatenkreis und die wahrscheinliche Population der Rechtsbrecher. Auch an dieser Stelle begegnen wir dem **Problem der Chancengleichheit**, hier nur negativ bezogen auf die Verminderung oder die Versagung sozialer Plazierungschancen mit Hilfe des Strafrechts. Nicht nur Schule und Bildung, sondern auch, zumindest negativ, das Strafrecht befinden zeitweilig über die Plazierung eines Menschen in der Gesellschaft. Dies wiederum erfordert die empirische Problematisierung und nicht nur, wie in der Vergangenheit, die undurchdachte Hinnahme des positiven Verbrechensbegriffes. Die gegenteilige Auffassung würde den Kriminologen immer in die **Gefahr** bringen, zum **Verteidiger des jeweiligen Status quo zu werden**, unabhängig davon, wie dieser Zustand beschaffen ist. Eine distanziert ideologiekritische Analyse der Gesetzgebung ist dann nicht mehr möglich.

Im übrigen lassen sich die Sorgen, mit den Kriminalsoziologen in **Konflikt** zu geraten und sich deshalb besser auf den eigenen gesicherten Besitzstand zurückzuziehen, **nicht durch definitorische Rückzugsstrategien vermeiden**. Die vom Problembereich der Kriminologie umschlossenen Fragen werden von verschiedenen Richtungen untersucht. Sie sind so wichtig, brisant und folgenreich, daß sie die wissenschaftliche und rechtspolitische Erörterung auf absehbare Zeit bestimmen. Deshalb besteht auch für die Kriminologie, wie immer sie sich verstehen und „einigeln" mag, keinerlei Möglichkeit, sich von diesem Streit zu dispensieren, falls sie gehört werden will. Selbst im Kompetenz- und Meinungsstreit der letzten Jahrzehnte begreifliche Tendenz zum Rückzug auf die Position „einer juristischen Kriminologie" würde an diesem Sachverhalt kaum etwas ändern wollen. Denn auch nach dieser Auffassung werden neben dem materiellen Strafrecht Probleme des Strafverfahrens und der Strafvollstreckung im Sinne einer **umfassenden Wirklichkeitswissenschaft des Strafrechts** empirisch angegangen.

Die Begriffe **„Abweichung"** oder „abweichendes Verhalten", der Medizin und Statistik entlehnt sowie von Hause aus funktionalen oder rein quantitativen Kriterien zugeordnet, können hingegen **keinen** für die kriminologische Analyse **überlegenen Ansatzpunkt** begründen. Denn die gemeinten Erscheinungen wie z.B. Prostitution, Alkoholismus, Selbstmord, ferner Eheezerrüttung, Krankheit,

Sektierertum, Obdachlosigkeit und Armut werden traditionell ohnehin zum kriminologischen Problem- und Forschungsfeld gerechnet, zumindest mitberücksichtigt, nicht selten als „Vorfeld" des Verbrechens bezeichnet. Der Begriff des abweichenden Verhaltens kann daher nur die Fülle dessen, was mißbilligt oder negativ sanktioniert wird, zusammenhängend vor Augen führen. Er weist aber bei der Frage nach Kriminalunrecht und Verbrechen auf das Strafrecht zurück.

Aufgrund dieser Überlegungen läßt sich feststellen, daß das juristisch definierte **Verbrechen** den Ausgangspunkt kriminologischer Betrachtung darstellt (siehe unten § 17). Damit ist zugleich ausgesprochen, daß sich die kriminologische Forschungsaufgabe nicht in der Beschreibung des konkreten Deliktsgeschehens erschöpfen kann. Vielmehr muß sie den gesamten lebensweltlichen Ausschnitt an Primärerfahrungen umfassen, auf den sich das Erkenntnisinteresse richtet. Dabei ist auch die Spannweite des Unrechts von der kriminologischen Forschung zu beachten, falls diese nicht wichtige Dimensionen der sozialen Wirklichkeit verfehlen will.

Erkenntnisleitend für die Erklärung des Verbrechens ist die **Theorie** unterschiedlicher Verhaltenskonformität aufgrund **differentieller Sozialisation und Sozialkontrolle** (eingehend unten Fünftes Kapitel). Von hier aus wird das kriminologische Erfahrungswissen geordnet, ohne sich freilich dem Konzept unkritisch zu verschreiben oder gar auszuliefern.

§ 2 Aufgaben der Kriminologie

Schrifttum: *Albrecht, P.-A.*, Kriminologie und Strafrecht. In: KrimHStudium 1986, 187 f.; *Jehle/Egg* (Hrsg.), Anwendungsbezogene Kriminologie zwischen Grundlagenforschung und Praxis. Wiesbaden 1986; *Klug*, Autonomie, Anarchie und Kontrolle. Rechtsphilosophische und rechtspragmatische Probleme. In: FS für W. Maihofer. Frankfurt/M. 1988, 235-251; *Kunz*, Kriminologie zwischen erfahrungswissenschaftlicher Autonomie und kriminalpolitischer Einflußnahme. In: FS für H. Göppinger. Berlin u.a. 1990, 89-101; *Müller-Dietz*, Kriminologie zwischen Theorie und Praxis. In: FS für P. Braun. Saarbrücken 1986, 57-75; *Sack*, Das Elend der Kriminologie und Überlegungen zu seiner Überwindung. Ein erweitertes Vorwort zu Strafe, Strafrecht, Kriminologie, hrsg. v. Ph. Robert. Frankfurt/M. 1990, 15-55.

1. Erkenntnissteigerung

Kriminologie will die Erkenntnis zu ihren Problembereichen systematisch steigern. Ihre **Hauptaufgabe** besteht daher in der **Gewinnung eines festen Bestandes an gesichertem Wissen.** Unterschiedliche Forschungsansätze streben danach, ohne daß einem von ihnen prinzipiell der Vorrang zukäme. Das Bestreben, Entwicklungen der Persönlichkeit, des Verbrechens und der strafrechtlichen Sozialkontrolle zu untersuchen, greift über das Beschreiben und Sammeln von Tatsachen notwendig hinaus (siehe unten § 9). Denn die Kriminologie will die **Hintergründe, Zusammenhänge und Strukturen** ihres Problemfeldes erfassen, will Orientierungswissen erlangen und vermitteln. Damit ermöglicht sie zugleich Kritik und Verbesserung des Strafrechts. Die **Sicherung des Wissens** setzt allerdings „paradigmatischen Konsens", also die Übereinstimmung der Wissenschaftler einer bestimmten Epoche hinsichtlich theoretischer Modelle, Forschungsmethoden und Erkenntnisstand, voraus. Sie kann deshalb immer nur für eine bestimmte Theorie vorliegen (zu den Methoden kriminologischer Forschung vgl. LB § 5 sowie *Göppinger* 1997, 47 ff.).

2. Sammlung und Dokumentation von Daten

Wenn man sich der Erkenntnisaufgabe der Kriminologie bewußt bleibt und die Datensammlung nicht zum Selbstzweck werden läßt, kann auch die Zusammenstellung und Dokumentierung kriminologischer Informationen sowie der Evaluation sinnvoll sein. Kriminologie als sogenannte Clearing-Zentrale meint eine **Sammelstelle von kriminologisch relevanten Informationen für Wissenschaft, Gesetzgeber und Strafrechtspraxis.** Soweit es um die Befriedigung rein praktischer Bedürfnisse und um die Durchführung von Sekundäranalysen geht, ist daher eine solche zentrale Datensammelstelle nützlich. Die modernen Verfahren der Speicherung und Abrufbarkeit von Informationen haben jene Vorstellung belebt. Dies hat wohl auch die deutschen Justizverwaltungen angeregt, eine sogenannte **Kriminologische Zentralstelle** einzurichten (dazu *Jehle/Egg* 1986, 5 ff.).

Obwohl eine zentrale Erfassung, Verfügbarmachung und Abrufbarkeit kriminologischer Daten auch für die Wissenschaft nicht zu gering zu veranschlagen ist, geht der Anspruch der Kriminologie über den einer Clearing-Zentrale weit hinaus. Schon eine theorielose Beschreibung oder Sammlung von Daten ist – wie erwähnt – wissenschaftlich nicht möglich. Auch wandeln sich Theorie und Blick-

9

richtung. Zahlreiche Streitfragen und kontroverse Befunde lassen dies erkennen. Wegen der Verkennung derartiger Einsichten kann es gelegentlich zu sogenannten **Datenfriedhöfen** kommen. Damit ist die Zusammenstellung von Informationen gemeint, die zu einem späteren Zeitpunkt wegen des folgenden Theorie- und Erkenntniswandels nicht mehr brauchbar erscheinen. Zu denken ist etwa an das in den zwanziger und dreißiger Jahren übliche Sammeln kriminalbiologischer Informationen in den Einrichtungen des sogenannten Kriminalbiologischen Dienstes. 1938 stellte „das Material von mehr als 21 000 Untersuchten die zweitgrößte kriminalbiologische Sammlung in Europa dar" (Blätter für Gefängniskunde 1938, 169). Doch jene Dokumentation wurde durch die Rassenbiologie verzerrt; sie blieb überdies unausgeschöpft und der Erkenntnisgewinn gering. Solche Aktensammlungen lassen sich heute bestenfalls noch unter wissenschaftsgeschichtlichem Interesse analysieren, erfüllen jedoch keinen weiteren Zweck. Deshalb ist auch die **Idee des Kriminologischen Dienstes** nur in der Weise sinnvoll, daß man im Strafvollzug eine praxisbegleitende Forschung einrichtet (vgl. § 166 StVollzG) und seine Aufgaben auf Bewährungshilfe und Führungsaufsicht ausdehnt.

3. Anwendungsorientierung

Die technologische Forschungsorientierung und praxisbezogene Untersuchung wird man also nicht gering veranschlagen und deshalb konzeptuell auch nicht zu eng begreifen dürfen. Sie ist genauso legitim wie die sogenannte Grundlagenforschung in der Kriminologie. Die polemischabwertend gemeinten Bezeichnungen „administrative" oder „populistische Kriminologie" sind kaum geeignet, die Anwendungsorientierung zu treffen, geschweige eine solche Aufgabe auszuschöpfen. Zu denken ist beim Praxisbezug vor allem an **Prävention, Prognose, Sanktion, Effizienz** und **Reform**. Gerade eine Kriminologie, die sich mehrdimensional, interdisziplinär und vergleichend versteht, wird eine Fülle von Aufgaben der Bedarfsforschung erwarten dürfen, auch wenn sich diese um den Gedanken der Folgenorientierung bündeln. Eine Phase größerer Bereitschaft der Praxis und des Gesetzgebers für die Auf- und Übernahme empirischer Befunde läßt auch den Bedarf an verfügbaren und verläßlichen Daten wachsen. Dieses Bedürfnis trifft selbst dann zu, wenn die Planungs- und Entscheidungsvorgänge allgemein bei unvollständiger Information verlaufen.

Allerdings werden gegenüber der „Verwissenschaftlichung staatlicher Kontrolle" und der ihr dienstbaren Kriminologie als „Kontrollwissenschaft" – ein Thema, das weit zurückreicht – zunehmend **Bedenken** erhoben. Aus ihnen folgen teils Bemühungen zur multifunktionalen Erweiterung, teils Verweigerungsempfehlungen, teils die Forderung nach „einer unabhängigen und unerschrockenen

Kriminologie", deren Aufgabe die wissenschaftliche „**Kontrolle der Kontrolleure**" sein müsse (*Albrecht* 1986, 188). Kontrollmaßstab habe vor allem die Menschenwürde und Autonomie der „Rechtsunterworfenen" zu sein. Jenem Postulat begegnet freilich bereits die metatheoretische Forderung „Keine Kontrolle ohne Kontrolle der Kontrolle!" (*Klug* 1988, 251) und damit ein Kontrollregreß ad infinitum. Außerdem werfen alltägliche Deliktserfahrungen wie die „Gewalt im Straßenverkehr" die schwierige Frage nach der Verletzung der Menschenwürde auf, ohne daß hier ein überlegener Lösungsbeitrag „unerschrockener Kriminologie" auch nur erkennbar würde. Im übrigen erscheint zweifelhaft, ob das wissenschaftliche Potential der Kriminologie zureicht, eine solche Aufgabe wahrzunehmen, und ob gegebenenfalls dafür die Kriminologie hauptsächlich, geschweige allein zuständig wäre. Dies gilt auch dann, wenn man herrschaftskritisch im Staat das spezifische Forschungsobjekt der Kriminologie, oder genauer der Strafrechtssoziologie, erblickte. Denn bekanntlich bildet der Staat bereits den Gegenstand mehrerer anderer Wissenschaften wie der allgemeinen Staatslehre und der Politikwissenschaft, von der Verarmung und Verengung des Objektbezuges gar nicht zu reden. Letztlich handelt es sich um die Beantwortung der Frage, wem kriminologische Forschung dienen soll und darf.

So wichtig die technologische Orientierung auch sein mag, sie erschöpft die Aufgaben des Kriminologen nicht. Andernfalls könnte er – wenn nicht zum handlungsunfähigen Sozialkritiker – zum reinen Technokraten werden. Im Umgang mit dem straffälligen Menschen und dem Verbrechensopfer wird nämlich auch Herrschaft ausgeübt und sind fundamentale Werte, insbesondere die Menschenrechte, betroffen. Deretwegen kann auch der Kriminologe nicht aus seiner Verantwortung entlassen werden. Deshalb leuchtet ein, wenn eine kriminologische „Orientierung an der erkenntnisleitenden Idee" empfohlen wird, „menschliches Leiden im Umfeld von Kriminalität und Kriminalisierung zu mindern" (*Kunz* 1990, 100). Freilich läßt sich auch dieser Anspruch bei aller Attraktivität nur einlösen, wenn man über das erforderliche Erfahrungsniveau verfügt und die Aufgaben der Bedarfsforschung zu bewältigen vermag.

§ 3 Rolle und Verantwortung des Kriminologen

Schrifttum: *Brusten*, Forschung für wen, für was und mit welchen Konsequenzen? In: Problematik des Strafvollzugs und Jugendkriminalität, hrsg. v. Petersohn u.a. Heidelberg 1984, 63-76; *Eser*, Risiken und Privilegien des Forschers – Eine Problemanalyse. In: Forschung im Konflikt mit Recht und Ethik, hrsg. v. Eser u.a. Stuttgart 1976, 7-39; *Jehle* (Hrsg.), Datenzugang und Datenschutz in der kriminologischen Forschung. Wiesbaden 1987; *Kaiser*, „Biokriminologie", „Staatskriminologie" und die Grenzen kriminologischer Forschungsfreiheit. In: FS für H. Leferenz. Heidelberg 1983, 47-68; *ders.*, Brauchen Kriminologen eine Forschungsethik? MschrKrim 74 (1991), 1-16; *Quensel*, Kriminologische Forschung. Für wen? Oder: Grenzen einer rationalen Kriminalpolitik. KrimJ 16 (1984), 201-217; *Schöch*, Datenschutzrechtliche Voraussetzungen der Akteneinsicht für kriminologische Forschungsvorhaben. In: Datensammlungen und Akten in der Strafrechtspflege, hrsg. v. Jehle. Wiesbaden 1989, 299-319.

1. Kriminologische Erkenntnis – für wen und wozu?

Versteht man Kriminologie als angewandte Grundlagenforschung, so stellt sich auch die Frage, wem diese Forschung dient, zumindest dienen soll, oder ob sie gar folgenlos bleibt. Erfahrungen und Analysen zeigen, daß große Erwartungen über die Einflußmöglichkeit der Kriminologie auf die Kriminalpolitik, sei es im Sinne einer Legitimation oder Delegitimation, als verfehlt, ja naiv erscheinen (eingehend unten § 50). Dazu sind die Wege der Kriminalpolitik viel zu verschlungen und vielschichtig. Deshalb wird begreiflich, wenn etwas resignierend angenommen wird, „daß kriminologische Forschung zunächst einmal um des Forschers willen für sich selber geschieht, daß ihr Einfluß üblicherweise nur indirekt über Sozialisation und Legitimation erfolgt" (*Quensel* 1984, 213 f.). Dem ist zuzustimmen, wenn hierbei das Erkenntnisinteresse, also auch die Suche nach Wahrheit, nicht ausgeklammert wird. Hieraus schöpft auch der Kriminologe in erster Linie seine Rechtfertigung.

Soweit aber Kriminologen zu kriminalrechtlichen Lösungen beitragen, dienen auch sie notwendig der **„Herrschaft"**, das heißt den Gruppen, die legitimerweise Ziele und Interessen der Gesellschaft im Staat durchsetzen. Sie nehmen am Herrschafts-Diskurs teil. Überdies ergreifen sie Partei für die staatlich organisierte Gesellschaft oder für bestimmte Minderheiten. Man kann diesen Konflikt nicht dadurch entschärfen oder gar lösen, daß man den (soziologischen) Begriff der „Herrschaft" ignoriert oder als unangemessen verwirft. Denn auch dann, wenn man die Rolle des Kriminologen und den Zweck seines Wissens „beim Namen nennt", bleibt das Problem der Herrschaft und der Teilhabe daran bestehen. Die Abnutzungserscheinungen und der Mißbrauch des Begriffs der „Herrschaft" in den letzten Jahrzehnten führen zu keiner anderen Auffassung. Gleichwohl kann (auch) das kriminologische „Herrschafts- oder Leistungswissen" in sehr unterschiedlicher Weise der praktischen Veränderung der Welt und den möglichen Leistungen dienen. Selbst in der „Herrschaftskritik" (siehe unten § 14) drückt es sich noch aus.

2. Verhaltenstypen des Kriminologen

Das heutige **Spektrum** kriminologischer Tätigkeit reicht demgemäß von der Legitimationswissenschaft bis zur Herrschaftskritik. „Kriminologie zum Zwecke der Gesellschaftskritik" oder „Theorielosigkeit und politische Botmäßigkeit" veranschaulichen die Positionen. Wissenschaftler, die sich praktisch engagieren, neigen allerdings dazu, ihre kritische Distanz zur Praxis einzubüßen. Kriminologen als **praxisbegleitende Forscher** oder gar als **praktische Kriminalpolitiker** geraten daher gelegentlich in die Gefahr, zu Verteidigern des Status quo oder der von ihnen betreuten Experimente zu werden. Jenes Risiko trifft freilich nicht nur die Kriminologen, sondern auch Sozialarbeiter und alle Sachverständigen, die sich auf das gegebene kriminalrechtliche System „einlassen". Überdies begünstigt der Bereich angewandter Forschung diejenigen Wissenschaftler, deren Wertungen weitgehend gesellschaftskonform verlaufen. Die Konformität erscheint wegen ihrer Tendenz zur Stabilisierung des Status quo wiederum manchen Kritikern als verdächtig. Dies gilt besonders seit der weltweiten Protestbewegung Mitte der sechziger Jahre.

Trotz mancher Überschneidungen kann man die Rolle des Kriminologen durch folgende *fünf Verhaltenstypen* kennzeichnen:

1. Der **Beobachter**, der die Dinge beschreibt, wie sie „sind" oder wie er sie vorfindet;
2. der **Theoretiker**, der die Zusammenhänge erklärt;
3. der **Ideologe**, der für oder gegen den Stand der Dinge argumentiert und Vorschläge macht, wie sie eigentlich sein sollten;
4. der **Praktiker**, der dazu beiträgt, was nach seiner Auffassung sein sollte, und
5. der **Methodologe**, der u.a. die vorerwähnten Verhaltenstypen analysiert.

Man wird daher fragen, ob Kriminologen nur darauf beschränkt bleiben müssen, zu beobachten und „zu entzaubern", oder ob sie auch mithelfen sollen, bessere kriminalpolitische Lösungen zu erreichen, wobei sie möglicherweise ihre kritische Distanz einbüßen. Der Distanzverlust tritt freilich auch dann ein, wenn Kriminologen aus Verantwortung gegenüber den sozialen Randgruppen mit diesen sympathisieren und gegen die etablierte Gesellschaft Partei ergreifen. Bei solcher „Anwaltschaft ohne Auftrag" ist meist die Annahme leitend, daß die gefährdete Minderheit ihren eigenen Willen nicht genügend ausdrücken und durchsetzen könne.

Kriminologen dürfen und müssen in einem gewissen Grad ein „gebrochenes" Verhältnis zur geltenden Rechtsordnung haben, wollen sie Gesetzgeber, Polizei und Strafrechtspflege beobachten. Dieser wissenschaftlich notwendige Spielraum schließt aber noch keine privilegierte, also rollenspezifische Befugnis zum zivilen Ungehorsam ein, etwa in den Nischen der Wissenschaft „Widerstand" zu leisten. Noch weniger wird man den Strafrechtspraktikern ein solches Verhalten zubilligen (dazu vor allem die Diskussion zur sog. Richterblockade in Mutlangen im Januar 1987, DRiZ 1987, 162 ff.). Man erwartet von ihnen die Bindung an das Gesetz sowie eine sozialverteidigende Einstellung und damit ein rollengemäßes Verhalten als Träger gerechter Verbrechenskontrolle. Die Zusammenarbeit zwischen wissenschaftlicher Forschung einerseits und Strafrechtspflege oder Strafgesetzgeber andererseits kann nur dann fruchtbar werden, wenn die **Verschiedenheit der Verantwortung** des handelnden Strafrechtlers und des forschenden Kriminologen nicht aus dem Blickfeld gerät. Man wird also prinzipiell von der Autonomie der beiden Seiten auszugehen haben.

3. Wissenschaftsfreiheit, Forschungsethik und Datenschutz

Wie die Wissenschaft allgemein, so ist auch die Kriminologie **in der Wahl und Erfüllung ihrer Forschungsaufgaben grundsätzlich frei**. Die Wissenschaftsfreiheit ist überdies verfassungsrechtlich garantiert. In der Freiheit der Forschung, die Fragestellungen selbst zu wählen, wird geradezu der Kern der Wissenschaftsfreiheit erblickt. Für diese Wahl wiederum ist aber der Wissenschaftler moralisch verantwortlich; eine Verantwortung, die ihm nicht von Dritten abgenommen werden kann. Denn die verfassungsrechtliche Garantie der Wissenschaftsfreiheit befreit nicht vom Sittengesetz. Dadurch jedoch wird das Verhältnis zur Gesetzgebung erschwert, weil äußerer Zwang und eine Konkretisierung der Pflichten durch den Gesetzgeber die Freiheit aufheben würden, die doch gerade gewährleistet werden soll. Auch im Rückbezug auf die Ethik müssen daher die moralischen Gebote für den Wissenschaftler in einer Weise ermittelt werden, die sich an der Ratio dieser Gewährleistung der Wissenschaftsfreiheit orientiert.

Zwar wird auch die Kriminologie wie alle Wissenschaft durch ihr Verhältnis zur Wahrheit und Wahrheitssuche legitimiert. Aber wir können nicht die Tatsache übersehen, daß **in manchen Zeiten und Gesellschaften die Wahrheitssuche vernachlässigt, unterdrückt, ja verboten** wird. Dies kann durch die Zensur des Staates, einer Partei oder durch religionsbezogene Institutionen erfolgen, ferner durch sogenannte „Staatsforschung" (dazu *Brusten* 1984, 66 ff.; kritisch *Kaiser* 1983, 60), aber auch durch die unabhängige Wissenschaft selbst. Denn diese folgt stets bestimmten Fragestellungen. Sie befindet weitgehend darüber, was gelehrt, geprüft und veröffentlicht wird. Ferner entscheidet sie, wer sich innerhalb der herrschenden Paradigmen qualifizieren kann und günstige Aufstiegschancen erhält, ebenso wer nicht zur Kenntnis genommen, „totgeschwiegen" oder mit sonstigen negativen Sanktionen (z.b. durch sog. „Verriß" in Rezensionen) belegt wird. Auch die heutige Kriminologie kennt derartige Mechanismen, und zwar sowohl im Ausland wie in der Bundesrepublik.

Die angedeuteten Selektionsprozesse und Begleiterscheinungen wissenschaftlicher Rekrutierung sind weithin legitim, ja wegen des wissenschaftlichen Fortschritts notwendig. Voraussetzung ist nur, daß die entsprechenden Vorgänge nachvollziehbar sind und anerkannten Standards (Ethos der Wissenschaft) folgen. Dagegen freilich melden sich mitunter Bedenken. Nicht weniger wichtig erscheint, daß Polarisierung und Politisierung der Wissenschaft der letzten Jahrzehnte zur Vernachlässigung oder Unterdrückung mancher Orientierung beigetragen haben.

Die Wissenschaft hat weithin eine Art Monopol in der Erkenntniserzeugung. Darauf kann der moderne Verwaltungs- und Sozialstaat kaum verzichten. Zwar garantiert, wie erwähnt, das Grundgesetz die Freiheit kriminologischer Wissenschaft in Forschung und Lehre. Allerdings verfügt der Staat über die Macht, die Rahmenbedingungen der Wissenschaft festzulegen. Daher hilft die abwehrrechtliche Funktion der Grundrechte dann nicht weiter, wenn es um die organisatorischen und finanziellen Voraussetzungen dieser Freiheit geht, die heute weitgehend nur noch vom Staat erfüllt werden können. Dabei handelt es sich im wesentlichen um die Institutionalisierung kriminologischer Forschung überhaupt, um die Ermöglichung des Zugangs und um die Bereitstellung von Ressourcen angesichts beschränkter Leistungsfähigkeit des Staates. Selbst wenn die Legislative Grundsatzentscheidungen darüber trifft, welche Forschungsbereiche besonders zu fördern sind, verbleibt der Exekutive stets ein Vergabespielraum. Obschon die Handhabung des Vergabeermessens dem Willkürverbot unterliegt, besteht doch keinesfalls ein positiver Leistungsanspruch des einzelnen Forschers. Demgemäß sind Konflikte vorgezeichnet, wenn sich der Kriminologe mit grundsätzlich unbegrenzter Neugier Forschungsproblemen zuwendet (*Eser* 1976, 13 f.), bei der Verwirklichung seiner Forschungspläne auf die Unterstützung staatlicher und forschungsbürokratischer Stellen angewiesen ist, aber tatsächlich keine Förderung findet. Belangvoll äußert sich dies vor allem in der Beschränkung des Zugangs zu den gewünschten Daten und bei der

Ressourcenverteilung. Um aber wissenschaftlich nach Wahrheit forschen zu können, braucht man den **Zugang zu Informationen und** entsprechende **Forschungsmittel**.

Die Forschungsfreiheit kann durch Einflußnahme auf Datenzugang und -gewinnung **auf verschiedene Weise beeinträchtigt** werden. Zu denken ist neben der Mittelverknappung zwar zunächst an das Verbot oder die Verwehrung des Zutritts, an die versagte Mitwirkung bei der Erhebung, etwa im Strafvollzug oder in der Strafrechtspflege. Eine weitere Möglichkeit ist die Beschlagnahmedrohung im Falle der Erhebung relevanter Informationen zur Aufklärung eines Kriminalfalles. Außerdem hat man die Einschränkungen durch Auftragsforschung und durch Auflagenerteilung zu berücksichtigen. Ferner begrenzen Datenschutzmaßnahmen die Forschungsfreiheit.

Alle diese Einschränkungsmöglichkeiten sind wichtig. Sie spiegeln sich auch im Erfahrungsbereich kriminologischer Forschung während der letzten Jahrzehnte wider. Die Kritik an der sogenannten „Staatsforschung" beschränkt sich aber nur auf einen Teil der Zugangsproblematik und Ressourcenverteilung, also auf Gesichtspunkte, denen gegenwärtig nur partiell reale Bedeutung zukommt. Grundsätzlicher und folgenreicher als beim Gegensatz von verwaltungsinterner Forschung und unabhängiger Wissenschaft äußert sich das Spannungsverhältnis von **Freiheit und Verantwortung der Forschung beim sogenannten Datenschutz**. Diese Problematik ist deshalb so bedeutsam, weil es sich hier um ein **verfassungsrechtliches Spannungsverhältnis**, nach traditioneller Auffassung um einen Anwendungsfall des Grundrechtskonflikts zwischen dem Datenschutz als Konkretisierung der Menschenwürde und Ausgestaltung des allgemeinen Persönlichkeitsrechts (Art. 1, Abs. 1, 2 Abs. 1 GG) und der Wissenschaftsfreiheit (Art. 5 Abs. 3 GG), handelt.

Danach ist die unbeschränkte und ungesicherte Weitergabe beliebiger personenbezogener Daten an die Wissenschaft verfassungsrechtlich ebenso unzulässig wie die generelle Weigerung, der Wissenschaft personenbezogene Daten überhaupt zur Verfügung zu stellen. In diesem Falle wäre die Wissenschaft geradezu in ihrem Kernbereich betroffen. Soweit die Forschung auf personenbezogene Daten zugreifen möchte, entsteht bei der Datenübermittlung jedoch ein **Zielkonflikt** zwischen der Wissenschaftsfreiheit und dem das Recht auf informationelle Selbstbestimmung sichernden Datenschutz. Da es sich bei beiden um verfassungsrechtlich geschützte Rechtsgüter handelt, kann **weder** der **Wissenschaftsfreiheit noch** dem **Datenschutz** ein **grundsätzlicher Vorrang** zukommen. Nach dem Prinzip der praktischen Konkordanz sind sie so zu begrenzen, daß beide Grundrechte zu optimaler Entfaltung gelangen können. Deshalb muß die Abgrenzung verhältnismäßig sein und darf nicht weiter gehen, als es notwendig ist, um die Konkordanz beider Rechtsgüter herzustellen. Diese **Grenzziehung** erfolgt **durch** eine **Güterabwägung**. Sie hat sich an der Bedeutung der kollidierenden Grundrechte zu orientieren und die Einheit der Verfassung zu beachten. Eine sinnvolle Problemlösung kann daher nur auf einem Interessenausgleich beruhen, den das Gesetz aber auch ermöglichen muß. Unter Bezugnahme auf das „Volkszählungsurteil" des BVerfG (E 65, 1) wird hingegen ein weiterreichender Persönlichkeitsschutz beansprucht. Eine solche Argumentation läßt jedoch schon die verfassungsrechtlich gebotene Abwägung mit der Wissenschaftsfreiheit vermissen.

Die **Betonung von „Verwendungszusammenhang" und Mißbrauchsgefahr** ist nicht nur einleuchtend zu begründen, sondern auch für die Abwägung mit der Wissenschaftsfreiheit **entscheidend**. Denn dadurch wird das konkrete, durch den Datenschutz zu sichernde Gefährdungspotential bestimmt.

Die Probleme im Spannungsverhältnis von Datenschutz und wissenschaftlicher Forschung sind jedoch besonders gelagert (*Bayer*, FamRZ 1986, 644). **Der entscheidende Unterschied zwischen der Datenverarbeitung durch die Staatsverwaltung und der Datenverarbeitung durch die unabhängige Wissenschaft liegt in der Qualität des Gefährdungspotentials.** Selbst die seltene personenintensive Forschung führt zu keiner Bedrohung der allgemeinen Privatsphäre, die mit der Bedrohung durch die staatliche Informationsverwaltung vergleichbar wäre. Im Gegensatz zur Staatsverwaltung ist eine interventionsbezogene Datennutzung im wissenschaftlichen Forschungsbereich ausgeschlossen. Generell ist der einzelne für die Forschung lediglich als Merkmalsträger relevant. Damit ist der Verwendungszusammenhang hier ein völlig anderer. Noch deutlicher wird der qualitative Gefährdungsunterschied bei der Forschung, die nur anonyme Daten benötigt, jedoch in vielen Fällen, in denen solche Daten nicht aufbereitet vorliegen, erst personenbezogene Daten in aggregierte Daten umwandeln muß. Auf das Spannungsverhältnis zwischen Datenschutz und Forschungsfreiheit können somit die verfassungsrechtlichen Richtlinien des Volkszählungsurteils nicht pauschal übertragen werden.

Relevant werden Rechte und Maßnahmen des Datenschutzes vor allem bei der Informationsübermittlung, der zumutbaren Einholung einer Einwilligung des Betroffenen, der Benachrichtigungspflicht, der Art der Verarbeitung und der

Aufbewahrung von Daten. Deshalb ist eine Reihe von Kontrollmaßnahmen zu treffen, um den Schutz personenbezogener Daten sicherzustellen und den Mißbrauch auszuschließen (vgl. Anlage zu § 9 S. 1 BDSG). So wichtig und notwendig diese Vorkehrungen auch sind, so beeinträchtigend wirken sich manche jener Regelungen auf die Durchführung der Forschung aus. Die Tragweite tritt besonders bei Längsschnittuntersuchungen (z.b. Kohortenstudien), der personenbezogenen Begleitforschung (etwa zum Jugendvollzug oder zur Sozialtherapie) und der Implementationsforschung (etwa zu § 218 StGB, Opferschutzgesetz, Geldwäsche sowie Umwelt- und Wirtschaftsstrafrecht) deutlich hervor.

Aber auch dann, wenn man von den genannten Gefährdungen und Beeinträchtigungen der Forschungsfreiheit absieht, bleiben gravierende Probleme bestehen. Man pflegt sie zunehmend mit dem Begriff der **Forschungsethik** zu bezeichnen. In Unterscheidung zum „Ethos der Wissenschaft" als Verhaltensstandard methodengerechter Forschung durch anerkannte Forschungsmaximen und konkrete Verhaltensregeln meint die Forschungsethik das Problem der moralischen Verantwortbarkeit von Forschungsfolgen für die Gesellschaft und besonders für die Versuchspersonen. So ist es etwa forschungsethisch relevant, wenn Interviewpartner getäuscht werden oder wenn im Rahmen der Behandlungsforschung die **Zuweisung** der Probanden zur Kontroll- und Vergleichsgruppe **durch ein Zufallssystem** gewährleistet wird. Während die Täuschung der Versuchspersonen forschungsethisch verwerflich ist, ist die Implementierung eines Zufallssystems im Interesse eindeutiger Erfolgsbeurteilung zu legitimieren, da sich andernfalls mögliche Selektionseffekte und andere Störvariablen nicht ausschalten lassen.

Das Recht auf informationelle Selbstbestimmung erfordert wirksame und ausreichende Sicherungsvorkehrungen seitens der forschenden Stelle. Erst wenn ein Mißbrauch persönlicher Daten soweit wie möglich ausgeschlossen ist, kann dem Betroffenen die Überlassung seiner persönlichen Daten zugemutet werden. Personenbezogenes Datenmaterial ist bei der forschenden Stelle aber erst dann wirklich sicher, wenn auch dem Staat die Zugriffsmöglichkeit verwehrt ist. Zu fordern ist daher die **Schaffung eines Forschungsgeheimnisses mit entsprechenden Beschlagnahmeverboten und dem Zeugnisverweigerungsrecht des Wissenschaftlers.**

Zweites Kapitel

Kriminologische Entwicklungsrichtungen und Theorien

Obwohl die Gesellschaft seit ihren Anfängen Verbrechen kennt, sich Dichter, Richter und Gesetzgeber im Laufe der Jahrtausende immer wieder mit als kriminell geltenden Handlungen beschäftigt haben, sind deren Entstehungsgründe umstritten. Entsprechendes gilt für die Antworten der Gesellschaft auf das Verbrechen. Trotz partieller Informationsfülle sowie bedeutsamer Fortschritte in der Datenerhebung und -analyse bestehen wenig gesichertes Erfahrungswissen und nur geringe Erfolge in der Kriminalitätsverhütung. Dies stimmt mitunter resignierend. Manchen Betrachtern erscheint die steigende Verbrechensentwicklung, sei es als Tribut der Freiheit oder aktueller der Modernisierung, als unbeeinflußbar. Weithin scheint man sich auf eine gewisse Kriminalitätsbelastung eingerichtet zu haben. Man atmet auf, wenn die als „normal" zu erwartende Verbrechensrate nicht erheblich überschritten wird. Doch mit der Zurückweisung des Gesetzes konstanter Verhältnisse ist zugleich die Annahme von der Konstanz des Verbrechens zu verwerfen. Dies bedeutet nicht, sich mit der gegenwärtigen Verbrechensbelastung fatalistisch abfinden zu müssen, wohl aber sich mehr auf dynamisch gefaßte Konzepte der Verbrechensanalyse einzustellen und ferner bereit zu sein, auch ohne herkömmlich gesicherte Zurüstung wissenschaftliches Neuland zu betreten. Liefert daher die Wissenschaft für Entstehung, Entwicklung und Struktur der Kriminalität die einleuchtende Erklärung, so scheint zwar nicht alles zum Besten bestellt, aber doch erträglicher zu sein.

§ 4 Entwicklungsrichtungen moderner Kriminologie

Schrifttum: *Albrecht, H.-J.*, Geschichte und Kriminologie: Was kann der historische Zugang für Untersuchungen kriminologischer Fragestellungen leisten? In: Literatur, Kriminalität und Rechtskultur im 17. und 18. Jahrhundert, hrsg. v. Böker. Dresden 1996, 36-53; *Blasius*, Kriminologie und Geschichtswissenschaft. In: Geschichte und Gesellschaft 14 (1988), 136-149; *Bussmann/Kreissl* (Hrsg.), Kritische Kriminologie in der Diskussion. Opladen 1996; *Ferri*, I nuovi orizzonti del diritto e della procedura penale. Bologna 1881; *Garland,* Penal Modernism and Postmodernism. In: Punishment and Social Control. Essays in Honor of

Sheldon L. Messinger, ed., by Blomberg u.a. New York 1995, 181-209; *Göppinger/Vossen* (Hrsg.), Humangenetik und Kriminologie. In: KrimGegfr 16 (1984); *Kaiser*, Abolitionismus – Alternative zum Strafrecht? In: FS für Lackner. Berlin u.a. 1987, 1027-1046; *ders./Kury/Albrecht* (Eds.), Victims and Criminal Justice. Victimological Research: Stocktaking and Prospects. Freiburg 1991; *Krüger* (Hrsg.), Kriminologie. Eine feministische Perspektive. Pfaffenweiler 1992; *Kuhn*, The Structure of Scientific Revolutions. Chicago 1962 (deutsch: Die Struktur wissenschaftlicher Revolutionen. Frankfurt/M. 1979[4]); *Lösel*, Kriminologische Forschungsperspektiven aus psychologischer Sicht. In: Entwicklungstendenzen kriminologischer Forschung: Interdisziplinäre Wissenschaft zwischen Politik und Praxis, hrsg. v. Kury. Köln u.a. 1986, 65-91; *Quensel*, Krise der Kriminologie: Chancen für eine interdisziplinäre Renaissance? MschrKrim 72 (1989), 391-412; *Sack*, Kriminologie und Geschichtswissenschaft. Wege der Reflexion einer Disziplin. In: Zukunftsperspektiven der Kriminologie in der Bundesrepublik Deutschland, hrsg. v. Savelsberg. Stuttgart 1989, 71-141; *ders.*, Das Elend der Kriminologie und Überlegungen zu seiner Überwindung. In: Strafe, Strafrecht, Kriminologie, hrsg. v. Robert. Frankfurt/M. 1990, 15-55; *Savelsberg*, Die Zukunft der Kriminologie – Neue Perspektiven in der kriminologischen Forschung in der Bundesrepublik Deutschland in den 90er Jahren. MschrKrim 70 (1987), 89-111; *Taylor/Walton/Young*, The New Criminology. For a Social Theory of Deviance. London u.a. 1973; *Vierhaus*, Historische Kriminologie in der neuen Kriminalsoziologie. MschrKrim 73 (1990), 137-162.

1. Kriminologischer Paradigmawechsel und seine Folgen

Wissenschaftliche Auffassungen finden weite Anerkennung und genießen großes Ansehen, wenn sie innerhalb der Disziplin nicht angefochten sind. Doch entspricht es normaler Wissenschaftsentwicklung, wenn von Zeit zu Zeit die alten Denkstrukturen fragwürdig werden und zerbrechen. So spiegelt auch kriminologisches Denken heute den Aufgaben- und Theorienwandel der letzten Jahrzehnte wider. An Zweifeln, wachsender Kritik und Neuentwürfen werden die Veränderungen sichtbar. Dabei kann das Attribut „kritisch" natürlich nicht meinen, daß die Kritik erst mit der dahingehenden Selbsteinschätzung einer Denkrichtung entstanden ist. Vielmehr kennzeichnet es nur eine Phase innerhalb der Wissenschaftsentwicklung. Derartige Veränderungen pflegt man in Anlehnung an *Kuhn* (1979, 122, 147 f.) als Paradigmawechsel auszudrücken. Auch im Laufe der kriminologischen Wissenschaftsgeschichte ist wiederholt eine neue Konzeption gefordert, vermutet und beschrieben worden. Das Spektrum reicht von den „neuen Horizonten" im Sinne *Ferris* (1881) bis zur „neuen Kriminologie" von *Taylor/Walton/Young* (1973). Daran läßt sich überdies erkennen, daß **„neue Kriminologie"** nicht erst eine Bezeichnung der siebziger Jahre ist. Vielmehr wird deutlich, daß fast jede Generation mit „ihrer" Kriminologie auftritt, die sie als „neu" und selbstverständlich „kritisch" begreift. So brach auch Ende der sechziger Jahre in der kriminologischen Diskussion der Bundesrepublik ein Streit aus, der in seiner Grundsätzlichkeit und Heftigkeit alle bisherigen kriminologischen Erörterungen in der Nachkriegszeit in den Schatten stellte. Die Kontroverse wurde von einer Richtung ausgelöst und genährt, die Bezeichnungen wie „Labeling approach" ebenso abdeckt wie „neue", „kritische" oder „radikale" Kriminologie.

Die überragende **Bedeutung** und internationale Ausstrahlungskraft dieser neueren Entwicklungen bestehen vor allem

- in der Blickschärfung für bisher kriminologisch vernachlässigte Aspekte der strafrechtlichen Sozialkontrolle, einschließlich Verbrechensbegriff, Strafverfahren und stigmatisierende Sanktionen,
- außerdem in der Entdeckung von Herrschaft und Macht für die kriminologische Analyse, sei es durch Ideologiekritik am Strafrecht als dem Herrschafts- und Disziplinierungsinstrument mächtiger Interessengruppen, durch Betonung der sozialen Ungleichheit oder sei es durch Blickschärfung für die „Kriminalität der Mächtigen", insbesondere durch „Makrokriminalität", Amtsmißbrauch und Anwendung der Folter (vgl. unten § 23).
- Die Bedeutung liegt ferner in der Erweiterung und Dynamisierung des kriminologischen Forschungsspektrums, nicht zuletzt durch Untersuchung der Handlungs- und Entscheidungsmuster von Polizei, Kriminaljustiz, Strafvollzug und Bewährungshilfe.
- Schließlich ist die Skepsis gegenüber der Aussagekraft von Kriminal- und Rechtspflegestatistik als Indikator für die wirkliche Kriminalität belangvoll sowie die Umdeutung kriminalstatistischer Daten zum Indikator für die Verbrechenskontrolle (dazu unten §§ 19 f.).

Aber auch die **Kehrseite der neueren Richtungen**, soweit sie von Labeling approach, Konfliktperspektive und kritischer Kriminologie getragen werden, läßt sich nicht verkennen. Zu deren **Mängelprofil** gehört vor allem

- die sowohl theoretische als auch empirische Vernachlässigung der sogenannten Primärabweichung, also die Entstehung, die Struktur und der Umfang des Verbrechens, einschließlich des Dunkelfelds.
- Ferner wird die Erforschung und Behandlung des Täters als sinnlos verworfen.
- Sinngemäß das gleiche gilt für die Verbrechensopfer als die offenbar „Ohnmächtigen", deren Stellung, Schäden und Belange zunächst keine Forschungsaufgabe darstellen.
- Dieser Sichtweise liegt offensichtlich eine Neigung zu theoretisch übermäßiger Vereinfachung zugrunde, indem die Erklärung kriminellen Verhaltens im wesentlichen im politisch-ökonomischen Machtverhältnis gesucht wird.

21

- Daraus folgt wiederum die Überbetonung eines politisch verstandenen Aktionismus mit streng futuristischer Orientierung bis hin zu Entwürfen „konkreter Utopie" und des sog. Postmodernismus, der inzwischen auch die Kriminologie erreicht hat (kritisch *Garland* 1995, 181 ff.).
- Damit verbinden sich die Entbehrlichkeit empirischer Überprüfung und die Vernachlässigung erfahrungswissenschaftlicher Forschung.
- Soweit Versuche zu empirischer Überprüfung unternommen werden, greift man häufig auf „weiche" Beobachtungsverfahren wie teilnehmende Beobachtung oder bei historischen Analysen auf essayistische Darstellungsweisen zurück.
- Nicht nur wegen der unterstellten Ubiquität des Verbrechens und Sinnlosigkeit der Täterforschung, sondern vor allem aus Opposition gegenüber einer Reformorientierung oder aus Kritik an der Modernität des Strafrechts werden Resozialisierung und Behandlung verworfen. Diese Strategien könnten das Strafrecht „legitimieren", die bestehende kapitalistische Machtstruktur stärken und zu einer Art „Korrektionalismus" führen.
- Im übrigen wird die „Behandlungsorientierung", zum Teil in Anlehnung an *Foucault*, einseitig in Abhängigkeit vom „medizinischen Modell" als Ausdruck wachsender Medikalisierung gesehen. Diese erscheint besonders im Hinblick auf die favorisierten Analysen der politökonomischen Machtstrukturen als verfehlt.

2. Neue Strukturen der Kriminologie

Wo stehen wir nun? Befindet sich die moderne Kriminologie etwa „am Scheideweg" (so etwa *Göppinger* 1997, VII ff.)? Die **Bestandsaufnahme** zeigt folgende Aspekte:

Welches das Konzept sein mag, wie theoriegeleitet oder theorielos kriminologische Forschung international auch ist, überall und stets befaßt sie sich neben dem Verbrechen, der Persönlichkeit des Rechtsbrechers und der Opfersituation auch mit den Instanzen und Handlungsmustern der Verbrechenskontrolle. Alle Definitionsfragen, Diagnose- und Sanktionsprobleme hängen mit der Problematik dieser Gegenstände zusammen. Dies gilt ferner für die wichtigsten Entwicklungstendenzen, für deren Erfassung Begriff, Aufgabe und Rolle der Kriminologie sowie Erkenntniswandel, Gegenstand und Ansätze die Orientierungspunkte liefern.

Insgesamt betrachtet haben sich Begriffe und Forschungsbereich der Kriminologie erheblich ausgeweitet. Verbrechensbegriff und Einrichtungen der Verbrechenskontrolle werden nicht mehr so wie ehemals fraglos hingenommen. Auch Verbrechensopfer, Anzeigeerstatter, Polizei und Strafverfahren sind in die kriminologische Analyse einbezogen. Erst mit der Aufnahme rechtssoziologischer Fragestellungen ist die Kriminologie zur **umfassenden Wirklichkeitswissenschaft des Strafrechts** geworden. Zu dieser Ausweitung des Blickfeldes hat der sogenannte Labeling approach oder soziale Reaktionsansatz erheblich beigetragen (dazu unten § 14, 2). Freilich kann sich Kriminologie nicht darin oder in einer „Strafrechtssoziologie" (so aber *Sack* 1990, 27 ff.) erschöpfen (siehe auch den Diskussionsbericht über „die Zukunft der Kriminologie" von *Savelsberg* 1987, 89 ff.).

Aufgrund des erweiterten Blickfeldes, insbesondere wegen der erörterten Aspekte des Verbrechensbegriffes und der Verbrechenskontrolle, hat die **nur täterorientierte Analyse an Bedeutung verloren.** Mag diese Veränderung auch auf dem Zuwachs vornehmlich sozialwissenschaftlich ausgebildeter Forscher und der dadurch mitbedingten Zuwendung zu anderen Fragestellungen beruhen, so lassen sich doch fortbestehende Bedürfnisse, die Persönlichkeit des Rechtsbrechers in ihrem Umfeld zu untersuchen, nicht übersehen. Ort und Aufgabe der Strafrechtspflege und des Strafvollzugs, der Bewährungs- und Jugendhilfe, machen Diagnose, Prognose und individualisierende Behandlung mehr denn je erforderlich. Selbst die partiell mögliche Überwindung von Mängeln traditioneller Handhabung durch sozialpolitisch wirksame Gestaltung und größere Rechtsstaatlichkeit können doch nur teilweise zu überlegenen Problemlösungen führen. Auch dann bleiben die Fragen, was die Gesellschaft mit Gewalt-, Verkehrs- und Wirtschaftskriminellen tun und wie sie die negativ sozialauffälligen Jugendlichen behandeln soll. Um der Zurechnung, Gleichheit und Wirksamkeit, um rationaler und humaner Behandlung willen kann man auf die Beurteilung der straffälligen Persönlichkeit nicht verzichten. Fraglich kann nur sein, ob der bisherige Stand der Persönlichkeitsforschung den neuen Einsichten kriminologischen Denkens schon ausreichend Rechnung trägt.

Mit der Blickschärfung für den Verbrechensbegriff und die Probleme der Verbrechenskontrolle werden freilich auch die politischen Implikationen sichtbar und bleibt infolgedessen kriminalpolitische Kritik nicht aus. Wird die gegenwärtige Praxis als anstößig empfunden und tritt man engagiert für die Veränderung der sozialen Verhältnisse ein, so läßt die Polarisierung auch im kriminologischen Bereich nicht auf sich warten. Daher wird die **Aufgabe der Kriminologie** heutzutage praxisbezogener und vor allem politischer verstanden, als dies seit Jahrzehnten der Fall war. Dies äußert sich als Kritik an der „etatistischen" Grundorientierung der Kriminologie und selbst in dem neuentdeckten Interesse an der Geschichte, das sich von den weit zurückreichenden Ansätzen historischer Kriminologie teilweise grundlegend unterscheidet. Gleichwohl gehört die historisch-kriminologische Untersuchung zum festen Bestand heutiger Wissenschaft (siehe dazu den anregenden und materialreichen Beitrag von *Blasius* 1988, 145 ff., der auf dem genuin historischen Erkenntnisinteresse beharrt; ferner *Vierhaus* 1990, 137 ff. und *Albrecht* 1996, 36 ff.).

Als weitere Bereicherung des kriminologischen Rollenspiels ist die Kontroverse mit den verschiedensten **Spielarten neomarxistischer Kriminologie hinzugetreten** (vgl. dazu unten § 14, 4). Derartige Strömungen erscheinen **auch im Gewand sogenannter Konfliktkriminologie** (dazu unten § 14, 3) oder **feministischer Kriminologie** (siehe *Krüger* 1992) oder gar des sog. **Postmodernismus** (kritisch *Garland* 1995, 181 ff.). Nicht selten dient als Ausgangspunkt die marxistische Hypothese, daß es in der bürgerlichen Gesellschaft keinen Konsens über grundlegende Werte und Ziele gäbe. Immerhin ist die sogenannte Kriminalität der Mächtigen (siehe unten §23) zu einer untersuchungswürdigen Forschungsperspektive geworden. Demgegenüber hat der politisch-soziale Umbruch in Ostmitteleuropa die **Versuche zur Begründung einer eigenständigen „sozialistischen Kriminologie"** (dazu LB § 18, 2) schlagartig **beendet**, ohne noch einer anstrengenden Überwindung des „Stalinismus" in der Kriminologie zu bedürfen.

Wissenschaftliches Erklären ist ein theoretischer, d.h. theorieerzeugender und -anwendender Prozeß. Die theoretischen Erkenntnisse bilden dabei das Führungswissen zum Vorausdenken und Erklären. Sie versuchen für mehr als eine Erscheinung zu beantworten, wie und warum etwas geschieht.

Kriminologische Theorien können sich auf unterschiedliche Erkenntnisgegenstände beziehen. Sie können sich **primär**

- am **Verbrechen,**
- am **Verbrecher,**
- an der **Verbrechenskontrolle oder**
- an dem **Verbrechensopfer**

orientieren, greifen jedoch häufig darüber hinaus. Denn die Erkenntnisgegenstände sind vielschichtig und miteinander verflochten. Schon das Verbrechen umfaßt einen weiten Verhaltensbereich. Auch tragen verschiedene Wissenschaften zur Deutung bei. Daher stößt man auf eine Vielzahl von Erklärungsansätzen. Diese treffen aus unterschiedlicher Perspektive allgemeine Aussagen über die Kriminalität. Dieser Sachverhalt wird nicht selten als frustrierend, verwirrend, ja abschreckend erlebt. Die Orientierung wird zusätzlich erschwert, wenn man auch Strafkonzepte und viktimologische Ansätze einbezieht. Daraus schöpft wiederum das Bemühen um Überblick seine Kraft.

§ 5 Theorien der Verbrechenskontrolle und der Kriminalisierung

Schrifttum: *Baratta*, Criminologia critica e critica del diritto penale. Introduzione alla sociologia giuridico-penale. Bologna 1982; *Davis/Starz*, Social Control of Deviance. A Critical Perspective. New York u.a. 1990; *Frehsee/Löschper/Schumann* (Hrsg.), Strafrecht, soziale Kontrolle, soziale Disziplinierung. Opladen 1993; *Garland*, The Limits of the Sovereign State. Strategies of Crime Control in Contemporary Society. BritJCrim 36 (1996), 445-470; *Jung*, Zur Privatisierung des Strafrechts. In: Perspektiven der Strafrechtsentwicklung, hrsg.v. Jung u.a. Baden-Baden 1996, 69-78; *Lowman* u.a. (eds.), Transcarceration: Essays in the Sociology of Social Control. Aldershot u.a. 1987; *Sack*, Das Elend der Kriminologie und Überlegungen zu seiner Überwindung. In: Strafe, Strafrecht, Kriminologie, hrsg. v. Robert. Frankfurt/M. 1990. 15-55; *Vold/Bernard*, Theoretical Criminology. New York u.a. 1986.

Versteht man unter Verbrechenskontrolle die Anstrengungen von Staat und Gesellschaft, Verhaltenskonformität im strafrechtlich geschützten Normbereich zu sichern, so sind an Erklärungskonzepten in erster Linie Straf- und Strafrechtstheorie gemeint, aber auch deren schärfster Widerpart in den Gestalten kritischer Strafrechtstheorie. Herkömmlich wird der strafrechtlich orientierte Theorienwandel durch den Streit um **klassisches Strafrecht, Zweckstrafrecht, Schuldstrafrecht, défense sociale, Maßnahmenrecht** und neuerdings wiederum durch ein **neoklassisches Strafverständnis** (hierzu unten § 12, 1) bestimmt. Hingegen stützt sich die strafrechtskritische Theorie hauptsächlich auf psychoanalytische Annahmen wie die sogenannte **Sündenbocktheorie,** auf den **Labeling approach** sowie auf **konfliktorientierte Ansätze** der Herrschaftskritik.

Hierzu werden unterschiedliche Auffassungen vertreten (*Vold/Bernard* 1986, 13 ff., 361 ff.). Sie umfassen ebenso den **kritischen Objektbezug zum Staat** und zur Staatstheorie (*Lowman* u.a. 1987, 4, 111 f.; *Sack* 1990, 30 ff.; *Garland* 1996, 448 ff., 459 ff.; *Jung* 1996, 72 ff.) wie die **abolitionistischen und feministischen Perspektive**n (dazu unten § 14, 5). Wegen der Rolle von Macht und Interessengruppen sowie der „gefährlichen Qualität" sozialer Kontrolle erblickt man im politischen Prozeß oder im Staat die zentrale Forschungsaufgabe. Obwohl die Erarbeitung kriminalpolitischer Problemlösungen verworfen wird, ist der Anspruch implizit stets derselbe, nämlich das Verbrechen besser, gerechter, humaner und mit geringeren sozialen Kosten zu bewältigen. Die Ansätze unterscheiden sich nur darin, daß sie sich teils in distanzierter Kritik

25

erschöpfen, teils bis zu Empfehlungen, Vorschlägen und Alternativen reichen. Dazu werden verschiedene Strategien der Entregelung herangezogen: Dezentralisierung, Entkriminalisierung, Entinstitutionalisierung, Diversion und radikale Nichtintervention („do-less-Strategie"). Sie gewinnen bei unterschiedlicher Motivierung in der gegenwärtigen Diskussion eine herausragende Bedeutung, zumal nicht selten die offene oder verdeckte „Expansion des Strafrechtssystems" sowie die Verlagerung von einem zum anderen Subsystem angenommen wird. Als Alternative wird demgegenüber das Modell der Selbsthilfe oder Gegenseitigkeit empfohlen (*Davis* u.a. 1990, 6, 15, 23 f.).

Zwar pflegt man Theorien der Verbrechenskontrolle traditionell im Bereich des Strafrechts oder der Kriminalpolitik unter den Leitideen von „Repression" und „Prävention" zu erörtern. Steht jedoch die Verbrechenskontrolle wie hier als Erkenntnisgegenstand der Kriminologie derart im Blickpunkt, so kann man auf ihre theoretische Durchdringung, und d.h. auch auf die Auseinandersetzung mit den unterschiedlichen theoretischen Positionen im kriminologischen Zusammenhang, nicht verzichten (dazu eingehend unten § 10). Dabei muß den verschiedenen **Möglichkeiten und Wegen externer Verhaltenskontrolle** – der Kriminalisierung, Überwachung, Sanktionierung, Schlichtung, Wiedergutmachung und Verhütung – ebenso wie den Implikationen für die Menschenrechte die Aufmerksamkeit gelten.

§ 6 Theorien des Verbrechens und der Kriminalität

Schrifttum: *Brammsen*, Kriminalität und Sozietät. Jura 11 (1989), 122-128; *Kunz*, Prüfungsgespräch: Kriminalitätstheorien. In: Fälle zum Wahlfach Kriminologie, Jugendstrafrecht, Strafvollzug, hrsg. v. Jung. München 1988, 29-41; *Lamnek*, Theorien abweichenden Verhaltens. München 1990[4]; *Meier* (ed.), Theoretical Methods in Criminology. Beverly Hills u.a. 1985; *Williams/McShane*, Criminological Theory. Englewood Cliffs/N.J. 1988.

Während die Theorien der Verbrechenskontrolle die Bewältigung des Verbrechens einschließlich der Modifikationen des Verbrechensbegriffs zum Gegenstand haben, wollen die von ihnen abhängigen Theorien des Verbrechens die besonderen Bedingungen des Entstehens und Verschwindens von Kriminalität angeben, und d.h. erklären. Dieser Bereich ist traditionell die Domäne kriminalsoziologischer und sozialpsychologischer Theoriebildung. **Lern-, Kontroll- und Anomietheorien** suchen hier ihre Erklärungskraft (eingehend unten §§ 24; 28; 31, 3). Von diesen

Grundkonzepten (*Meier* 1985, 12 f.) sind die Theorien des Kulturkonflikts, der Subkultur, der Neutralisierungstechniken, ferner der jeweils
differentiell begriffenen Assoziation, Identifikation, Antizipation und
Sozialisation abgeleitet.

Je nachdem, ob das **Verbrechen als** eine Individual- oder als eine
Sozialerscheinung betrachtet wird, sind unterschiedliche Konzepte zur
Erklärung heranzuziehen und verschiedene Behandlungswege einzu-
schlagen. Dem steht nicht entgegen, daß viele Theorien für beide Phänomene zu passen scheinen. Deshalb werden sie auch häufig zur Erklärung sowohl für den Einzelfall des Verbrechens als auch für die gesamte
Kriminalität, ja sogar für die Kriminalitätsentwicklung herangezogen.
Im übrigen neigt man nicht selten dazu, im Einzelfall nach einer psychologisch plausiblen Ad-hoc-Erklärung oder naiven Verhaltenstheorie zu
suchen und im Falle der Massenerscheinung nach einem soziologischen
Konzept zu greifen. Dies weist auf die unterschiedliche Aussagekraft
und Brauchbarkeit der Theorien hin. So leuchtet es ein, Verbrechen als
Einzelerscheinung primär mit Hilfe täterorientierter Konzepte (Lern-,
Sozialisations- und Kontrolltheorien), hingegen Verbrechen als gesellschaftliche Erscheinung **mittels sozialstruktureller oder sozialkon-
fliktbezogener Konzepte** (Anomie-, [Kultur-] Konflikt- und Subkultur-
theorien, eventuell auch Labeling approach) **zu erklären.**

Zur Deutung der Kriminalitätsentwicklung empfiehlt es sich überdies,
das Konzept des sozialen Wandels heranzuziehen und mit Elementen der
Modernisierung, des Wertewandels, der Anomie- und der Kontrolltheorie zu verbinden (siehe unten § 24, 3.4). Demgemäß sind die Kriminalitätstheorien hier explizit zu behandeln, während die mehr auf den
Einzelfall bezogenen Erklärungsansätze als durchweg täterorientiert
ihren legitimen Ort im Zusammenhang mit dem Erkenntnisgegenstand
der Täterpersönlichkeit finden.

§ 7 Theorien der Täterpersönlichkeit

Schrifttum: *Akers*, Deviant Behavior: A Social Learning Approach. Wadsworth,
Belmont/Ca. 1985[3], *Brammsen*, Die Person des Täters aus kriminologischer
Sicht. Persönlichkeitsbezogene Kriminalitätstheorien. JA 10 (1988), 57-67; *Ey-
senck*, Crime and Personality. London 1964 (deutsch: Kriminalität und Persön-

lichkeit. Frankfurt/M. 1977); *Lösel*, Kriminalitätstheorien, psychologische. In: KKW 1993[3], 253-267; *Wilson/Herrnstein*, Crime and Human Nature. New York 1985.

Weil soziale Lern-, Kontroll- und Sozialisationstheorien nicht nur die Entstehung des Verbrechens erklären, sondern zugleich der sogenannten **Täterorientierung** folgen, kann man sie auch den persönlichkeitstheoretischen Konzepten zurechnen (vgl. *Schwind* 1996, 99 ff.). Trotz gewisser Überlappungen besteht allerdings ein wichtiger Unterschied zu persönlichkeitsspezifischen Auffassungen darin, daß Lerntheorien mitunter das Auftreten situationsübergreifender Persönlichkeitsmerkmale (sog. traits) bestreiten (*Akers* 1985, 39 ff.).

Spezifische Persönlichkeitstheorien haben zwar in der Kriminologie der Gegenwart an Bedeutung verloren (siehe dazu oben § 4, 1), sind jedoch unverändert notwendig. Andernfalls würde man der Vielschichtigkeit des kriminologischen Geschehens und seiner Entstehung nicht gerecht. Eine Reduktion der Verhaltenskomplexität unter Ausblendung der Mikroperspektive führte zum Wirklichkeitsverlust. Deshalb bezieht sich eine der drei kriminologischen Erklärungsebenen auf das Individuum. Herkömmlich war dies nur der Täter; neuerdings ist das Verbrechensopfer hinzugetreten. **Grundannahme** aller Täterperspektiven ist seit jeher, daß sich Rechtsbrecher von Rechtskonformen durch Persönlichkeitsdimensionen unterscheiden. Traditionell stehen Besonderheiten der Erb-, Konstitutions- und Verhaltensbiologie im Vordergrund (siehe *Brammsen* 1988, 57 ff.), neuerdings **biosoziale Perspektiven und unterschiedliche Ausprägungen von Persönlichkeitsdimensionen** (*Wilson* u.a. 1985, 41 ff.). Die größte, obschon nicht unumstrittene Bedeutung hat in der Gegenwart die **Theorie unterschiedlicher Konditionierbarkeit** von *Eysenck* (1977, 161 ff.) erlangt. Demgegenüber hat die **Frustrations-Aggressions-Hypothese**, die jede Aggression auf vorausgegangene Frustrationen zurückführt, erhebliche Einschränkungen in Aussagekraft und Brauchbarkeit sowie Umdeutungen erfahren. Andere Forschungsansätze suchen Persönlichkeitstheorie mit sozialpsychologischen Sichtweisen zu verknüpfen. Dies trifft sowohl für die neueren biosozialen Perspektiven (siehe dazu unten § 26), ferner für streßinduzierte Ansätze (vgl. § 39, 2) wie auch für **differentielle Lern- und Sozialisationstheorien** zu (vgl. *Akers* 1985). Diese haben sich nicht zuletzt deshalb als ergiebiger erwiesen, da sie neben Persönlichkeitsdimensionen auch Sozialprofil, soziale Bezüge und Wertorientierung des Rechtsbrechers mit einbeziehen, Aspekte, denen nach den **Bindungs- und Kontrolltheorien** herausragende Aussagekraft zukommt. Im Gegensatz zur Annahme von der Verinnerlichung von Normen und Werten, wie sie von den Lern-, Sozialisations- und Bindungstheorien vertreten oder vorausgesetzt wird, betont die **Theorie der Moralentwicklung** nach *Kohlberg* die aktive Konstruktion von individualisiertem moralischen Urteilen aufgrund von Erfahrungen sozialer Interaktion.

§ 8 Theorien des Verbrechensopfers und der Viktimisierung

Schrifttum: *van Dijk*, Viktimologie in Theorie und Praxis. In: Verbrechensopfer, Sozialarbeit und Justiz, hrsg. v. Janssen, u.a. Bonn 1985, 3-24; *Fattah*, Understanding Criminal Victimization. An Introduction to Theoretical Victimology. Scarborough/Ont. 1991; *Garofalo*, Reassessing the Lifestyle Model of Criminal Victimization. In: Positive Criminology, ed. by Gottfredson u.a. Beverly Hills u.a. 1987, 23-42; *Hindelang/Gottfredson/Garofalo*, Victims of Personal Crime: An Empirical Foundation for a Theory of Personal Victimization. Cambridge/Mass. 1978; *Mawby/Walklate*, Critical Victimology. International Perspectives. London 1993; *Seligman*, Helplessness. San Francisco 1975 (deutsch: Erlernte Hilflosigkeit. München u.a. 1979); *Zauberman*, Sources of Information about Victims and Methodolocigal Problems in this Field. In: EuCrimRes 23 (1985), 17-63.

Obwohl der Viktimisierung in der Gegenwart mit Recht große Beachtung geschenkt wird und das Verbrechensopfer einen der kriminologischen Erkenntnisgegenstände darstellt, ist die theoretische Durchdringung und Entfaltung der viktimologischen Perspektive noch nicht weit gediehen. Offenbar überlagern rechtspolitische Interessen dieses Forschungsfeld, kann doch hier die viktimologische Bewegung ihre größten Erfolge verbuchen (dazu kritisch *van Dijk* 1985, 4, 19). Anspruchsvoller in der Erklärungskraft haben sich hauptsächlich die sogenannten **Lebensstilkonzepte** (Risikoverhalten) und die **Theorie unterschiedlicher Gelegenheitsstruktur** erwiesen (*Hindelang* u.a. 1978, 121 f.; *Zauberman* 1985, 39 ff.). Allerdings läßt sich dabei die Tatsache nicht verkennen, daß die opferorientierte Perspektive prinzipiell an demselben Mangel wie die Täterorientierung leidet, nämlich an dem Unvermögen, das Gesamtphänomen empirisch erfassen zu können, das sie kriminologisch zu erklären meint. Entsprechendes gilt auch für Krisistheorie, die **Theorie der erlernten Hilflosigkeit** (*Seligman* 1975) und die Theorie der gerechten Welt, die in diesem Zusammenhang zur Erklärung herangezogen werden.

§ 9 Theorienvergleich und Folgerungen

Die kriminologischen Grundbegriffe Verbrechen, Verbrecher, Verbrechensopfer und Verbrechenskontrolle zeigen die relevanten **Erkenntnisgegenstände** und zugleich **verschiedene Erklärungsebenen** an, nämlich die

* **individuelle,**
* **strukturelle** und
* **institutionelle.**

Täter und Opfer stehen danach für die individuelle, die Schichtung der Zugangschancen für die strukturelle und die Verbrechenskontrolle für die institutionelle Ebene. Jede Vernachlässigung eines Erkenntnisgegenstandes würde notwendig mit Wirklichkeitsverlust erkauft werden. Demgemäß müssen auch alle drei Erklärungsebenen die Strukturierung der kriminologischen Theorien bestimmen. Der vorausgehende Überblick (siehe oben §§ 4 ff.) trägt ihnen deshalb Rechnung. Ihnen sind überdies die **vier bedeutendsten Theorietraditionen** verpflichtet, und zwar

* **soziale Lern- und**
* **Kontrolltheorien** sowie
* **Anomietheorie** und
* **Labeling approach.**

Allerdings läßt die Analyse des Zusammenhangs erkennen, daß kriminologische Theorien ihren Schwerpunkt herkömmlich in den individuellen und strukturellen Erklärungsebenen suchen, während sich an der institutionellen Ebene außer dem Labeling approach hauptsächlich straf- und kriminalpolitische Konzepte oder übergreifend Theorien der Verbrechenskontrolle orientieren. Lediglich die viktimologische Perspektive ist theoretisch erst wenig entwickelt.

1. Strukturen und Leistungsfähigkeit kriminologischer Theorien

Schrifttum: *Hondrich*, Entwicklungslinien und Möglichkeiten des Theorievergleichs. In: Verhandlungen des 17. Dt. Soziologentages. Stuttgart 1976, 14-35; *Lamnek*, Theorien abweichenden Verhaltens. München 1993[5]; *ders.*, Wider den Schulenzwang. Ein sekundäranalytischer Beitrag zur Delinquenz und Kriminalisierung Jugendlicher. München 1985; *McCord*, Theory, Pseudotheory and Metatheory. In: Advances in Criminological Theory, ed. by Laufer u.a. New Brunswick u.a. 1989, 127-145; *Merton*, Three Fragments from a Sociologist's Notebooks. ASR 13 (1987), 1-28; *Opp/Wippler* (Hrsg.), Empirischer Theorienvergleich. Opladen 1990.

Auch dann, wenn wir eine additive Aneinanderreihung von Theorien vermeiden und eine Strukturierung nach Erkenntnisgegenstand und Erklärungsebene versuchen, haben wir es noch immer jeweils mit einer Vielfalt theoretischer Angebote zu tun. Deshalb steht der **Kriminologe vor schwierigen Auswahlproblemen**: Er muß sich entscheiden, in welcher Theoriesprache er sein kriminologisches Problem formulieren, interpretieren und Lösungen suchen will; er hat zu prüfen, ob er die zunächst ins Auge gefaßte Theorie nicht besser durch eine andere ersetzt, die vielleicht mehr zu leisten verspricht, oder ob er im Hinblick auf die jeweils begrenzte Reichweite für sein Problem nicht mehrere Theorien miteinander verknüpfen muß (vgl. *Hondrich* 1976, 21 ff.). Ein **Theorienvergleich** kann hier helfen, die Entscheidungsfindung zu erleichtern (*Lamnek* 1993, 237 ff., 282 f.). Allerdings liegen Ergebnisse eines solchen Theorienvergleichs noch kaum vor (siehe jedoch *Lamnek* 1985, 82 f., 424 ff.), zumal es an allgemein verbindlichen Kriterien zur Beurteilung der Leistungsfähigkeit von Theorien und damit an vergleichender Analyse der verschiedenen Kriminalitätstheorien fehlt.

Theorien vermitteln uns bekanntlich eine bestimmte **Orientierung**; sie lenken unsere Aufmerksamkeit auf einige Besonderheiten des Problemfeldes; doch sie entfernen uns von anderen und machen uns für diese „blind" (siehe die „specified ignorance" nach *Merton* 1987, 7). Auch wenn man systematisch vorgeht, sind Begriff und Aussageform **„Theorie" für kriminologische Überlegungen noch immer recht anspruchsvoll.**

Diese Schwierigkeit läßt sich weder dadurch lösen, daß man sich das gesamte **Theorienangebot** der kriminologischen Grund- und Bezugswissenschaften vor Augen führt, noch, daß man beim bilanzierenden **Theorienvergleich** stehen bleibt oder resignierend gar darauf verzichtet. Methodisch sicher ist sie kaum zu bewältigen, es sei denn durch Entscheidung. Die **Auswahlentscheidung** zwischen konkurrierenden Theorien ist jedoch nicht selten von vorgefaßten Meinungen, Grundauffassungen oder der Herkunftsdisziplin geleitet. Überwiegend sind Forscher von dem Aussagevermögen ihrer Disziplin wohl mehr überzeugt als von der Weisheit anderer Wissenschaften. Demzufolge erweisen sich in der kriminologischen Forschung allgemein diejenigen theoretischen Ansätze als „bewährt", die dem eigenen Fach entstammen. Dieser Sachverhalt kann weder zufällig noch richtig sein. Er ist wohl in erster Linie Ergebnis der professionellen Sozialisation, obgleich auch Karriereinteressen sowie Bequemlichkeit, sich auf vermeintlich sicherem Boden zu bewegen und darauf zu beschränken, mitspielen mögen.

Um wissenschaftlich vorgehen zu können, muß sich die **Auswahl unter den alternativen Erklärungen** letztlich **auf empirische Beweiskraft stützen**, eine Überprüfung, die heute auch möglich erscheint. Eine Beschränkung auf die wichtigsten Theorietraditionen erweist sich dabei als sinnvoll.

Die wesentliche **Bedeutung einer weiter- oder fachübergreifenden Theorie** scheint darin zu liegen, daß sie unsere Aufmerksamkeit auf „alle" relevanten Faktoren lenkt und uns vor Teilerklärungen sowie unvollständigen Interpretationen schützt.

Wegen mangelnder Voraussetzungen, Inkonsistenzen im Maßstab und unzureichender Quantifizierbarkeit der Bewertung lassen sich Theorien „nur mit größten Schwierigkeiten" vergleichen (*Lamnek* 1993, 237). Eine Gliederung allein nach dem „Härtegrad" der Theorie (vgl. *McCord* 1989, 127 ff.) befriedigt nicht. Denn bekanntlich können auch „weiche" Theorien eine große Fruchtbarkeit entfalten. Daraus folgt wiederum, daß ein Theorienvergleich hinsichtlich der zugrundegelegten Dimensionen vorerst nur sehr allgemein und qualitativ vorgenommen werden kann. Die Einschränkungen können freilich nicht dazu führen, relativistisch auf jeglichen Theorienvergleich zu verzichten und sich wie *Eisenberg* (1995, 32 ff.) auf das „Vorverständnis" oder die „Verständnisebene" zurückzuziehen. Vielmehr stellt das methodische Instrumentarium der Wissenschaft anerkannte **Prüf- und Vergleichskriterien** bereit. Dazu zählen vor allem der Grad empirischer Bewährung von Theorien und deren praktische Leistungsfähigkeit, insbesondere zur Prognose und technologischen Anweisung. Zu welchen Ergebnissen führt daher die vergleichende Analyse?

Am besten vermag eine Theorie ihre **Erklärungskraft** noch immer dann zu beweisen, **wenn** es um relativ gut abgrenzbare und beobachtbare **Einzelerscheinungen** geht (vgl. *Lamnek* 1985, 432 ff.; *Göppinger* 1997, 103) wie Jugend-, Ausländer- und Frauenkriminalität sowie Wirtschafts-, Verkehrs- und Gewaltdelikte. Wohl ist auch jetzt noch die Erklärung schwierig genug. Aber nun läßt sich am ehesten überprüfen, welche Konzepte sich als ergiebig erweisen. Häufig bleiben nur Theoriebruchstücke und Erklärungen von begrenzter Reichweite übrig. Dies schließt das Eingeständnis ein, daß ein **universelles System von widerspruchsfreien theoretischen Aussagen über die vielschichtige Verbrechensentstehung, geschweige denn über die Verbrechenskontrolle, nicht möglich** ist.

Ausbaufähig erscheinen somit auf absehbare Zeit nur die Einbeziehung von **„Dimensionen"** – sei es aus verhaltensbiologischer, sozialpsychologischer oder soziologischer Wissenschaft –, die Strukturierung der Theorie nach **Erklärungsebenen** und **Erkenntnisgegenständen**, die Möglichkeiten des **Theorievergleichs** und die **Versuche nach Integra-**

tion. Bislang hat man allerdings in der Kriminologie keine befriedigenden Konzepte entwickeln können, die fähig wären, die relevanten Elemente und Aspekte unterschiedlicher Theorieansätze integrativ zu vermitteln und zu verknüpfen (*Schwind* 1996, 129; *Kürzinger* 1996, 71). Eine **gestuft-integrierende Verbrechenstheorie**, die empirisch brauchbar wäre und auch nach ihren Implikationen für die Verbrechenskontrolle voll überzeugen könnte, ist noch kaum in Sicht. Immerhin gibt es **Ansätze** hierzu. Zu denken ist in erster Linie an Sozialisations- und Kontrolltheorie.

Um die gegenwärtig unverkennbare Stagnation in der Theorientwicklung zu überwinden, ist die **Rückbesinnung und Konzentration auf die wichtigsten vier Theorietraditionen hilfreich**. Dazu gehören bekanntlich Anomie- oder Spannungstheorien, Lerntheorien und Kontrolltheorien sowie der Labeling approach.

Ferner ist die **Differenzierung** kriminologischer Konzepte **nach Erkenntnisgegenständen** geboten. Die Erklärungsebenen können dabei individuell, strukturell oder institutionell bestimmt sein. Demgemäß können sich kriminologische Theorien primär auf

- das Verbrechen,
- die Kriminalität sowie die Kriminalitätsentwicklung,
- den Verbrecher,
- das Verbrechensopfer oder
- die Verbrechenskontrolle

beziehen. Sie stehen jedoch nicht selten in einem Gesamtzusammenhang.

2. Mängel und Schwächen kriminologischer Theoriebildung

Schrifttum: *van den Haag*, The Neoclassical Theory of Crime Control. In: Theoretical Methods in Criminology, ed. by, Meier. Beverly Hills 1985, 177-196; *Heinz*, Kriminalitätstheorien. In: Fälle zum Wahlfach Kriminologie, Jugendstrafrecht, Strafvollzug, hrsg. v. Jung. München 1975, 16-51; *Lamnek*, Theorien abweichenden Verhaltens. München 1993[5]; *Meier* (ed.), Theoretical Methods in Criminology. Beverly Hills u.a. 1985; *Quensel*, Let's Abolish Theories of Crime: Zur latenten Tiefenstruktur unserer Kriminalitätstheorien. KrimJ 1986, 1. Beiheft, 11-23; *Schneider*, Ursachen der Kriminalität. Neue Entwicklungen in der internationalen kriminologischen Theoriediskussion. Jura 1996, 337-344, 397-404; *Schöch*, Schulenstreitfall. In: Jur. Studienkurs 1994[4], 33-49.

Trotz ihrer Reichhaltigkeit kann die bisherige Theoriebildung – unabhängig davon, ob sie zur Verbrechenskontrolle, zum Verbrechen und zur Kriminalität, zur Täterpersönlichkeit oder zum Verbrechensopfer als Erklärung angeboten wird – nicht befriedigen.

So läßt sich generell sagen, daß die bisher entwickelten Theorien abweichenden Verhaltens sich zwar dadurch auszeichnen, daß sie sich von den überlieferten Persönlichkeitskonzepten gelöst und den Blick auf soziale Bezüge und Bedingungen gelenkt haben. Beurteilt man derartige Theorien jedoch inhaltlich und zieht dabei das Erklärungspotential, die praktische Brauchbarkeit und den Grad empirischer Bewährung mit heran, so muß den Konzepten „– zum Leidwesen eines jeden Soziologen –" ein relativ schlechtes Zeugnis ausgestellt werden. Auch erschwert das hohe Abstraktionsniveau jener Theorien und ihre Erklärungsabsicht unter Zuhilfenahme globaler Konzepte die praktische Umsetzung. „Gerade die Soziologie … kann im Bereich abweichenden Verhaltens trotz (oder wegen) ihrer Theorien weniger leisten als multifaktorielle Ansätze mit theorie- und zusammenhanglosen induktiv gewonnenen Variablen" (*Lamnek* 1993, 282 f.). Dem steht nicht entgegen, daß eine vergleichende Beurteilung mit nichtsoziologischen Verbrechenstheorien zu dem Ergebnis führt, daß auch hier kaum überlegene Erklärungsversuche zu erkennen sind.

Die vielfältigen Theorieangebote sehen sich denn auch außerhalb und innerhalb der Erfahrungswissenschaften zunehmend Einwänden ausgesetzt (vgl. *Schneider* 1987, 359 ff.; 1996, 397 ff.; *Lamnek* 1993, 282 f.; *Schöch* 1994, 33 ff.; *Eisenberg* 1995, 65 ff.; *Kürzinger* 1996, 70 ff., 108 ff.; *Schwind* 1996, 127; *Göppinger* 1997, 106 ff.). Dabei zielen die **Hauptbedenken** gegen

- die fehlende empirische Sicherung,
- die beträchtliche Realitätsferne und
- die mangelnde Praxisrelevanz.

Daher verwundert es nicht, daß **offenbar keine Theorie** besteht, **welche von der Mehrheit der Kriminologen als die „beste" anerkannt wird.** Einigkeit scheint nur insoweit zu herrschen, als man der Auffassung ist, daß die kriminologische Theorientwicklung stagniert (*Meier* 1985, 14).

3. Grenzen und Möglichkeiten der Theorieintegration

Schrifttum: *Amelang*, Sozial abweichendes Verhalten. Berlin u.a. 1986; *Opp*, The Economics of Crime and the Sociology of Deviant Behaviour. A Theoretical Confrontation of Basic Propositions. Kyklos 42 (1989), 405-430; *Schöch*, Schulenstreitfall. In: Jur. Studienkurs 1994[4], 33-49; *Vold/Bernard*, Theoretical Criminology. New York u.a. 1986.

Während kriminologische Theorien wie Anomie oder Kulturkonflikt ihre politischen Implikationen vorwiegend im sozialpolitischen Feld der primären Prävention finden, erblicken Sündenbocktheorie, Konfliktkriminologie und Abolitionismus ihr Ziel in Alternativen zum oder gar im Verzicht auf das Strafrecht. Straftheorien wiederum wie Schuldvergeltung und Generalprävention setzen hauptsächlich im engeren Bereich sekundärer und tertiärer Prävention an, ohne über Ad-hoc-Konzepte zur Täterpersönlichkeit hinaus weiter nach einer Theorie des Verbrechens zu fragen. Von hier aus gesehen liegt die Genese des Verbrechens klar und eindeutig in den verwerflichen Motiven der Täterpersönlichkeit und deren fehlerhafter Entscheidung, die sich in der Tat manifestiert. **Eine Begegnung oder gar systematische Integration von Verbrechens- und Verbrechenskontrolltheorien** der relevanten Wissenschaften **scheint danach kaum möglich zu sein** (siehe etwa *Bock* 1995, 101). Jede Annäherung würde entweder zur Aufgabe des Strafrechts oder zum Verlust kriminologischen Erkenntnispotentials führen (vgl. aber *Schöch* 1994, 33 ff.).

Soweit zu sehen, gibt es von diesem Sachverhalt der Trennung, ja Unvereinbarkeit nur **zwei Ausnahmen im Bereich der Kriminalprävention**, nämlich Generalprävention und Individualprävention. Hier allein, so scheint es, **lassen sich Straf- und Verbrechenstheorien einander anpassen**, freilich mit unterschiedlichen Konsequenzen.

Gerade die Mängel kriminologischer Theorie und Fehlschläge darauf gestützter Interventionen sind es, die im nordamerikanischen Bereich den strafrechtlichen **Abschreckungsgedanken** neu belebt haben (vgl. *van den Haag* 1985, 117 ff.; *Opp* 1989, 405 ff.).

Die **ökonomische Abschreckungshypothese** scheint auf der hedonistischen Vermutung zu beruhen, wonach die Menschen ihr Verhalten durch die Kalkulation nach Lust und Schmerz bestimmen. Danach sind alle Menschen Geschäftsleute. Auch der potentielle Kriminelle beurteilt seine Möglichkeiten innerhalb der Grenzen der ihm verfügbaren Informationen und wählt jene Handlung, die seinen Nutzen am stärksten vergrößert. Die Grundaussage der Allgemeinabschreckung wird denn auch ökonomisch formuliert wie z.B. „den Preis für das Verbrechen bezahlen" oder wie im Falle des Drogenhandels durch Gewinnabschöpfung zu verhindern, daß „sich Verbrechen bezahlt macht". Dies mag der Grund dafür sein, daß heutzutage hauptsächlich Ökonomen eine Strömung unterstützen, die zeigen soll, daß die hohe Verbrechensrate einer Politik entstammt, die Verbrechen zu „billig" macht.

Da aber die Abschreckungstheorie mehr psychologisch als ökonomisch, politisch oder soziologisch gelagert ist, beruht die bedenkliche **Schwäche** kriminalökonomischer Konzeptualisierung darin, den zentralen Gesichtspunkt zu ignorieren, daß Abschreckung aus der Zuschauerperspektive wahrgenommen wird. Wenn und soweit nämlich Abschreckung existiert, besteht sie in einem psychischen Zustand, der Perzeption. Zwar wird die Anknüpfung an die utilitaristische Strafrechtsphilosophie des 18. Jahrhunderts verständlich, aber auch die damit verbundene theoretische Armut der zugrundeliegenden Verbrechensauffassung einsichtig. Der Mangel eines solchen Konzeptes äußert sich besonders in der Erklärung von Konflikt- und Affektverbrechen sowie in dem Unvermögen, von hier aus Handlungsanleitungen zur Bewältigung der Rückfallkriminalität sozialer Randgruppen zu entwickeln.

Doch die Generalprävention erschöpft sich bekanntlich nicht in der Abschreckung, der sogenannten negativen Generalprävention, sondern umfaßt als positive Komponente auch die sogenannte **Integrations-Generalprävention** (Näheres unter § 13, 4). Diese wird hierzulande gegenwärtig betont. Sie meint die dem Strafrecht und seiner Anwendung unterstellte verhaltenssteuernde Kraft, indem sie auf „Einübung von Normvertrauen", „Normanerkennung" und „Rechtstreue" zielt. Damit nähert sie sich nach Vorstellung und Vokabular offenkundig einer Theorie sozialen Lernens, insbesondere der **Sozialisationstheorie**, als deren spezifischer, weil auf das Strafrecht und die Normalbürger bezogener, Anwendungsfall sie sich darstellt. Vor allem in diesem makro-theoretischen Zusammenhang läßt sie sich über Common-sense-Annahmen hinaus vertiefen. Zumindest leuchtet die Möglichkeit zu theoretischer Begegnung und Verknüpfung ein.

Stimmigkeiten ergeben sich ferner im Rahmen der Individualprävention zwischen **Sozialisations- und Kontrolltheorie** einerseits sowie **Resozialisierungstrafe** und bessernden Maßregeln andererseits. Diese theoretische Zusammenfassung erweist sich namentlich für jugendliche Delinquenten, Randseiter, Mehrfachtäter und Karriereverbrecher als relevant, also für Rechtsbrecher mit Ausnahme der Konflikttäter. Bei dieser Tätergruppe wiederum, deren Verhalten am ehesten entscheidungstheoretisch erklärbar wird, kann auf Schuldausgleich und Individualabschreckung wohl kaum verzichtet werden.

Wie die Analyse zeigt, geht es nicht allein um die Suche nach einer überzeugenden Theorie und deren Überprüfung. Vielmehr spiegeln die verschiedenen Konzepte zugleich Strategien wider, die auf die **Durchsetzung von Humanität, Gleichheit, Gerechtigkeit und Freiheit** bezogen sind. Dies verbindet sie zwar mit den Aufgaben des Juristen, jedoch nicht hinsichtlich der beabsichtigten Konsequenzen, nämlich den einzelnen Rechtsbrecher in seiner Verantwortung zu entlasten. An den rechtspolitischen Zielen und Verfassungsprinzipien werden nicht erst die sozialen Reaktionen gemessen. Die Verletzung jener Postulate wird als Ausdruck ungleicher Macht- und Mittelverteilung schon als Erklärung des Verbrechens vermutet. Insoweit ist es gleichgültig, ob man mit der Anomietheorie die Schichtdeterminiertheit kriminellen Verhaltens, mit dem Labeling approach die Schichtbestimmtheit des Handelns der Kontrollinstanzen oder mit dem Abolitionismus die Herrschaftsbestimmtheit von Kriminalität annimmt. Denn stets zielen die praktisch-politischen Implikationen dieser Konzepte auf eine Gesellschaft, der Verbrechen letztlich „wesensfremd" ist.

Will die eine Richtung jegliche Forschung a priori einer vorgefaßten Hypothese unterordnen, so macht sich auf der anderen Seite Theoriemüdigkeit und Resignation breit. Im Blickpunkt steht die Effizienzsteigerung der Verbrechenskontrolle, geprägt von Forderungen nach mehr Sicherheit durch Abschreckung, von Vorschlägen zur Vereinfachung des Strafverfahrens bis hin zur Vollstreckung der Todesstrafe, je nach Standort des Autors. Jedoch geht es zumindest nicht allein um die technische Perfektion der Verbrechenskontrolle, auch nicht ausschließlich um die Verminderung des „Leidens" (siehe oben § 2, 3), sondern um die optimale Durchsetzung der anerkannten **rechtspolitischen Grundsätze. Hier kann aber auf Konsens nicht verzichtet werden.** Dies ist indessen, soweit zu erkennen, im Prinzip nicht der Fall. Denn sowohl praxisorientierte als auch herrschaftskritische Forschungsrichtungen wissen sich dieser Zielsetzung weitgehend verpflichtet. Beide Richtungen erscheinen aber auch notwendig, sei es um der praxisbegleitenden Forschung stets vor Augen zu führen, daß sie möglicherweise Gefahr läuft, auch eine schlechte Praxis zu legitimieren, sei es der herrschaftskritischen oder radikalen Strömung ständig bewußt zu machen, daß und wie sehr sie aufgrund ihrer Distanz realitäts- und praxisfern sowie unfähig bleibt, den Herausforderungen des Verbrechens und den Schutzbedürfnissen potentieller Opfer zu entsprechen.

Drittes Kapitel

Verbrechenskontrolle
(Strafrechtliche Sozialkontrolle)

§ 10 Strukturen externer Verhaltenskontrolle

1. Problem

Schrifttum: *Arzt*, Der Ruf nach Recht und Ordnung. Tübingen 1976; *Funk:* Die Fragmentierung öffentlicher Sicherheit. Das Verhältnis von staatlicher und privater Sozialkontrolle in der politikwissenschaftlichen Diskussion. In: Privatisierung staatlicher Kontrolle, hrsg.v. Sack u.a. Baden-Baden 1995, 38-55; *Pitschas:* Innere Sicherheit und internationale Verbrechensbekämpfung als Verantwortung des demokratischen Rechtsstaates. JZ 1993, 857-866.

Will das Gemeinwesen seine Ziele erreichen, den Menschen zu erhalten und zu entfalten, so muß es auch für die Sicherheit des Bürgers sorgen. Modern gesprochen handelt es sich um das Ringen zwischen „Recht und Ordnung" (*Arzt* 1976) einerseits und dem „emanzipatorischen Interesse" andererseits, um die Erhaltung des Status quo hier und den sozialen Wandel da. Dieser **Zielkonflikt** beherrscht die Sozial- und Rechtspolitik ebenso wie die neuere Kriminologie. Doch **Freiheit** kann sich nur dann entfalten, wenn die elementaren Sicherheitsbedürfnisse befriedigt werden. Dabei bildet „Sicherheit" den Rechtsgüter- und Integritätsschutz des einzelnen vor Beeinträchtigungen durch andere Bürger. „Über staatliche Formen der Sozialkontrolle reden zu wollen, ohne auf den Begriff der Inneren Sicherheit zurückzugreifen, erscheint heute kaum mehr vorstellbar" (*Funk* 1995, 42). Demgemäß hat auch die Verfassungsrechtsprechung die „Innere **Sicherheit**" als ein fundamentales Schutzgut anerkannt. Danach steht die Sicherheit mit anderen Verfassungswerten im gleichen Rang, schon weil die Institution „Staat" von ihnen ihre eigentliche und letzte Hauptrechtfertigung herleitet. Das Verfassungsprinzip Sicherheit impliziert im Verein mit dem Gewaltmonopol des Staates und dem Recht des Bürgers auf Sicherheit eine entsprechende Schutzpflicht des Verfassungsstaates. Gleichwohl sind Legitimität und Reichweite „innerer Sicherheit" umstritten. Klärungsbedürftig ist aber nicht die Frage nach der Notwendigkeit von Verhaltenskontrolle überhaupt. Vielmehr beschränkt sich die belangvolle wissenschaftliche Erörterung auf die Frage danach, wie das Problem der Verhaltenskontrolle gelöst werden soll und der externe Kontrollbedarf bestimmt werden kann, ohne die Menschen- und Freiheitsrechte übermäßig zu beeinträchtigen.

Mögen in dieser vielschichtigen wie hochempfindlichen Gesellschaft viele nur einmal oder gelegentlich straffällig werden; wir haben gute Gründe für die Annahme, daß dies noch immer so ist. Aber viele andere, die persönlich erst wenig gefestigt oder von Familie, Schule und Gesellschaft nur in geringem Maße gestützt werden, können sich den vielfältigen, verwirrenden und zum Teil widersprüchlichen Verhaltenserwartungen nicht angemessen stellen. Sie sind darauf nicht ausreichend vorbereitet. Deshalb haben wir es bei der Kriminalität in so beträchtlichem Umfang mit Angehörigen sozialer Randgruppen (dazu unten §§ 37 f.) zu tun. Ein solches **Gefährdungs- und Abweichungspotential** bislang nicht oder nur wenig beeinflussen zu können und **weitgehend sich selbst überlassen** zu müssen, auch das gehört offenbar zu den Bedingungen unserer Gesellschaft. Dieser Sachverhalt wird mit Recht als **Ärgernis** empfunden. Damit liefert er den Stachel, der das kriminologische Denken, aber auch Theorie und Praxis der Verbrechenskontrolle in Bewegung hält.

2. Normative Steuerungsmittel der Sozialkontrolle

Schrifttum: *Beristain*, Etica en la Criminología Europea?: Actualidad Penal 24/10 (1996), 415-418; *Bock*, Recht ohne Maß. Die Bedeutung der Verrechtlichung für Person und Gemeinschaft. Berlin 1988; *Davis/Starz*, Social Control of Deviance. A Critical Perspective. New York u.a. 1990; *Hassemer*, Symbolisches Strafrecht und Rechtsgüterschutz. NStZ 9 (1989), 553-559; *ders.*, Aufgaben des Strafrechts in privater Hand? In: Privatisierung staatlicher Kontrolle, hrsg.v. Sack u.a. Baden-Baden 1995, 206-218; *Janowitz*, Wissenschaftshistorischer Überblick zur Entwicklung des Grundbegriffs „soziale Kontrolle". KZfSS 25 (1973), 499-514; *Jescheck*, Islamisches und westliches Strafrecht – Gemeinsames und Gegensätze. In: FS für Oehler. Köln u.a. 1985, 543-557; *Kaiser*, Religion, Verbrechen und Verbrechenskontrolle. In: FS für Middendorff. Bielefeld 1986, 141-158; *ders.*, Sekten, Okkultismus. Zur kriminologischen Vielstrahligkeit und Relevanz. In: Sekten, Okkultismus – Kritische Aspekte, hrsg.v. Bauhofer u.a. Chur 1996, 11-34; *Karstedt*, Normbindung und Sanktionsdrohung. Frankfurt 1993; *Li*, Die Grundstruktur der chinesischen Gesellschaft. Vom traditionellen Klanensystem zur modernen Danwei-Organisation. Opladen 1991; *Luhmann*, Rechtssoziologie. Opladen 1987[3]; *Mannheim*, Vergleichende Kriminologie. Stuttgart 1974; *Miyazawa*, Informelle Sozialkontrolle in Japan unter besonderer Berücksichtigung ihrer praktischen Vorgehensweisen und Handlungsstrategien im Bereich informeller Verbrechenskontrolle. In: FS für Jescheck. Berlin 1985, 1159-1174; *Röhl*, Rechtssoziologie. Köln u.a. 1987; *Rehbinder*, Rechtssoziologie. Berlin u.a. 1993; *Rottleuthner*, Einführung in die Rechtssoziologie. Darmstadt 1987; *Sack*, Strafrechtliche Kontrolle und Sozialdisziplinierung. In: Strafrecht, soziale Kontrolle, soziale Disziplinierung, hrsg.v. Frehsee u.a. Opladen 1993, 16-45; *Scheerer:* Kleine Verteidigung der sozialen Kontrolle. KrimJ 27 (1995), 121-133; *Schmidhäuser*, Einführung in das Strafrecht. Reinbek u.a. 1984.

Sozialkontrolle bezeichnet unabhängig von historisch gefundenen oder von erdachten Problemlösungen diejenigen Mittel, mit denen die Gesellschaft Herrschaft über die sie bildenden Menschen ausübt und Verhaltenskonformität erreicht. Sie betrifft besonders die Antworten auf abweichendes Verhalten und ist zentraler Bestandteil aller Prozesse sozialer Integration (zur Begriffsgeschichte *Janowitz* 1973, 499). Mit ihrer Hilfe überwinden Gesamtgesellschaften, Teilgruppen und Mitglieder Gegensätzlichkeiten, Spannungen und Konflikte. Sie setzt also das Bestehen sozialer Normen oder Regelmäßigkeiten und damit deren prinzipielle Befolgung durch die Mitglieder der Gesellschaft voraus. Sie liegt immer dann vor, wenn ein bestimmtes Verhalten sanktioniert, d.h. belohnt oder bestraft wird. Belohnungen oder positive Sanktionen sind etwa die Vergabe von Orden und Ehrenzeichen, Belobigungen als „Kavalier" bzw. „Ritter der Straße", Gewährung eines Kraftfahrzeugbonus (Prämie für unfallfreies Verkehrsverhalten) oder von finanziellen Subventionen und Beförderungen (vgl. dazu *Schmidhäuser* 1984, 99). Schon das Vorenthalten von positiven Sanktionen (Anreize, Belohnungen, Auszeichnungen) kann als Strafe empfunden werden. Dies trifft etwa dann zu, wenn die Verteilung von Belohnungen in bestimmten Situationen üblich ist (vgl. *Röhl* 1987, 205).

„Zur sozialen Kontrolle gibt es auf absehbare Zeit keine Alternative" (*Hassemer* 1995, 208). Sie muß freilich nicht stets **förmlich** durch Polizei oder Justiz ausgeübt werden. Sie kann, wie noch zu zeigen ist (unten 3.), auch **informell** erfolgen. Sie wird in diesem Fall häufig wirksamer sein (vgl. *Miyazawa* 1985, 1159 ff.; *Li* 1991, 38 ff.), obschon nicht für alle Verhaltensbereiche genügend (z.B. Straßenverkehr, Umwelt und Wirtschaft) und auch rechtsstaatlich nicht immer bedenkenfrei.

Ist externe Kontrolle zu starr und sichert sie nur den Bestand des Sozialsystems, so wird es zu Protestverhalten, Rebellionen und gewaltsamen Eruptionen in der Gesellschaft kommen. Fehlt es hingegen an Sozialkontrolle, so ist die Gesellschaft nicht minder in ihrem Bestand gefährdet. Kriminalitätszuwachs, Verbrechensfurcht und Selbstjustiz bis hin zur politischen Radikalisierung zeigen die Entwicklung an.

Kritische Perspektiven zur Sozialkontrolle bemängeln die Geschichtslosigkeit und den inflationären Gebrauch des Konzepts sowie damit zusammenhängend seine zunehmende begriffliche Leere. Sie widmen sich in kritischer Absicht vor allem den **Funktionen der Herrschaft, der Sozialdisziplinierung** und den staatlichen Aktivitäten (vgl. *Sack* 1993, 16 ff.), insbesondere der Kriminalisierung und Erziehung (Sozialisation). Sie sehen eine zunehmend dezentrale, vielfältige und fragmentarische Struktur von „Disziplinierung" an die Stelle staatlicher und strafrechtlicher Kontrolle treten. Sozialdisziplinierung geht begrifflich weit über „soziale Kontrolle" hinaus. Sie bezeichnet die Totalisierung jener Disziplinierungstechniken, mit deren Hilfe abweichendes Verhalten schon an der Wurzel ausgerottet werden soll. Sie steht deshalb manchen Formen der Sozialisation recht nahe, insbesondere der Sozialisation in einer Gesellschaft, die durch autoritäre Herrschaftsstrukturen gekennzeichnet ist. Danach erfüllt der politische Prozeß eine zentrale Aufgabe für Abweichung und Sozialkontrolle. Konstituiert sich Kriminalität in modernen Gesellschaften „über den Staat", dessen Einrichtungen, Funktionsträger und Tätigkeiten, so muß die strafrechtliche Sozialkontrolle eine herausragende Bedeutung gewinnen.

Das **Recht** und mit ihm das Strafrecht stellen dasjenige System normativer Steuerung dar, das am stärksten formalisiert und rational durchgebildet ist sowie das einen hohen Grad von Arbeitsteilung und Zweckorientierung aufweist. Daß dem Strafrechtssystem die Formalisierung sozialer Kontrolle gelingt, macht seine eigentliche Rechtfertigung aus (*Hassemer* 1995, 210). Es verfügt überdies über einen relativ leicht zu bestimmenden Überwachungs- und Durchführungsstab, der einen hohen Grad an beruflicher Geschlossenheit aufweist. Die Wirksamkeit des Rechts läßt sich durch **Verhaltens- und Sanktionsgeltung** messen (dazu *Röhl* 1987, 244 unter Bezugnahme auf *Geiger*). Während Verhaltensgeltung die Fälle meint, in denen eine Rechtsnorm befolgt wird, bezieht sich die Sanktionsgeltung auf jene Fälle, in denen die Normverletzung sanktioniert wird. Diese Arten der Normgeltung erleichtern die Abschätzung der Wirksamkeit von Gesetzen, etwa im Bereich des öffentlichen Straßenverkehrs (siehe LB § 78).

Neben dem Recht, insbesondere dem Strafrecht, steuern jedoch weitere **Normensysteme** das menschliche Verhalten, obwohl diese über keine Mittel verfügen, um normatives Verhalten zu erzwingen. Ausgehend von der rein faktischen **Gewohnheit**, der man ohne verpflichtendes Gefühl folgt, kann man **Brauchtum und Sitte** abheben als geordnetes und bewertetes Verhalten, dessen Gesolltheit trotz weitgehend beliebiger Inhalte aus Anlaß von Verstößen bewußt werden kann, ferner die **Moral** als normativ formulierte Erwartungen, bei denen auch das Gefühl innerer Verpflichtung mit normiert ist. Diesen Normensystemen steht das **Recht** gegenüber, daß durch die Existenz besonderer Rollen, Konflikte verbindlich zu entscheiden, und durch die Bereitschaft, bei Verstößen Sanktionen zu verhängen, definiert wird (vgl. *Luhmann* 1987, 27 m.N.). Demgemäß darf die herausgehobene Stellung des strafrechtlichen Teilsystems nicht darüber hinwegtäuschen, daß auch den anderen kulturellen Subsystemen der **Religion** und Moral sowie der Sitten und Gebräuche, die dem Rechtsbereich vorgelagert sind, erhebliche Bedeutung zukommt, um Verhaltenskonformität zu erreichen oder zu wahren. Der gelegentliche Verweis des Rechts auf die „guten Sitten" zeigt dies.

Gleichzeitig äußern sich schon hier die **begrenzten Funktionen von Strafe und Strafrecht**. Im Hinblick auf die gelegentlich nur beschränkte Steuerungskraft spricht man auch vom „symbolischen Strafrecht" (*Hassemer* 1989, 556), deutet dies aber kritisch als „Krisenphänomen des folgenorientierten Strafrechts". Eine solch ebenso verallgemeinernde wie dramatisierende Schlußfolgerung erscheint jedoch unbegründet, obschon sich auf die Verhaltensgeltung des Strafrechts nicht verzichten läßt. Allerdings fallen Androhungs- und Generalprävention der Strafrechtsnormen sowie strafrechtliche Appelle ins Leere, wenn die Verhaltensnormen, deren Befolgung das Strafgesetz voraussetzt, nicht vermittelt und erlernt werden. Mit dem Ausspruch „quid leges sine moribus" (*Horaz*) hat man die Annahme verbunden, daß, wenn die Sitten wirksam seien, Gesetze unnötig wären, wenn aber die Sitten wirkungslos blieben, dann auch die Gesetze nutzlos wären (dazu *Rehbinder* 1993, 157 und *Beristain* 1996, 416). Gemeint ist damit die **Abhängigkeit** der Gestaltungskraft des Rechts **von** der Funktionstüchtigkeit der sozialen Netzwerke **informeller Sozialkontrolle**. Diese sollte trotz ihrem unbestreitbar prägenden Einfluß jedoch ebensowenig überschätzt werden wie die Mittel formeller Sozialkontrolle.

Für Denken, Fühlen und Handeln des Menschen ist offenbar seine **soziokulturelle Einbettung** von prägender Bedeutung. Sie wirkt sich nicht nur auf normkonformes, sondern auch auf kriminell abweichendes Verhalten aus. Die Möglichkeit einer vom **Wertewandel** sowie einer subkulturell oder vom Kulturkonflikt geformten Delinquenz läßt dies ebenso vermuten wie die übergreifende Annahme „unserer kriminogenen Gesellschaft" (*Mannheim* 1974, 503 ff.). Die nähere Betrachtung setzt allerdings voraus, sich vergewissert zu haben, was man denn mit „Kultur" meint und welche begrifflichen Zusammenhänge mit Gesellschaft, Religion und Werten vorliegen.

Zwar ist die Zahl der Definitionsversuche dessen, was man unter „Kultur" versteht, uferlos. Auch droht der Verschleiß des Wortes von der Justiz-, Polizei-, Sicherheits- bis zur Verkaufskultur den Begriff zu entwerten. Weithin anerkannt ist aber die Definition, wonach Kultur als das komplexe Ganze begriffen wird, welches Wissen, Glauben, Kunst, Moral, Recht, Brauchtum und andere Fähigkeiten umfaßt, die der Mensch als soziales Wesen erworben hat, oder kurz die Lebensweise oder den Lebensstil des Menschen. Damit stehen Glaubenssysteme, Normen und Werte geradezu **im Brennpunkt**. Denn eine der Hauptaufgaben der Kultur ist es, Normen und Werte zu liefern und an die folgenden Generationen zu vermitteln. Demgemäß verstand schon der Soziologe *Durkheim* unter Religion ein vereinigendes System von Normen und Werten, das seine Mitglieder zu einer Gemeinschaft verbindet. Auch wenn Werte nicht weniger kontrovers und ungenau definiert werden als die Kultur, so besteht doch weite Einigkeit darüber, daß mit unseren Wertungen hauptsächlich die **Wertmaßstäbe** gemeint sind, also unsere Vorstellungen darüber, wie die Wirklichkeit sein sollte. Neben *Emile Durkheim*, nach dem Religion als integrative Grundlage des Gemeinwesens galt, maßen auch *Karl Marx* und *Max Weber* der Religion und ihren gesellschaftlichen Konsequenzen erhebliche Bedeutung bei, sei es als „Opium des Volkes" oder als Bestandteil gesellschaftlicher Herrschaft.

So sehr aber auch Kultur Orientierung und Identität vermittelt sowie die Gemeinsamkeit von Kultur ein Bewußtsein von Zusammengehörigkeit stiftet und ein Gefühl von Geborgenheit und Sicherheit erzeugt, gibt es doch innerhalb einer und derselben Kultur tiefgreifende Unterschiede und Nuancen, die zur Entstehung von **Teil- und Subkulturen**, ja einer „multikulturellen Gesellschaft" Anlaß bieten. Demnach betrachtet man das Verbrechen als eine der vielen Arten, durch welche sich „die" Kultur einer Epoche und eines Landes manifestiert. Auf der anderen Seite sind aber auch der Umgang mit dem Rechtsbrecher, mit Strafgesetz, Strafrechtspflege und Strafvollzug sowie die Bindung an Werte und religiöse Wahrheiten Ausdruck der Kultur. Die **fundamentalistische Rückbesinnung** in der islamischen Welt auf den Koran, die mitunter heftige Auseinandersetzung mit den Einflüssen westlicher Kultur und das Aufeinanderprallen islamischer und europäischer Rechtsauffassung veranschaulichen dies (vgl. *Jescheck* 1985, 543 ff.). Man denke etwa an die verstümmelnden Leibesstrafen im Sudan der achtziger Jahre aufgrund islamischen Strafrechts (Scharia). Die ethnozentrische Deutung des Fundamentalismus als „Aufstand gegen die Moderne" schöpft hingegen die Problematik nicht aus, wenn es um Identitätsbedrohung geht. Die iranische Entwicklung und die internationale Wanderungsbewegung während der letzten Jahrzehnte haben auch für den europäischen Bereich den Islam als Determinante nahegerückt und unmittelbar erfahrbar gemacht. Probleme der Religionsausübung von Personen islamischen Glaubens im europäischen Strafvollzug (siehe dazu schweiz. BGE 113, Ia, 304) deuten z.B. Formen des Kulturkonflikts an (vgl. OLG Koblenz, NStZ 1986, 238 f. zur Berücksichtigung der Religion eines Strafgefangenen). Damit ist zugleich eine neue Dimension in das Blickfeld getreten, die über den traditionellen Vergleich des Legalverhaltens von Juden, Katholiken und Protestanten erheblich hinausreicht. Wo jedoch Kulturen aufeinanderstoßen sowie Glaubens- und Normensysteme miteinander ringen, begegnen wir Teil- und Subkulturen sowie Formen des Kulturkonflikts (dazu Näheres unten §§ 31, 3.2 und 38, 4).

Mentalität, Verhaltensweisen, aber auch „Kriminalität religiöser Sekten" machen den **Zusammenhang mit der Religion** augenfällig. Der beachtliche Einfluß neuer Jugendreligionen hat überdies einen aktuellen Beitrag geliefert. Gleichwohl ist die empirische Befundlage uneinheitlich. Strikter Normkonformität nach innen entsprechen nicht selten Fanatismus, Aggressivität und auch Kriminalität nach außen. Verbrechen aufgrund von Intoleranz und pseudoreligiösen Wahnideen lassen sich durch die Jahrhunderte bis zur Gegenwart verfolgen. Daran wird deutlich, daß unreflektierte religiöse Bindungen als Ausdruck der Abhängigkeit von Gruppennormen, also von teil- oder subkulturellen Gefügen, das Potential zur Kriminalität auch verstärken können (dazu *Kaiser* 1996). Allerdings ist dabei fraglich, ob es sich noch um einen Einfluß von Religion handelt oder ob ein überlagernder Kulturkonflikt oder gar eine abweichende Sozialisation die religiöse Determinante schon völlig verdrängt hat, so daß in diesem Fall die Religion allenfalls einen äußerst groben Bezugspunkt liefern könnte.

Unabhängig davon, ob sich unsere Wertmaßstäbe verändern und wir uns gar in Richtung auf eine postmaterielle Wertorientierung hinbewegen, bleibt die **Frage, wer** die unser Sozialverhalten bestimmenden und im Wege der Sozialisation zu vermittelnden **Wertinhalte verbindlich angibt**, wenn die Religion an sozialer Steuerungskraft verliert. Den Subsystemen Sitte und Moral fehlen die vergleichbare normative Eindeutigkeit und die tragende Institution der Religionsgemeinschaften. Betrachten wir den Prozeß der **Verrechtlichung** (dazu *Bock* 1988 und *Rottleuthner* 1987, 42 f.), dann ist offenbar vermehrt das Recht – im Grenzfall das höchste Gericht – aufgerufen, Wertentscheidungen zu verdeutlichen. Dies gilt besonders für den zentralen Begriff der **Menschenwürde**. Wenn es aber zutreffen sollte, daß dem Verrechtlichungsprozeß schon wieder eine Tendenz zur „Entregelung" entgegentritt, wie von sogenannten Abolitionisten vielleicht mehr postuliert als konstatiert wird, wer verdeutlicht dann die Werte und erklärt sie als verbindlich? Offenbar die aushandelnden Bürger selbst oder auch die öffentliche Meinung und die Massenmedien. Damit freilich würden die Werte unserer Gesellschaft noch uneinheitlicher, zufälliger und wahrscheinlich auch willkürlicher. Feste Orientierungen für die heranwachsende Generation wären dann noch weniger glaubhaft zu machen, geschweige überzeugend zu vermitteln. Hier, im Erkennen und Aufzeigen derartiger Konsequenzen, scheint vor allem das ethische Problem der Kriminologie zu liegen. Die Aufgabe der Kriminalpolitik hingegen besteht darin, die notwendigen Folgerungen zu ziehen. Angesichts des erwähnten Verbrechensanstiegs in vielen

Teilen der Welt, des befürchteten Vertrauensverlustes und der beeinträchtigten Lebensqualität beginnt man, die Verbrechenskontrolle erneut zu intensivieren – eine verständliche Konsequenz.

3. Strategien zur Beherrschung sozial unerwünschten Verhaltens

Schrifttum: *Cohen*, Soziale Kontrolle und die Politik der Rekonstruktion. In: Strafrecht, soziale Kontrolle, soziale Disziplinierung, hrsg.v. Frehsee u.a. Opladen 1993, 209-237; *Foucault*, Überwachen und Strafen. Die Geburt des Gefängnisses (Surveiller et punir. La naissance de la prison. Paris 1975). Frankfurt/M. 1977; *Henry*, Justice on the Margin: Can Alternative Justice be Different? The Howard Journal of Criminal Justice 28 (1989), 255-271; *Jung*, Private Verbrechenskontrolle. KKW 1993, 409 ff.; *Matthews* (ed.), Informal Justice? Theory and Practice. Beverly Hills u.a. 1988; *Popitz*, Die normative Konstruktion von Gesellschaft. Tübingen 1980; *Sack* u.a. (Hrsg.), Privatisierung staatlicher Kontrolle: Befunde, Konzepte, Tendenzen. Baden-Baden 1995.

Wie geschichtliche Erfahrung und internationaler Vergleich zeigen, ist keiner Gesellschaft auffälliges oder sozialschädliches Verhalten ihrer Mitglieder gleichgültig. Die normative Konstruktion von Gesellschaft (*Popitz* 1980) verdeutlicht dies. Dennoch kann das Gemeinwesen gegen soziale Abweichungen höchst unterschiedlich vorgehen. Es kann versuchen, sie von vornherein zu verhindern oder sie nachträglich zu unterdrücken. Das **Spektrum der Möglichkeiten** reicht von der bloßen Mißbilligung durch den sozialen Tadel unerwünschten Verhaltens über die Kriminalisierung, Überwachung, Schlichtung, Wiedergutmachung bis hin zu den sich steigernden Formen sozialer Exkommunikation und Verbannung (Landesverweisung) sowie der Freiheits- und Todesstrafe. Strategien der Verhütung, Überwachung, Schlichtung und Sanktionierung des Verbrechens äußern sich in formlosen, weniger formgebundenen und förmlichen Reaktionen (siehe *Cohen* 1993, 224). Aber diese Wege besagen noch wenig über die Erfolgsaussicht und die inhaltliche Ausgestaltung des jeweiligen Vorgehens, sei es als Strategie oder als Sanktion, ja nicht einmal über die begriffliche Bestimmung des zum Eingreifen Anlaß bietenden Verhaltens. So fordert etwa der Abolitionismus „eine Neudefinition der bisher als Kriminalität bezeichneten Geschehnisse als Konflikte, Ärgernisse, Lebenskatastrophen und ihre alternative Bearbeitung" (Nachweise unten § 14, 5). Daran wird erkennbar, daß neben der Reaktion auf sozial unerwünschtes Verhalten bereits dessen Definition substantiell Verbrechenskontrolle ausdrückt, ebenso wie die Verhütung, das Überwachen, die Schlichtung oder der Täter-Opfer-Ausgleich.

3.1 Verrechtlichung und Kriminalisierung

Demgemäß bilden schon Verrechtlichung und Kriminalisierung sozial unerwünschten Verhaltens einen wesentlichen Bestandteil der Verbrechenskontrolle. Der kriminalisierte Verhaltensbereich oder kurz der Verbrechensbegriff faßt die als besonders sozialschädlich begriffenen Handlungen zusammen. Er kennzeichnet die Norm und verdeutlicht sie durch Stigmatisierung der Normverletzung. Mit seiner Hilfe lassen sich die kriminalisierten Verhaltensweisen begrenzen, beschreiben und der Absicht nach zurückdrängen. Er trägt damit zur Wahrung von Verhaltenskonformität bei (Näheres unten § 17).

3.2 Sanktionierung und Überwachung

Nicht minder bedeutsam, ja wegen ihrer Eingriffsintensität noch folgenreicher und deshalb umstrittener, ist die Sanktionierung. Dazu zählen neben den Strafen und Maßnahmen mit mancherlei Abstufungen auch die Möglichkeiten zur Überwachung, sei es durch Kartellamt, Gewerbeaufsicht, Polizei einschließlich Bußgeldstelle, Schutzaufsicht, Bewährungshilfe oder Führungsaufsicht. Innerhalb dieses Spektrums werden Mittel der Intensivüberwachung als ambulante Sanktionen und Alternativen zur Freiheitsstrafe weithin favorisiert, da sie zu geringeren Einbußen in den Rechtsgütern der Betroffenen führen als die freiheitsentziehenden Kriminalsanktionen (neuerdings z.B. Hausarrest mit elektronischer Intensivüberwachung; dazu unten § 45, 8). Dennoch sind diese „sanfteren" Formen der Strafgewalt nicht zuletzt unter dem Einfluß *Foucaults* (1977) kaum weniger angefochten als die herkömmlichen Hauptstrafen selbst. Immerhin verdeutlicht die Kritik, daß an dem Kontrollpotential von Überwachungsstrategien, sei es im engeren Bereich des Strafrechts und im Rahmen rechtsstaatlicher Begrenzung oder sei es in Form kommunaler Kriminalprävention, kein Zweifel bestehen kann. Zwischen Überwachen und Strafen einerseits sowie Schlichtung und Wiedergutmachung andererseits ist das Absehen von Verfolgung gegen Auflagenerfüllung durch den Beschuldigten (§§ 153 a StPO, 45, 47 JGG) zu lokalisieren.

46

3.3 Schlichtung und Wiedergutmachung

Günstiger und derzeit attraktiver erscheinen im Lichte heutiger Kritik Schlichtung und Wiedergutmachung. Nicht selten wird das Schlichtungsverfahren mit dem Täter-Opfer-Ausgleich verbunden (dazu Nachweise unten § 49). Unabhängig von Anwendungsbereich, Durchführbarkeit und Leistungsfähigkeit derartiger Verfahren kann nicht zweifelhaft sein, daß auch auf solche Weise Verbrechenskontrolle ausgeübt wird, obschon, wie nicht verkannt werden soll, mit weniger zerstörerischen Haupt- und Nebenfolgen. Obwohl nach den empirischen Untersuchungen die Konfliktursachen nur selten angegangen, geschweige ausgeräumt werden, beeindruckt die relativ hohe Zufriedenheit der konfliktbeteiligten Opfer und Täter. Allerdings erscheinen die Anwendungsmöglichkeiten begrenzt. Hauptsächlich kommen Eigentums- und Gewaltdelikte geringerer Schwere in Betracht, seltener Sexualdelikte. Darüber hinaus entfallen abstrakte Gefährdungsdelikte und sogenannte opferlose Verbrechen in den Bereichen von Drogen, Straßenverkehr, Umwelt und Wirtschaft gänzlich. Immerhin ist hier an Formen symbolischer Wiedergutmachung zu denken, etwa aufgrund gemeinnütziger Leistungen.

Wohl hat die Theorie der konfliktnahen Erledigung und die ihr zugrundeliegende **Ideologie des Informellen** in der Gegenwart geradezu eine Flut von Schriften und Vorschlägen zu außerjustitiellen Konfliktregelungen hervorgebracht (vgl. *Matthews* 1988; *Jung* 1993, 409 ff.; *Sack* 1995, 9 ff., 334 ff.; ferner unten § 49). Sie reicht bis zu den Policy-Netzwerken und deren Verhandlungslogik. „**Schlichten statt Richten**" lautet die Devise. Überprüfungen derartiger Verfahren haben jedoch gezeigt, daß sich die Schlichtung vom traditionellen Rechtsgang weniger scharf unterscheidet, als die Reformer annehmen (vgl. *Henry* 1989, 255 ff.). Ferner erscheint problematisch, die Opfer stets zur Teilnahme zu ermutigen. Auch werden meist nur solche Täter für ein Mediationsprojekt ausgewählt, die schon zu einer Mitwirkung bereit sind. In aller Regel werden nur jene in das Programm einbezogen, die eine niedrige oder keine Vorstrafenbelastung aufweisen. Vor allem wird der fortbestehende institutionelle Druck als bedeutsam hervorgehoben. Je nach Ausgestaltung des Programms droht Straftätern die Anklageerhebung oder die Eröffnung der Hauptverhandlung, oder aber es drohen Sanktionen für den Bruch von Bewährungsauflagen. Ferner droht der Richter den Angeklagten häufig in der Verhandlung mit der Verhängung einer Freiheitsstrafe, falls der Mediationsversuch scheitern sollte. Der strafjustitielle Druck wird als wesentliches Mittel für die Erfolgsquote betrachtet. Trotz der bedingt freiwilligen Teilnahme an der Mediation gibt es immer wieder Straftäter, die Arbeitsauflagen, Geldstrafen oder kurze Freiheitsstrafen der persönlichen Auseinandersetzung mit dem Verletzten vorziehen.

Dies kann als Hinweis dafür gelten, daß auch die Schlichtung aus der Sicht von Rechtsbrechern ein Übel und somit eine negative Sanktion darstellt, was nicht zuletzt wegen der Wahrung der Verteidigungsrechte des Täters belangvoll ist. Danach leben selbst die „Alternativen zum Strafrecht" in Durchsetzbarkeit und Bedeutung weitgehend davon, daß zumindest im Hintergrund strafrechtliche Mittel und staatliche Institutionen in Bereitschaft gehalten und im Notfall aktiviert werden können.

3.4 Verbrechensverhütung

Auch Maßnahmen der Kriminalprävention enthalten fraglos Kontrollpotential (dazu eingehend unten § 13), obschon von außen nicht stets erkennbar. Doch um Verbrechen vorbeugen zu können, muß man über Kenntnisse verfügen und ferner Umstände, Örtlichkeiten und auch Personen mit hohem Gefährdungspotential ermitteln. Man denke etwa an aggressive Sexualtäter, deren Rückfälligkeit im letzten Jahr europaweit für Unruhe und Verschärfung strafrechtlicher Sozialkontrolle gesorgt hat. Damit rückt man teilweise in die Nähe der Überwachung. Das Modell der Prä-, Inter- und Postvention veranschaulicht mögliche Reichweite und Intensität. Die polizeiliche Gefahrenabwehr und der Jugendschutz, insbesondere als Jugendmedienschutz, verdeutlichen den übergreifenden Zusammenhang.

§ 11 Begriff, System, Träger und Mittel der Verbrechenskontrolle

1. Begriff und Abgrenzung

Schrifttum: *Garland*, Punishment and Modern Society. A Study in Social Theory. Oxford 1990; *Heinz*, Strafrechtliche Sozialkontrolle. Beständigkeit im Wandel? BewHi 31 (1984), 13-37; *Kaiser*, Strategien und Prozesse strafrechtlicher Sozialkontrolle. Frankfurt/M. 1972.

Die Versuche und Ansätze zur Bewältigung der inneren Sicherheit kann man in Anlehnung an die angloamerikanische Terminologie („crime control") unter der Bezeichnung der Verbrechenskontrolle zusammenfassen.

Dieser Begriff meint **alle staatlichen und gesellschaftlichen Einrichtungen, Strategien und Sanktionen, welche die Verhaltenskonformität im strafrechtlich geschützten Normbereich bezwecken.** Damit steht er im Schnittpunkt zwischen allgemeiner Sozialkontrolle, Kriminalpolitik und den polizeilichen Bestrebungen zur Verbrechensbekämpfung (siehe unten §§ 12, 3; 50). Bedeutsam für die Untersuchung und Aussagekraft ist, daß er den Blick für die Gesamtheit der sozialen Anstrengungen zur Kontrolle des Verbrechens schärft sowie die kontrollierenden Instanzen selbst und damit auch den Staat einbindet. Er beschränkt sich also nicht nur singulär und punktuell auf einen isolierten Teilaspekt, etwa die Kriminalsanktionen. Der Fruchtbarkeit des Konzepts steht keineswegs entgegen, daß die zweckorientierte Verbrechenskontrolle die Einrichtungen von Strafe und Strafjustiz in ihrer sozialkulturellen Bedeutung nicht ausschöpft (dazu *Garland* 1990, 19 f.).

Von der allgemeinen **Sozialkontrolle** unterscheidet sich die strafrechtliche Sozial- oder Verbrechenskontrolle dadurch, daß sie sich nach Bezeichnung, Zielsetzung und Einsatz der Mittel auf die Vorbeugung oder Unterdrückung von **Verbrechen** beschränkt und auch generell keine Belohnungen austeilen kann. Was aber Verbrechen sind, ist in erster Linie dem Strafgesetzbuch und dem sogenannten Nebenstrafrecht, die durch Wissenschaft und Praxis vermittelt werden, zu entnehmen (siehe unten § 18). Da ferner die Verhinderung von Bagatelldelikten der Verbrechenskontrolle dient, wird man auch die Durchsetzung des Ordnungswidrigkeitenrechts (OWiG) zu den Aufgaben der Verbrechenskontrolle rechnen dürfen. Man denke nur an die quantitativ erhebliche Zahl der Verkehrsordnungswidrigkeiten (dazu LB §§ 77 f.) oder an die qualitativ beachtliche Summe von Ordnungswidrigkeiten gegen Kartell- oder Umweltrecht (siehe LB §§ 72 ff.).

Von der **Kriminalpolitik** (siehe Zehntes Kapitel) wiederum weicht die Verbrechenskontrolle in der Weise ab, daß sie nicht nur die entsprechenden staatlichen Anstrengungen erfaßt, sondern auch vorgelagerte gesellschaftliche Einrichtungen wie jene der kommunalen Kriminalprävention und privaten Sicherheitsdienste, die sogenannte Betriebsjustiz oder außerjustitielle Schlichtungsverfahren einschließt und ferner funktionale Äquivalente oder Alternativen zum Strafrecht (sog. negative oder alternative Kriminalpolitik) mit einbezieht (siehe § 10, 3). Selbst Konflikttheorie und Abolitionismus enthalten Konzepte, die kritisch zum Strafrecht oder außerhalb dessen versprechen, die Verbrechensbewegung nicht ausufern zu lassen und zumindest „unter Kontrolle" zu halten.

2. System und Träger

Schrifttum: *Arzt*, Notwehr, Selbsthilfe, Bürgerwehr. Zum Vorrang der Verteidigung der Rechtsordnung. In: FS für Schaffstein. Göttingen 1975, 77-88; *Bennett*, Evaluating Neighbourhood Watch. Bonn 1989; *Council of Europe*, Interactions within the Criminal Justice System. Strasbourg 1988; *Feltes* (Hrsg.): Kommunale Kriminalprävention in Baden-Württemberg. Holzkirchen 1995; *Foucault*, Überwachen und Strafen. Die Geburt des Gefängnisses (Surveiller et punir. La naissance de la prison. Paris 1975). Frankfurt/M. 1977; *Kaiser/Metzger-Pregizer*, Betriebsjustiz. Untersuchungen über die Kontrolle abweichenden Verhaltens in Industriebetrieben. Berlin 1976; *Kunz*, Die organisierte Nothilfe. Möglichkeiten und Grenzen der Inanspruchnahme von Notrechten durch gewerbliche Sicherheitsunternehmen und „Bürgerwehren". ZStW 95 (1983), 973-992; *Lowman* u.a. (eds.), Transcarceration: Essays in the Sociology of Social Control. Aldershot u.a. 1987; *Rössner*, Was kann das Strafrecht im Rahmen der Sozialkontrolle und der Kriminalprävention leisten? In: Kriminalprävention und Strafjustiz, hrsg.v. Jehle. Wiesbaden 1996, 203-225; *Schöch*, Empirische Grundlagen der Generalprävention. In: FS für Jescheck. Berlin 1985, 1081-1106; *v. Trotha*, Distanz und Nähe. Über Politik, Recht und Gesellschaft zwischen Selbsthilfe und Gewaltmonopol. Tübingen 1986.

Die Vielschichtigkeit der pluralistischen Gesellschaft sowie die Mannigfaltigkeit der an Sozialisation und Sozialkontrolle beteiligten Berufsgruppen wecken das Bedürfnis nach **Durchsichtigkeit** und **Überblick** der Kontrollprozesse. Diese lassen sich zusammenfassend als Beziehungsgeflecht, Netzwerk, wenn nicht gar als System begreifen. Leitend ist hierbei die Vermutung, daß juristisches Vorgehen allein nicht in der Lage ist, die gesetzlich beabsichtigten Ziele durchzusetzen. Beobachtung und empirische Analyse erscheinen daher geboten, um sich zu vergewissern. Sie sind, auch wenn sie nicht entzaubern und enthüllen, um so wichtiger, als in den Kontrollprozessen Macht ausgeübt wird sowie **verschiedene Personen, Träger, Ziele, Strategien und Normanwendung** abweichende Problemlösungen und Handlungsmuster wahrscheinlich machen.

Industriebetriebe, Selbstbedienungsläden, aber auch Schul- und Sozialbehörden veranlassen z.B. dann eine Strafverfolgung, wenn sie das jeweilige Subsystem bedroht oder das ökonomische Interesse gravierend gefährdet sehen. Gerade die von Anhängern des Labeling approach vertretenen Annahmen der Normalität des Verbrechens, der Delinquenzzuschreibung sowie die Auswahl und Erforschung der Wirkungsweise von Kriminalsanktionen machen die Untersuchung des gesamten Netzwerkes gesellschaftlicher Kontrolle notwendig. Immerhin schaffen die organisatorische Trennung der einzelnen Teilsysteme aufgrund von „checks and balances" der Gewaltenteilung und die Interaktion zwischen den Trägern nicht nur Reibungen und Konflikte, sondern gewährleisten zugleich die Menschenrechte (*Council of Europe* 1988, 105).

Der Begriff der Sozialkontrolle weist also über den Bereich des Kriminalrechts weit hinaus. Folglich kann man danach unterscheiden, ob Sozialkontrolle innerhalb des kriminalrechtlich gesteuerten Teilsystems oder außerhalb davon ausgeübt wird. Auf diese Weise lassen sich die theoretische ebenso wie die praktische Bedeutung des Kriminalrechts und auch der funktionalen Alternativen abschätzen.

Innerhalb des kriminalrechtlichen Teilsystems treffen wir auf jenen Bereich der Sozialkontrolle, der vielleicht jedermann am leichtesten einsichtig und damit eingängig ist (dazu *Rössner* 1996, 203 ff.). Aufgrund seiner rechtlichen Verfestigung und langen Institutionalisierung mögen seine Bestandteile als die Instanzen der Sozialkontrolle schlechthin gelten. Hier tritt der Staat dem Bürger überwachend oder gar eingreifend und sanktionierend gegenüber. Es handelt sich in erster Linie um Polizei, Bußgeldstelle, Staatsanwaltschaft, Strafgericht, Strafvollzug sowie Gerichts- und Bewährungshilfe. Historisch und systematisch sind ihnen auch das psychiatrische Krankenhaus nach § 63 StGB, die Entziehungsanstalt, der Jugendschutz sowie die Beratungsstellen gem. § 219 b StGB zugeordnet.

Gerade die letztgenannten Einrichtungen und beruflichen Rollen bringen neue Handlungsmuster und Erledigungsstrategien in das kriminalrechtliche System mit ein. Sie sollen dadurch die kriminalrechtlichen Entscheidungsprozesse verwissenschaftlichen, d.h. rationaler und wirksamer gestalten sowie darüber hinaus erfahrungswissenschaftlich legitimieren. Sie sehen sich insofern aber gleichzeitig mit dem Odium des Strafrechts, des Repressiven und der Partizipation an der Herrschaft belastet. Denn sie lassen sich auf das strafrechtliche System ein. Sie tragen möglicherweise zu der Medikalisierung von Kriminalsanktionen bei, obschon es sich bei ihnen partiell um „sanftere" Formen der Sozialkontrolle handeln dürfte (vgl. aber die Kritik *Foucaults* 1977, und der ihm folgenden Abolitionisten; dazu unten § 14, 5). Die **Problematik äußert sich** vor allem **in den Einwänden**, die einem „expandierenden Strafrechtssystem" unter dem Blickfeld von Individualfreiheit und Rechtsstaatlichkeit begegnen, und ferner in der Sorge, daß Integration und Verhaltenskonformität zu Lasten des Rechtsbrechers zu teuer erkauft sein könnten. Dies sind allerdings grundsätzliche Fragen, die alle Kontrollsysteme sowie sämtliche negativen Sanktionen betreffen, und ferner alle die Personen, denen solche Sanktionen im Falle der Straffälligkeit auferlegt werden. Immerhin werden sie als so bedrängend empfunden, daß sie die **Suche nach Alternativen** nicht zur Ruhe kommen lassen.

Außerhalb des kriminalrechtlichen Teilsystems begegnen wir Trägern der Verhaltenskontrolle, die an tatsächlicher Bedeutung den ersterwähnten kaum nachstehen. Vor allem ist hier an **Familie** und **Schule** zu denken. Sie spielen in Gesellschaften wie in Japan bekanntlich eine derart herausragende Rolle, daß sie das dortige Netzwerk sozialer Kontrolle weithin konstituieren. Dem steht nicht entgegen, daß das zeitgenössische Schrifttum sie vornehmlich der internen Verhaltenskontrolle zuordnet und in ihnen die Funktion als Sozialisationsmittler hervorhebt (vgl. etwa *Schwind* 1996, 155 ff.). Denn die von diesen Sozialisatoren verteilten Sanktionen und wahrgenommenen Selektionsaufgaben einschließlich der damit verknüpften Plazierungskonsequenzen verweisen unmißverständlich auf die Ausübung von Sozialkontrolle. Deshalb ist begreiflich, daß die Sanktionen **am stärksten innerhalb der Primärgruppe**, und hier wiederum in der Familie und zwischen den Ehepartnern, wirken (*Schöch* 1985, 1097). Die Auseinandersetzungen schwächen sich in Richtung auf die Peripherie des sozialen Umfeldes im weiteren Verkehrskreis des sozial Auffälligen zunehmend ab. Neben Familie und Schule ist außerdem an das weitere Netzwerk informeller Sozialkontrolle zu denken, insbesondere an spontane Ad-hoc-Einrichtungen kommunaler Kriminalprävention (z.B. „Neighbourhood Watch").

Die Weite, Differenzierung und Staffelung des Kontrollsystems verdeutlichen dessen Aufwand, aber auch die Grenzen erfolgreicher Einflußnahme. Denn die auf Konformität zielenden Prozesse bringen es im konkreten Einzelfall nicht stets fertig, die Normbefolgung unmittelbar durch Einbindung des Abweichers zu sichern. Dies gilt namentlich für (informelle) Formen der Sozialkontrolle gegenüber sexuellem Mißbrauch und Gewalt in der Familie. Zugleich werfen die Vorgänge des Fallenlassens und Sanktionierens, der fortschreitenden Isolierung und Ausgrenzung, die um der Normverdeutlichung und Normdurchsetzung willen einsetzen, neben Fragen nach der Funktionalität und Effizienz auch jene nach der Humanität, Rechtfertigung und Erforderlichkeit auf.

Jene Fallsituationen, in denen Kontrollprozesse zwar Gruppe und Norm stützen, hinsichtlich des betroffenen Abweichers aber desintegrierend und vielleicht zerstörerisch wirken, können nur durch **Verhältnismäßigkeit** der Intervention, Bewußtmachung der sozialen **Mitverantwortung** und **Humanisierung** der Problemlösungen – etwa durch zeitliche Begrenzung, Hilfe oder therapeutischen Einsatz, durch Schlichtung und Wiedergutmachung – bewältigt werden. Lediglich dort, wo der reichhaltige Katalog von verbalen, nichtverbalen und informellen Sanktionen nicht entfaltet wird oder wirkungslos bleibt, werden Schritte zu förmlicher Reaktion unternommen. Andere Personen und Stellen werden nunmehr in den Vorgang der Sozialkontrolle einbezogen. Auch das **Verbrechensopfer** ist als Anzeigeerstatter, Zeuge und Geschädigter in diesem Zusammenhang zu sehen. Aufgrund der Anzeige des Delikts bei den Strafverfolgungsbehörden übernimmt es die Rolle eines informellen Agenten sozialer Kontrolle. Stellung des Strafantrages, Klageerzwingungsverfahren und Privatklage sind die Restbestände einstmals fast unumschränkter Verfolgungsbefugnisse des Opfers. Festnahmerecht und Selbsthilfebefugnis lassen diese Stellung noch rudimentär erkennen.

Träger der Verbrechenskontrolle sind neben **Öffentlichkeit** und **Gesetzgeber** vornehmlich die **Polizei**, die **Strafrechtspflege**, die **Bewährungs-**

hilfe und der stationäre **Strafvollzug**. Sie mögen sich mehr präventiver oder mehr repressiver Strategien bedienen. Von dem an sich gesellschaftlich verfügbaren Sanktionspotential können sie freilich bloß die negativ wirkenden Sanktionen anwenden, generell keine Belohnungen austeilen oder positive Plazierungschancen vermitteln. Eine Ausnahme besteht nur im Rahmen der Strafvollstreckung (z.B. durch bedingte Entlassung) und außerdem für die eigenen Stabsmitglieder, also für das Personal von Trägern der Verbrechenskontrolle.

Ferner üben Vereinigungen wie die sogenannten **Anonymen Alkoholiker** oder Verbände wie der **Bund gegen den Alkohol im Straßenverkehr** und der **Technische Überwachungsverein**, obschon privatrechtlich organisiert, Sozialkontrolle aus. Denn auch sie versuchen, durch verschiedene Techniken der Beeinflussung umfassend oder teilweise ein normkonformes Verhalten der Adressaten zu erreichen. Losgelöst vom Kriminalrecht wollen ferner **Freiwillige Filmselbstkontrolle** und Filmbewertungsstelle (Kommissionen und Experten) zur Sicherung von Verhaltensnormen beitragen. Durch ihre Bewertungen, und d.h. durch die Verteilung negativer wie positiver Sanktionen (altersspezifische Zulassungsbeschränkungen und Prädikatserteilungen), befinden sie auch weitgehend über moralische Normen und deren Verletzung (insb. sexual- und gewaltbezogene Verhaltensnormen). Es verwundert nicht, daß die Entscheidungspraxis der Freiwilligen Filmselbstkontrolle die Öffentlichkeit gelegentlich bewegt. Aber auch die öffentliche Meinung selbst zählt zu den Bestandteilen sozialer Kontrolle (eingehend unten § 15). Diese Funktion wird erkennbar, wenn die **Öffentlichkeit** als Fahndungshilfe, etwa im Rahmen der Fernsehsendung „Aktenzeichen XY ungelöst", mobilisiert wird und mitwirkt. Sie spielt aber auch wegen ihrer Einstellung gegenüber Unfällen im Straßenverkehr, Umweltschäden sowie bei Wiedereingliederung ehemals Straffälliger eine wichtige Rolle.

Obschon deutlich außerhalb des kriminalrechtlichen Teilsystems stehend, nimmt auch die sogenannte **Betriebsjustiz** Kontrollaufgaben in Industriebetrieben wahr (dazu *Kaiser/Metzger-Pregizer* 1976). Wir finden eine mitunter überraschende Ähnlichkeit zwischen Kontrollstil, Handlungsmustern, identifiziertem Täterkreis und Deliktstruktur bei Betriebsjustiz und ordentlicher Strafrechtspflege. Die betriebliche Bewältigung von Kriminalität ist auch deshalb von Interesse, weil in vergleichbaren Fällen der Täter in der Regel nur mit gering eingreifenden Sanktionen belegt wird, ohne daß man ihn aus dem Arbeitsprozeß, aus dem Betrieb und aus der Familie herausnimmt. Dies ist sicherlich mit einer der Gründe, der einst dazu Anlaß geboten hat, in manchen Staaten der sozialistischen Gesellschaft die sogenannte **Gesellschaftsjustiz** in Form von staatlich organisierten betrieblichen Konfliktkommissionen einzurichten.

Informell in anderem Sinne wirken auch **Selbstschutzorganisationen**, die im Wege der Selbsthilfe, Selbstverteidigung oder Bürgerwehr die Rechtsgüter der Betroffenen schützen wollen (dazu *Arzt* 1975, 77 ff.; *Kunz* 1983, 973 ff.; *v. Trotha* 1986, 79 ff.). Im angloamerikanischen Bereich zählen dazu u.a. die sogenannten Neighbourhood-watch-Programme. Ihr Potential freilich, Verbrechen wirklich zu vermindern, wird nach den Evaluationen äußerst zurückhaltend eingeschätzt (siehe *Bennett* 1989; weitere Nachweise unten § 13, 3; zu den privaten Sicherungsdiensten siehe § 19, 4). Derartige Kontrollstrategien gelten im allgemeinen als rechtsstaatlich unbedenklich, sofern sie die Selbsthilfebefugnis nicht überschreiten und soweit man in ihnen nicht Zeichen für das „Abdanken" des Staates zu erblicken hat. Da allerdings den Selbsthilfeinitiativen häufig ein Versagen der staatlichen Strafverfolgung vorausgeht, mehren sich die Stimmen, die den Staat an seine Pflicht erinnern, die öffentliche Sicherheit zu gewährleisten. Sie berufen sich neuerdings wieder auf die Sozialvertragstheorie. Von den Programmen der Nachbarschaftskontrolle sind aber die Projekte der kommunalen Kriminalprävention zu unterscheiden, die eine Verknüpfung gemeindenaher Polizeistrategie mit der Aktivierung gesellschaftlicher Kräfte darstellen.

Demgegenüber müssen jene Fälle als bedenklich eingeschätzt werden, die als **Selbst- und Prangerjustiz** zu charakterisieren sind. Deren Sanktionen sind durch unzulässige Eigenmacht und Exzessivität, also durch ihr Übermaß, gekennzeichnet. Anprangerung in Selbstbedienungsläden und an Laternenpfählen, Verprügelungen und Maßnahmen, die bis zur Lynchjustiz reichen, liefern in der Gegenwart dafür anschauliche Beispiele. Daran werden nicht nur das weite Netz der Sozialkontrolle deutlich, sondern auch die wechselseitige Abhängigkeit von kriminalrechtlicher und informeller Sozialkontrolle sowie die Grenzen für alternative Strategien.

3. Strategien, Verfahren und Sanktionen

Schrifttum: *Albrecht, P.-A.* (Hrsg.), Informalisierung des Rechts. Empirische Untersuchungen zur Handhabung und zu den Grenzen der Opportunität im Jugendstrafrecht. Berlin 1990; *Austin/Krisberg*, Wider, Stronger and Different Nets: The Dialectics of Criminal Justice Reform. JResCrim 18 (1981), 165-196; *Blau*, Diversion und Strafrecht. Jura 1987, 25-34; *Dölling*, Diversion. HWKrim 5 (1991), 275-287; *Dölling/Feltes* (eds.), Community Policing – Comparative Aspects of Community Oriented Police Work. Holzkirchen 1993; *Heinz*, Diversion im Jugendstrafverfahren. ZRP 23 (1990), 7-11; *Herrmann*, Diversion und Schlichtung in der Bundesrepublik Deutschland. ZStW 96 (1984), 455-484; *Kerner* (Hrsg.), Diversion statt Strafe? Probleme und Gefahren einer neuen Strategie strafrechtlicher Sozialkontrolle. Heidelberg 1983; *Kury* u.a. (Hrsg.), Diversion. Alternative zu klassischen Sanktionsformen. Bochum 1981; *McMahon*, „Net-widening". Vagaries in the Use of a Concept. BritJCrim 30 (1990), 121-149; *Naucke:* Die Wechselwirkung zwischen Strafziel und Verbrechensbegriff. Stuttgart 1985; *ders.:* Schwerpunktverlagerungen im Strafrecht. KritV 76 (1993), 135-162; *Sack:* Recht und soziale Kontrolle. In: KKW 1993[3], 416-421; *Walter*, Wandlungen in der Reaktion auf Kriminalität. ZStW 95 (1983), 32-68.

Reicht das Gesamtsystem der Verbrechenskontrolle auch weit über das kriminalrechtliche Teilsystem hinaus, so bleibt doch sein **Schwerpunkt** – wie ausgeführt – weltweit bei den Mitteln und Vorgehensweisen des **Strafrechts**. In Wohngebieten mit hoher Verbrechensrate zielt denn auch das Bestreben nicht primär auf Selbstschutz und kommunale Kriminalprävention, sondern ruft man vornehmlich nach Sicherheit durch polizeiliche Präsenz. Dem steht nicht entgegen, daß das Strafrecht im Laufe seiner Entwicklung erhebliche Wandlungen erfahren hat. Seit den Anfängen der bewußten Kriminalpolitik sind die ausschließlich vergeltend oder nur abschreckend wirkenden **Strategien** und Mittel zugunsten vorbeugend gedachter Konzepte zunehmend angezweifelt und zurückgedrängt worden. Ausdruck dieser Tendenzen sind die Epoche des Zweckstrafrechts (siehe unten § 12, 1), die internationale Bewegung der Sozialverteidigung und das sich zum Kriminalrecht erweiternde Strafrecht. Nehmen Gesetzgeber und Polizei mehr die generalpräventiven Ziele der Verbrechenskontrolle wahr, so verfolgen Strafrechtspflege sowie Bewährungshilfe und Strafvollzug überwiegend individualpräventive Zwecke.

Aber auch die neueren Strategien können nicht vollends befriedigen. Sie werden deshalb angefochten. Von der „Disziplinargesellschaft" bis zur „Verpolizeilichung" des Strafrechts reichen die **Einwände**, als ob wir uns noch immer im ancien régime befänden. Entsprechend gilt der Straftäter als Geschöpf, das „weder Biographie noch Werte hat", sei es daß er wie ein rationaler homo oeconomicus nur Entscheidungen trifft oder als bloßes Disziplinarobjekt gehorcht. Zwar erblicken derartige Positionen „absoluter Strafrechtskritik" im Rechtsstaatsprinzip ihr einigendes Band (*Naucke* 1993, 162; *Sack* 1993, 419 ff.). Doch sind sie kaum fähig noch willens, die Verbrechensprobleme der Zukunft zu bewältigen. Allerdings wird auch von ihnen richtig gesehen, daß der Anwendungsbereich des Strafrechts derart gewachsen ist, daß die Um- und Durchsetzung Schwierigkeiten bereiten. Man spricht ebenso von „Überkriminalisierung" wie vom „Vollzugsdefizit". Deshalb wird der subsidiäre oder Ultima-ratio-Charakter des Strafrechts stärker als bisher betont, und d.h. ernster genommen.

Dem kommt neben dem Bestreben nach Entkriminalisierung das angloamerikanische Konzept der **Diversion** entgegen. Obschon als militärstrategischer Begriff im deutschsprachigen Bereich seit mehr als einhundert Jahren bekannt (Nachweis bei *Heinz* 1990, 8), hat es kriminalstrategisch erst in den siebziger Jahren weltweite Beachtung erlangt. Es ist in die Tendenzen zur Entregelung und Dezentralisierung der Sozialkontrolle eingebettet. Nach dem Wortsinn meint es Ablenkung, Umleitung oder Wegführung und dient als Sammelbezeichnung für eine Anzahl neuerer, zum Teil recht verschiedener kriminalpolitischer Strategien und Tendenzen. Überwiegend zielt Diversion auf das Absehen von weiterer Strafverfolgung, nachdem eine strafrechtliche Normverletzung amtlich festgestellt worden ist. Sie will, Einsichten des Labeling approach und der Sündenbocktheorie aufnehmend, Kriminalität hauptsächlich außerhalb der Justiz und ihrer Instanzen bewältigen, um möglichst viele Rechtsbrecher vor den Konsequenzen der Kriminaljustiz zu bewahren und sie zu anderweitiger Behandlung „umzuleiten" (dazu eingehend *Kury* u.a. 1981, 9 ff.; *Kerner* 1983, 1 ff.; *Herrmann* 1984, 455 ff.; *Blau* 1987, 25 ff.; *Albrecht* 1990, 2 ff.; *Heinz* 1990, 7 ff.; *Dölling* 1991, 275 ff.; *Göppinger* 1997, 630 ff.).

Verschiedene **Gründe** haben zu der Beachtung beigetragen, welche die Diversion inzwischen weltweit gefunden hat. Als rezeptionsfreundlich mag dabei mitgewirkt haben, daß der Diversionsgedanke nicht ausschließlich einer Theorie verpflichtet ist, obschon ein wesentlicher Impuls zu seiner Verbreitung vom Labeling-Ansatz ausging. So hat man betont, daß vor allem bei weniger gefährlichen Tätern, z.B. im Falle der Bagatelldelinquenz, die **Strafverfolgung oftmals mehr Schaden** stiftet **als Nutzen** bringt. Eine strafgerichtliche Intervention würde eher zu einer Verfestigung des abweichenden Verhaltens führen, als den Betroffenen vor weiteren Straftaten abzuschrecken oder ihm bei der Lösung der meist hinter der Straftat stehenden Probleme zu helfen (*Kury* u.a. 1981, 173). Während eine strenge Labeling-Theorie folgerichtig zu der Forderung nach radikaler Nichtintervention führen muß, lassen andere ebenfalls für ein „Weniger-Tun" („do less") stützende Gründe hier die Forderung nach abgeschwächten und vor allem sinnvollen Interventionen entstehen (vgl. *Heinz* 1990, 7 ff.). Zwar sprechen einerseits kriminalitätsfördernde Zeiterscheinungen wie strukturell bedingte Arbeitslosigkeit oder Funktionsverlust von Trägern informeller Sozialkontrolle für einen zurückhaltenden Einsatz des Strafrechts. Andererseits verlangen die Interessen der Verbrechensopfer gesellschaftlich gebilligte Reaktionen auf Kriminalität. Insgesamt scheint die Diversion daher gleichermaßen vom Labeling-Ansatz wie auch von Richtungen beeinflußt zu sein, die „Helfen statt Strafen" seit langem favorisieren. Daneben und sicherlich von kaum geringerer Bedeutung dient die Diversion von Anfang an als Versuch zur Bekämpfung der ökonomischen Krise der Strafrechtspflege. Ein nahezu universell zu verzeichnender Anstieg von Bagatell- und Jugendkriminalität sowie Zuwachs polizeilicher Aktivitäten haben zu einer erheblichen **Überlastung der Kapazität von Strafverfolgungsorganen** geführt. Dies wiederum läßt die Suche nach Alternativen förmlicher Verfahren zum Zwecke der Entlastung auch unter Kostenaspekten als lohnend erscheinen (*Kury* u.a. 1981, 177 f.).

Für die Bundesrepublik, die Schweiz und Österreich sind aber das Aufgreifen und die Übernahme der **Diversionsstrategien nur begrenzt möglich und sinnvoll.**

56

Einerseits ist die Anordnung von Maßnahmen ohne Schuldfeststellung kaum mit der Unschuldsvermutung (Art. 6 II EMRK) vereinbar; auch wirft die Unterschiedlichkeit der regional orientierten Programme **Bedenken** hinsichtlich der Gleichbehandlung und des Bestimmtheitsgebotes (Art. 3 und 103 II GG) auf (*Walter* 1983, 49; *Albrecht* 1990). Vor allem aber – und dies wirkt sich am stärksten aus – steht das Legalitätsprinzip der Strafprozeßordnung einer Diversion im angloamerikanischen Sinne entgegen. Soweit jedoch eine Rezeption durch das deutsche Recht zulässig wäre, ist sie entbehrlich, da sie keinen zusätzlichen Gewinn an Erkenntnis oder Praktikabilität verspricht. Denn die gegenwärtig breite Anwendung der Bestimmungen des Opportunitätsprinzips, die in der Bundesrepublik rund zwei Fünftel aller anklagefähigen Strafsachen (einschließlich des Jugendstrafrechts) ausmacht, hat den zu alternativer Handhabung tauglichen Rahmen bereits beachtlich weit ausgeschöpft (vgl. *Albrecht* 1990; *Heinz* 1990, 7 ff.). Überdies hat die Diversionsstrategie in den letzten Jahren auch im westlichen Ausland wachsende **Kritik** erfahren. Diese beruht entweder auf der fehlenden Möglichkeit zur empirischen Überprüfung der implementierten Diversionsprogramme oder auf dem Nachweis des Mißerfolgs einiger Projekte. Besonders schwer wiegt der Vorwurf, daß die Diversion zum Teil nicht nur keine Alternative zur Freiheitsstrafe geboten, sondern überdies zu einer erheblichen Vorverlagerung und Ausweitung des Netzes sozialer Kontrolle geführt hat (sog. „Net-widening"-Effekt; dazu *Austin/Krisberg* 1981, 165 ff.; *Kerner* 1983, 7, 38 ff.; *Walter* 1983, 39; kritisch *McMahon* 1990, 121 ff., jeweils m.w.N.). Schließlich wird bezweifelt, ob Diversion tatsächlich die Stigmatisierung verringert. Denn dadurch, daß sich die meisten Programme lediglich mit Fällen leichterer Kriminalität befassen, droht gerade durch diese Programme eine besondere „Abstempelung" der nicht divertierten Personen.

Insgesamt betrachtet stellt sich die Diversionsstrategie – die als Teil der sogenannten **vier D** (diversion, decriminalization, deinstitutionalization, due process) zu Recht erheblichen Einfluß auf die gegenwärtige kriminalpolitische Diskussion gefunden hat – als ein gangbarer Weg zur Bewältigung minderschwerer Kriminalfälle dar. Sie erscheint als kriminalpolitischer Denkanstoß und als Korrektiv unerwünschter Folgen normaler Kriminaljustiz begrenzt sinnvoll. Freilich kann, will und soll sie die formelle Sozialkontrolle durch das Strafrecht keinesfalls ersetzen.

Als (negative) **Sanktionen** der Verbrechenskontrolle kommen vor allem

- Strafen, Nebenstrafen, Maßregeln der Besserung und Sicherung sowie strafähnliche Maßnahmen (Bußgeldauflage, Wiedergutmachungsauflage, Intensivüberwachung u.a.) in Betracht, ferner
- sanktionsrechtliche Nebenfolgen (Verfall und Einziehung, einschließlich Gewinnabschöpfung, Urteilsbekanntmachung) sowie Einträge im Bundeszentral- und im Verkehrszentralregister und schließlich

- strafprozessuale Zwangsmittel wie Überwachung des Fernmeldeverkehrs, Beschlagnahme, Durchsuchung, vorläufige Festnahme und die Untersuchungshaft,

und zwar unabhängig von den gesetzlichen Zweckbestimmungen. Aufgrund dieser Vielfalt und Fülle von Reaktionen wird gelegentlich geschlossen, daß es geradezu ubiquitär sei, „von staatlicher Seite sanktioniert zu werden". Auch wenn man dem selbst unter Berücksichtigung der Bußen wegen Verkehrsordnungswidrigkeiten (dazu LB § 78) nicht zu folgen vermag, besteht ein Bedürfnis nach Vergewisserung und Durchsichtigkeit. Um richterliche, aber auch staatsanwaltliche und polizeiliche Willkür zu vermeiden, um „Wildwuchs" ebenso wie „kreative Rechtsschöpfung" bei der Sanktionsfindung in Grenzen zu halten, schreiben die Rechtsordnungen allgemein die Zahl, Art und Inhalte der Kriminalsanktionen gesetzlich vor (sog. Numerus clausus der Strafmittel). Gleichwohl ist das moderne Sanktionenrecht durch vielfache Modifikationen in Vollstreckung und Vollzug gekennzeichnet (z.B. Ratenzahlungen, bedingte Entlassungen und Vollzugslockerungen), so daß man gelegentlich geradezu von Erosionserscheinungen spricht. Gleichwohl gelten die freiheitsentziehenden Eingriffe, sei es als Freiheitsstrafe oder als Untersuchungshaft, als besonders problematisch.

Sanktionen, insbesondere Kriminalsanktionen (poena, Pein), aber werden als Ärgernis empfunden. Nicht zufällig spricht man vom „Strafübel" und „Strafleiden" (malum passionis). Sie sind auch dann schmerzhaft, wenn sie den wohlverstandenen „Interessen" des Abweichers dienen und resozialisierend wirken sollen. Dieser Sachverhalt wird mitunter als so unbefriedigend und bedrängend empfunden, daß er die **Frage nach den Alternativen** zum Strafrecht, ja nach dessen Abschaffung aufkommen läßt (siehe unten § 14, 5) und die Verminderung des Strafleidens als Aufgabe der Kriminologie zuweist.

Weil sich die einzelnen, jeweils für sich betrachtet, legitimen Ziele, Strategien, Mittel und Interessen nicht widerspruchsfrei in ein System der Verbrechenskontrolle vereinigen lassen, ja die einzelnen Träger wie Polizei, Justiz und Bewährungshilfe mitunter vorrangig jeweils eigenen Organisationszielen folgen, bedarf es der **Koordinierung**, eines formalisierten Verfahrens und genauer Handlungsanweisungen.

Da eine integrierende Theorie der Verbrechenskontrolle (siehe § 12) fehlt, übernehmen rechtspolitische Grundsätze und Handlungsmuster diese Aufgabe (dazu unten Zehntes Kapitel). Sie werden im Wege strafrechtlicher Ausbildung vermittelt sowie durch Rechtspflege und wissenschaftliche Kritik ständig überprüft. Zu ihnen zählen besonders die **Grundsätze** der Humanität, Freiheit, Rechtsstaatlichkeit, Verhältnismäßigkeit, Erforderlichkeit und Zweckmäßigkeit (Effizienz). Diese Wertprinzipien gelten als „Konstanten kriminalpolitischer Theorie". Sie sollen sowohl die präventiven als auch die repressiven Strategien und den mit ihnen verbundenen Einsatz der zulässigen Mittel strukturieren. Von ihnen werden also polizeiliche Praktiken und Mittel der inneren Sicherheit genauso bestimmt wie die Anordnung der Untersuchungshaft und die Verhängung von Strafen und Maßnahmen. Wenn es eine offene oder verdeckte Expansion des Strafrechts gibt, so kann ihr wirksam nur durch Radikalisierung des Erforderlichkeitsgrundsatzes begegnet werden.

4. Implementation und Evaluation der Kontrollprozesse

Schrifttum: *Behringer,* Mörder, Diebe, Einbrecher. Verbrechen und Strafen in Kurbayern vom 16. bis 18. Jahrhundert. In: Verbrechen, Strafe und soziale Kontrolle, hrsg.v. van Dülmen. Frankfurt/M. 1990, 85-132; *Bohnert/Klitsch,* Gesellschaftliche Selbstregulierung und staatliche Steuerung. In: Implementation politischer Programme: empirische Forschungsberichte, hrsg.v. Mayntz. Königstein/Ts. 1980, 205-215; *Hassemer,* Kennzeichen und Krisen des modernen Strafrechts. ZRP 1992, 378-383; *Heinz,* Kriminalpolitische Modellprojekte. Planung, Funktion, Wirkungschancen. In: Die 13. Bundestagung, hrsg.v. DBH. Bonn 1990, 241-276; *Kaiser,* Verkehrsdelinquenz und Generalprävention. Tübingen 1970; *Lenk,* Programmforschung und Regierungspraxis – Rahmenbedingungen, Ertrag und Zukunftsperspektiven. In: Regieren und Politikberatung, hrsg.v. Murswiek. Opladen 1994, 31-44; *Lösel* u.a., Meta-Evaluation der Sozialtherapie. Stuttgart 1987; *Lösel,* Evaluationsforschung in Deutschland, Probleme und Perspektiven. In: FS für Skovronek. Göttingen 1992; *Mayntz,* Die Implementation politischer Programme. In: Implementation politischer Programme, hrsg.v. Mayntz. Opladen 1980; *dies.,* Policy-Netzwerke und die Logik von Verhandlungssystemen. In: Policy-Analyse, hrsg.v. Héritier. Opladen 1993, 39-56; *Palmer,* A Profile of Correctional Effectiveness and New Directions for Research. Albany/N.Y. 1994; *Rehbinder,* Rechtssoziologie. Berlin 1993[3]; *Seelmann,* Risikostrafrecht. KritV 75 (1992), 452-471; *Walmsley,* Implementing international prison standards. In: HomeOffResBull 29 (1990), 47-51; *Wettmann-Jungblut,* „Stelen inn rechter hungersnodt". Diebstahl, Eigentumsschutz und strafrechtliche Kontrolle im vorindustriellen Baden 1600-1850. In: Verbrechen, Strafen und soziale Kontrolle, hrsg.v. Dülmen. Frankfurt/M. 1990, 133-177.

Strategien, Verfahren und Sanktionen beruhen zwar durchweg auf Rechtsvorschriften, gehören aber innerhalb der Verbrechenskontrolle organisatorisch verschiedenen Subsystemen an, etwa der Polizei, Justiz, Bewährungshilfe oder dem Strafvollzug. Auch müssen Kriminalsanktionen ausgewählt, festgesetzt, verhängt und vollstreckt werden. Diese Aufgaben sind verschiedenen Organen anvertraut. Wohl besteht zur

Durchführung regelmäßig ein gesetzliches Entscheidungsprogramm mit entsprechenden Anwendungsregeln. Doch decken sich erfahrungsgemäß Recht und Wirklichkeit nicht. Vielmehr rütteln die **Anwendungsunterschiede** ebenso an dem Postulat der gleichmäßigen Handhabung wie an der Effektivität des Gesetzesvollzugs. Sie **werfen** deshalb **Probleme auf**. Dies trifft insbesondere dann zu, wenn sich das Strafrecht als folgenorientiert begreift. Bei alledem handelt es sich um einen Sonderfall der Verwertung und Umsetzung von Entscheidungswissen (dazu generell und grundsätzlich LB § 83). Das Interesse richtet sich speziell auf Sanktionen, Strategien, ja nicht selten auf Konzepte der Politik wie z.b. der Drogenpolitik. Ob daher die Koordinierung dieser vielfältigen Funktionen durch Ausbildung, Grundsätze und Handlungsanweisungen gelingt, Programme der Zielsetzung entsprechend vollzogen und Gesetze auch richtig angewandt, ob schließlich die erstrebten Wirkungen erzielt und unerwünschte Nebeneffekte vermieden werden, das bedarf sorgfältiger Untersuchung und anerkannter **Prüfverfahren**. Solche Aufgaben suchen Implementations- und Evaluationsforschung zu leisten.

Während die **Implementation** die Anwendung und Durchführung von Gesetzen als einen Anwendungsfall politischer Programme thematisiert (*Mayntz* 1993, 39 ff.; *Rehbinder* 1993, 238; *Lenk* 1994, 32) meint die Evaluation weitergreifend die rationale Bewertung von Ausführung, Angemessenheit, Leistungsfähigkeit, Ablauf, Ergebnis und Nutzen von Interventionsprogrammen (*Lösel* u.a. 1987, 7 f.). Widmet sich im kriminologischen Bereich die Implementationsforschung besonders der Analyse von Handlungsmustern und Vollzugsdefiziten, namentlich auf den Gebieten des Steuer-, Verkehrs-, Umwelt-, Wirtschafts- und Betäubungsmittelstrafrechts, so die Evaluationsforschung vornehmlich der Untersuchung von sozialtherapeutischen Experimenten und kriminalpolitischen Modellen, insbesondere von Diversion und Täter-Opfer-Ausgleich (dazu *Heinz* 1990, 24 ff.). Obwohl Versuche der Erfolgsabschätzung von Interventionsprogrammen auch in Deutschland bis in die frühen sechziger Jahre zurückreichen (vgl. *Kaiser* 1970, 369 ff., 389 ff. m.N.), hat erst das methodische Instrumentarium der Implementations- und Evaluationsforschung einschließlich der Meta-Analyse das Wissen erheblich angereichert und präzisiert.

Je nach Fragestellung kann man verschiedene **Arten von Evaluationen** unterscheiden. So möchte man z.B. wissen, welcher Bedarf für ein Programm besteht und wie es zu gestalten ist (Planungsevaluierung), inwieweit das Programm nach Plan verläuft (Prozeßevaluierung), ob es die gesteckten Ziele oder andere erreicht (Ergebnisevaluierung) und im Verhältnis zum Aufwand effektiv ist (Nutzungsevaluierung). Häufig bezieht man sich auf die Unterscheidung zwischen formativer und summativer Evaluation. Während die erstgenannte die Planung einschließlich der Zielauswahl betrifft sowie die Entwicklung und Optimierung einer Intervention, bezieht sich die letztgenannte auf Wirkung und Effektivität bereits feststehender Programme. Trotz unterschiedlicher Begriffe und Akzentsetzungen einzelner Studien geht es bei jeder Evaluation zumindest auch darum zu ermitteln, ob das Programm selbst Wirkungen zeigt und nicht irgendwelche anderen Einflüsse (dazu *Lösel* u.a. 1987, 8 m.N.). **Wirkungsevaluationen** erfolgen zumeist im Rahmen einer Methodologie des Experiments und Quasi-Experiments sowie der objektivierten Datenerhebung und statistischen Auswertung. Dieser Ansatz hat wesentlich zum Fortschritt der Evaluationsforschung beigetragen.

Dennoch bemängelt man in Wissenschaft und Praxis, daß viele Evaluationen zwar einzelne Variablen erfaßten, dem jeweiligen Gesamtprogramm und Praxisfeld aber kaum gerecht würden. Auch seien die Ergebnisse verschiedener Evaluationen oft widersprüchlich. Überdies hätten sich Hoffnungen auf empirisch fundierte Entscheidungshilfen nicht genügend erfüllt. Ausgerechnet die Evaluationsforscher sehen darin einen Ausdruck grundsätzlicher Mängel des „quantitativen" Vorgehens. Die Diskussion um die vorherrschende Methodologie der Evaluationsforschung und die dabei ins Feld geführten Argumente entsprechen im wesentlichen der herkömmlichen Kontroverse um die wissenschaftstheoretischen oder forschungslogischen Grundauffassungen (siehe dazu LB §§ 5 f.). Bei alledem darf man freilich nicht übersehen, daß im Gegensatz zu den mehr idealtypischen wissenschaftstheoretischen Konzepten sich die forschungspraktische Ebene als wesentlich vielfältiger darstellt (*Lösel* u.a. 1987, 9; zu den Problemen der Erfassung und Messung von Komplexität bes. *Palmer* 1994, 161 ff.). Trotz verbreiteter Vorurteile scheint zwischen der quantitativ und qualitativ orientierten Evaluationsforschung kein unüberbrückbarer Dissens zu bestehen. Vielmehr gewichtet man die bei jeder Methode unvermeidlichen Defizite unterschiedlich. Qualitative Methoden gelten vor allem im Rahmen formativer und prozeßorientierter Evaluationen als angemessen. Demgegenüber hält man das quantitativ-experimentelle Vorgehen bei fortschreitender Präzisierung des Programms, seiner Fragestellung, den Kontextmerkmalen und Variablen für angezeigt. Typischer Einsatzbereich ist die summative Evaluation von bereits gut herausgearbeiteten, stabilen Programmen, die unter Kontextbedingungen durchgeführt werden, welche eine kausale Wirkungsbeurteilung sinnvoll erscheinen lassen. Darüber hinaus werden in der neuen Evaluationsforschung zwei Tendenzen deutlich: einerseits eine verstärkte Orientierung an präzisen Designs im Rahmen des quantitativen Ansatzes, andererseits wiederum eine größere Offenheit gegenüber verschiedenen Evaluationsformen.

Mit der Zunahme empirischer Untersuchungen ist die **zusammenfassende Bewertung des Forschungsstandes daher zu einem wichtigen Aufgabenfeld der Evaluation geworden.** Oft liegen zu einem Thema zahlreiche Einzelbefunde vor, die theoretisch und methodisch unterschiedlich fundiert sowie in den Ergebnissen uneinheitlich sind. Bei kontroversen Fragen beziehen sich die Autoren nicht selten auf eine Auswahl jener Studien, welche die eigene Meinung stützen. In der Öffentlichkeit entsteht daraus ein Eindruck der Widersprüchlichkeit und geringen Verbindlichkeit von Expertenaussagen, der das Ansehen der Wissenschaft beeinträchtigt.

Um über Planungs- und Entscheidungsprozesse verwertbare Informationen über den Ergebnisstand in einem Bereich zu erhalten, müssen die vorliegenden Einzelbefunde möglichst stichhaltig integriert werden. Dazu dienen Verfahren der **Meta-Evaluation.** In der Regel werden Re-Analysen von empirischen Primärstudien, d.h. in Form von Sekundäranalysen, vorgenommen. Die traditionelle und häufigste Form ist der Literaturbericht ohne neue Datenauswertung. Die Auswahl der einschlägig betrachteten Studien und der in ihnen enthaltenen Informationen, die Gewichtung bestimmter Stärken oder Schwächen, die Bewertung der Einzelergebnisse und die summarischen Urteile erfolgen dabei nach Kriterien der Erfahrung und wissenschaftlichen Ausrichtung des betreffenden Experten. Ähnlich wie bei der klinischen Urteilsbildung in der Psychodiagnostik bleibt hier das Vorgehen teilweise implizit. Es sind aber auch Meta-Evaluationen auf höherer Ebene möglich, z.B. auf der Grundlage mehrerer Sekundäranalysen. Zu den wichtigeren Verfahren gehören empirische Re-Analysen der Rohdaten von einzelnen oder mehreren Primärstudien. Diese Formen der Meta-Evaluation werden durch die zunehmende Einrichtung von Datenarchiven erleichtert. Sie dienen vor allem der Zuverlässigkeit und Ökonomie in der Forschung. Bestimmte Ergebnisse können mit ähnlichen oder neuen Auswertungsverfahren überprüft werden (zur gegenwärtigen Lage der Evaluationsforschung *Lösel* 1992).

Mag sich die Implementation auch als ein spezieller Anwendungsfall der Evaluation darstellen, so hat sie sich doch für den Gesetzes- und Verwaltungsvollzug durchgesetzt und eingebürgert. In der Nachfolge der amerikanischen Policy-Forschung beschäftigt sich die sogenannte **Implementationsforschung** seit Mitte der siebziger Jahre im deutschsprachigen Raum mit der administrativen Durchführung von politischen Handlungsprogrammen. Sie untersucht dabei vor allem die typischen Vollzugsmuster und Vollzugsdefizite (vgl. *Mayntz* 1980, 236 ff.; *Rehbinder* 1993, 238 ff.).

Man hat hier „die ebenso banale wie unbestreitbare Tatsache" entdeckt, „daß politische Programme die Ergebnisse administrativen Handelns nur sehr unvollständig bestimmen, d.h. ihre Wirkung wesentlich von der Art ihrer Durchführung abhängt" (*Mayntz* 1980, 236). Obschon die Implementationsforschung erhebliche Schwierigkeiten zur Bildung einer Implementationstheorie aufweist, hat sie begründet dargetan, daß die Handlungsspielräume der Verwaltung bei der Implementation politischer Programme von der Intensität der Steuerung durch die vorgesetzte Behörde, vom Programmierungsgrad der Aufgabenstellung sowie von der Verfügung über ihre Ressourcen abhängt (*Bohnert/Klitsch* 1980, 205 ff.). Die Steuerungsintensität mittels genereller Weisungen oder Einzelweisungen durch die vorgesetzte Behörde ist oft geringer, als dies der hierarchische Behördenaufbau erwarten läßt. Dafür scheinen u.a. Selektion und Unvollständigkeit des Informationsflusses von unten nach oben bedeutsam zu sein. Dabei kann die Selektion auch auf der Aufnahmebereitschaft und den Informationswünschen der Steuerungsinstanz beruhen. Nach dem Umfang der Handlungsspielräume ist jener Aufgabenbereich zwar unterschiedlich, insgesamt aber beträchtlich.

Außerdem wird eine Vielzahl weiterer Faktoren, die den Implementationsprozeß bestimmen, hervorgehoben (vgl. *Mayntz* 1980, 242 ff.). So gelten die Merkmale des Normprogramms für eine erfolgreiche Implementation als entscheidend (vgl. *Rehbinder* 1993, 240 m.N.). Der **Implementationserfolg** hängt aber auch von den Durchführungsinstanzen ab. Implementationsmängel treten insbesondere bei Kapazitätsüberlastung, bei mangelnder Befähigung und entgegenstehender Motivation des Personals, bei Koordinationsproblemen sowie bei kompromißbereiten Reaktionen der Behörden auf Widerstände der Adressaten auf. Ferner hängen die Implementationschancen von den Merkmalen des gesellschaftlichen Bereichs ab. Die Implementation ist um so leichter, je kleiner und homogener die Adressatengruppe, je schwächer die vom Programm verlangte Verhaltensänderung und je geringer die damit verbundenen Kosten für den Adressaten sind. Das Zusammenspiel der genannten Faktoren bestimmt dann in jedem Einzelfall den Erfolg oder Nichterfolg der Implementation, und d.h. den **Grad des** jeweiligen **Vollzugsdefizits**. Empirisch untersuchte Einzelfälle sowie fachmännische Gesamtschätzungen von Vollzugsdefiziten haben einen beachtlichen Umfang ergeben, der dazu geführt hat, diesen Sachverhalt als

„weichen Gesetzesvollzug" zu deuten (*Rehbinder* 1993, 243 m.n.). Dies gilt ferner für die Umsetzung des völkerrechtlichen „soft law" und für internationale Strafvollzugsnormen (dazu *Walmsley* 1990, 47 ff.).

Als Anwendungsfälle gelten besonders das Umwelt- und Betäubungsmittelstrafrecht sowie das Gefährdungsstrafrecht ganz allgemein. Die hier beim „**Risikostrafrecht**" sichtbaren oder vermuteten Vollzugsdefizite werden geradezu als Krisenzeichen der Modernität des Strafrechts gedeutet (vornehmlich von *Hassemer* 1992, 378 ff., insb. 382). Eine solch dramatisierende Schlußfolgerung erscheint jedoch unbegründet. Denn wie die neuere sozialhistorische Forschung belegt, mangelte es bereits in den vergangenen Jahrhunderten an der Implementation der traditionellen Strafrechtsnormen, sei es aus Kostengründen oder sei es wegen des fehlenden polizeilichen Apparates (vgl. *Behringer* 1990, 116; *Wettmann/Jungblut* 1990, 168 ff.). Ferner wird seit mehr als 150 Jahren auf die Mängel in der Gleichmäßigkeit in der Strafzumessung und auf regionale Entscheidungsmuster hingewiesen. Im übrigen zählt es zu den Einsichten der sogenannten Freirechtsschule, die offenkundigen Diskrepanzen zwischen Recht und Rechtswirklichkeit verdeutlicht zu haben. Selbst wenn man der kritischen Empfehlung folgend die sogenannte Modernität des Strafrechts teilweise zurücknähme oder genauer einem besonderen „Interventionsrecht" zuordnete, änderte sich an den Vollzugsdefiziten wahrscheinlich wenig, und zwar sowohl im Bereich des Gefährdungsstrafrechts als auch in jenem des sogenannten Kernstrafrechts (zutreffende Kritik bei *Seelmann* 1992, 467, 471; dazu ferner unten § 19). Die als Maßstab apostrophierten „Kennzeichen eines klassischen Strafrechts" waren und sind, wie *Hassemer* selbst einräumt, „ein Ideal, eine Zielvorstellung", die sich überdies um den kontrafaktischen Befund der „Vollzugsdefizite" nicht einmal zu sorgen braucht. Dabei steht auf einem anderen Blatt, ob das als besser geeignet empfohlene „Interventionsrecht" über Ressourcen und Implementationstechniken verfügte, die der Strafrechtspflege überlegen wären. Begründete Anhaltspunkte für eine solche Annahme sind aber nicht erkennbar.

Beide Wege, Implementations- und Evaluationsforschung, bieten Möglichkeiten zur Erfolgskontrolle für den Prozeß des Programmvollzuges oder die Wirkungen von Interventionsprogrammen. Evaluation und Implementation fördern den Druck für zweckrationale Argumentation, insbesondere in politischen Entscheidungsprozessen, und auf deren notwendige Transparenz. Überdies ruft der sich international hektisch vergrößernde Problemdruck als Folge sozialer und technischer Wandlungsprozesse nach einer immer rascheren Rückmeldung über staatliche und gesellschaftliche Eingriffe. Deshalb findet die Evaluation als Prüfungs-, Führungs- und Steuerungsinstrument von Justizverwaltung, Kontrollstrategien und Kriminalpolitik zunehmend Widerhall (siehe auch LB §§ 90 ff.).

5. Zusammenfassung und Folgerungen

Schrifttum: *Lowman* u.a. (eds.), Transcarceration: Essays in the Sociology of Social Control. Aldershot u.a. 1987; *Morris/Tonry*, Between Prison and Probation. Intermediate Punishments in a Rational Sentencing System. New York u.a. 1990.

Nach alledem wird deutlich, daß

- die Verbrechenskontrolle neben den staatlichen auch die gesellschaftlichen Anstrengungen zur Erzielung von Verhaltenskonformität umfaßt,
- die Strafjustiz nur ein Träger sozialer Kontrolle ist,
- das Strafrecht nur ein Mittel unter den sozialen Normensystemen darstellt,
- der Rechtsbruch nur einen Teil allen abweichenden Verhaltens ausmacht und schließlich
- die staatliche Strafe nur eine von mehreren Sanktionsmöglichkeiten bildet.

Auf allen Ebenen der Sozialkontrolle – gleichgültig, ob es sich um das System, um die Träger, die Strategien oder die Mittel und Sanktionen handelt – herrscht eine breite **Austauschbarkeit** (dazu als durchgängiges Strukturprinzip *Morris/Tonry* 1990, 37 ff.) und beträchtliche **Flexibilität**. Austauschbarkeit finden wir also nicht nur innerhalb der individualpräventiven Behandlung, sondern auch im generalpräventiven Bereich und überdies im Gesamtsystem der Sozialkontrolle. Offenbar gibt es mehrere bestmögliche Problemlösungen (Optima), aber auch jeweils unerwünschte Nebenwirkungen. Ob die liberale Politik der Dezentralisierung, Privatisierung und Zurückdrängung freiheitsentziehender Sanktionen die staatliche Kontrolle erwartungswidrig ausgedehnt und verdichtet hat, wie gelegentlich vermutet wird, erscheint jedoch fraglich.

Die Analyse der Zusammenhänge verdeutlicht die **funktionalen Äquivalente** zum Strafrecht und darüberhinausgreifende Möglichkeiten der **Verlagerung** innerhalb des gesamten Kontrollnetzes. So wird die Einschränkung der Kriminalstrafe durch den Zuwachs von Bußen und anderen weniger eingreifenden Sanktionsmitteln begleitet, ohne daß sich genau bestimmen ließe, ob der Gesamtbetrag des Sanktionsgewichts und der Punitivität abgenommen hat, geschweige die Weite und Dichte des Kontrollnetzes. Ausweich-, Verlagerungs- und Eskalationseffekte finden sich nicht erst im Bereich technischer Prävention (siehe unten § 13, 3), sondern schon hier (zur „transcarceration", also der Verlagerung von einem Subsystem der Institutionalisierung zu einem anderen, *Lowman* u.a. 1987, 4 ff.). Besteht in der Verbrechensentwicklung keine Konstanz, so auch nicht in der Verbrechenskontrolle.

Die **neuere Kritik** an der heutigen Situation von Verbrechen und Verbrechenskontrolle wendet sich nachdrücklich gegen das Versagen des Staates in diesem Politikfeld, obschon mit unterschiedlichen Begründungen und Konsequenzen. Meint der staatskritische Abolitionismus (dazu eingehend unten § 14, 5) – der zeitgenössischen Strömung des sogenannten Informalismus folgend (siehe oben § 10, 3.3) –, jenseits des Strafrechts in der informellen Konfliktregelung die überlegene Problemlösung zu finden, so entnimmt eine etwas diffuse Nebenströmung der vermeintlichen Unfähigkeit des Staates, Sicherheit zu gewährleisten, die wiedererstarkte Befugnis, das Recht in die eigenen Hände zu nehmen. Zugleich liegt in diesen unterschiedlichen Positionen das Dilemma der alternativen Konfliktregelung ohne staatliche Rückendeckung. Denn unterstellt, daß das Postulat „spontaner Selbstregulierung" der Freiheitskonflikte grundsätzlich einlösbar wäre, könnte man den staatlichen Zwang jedenfalls dann nicht entbehren, wenn Täter oder Opfer nicht zur Schlichtung bereit wären und das Opfer überdies im Wege exzessiver Selbsthilfe sein Recht verfolgte. Sogar eine Selbstjustizlösung wäre noch mit der informalistischen Ideologie konsistent, und doch würde sie als Wiederkehr des „Faustrechts" das Konzept der Schlichtung ernstlich gefährden. Die vage Berufung auf die „konkrete Utopie" des „abolitionistischen Paradigmas" erscheint demgegenüber nichtssagend und hilflos. Selbst gutgemeinte Bestrebungen zur Veränderung der Gesellschaft in eine „geordnete Anarchie" sind keineswegs davor gefeit, in Gewalt und Totalitarismus umzuschlagen. Auch derartige Gefahren muß die heutige Kriminalpolitik sehen und beachten. Funktionale Alternativen zur Kriminaljustiz sind zu erkunden und zu erörtern, freilich dann nicht mehr, wenn in ihnen der Terror wohnt.

Um die unterschiedlichen Gesichtspunkte, Befunde und Einsichten ordnen sowie klare Handlungsanweisungen gewinnen zu können, bedürfen die vorwiegend deskriptiven Überlegungen der theoretischen Vertiefung.

§ 12 Theorien der Verbrechenskontrolle

1. Geschichte der Theorieentwicklung

Schrifttum: *Ancel*, La défense sociale nouvelle. Paris 1954, 1981[3] (deutsch: Die neue Sozialverteidigung. Stuttgart 1970); *Frommel*, Präventionsmodelle in der deutschen Strafzweck-Diskussion. Beziehungen zwischen Rechtsphilosophie, Dogmatik, Rechtspolitik und Erfahrungswissenschaft. Berlin 1987; *Grotius*, De iure belli ac pacis, liber II, caput XX. Paris 1625; *van den Haag*, The Neoclassical Theory of Crime Control. In: Theoretical Methods in Criminology, ed. by Meier. Beverly Hills 1985, 177-196; *Jescheck/Weigend*, Lehrbuch des Strafrechts. A.T. Berlin 1996[5]; *Kant,* Die Metaphysik der Sitten (1797). In: Immanuel Kant, Werke in 6 Bänden, hrsg. v. Weischedel, Bd. IV. Berlin 1956, 303 f.; *v. Liszt*, Strafrechtliche Aufsätze und Vorträge, Bd. 2, Berlin 1905; *Löfmarck*, Neo-Klassizismus in der nordischen Strafrechtslehre und -praxis: Bedeutung und Auswirkungen. In: Neuere Tendenzen der Kriminalpolitik. Beiträge zu einem deutsch-skandinavischen Strafrechtskolloquium, hrsg. v. Eser u.a. Baden-Baden 1987, 15-34; *Naucke*, Die Wechselwirkung zwischen Strafziel und Verbrechensbegriff. Stuttgart 1985; *Roxin*, Die Wiedergutmachung im System der Strafzwecke. In: Wiedergutmachung und Strafrecht, hrsg. v. Schöch. München 1987, 37-55; *Schmidt*, Einführung in die Geschichte der deutschen Strafrechtspflege. Göttingen 1951[2]; *Schreiber*, Widersprüche und Brüche in heutigen Strafkonzeptionen. ZStW 94 (1982), 279-298.

Soweit unsere Erfahrung reicht, lassen alle gesellschaftlichen Reaktionssysteme eine **jeweils spezifische Orientierung der Verbrechenskontrolle** erkennen. Diese enthält stets Handlungsanweisungen darüber, wie man mit dem Normbrecher umgehen soll und ob dafür vorwiegend oder gar ausschließlich der Erfolgsunwert der Tat oder mehr deren Handlungsunwert Bedeutung gewinnt. Sie läßt sich allgemein einem bestimmten **Kontrollstil** zuordnen.

In der Epoche des germanischen Rechtsdenkens herrscht die privatrechtliche Auffassung des Strafrechts vor. Alle Initiative muß vom Verletzten ausgehen. Das Gemeinwesen hält sich völlig zurück. Art und Gewicht der Missetat werden vor allem durch ihren äußeren Erfolg bestimmt. Die bis zur Selbstzerstörung reichende Durchsetzung des **Erfolgsstrafrechts** durch den Kreis der racheübenden Betroffenen bestimmt die Verbrechenskontrolle (vgl. *Schmidt* 1951, 21 ff.; *Jescheck/Weigend* 1996, 91 ff.).

Mit der Rezeption des römisch-italienischen Rechts und der Schaffung der Halsgerichtsordnungen in der Renaissance wird das klassische Strafrecht allmählich vorbereitet. Das Leitwort der Peinlichen Gerichtsordnung (1532) verdeutlicht bereits die beiden Strafziele, welche die gesamte neuzeitliche Diskussion bestimmen sollen: „Aus Lieb' der Gerechtigkeit und um gemeines Nutz willen." Doch erst die Entstehung einer rationalen Kriminalpolitik in der Aufklärungszeit führt die Frage der Verbrechenskontrolle weiter. Diese zielt jetzt nicht nur auf Sinn und Zweck, sondern vor allem auf Rechtfertigung und Grenzen staatlichen Kriminalrechts. Von hier aus erscheint Verbrechenskontrolle gewährleistet, wenn staatliche Strafgewalt von dem Grundsatz der begrenzenden Verhältnismäßigkeit geleitet wird, an Gesetz und Recht gebunden ist und nach Maßgabe eindeutigen Gesetzes dem Rechtsbrecher (nur!) das widerfährt, „was seine Taten wert sind" (*Kant* 1797). Die Verbrechenskontrolle des **klassischen Strafrechts** wird also maßgeblich durch rational nachvollziehbare Gesetzlichkeit und absolute Straftheorie bestimmt. Danach findet die Strafe zwar ihre Rechtfertigung und ihren Sinn in sich selbst durch Zufügung des mit der Schuldvergeltung verknüpften Strafübels („malum passionis quod infligitur propter malum actionis"; *Grotius* 1625). Sie ist sich selbst genügsam und damit frei von jeder Zweckerwägung („poena absoluta ab effectu"). Gleichwohl liegt dieser Position die unausgesprochene Auffassung zugrunde, durch Schuldvergeltung und Übelszufügung nach Maßgabe des Gesetzes die öffentliche Sicherheit gewährleisten zu können (vgl. *Frommel* 1987, 11, 42). Die Realität des Verbrechens und der Verbrechenskontrolle, und d.h. vor allem die Strafverwirklichung, ist hiernach kaum von Interesse. Sie gelangt – gedanklich scharf getrennt – erst aufgrund anderer aufklärerischer Perspektiven in den Blick, namentlich in den Ansätzen zur Erneuerung des Gefängniswesens. Dabei läßt sich nicht verkennen, daß auch die Anfänge der utilitaristischen Strafrechtskonzeption in der Aufklärung wurzeln. Das aus dem Schutzrecht abgeleitete **„Präventionsrecht"** ist die Grundlage des staatlichen ius puniendi (*Schmidt* 1951, 215).

Unter dem neueren Einfluß der positivistischen Kriminologie knüpft fast ein Jahrhundert später das Marburger Programm *v. Liszts* mit dem „Zweckgedanken im Strafrecht" (1882) an die aufklärerische Lage spezialpräventiver Ansätze wieder an und damit die ihm folgende Epoche des **Zweckstrafrechts**. Durch spezialpräventive Abschreckung, Besserung oder Sicherung soll das Verbrechen in Schranken gehalten werden, freilich aufgrund und im Rahmen des Strafrechts als der „Magna Charta des Verbrechens" (*v. Liszt* 1905, 80).

Die spezialpräventive Komponente des Zweckstrafrechts hat in der Zeit nach dem Zweiten Weltkrieg, vornehmlich im frankophonen Bereich, ihren Höhepunkt in der Lehre von der **Sozialverteidigung** („défense sociale nouvelle") gefunden (dazu *Ancel* 1954, 1970). Diese Bewegung hält an der Verantwortlichkeit des Rechtsbrechers fest, strebt jedoch die Wiedereingliederung des Verurteilten nach Maßgabe empirischen Wissens und im humanitären Geiste an. Aufgrund solchen Vorgehens verspricht sie sich eine ausreichende Verbrechenskontrolle.

Angesichts der im Vordringen begriffenen pragmatischen Ansätze, die auf der Grundlage zweckrationaler Gestaltung des Strafrechts eine stärkere Einbeziehung des Verbrechensopfers anstreben, sowie im Hinblick auf die Krise des Behandlungsgedankens und des Bedeutungsgewinns neoklassischer Tendenzen hat das Konzept der Sozialverteidigung an prägender Kraft für die Gestaltung der Verbrechenskontrolle verloren. **Neoklassische Theorien** der Verbrechenskontrolle lassen sich zwar nicht auf ein einheitliches Konzept zurückführen. Sie knüpfen jedoch überwiegend an andere Ideen des aufklärerischen Gedankengutes an, sei es an die Schuldvergeltung (vgl. *van den Haag* 1985, 177 ff.; *Naucke* 1985) oder an die allgemeine Abschreckung (dazu kritisch für den skandinavischen Bereich *Löfmarck* 1987, 15 ff.).

Führt man sich die historischen und zeitgenössischen Theorieentwicklungen zur Verbrechenskontrolle vor Augen, so finden sich **Konstanz, Wandel und Wiederkehr von Ideen** dicht beieinander. Während sich die Gedanken der Menschenrechte und der Rechtsstaatlichkeit trotz temporärer Verletzungen und ständiger Gefährdung in der Rechtsüberzeugung als unaufgebbare Wahrheiten festigen können und als unveräußerlich erscheinen, herrscht in Vorgehen und inhaltlicher Ausgestaltung der Verbrechenskontrolle unverändert **Streit**. Neoklassisches Sichbegnügen mit der Schuldvergeltung und Verwerfung von Präventionszielen – was im Objektbezug auf den Staat in der Perspektive kritischer Kriminologie seine Entsprechung findet – steht der rechtsstaatlich gebundenen Konzeption eines Zweckstrafrechts gegenüber. Beide wiederum haben Mühe, die herkömmlich vernachlässigten Opferinteressen angemessen zu beachten, geschweige konzeptuell einzubinden. Sie sehen sich überdies konfrontiert mit abolitionistischen Tendenzen kritischer Kriminologen. Der Streit bliebe eine rein theoretisch-ideologische Auseinandersetzung zwischen einigen Disziplinen oder akademischen Zirkeln, wenn die bedrängende Lage der Verbrechensentwicklung und des stationären Strafvollzugs nicht zur Initiative herausforderten und den Theorien mehr praktische Brauchbarkeit abverlangten. Deshalb lassen sich auch „**die beiden Grundgedanken**" Vergeltung und Vorbeugung (*Jescheck/Weigend* 1996, 66) oder „die beiden Bewegungen" (*Naucke* 1985, 23) – rechtsstaatliches Strafrecht und Präventionsstrafrecht – sinnvoll nicht getrennt fortentwickeln, um puristisch jeweils in ein Strafgesetzbuch oder ein „Interventionsgesetzbuch" zu münden. Vielmehr müssen sich die unterschiedlichen Strafziele einem übergreifenden Konzept der Verbrechenskontrolle fügen unter Gewährleistung der Menschenrechte. Daran sollten sie gemessen werden.

2. Straftheorie, Pönologie und Menschenrechte

Schrifttum: *Calliess*, Theorie der Strafe im demokratischen und sozialen Rechtsstaat. Ein Beitrag zur strafrechtsdogmatischen Grundlagendiskussion. Frankfurt/M. 1974; *Hassemer*, Strafziele im sozialwissenschaftlich orientierten Strafrecht. In: Fortschritte im Strafrecht durch die Sozialwissenschaften, hrsg. v. Hassemer u.a. Heidelberg 1983, 39-66; *Jung*, Sanktionensysteme und Menschenrechte. Bern u.a. 1992; *Müller-Dietz*, Gibt es Fortschritt im Strafrecht? In: FS für Triffterer 1996, 677-693; *Neumann/Schroth*, Neuere Theorien von Kriminalität und Strafe. Darmstadt 1980; *Schmidhäuser*, Vom Sinn der Strafe. Göttingen 1971[2]; *Schüler-Springorum,* Sind die Menschenrechte noch zu retten? In: FS für Miyazawa. Baden-Baden 1995, 391-403.

Der Verbrechenskontrolle durch Sanktionierung kann man sich theoretisch unterschiedlich nähern; man kann individual- oder sozialwissenschaftlich vorgehen. Der individual- oder humanwissenschaftliche Zugang wird traditionell durch die **Philosophie oder Theorie der Strafe** vermittelt. Seine Wege und zugleich politischen Implikationen bestehen in Moralisierung, Kriminalisierung, Pathologisierung oder Psychologisierung abweichenden Sozialverhaltens. Doch stimmen alle diese Mittel und Wege generell darin überein, die individuelle Person als potentiellen oder aktuellen Rechtsbrecher zum Adressaten zu nehmen, sie im Falle des Rechtsbruchs verantwortlich zu machen und gegen sie sanktionierend vorzugehen. Die immer wieder aufgegriffene Thematik von Sinn und Zweck der Strafe – zu der sich jede Zeit erneut zu äußern sucht und auf diese Weise bereits ganze Bibliotheken füllt – macht dies augenfällig (vgl. dazu insb. *Schmidhäuser* 1971; *Calliess* 1974; *Neumann/Schroth* 1980, 3 ff., 88 ff.; *Hassemer* 1983, 39 ff.).

Die Fortschritte in der pönologischen Forschung und der kriminologischen Wirkungsanalyse überhaupt haben uns mit reichen und vielfältigen Erkenntnissen versehen. In den zentralen Fragen freilich haben sie uns nicht sicherer werden lassen. Bereits seit Mitte der sechziger Jahre wird auf die begrenzten Sanktions- und Behandlungserfolge sowie unter dem Blickfeld der Effektivität auf den nachdenklich-melancholisch stimmenden Befund der weiten Austauschbarkeit von Kriminalsanktionen hingewiesen. Dieser Sachverhalt erlaubt allerdings, **unterschiedliche Folgerungen** zu ziehen. Die mitunter erwogene Verwerfung des Resozialisierungsgedankens zugunsten gerechter Tatvergeltung („just or minimum desert") erscheint keineswegs als alleinige denknotwendige Folgerung, ganz abgesehen von der unauflösbaren Schwierigkeit, nicht rational bestimmen zu können, was gerechte oder minimale Vergeltung sei.

Ferner ist zu bedenken, daß es Strafe als einheitliche Erscheinung, losgelöst von Zeit und Raum, von Institution und sozialer Wirklichkeit, nicht gibt. Vielmehr ist sie in ein konkretes Umfeld, in soziale Beziehungen, bestimmte Situationen und Strafsysteme eingebunden. Daher eröffnet die **Pönologie**, die sich der Strafwirklichkeit zuwendet, neben der herkömmlichen Theorie der Strafe zwar einen weiteren Zugang zur Theorie der Verbrechenskontrolle. Es handelt sich hierbei um den empirisch einlösbaren Ansatz zu den Strafzwecken, insbesondere zu den meßbaren Wirkungen, die sich mit Individual- und Generalprävention sowie ganz konkret mit den Erfolgen einzelner Kriminalsanktionen verknüpfen (eingehend unten § 45). Wegen der weitgehenden Orientierung am Kausalmodell und der verengten Reduktion des Kriminalitätsgeschehens verbinden sich mit diesem Ansatz aber nicht nur geringe Aussagekraft, sondern auch wachsende **Einwände**. Die Kritik – von konkurrierenden sozialwissenschaftlichen Ansätzen genährt – wendet sich sowohl gegen die theoretische Unangemessenheit als auch praktische Wirkungslosigkeit des individualpräventiven Zugangs zur Verbrechenskontrolle (siehe unten § 13, 5 m.N.).

Versucht man nach alledem eine **vorläufige Bilanz**, so kann man sich dem Befund nicht verschließen, daß wir noch immer um die Streitfragen der Jahrhundertwende ringen, ja daß wir uns in der Gedankenwelt der Aufklärung bewegen. Selbst die Frage der kurzen Freiheitsstrafe ist heute – international gesehen – unverändert umstritten. Derartige Einsichten mögen resignierend erscheinen, bedeuten sie doch, daß Vergeltung, Abschreckung und Unschädlichmachung unverändert die Strafwirklichkeit mitbestimmen. Der Grund hierfür liegt hauptsächlich darin, daß die Grundprobleme des Verbrechens und seiner Kontrolle zeitüberdauernd und die überzeugenden Problemlösungen beschränkt sind. Deshalb kann es straftheoretisch und rechtspolitisch kein Zurück in die Zeit klassischen Strafrechts geben und daher auch keine „Manifestation des Rechts" ohne „Prävention des Unrechts". Damit läßt sich auch ein Verzicht auf die Folgenabschätzung nicht einleuchtend begründen, d.h. die Nichtberücksichtigung der Strafwirkungen für Täter, Opfer und Gesellschaft sowie deren Beobachtung und Kontrolle. Aber anders als die Positivisten der Jahrhundertwende sind wir in Wissen und Ansprüchen, in Diagnose, Prognose und Rezepturen vorsichtiger und bescheidener geworden. Auch können wir auf die Freiwilligkeit der Betroffenen bei Behandlungs- und Sozialisationsangeboten im Rahmen der Strafe nicht verzichten. Die *v. Liszt*sche Sentenz „nicht der Begriff, sondern der Mensch" ist ergänzungsbedürftig durch die Festigung der Rechtsstellung des verurteilten Menschen, durch die Beachtung der Menschenwürde und durch die Erweiterung des strafrechtlichen Horizonts auf die Verbrechensopfer. Allerdings werden heute stärker als vor einhundert Jahren die ambulanten Kriminalsanktionen als „Ersatzmittel für kurze Freiheitsstrafen" hervorgehoben. Aber auch die „Alternativen zur Freiheitsstrafe" machen ebensowenig wie die Freiheitsstrafe selbst die Berücksichtigung der Menschenrechte gegenstandslos (vgl. *Jung* 1992, 69 ff., 84 ff.). Entsprechendes gilt für die Privatisierung des Strafrechts. Die Menschenrechte sind gelegentlich überall gefährdet, wo sich Staat und Gesellschaft sanktionierender Maßnahmen gegenüber dem kriminellen Abweicher bedienen. Damit bleibt nur das **Spannungsverhältnis zwischen Menschenrechten und Verbrechenskontrolle** als **unauflösbar** erhalten (dazu *Schüler-Springorum* 1995, 394 ff.). Es läßt die Verwirklichung der Strafe schwieriger und kompromißhafter werden und erfüllt sie ständig mit der Tendenz, die Menschenrechte im Namen der Strafzwecke einzuschränken, wenn nicht gar zu bedrohen. Die Menschenrechte nehmen zunehmend den Rang eines Kristallisationskerns im strafrechtlichen Diskurs ein (*Müller-Dietz* 1996, 688, 693), auch wenn es insoweit an einer ausgearbeiteten Theorie fehlt, die konkrete normative und rechtspolitische Folgerungen erlaubte.

Weil nach den rechtlichen Programmvorgaben die heutige Verbrechenskontrolle unter der Herrschaft fundamentaler Prinzipien der Rechtspolitik steht, kann sich die erfahrungswissenschaftliche Analyse nicht mehr in der Effizienzbetrachtung erschöpfen. Die Untersuchung der strafrechtlichen Sozialkontrolle hat also einerseits am normativen Programm, an den Strafzwecken und sonstigen rechtlichen Vorgaben anzuknüpfen, andererseits jedoch in eine empirische Funktionsanalyse einzumünden, die auch die latenten und unbeabsichtigten Konsequenzen von Prävention und Intervention mit einbezieht. Damit wird eine empirisch gestützte Kritik am herkömmlichen Strafvollzug ebenso möglich wie an einem Behandlungsstrafrecht oder an einer Privatisierung strafrechtlicher Konflikte.

3. Zusammenfassung und Folgerungen

Schrifttum: *Kunz,* Kriminologie. Eine Grundlegung. Berlin u.a. 1994; *Schüler-Springorum,* Kriminalpolitik für Menschen. Frankfurt/M. 1991.

Die historischen und gegenwärtig vorfindbaren Problemlösungen lassen durchgängig kaum ein einheitliches Prinzip erkennen mit Ausnahme der Besonderheiten, daß

- **überall** soziale Kontrolle durch positive und negative Sanktionen, d.h. durch „**Belohnung und Strafe**", gewährleistet wird **und** ferner
- sich fast alle Sozialsysteme **auch** auf das **Strafrecht** stützen.

Keine der heutigen Strategien externer Verhaltenskontrolle reicht allein schon aus, ist unproblematisch und unangefochten; und dennoch kann kein modernes Konzept der Verbrechenskontrolle auf eine der rechtspolitisch vertretbaren Möglichkeiten verzichten. Diese alle sind legitim, notwendig und beachtenswert, freilich in unterschiedlichem Grade. Nur Extrempositionen der Neoklassik einerseits und des Abolitionismus andererseits bestreiten dies; sie können jedoch wegen ihrer theoretischen Enge und wegen des zu befürchtenden Effizienzverlustes des Kontrollsystems nicht überzeugen. Überdies begegnet man der widersprüchlichen Neigung, die Effizienz strafrechtlicher Maßnahmen gering einzuschätzen, jedoch deren Stigmatisierungspotential hoch zu veranschlagen. Aber auch ein pönologisches Kausalmodell (A → B) erscheint unangemessen, da zu eng und schmalbrüstig gedacht, um der Vielschichtigkeit menschlichen Verhaltens zu entsprechen. **Ein brauchbares Konzept kann daher nur** in einer **integrierenden Theorie der Verbrechenskontrolle bestehen**, die unter Wahrung rechtsstaatlicher Belange neben Theorieelementen der Kriminalisierung auch repressive und präventive Gesichtspunkte mit aufnimmt sowie darüber hinaus sowohl der Schlichtung als auch dem Täter-Opfer-Ausgleich genügend Raum gibt (siehe oben § 10, 3.3 und unten § 49). Dabei müßte sie allerdings mehr sein als eine bloß additive und diffuse Vereinigungstheorie, die zwar mehreren Strafzwecken vertraut, sich aber generell in der Strafzumessung schon mit einer Sanktion als erforderlicher Intervention begnügt.

In diesem Lichte ist auch die Kritik an der staatlichen Strafe zu sehen. Zwar treffen die Einwände, insofern sie die Kosten der staatlichen Strafe als sehr, vielleicht zu hoch veranschlagen, die stigmatisierenden Wirkungen beanstanden und für eine „Do-less"-Strategie eintreten (dazu *Schüler-Springorum* 1991, 252, 269f.; *Kunz* 1994, 59), einen richtigen Sachverhalt, zumal die Opfer meist leer ausgehen und überdies die Kapazität von Trägern der Verbrechenskontrolle nicht ausreicht. Dennoch lassen sich bei Fehlen staatlicher Kriminalsanktionen Gefährdung und Schutzlosigkeit für viele, besonders die Ärmeren der Bevölkerung, nicht verkennen, ebensowenig wie die rechtsstaatlich bedenkliche Ungleichheit von innerer Sicherheit und den zu befürchtenden Anstieg von Selbstjustizmaßnahmen. So betrachtet wird das System der Verbrechenskontrolle und mit ihr die staatliche Strafe durch nichts anderes gerechtfertigt als die Rechtsordnung schlechthin. Ansätze zu einer integrierenden Theorie der Verbrechenskontrolle lassen sich aber nur vom Präventionsgedanken her entwickeln. Neuerdings schreibt man ihm gar paradigmatischen Charakter für das moderne Strafrecht zu. Dem tragen Forschung und Schrifttum in der Gegenwart zunehmend Rechnung.

§ 13 Theorie der Kriminalprävention

1. Begriff und Bedeutung

Schrifttum: *Albrecht, H.-J.*, Die Effizienz der Kriminalprävention aus wissenschaftlicher Sicht. In: Symposium: Der polizeiliche Erfolg, hrsg. vom BKA. Wiesbaden 1988, 159-173; *Albrecht, P.-A.*, Perspektiven und Grenzen polizeilicher Kriminalprävention. Ebelsbach 1983; *ders.*, Prävention als problematische Zielbestimmung im Kriminaljustizsystem. KritV 1 (1986); *Bennett*, Evaluating Neighbourhood Watch. London 1989; *Feltes* (Hrsg.): Kommunale Kriminalprävention in Baden-Württemberg. Holzkirchen 1995; *Hassemer*, Prävention im Strafrecht. JuS 27 (1987), 257-266; *Hess/Brückner*, Vorbeugung des Verbrechens: In: HWKrim 4 (1979), 404-445; *Jehle* (Hrsg.), Kriminalprävention und Strafjustiz. Wiesbaden 1996; *Kaiser*, Verkehrsdelinquenz und Generalprävention. Tübingen 1970; *Kube*, Systematische Kriminalprävention. Wiesbaden 1987[2]; *Kunz*,

Vorbeugen statt Verfolgen. Polizeiliche Prävention von Kriminalität – ein Konzept mit Zukunft? Bern u.a. 1987; *Kury* (Hrsg.), Ist Straffälligkeit vermeidbar? Möglichkeiten der Kriminalprävention. Bochum 1982; *Lab*, Crime Prevention: Approaches, Practices and Evaluations. Cincinnati/Oh. 1988; *Leitenberg*, Primary Prevention of Delinquency. In: Prevention of Delinquent Behavior, ed. by Burchard u.a. Vol. 10 of Primary Prevention of Psychopathology. Beverly Hills u.a. 1987, 312-330; *Schäfer*, Wesen und Entwicklung des Vorbeugegedankens – Ein Beitrag zur Geschichte der Kriminalprophylaxe. In: Vorbeugende Verbrechensbekämpfung, hrsg. v. BKA. Wiesbaden 1964, 27-46; *Schwind* u.a. (Hrsg.), Präventive Kriminalpolitik. Beiträge zur ressortübergreifenden Kriminalprävention aus Forschung, Praxis und Politik. Heidelberg 1980.

Wie wir aus der Geschichte der Straftheorie wissen („nemo prudens punit quia peccatum est sed ne peccetur" – *Seneca, De ira* 1, 19), gilt die Kriminalitätsverhütung seit langer Zeit als ein vorrangiges Ziel von Sozial- und Kriminalpolitik. Aber erst im letzten Jahrzehnt haben sich die kriminologischen Analysen zur Verbrechensverhütung verstärkt (dazu vor allem *Schwind* u.a. 1980; *Kury* 1982; *Hassemer* 1987; *Kube* 1987), ohne jedoch in der Wissenschaft durchweg auf positive Resonanz zu stoßen (kritisch *Albrecht* 1986, 54 ff.). Offenbar wirkt hier noch der alte Gegensatz nach, der auf der Streitfrage beruht, ob die Aufgabe der Verbrechensvorbeugung auch in die Zuständigkeit des Strafrechts und der Strafrechtspflege fällt (dazu etwa *Jehle* 1996, 11 ff.) oder gänzlich der Polizei und speziellen Einrichtungen der Verbrechensprophylaxe zuzuweisen ist. Der Versuch *Kubes* (1987), das heutige Wissen zur Kriminalprävention zu systematisieren und für polizeiliche Aufgaben zu nutzen, läßt trotz konzeptueller Offenheit bereits die Konsequenzen erkennen. Obschon man mit *Kürzinger* (1996, 319) davon ausgehen darf, daß fast „alle Theorien der Kriminalitätserklärung auch unterstellen, eine Gesellschaft ohne Verbrechen sei eine utopische Vorstellung", trifft doch nicht weniger zu, daß sie die Vermeidbarkeit von Kriminalität zumindest dann als realistische Hoffnung in Aussicht stellen, falls man es mit der Bekämpfung der behaupteten Ursachen nur ernst genug meine. Trotz begründeter Skepsis ist man von präventiver Ausweglosigkeit weit entfernt, wie sich an den Beispielen der Drogen- und der Folterprävention erkennen läßt.

Zwar dienen auch die herkömmlichen Strafzwecke – Allgemeinabschreckung, Besserung, Individualabschreckung und Sicherung – der Verbrechensverhütung, aber **vornehmlich durch Repression**. Vorbeugung beschränkt sich in diesem Rahmen auf die **Prävention weiterer Rechtsbrüche, nachdem bereits eine Straftat begangen ist** und indem auf sie reagiert wird. Man spricht bekanntlich von Individual- und

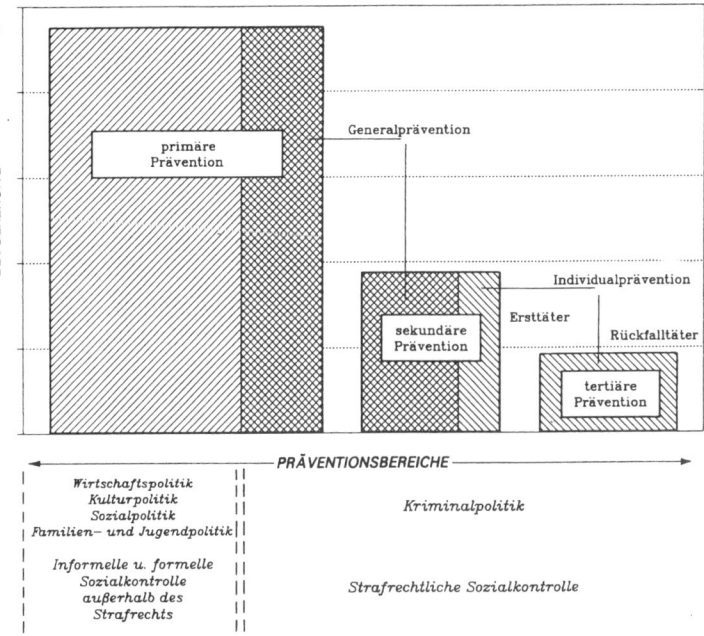

Schaubild 1: *Verbrechensvorbeugung und Zielgruppe*

Generalprävention, für die hauptsächlich Strafrecht und Strafjustiz zuständig sind. Daran orientieren sich auch Versuche zur Neubegründung einer „präventiven Theorie der Strafe", insbesondere im Rahmen der Strafzumessung (dazu unten § 13, 5. und LB § 83). Damit sind jedoch die Möglichkeiten der Kriminalitätsverhütung nur teilweise erfaßt und keinesfalls ausgeschöpft (vgl. *Mergen* 1995, 366 f., 420). Der gesamte primäre Präventionsbereich, der mit seinen Vorbeugungsstrategien aufgrund überzeugender Kultur-, Wirtschafts-, Verkehrs- und Sozialpolitik Bedingungen und Ursachen des Verbrechens gezielt zu beeinflussen sucht, bleibt außerhalb einer solchen Betrachtung.

Deshalb versteht man heute unter der **Vorbeugung des Verbrechens alle Maßnahmen, die bezwecken, das Ausmaß und die Schwere der Kriminalität zu vermindern, sei es durch Einschränkung der verbrechensfördernden Gelegenheiten, erforderlichenfalls durch Präsenz eines fähigen Beschützers** („capable guardian") **oder durch**

Nachbarschaftskontrolle, oder sei es durch Einwirkung auf (potentielle) Rechtsbrecher und die Allgemeinheit. Die Verbrechensbegehung soll also erschwert werden durch Beeinflussung von Personen – damit diese rechtskonform handeln, aber auch sich und ihr Vermögen vor Viktimisierung schützen – oder durch direkte Veränderung der Umwelt. Noch deutlicher wird die Vielschichtigkeit des Zusammenhangs, wenn wir nach den Politikfeldern der primären, sekundären und tertiären Prävention unterscheiden (vgl. *Hess* u.a. 1979, 404 ff.; *Lab* 1988; siehe auch Schaub. 1).

2. Strukturmodell

Nach diesem Strukturmodell meint **primäre Prävention** die Vorbeugungsstrategie aufgrund überzeugender **Kultur-, Wirtschafts-, Verkehrs- und Sozialpolitik** durch gezielte Beeinflussung der Situation, und genauer der Verbrechensursachen. Auf diese Weise sollen die notwendigen Voraussetzungen und optimalen Bedingungen geschaffen werden, um eine gedeihliche Sozialisation entsprechend den Zielvorstellungen der Gesellschaft zu gewährleisten (zu den Sozialisationszielen siehe unten § 28, 1). Als relevante Gebiete der primären Prävention gelten z.B. Erziehung und Sozialisation, Wohnung und Arbeit sowie Freizeit und Erholung, und zwar vor der Verbrechensbegehung. Insoweit gehört auch die sogenannte Androhungsgeneralprävention in diesen Zusammenhang. Primäre Prävention soll danach den Individuen soziale Kompetenzen zur produktiven Konfliktbewältigung vermitteln. Sie meint also ein mehr proaktives als reaktives Vorgehen.

Ähnlich der primären Prävention will auch die **sekundäre Prävention** ihrem Schwerpunkt nach Verbrechen schon vor seinem ersten Auftreten verhindern (*Lab* 1988, 95). Jedoch richtet sich ihr Interesse auf die Bestimmung und Beeinflussung von potentiell delinquenten Personen und kriminogenen Situationen. **Früherkennung** und Prognose krimineller Entwicklungen sowie die Prüfung von Diversionsmöglichkeiten stellen hier die Aufgaben. Sie werden durch **Nachbarschaftskontrolle** („community control" und „neighbourhood watch"; siehe *Bennett* 1989 und *Feltes* 1995), **polizeiliche Gefahrenabwehr** und informelle Erledigungsstrategien wahrgenommen. Jugendschutz, Medienkontrolle, Stadtplanung und Baugestaltung verdeutlichen die Anwendung. Davon zu unterscheiden sind jedoch Maßnahmen, die Privatpersonen ergreifen, um sich durch Privatversicherungen vor den Risiken krimineller Viktimisierung zu schützen, falls keine besonderen technischen Vorkehrungen damit verbunden werden.

Tertiäre Prävention schließlich bezieht sich vor allem auf die strafrechtliche und polizeiliche **Rückfallbekämpfung**. Sie setzt in jedem Falle bereits die Begehung eines Verbrechens voraus, bezieht sich also auf die Verhinderung weiterer Straftaten. Sie reicht von der informellen Erledigung durch abgeschwächte Sanktionierung bis zum Täter-Opfer-Ausgleich oder gar zu der Sicherungsverwahrung. Mangels überlegener oder nicht erprobter Behandlungsstrategien erschöpft sie sich hier nicht selten in der Repression durch verschärfte Strafzumessung (vgl. zum Ganzen *Göppinger* 1997, 149 f.).

Wendet sich primäre Prävention prinzipiell an alle Bürger, so sekundäre Prävention an die potentiell oder gelegentlich Straffälligen und die tertiäre Prävention an die Rezidivisten oder Intensivtäter. Danach hat dieses Modell seinen Schwerpunkt erkennbar in den Präventionsbereichen, die der Strafrechtspflege vorgelagert sind. Demgegenüber werden Strafjustiz selbst einschließlich etwaiger Alternativen sowie begleitender und nachwirkender Dienste (Strafvollzug, Vollzugslockerungen, Bewährungshilfe) nur grob und pauschal mit einbezogen. Deshalb bildet ein **Modell**, das nach **Prä-, Inter- und Postvention** unterscheidet, die Strategien der Verbrechenskontrolle **besser** ab, zumal die justizförmigen Aktivitäten in den Gesamtzusammenhang sinnvoll eingebunden werden. Insofern bleibt das zuerst behandelte allgemeine Präventionsmodell der Ergänzung und Präzisierung bedürftig. Dies gilt freilich ebenso für ein auf das Strafrecht oder gar auf die positive Generalprävention verkürztes Vorbeugungskonzept der Verbrechenskontrolle.

Es ist in diesem Zusammenhang international üblich und nach dem Ausgeführten auch einsichtig, die **präventive Rolle der Polizei** zu betonen (z.B. *Schäfer* 1964, 44; *Mergen* 1995, 420 f.; kritisch *Albrecht* 1983 und *Kunz* 1987, 53). Die Aufgabe der Gefahrenabwehr verdeutlicht dies seit der Aufklärungszeit. Die Polizei ist ständig erreichbar. Sie kann die ausgebildeten Einheiten auf nationaler, regionaler und lokaler Ebene bereitstellen. Schon ihre physische Präsenz durch Kontrollbereichs- und Streifenbeamte mindert die Verbrechensfurcht und wirkt u.U. auch vorbeugend. Selbst die symbolische Präsenz durch Bildattrappen von Polizeibeamten vermag präventive Funktionen zu entfalten. Eine Ausnahme scheint im Hinblick auf mögliche Eskalationseffekte nur für die Demonstrationsgewalt zu bestehen. Überdies soll polizeiliche Aufklärungs- und Beratungsarbeit die Begehung von Verbrechen verhindern. Über die **Wirkungen dieser Tätigkeit ist allerdings wenig Verläßliches bekannt**, obwohl die Anstrengungen nach finanziellem Einsatz, Arbeitskraft und Zeitbudget erheblich sind. Die bloße Kenntnisnahme von polizeilichen Empfehlungen zur Verbrechensverhütung durch die Bevölkerung reicht jedoch als Effizienzkriterium keinesfalls aus. Im übrigen bestehen Gefahren wegen etwaiger Steigerung der Verbrechensangst und ungünstiger Rückwirkungen durch die Verlagerung der Deliktizität (dazu *Kube* 1987, 19 f., *Albrecht* 1988, 167 ff.).

Mit den **Kenntnissen zur allgemeinen Delinquenzprophylaxe** sowie zu den Spezialfällen der Unfallvorbeugung, Verhütung von Alkoholismus und Drogenabhängigkeit oder Selbstmordverhütung ist es **kaum besser** bestellt. So variieren bei der Drogenprävention die Vorbeugungsmodelle im wesentlichen nur innerhalb der Reichweite und Intensität des strafrechtlichen Einsatzes (sog. legal approach), sei es bezüglich der Differenzierung nach Angebot und Nachfrage, nach „weichen" und „harten" Drogen, nach Konsum/Besitz und Handel oder nach der Intensität von Strafverfolgung und Sanktionierung (vgl. unten Tab. 9).

Das Problem besteht nicht zuletzt darin, daß wir wohl über **brauchbare Modelle und vielversprechende systematische Ansätze** verfügen, **nicht aber** über eine **aussagekräftige Theorie umfassender Verbrechensverhütung.** Wir treffen hier also prinzipiell auf die gleiche Schwierigkeit wie bereits bei der Verbrechenstheorie (siehe §§ 9, 3; 24). Gegenwärtige Bemühungen kreisen denn auch um die Entwicklung einer kriminalpolitischen Theorie, der „Theorie des Strafrechts" oder um die Neubegründung der Straftheorien. Die Anstrengungen um eine einheitliche Präventionstheorie verdienen auch Zustimmung, wonach die fünf verschiedenen Komponenten von Individual- und Generalprävention aufgenommen und integriert werden sollen. Allerdings bleiben dabei die polizeilich-technischen und sonstigen außerstrafrechtlichen Präventionsleistungen durchweg ausgeklammert. Daher könnte sich das Strafrecht präventiv verengt und selbstgenügsam auf sich selbst zurückziehen. Außerdem wird zum Teil die integrative Generalprävention als aussichtsreich favorisiert und die Spezialprävention als untauglich verworfen. Hierbei wird jedoch verkannt, daß die positive Generalprävention ähnlichen sozialpsychologischen Mechanismen unterliegt wie die Spezialprävention. Sind strafrechtlich gestützte Lern-, Sozialisations- und Bindungsprozesse nicht auf der Mikroebene beim individuellen Straftäter durchzusetzen, so auch auf der Makroebene der Rechtsgemeinschaft nicht. Denn stets handelt es sich um Erlernen, Verinnerlichung und Einhalten von Normen. Defizite müßten sich auf beiden Ebenen äußern, es sei denn, daß die Zielgruppen verschieden motivierbar sind. Dann aber wäre wiederum ein unterschiedliches Vorgehen geboten.

Das der Verkehrsunfallprävention entstammende Konzept der sogenannten drei „E" (Engineering, Education, Enforcement; dazu *Kaiser* 1970, 430 f. m.N.) veranschaulicht immerhin die gedankliche und strategische Weite. Daher müssen wir uns auch hier (einstweilen) mit der Verknüpfung derartiger Konzepte mittlerer Reichweite begnügen, nämlich mit der

• **Verbrechensverhütung durch Technik, Einsicht und Aufsicht.**

Diesen drei Dimensionen entsprechen, partiell überlappend, technische Prävention sowie Spezial- und Generalprävention.

3. Technische Prävention

Schon der Volksmund sagt: „Gelegenheit macht Diebe". Beobachtungen erhärten diese Erfahrung. An bestimmten Örtlichkeiten und in manchen Gebieten kommt es im Gegensatz zu anderen in höherem Maße zu Kriminalität. Diese verbrechensfördernden Gelegenheiten hat man auch schon seit langem erkannt. Die Kriminalitätsverhütung nimmt sich aber erst neuerdings systematisch dieser Erfahrungen und Einsichten an, um daraus Nutzen zu ziehen. Zum Beispiel versucht man, in der Verkehrsprophylaxe Verkehrswege, insbesondere Kreuzungen mit hohem Unfallrisiko, durch Um- und Ausbau technisch zu entschärfen. Auch zur Vermeidung vandalistischer Handlungen hat man in den Vereinigten Staaten, in England und den Niederlanden Erfahrungen gesammelt, um derartigen Erscheinungen durch technische Vorbeugungsmaßnahmen wirksamer entgegenzutreten. Ein beachtlicher Teil der polizeilichen Aufklärung, Beratung und Vorbeugungsarbeit hat daher die technische Prävention zum Inhalt. Die allgemeine Einführung des Lenkradschlosses bei sämtlichen Motorfahrzeugen Anfang der sechziger Jahre hat die Kraftfahrzeugdiebstähle eingedämmt und der Zahl nach erheblich begrenzt, wenn auch nicht in dem erhofften Maße. Neuere Anwendungsfälle liefern elektronische Fahrzeugsicherung, Stadtplanung, Baugestaltung, Bankenschutz und Flughafenkontrolle. An ihnen werden beispielhaft die Vorzüge und Erfolge technischer Prävention, aber auch die Ambivalenz und Vielschichtigkeit im Hinblick auf Umgebung, Verlagerung und theoretische Deutung erkennbar (siehe dazu LB § 31, 3). Situative Kriminalprävention (u.a. „Neighbourhood Watch") erscheint gegenüber Gelegenheitsdelinquenz aussichtsreich, weniger freilich für die Beeinflussung von Karrieretätern. Insbesondere lassen sich die möglichen Neben- und Rückwirkungen vorbeugender Sicherungsmaßnahmen nicht übersehen. Gemeint sind damit Ausweich-, Umstellungs-, Eskalations- und Verlagerungseffekte.

4. Generalprävention

Schrifttum: *Albrecht, H.-J.*, Generalprävention. In: KKW 1993[3], 157-164; *Allport, G.*, The J-Curve-Hypothesis of Conforming Behavior. J of social Psychology 5 (1934); *Allport, F.*, Persönlichkeit. Meisenheim 1959; *Balvig*, Trends, Explanations and Consequences. In: Scandinavian Criminal Policy and Criminology 1980-1985, ed. by N. Bishop. Copenhagen, 1985, 7-17; *Blumstein/Cohen/Nagin* (eds.), Deterrence and Incapacitation: Estimating the Effects of Criminal Sanctions on Crime Rates. Washington/D.C. 1978; *Burgstaller/Császár*, Ergänzungsuntersuchungen zur regionalen Strafenpraxis. ÖJZ 40 (1985) 417-427; *Dölling*, Generalprävention durch Strafrecht: Realität oder Illusion? ZStW 102 (1990), 1 20; *Hassemer* u.a., Generalprävention im Straßenverkehr. In: Sozialwissenschaften im Strafrecht. Neuwied 1984, 230 262; *Hauptmann*, Psychologie für Juristen. Kriminologie für Psychologen. Einführung in die Sozialpsychologie des Strafrechts. München u.a. 1988; *Heinz*, Die Wechselwirkungen zwischen Sanktionen und Rückfall bzw. Kriminalitätsentwicklung. In: Strafrechtliche Probleme der Gegenwart, hrsg. v. Bundesministerium der Justiz. Wien 1996, 1-163; *Jakobs*, Strafrecht. A.T. Berlin u.a. 1983; *Jescheck/Weigend*, Lehrbuch des Strafrechts. A.T. Berlin 1996[5]; *Kaiser*, Verkehrsdelinquenz und Generalprävention. Untersuchungen zur Kriminologie der Verkehrsdelikte und zum Verkehrsstrafrecht. Tübingen 1970; *Karstedt*, Normbindung und Sanktionsdrohung. Frankfurt/M. 1993; *Müller-Dietz*, Integrationsprävention und Strafrecht. Zum positiven Aspekt der Generalprävention. In: FS für Jescheck. Berlin 1985, 813-828; *National Swedish Council for Crime Prevention* (ed.), General Deterrence. A Conference on Current Research and Standpoints. Stockholm 1975; *Schöch*, Göttinger Generalpräventionsforschung. In: KrimFo 35/1 (1988), 227-246; *Schumann* u.a., Jugendkriminalität und die Grenzen der Generalprävention. Neuwied u.a. 1987; *Trommsdorff* (Hrsg.), Sozialisation und Kulturvergleich. Stuttgart 1989.

Eine der Strategien, wenn nicht gar eine Theorie, strafrechtliche Verhaltensnormen zu sichern, ist die **Generalprävention**. Sie wird seit den Anfängen der bewußten Kriminalpolitik Mitte des 18. Jahrhunderts kriminaltheoretisch erörtert. Im Gefolge der positivistischen Kriminologie und der sogenannten modernen Strafrechtsschule *v. Liszts* und der IKV hatte sie erheblich an Bedeutung verloren. Die empirische Blickschärfung für die Generalprävention setzte erst Anfang der sechziger Jahre ein, wenn zum Teil auch gegensätzlich motiviert. Demgemäß war das neue Interesse sehr vielfältig und hatte ganz verschiedene Wurzeln (vgl. *Kaiser* 1970, 351 ff. m.N.; LB § 31, 4).

Freilich mehrten sich auf der anderen Seite die **Einwände gegen** jegliche Generalprävention. Die Ablehnungsgründe kamen teilweise aus der Lern- und Verhaltenstheorie, aus der Friedensforschung, aber auch aus der neuen Verdächtigung des Rechts und somit auch des Strafrechts als Mittel der „repressiven" Gesellschaft im Zuge der Protestbewegung der späten sechziger Jahre. Die **neue Problematisierung von Macht und Herrschaft**, zum Teil in Anlehnung an den Labeling approach, wandte sich nicht nur gegen eine Politik von „law and order", sondern bezog auch die generalpräventive Strategie mit in die Kritik ein. Für die Rechtfertigung der Generalprävention reicht es allerdings aus, wenn diese die herrschende Wertordnung verteidigt, welche – wie neuere Einstellungsuntersuchungen belegen (dazu unten §§ 15; 17) – sich auf eine breite Wertüberzeugung in der Bevölkerung stützen kann.

Mit der **Annahme generalpräventiver Wirkungen der Strafe** verbindet sich der Anspruch, potentielle Rechtsbrecher von strafbaren Handlungen abzuschrecken sowie in der Bevölkerung allgemein auf die Stärkung des Vertrauens in die Bestands- und Durchsetzungskraft der Rechtsordnung hinzuwirken. Während sich die **„negative" oder „spezielle Generalprävention"** auf die sich mit der Sanktionsdrohung und der Sanktionspraxis verbindende Abschreckung potentieller Rechtsbrecher richtet, meint die **„positive" oder „integrative Generalprävention"** (dazu BVerfGE 45, 1 ff.; *Müller-Dietz* 1985, 813 ff.; *Jescheck/Weigend* 1996, 68 f.; *Göppinger* 1997, 622 ff.) die dem Strafrecht und seiner Handhabung unterstellte verhaltenssteuernde Kraft (dazu *Kaiser* 1970, 363 f.). Positive Generalprävention zielt danach auf Einübung von

Normvertrauen, Normanerkennung und Rechtstreue (*Jakobs* 1983, 9), womit sich freilich – genau betrachtet – etwaige Unterschiede zur Sozialisation verflüchtigen. Positive oder integrative Generalprävention ist daher substantiell nichts anderes als ein auf das Strafrecht und den Normalbürger bezogener Anwendungsfall der Sozialisationstheorie (dazu unten § 28, 1). Weil es an der erwarteten Verhaltenssteuerung durch Strafrecht fehlen könnte, haben die Hypothesen der Generalprävention in den letzten Jahren eine reiche empirische Forschungspraxis unter der Fragestellung ausgelöst, inwieweit die Mittel des Strafrechts geeignet sind, die elementaren Rechtswerte durch Verhaltenskonformität zu sichern und sozial unerwünschte Verhaltensweisen zu vermindern (vgl. *Dölling* 1990, 1 ff.).

Die **Schwerpunkte empirischer Untersuchung** konzentrieren sich, abgesehen von Todesstrafe und jugendkriminalrechtlicher Sanktionenpraxis, auf die Effektivität der **Strafzumessungspraxis** in der Straßenverkehrsdelinquenz, die neben der Drogenkontrolle, dem Minderheitenschutz und den Reaktionen auf sexuellen Kindesmißbrauch von den Gerichten in besonderem Maße zu einem Experimentierfeld generalpräventiver Sanktionen gemacht wurde. Zwar rechtfertigt nach Auffassung der Rechtsprechung der Schutz der Allgemeinheit durch Abschreckung „eine schwerere Strafe – als sie sonst angemessen wäre – nur dann, wenn hierfür eine Notwendigkeit besteht. Dies trifft aber allein in den Fällen zu, wo bereits eine gemeinschaftsgefährliche Zunahme solcher oder ähnlicher Straftaten, wie sie zur Aburteilung stehen, festgestellt worden ist" (BGH NStZ 1982, 463; 1986, 358). Damit werden Notwendigkeit ebenso wie Wirkungsweise generalpräventiver Strafzumessungspraxis empirisch überprüfbar. Jedoch darf dabei nicht verkannt werden, daß wir durch Verengung der Sichtweise auf das Modell „Sanktion-Verbrechen" übergreifende Systemleistungen ausblenden. Mit anderen Worten schreiben wir etwas als Wirkung der Sanktion zu, was dem gesamten Kontrollsystem zukommt, oder aber wir lasten andererseits der Sanktion als Versagen an, was in der breit gefächerten Verbrechensgenese begründet liegt und von keiner Kriminalsanktion beeinflußt werden könnte.

Danach verwundert nicht, daß nach dem gegenwärtigen **Forschungsstand** empirische Anhaltspunkte für die Effektivität strengerer Maßstäbe in der **Strafzumessung** nicht vorliegen. Keine der deutschsprachigen Studien, die reales Verhalten in Zusammenhang mit Aspekten der Strafverfolgung gebracht haben und nicht bei bloßer Attitüdenforschung geblieben sind, hat Anhaltspunkte für beachtlich abschreckende Wirkungen von Strafen gegeben, weder bezogen auf Schwere noch auf Wahrscheinlichkeit. Gesetzlicher Strafrahmen, Sanktionsart, Sanktionswahl und richterliche Strafhöhenbemessung haben danach relativ geringes Gewicht für die Befolgung von Gesetzen, wenn überhaupt (*Schumann* u.a. 1987, 12, 161 ff. m.N.).

So lassen sich etwa meßbare verbrechensmindernde Wirkungen selbst bei der schwersten Gewaltkriminalität aus einer bestimmten Art der Sanktionspraxis, geschweige der Sanktionsandrohung, nicht herleiten. Die vorgestellte Schwere oder Härte der Strafe tritt zurück, auch und gerade beim sogenannten Rationaltäter. Selbst bei der lebenslangen Freiheitsstrafe kann man eine präventive Wirkung beim Mord für den potentiellen Täterkreis nicht ermitteln. Dies muß allerdings nicht bedeuten, daß sie nicht vorhanden wäre. Vielmehr läßt sie sich bisher nicht empirisch sichern. Insgesamt zeigt sich, daß Abschreckung nur eingeschränkt besteht, nämlich differentiell (deliktsbezogen) und restriktiv (die Quantität der Taten reduzierend), nicht aber absolut und generell. Ferner ist dieser eingeschränkte Abschreckungseffekt nur bei einer marginalen Gruppe zu unterstellen, die nicht schon ohnehin, z.B. aus moralischer Überzeugung, konform handelt (*Schumann* u.a. 1987, 164). Freilich darf man bei der Beurteilung dieser Forschungsergebnisse die Sondersituation von Jugendlichen nicht verkennen, für welche die Verhaltenssteuerung durch Recht erfahrungsgemäß ohnehin nur von geringem Gewicht ist. Im übrigen jedoch sind die Ergebnisse mit den bisherigen Forschungsbefunden konsistent. Danach sind die Zusammenhänge zwischen moralischer Billigung der Strafnormen und Verzicht auf Delinquenz enger als diejenigen zwischen Aspekten der Strafverfolgung und der Delinquenz.

Der allgemeine Forschungsstand besagt weiter, daß erwartungsgemäß das **Entdeckungsrisiko** noch am ehesten gefürchtet wird. Auch scheint bei Erwachsenen im Rahmen der Begehung minderschwerer Delinquenz Strafvariablen Gewicht zuzukommen und für eine rationale Abwägung mitunter bedeutsam zu werden. Höherrangig wird demgegenüber vor allem bei schwereren Straftaten die subjektive moralische Verbindlichkeit der Norm bewertet. Strafrahmen und Strafpraxis werden relativ realistisch eingeschätzt. Auch geht man davon aus, daß die Begehungswahrscheinlichkeit bei angenommener Straflosigkeit wesentlich höher ist als bei Strafbarkeit des Verhaltens. Ferner scheint die Erwartung informeller Sanktionen, insbesondere durch Familie und Freundeskreis, größere Bedeutung zu besitzen als die erwarteten Konsequenzen in Form von staatlicher Strafe (*Albrecht* 1993, 162). Jedoch ist der Befund wohl von der sozialkulturellen Einbettung des Strafensystems und dem Bedarf an externer Verhaltenskontrolle abhängig, gewinnt also etwa in der gruppenorientierten Kultur Japans eine andere Bedeutung als in der individualgeprägten Kultur Westeuropas (vgl. *Trommsdorf* 1989, 3, 119).

Bleibt nach der strafgesetzlichen Androhungsprävention auch die generalpräventiv motivierte Strafzumessungspraxis in ihrer Wirkungsweise unsicher, so liegt es nahe, die Präventionserwartungen vor allem auf die Intensität der **Strafverfolgung** zu stützen. In der Vergrößerung von Entdeckungs- und Strafrisiko (Erhöhung der Sanktionsgeltung) werden denn auch zunehmend die Chancen der Generalprävention erblickt. Dabei kann nicht zweifelhaft sein, daß selbst die Strafverfolgung wiederum ein vielschichtiges Teilsystem darstellt. Ihre Intensität ist von verschiedenen Faktoren abhängig. Zu ihnen zählen Polizeidichte („manpower"), Zeitbudget und Sichtbarkeit der Polizei, polizeiliche Mittel der Taktik und Technik, die Mitwirkung der Bevölkerung, etwa bei der Fahndung und Anzeigeerstattung, die rechtspolitischen Handlungsanweisungen und Diversionsstrategien, die Anwendungsbreite von Untersuchungshaft und Strafvollzug, die

Durchlässigkeit der nationalen Grenzen und schließlich die Kommunikation zwischen Trägern der Verbrechenskontrolle und der Bevölkerung. Als realistische kriminalpolitische Möglichkeit bleibt offenbar nur die Intensivierung der polizeilichen Verfolgung. Dabei ist an eine erhöhte Polizeidichte und größere Transparenz der polizeilichen Tätigkeit zu denken, freilich nicht selten mit dem unbeabsichtigten Nebeneffekt vermehrter Anzeigen. Neuere Ansätze der Kriminalökonomie und vergleichenden Kriminologie suchen anhand geeigneter Indikatoren wie z.b. dem „Sicherheitsgefühl" der Bevölkerung und subjektiver Perzeption des Strafrisikos, der Opferrate, Kriminalitätsrate oder Aufklärungsziffer die Verwirklichung der strafrechtlichen Präventionsziele zu überprüfen. Sie scheinen auch in der Lage zu sein, zur **Verhaltens- und Sanktionsgeltung strafrechtlicher Normen** und damit zur empirischen Überprüfbarkeit der Generalprävention beizutragen (zum Modell der Geltungsstruktur und der Quantifizierung der Normgeltung siehe oben § 10, 2).

Wie die empirischen Untersuchungen überdies zeigen, hatte die Bevölkerung in Westdeutschland bis weit in die achtziger Jahre hinein kaum einen Kriminalitätsanstieg wahrgenommen; auch forderte sie Strafschärfung nur in geringem Umfang als notwendiges Mittel der Kriminalitätsbekämpfung (vgl. *Schöch* 1988, 238). Diese überraschend maßvollen Einschätzungen werden durch weitere Befragungsergebnisse zu Sinn und Zweck der Strafe nach der persönlichen Meinung der Befragten bis zum Ende der achtziger Jahre bestätigt. Dafür erscheint belangvoll, daß die kriminalrechtlichen Sanktionen in ein umfassenderes Netzwerk von sozialen Normen und Reaktionen eingebettet sind, deren Bedeutung für die Verhaltenskonformität größer ist als die der Strafe. Immerhin wird die Verbindlichkeit der Norm, ausgedrückt durch den erfragten Grad der Verwerflichkeit abweichenden Verhaltens, beachtlich hoch angegeben. Die etwa von der Mutter erwartete Reaktion, die man als Indikator für das durch familiäre Sozialisation vermittelte Gewissen bezeichnen kann, erreicht selbst bei Bagatelldelikten relativ hohe Werte. Demgegenüber scheint das Gewicht der erwarteten Reaktion bei Freunden und Bekannten nicht ganz so hoch zu sein. **Die moralische Verbindlichkeit der Norm und die informellen Reaktionen weisen generalpräventiv das größte Gewicht auf**, und zwar sowohl hinsichtlich der Abschreckungswirkung als auch in geringerem Ausmaß bezüglich der Indikatoren für die positive Generalprävention, d.h. die Rechtstreue und Normbekräftigung.

Fast genauso bedeutsam sind aber **in gegenläufiger, also delinquenzfördernder Richtung die vermuteten Gruppennormen** (*Schöch* 1988, 240). So ist der die Strafrisikoeinschätzung vermindernde Einfluß des Kontakts zu delinquenten Freunden, vor allem für den Konsum von Cannabis-Produkten, durch empirische Studien gut belegt (*Schumann* u.a. 1987, 136 f. m.N.). Drogengebrauch ist neben dem Delikt der Leistungserschleichung typischerweise eine Handlung, die mit und in der Gruppe begangen wird.

Gleichwohl kann man feststellen, daß die subjektiv vorgestellte Strafverfolgungswirklichkeit für die Einstellung des Normalbürgers zu strafrechtskonformem Verhalten nur geringe oder keine Bedeutung hat, während die subjektive Strafempfindlichkeit relevant ist. Dies will besagen, daß für den Bevölkerungsdurchschnitt die Begehung von Straftaten wegen der hohen moralischen Verbindlichkeit von Strafrechtsnormen so fern liegt, daß selbst bei minimalem Entdeckungsrisiko oder bei mildester Strafzumessungspraxis keine verbreitete Neigung zur Deliktsbegehung besteht.

Allerdings wird man diese Aussage einschränkend wohl nur auf die traditionelle Kriminalität sowie auf „normale" Zeiten beziehen dürfen. Anders kann sich – wie angedeutet – die Sachlage bei der Kontrolle von Bagatelldelinquenz und bei der Betäubungsmittel-, Wirtschafts-, Verkehrs- und Umweltkriminalität stellen.

Wegen der inneren Distanz zur Kriminalität und der geringen Varianz entsprechender Indikatoren erlangt die vermutete Sanktionswirklichkeit keine oder nur geringe statistische Bedeutung. Allein die Vorstellung, für sein Verhalten bestraft werden zu können, wird bereits als so schwer empfunden, daß hiervon abschreckende und normbekräftigende generalpräventive Wirkungen ausgehen. Dieser Sachverhalt spricht für die Annahme, daß eine **Senkung des Strafniveaus** zu einer Sensibilisierung des Strafempfindens führen kann, so daß schließlich durch mildere Strafen gleiche Abschreckungswirkungen erzielt werden können (*Schöch* 1988, 243).

Freilich kann die vergleichende Forschung, soweit sie die Untersuchung von verschiedenen Verfahrens- und Sanktionsformen zum Gegenstand nimmt, nicht der kritischen Frage ausweichen, wie sich die verschiedenen Sanktionen, Sanktionensysteme und -alternativen auf die **Kriminalitätsbewegung** (dazu eingehend *Heinz* 1996, 1 ff., 157 ff. m.N.) oder zumindest auf das **Sicherheitsgefühl der Bevölkerung** auswirken. Denn für Interesse und Rechtsbewußtsein des Bürgers ist weniger das Steigen oder Fallen der Rückfallquote als vielmehr sein persönliches **Viktimisierungsrisiko** belangvoll. Daher läßt sich die Frage nach der Kriminalitätsbelastung von der kriminalpolitischen und sanktionsrechtlichen Fragestellung nicht etwa abkoppeln in der Annahme, daß die Kriminalitätsbewegung überhaupt nicht beeinflußt und deshalb die Strafrechtspflege auch unabhängig von der Kriminalitätsentwicklung gedacht, gestaltet oder erneuert werden könne.

So ist eine österreichische Untersuchung, „Erfolg oder Mißerfolg der regional unterschiedlichen Sanktionierungsmuster anhand der mehrjährigen Kriminalitätsentwicklung in den vier OLG-Sprengeln abzuschätzen, … letztlich erfolglos geblieben" (*Burgstaller* u.a. 1985, 427). Eine skandinavische Studie schließt aus gleichförmiger Verbrechensbewegung in den skandinavischen Ländern bei unterschiedlichen Strafrechtsordnungen auf die Einflußlosigkeit des kriminalrechtli-

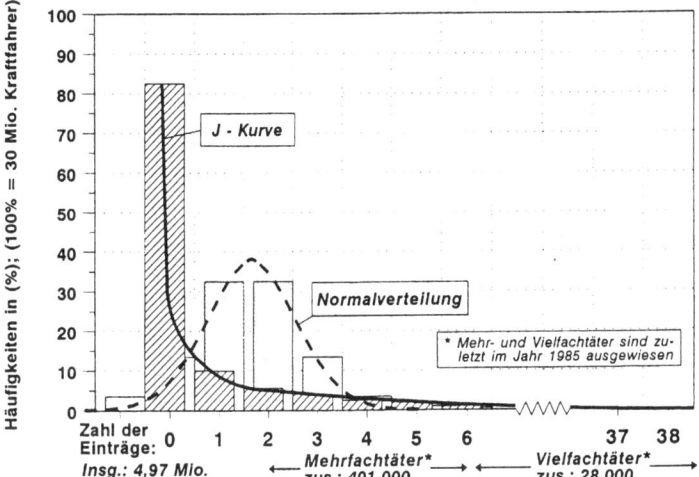

Schaubild 2: *Registrierung strafrichterlicher Entscheidungen im Bundeszentralregister, Stand 1986*

chen Systems bezüglich der Verbrechensentwicklung (*Balvig* 1985, 10 ff., 16). Derartiger Folgerung und ihrer Verallgemeinerungsfähigkeit widersprechen jedoch einzelne, obschon aussagekräftige Erfahrungen. So ging die Anzahl tödlicher Verkehrsunfälle nach der Sanktionsbewehrung der Gurtanlegepflicht ab Mitte 1984 in der Bundesrepublik Deutschland rapide zurück. Entsprechendes gilt für die Schweiz. Ein niederländisches Strategiepapier sieht einen aussagekräftigen Hinweis auf die potentielle Wirkung größerer Überwachung in der Tatsache, daß die Zahl von Vielfahrtenkarten, die für den Amsterdamer Busverkehr verkauft wurden, sich in einer Woche verdoppelte, nachdem die Wiedereinführung der Kontrolle durch den Fahrer angekündigt worden war.

Die Annahme von der verhaltenssteuernden Kraft des Rechts könnte sich als irrig erweisen. Dennoch gehen alle modernen Gemeinwesen von ihr aus. Immerhin scheint sie nicht oder nicht nur auf Spekulationen zu beruhen, sondern kann sich auf gewisse empirische Anhaltspunkte stützen. Als **Indikator für die Wirksamkeit des institutionellen Zwanges** zu normgerechtem Verhalten läßt sich die empirische Verteilung entsprechend der sogenannten J-Kurve begreifen. Dem liegt die Hypothese zugrunde, daß Verhaltensweisen eine J-förmige Verteilung zeigen, wenn die Handelnden einem Konformitätsdruck unterliegen (siehe Schaub. 2). Dafür sprechen nicht nur Erfahrungen des interkulturellen Vergleichs, insbesondere bezüglich Japans (vgl. *Trommsdorf* 1989 m.N.), sondern auch die erwähnten europäischen Beobachtungen.

Im Gegensatz zu normalverteilten natürlichen Merkmalen wie Körpergröße und Körpergewicht werden Eigenschaften nicht nur zufallsbiologisch bestimmt, sondern hängen auch von der Kultur, also von Werten ab. Hier aber finden wir ein entgegengesetztes Prinzip. „Als Faustregel gilt, daß eine Eigenschaft um so weniger in normaler Verteilung zu erwarten ist, je mehr sie mit den sozialen Normen zusammenhängt" (*G. Allport* 1959). Volkssitte, Recht und sonstige Normensysteme neigen dazu, Gleichförmigkeit zu fordern. Besteht also ein gewisser sozial-kultureller Normdruck, so ergibt sich eine Verschiebung. Wir finden daher empirische Verteilungen in Gestalt der J-Kurve mit dem Maximum dort, wo es die Norm selbst fordert, wo der „soziale Druck" bestimmend wirkt. *F. Allport (*1934) hat diese Annahme mit dem Bild von einer Sanddüne veranschaulicht, die vom Wind je nach Stärke J-förmig gestaltet wird. *Allports* „**J-Kurven-Hypothese**" ist wiederholt überprüft worden, immer mit dem gleichen Ergebnis (zur Verhaltensgeltung im Betäubungsmittelrecht siehe unten § 37). Auch Dunkelfeldforschungen haben sie bestätigt.

Gleichwohl wirft das gegenwärtige System der Verbrechenskontrolle erhebliche **Fragen** auf. Diese zeigen sich z.B. am **Anstieg der registrierten Kriminalität** in den letzten vier Jahrzehnten (vgl. unten §§ 21, 2 u. 3; 24, 3). Angesichts der beträchtlichen Zuwachsrate wird die **Effizienz des herkömmlichen Systems** bezweifelt. Mitunter spricht man gar von einer „Krise der Justiz" oder des Sanktionensystems. Bedeutsam für derartige Einschätzungen ist offenbar der Zusammenhang von Perzeptionen der Verbrechensrate, Viktimisierung, Sanktionsleistung und Präventionsstrategie. Dabei darf man jedoch den Partialcharakter und die begrenzte Wirkungsmöglichkeit der Kriminaljustiz innerhalb des gesamten Netzwerkes interner und externer Verhaltenskontrolle nicht übersehen, so daß dem Strafrecht nicht selten nur eine Art Krisenintervention verbleibt (vgl. dazu *Jescheck/Weigend* 1996, 751).

Ein anderer Weg, durch strafrechtliche Aktivitäten Einfluß zu nehmen, um auf der Mikroebene vorzubeugen, ist die Spezialprävention. Ihren Möglichkeiten und Leistungen soll jetzt das Interesse gelten.

5. Spezialprävention

Schrifttum: *Albrecht, H.-J.*, Legalbewährung bei zu Geldstrafe und Freiheitsstrafe Verurteilten. Freiburg i.Br. 1982; *Albrecht P.-A.*, Spezialprävention angesichts neuer Tätergruppen. ZStW 97 (1985), 831-870; *Bock*, Kriminologie und Spezialprävention. ZStW 102 (1990), 504-533; *Dünkel*, Legalbewährung nach sozialtherapeutischer Behandlung. Freiburg i.Br. 1980; *Hartung*, Spezialpräventive Effizienzmessung. Jur. Diss. Göttingen 1981; *Heinz/Hügel*, Erzieherische Maßnahmen im deutschen Jugendstrafrecht. Abschlußbericht. Bonn 1987; *Kai-*

ser, Resozialisierung und Zeitgeist. In: FS für Würtenberger. Berlin 1977, 359-372; *Lipton*, The Effectiveness of Treatment for Drug Abuses under Criminal Justice Supervision. Washington 1995; *Lipton/Martinson/Wilks*, The Effectiveness of Correctional Treatment: A Survey of Treatment Evaluation Studies. New York 1975; *Lösel*, The Efficacy of Correctional Treatment: A Review and Synthesis of Meta-evaluations. In: What Works: Reducing Offending, ed. by McGuire, 1995, 79-111; ders. u.a.: Meta-Evaluation der Sozialtherapie. Qualitative und quantitative Analysen und Vorschläge zur Behandlungsforschung in sozialtherapeutischen Anstalten des Justizvollzugs. Abschlußbericht. Stuttgart 1987; *Meier*, Crime and Society. Boston u.a. 1989; *Morris/Tonry*, Between Prison and Probation. Intermediate Punishments in a Rational Sentencing System. New York u.a. 1990; *Ortmann*, Resozialisierung im Strafvollzug. Theoretischer Bezugsrahmen und empirische Ergebnisse einer Längsschnittstudie zu den Wirkungen von Strafvollzugsmaßnahmen. Freiburg i.Br. 1987; *Pfeiffer*, Kriminalprävention im Jugendgerichtsverfahren. Köln u.a. 1983; *Rossi/Wright*, Evaluation Research: An Assessment. Annual Review of Sociology 10 (1984), 331-352; *Roxin*, Die Wiedergutmachung im System der Strafzwecke. In: Wiedergutmachung und Strafrecht, hrsg. v. Schöch. München 1987, 37-55; *Schünemann*, Die deutschsprachige Strafrechtswissenschaft nach der Strafrechtsreform im Spiegel des Leipziger Kommentars und des Wiener Kommentars. 2. Teil: Schuld und Kriminalpolitik. GA 133 (1986), 293-352; *Sechrest/White/Brown* (eds.), The Rehabilitation of Criminal Offenders: Problems and Prospects. Washington/D.C. 1979; *Thornton*, Treatment Effects of Recidivism: A Reappraisal of the „Nothing Works" Doctrine. In: Applying Psychology to Imprisonment, ed. by McGurk u.a. London 1987, 181-189.

Generalprävention will auf das Verbrechen als Sozialerscheinung einwirken, will die Verbrechensrate allgemein senken; sie schweigt jedoch zum Verbrechen als Individualerscheinung, insbesondere zur Rückfallverhütung des bereits straffällig Gewordenen. Diese Frage sucht die Spezialprävention zu beantworten. Im forensischen Blickfeld kommt ihr gar der Vorrang zu. Zwar liegt ihr Zweck ebenso wie bei der Generalprävention in der Aufgabe, künftige Rechtsbrüche zu verhindern („poena relata ad effectum"). Wendet sich jedoch die generalpräventive Strategie an potentielle Rechtsbrecher und an die Allgemeinheit, so nimmt die Spezial- oder Individualprävention den individuellen Rechtsbrecher zum Adressaten ihrer Einflußnahme. Diese ist danach täterbezogen. Sie kann ebenso wie die Generalprävention in zwei Richtungen wirken (dazu BVerfGE 45, 187, 254 ff.): Als „positive" Spezialprävention bezweckt sie durch **Erziehung, Besserung und Wiedergutmachung** (*Roxin* 1987, 50 f.), als „negative" Spezialprävention durch **Abschreckung oder Unschädlichmachung** künftig rechtskonformes Verhalten des Täters. Spezialpräventiv gemeinte Sanktionen sind freilich nicht Selbstzweck, sondern verstehen sich schon ex definitione als Vorbeugungsmittel. Trotz langer Überlieferung und Erörterung sind Funktion und Effizienz der Spezialprävention umstritten.

Während der letzten zwei Jahrzehnte hat international die Streitfrage um Behandlung, Abschreckung oder Sicherung des Straftäters erneut große Bedeutung erlangt. Aufgrund von amerikanischen **Sekundäranalysen**, die hauptsächlich Behandlungsprojekte der fünfziger und sechziger Jahre zum Gegenstand genommen hatten, war man zu dem Ergebnis gelangt, daß eine Behandlung im Rahmen der Kriminaljustiz, insbesondere im Strafvollzug, keine positiven Erfolge erreichen lasse (so *Lipton* u.a. 1975; anders jedoch die neuere Sekundäranalyse *Liptons* 1995, 52 f.). Ein amerikanischer Akademiebericht vertritt aufgrund neuer Analyse der Forschungslage jedoch die Auffassung, daß die Frage noch offen sei (vgl. *Sechrest* u.a. 1979, 15, 34). Methodische Mängel der ausgewerteten Primärforschungen haben ihn zu dieser Einschätzung veranlaßt. Dem scheinen auch die neuen Situations- und Trendanalysen zu entsprechen (kritisch *Thornton* 1987, 186 ff.; *Lösel* 1995, 79 ff.). In einer Analyse fachübergreifender **Evaluationsforschung** (*Rossi* u.a. 1984, 331 ff.) wird überdies klargestellt, daß es unmöglich sei zu ermitteln, welche Wirkungen die Programme der sechziger und siebziger Jahre auf die Einstellungs- und Verhaltensänderung tatsächlich gehabt hätten: Weder in den Bereichen der Erziehung noch auf den Gebieten der Gesundheit, des Wohnungswesens oder sonstiger Sozialpolitik habe man beeindruckende Ergebnisse erzielt. Die Gründe dafür werden vor allem in der begrenzten Anwendung von Experimentalbedingungen auf die Interventionsprogramme vermutet; so lasse sich regelmäßig kein Zufallsdesign einrichten. Außerdem sei es schwierig, Dienstleistungen wie die Behandlung unter experimentelle Kontrolle zu bringen. Nichtexperimentelle Formen der Behandlungsforschung jedoch lieferten eine nur sehr begrenzte Problemlösung, zumal sie sich allzuleicht der Kritik aussetzten.

Da sich aber der deutsche Gesetzgeber im Zuge der kriminalpolitischen Reform 1969 mit der Erneuerung des materiellen Strafrechts und 1976 mit der Schaffung eines Strafvollzugsgesetzes – wie ähnlich weit früher der schweizerische und österreichische Gesetzgeber – weitgehend der individualpräventiven Zielsetzung geöffnet hat, stellt sich die Frage, ob die vorausgegangenen rechtspolitischen Entscheidungen nicht verspätet und verfehlt seien, ja ob man nicht besser generalpräventiven Zielen oder ausschließlich der Schuldvergeltung folgen solle (vgl. hierzu die allerdings überzogene Kritik von *P.-A. Albrecht* 1985, 834 ff.). Die Wendung in der kriminalpolitischen Diskussion ist mit Stichworten wie „Renaissance der Strafe" oder „Neoklassizismus" umschrieben worden. *Schünemann* (1986, 347) spricht bezüglich der auf die Freiheitsstrafe beschränkten Ergebnisse gar vom „Waterloo" des Resozialisierungsgedankens. Er möchte deshalb amerikanischen Stimmen ähnlich (vgl. *Meier* 1989, 388) überdies die Strafaussetzung zur Bewährung neu interpretieren; dafür aber bieten die bisherigen Ergebnisse der Begleitforschung keinen Hinweis oder Anlaß. Welche empirischen Befunde liegen jedoch über spezialpräventive Wirkungen vor?

Die individualpräventive Sanktions- und Behandlungsforschung weist durchweg **Unterschiede in der Legalbewährung** der Vergleichsgrup-

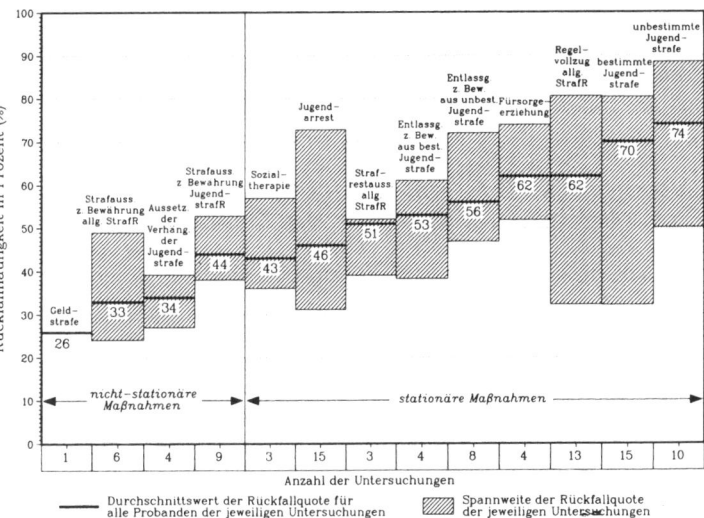

Quelle: Berckhauer/Hasenpusch, Rückfälligkeit entlassener Strafgefangener, MschrKrim 65 (1982), 318-334.

Schaubild 3: Ergebnisse von Rückfalluntersuchungen *(Durchschnittswerte)*

pen aus (vgl. *Albrecht* 1982, 28, 236 ff.; siehe ferner Schaub. 3). Mit
zunehmender Gleichförmigkeit des Sozialprofils und der Legalbiographie von Personen der Experimental- und Kontrollgruppen verringern
sich allerdings die Unterschiede im späteren Legalverhalten (vgl.
Schaub. 4). Die Untersuchungsergebnisse lassen damit zugleich eine
**beachtliche Breite an Austauschbarkeit und Alternativität der Sank-
tionsmittel** erkennen. Daher bleibt **häufig offen, ob** die günstigere
Bewährung der Behandelten auf die besondere **Selektion oder** die
spezifische Art der **Behandlung** zurückzuführen ist (vgl. *Hartung* 1981,
152 ff.; zu den Problemen der Rückfallforschung eingehend *Göppinger*
1997, 627 ff.).

Diese Frage ergibt sich auch für den offenen Strafvollzug, die Therapie
Drogenabhängiger sowie die Strafaussetzung zur Bewährung, den Täter-Opfer-Ausgleich und selbst für die weniger formalisierten Erziehungsverfahren (siehe *Heinz/Hügel* 1987, 71 ff.; 95; *Meier* 1989, 378;
Lipton 1995, 1, 52 f.). Deshalb wäre auch der vermutete Einfluß richter-
licher Handlungsstile auf die spätere Legalbewährung allein erwartungswidrig (a.A. *Pfeiffer* 1983, 309 ff.). Obgleich sich jene Frage bei den

erwähnten Kriminalsanktionen ebenso stellt wie bei der Geldstrafe, hat sie sich vor allem auf die Beurteilung der **sozialtherapeutischen Behandlung** zugespitzt (vgl. *Dünkel* 1980; *Ortmann* 1987). Mit ihr scheint sich als Prüfstein zugleich das Schicksal der **Spezialprävention** zu verbinden. Immerhin zeigt die Meta-Evaluation von 15 deutschen Studien zur Sozialtherapie, daß trotz aller Mängel in der Durchführung die sozialtherapeutisch Behandelten eine – obschon geringfügig – günstigere Legalbewährung als die entsprechenden Vergleichsgruppen aufweisen (siehe *Lösel* u.a. 1987, 255; ferner Schaub. 4). Allerdings erweisen sich für den Erfolg die Dauer und Intensität der Behandlung als bedeutsam.

Hingegen ist die **Methodenkritik an der sozialtherapeutischen Begleitforschung teilweise überzogen**, zumal die Frage des Erfolgsbegriffs erhebliche Schwierigkeiten aufwirft (siehe LB § 91). Dies gilt selbst für den Fall, daß man nur die Legalbewährung mit einer Risikozeit von drei bis fünf Jahren zum Maßstab nimmt. Wird man im allgemeinen der Auffassung zuneigen, bei einer Legalbewährungsrate von mehr als 70% von „Erfolg" zu sprechen, so fällt eine solche Beurteilung offenkundig schwerer, wenn sich die Mißerfolgsrate in ähnlicher Höhe bewegt. Enttäuschungen bleiben daher nicht aus. Lediglich bei den Gruppen der Alkoholiker und süchtigen Drogentäter hat man sich aufgrund der zahlreichen Fehlschläge daran gewöhnt, eine Rate von 30% bereits als „Erfolg" zu verbuchen. Hingegen wird man sich noch immer schwer tun, entsprechende Prozentsätze auch als Erfolg sozialtherapeutischer Behandlung oder sozialpädagogischer Bemühungen gelten zu lassen, obwohl bei den hier in Betracht kommenden Zielgruppen das kriminogene Mängelprofil keinesfalls einfacher gelagert ist. Ein „Erfolg" liegt jedoch immer dann vor, wenn für eine bestimmte Kriminalsanktion die optimale Rückfallrate im Vergleich zu anderen Sanktionen erreicht wird. Daher kann es nur darauf ankommen, ob die fragliche Behandlung besseren Erfolg verspricht als die übliche Strafe (siehe dazu *Morris* u.a. 1990, 37 ff., 82 ff.).

Insgesamt lassen sich dem Forschungsstand zur spezialpräventiven Erfolgsmessung, der vom formlosen Erziehungsverfahren der Diversion über die Geldstrafe und Strafaussetzung bis zu den verschiedenen Formen der Freiheitsstrafe reicht, folgende **Ergebnisse und Schlußfolgerungen** entnehmen:

- Die Legalbewährung nach spezialpräventiver Sanktionierung ist unterschiedlich, jedoch allgemein nicht sehr hoch, wenn man von der Geldstrafe, der Strafaussetzung zur Bewährung sowie anderen Formen ambulanter Erledigung absieht (zu negativ jedoch die Beurteilung *Kürzingers* 1996, 321, zumal die „spezialpräventive Wirkung von Strafen" im wesentlichen auf den Strafvollzug reduziert wird).
- Selbst dort, wo die ausgewiesenen Ergebnisse und Unterschiede im Legalverhalten gering ausfallen, läßt sich nicht zwingend auf das Scheitern spezialprä-

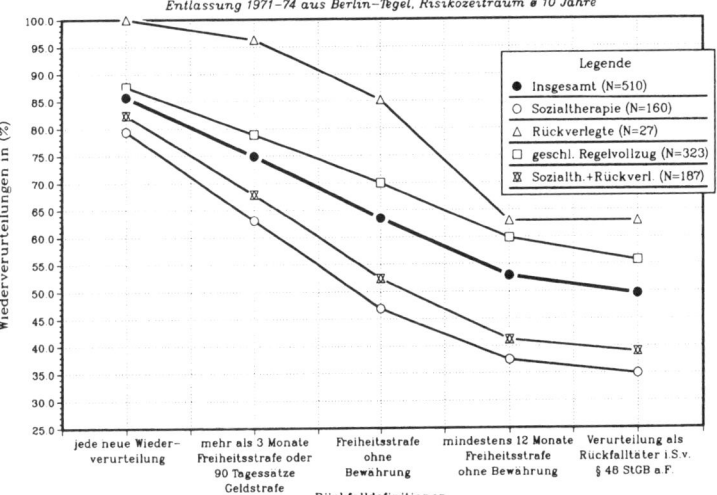

Quelle: Dünkel, Unterschiedliche Strafvollzugs- und Entlassungsformen bei Karrieretätern und deren mögliche Auswirkungen. In: Tätigkeitsbericht des MPI, Freiburg 1987, 61.

Schaubild 4:   *Wiederverurteilungen bei Karrieretätern aus unterschiedlichen Strafvollzugsformen*

ventiver Anstrengungen schlechthin schließen, sondern nur folgern, daß sie sich im gegebenen Anwendungsbereich nicht als wirkungsvoll oder als überlegen erwiesen haben, um angesichts der gegenläufigen kriminogenen Kräfte verhaltensbestimmenden Einfluß zu gewinnen. Man denke etwa an den süchtigen Drogentäter. Aber selbst hier verfügen wir inzwischen über genügenden Beweis für eine wesentliche Verminderung der Rückfälligkeit nach der Behandlung (so *Lipton* 1995, 53). Daher stellt sich entsprechend dem Grundsatz der Erforderlichkeit vor allem die Frage nach den geringst eingreifenden Sanktionsmitteln bei im übrigen gleichen Erfolgschancen. Es geht also konkret darum zu begründen, daß gerade die Freiheitsstrafe geboten ist und nicht auch die Strafaussetzung zur Bewährung, die Geldstrafe oder die Erledigung nach § 153 a StPO ausreichen.

- Daher kann bei aller Kritik gegenüber der Behandlungsideologie auf das Angebot therapeutischer und sozialpädagogischer Mittel nicht verzichtet werden.

Dies muß neben der Strafaussetzung zur Bewährung auch für das StVollzG gelten, welches gerade nicht einem einseitig medizinisch-orientierten Behandlungsbegriff folgt. Andernfalls würden im Namen größerer Rationalität und Gerechtigkeit tatsächlich nur Inhumanität und Rückschritt eingehandelt (kritisch *Kaiser* 1977, 359 ff.).

- Nach den neueren Situations- und Trendanalysen ist die Frage nach der Wirkungsweise von Resozialisierungsmaßnahmen noch immer offen, nicht zuletzt wegen des bisherigen Mangels an theoriegeleiteter Behandlungsforschung, so daß sich das Resozialisierungsthema auch noch nicht erledigt hat, ja sogar wieder an Boden gewinnt.

- Im übrigen ist die Krise der und die Kritik an der Resozialisierungsidee – abgesehen von den USA und Schweden, wo nach einer dort ursprünglich herrschenden medizinisch-therapeutischen Phase einige Gesetzeskorrekturen vorgenommen wurden – theoretisch bedeutsamer und folgenreicher als praktisch. Immerhin darf die überprüfbare Relevanz der Theorie (Vollzugsziel) für Vollzugsentscheidungen, insbesondere bei Vollzugslockerungen, nicht übersehen werden.

- Ferner sollte nicht außer Betracht bleiben, daß im weltweiten Blickfeld gesehen der Behandlungsgedanke keinesfalls überwiegend verworfen wird. Darüber hinaus kann sich der Resozialisierungszweck auch hierzulande einer breiten Akzeptanz im Bewußtsein der Öffentlichkeit erfreuen (siehe dazu unten § 15).

Eine „**grundsätzliche Wende**" in der Beurteilung des Resozialisierungskonzepts für die Theorie der Strafe und der Interpretation der die Sanktionsfestsetzung regelnden Vorschriften" (*Schünemann* 1986, 348 f.) ist daher **nicht geboten**; ihre Konsequenzen wären überdies unerwünscht und verhängnisvoll. Denn selbst „eine mehr generalpräventive Ausrichtung" entließe das Präventionsstrafrecht nicht aus den Schwierigkeiten der Erfolgskontrolle. Daß diese einfacher gelagert wäre und das Strafziel der Generalprävention positivere Erfolgsaussichten erhoffen ließe, ist zumindest bei der Gruppe der Mehrfach-, Rückfall- und Intensivtäter nicht erwartbar. Überdies kann man Tendenzen zur „Immunisierung" gegenüber empirischer Überprüfung besonders bei der Generalprävention nicht übersehen.

Eine nicht minder wichtige, obschon ganz anders gelagerte **Frage** ist jene **nach der spezialpräventiven Einflußnahme auf die gesamte Kriminalitätsbewegung**, also der Effekte auf der Makroebene des Verbrechens. Derartige Rückwirkungen sind noch schwieriger abzuschätzen, da sich die Allgemeinabschreckung davon kaum trennen läßt. Sind sie auch nicht bedeutungslos, so doch durchweg gering. Dies gilt selbst für die amerikanische Strategie der Sicherung („incapacitation") mit einer der weltweit höchsten Gefangenenraten und ferner für die verschiedenen Interventionen (z.B. Gewinnabschöpfung, Methadon-Programme, Heroinabgabe oder Therapie) im Bereich der Drogenkriminalität. Günstiger scheint es nur mit der Wirkungsweise der verkehrsrechtlichen Praxis bestellt zu sein, Fahrerlaubnisse zu entziehen. Welche Ausprägung der Individualprävention auch Gegenstand empirischer Erfolgskontrolle sein mag, eine meßbare Beeinflussung der Gesamtkriminalität ist dadurch allein kaum zu erwarten. Nennenswerte Effekte wären auch theoretisch nur schwerlich plausibel zu begründen.

Allerdings dürfte die ebenso zügige wie entschiedene Sanktionspraxis gegenüber rechtsextremistischen Tätern seit Herbst 1992 dafür sprechen, daß die Bedeutung der Strafrechtspflege für das Legalverhalten doch eine größere Beachtung verdient, als das bislang mitunter etwas geringschätzig angenommen wird.

So sind denn die Einwände gegen die Spezialprävention, die man häufig ungenau auf das Resozialisierungsziel zu beschränken pflegt, bei Lichte besehen auch anders motiviert. Sie stützen sich hauptsächlich auf heute gängige Befürchtungen gegenüber staatlicher Überwachung und Kontrolle, also auf Gefahren für die Individualfreiheit und Rechtsstaatlichkeit. Diese rechtspolitischen Ziele sind sicher ernstzunehmen; doch die Frage nach deren möglicher Gefährdung ist keine Eigentümlichkeit der Spezialprävention allein. Sie stellt sich auch bei alternativen Strafkonzepten, ohne daß diese in der Lage wären, dem Legitimationsdruck, dem heute vornehmlich die freiheitsentziehenden Kriminalsanktionen ausgesetzt sind, besser standzuhalten. Allein die Resozialisierungsidee verbürgt, die bekannten Defizite der Sanktionsmittel an Humanität und Sozialisationsangeboten zu vermindern, obschon – wie die Erfahrung zeigt – noch immer zu wenig.

§ 14 Herrschaftskritische Ansätze

Suchen Präventionskonzepte sowie Analysen der Pönologie, der Behandlungs- und Sanktionsforschung das strafrechtliche Sanktionensystem wirksamer, durchsichtiger und rationaler zu gestalten, ohne Humanität und Rechtsstaatlichkeit zu beeinträchtigen, so wenden sich andere Forschungsansätze entschieden dagegen. Diese bezweifeln Möglichkeit und Wünschbarkeit, ja Zulässigkeit und Legitimität der „Verwissenschaftlichung" strafrechtlicher Sozialkontrolle. Ist es anfangs der Zweifel an der möglichen Erneuerungsfähigkeit und Funktionstüchtigkeit des Kriminalrechts, so drängen unter der Verdächtigung staatlicher Macht zunehmend herrschaftskritische Ansätze vor. Substantiell stehen konsensorientierte Auffassungen solchen des Konfliktmodells, das eine allgemeine Wertüberzeugung bestreitet, gegenüber. Demgemäß umfassen Theorien zur Verbrechenskontrolle heute ebenso strafrechtslegitimierende Positionen wie solche der Herrschaftskritik. Geht es zunächst um die Aufdeckung „verborgener" Mechanismen zwischen Strafe, Gesellschaft und kriminellem Abweicher, so rücken allmählich strukturelle Unterschiede und Spannungen sowie Interessen- und Klassengegensätze in den Mittelpunkt. Die folgenden Konzepte, die von der Sündenbocktheorie und dem Labeling approach über die Konflikttheorie und den Neomarxismus bis zur abolitionistischen Perspektive reichen, verdeutlichen das Spektrum herrschaftskritischer Theoriebildung.

1. Theorie von der Ausstoßung des Sündenbocks

Schrifttum: *Bauer*, Das Verbrechen und die Gesellschaft. München u.a. 1957; *Frey-Rohn*, Das Böse in psychologischer Sicht. In: Das Böse. Studien aus dem C.G. Jung-Institut Zürich. Bd. XIII. Zürich u.a. 1961, 161-210; *Girard*, Ausstoßung und Verfolgung. Eine historische Theorie des Sündenbocks. Frankfurt/M. 1992; *Herren*, Freud und die Kriminologie. Stuttgart 1973; *Jäger*, Psychologie des Strafrechts und der strafenden Gesellschaft. In: Die Gesellschaft und ihre Verbrecher, hrsg. v. Reiwald (Zürich 1948), neu hrsg. mit Beiträgen von Jäger u.a. Frankfurt/M. 1973, 20-42; *Kitzinger*, Die Stellung der Gesellschaft zum Verbrechen und zur Strafe. Tübingen 1925; *Mechler*, Der Verbrecher als Sündenbock der Gesellschaft. ZRP 4 (1971), 1-3; *Mitscherlich*, Auf dem Weg zur vaterlosen Gesellschaft. Ideen zur Sozialpsychologie. München 1963; *Naegeli*, Die Gesellschaft und ihre Kriminellen – Ausstoßung des Sündenbocks. In: Verbrechen – Schuld oder Schicksal, hrsg. v. Bitter. Stuttgart 1969, 40-72.

Gehen die kriminologischen Erklärungsansätze überwiegend von der Tat- und Tätersituation aus, indem sie dem sogenannten Kausalparadigma folgen, so stellt die Theorie von der Ausstoßung des Sündenbocks **vorwiegend** auf **die sozialen Reaktionen und die Psychologie der strafenden Gesellschaft** ab (dazu *Kitzinger* 1925; *Bauer* 1957; *Jäger* 1973). Danach ist es die Gesellschaft, die sich ihre Verbrecher selbst schafft. Denn sie braucht sie zur Abreaktion ihrer Affekte (so insbesondere *Mitscherlich* 1963, 104 f., 144 f.; *Naegeli* 1969, 40 ff.; *Mechler* 1971).

Der Begriff des Sündenbocks findet sich schon im Alten Testament. Im Dritten Buch Mose, Kap. 16 Vers 3 ff. belädt Aaron einen Ziegenbock mit aller Schuld der Israeliten und schickt ihn „in die Wüste". Es handelt sich hier also um den Sündenbock im wörtlichen Sinn, auf den die Sünden der anderen übertragen werden (dazu *Naegeli* 1969, 50). Die Erscheinung von Sündenböcken läßt sich einleuchtend auf das psychologische Phänomen der **Schattenprojektion** zurückführen. Projektion bedeutet in diesem Zusammenhang die Fähigkeit, innere Unlustgefühle und eigene Schwächen auf andere Menschen und selbst auf Gegenstände zu verschieben, die dann gleichsam als Blitzableiter dienen. Weil der einzelne nicht in der Lage ist, den eigenen Schatten zu akzeptieren, spaltet er ihn von sich ab und überträgt ihn auf eine andere Person. Durch diese Verlegung nach außen wird das Böse auch ein Außen, also als etwas Fremdes erlebt. Die Projektion dient dem einzelnen als Hilfsmittel, um sich von seinen Schuldgefühlen, die durch das Vorhandensein des Schattens hervorgerufen werden, zu entlasten (*Herren* 1973, 79). Dieser andere, auf den das eigene Böse projiziert, an dem es verurteilt und gebrandmarkt wird, ist der Sündenbock. Er ist gleichsam unser Stellvertreter, da er unseren eigenen Schatten auslebt. Indem wir ihn verfolgen und bestrafen, tun wir es also mittelbar uns selbst an. Das biblische Wort vom Splitter im Auge des anderen und vom Balken im eigenen Auge, den man nicht sieht, spiegelt den Mechanismus der Schattenprojektion deutlich wider (vgl. Matthäus Kap. 7 Verse 3-5; *Frey-Rohn* 1961, 182). Daher übt auch das, was man trotz der bewußten Ablehnung projiziert, unbewußterweise eine gewisse Faszination aus. Der Sündenbock wird gleichzeitig verflucht und verehrt. Auch wird mit Hilfe der Fremderniedrigung eine Selbstidealisierung vorgenommen.

Auf das Verhältnis zwischen der Gesellschaft und den Verbrechern angewandt, bedeutet die Schattenprojektion, daß jeder einzelne seine eigenen kriminellen Tendenzen auf den Verbrecher projiziert. Er kann sie dadurch dem Delinquenten ankreiden und sie an ihm bestrafen. Der Verbrecher wird so zu unserem Stellvertreter. Darüber hinaus soll die Strafe das indirekte Strafbedürfnis der Gesellschaft befriedigen. Der Delinquent wird zum Sündenbock, der für die anderen büßen muß. Die Gesellschaft braucht somit den Verbrecher, um ihre eigenen kriminellen Tendenzen ausleben und ihre eigene Schuld auf den Sündenbock abladen zu können. Daher ist sie auch so wenig an einer echten Wiedereingliederung der Rechtsbrecher interessiert. So finden sich in Mythologie und Geschichte bekannte Beispiele für Sündenböcke, in denen sich das Erleben der Völker als Urerfahrung niedergeschlagen hat. Man denke nur an Hiob und an Ödipus, ferner an Hexenwahn und Judenverfolgung, zudem an Klassen- und Siegerjustiz sowie an Verliererkultur.

Richtig ist an derartigen Beobachtungen und Annahmen, daß die Einstellung der Gesellschaft für die Art der Verbrechenskontrolle und den Umgang mit dem Rechtsbrecher bedeutsam ist. Auch soll nicht verkannt werden, daß zugespitzt die Gesellschaft den Abweicher braucht und daß immer wieder der Appell an die Mitverantwortung der Gesellschaft notwendig ist. Trotz der Eingängigkeit und unbestreitbaren Faszination des Sündenbockmodells, nach dem die Last der Gesellschaft auf irgendeines ihrer Mitglieder geladen und dieses Mitglied als Sündenbock „in die Wüste geschickt" wird, bleiben aber wichtige Fragen offen.

Vor allem bleibt erklärungsbedürftig, warum die Selektions- und Kontrollprozesse gegenüber Rechtsbrechern gerade so ablaufen, wie sie geschehen. Nach der Bibel war es das Los, das darüber entschied, nach der Kriminologie *Lombrosos* das körperliche Stigma des geborenen Verbrechers (dazu *Herren* 1973, 120 ff.), nach strafrechtlichem Verständnis ist es das tatbestandsmäßige sozialschädliche Verhalten. Dieses aber kann im Gegensatz zur Überlieferung, nach der das Verbrechen weitgehend als Schicksal erlebt und begriffen wurde, heute rational durchdacht, definiert und bewältigt werden.

Die Sündenbocktheorie kann daher nur einleuchtend machen, daß einzelne Personen oder Gruppen zu sogenannten schwarzen Schafen oder zu Sündenböcken abgestempelt werden und daß dieser Vorgang eine entlastende und die Gesellschaft festigende Funktion erfüllt. Diesem Befund liegt bereits die biblische Erfahrung zugrunde, daß Ärgernis kommen muß, doch wehe durch wen. Die Annahme kann aber nicht begründen, warum als Sündenbock etwa Herr X, und nicht Frau Y, ausersehen wird, warum tausend Sündenböcke ins Gefängnis geschickt werden und nicht bloß einhundert genügen oder warum die Auferlegung von Geldstrafen als Mißbilligung nicht ausreicht. Um dies erklären zu können, ist das Modell der Projektion zu einfach gedacht. Dies gilt auch für **das theoretische Unvermögen, die beträchtlichen Unterschiede in der Stigmatisierung** offiziell bekannter jugendlicher Rechtsbrecher **zu erklären**. Man denke etwa neuerdings an die unterschiedliche Zurückweisung extremistischer Gewalttäter, die ihrerseits andere Randständige oder Angehörige von Minderheiten als Sündenböcke für ihre anomische Situation und ihren Identifikationsverlust verantwortlich zu machen suchen. Hier ist schwierig zu entscheiden, wer letztlich als Sündenbock gilt. Im übrigen enthalten die der Diversionsstrategie folgenden zahlenmäßig beachtlichen Einstellungen bei schuldigen Rechtsbrechern, ferner die Verfahrensweise des vereinfachten Jugendverfahrens sowie die Erteilung von Weisungen, Auflagen und Freizeitarresten gerade zur Vermeidung unerwünschter Nebeneffekte kein oder ein nur sehr geringes Stigmatisierungspotential. Die zusätzlichen Möglichkeiten zur Tilgung des Schuldspruchs oder Beseitigung des Strafmakels tragen außerdem zur Entstigmatisierung bei. Darauf beruht nicht zuletzt die Zurückhaltung *Herrens* gegenüber der Sündenbockprojektion als Kriminalitätserklärung.

Trotz vorübergehender Aktualität, allerdings beschränkt auf den deutschsprachigen Raum Anfang der siebziger und erneut zu Beginn der neunziger Jahre, vermochte die Sündenbocktheorie nie eine herausragende Bedeutung in der Kriminologie zu gewinnen. Der Grund, warum sie heute kaum noch Anhänger findet, hängt wahrscheinlich auch damit zusammen, daß die Tiefenpsychologie, der das Konzept der Schattenprojektion entstammt, allgemein an Einfluß verloren hat. Deren Erkenntnisse erweisen sich beim Versuch der praktischen Anwendung oft als wirklichkeitsfremd. Zudem sind sie nur schwer nachweisbar. Auch nimmt die Sündenbocktheorie wohl zu stark auf spektakuläre Kriminalfälle wie Gewalt- und Sexualverbrechen, neuerdings auch auf die ethnozentrische Gewalt, Bezug und kann auf die weniger aufsehenerregende Alltagskriminalität nicht überzeugend angewandt werden.

Hingegen liegt das **Verdienst** der Sündenbocktheorie ebenso wie jenes
anderer Theorien in den praktischen Implikationen, nämlich in der
appellativen Betonung der **Mitverantwortung** der Gesellschaft **und** der
Humanisierung kriminalrechtlicher Reaktionen. Eine derartige blick-
schärfende Bedeutung teilt die Sündenbocktheorie allerdings mit dem
sogenannten **Labeling** oder **Social reaction approach**. Der Vorzug
gerade dieses Ansatzes besteht darin, das gesamte kriminalrechtliche
System kritischer untersuchen und überprüfen zu können, ohne als
Wissenschaftler die Distanz zu dem Untersuchungsgegenstand einzubüßen (dazu unten § 14, 2). Eine solche Analyse wird jedoch von den
Vertretern der Sündenbocktheorie nicht beabsichtigt. Denn sie werfen
sämtliche gesellschaftlichen Reaktionen gegen fast alle Abweicher oder
bestimmte Gruppen (freilich ohne den Wirtschaftskriminellen!) pauschal „in einen Topf". Die gelegentlich hilflose Erklärung zu der unterschiedlichen Einstellung der strafenden Gesellschaft gegenüber Gewalt-
und Sexualkriminalität einerseits sowie Verkehrs- und Wirtschaftsdelinquenz oder Links- und Rechtsextremismus andererseits macht das Dilemma der Sündenbocktheorie deutlich. Sind überdies strafrechtlich
relevante Konflikte normal und ubiquitär, so ist nach anderer Erklärung zu suchen. In Betracht kommt dafür in erster Linie der Labeling
approach.

2. Labeling approach (Sozialer Reaktionsansatz)

Schrifttum: *Becker*, Outsiders. London 1963 (deutsch Frankfurt/M. 1973); *Bla-
sius*, Kriminologie und Geschichtswissenschaft. In: Geschichte und Gesellschaft
14 (1988), 136-149; *Goffman*, Stigma. Über Techniken der Bewältigung beschä-
digter Identität (1963). Frankfurt/M. 1967; *Gray*, The Labeling Perspective:
Critique and Synthesis. Ann Arbor 1976; *Hatke*, A Critique and Test of Labeling
Theory. A Sociopsychological Account of Deviance. Ann Arbor 1977; *v. Hentig*,
Die Strafe. 2 Bde. Berlin u.a. 1954 und 1955; *Pfohl*, Ethnomethodology and
Criminology: The Social Production of Crime and the Criminal. In: The Mad, the
Bad and the Different, ed. by Barak-Glantz u.a. Lexington/Mass. 1981, 25-37;
Popitz, Über die Präventivwirkung des Nichtwissens. Dunkelziffer, Norm und
Strafe. Tübingen 1968; *Riklin*, Stigmatisierungsproblematik und Tätigkeit der
Medien im Rahmen der Strafverfolgung und der Prozeßberichterstattung. In:
Stigmatisierung durch Strafverfahren und Strafvollzug, hrsg. v. Haesler. Diessen-
hofen/CH 1981, 129-159; *Rüther*, Abweichendes Verhalten und Labeling Appro-
ach. Köln u.a. 1975; *Sack*, Neue Perspektiven der Kriminologie. In: Kriminalso-
ziologie, hrsg. v. Sack u.a. Frankfurt/M. 1968[1], 431-475; *Schüler-Springorum*,
Prügel und Pranger. In: FS für Henkel. Berlin 1974, 141-150; *Tittle*, Labeling and

Crime: An Empirical Evaluation. In: The Labeling of Deviance: Evaluating a Perspektive, ed. by Gove. New York 1975, 157-180.

Den Blick für die allgemeine „Konstruktion" der Verbrechenswirklichkeit geschärft zu haben, ist vor allem der **Ethnomethodologie** und dem teilweise auf sie zurückgehenden Labeling-Ansatz zu danken (*Sack* 1968, 431 ff.; *Pfohl* 1981, 30 ff.). Während die Anhänger der Labeling-Perspektive ethnomethodologischer Richtung sich vornehmlich der Praxis gesellschaftlicher Kontrollinstanzen zuwenden, befassen sich die am **Symbolischen Interaktionismus** orientierten Theoretiker vorwiegend mit den Prozessen der Verfestigung kriminellen Verhaltens aufgrund sozialer Reaktionen, Etikettierung und deren stigmatisierender Folgen für die Betroffenen. Von mehr der **Konflikttheorie** verbundenen Vertretern des Labeling-Ansatzes werden überdies gesellschaftliche Macht- und Schichtstrukturen einbezogen.

Der Labeling-Ansatz stellt entscheidend die strafrechtliche Reaktion auf die Tat in den Mittelpunkt der Untersuchung. Da er Kriminalität als ubiquitär und gleichmäßig verteilt unterstellt, kann es nach ihm nur noch auf die Selektion und förmliche Etikettierung des Rechtsbrechers durch die sozialen Kontrollinstanzen ankommen. Diese schreiben Kriminalität wie ein „negatives Gut" zu. Die Mächtigen suchen im eigenen Interesse den Status quo zu wahren. Sie etikettieren die sozial Ohnmächtigen und Randseiter. Aufgrund solcher Zuschreibungsprozesse gilt die offiziell bekanntgewordene Kriminalität als Ausdruck unterschiedlicher Machtverteilung in der Gesellschaft.

Den Labeling approach kann man nach folgenden fünf Aspekten begreifen:

- Er verneint einen Konsens in der Wertorientierung der Gesellschaft und geht von der Ubiquität oder **Normalität des Verbrechens** aus.
- Die bekannt werdende Verbrechenswirklichkeit wird durch **Konstruktion des Verbrechens** und **Selektion der Verbrecher**, und zwar durch
- die **Entscheidung der** gesellschaftlich **Mächtigen** bestimmt. Diese politisch begriffenen Prozesse sind
- durch **stigmatisierende Zuschreibung** gekennzeichnet. Um derartige Prozesse aufzubrechen und zu entschärfen, ergeben sich als kriminalpolitische Postulate:
- **Entregelung, Entkriminalisierung, Dezentralisierung, Diversion und Alternativen zur Freiheitsstrafe** (dazu §§ 11, 3; 18, 4.2) bis zur „radikalen Nichtintervention" (Do less!).

Der Ansatz ermöglicht es, das gesamte System strafrechtlicher Sozialkontrolle, einschließlich der Psychologie strafender Gesellschaft und der Prozesse rechtspolitischer Willensbildung, zum Gegenstand empirischer Beschreibung, Untersuchung und Kritik zu machen, ohne sich mit jenem

System „zu verheiraten". Der Labeling approach bietet einen neuen Satz von Begriffen, analysiert ein breites Spektrum von Tatsachen und regt das Studium eines herkömmlich wenig beachteten Gegenstandes an. Er ist wegen seiner Blickschärfung für Strafverfahren, Rechtsanwendung sowie für die sozialen Konsequenzen von Selektion und Reaktion vor allem als **Forschungsprinzip** bedeutsam.

Seine **Schwäche** besteht darin, daß er zur Entstehung, Existenz und Erklärung von sozial unerwünschtem Verhalten, das nicht offiziell als Verbrechen bekannt und gekennzeichnet wird, eigentlich nichts sagen kann und es im übrigen auch nicht ändern will. Denn freilich besteht der Rechtsbruch als individueller, sozialer und sozialschädlicher Sachverhalt auch ohne förmliche Kenntnis- und Stellungnahme durch die staatlich organisierte Gesellschaft. Es kann nicht unklar sein, daß zu den Bedingungen, die den Definitionsprozeß zuerst auslösen, ein auffälliges Ereignis gehört. Doch diese **Primärabweichung**, damit die **Entstehung** des Rechtsbruchs **und** die etwaige **Viktimisierung** sieht der Labeling-Ansatz nicht als untersuchungs-, geschweige als erklärungsbedürftig an.

Ebensowenig interessiert er sich für die Qualität des Rechtsbruchs. Er beschäftigt sich also mit den sozialen Wirkungen auf eine Handlung, nachdem sie erfolgt ist. Dabei neigt er dazu, die Bedeutung der sogenannten **Sekundär-Abweichung** als Etikettierung und degradierende Statuszuweisung zu überschätzen. Kennzeichnend fehlt es an empirischen Belegen für seine Annahme (vgl. *Tittle* 1975, 157 ff.). Er leistet auch keine Klärung zur Frage, welche Art und Intensität von sozialen Reaktionen für eine folgenreiche Etikettierung erforderlich sind. Seinen Anhängern gilt pauschal alles als „Kriminalisierung", unabhängig von Art und Schwere der Sanktion. Jedem, der an Fragen der Resozialisierung, der Verhinderung von Rückfall oder ähnlichen Behandlungsgesichtspunkten interessiert ist, fällt auf, daß der Labeling-Ansatz hier so gut wie keine Hilfe bietet. Bei objektivem Vorgehen hält er den Instanzen förmlicher Sozialkontrolle einen Spiegel vor, kaum mehr. Auch ein solches Bestreben ist fraglos bedeutsam, selbst wenn man über seinen Anspruch streiten mag; jedoch als kriminologische Monokultur betrieben, führte es zu einer wissenschaftlichen Verkürzung und Verarmung. Überdies erscheint ebenso bemerkenswert wie folgerichtig, daß viele Anhänger des Labeling approach den Instanzen und Agenten strafrechtlicher Sozialkontrolle als Machtträgern zurückhaltend bis kritisch gegenüberstehen. Hingegen wenden sie sich Anzeigeerstattern und Opfern als den offenbar „Ohnmächtigen" kaum Interesse zu. Tatsächlich ist die Täter-Opfer-Beziehung „oft inkongruent zu den jeweiligen Herrschaftsbeziehungen" (*Blasius* 1988, 139). Jene Einstellung, die bis zur Parteinahme reichen kann, macht Verzerrungen in der Analyse wahrscheinlich, so billigenswert die Motive auch immer sein mögen.

Innerhalb der Sozialkontrolle ist vor allem das Teilsystem des Strafrechts für die Betroffenen mit schmerzlichen Sanktionen verbunden. Daher fragt man immer wieder nach überlegenen Strategien der Problemlösung. Wie nicht verkannt werden darf, können auch sozialtherapeutische oder sozialpädagogische Motive der Hilfe, Erziehung und Bildung ihre Kehrseite haben. Denn auch Sozialhilfe ist, sofern sie verwaltet wird, notwendig **Herrschaft**. Ja sie kann mitunter, wie selbst aus Fällen freiwilliger Erziehungsberatung und aus der Schulerziehung bekannt geworden ist, stigmatisieren. Sie mag ferner Formen der „Gängelei" und „Tyrannei" annehmen. Es gibt, wenn man so will, nicht nur eine „repressive Kriminalpsychiatrie", sondern auch eine ebensolche „Sozialpädagogik" oder „Psychagogik", soweit sie anwendungsbezogen sind. Jede praktische Einlassung auf das (straf-)rechtliche Bezugssystem zwingt die Erfahrungswissenschaft zu Kompromissen, macht sie „repressiv", ja verdächtigt sie der Korruption und der Teilhabe an der Herrschaft. Als deren sichtbarer Ausdruck gilt vornehmlich die **Kompetenz zur Stigmatisierung**.

Die Kennzeichnung des Abweichers ist, wenn auch in unterschiedlicher Bedeutung, schon seit biblischer Zeit bekannt (Kainszeichen – 1. Buch Mose, Kap. 4, Vers 15). Erfolgsstrafrecht und altklassisches Strafrecht knüpften sie als Brandmarkung vornehmlich an die Straftat. Hingegen wurde sie von der Kriminalanthropologie vor allem auf die Täterpersönlichkeit bezogen. Ähnliche Erwägungen mögen in der Gegenwart bei der erwähnten Suche nach dem sogenannten Mörder-Chromosom wieder eine Rolle spielen. XYY-Chromosomen-Mißbildungen sollen die Aggressivität der Persönlichkeit anzeigen, dienen also als Erkenntnismittel. Die **Stigmatisierung nimmt daher unter den Mitteln der Sozialkontrolle von jeher einen besonderen Rang ein**. Zunächst meint Stigmatisierung nichts anderes als die Unterscheidung, als die positive oder negative Hervorhebung bestimmter Personen. Diesen werden kennzeichnende Eigenschaften zugeschrieben. Derartige Zuschreibungen können auf der einen Seite mehr auf die Attribute des „Heiligen" tendieren oder auf der anderen Seite in Richtung des „Sünders". Das Problem der Verhaltenskontrolle würde wahrscheinlich erleichtert werden, wenn man den sozialgefährlichen Personenkreis an bestimmten Kennzeichen, etwa körperlichen Stigmata oder Verhaltensmerkmalen, klar erkennen könnte. Wie jedoch die Geschichte zeigt, finden wir hier verhängnisvolle Irrtümer bis hin zu Wahnvorstellungen (z.B. Hexenverfolgung). Bei negativer Stigmatisierung treten also für den Betroffenen und seine Angehörigen mitunter zerstörerische Haupt- und Nebenwirkungen hinzu.

Damit trägt die **Blickwendung von der Tat zum Täter**, einstmals als Fortschritt gepriesen, Anzeichen eines Pyrrhussieges. Denn die lange Zeit vorherrschende Täterforschung führte zu dem, was man einen kriminologischen Persönlichkeitskult nennen könnte. Diese Entwicklung brachte auch wissenschaftlich den Übergang von der „bösen Tat" auf den „bösen Menschen". Man hat die mitunter verhängnisvollen

Folgen solchen Wandels im Bild der Öffentlichkeit auch seit einigen Jahrzehnten erkannt, insbesondere das allmähliche Abstempeln („labeling"). Eine derartige Veränderung kriminologischer Perspektiven wurde unvermeidlich, als man die Stigmatisierung der Tat nicht mehr genügen ließ und die Stigmata in der Persönlichkeit des Rechtsbrechers zu suchen begann. Mit dem Zurücktreten der Tat nur als Symptom einer vielleicht tief verwurzelten und umfassenden Fehlanpassung verselbständigten sich die vermeintlichen Kennzeichen der negativ auffälligen Persönlichkeit. Sie gewannen **gelegentlich** eine **folgenreiche Eigendynamik**. Diese wirkte wiederum auf das Bild vom Rechtsbrecher, den Ausleseprozeß von Anzeigeerstatter, Polizei und Rechtspflege zurück. Vermöge dessen wurden vor allem diejenigen Straftäter zu einer besonderen Behandlung ausgelesen, bei denen die allgemein bekannten Merkmale der sozial Auffälligen, wie z.b. persönliche Labilität, gestörte Familie, schulisches und berufliches Scheitern, gehäuft vorlagen. Derartige Merkmalshäufungen gingen als Syndrome sozial gefährlicher Personen in die Erfahrung ein. Von hier aus bestimmten sie wiederum das Bild der Wissenschaft. Die Fragwürdigkeit des an ihrer Stelle sichtbar werdenden Informationsflusses blieb lange Zeit außer Betracht.

Die Kennzeichnung der als Rechtsbrecher ermittelten Personen wird daher in den letzten Jahrzehnten zunehmend erörtert (vgl. *Goffman* 1967). Dabei handelt es sich freilich um mehr als einen Anwendungsfall der Erforschung sozialer Vorurteile und Stereotype oder um einen Ausdruck sozialer Ausgliederungs- und Isolierungsprozesse. Denn der Stigmatisierungsprozeß wird als sozialer Mechanismus rationalisiert (vgl. z.b. die abgestufte Regelung des BZRG) und der Verbrechenskontrolle bewußt dienstbar gemacht. Man denke nur an die neuere Diffamierung von Kinderpornographie, Sextourismus oder Gewalt in der Familie und extremistische Ausschreitungen. Außerdem ist an Fälle der Neukriminalisierung bei Verkehrs-, Umwelt- und Wirtschaftsdelikten zu denken. In all diesen Fällen wird die Stigmatisierung als Präventionsmittel gezielt eingesetzt, obschon nicht immer erfolgreich. Aber auch Notwendigkeit und Schwierigkeit der Resozialisierung zeigen dies, einschließlich der begrenzten Korrekturfähigkeit von strafrechtlicher Stigmatisierung (dazu *Riklin* 1981, 129 ff.).

Deshalb hat man sich von einer statisch gefaßten und unabänderlich angesehenen Stigmatisierung zunehmend entfernt. Regelungen des Jugendstrafrechts (§§ 6, 30, 97 JGG) und des BZRG mit der **Begrenzung und Tilgung des Strafmakels** sowie dem Verwertungsverbot liefern dafür Zeugnis. Auch die Nichtöffentlichkeit der Verhandlung vor dem

Jugendgericht (§ 48 Abs. 1 JGG) dient diesem Ziel. Sinngemäß das gleiche gilt für die Regelung des § 40 StVollzG, wonach aus dem Abschlußzeugnis über eine ausbildende oder weiterbildende Maßnahme die Gefangenschaft eines Teilnehmers nicht erkennbar sein darf, und ferner für die bedingte Entlassung „Lebenslänglicher". Der Einsatz stigmatisierender Etikettierungen und Prozesse wird lediglich als „ultima ratio" betrachtet und durch den Sozialstaatsgrundsatz begrenzt, zuweilen freilich bloß bezüglich einer Seite (etwa bei klassischer Delinquenz, jedoch mit Ausnahme der Wirtschaftsstraftäter und umgekehrt). Nur Sachverhalte, die vom Verbrechensbegriff genau umschrieben und pönalisiert werden, sollen und dürfen stigmatisieren. Aber auch hier zeigen die Prozesse der Über-, Ent- und Neukriminalisierung den ständigen Wandel, selbst wenn sich gewisse Grundmuster in Anlehnung an den Dekalog als zeitüberdauernd erweisen (siehe unten § 18, 4). Aufgrund des Übermaßes an Kennzeichnung und wegen der Zweckwidrigkeit können wir heute z.b. die Brandmarkung und die Prangerjustiz nicht mehr hinnehmen (zu den Frühformen und kulturgeschichtlichen Zusammenhängen der Stigmatisierung *v. Hentig* 1954, 423 ff.; *Schüler-Springorum* 1974, 141 ff.).

Bestrebungen der Strafrechtsreform versuchen überdies, übermäßige Stigmatisierungseffekte zu beheben. Jedoch stoßen Gesetzgeber und praktische Verbrechenskontrolle ständig an ihre eigenen Grenzen. Diese ergeben sich schon aus dem immer beschränkten Potential der für die Verbrechenskontrolle zuständigen Einrichtungen. Da nach dem strafverfahrensrechtlichen Legalitätsprinzip Staatsanwalt und Polizei verpflichtet sind, wegen aller gerichtlich strafbaren und verfolgbaren Handlungen einzuschreiten (§§ 152, 160, 163 StPO), ergibt sich die **Notwendigkeit zur Beschränkung und Filterung oder Auswahl** (siehe unten § 19, 4). Wollte das Kontrollsystem alle in Betracht kommenden Personen als Kriminelle definieren, so wäre es in seiner Kapazität überfordert. Es würde sich „zu Tode sanktionieren" (vgl. *Popitz* 1968, 9). Auch widerspräche ein solches Vorgehen der Integrationsfunktion des Verbrechensbegriffes. Denn dieser kann ebenso wie die Strafe nur dann seine Aufgabe erfüllen, wenn er auf das Verhalten einer Minderheit beschränkt bleibt. Die Mehrheit zu sanktionieren, wäre sinnlos, ja wirkte gesellschaftlich dysfunktional. Deshalb müssen sich sowohl Verbrechensbegriff als auch Strafsanktion auf nur bestimmte Verhaltensweisen beziehen, die man als besonders sozialschädlich einschätzt. Offenbar darf nicht zu viel und nicht zu wenig gestraft werden. Das „budget des crimes" ist so zu halten, daß die Normen für die Gruppenleistungen belangvoll bleiben.

3. Konfliktkriminologischer Ansatz

Schrifttum: *Akers*, Criminological Theories. Introduction and Evaluation. Los Angeles 1994; *Chambliss* u.a. (eds.), Whose Law, What Order? A Conflict Approach to Criminology. New York u.a. 1976; *Hopkins*, On the Sociology of Criminal Law. Social Problems 22 (1974), 608-619; *Huff*, Conflict Theory in Criminology. In: Radical Criminology, ed. by Inciardi. Beverly Hills u.a. 1980, 61-77; *Keller*, A Sociological Analysis of the Conflict and Critical Criminologies. Phil. Diss. An Arbor 1976; *Krüger* (Hrsg.), Kriminologie. Eine feministische Perspektive. Pfaffenweiler 1992; *Michalowski*, Conflict, Radical, and Critical Approaches to Criminology. In: The Mad, the Bad and the Different, ed. by Barak-Glantz u.a. Lexington/Mass. 1981, 39-52; *Quinney*, Class, State, and Crime. New York 1980[2]; *Reiman*, „The Rich get Richer and the Poor get Prison": Ideology, Class, and Criminal Justice. New York 1979; *Smaus*, Feministische Erkenntnistheorie und Kriminologie von Frauen. In: Geschlechterverhältnis und Kriminologie, hrsg.v. Althoff u.a. 5. Krim-J-Beiheft 1995, 9-27; *Stallberg/Stallberg*, Kriminalisierung und Konflikt – zur Analyse ihres Zusammenhanges. MschrKrim 60 (1977) 16-32; *Williams* u.a., Criminological Theory. Englewood Cliffs/N.J. 1988.

Nach herkömmlicher Ansicht beruht das Kriminalrecht auf normativer Übereinstimmung. Dabei führen Soziologen die sogenannte Konsenstheorie auf *Durkheims* Auffassung vom kollektiven Bewußtsein zurück. Hingegen vertritt die Konflikttheorie, insbesondere ihre marxistische Version, genau die entgegengesetzte Auffassung. **Ausgangspunkt** ist denn auch die **Hypothese**, daß es in der bürgerlichen Gesellschaft **keinen Konsens über grundlegende Werte und Ziele** gibt; Normen seien vielmehr Ausdruck der Herrschaft einer Klasse über eine andere (*Quinney* 1980, 39). Dabei sei es nicht der Mensch, der geändert werden müsse, sondern das System. Kein Wunder, daß Fragen nach Normgenese, Schlagworte wie Abschaffung des Strafrechts und Ablehnung des Resozialisierungskonzepts einen hervorragenden Platz einnehmen.

Folgende Annahmen liegen dem konfliktkriminologischen Ansatz zugrunde (siehe *Williams* u.a. 1988, 103).

- Konflikt ist Bestandteil des sozialen Lebens. Die Mittel zur Bedürfnisbefriedigung sind stets knapp und ihre Verfügbarkeit begrenzt.
- Das Bestreben, die Verfügungsbefugnis über diese Mittel zu erlangen, schafft Konflikte und die Kontrolle über die Mittel Macht.
- Diese Macht wiederum wird eingesetzt, um die Herrschaftsgrundlage zu sichern, zu erweitern, und zwar auf Kosten anderer, weniger mächtiger Gruppen.
- Zu den Herrschaftsmitteln zählt auch das Recht. Rechtsnormen drücken die Werte und Interessen der herrschenden Gruppe aus;

zugleich engen sie den Verhaltensspielraum der weniger mächtigen Gruppen ein.

• Anwendung und Durchsetzung des Rechts lenken die Aufmerksamkeit vor allem auf die weniger mächtigen Gruppen, deren Mitglieder daher übermäßig kriminalisiert werden.

Zwar hat die Kriminologie seit mindestens sechs Jahrzehnten konflikttheoretische Erklärungen in ihren Wissensbestand aufgenommen. Dennoch bietet die Verknüpfung des Konzepts des sozialen Konflikts mit der interaktionistischen Problemsicht einen neuen Ansatz. Dabei bildet die Konfliktkriminologie eine Spielart der kritischen oder radikalen Kriminologie, auch soweit sie feministische oder neomarxistische Theoriebruchstücke aufnimmt. Seit den sechziger Jahren sind die Auseinandersetzungen über Inhalt, Anwendung und Legitimität von Rechtsnormen gewachsen sowie die Grenzen zwischen sozialer und politischer Abweichung mitunter problematisch geworden. Daher ist eine verstärkte Konfliktorientierung kriminologischer Analysen aktuell (vgl. *Stallberg* u.a. 1977, 16 ff.; *Huff* 1980, 61 ff.). Eine Vielzahl von Veröffentlichungen aus dem anglo-amerikanischen Bereich belegt dies (*Chambliss* u.a. 1976; *Reiman* 1979; *Quinney* 1980; *Michalowski* 1981). Zu fragen bleibt freilich, wie sich Konflikt, Normsetzung und Kontrolle im einzelnen verknüpfen lassen und ob die Konflikttheorie hierfür einen aussagekräftigen Erklärungsrahmen liefert.

Zur Analyse fehlt es schon an einem weithin akzeptierten Konfliktmodell. Auch bleibt die Problemperspektive teilweise auf die Normenentstehung beschränkt. Ferner werden die Konflikte im vor- und außerrechtlichen Bereich durchweg außer Betracht gelassen.

Insbesondere jedoch **befriedigt** der **Versuch**, Konflikte als eine soziale Situation zu interpretieren, in der sich Individuen oder Gruppen als Gegner begreifen und ihre Ziele miteinander kollidierend erleben, **konzeptuell nicht**. Denn die konfliktbelasteten Kontakte zwischen Rechtsbrechern und Institutionen erfolgen überwiegend keinesfalls so, daß Akteure mit unterschiedlichen Situationsdefinitionen aufeinandertreffen und sie mit ungleichen Chancen durchzusetzen versuchen. Gelegentliche Interpretationsversuche in diese Richtung, sei es im Rahmen der Jugenddelinquenz, des Terrorismus oder der Wirtschaftskriminalität, dienen eher der Entlastung als der Erklärung.

Gerade der außerordentliche Anteil geständnisfreudiger, durch Polizei und Justiz überführbarer Rechtsbrecher zeigt, daß es hier weniger um unterschiedliche Konstruktionsversuche von Realität geht als vielmehr um die Frage nach dem Ob und Wie kriminalpolitischer Konsequenzen. Vor allem kann dieser Sichtweise keine Strategie mit Erfolg entnommen werden, die an Kapazität zur Konfliktregelung und an Lebensqualität der gegenwärtigen Handhabung überlegen wäre. Es kann nicht darum gehen, gegenüber Opfern und Institutionen andere oder eigene **Realitätsinterpretationen** erfolgreich durchzusetzen, **ohne** damit den **Basiskonflikt anzutasten**. Vielmehr müssen Lösungsstrategien entwickelt werden, die an Potential, Eingriffsintensität, Partizipation, Befriedigung, Rechtsstaatlichkeit, also an Humanität und Lebensqualität, den bisherigen Konfliktregelungen überlegen sind. Nur an dieser Zielsetzung können sich demgemäß Sozialisation, die Vermittlung sozialer Kompetenzen sowie Sozialkontrolle ausrichten. Der konflikttheoretische Ansatz aber bleibt bei der Buchführung, Klassifizierung, Interpretation und z.T. Verschärfung sozialer Konflikte stehen, ohne der Konfliktbewältigung selbst näherzukommen. Er vermittelt daher auch keine akzeptablen und weiterführenden Handlungsanweisungen; letztlich läßt er die Konfliktbeteiligten, insbesondere das Deliktsopfer, das er nicht einmal zur Kenntnis nimmt, allein. Selbst soweit die Konflikttheorie Formen der konfliktnahen Erledigung im Rahmen sogenannter informeller Justiz (dazu oben § 10, 3.3) angeregt und beeinflußt hat, sind die informellen Erledigungen marginal und weithin „im Schatten des Rechts" geblieben.

Am ehesten können sich Vorschläge als nützlich erweisen, die Konsenstheorie für Schwerkriminalität und die neutralisierende Konflikttheorie für Bagatelldelikte (*Akers* 1994, 25, 28, 30; *Hopkins* 1974, 613 f.), aber auch für einzelne Deliktstypen wie Schwangerschaftsabbruch, Nötigung (Demonstrationsgewalt) und Steuerhinterziehung, wo die Normüberzeugung gebrochen ist, nebeneinander anwenden.

Eine besondere Spielart oder Ausprägung des konfliktkriminologischen Ansatzes stellt die feministische Theorie dar. Wie diese auch immer konzipiert sein mag – liberal, radikal, marxistisch oder sozialistisch –, stets sucht sie mit kritischem Impetus den hauptsächlichen „blinden Fleck" in der traditionell männlich geprägten kriminologischen Theorie als den strategischen Mangel zu identifizieren, um die grundsätzliche Bedeutung des Geschlechts und der Geschlechtsrollen in der Gesellschaft zu begreifen. Sie verfolgt damit eine Perspektive, die von der Theoriebildung in der kriminologischen Hauptströmung bestenfalls peripher erfaßt wird (vgl. *Krüger* 1992; *Smaus* 1995, jeweils m.N.).

Insgesamt betrachtet hat die **feministische Kriminologie** fraglos das kritische Potential gegenüber der herkömmlich etablierten Theoriebildung angereichert, insbesondere zur Erklärung weiblicher Kriminalität. Doch im übrigen leidet die Perspektive an der verengten, auf die Geschlechtsunterschiede reduzierten Betrachtung der gesellschaftlichen Machtdifferenzen, ähnlich wie dies für die neomarxistischen Ansätze zutrifft, indem diese die Kriminalitätsbedingungen auf den Kapitalismus beschränken. Zwar liefert die internationale Forschung zu den Geschlechtsunterschieden in den Entscheidungen der Kriminaljustiz gegenüber Rechtsbrechern einige Informationen, die mit der feministischen Theorie stimmig sind; jedoch hat das Geschlecht des Täters ganz überwiegend nur geringe oder keinerlei Wirkung auf Verfahren und Ergebnisse der Strafrechtspflege. Nach alledem wird man fragen, ob und inwieweit es gerechtfertigt ist, der feministischen Perspektive verglichen mit anderen kritischen Ansätzen eine derartige Prominenz einzuräumen, wie dies in zeitgenössischen Texten mitunter geschieht (vgl. dazu etwa *Kunz* 1994, 73-81).

4. Neomarxistische Ansätze

Schrifttum: *Adamson*, Toward a Marxian Penology: Captive Criminal Regulations as Economic Threats and Resources. Social Problems 31 (1984), 435-458; *Bloch*, Naturrecht und menschliche Würde. Frankfurt/M. 1977; *Bohm*, Radical Criminology: An Explication. Criminology 19 (1982), 565-589; *Bonger*, Criminalité et conditions économiques. Amsterdam 1905; *Brodeur*, La Criminologie marxiste: Controverses récentes. Déviance et Société 8 (1984), 43-70; *Colvin/Pauly*, A Critique of Criminology: Toward an Integrated Structural-Marxist Theory of Delinquency Production. AJS 89 (1983), 513-551; *Friedrichs*, Radical Criminology in the United States: An Interpretative Understanding. In: Radical Criminology: The Coming Crises, ed. by Inciardi. Beverly Hills u.a. 1980, 35-60; *Greenberg*, Crime and Capitalism: Readings in Marxian Criminology. Palo Alto/Ca. 1981; *Janssen* u.a. (Hrsg.), Radikale Kriminologie. Themen und theoretische Positionen der amerikanischen Radical Criminology. Bielefeld 1988; *Klockars*, The Contemporary Crises of Marxist Criminology. In: Radical Criminology: The Coming Crises, ed. by Inciardi. Beverly Hills u.a. 1980, 92-123; *O'Malley*, Marxist Theory and Marxist Criminology. Crime and Social Justice 29 (1987), 70-87; *Quinney*, Class, State, and Crime: On the Theory and Practice of Criminal Justice. New York 1980[2]; *Sparks*, A Critique of Marxist Criminology. In: Crime and Justice 2 (1980), 159-210; *Weiss*, Radical Criminology: A Recent Development. In: IntHB 1983/1, 119-247; *Young*, Working Class Criminology. In: Critical Criminology, ed. by Taylor u.a. London u.a. 1975, 63-94.

Schon die grobe Zuordnung neomarxistischer Theorien zur Herrschaftskritik zeigt an, daß neomarxistische Ansätze in der westlichen Welt mit früheren Konzepten sozialistischer Kriminologie mit Ausnahme des Ausgangspunktes kaum gemeinsame Berührungspunkte aufweisen. Aber auch innerhalb der westlichen Kriminologie präsentiert sich die neomarxistische Theoriebildung keineswegs einheitlich und alternativ gegenüber anderen Theorien. In weiter Übereinstimmung mit den benachbarten herrschaftskritischen Ansätzen wird ein Wertkonsens in der Gesellschaft geleugnet und **Kriminalität als eine Folge des Privilegiensystems der kapitalistischen Gesellschaft gedeutet**. Im Unterschied zu *Bonger* (1905), der schon früh ein marxistisches Konzept der Verbrechensverursachung entworfen, jedoch im übrigen am Positivismus festgehalten hatte, lösen sich die modernen Neomarxisten von der herkömmlichen sozialpathologischen Betrachtung und wenden sich bereits gegen die Kriminalisierung. Als „wirklich radikale Straftheorie" gilt nicht die Unschädlichmachung des Verbrechers, sondern die „Unschädlichmachung der Gesellschaft" (*Bloch* 1977, 296 f.).

Im übrigen stehen sich innerhalb des Neomarxismus **zwei Positionen** gegenüber: **die Instrumentalisten und die Strukturalisten**. Nach Auffassung der Instrumentalisten bedient sich die kapitalistische Klasse des Staates und des Rechtssystems als Instrumente, um ihre Ziele und Interessen durchzusetzen. Diese Auffassung wird wegen der Übervereinfachung gesellschaftlicher Strukturen, der zu sehr auf die wirtschaftliche Determinante reduzierten Theorie und der weithin fehlenden Berücksichtigung ideologischer und politischer Faktoren heute überwiegend zurückgewiesen. Die Strukturalisten betrachten das Recht nicht als einfaches Instrument in den Händen der Kapitalisten zum Schutze der Interessen. Vielmehr glauben sie, daß dem Recht wie auch dem Staat eine relative Autonomie zukomme, weil es nicht in unmittelbarer Weise den Willen der Besitzenden repräsentiere, sondern die sozialen Verhältnisse in der kapitalistischen Gesellschaft und damit die **Machtverhältnisse** zwischen den verschiedenen Klassen reproduziere (*Greenberg* 1981, 192). *Colvin* und *Pauly* (1983, 513 ff.) nehmen überdies an, daß alle kriminelle Tätigkeit Ergebnis der kapitalistischen Produktionsbeziehungen und der Klassenstruktur der Gesellschaft sei.

Gegenüber der neomarxistischen Kriminologie wird eingewandt, daß sie auf der einen Seite den Kriminellen als Dissidenten der kapitalistischen Gesellschaft romantisiert, auf der anderen Seite das Deliktsopfer, das nicht selten derselben Klasse angehört wie der Täter, jedoch ignoriert (*Brodeur* 1984, 48, 56). Ferner kritisiert man, daß die neomarxistischen Kriminologen unpassende Vergleiche anstellen. Sie vergleichen etwa ein idealisiertes künftiges sozialistisches Gesellschaftssystem mit dem real existierenden kapitalistischen System der Gegenwart. Dies erscheint jedoch verfehlt. Vielmehr hätten sie das System der real existierenden kommunistischen Gesellschaft mit dem einer real existierenden kapitalistischen Gesellschaft vergleichen sollen, um die Lebensqualität, die Menschenrechte, aber auch die sozialen Unterschiede in den Gesellschaften objektiv beurteilen zu können.

Soweit die Neomarxisten auf der sentimentalen Vorstellung vom Täter als einem Kämpfer gegen die ausbeuterische und repressive kapitalistische Gesellschaft aufbauten, entspreche ein solches glorifizierendes Akteurmodell nicht mehr der heutigen Wirklichkeit, zumal die meisten Diebstähle nicht etwa die Befriedigung existentieller Bedürfnisse oder die Schaffung einer gerechten Gesellschaft bezweckten, sondern Luxusgüter zum Inhalt hätten. Ferner wird geltend gemacht, daß sich die Neomarxisten zu sehr auf den Interessengegensatz zwischen den Kapitalisten und den Arbeitern beschränkten und dabei die zahlreichen Interessengruppen in der pluralistischen Gesellschaft übersähen. Die Ignoranz gegenüber den Problemen der sozialistischen Staaten und die in fanatischer Weise dem Kapitalismus zugeschobene Schuld für alles Übel dieser Welt ließen die marxistische Idee einer verbrechensfreien Gesellschaft auf der Basis einer sozialistischen Gesellschaftslehre utopisch erscheinen (dazu *Klockars* 1980, 92 ff.).

Wenn sich aber die neomarxistischen Kriminologen – unabhängig davon, ob sie sich als Instrumentalisten oder Strukturalisten verstehen – darin einig sind, daß nur mit der Überwindung des kapitalistischen Gesellschaftssystems und der Schaffung einer sozialistischen Gesellschaftsordnung eine konfliktlose und deshalb verbrechensfreie Gesellschaft entstehen könne, so treffen sie sich in diesem Ziel nicht nur mit anderen herrschaftskritischen Ansätzen, sondern auch mit der ehemals sozialistischen Kriminologie. Jedoch im gravierenden Unterschied zu dieser stellt sich die Aufgabe der Verbrechenskontrolle für die neomarxistischen Ansätze der westlichen Kriminologie nicht, und zwar weder bezüglich der kapitalistischen Gesellschaft noch in der Utopie.

5. Abolitionismus

Schrifttum: *Bianchi* u.a. (eds.), Abolitionism Towards a Non Repressive Approach to Crime. Amsterdam 1986; *Blad* u.a. (eds.), The Criminal Justice System as a Social Problem: An Abolitionist Perspective. Liber amicorum Louk Hulsman. Rotterdam 1987; *de Folter*, On the Methodical Foundation of the Abolitionist Approach to the Criminal Justice System: A Comparison of the Ideas of Hulsman, Mathiesen and Foucault. Contemporary Crises 10 (1986), 39-62. *Foucault*, Surveiller et punir. Paris 1975 (deutsch: Überwachen und Strafen. Frankfurt/M. 1977); *Hess/Steinert*, Zur Einleitung: Kritische Kriminologie – zwölf Jahre danach. KrimJ, 1. Beiheft 1986, 2-8; *Hulsman*, Une perspective abolitioniste du système de justice pénale et un schema d'approche des situations problématiques. In: Dangerosité et justice pénale, éd. par Debuyst u.a. Genf 1981, 7-16; *Kaiser*, Abolitionismus – Alternative zum Strafrecht? In: FS für Lackner. Berlin u.a. 1987, 1027-1046; *ders.*, Ist der Erziehungsgedanke wirklich veraltet? In: FS für Härringer. Pfaffenweiler 1995, 9-24; *Mathiesen*, The Politics of Abolition. Oslo 1974 (deutsch: Überwindet die Mauern! Neuwied 1979); *ders.*, Die lautlose Disziplinierung. Bielefeld 1985; *Papendorf* u.a. (Hrsg.), Kein schärfer Schwert, denn das für Freiheit streitet. Eine FS für Mathiesen. Bielefeld 1993; *Quensel*, Gefängnisse abschaffen – eine abolitionistische Perspektive? MschrKrim 73 (1990), 336-343; *Scheerer*, Die abolitionistische Perspektive. KrimJ 16 (1984), 90-111; *ders.*, Abolitionismus. HWKrim 5 (1991), 287-301; *Schumann*, Progressive Kriminalpolitik und die Expansion des Strafrechtssystems. In: FS für Pongratz. München 1986, 371-385; *Smaus*, Gesellschaftsmodelle in der abolitionistischen Bewegung. KrimJ 18 (1986), 1 ff.; *Vargha*, Die Abschaffung der Strafknechtschaft. Studien zur Strafrechtsreform. 2 Teile. Graz 1896 und 1897.

Wie schon Sündenbocktheorie, Labeling approach und Konfliktkriminologie sowie die weit vorauseilenden Studien des Österreichers *Vargha* (1896, 1897) erkennen lassen, werden seit dem Positivismus der Jahrhundertwende die für die Strafe beanspruchte Notwendigkeit und die dem Strafrecht angesonnene Schutzaufgabe immer wieder angezweifelt. Die Bedenken gelten der Legitimität und Funktionstüchtigkeit der strafrechtlichen Sozialkontrolle. Sie rühren gegenwärtig in der westlichen Welt erneut an die „Existenzfrage" des Strafrechts. Nur in der sozialistischen Gesellschaft schien sich diese Frage kaum zu stellen, da hier der staatliche Strafanspruch noch ungebrochen verwirklicht wurde. Handelt es sich in den fünfziger und sechziger Jahren vorwiegend um Forderungen nach einem therapieorientierten Maßnahmenrecht anstelle des Strafrechts, so macht seit den siebziger Jahren zunehmend eine Richtung von sich reden, die international unter dem Namen „Abolitionismus" bekanntgeworden ist. Diese Richtung postuliert eine „negative" bzw. „alternative" Kriminalpolitik oder anders gewendet eine „neue Theorie der Kriminalpolitik" (*Schumann* 1986, 375).

Ob es sich hierbei lediglich um Strafrechtskritik, umfassende Theorie oder vielmehr politische Bewegung handelt, ist noch offen und im Fluß. In Europa steht der Abolitionismus seit Mitte der siebziger Jahre vor allem unter dem Einfluß von *Foucault* und *Mathiesen*. Treten die Neoklassiker für den starken Staat ein, so sind die Abolitionisten demgegenüber gerade **antietatistisch** eingestellt und bekämpfen strafrechtliche Behandlungsmaßnahmen hauptsächlich aus **Sorge vor der Totalisierung sozialer Kontrolle** (vgl. *Foucault* 1977, 324 ff., 392 ff.). Von hier aus stellen sie die Frage, ob es nicht auch ohne das Strafrecht gehe oder sogar besser gehen könnte (*Scheerer* 1984, 91). Allerdings versteht man sich als Kritiker des Falschen, ohne das Richtige letztverbindlich positiv benennen zu können.

Unter Hinweis auf geschichtliche Beispiele und konkrete Utopien kämpft man um die Wiederherstellung weitgehender Autonomie der Bürger, damit diese ihre Konflikte selbst regeln können. Dabei geht es um Entstaatlichung und Privatisierung der Konfliktlösung als kriminalpolitisches Ziel (zur Ideologie des Informalismus siehe oben § 10, 3.3). Mit dieser Kritik an der „Staatlichkeit des Strafrechts", an „Sozialdisziplinierung" und „Ausgrenzung" läßt sich der Abolitionismus als Teil einer breiten staats- und systemkritischen Bewegung begreifen. „Nicht mehr also von der Forderung nach gerechter Anwendung des Strafrechts, sondern von der Forderung nach seiner Abschaffung sind heute sowohl Theoriebildung als auch empirische Forschung vieler kritischer Kriminologen in Deutschland (und Österreich) stimuliert" (*Hess/Steinert* 1986, 8). Geht es anderen (Reform-)Bewegungen um ein besseres Strafrecht, so den Abolitionisten „um gar kein Strafrecht" (*Schumann* 1986, 372).

Dezentrale, informelle Formen der Konfliktverarbeitung und Streitschlichtung sollen demgegenüber entwickelt werden. Teilweise dienen die Prinzipien des Zivilrechts, insbesondere der zivilrechtliche Vergleich, als Lösungsweg. Demgemäß sollen Schlichtung, Wiedergutmachung, Hilfe gegenüber Opfern und Verbrechensvorbeugung den Nachbarschaftsgruppen und anderen sozialen Netzwerken zur Erledigung überlassen werden.

Soweit derartige Alternativen erwogen oder gefordert werden, bewegen sich die Abolitionisten allerdings auf bereits ausgetretenen Pfaden der gängigen Diskussion internationaler Kriminalpolitik. Ein zusätzlich innovatives Element ist dabei nicht auszumachen. Sofern Schlichtungs- und Wiedergutmachungsmodelle in Rede stehen, ist nicht zu übersehen, daß sich in diesem Rahmen die Abolitionisten vornehmlich auf die Bewältigung der Bagatellkriminalität beschränken. Wo es aber um die bedeutenden Dimensionen der Kriminalität geht, will man sich offenbar nicht festlegen und weicht aus. Die favorisierten Formen der Konfliktlösung zielen auf Minderung staatlicher Machtausübung und, wenn man so will, auch auf „weniger Schmerzzufügung" gegenüber dem Täter. Daß damit auch die „sozialen Kosten" des Strafrechtssystems insgesamt abnehmen, hat eine gewisse Plausibilität für sich. Dazu rechnet man offenbar auch die Abnahme von „systematisierter Herrschaftsausübung" im Sinne von Sozialdisziplinierung und Entsolidarisierung. Die vermehrte Zumutung an „Schmerz" gegenüber Opfern, und d.h. an Rechtsgütereinbußen und Lebensqualität dieser Gruppe, tritt dabei allerdings geflissentlich zurück.

Als häufigstes Argument wird eine geringere Stigmatisierung genannt. Dabei wird allerdings nicht selten übersehen, daß eine Stigmatisierung nicht schon durch

eine wie auch immer geartete Umgestaltung von Strafverfolgung und strafrechtlichen Sanktionen ausgeschlossen wird. Denn jede Art von „Ausgrenzung" und
„Sonderbehandlung", die aufgrund negativer Auslesekriterien erfolgt, mindert
das gesellschaftliche Ansehen des Betroffenen. Repressive Maßnahmen, die an
einen Rechtsverstoß anknüpfen und von der Gesellschaft nicht negativ bewertet
werden, dürfte es kaum geben. Die Rückkehr zur Sozialkontrolle ohne Strafrecht
oder zur Gesellschaftsjustiz, also zu einem Mehr an Privatautonomie, führt
paradoxerweise zum Verlust an Privatheit. Zu Recht ist die Ablösung der lokalen
Herrschaft geschichtlich als Befreiung erlebt worden. Auch war informelle Sozialkontrolle für das historische Subjekt oft mit größeren Beschwernissen verbunden als die normale Kriminaljustiz. Deshalb ist die **These geringerer Stigmatisierung** äußerst zweifelhaft.

Doch sprechen noch weitere Einwände gegen eine Verwirklichung abolitionistischer Vorschläge. Vergegenwärtigt man sich die Hauptzielrichtung des Abolitionismus, welche sich unter den Stichworten einer Wiedergewinnung von autonomen gesellschaftlichen Regelungen durch Minderung staatlicher Eingriffsbefugnisse zusammenfassen läßt, so stellt sich unwillkürlich die Frage nach einer
dadurch heraufbeschworenen **Rechtsunsicherheit** und der **Gefahr von Selbstjustiz**. Gerade im Hinblick auf verfassungsrechtliche Vorgaben und Garantien
erscheint die Vorstellung, daß Sanktionen von „autonomen" Instanzen oder
einzelnen Bürgern abhängig wären, äußerst befremdlich. Nichts verdeutlicht dies
stärker als der neuere Bedeutungsgewinn privater Verbrechenskontrolle (dazu
§ 19, 4 u. Zehntes Kapitel), der über ein Unbehagen weit hinausreicht und den
Abolitionisten erwartungswidrig ein Dilemma beschert hat. Obwohl konzeptuell
stimmig und erwünscht, hat man sich so die Entwicklung offensichtlich nicht
vorgestellt. Wo sich aber der Abolitionismus vom juristischen und rechtsstaatlichen Verfahren sowie vom Menschenrechtsansatz zugunsten einer Entregelung
oder Entformalisierung entfernt, stellen sich die erwähnten Bedenken verstärkt
ein. Deshalb sind die praktisch-kriminalpolitischen Implikationen der abolitionistischen Perspektive unannehmbar.

Diese Beurteilung schließt freilich nicht aus, daß sich einzelne Aspekte der im
ganzen facettenreichen Bewegung aufgreifen und auch verwirklichen lassen. Dies
scheint auch die Geschichte der einzelnen abolitionistischen Ansätze zu belegen.
Vor allem sollten das moralische Pathos und die Antriebskraft für weitere Humanisierungsbestrebungen im Bereich der Strafrechtspflege nicht unterschätzt werden. Im übrigen läßt sich nicht verkennen, daß sich die abolitionistische Perspektive **in starkem Wettstreit mit anderen Theorien der Verbrechenskontrolle
und kriminalpolitischen Bewegungen** befindet. Zu denken ist an die défense
sociale nouvelle (dazu oben § 12, 1), an die Anstrengungen der Vereinten Nationen, an die Beschlüsse des Europarats sowie je nach Teilaspekt an Empfehlungen
der Internationalen Strafrechtsvereinigung, von Amnesty international sowie von
opferorientierten Zusammenschlüssen. An diesen konkurrierenden Bestrebungen
und Beschlüssen müssen sich die kriminalpolitischen Forderungen der Abolitionisten messen lassen. Nach dem bisherigen Diskussionsstand kann jedoch nicht

zweifelhaft sein, daß der Abolitionismus, gleich welcher Prägung, nach Güte, gedanklicher Durchdringung und Qualität der Begründung kriminalpolitischer Postulate kaum bestehen kann. Was noch bleibt, sind das Pathos der Radikalität und des moralischen Rigorismus sowie die Herrschaftskritik. Dabei schützt die Sensibilität für Herrschaft ironischerweise keinesfalls vor dem Versagen vor Ort. Denn „ein Kardinalfehler des Abolitionismus ist seine Ausblendung der Machtfrage" (vgl. *Quensel* 1990, 337).

Soweit der Abolitionismus unabhängig davon als **selbständige Theorie der Verbrechenskontrolle** begriffen werden kann, enthält er **kein konsistentes Aussagesystem**, das handlungsleitende Anweisungen zu einer zumindest erträglichen Verbrechensverfolgung vermittelte. Dies gilt in gleicher Weise für den Bereich der kleinen wie der großen Kriminalität. Zur Bewältigung der schweren Wirtschafts- und Umweltkriminalität äußert er sich nicht einmal, wohl wissend um das eigene Unvermögen. Überhaupt werden die möglichen Rückwirkungen von Interventionen auf die Kriminalitätsbewegung als äußerst gering eingeschätzt und wohl deshalb in der Erörterung vernachlässigt. Dem liegt offenbar die irrige Annahme zugrunde, daß das kriminalpolitische System, gleichgültig wie es organisiert und inhaltlich gestaltet ist, auf die Entwicklung des Verbrechens keinerlei Einfluß habe.

Zwar bleibt die **grundsätzliche Kritik am Strafrecht**. Aber gerade diese wird schon durch eine Gegenströmung im Rahmen der Alternativbewegung, ganz abgesehen von der neoklassischen Richtung, unterlaufen. Es ist daher noch nicht ausgemacht, ob die gegenwärtige Bewegung des Abolitionismus und „linken Postmaterialismus" mehr ist als der Ausdruck diffusen Unbehagens und der kritischen Distanz bis Ablehnung gegenüber staatlicher Herrschaft und damit auch dem Strafrecht. Schon jede weitere Entfaltung des Erziehungsgedankens erhöht aus abolitionistischer Sicht die Gefahr, daß das Strafrecht eine neue Legitimation durch den Anschein größerer Vernünftigkeit erhält (kritisch *Kaiser* 1995, 15).

§ 15 Einstellungen der Bevölkerung zu Verbrechenskontrolle und Kriminalität

Schrifttum: *Arnold*, Kriminelle Viktimisierung in komparativer Perspektive. Unveröff. MS. Freiburg 1996; *Boers/Kerner/Kurz*, Rückgang der Kriminalitätsfurcht. Neue Kriminalpolitik 7 (1995), 9-10; *van Dijk* u.a., Experiences of Crime across the World. Key Findings of the 1989 International Crime Survey. Deventer/Niederlande u.a. 1990; *Dölling*, Kriminalitätseinschätzung und Sicherheitsgefühl der Bevölkerung als Einflußfaktoren auf kriminalpolitische und kriminalstrategische Planung. In: Planung und Verbrechensbekämpfung. Seminarschlußbericht der PFA. Münster 1985, 81-111; *ders.*, Rechtsgefühl und Perzeption des Strafrechts bei delinquenten und nichtdelinquenten Jugendlichen und Heranwachsenden. In: Das sogenannte Rechtsgefühl. Jb für Rechtssoziologie und Rechtstheorie. Bd. X, hrsg. v. Lampe. Opladen 1985, 240-256; *Dörmann*, Wie sicher fühlen sich die Deutschen? Wiesbaden 1996; *Hassemer*, Ziviler Ungehorsam – Ein Rechtfertigungsgrund? In: FS für Wassermann, Neuwied u.a. 1985, 325-349; *Kerner*, Kriminalitätseinschätzung und innere Sicherheit. Wiesbaden 1980; *Kilchling*, Opferinteressen und Strafverfolgung. Jur. Diss. Freiburg 1995; *Köcher*, Das unsichere Gefühl der Sicherheit. FAZ Nr. 271 v. 20.11.1996; *Kury*, Opfererfahrungen und Meinungen zur Inneren Sicherheit in Deutschland. BKA-Forschungsreihe Bd. 25. Wiesbaden 1992; *Noelle-Neumann* u.a., Die verletzte Nation. Stuttgart 1987; *v. Oppeln-Bronikowski*, Zum Bild des Strafrechts in der öffentlichen Meinung. Göttingen 1970; *Pfeiffer*, Opferperspektiven – Wiedergutmachung und Strafe aus der Sicht der Bevölkerung. In: FS für Schüler-Springorum. Köln u.a. 1993, 53-80; *Röhl*, Rechtssoziologie. Köln u.a. 1987; *Schöch:* Empirische Grundlagen der Generalprävention. In: FS für Jescheck. Berlin 1985, 1081-1105; *ders.*, Die Entdeckung der Verbrechensfurcht und die Erkundung der Vorstellungen und Erwartungen der Geschädigten als Forschungsgegenstand. In: Das Jugendkriminalrecht als Erfüllungsgehilfe gesellschaftlicher Erwartungen? hrsg.v. Bundesministerium der Justiz. Bonn 1995, 68-82; *Schwarzenegger*, Die Einstellungen der Bevölkerung zur Kriminalität und Verbrechenskontrolle. Ergebnisse einer repräsentativen Bevölkerungsbefragung im Kanton Zürich. Jur. Diss. Zürich 1992; *Sessar* u.a., Wiedergutmachung als Konfliktregelungsparadigma? KrimJ 18 (1986), 86-104; *Smaus*, Das Strafrecht und die Kriminalität in der Alltagssprache der deutschen Bevölkerung. Opladen 1985; *Staudacher,* Die Einstellung der Bevölkerung zu Kriminalität und Strafverfolgung, Aachen 1996.

Rechtsbewußtsein und Einstellung der Bevölkerung zu Schuld, Strafe und Verbrechen haben **Bedeutung** für die Rechtstreue der Bürger, die Mithilfe bei der Fahndung, das Anzeigeverhalten und die Mitarbeit bei der Wiedereingliederung von verurteilten Rechtsbrechern. Sie geben ebenso Aufschluß über die „Psychologie der strafenden Gesellschaft" wie über die Billigung strafrechtlicher Sozialkontrolle. Es geht dabei um die Ansichten und Überzeugungen einer Gruppe über soziale Normen, für die sich mehr und mehr der Ausdruck „Akzeptanz" eingebürgert hat (*Röhl* 1987, 177). Im Hinblick auf Normgeltung und Legitimation können weder Theorie, Praxis und Erneuerung des Strafrechts noch Repression und Prävention auf die Kenntnisnahme der gesellschaftlichen Meinung verzichten.

Im Gegensatz zum mehr emotionalen bis irrationalen Rechtsgefühl gilt **Rechtsbewußtsein** eher kognitiv und rational. Seine Bedeutungsinhalte umfassen zunächst die Rechtskenntnis, ferner die Vorstellungen über richtiges oder ideales Recht und schließlich die ethische Einstellung zur Rechtsordnung oder die generelle Achtung vor ihr. Zum Rechtsbewußtsein gehört also über das bloße Rechtswissen hinaus auch die innere Bejahung des Rechtsethos.

Die Legitimitätstheorien legen die Annahme nahe, es könnte gegenüber dem Recht insgesamt eine einheitliche Einstellung geben. Jedoch ist empirisch eine solche allgemeine Einstellung gegenüber dem Recht nicht leicht auszumachen. Am ehesten ist sie mit Einstellungen und Haltungen in einen gedanklichen Zusammenhang zu bringen, den man neuerdings als sogenannte positive Generalprävention begreift. Gemeint ist also das Norm- und Rechtsvertrauen, das Vertrauen in die Bestands- und Durchsetzungskraft der Rechtsordnung und die Rechtstreue der Bürger (siehe oben § 13, 4). Zwar läßt sich ein allgemeines Rechtsbewußtsein mit greifbarem Inhalt schwerlich erkennen. Selbst bei Juristen ist es, wenn man neueren Erscheinungen des zivilen Ungehorsams bis zur sogenannten Richter-Blockade folgt, nicht mehr einheitlich und ungebrochen lebendig (siehe dazu *Hassemer* 1985, 325 ff.). Gleichwohl wird eindeutig als Recht anscheinend immer und überall nur das Strafrecht identifiziert. Daher sind Kenntnisse und Einstellungen der Bevölkerung zum Strafgesetz, zu Schuld, Strafe und Strafvollzug wiederholt untersucht worden, hauptsächlich mit Hilfe von Meinungsumfragen.

Die Ergebnisse der Einstellungsmessungen über verbale Äußerungen sind allerdings **mit Vorsicht zu interpretieren**, da die Einstellungen theoretische Konstrukte darstellen, die affektiv-bewertende und verhaltensbezogene Aspekte beinhalten sowie mitunter einem schnellen Wechsel unterliegen. Kennzeichnend äußert sich dies bei der Forderung nach der Todesstrafe.

Die Beurteilung von **Sinn und Zweck der Strafe** unterlag im letzten Vierteljahrhundert einem ständigen Wandel (vgl. *v. Oppeln-Bronikowski* 1970; *Dölling* 1985; *Schöch* 1985; *Smaus* 1985; *Sessar* u.a. 1986; *Schwarzenegger* 1992). Sprachen sich in der Bundesrepublik Deutschland in den sechziger Jahren 42-51% der Befragten für Sühne und Vergeltung als Strafzwecke aus, während lediglich 23-38% die Besserung und Wiedereingliederung befürworteten, sahen in den siebziger Jahren bereits 55-60% die Resozialisierung als vorherrschenden Strafzweck an. Anfang der achtziger Jahre betrug dieser Anteil – zum Teil international – über 80%. Demgemäß fanden die Aussetzung der Freiheitsstrafe zur Bewährung und die gemeinnützige Arbeit – auch international betrachtet – zunehmend Rückhalt und Unterstützung in der Bevölkerung. Erst unter dem Eindruck spektakulärer Verbrechen in der zweiten Jahreshälfte 1996 tendiert die Bevölkerung eher zu einer Strafverschärfung (*Köcher* 1996).

Jedoch zielen die **Strafwünsche** der Bevölkerung hauptsächlich auf Wiederherstellung des Zustandes vor dem Rechtsbruch (*Smaus* 1985, 97), was durch Motive des Anzeigeverhaltens und das Engagement der Tatopfer im Rahmen des Strafverfahrens dokumentiert wird. Vorrangig werden Schadensausgleichszahlungen durch Versicherungen oder Täter erwartet, so daß das Interesse am Strafverfahren weitgehend bestimmt wird vom Wunsch nach Ausgleich der persönlich erlittenen Einbußen. Die **Schadenswiedergutmachung** als alternative Sanktionsform findet hierbei eine breite Akzeptanz. Überhaupt besteht eine generelle Bereitschaft, zugunsten von Wiedergutmachung auf weitere Sanktionen zu verzichten, die diese gefährden könnten (vgl. *Kilchling* 1995). Allerdings steigt mit wachsendem Unsicherheitsgefühl der Anteil punitiv eingestellter Personen (*Köcher* 1996), wohingegen der Anteil derjenigen, die in erster Linie für die Wiedergutmachung eintreten, sinkt.

Der **Strafzumessungspraxis** der deutschen Gerichte stimmt lediglich ein Viertel bis ein Drittel der Bevölkerung zu, wobei bedeutsame Faktoren für die Einstellung der Öffentlichkeit die Schichtzugehörigkeit und Schulbildung des Befragten, aber auch die Schichtzugehörigkeit des Täters sind.

Die Einstellung gegenüber dem **Strafvollzug** war bis Herbst 1996 verständnisvoll, da bei vielen Befragten die Auffassung vorherrschte, daß der herkömmliche Vollzug in der Praxis nicht in dem Maße zur Resozialisierung beiträgt, wie man dies erwartet hat. Deshalb billigte mehr als die Hälfte das Modell eines behandlungsorientierten Vollzuges, um bei Straftätern eine Besserung zu bewirken. Wesentliche Faktoren für eine liberale Einstellung sind Kenntnisse der Befragten über Strafvollzug und Entlassungshilfe, höhere Allgemeinbildung und berufliche Qualifikation sowie geringeres Alter.

Die Einstellung der Bevölkerung äußert sich nicht nur zu Aspekten der Verbrechenskontrolle, sondern auch zum Verbrechen selbst. Veränderungen des Strafwürdigen und die Dynamik des Verbrechensbegriffs sind Ausdruck des **Wertewandels** in der Gesellschaft, sie gewinnen als Strategie der Verbrechenskontrolle Gestalt. Nach einer international vergleichend angelegten Wertestudie aus den achtziger Jahren läßt sich nicht erkennen, daß die bundesdeutsche Bevölkerung ein geringeres Interesse an „Recht und Ordnung" habe oder permissiver eingestellt sei

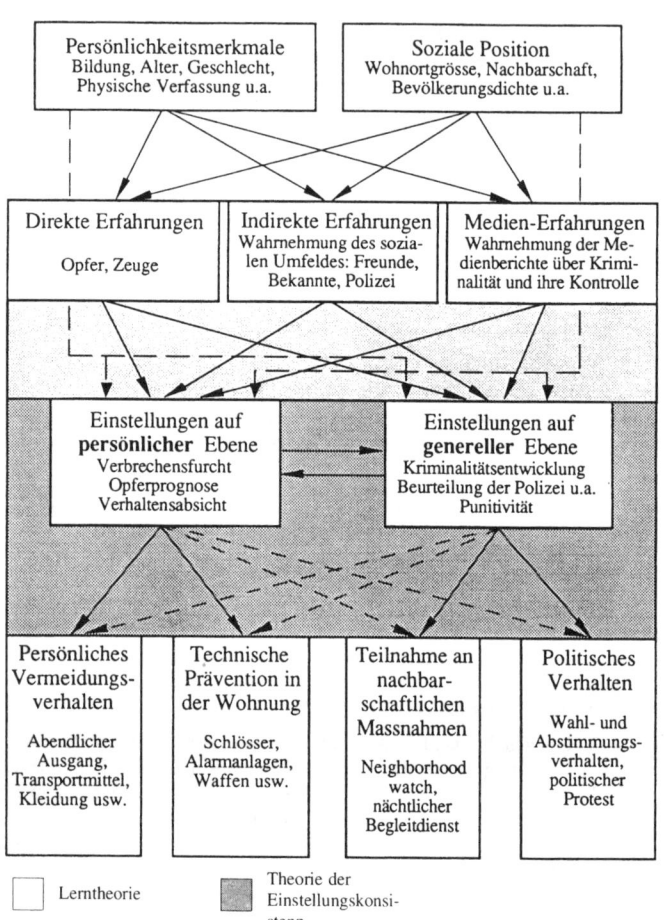

Quelle: Schwarzenegger, Die Einstellungen der Bevölkerung zur Kriminalität und Verbrechenskontrolle. Freiburg 1992, 25.

Schaubild 4a: Basismodell der Einflußfaktoren bezüglich der Einstellungen zur Kriminalität und ihrer Kontrolle

als die Bevölkerung in anderen westeuropäischen Staaten oder in den USA (anders die Deutung von *Noelle-Neumann* u.a. 1987, 297).

Sieht man von der allgemein unterschätzten Verkehrsdelinquenz ab, so wird die **Struktur der Kriminalität**, insbesondere die Vorrangstellung des Diebstahls, richtig gesehen, jedoch werden das Ausmaß vorsätzlicher Tötungsdelikte und die Zunahme der Gewaltkriminalität allgemein überschätzt.

Im Rahmen einer bundesweiten Untersuchung gingen 71% der Befragten von einem **Anstieg der Kriminalität** in der Bundesrepublik aus, 18% meinten, sie sei gleichgeblieben, und nur 5% vermuteten einen Rückgang. Mit Ausnahme älterer Menschen waren jedoch nur wenige Befragte über diese Zunahme beunruhigt (*Kerner* 1980, 89; *Schöch* 1985, 1094).

Im ganzen nahm die Bevölkerung in der Bundesrepublik Deutschland den Kriminalitätsanstieg in den 80er Jahren nur abgeschwächt wahr, so daß auch **nur in geringem Umfang Strafschärfung** als Mittel zur Kriminalitätsbekämpfung **gefordert** wurde (*Dölling* 1985, 103; *Schöch* 1985, 1094, 1102; siehe auch *Arnold* 1996). Denn bereits die Vorstellung, für sein Verhalten bestraft zu werden, wird als so gravierend empfunden, daß hiervon abschreckende und normbekräftigende Wirkungen ausgehen. Doch bleiben Gewalt- und Verkehrsdelinquenz noch immer erheblichen Fehleinschätzungen unterworfen. Wesentlich dafür ist sicherlich die verzerrende massenmediale Vermittlung des Kriminalitätsgeschehens; nur sie vermag die verbreitete Verbrechensangst und Überschätzung der Gewaltkriminalität zu erklären (siehe dazu LB § 33,3). Aber aber auch unabhängig davon sind in den 90er Jahren die Unsicherheits- und Bedrohtheitsgefühle in Ost- und Westdeutschland gewachsen (vgl. *Dörmann* 1996, 36 m.N.; *Köcher* 1996; a.A. *Boers* u.a. 1995; kritisch *Schöch* 1995, 68 ff.).

Befragungen des letzten Jahrzehnts läßt sich ferner entnehmen, daß die Bevölkerung dem **veränderten Unwerturteil** des Gesetzgebers folgt und die **Neubewertung**, z.B. im Bereich der Umwelt- und Wirtschaftsstraftaten, mitträgt. Die **Bereitschaft der Bevölkerung**, eine rationale und liberale Kriminalpolitik zu stützen, **bleibt** allerdings **ambivalent**, labil und nicht zuletzt von der jeweils perzipierten Verbrechensentwicklung abhängig. Denn seit Mitte der 90er Jahre hat sich die Einstellung der Bevölkerung geändert und nehmen „die Befürworter einer härteren Gangart" rasch zu (*Köcher* 1996).

§ 16 Zusammenfassung

Schrifttum: *Blasius*, Kriminologie und Geschichtswissenschaft. In: Geschichte und Gesellschaft 14 (1988), 136-149; *Cohen*, Against Criminology. New Brunswick u.a. 1988; *Garland*, The Limits of the Sovereign State. Strategies of Crime Control in Contemporary Society. BritJCrim 36 (1996), 445-471; *Hassemer*, Perspektiven einer neuen Kriminalpolitik. StV 15 (1995), 483-490; Jung: Sanktionensysteme und Menschenrechte. Bern u.a. 1992; *ders.*, Zur Privatisierung des Strafrechts. In: Perspektiven der Strafrechtsentwicklung, hrsg.v. Jung u.a. Baden-Baden 1996, 69-78; *Sack*, Das Elend der Kriminologie und Überlegungen zu seiner Überwindung. In: Strafe, Strafrecht, Kriminologie, hrsg.v. Robert. Frankfurt/M. 1990, 15-55; *ders.* u.a. (Hrsg.), Privatisierung strafrechtlicher Kontrolle: Befunde, Tendenzen. Baden-Baden 1995; *Thomas/Bishop*, The Effect of Formal and Informal Sanctions on Delinquency: A longitudinal comparison of labeling and deterrence theories. JCrim 75 (1984), 1222-1245.

Die Theorie der Verbrechenskontrolle will über Ziele und Mittel orientieren sowie die handlungsleitenden Strategien wissenschaftlich begründen. Deren Dimensionen reichen vom Einsatz strafrechtlicher Mittel bis zur privaten Verbrechenskontrolle und informellen Konfliktregelung. Herkömmlich wird Verbrechenskontrolle gedanklich durch die Theorie der Strafe vermittelt. Dabei steht – was nicht immer bewußt geblieben ist – hinter der jeweiligen Grundposition eine **bestimmte Staatsauffassung**. Die Staatstheorie ist für die Analyse der Verbrechenskontrolle geradezu zentral, weil der Staat die Verantwortung ebenso für die Sicherheit wie für die Kontrolleinrichtungen trägt. Dies erneut verdeutlicht zu haben, ist das Verdienst sowohl neoklassischer wie herrschaftskritischer Theorien. Es scheint, daß in der Gegenwart diese Beziehung stärker mitbedacht wird, ja mitunter die Theorie der Verbrechenskontrolle überlagert (vgl. *Garland* 1996, 448 ff., 459 ff. aus britischer Sicht). So mag aus herrschaftskritischer Perspektive die kriminologische Grundorientierung, welcher die Legitimation des demokratischen Rechtsstaats nicht als problematisch gilt, als „etatistisch" erscheinen, hingegen sich aus deren Sicht die Gegenposition als anarchistisch-utopisch oder nur schlicht als wirklichkeitsfremd darstellen. Nimmt man dem Staat das Strafrecht weg, so zerstört man den Staat selbst (*Jung* 1996, 73).

Der kriminologische „**Objektbezug zum Staat**" (*Sack* 1990, 33 f.) ist richtig und **wichtig**, aber **nicht neu und überdies zu eng**. Staatstheorie, Staatsfunktionen ([symbolische] Strafgesetzgebung, Polizei- und Justizverwaltung, Rechtsprechung; sachlich insbesondere Funktionstüchtigkeit, Gleichbehandlung, Drogenpolitik und Folter) und internationale Beziehungen (u.a. Verträge mit Einschränkung von Souveränität und Kompetenz) zählen bei unterschiedlicher Gewichtung seit langem zu Problemfeldern kriminologischen Denkens. Jedoch kann eine auf den Staat beschränkte Theorie der Verbrechenskontrolle nach Breite und Vielfalt der Realität nicht genügen. Die Fülle und Probleme außerstaatlicher Anstrengungen informeller Verbrechenskontrolle blieben sonst außer Betracht. Kritikanfällige Tendenzen zur Privatisierung staatlicher Kontrolle verdeutlichen dies (vgl. *Sack* u.a. 1995, 337; *Jung* 1996, 71 ff.). Der allein auf den Staat gerichtete Objektbezug der Kriminologie verengt das Blickfeld. Er greift daher zu kurz. Selbst die Verwertung des Ertrages von allgemeiner Staatslehre und Politikwissenschaft hilft hier mangels Konkretisierung nur selten weiter.

Schon von hier aus wird einsichtig, daß und warum eine integrierende Theorie der Verbrechenskontrolle, die über einen bloß additiven Zusammenhang verschiedener Strafziele hinausreicht, kaum in Sicht ist, fehlt es doch ebenso an einer integrativen Theorie des Verbrechens. Nach dem verfügbaren Theorieangebot ergeben sich drei **Optionen**:

- neoklassische Theorie,
- Präventionstheorie und
- theoretische Perspektiven kritischer Kriminologie (Labeling approach, Konfliktkriminologie oder materialistisch-interaktionistische Gesellschaftstheorie).

Die neoklassische Theorie der Verbrechenskontrolle bietet empirisch orientierter Rationalität wenig Raum zur Entfaltung. Der Gedanke der Folgenorientierung ist ihr fremd und verschlossen. Entsprechendes gilt für die konzeptuelle Einbeziehung funktionaler Äquivalente und unbeabsichtigter Nebenwirkungen der Strafe.

Daher bleibt es bei der Alternative von Präventionstheorie einerseits und herrschaftskritischem Diskurs andererseits oder rechtspolitisch bei Vorbeugung, Intervention und Sozialverteidigung hier sowie „defensivem Formalismus" und „negativer Kriminalpolitik" dort. Auf diese Alternative konzentriert sich in der Gegenwart ein beachtlicher Teil der internationalen Theoriediskussion und rekrutiert Anhänger. Kritisch-kriminologische Perspektiven sperren sich der „Verwissenschaftlichung" staatlicher Verbrechenskontrolle. Sie sind bestenfalls zur kritischen Begleitung oder zur Identifizierung des Mängelprofils bereit, verwerfen jedoch Beiträge zu einer konstruktiven Problemlösung. Denn sie sehen die „eigentliche Leistung des Strafrechtssystems" im Beitrag zur „Ausgrenzung" und „zur Reproduktion sozialer Klassen".

Eine solche verengende Sichtweise wird schon den strafrechtlichen Anstrengungen in den Bereichen von Umwelt, Verkehr, Wirtschaft sowie Gewalt in der Familie und Minderheitenschutz nicht gerecht. Einzig das als **kriminalpolitische Theorie** ausbaufähige Präventionskonzept ermöglicht Verwissenschaftlichung und Zweckrationalität, die durch Beachtung der bekannten rechtspolitischen Grundsätze (Humanität, Freiheit, Gleichheit, Verhältnismäßigkeit) gesteuert und gebändigt werden. Derartiger Einsicht ist wohl zuzuschreiben, wenn die Prävention in den neuen Lehrbüchern (vgl. *Kunz* 1994, 65, 265 ff.; *Bock* 1995, 10 f.; *Kürzinger* 1996, 319 ff.; *Göppinger* 1997, 42 f.) besondere Beachtung, ja strategische Bedeutung findet, und sie für das Strafrecht geradezu als „neues Paradigma" (so *Hassemer* 1995, 486) gilt. Konzeptuell ist auch die technische Prävention miteinzubeziehen. Gefahren lassen sich durch Gewaltenteilung, Rechtsstaatlichkeit, Beobachtung und Überprüfung begrenzen. Ferner bedürfen die Generalprävention lerntheoretischer Vertiefung, hingegen die Individualprävention der Reaktivierung ihrer Komponenten auch außerhalb der Resozialisierung. Aber selbst dann sind noch unterschiedliche Konzepte denkbar. Ihre Konsequenzen – empirisch verdeutlicht – erleichtern die Auswahl, ohne sie jedoch im Hinblick auf die Wertentscheidung bestimmen zu können.

Schließlich erscheint auch das **Spannungsverhältnis zwischen den Menschenrechten und der Verbrechenskontrolle** unauflösbar. Denn die Menschenrechte sind gelegentlich überall gefährdet, wo sich Staat und Gesellschaft, wo sich Menschen krimineller Handlungen ebenso wie sanktionierender Maßnahmen gegenüber anderen bedienen. Dies schließt zugleich ein, nicht nur auf den Täter zu blicken, sondern auch die Belange des Opfers und des rechtskonformen Bürgers zu beachten. Auch hier gilt es, Menschen- und Bürgerrechte zu wahren sowie „Schmerz" zu lindern. Wie Umfang und Reichhaltigkeit des zeitgenössischen Schrifttums erkennen lassen, bildet diese Thematik den Großteil der aktuellen Diskussion.

Danach bleibt es bei der **Blickschärfung für die gestaltende Kraft der Verbrechenskontrolle**. Diese bezieht sich auf Umfang, Struktur und Bewegung der Kriminalität ebenso wie auf ihre Auswirkungen bezüglich Schicksal und Recht von Straffälligen und Verbrechensopfern sowie auf das Bild, das wir von ihnen gewinnen. Selbst eine historische Lagebestimmung des Verbrechens, die seine Merkmale auf übergreifende Epochenstrukturen bezieht, kann nur über Verbrechenskontrolle geleistet werden. Insbesondere läßt sich der Wandel der Kriminalität nicht von Veränderungen im Bereich der Kriminalisierung trennen: „Das Maß strafrechtlicher Sozialkontrolle korrespondiert dem empirischen Erscheinungsbild der Kriminalität" (*Blasius* 1988, 144, 147). Auch wenn sich einzelne Richtungen in Kriminologie, Straftheorie und Kriminalpolitik von der Verbrechenskontrolle und der Erfolgseinschätzung abkoppeln wollen, zumal das Strafrecht anscheinend keinen Einfluß auf die Verbrechensbewegung entfaltet, bleibt die Frage nach dem Zusammenhang wichtig und aktuell. Schon die Theorie der Kriminalität setzt demnach die Theorie der Verbrechenskontrolle voraus.

Viertes Kapitel

Verbrechen und Kriminalität

Wie die Analyse der Verbrechenskontrolle zeigt, sind Verbrechen als Einzelfall und Kriminalität als gesellschaftliche Erscheinung keine unveränderlichen Gegebenheiten. Sie werden vielmehr von Zeit und Raum oder konkreter von dem jeweiligen Inhalt des Strafgesetzes und der unterschiedlichen Intensität der Strafverfolgung zumindest mitbestimmt. Verbrechen erscheint geradezu als abhängige Variable der Verbrechenskontrolle. Entfällt die Strafbarkeit, gibt es auch keine Kriminalität; wohl aber besteht eine Reihe von sozialschädlichen Ereignissen und zwischenmenschlichen Konflikten. Diese muß die organisierte Gesellschaft bewältigen, sei es mit strafrechtlichen oder anderen Mitteln. Immerhin lassen sich die Erscheinungen der Kriminalität nur dann zureichend begreifen, wenn man den Wandel der Strafrechtsnormen sowie die ihm zugrundeliegenden Motive und Funktionen mitbedenkt. Um zu verstehen, was und wie bedeutsam Kriminalität ist, muß man zunächst wissen, was „kriminell" heißt. Die Auffassung, wonach die Theorie der Kriminalisierung der Theorie des Verbrechens vorausgeht, verdeutlicht dies. Die Analyse des vielschichtigen Problemfeldes delinquenten Verhaltens muß daher mit den prozeßhaften Rahmenbedingungen der **Kriminalisierung** beginnen, die den **Übergang von der Verbrechenskontrolle zum Verbrechen** ausmachen. Nur dann erschließt sich die Gegenwartskriminalität in ihrer historischen Relativität und aktuellen Bedeutung. Deshalb stehen hier Funktionen und Konzepte der Kriminalisierung sowie ihre Umsetzung in Gesetzgebung und Strafverfolgung am Anfang; erst dann gibt es einen Sinn, die beobachtbaren Fakten zur Kriminalität auszubreiten und zu deuten.

§ 17 Funktionen der Kriminalisierung

Schrifttum: *Bellebaum*, Abweichendes Verhalten. Kriminalität und andere soziale Probleme. Paderborn 1984; *van Dijk/van Kesteren*, The Prevalence and Perceived Seriousness of Victimization by Crime; Some Results of the International Crime Victims Survey. EuJCrim 4 (1996), 48-70; *Durkheim*, Die Regeln soziologischer Methode (1895). Neuwied 1961; Frehsee u.a.: Strafrecht, soziale Kontrolle, soziale Disziplinierung. Opladen 1993; *Hassemer*, Symbolisches Strafrecht und Rechtsgüterschutz. NStZ 9 (1989), 553-559; *Radbruch*, Stand und Strafrecht. Eine rechtsgeschichtliche Skizze. SchwZStr 49 (1935), 17-30; *Schellhoss*, Funktionen der Kriminalität. In: KKW 1993[3], 152-156; *Voß*, Symbolische Gesetzgebung. Fragen zur Rationalität von Strafgesetzgebungsakten. Ebelsbach 1989.

Seit ihren Anfängen kennt die menschliche Gesellschaft Handlungen, die wir „Verbrechen" nennen. Derartige Verhaltensweisen stehen auch seit langer Zeit im allgemeinen Erkenntnisinteresse. Anhaltspunkte dafür können wir ebenso dem Codex Hammurabi (ungefähr 1700 v.Chr.) wie dem Alten Testament und der antiken Tragödie entnehmen. Mit Gesellschaft und Kultur haben sich auch Inhalt und Zahl der als strafbar betrachteten Verhaltensweisen gewandelt. Daher ist der **Verbrechensbegriff** nach Zeit und Raum, Ort und Inhalt des Sozialsystems verschieden. Stets aber dient er der Gesellschaft als ein ebenso wichtiges wie folgenreiches **Mittel zur Verhaltenskontrolle** (vgl. unten § 18, 3). Der Verbrechensbegriff faßt die als besonders sozialschädlich beurteilten Handlungen zusammen und kennzeichnet sie. Die Stabilität der gesellschaftlichen Ordnung hängt offenbar davon ab, daß die als unverzichtbar erachteten Normen immer wieder öffentlich demonstriert, daß die Grenzen, die dem Individuum gezogen sind, um Gesellschaft überhaupt erst zu ermöglichen, verdeutlicht werden. Wie die Funktion der **Normverdeutlichung** folgt auch die **Entlastungsfunktion** daraus, daß soziale Erwartungen oder Normen für die Gesellschaft konstitutiv sind, da nur sie eine allgemeine und damit über Gruppen oder andere gesellschaftliche Teilsysteme hinaus kalkulierbare, verläßliche Ordnung zu garantieren vermögen (*Schellhoss* 1993, 154). Selbst eine **symbolische Funktion** des Strafrechts birgt so gesehen noch Chancen der Normgeltung; entgegen der Kritik (vgl. u.a. *Hassemer* 1989, 556) indiziert sie nicht notwendig eine Krise, auch nicht des modernen Gefährdungsstrafrechts. Mit Hilfe des im Verbrechensbegriff zusammengefaßten Normenbestandes lassen sich die kriminalisierten Verhaltensweisen abgrenzen, beschreiben und der Absicht nach zurückdrängen. So gesehen trägt der Verbrechensbegriff zur sozialen Integration und zur Wahrung der Verhaltenskonformität bei.

Gleichwohl läßt sich nicht verkennen, daß der überlieferte Begriff des Verbrechens, obwohl dem Anspruch nach für jedermann bestimmt, tatsächlich und dem Schwerpunkt nach seinen Adressatenkreis bei den unteren Sozialschichten findet. Daher wird in dem herkömmlichen Verbrechensbegriff nicht selten ein Mittel gesehen, das sich vor allem an die Unterschichten wendet und diese sozial zu

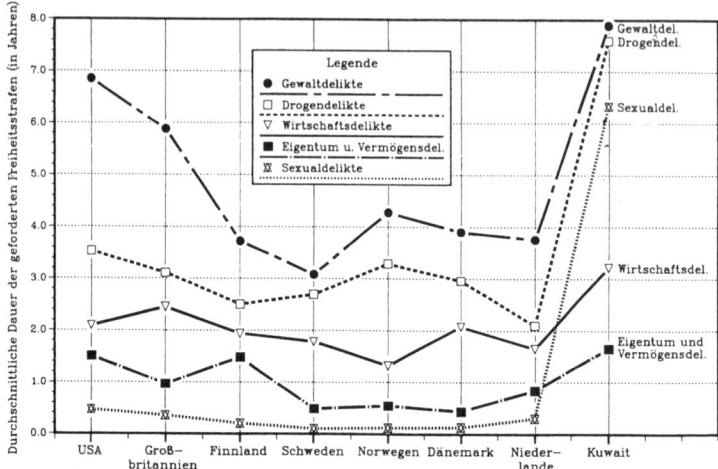

Quelle: In Anlehnung an Scott/Al-Thakeb, Perceptions of Deviance Cross culturally. In: Crime and Deviance: A Comparative Perspective, ed. by Newman, Beverly Hills 1980, 64; ferner Wiswede, Soziologie abweichenden Verhaltens. Stuttgart 1979², 16.

Schaubild 5: Strafbedürfnis im interkulturellen Vergleich

disziplinieren sucht (vgl. *Radbruch* 1935, 24, 30; zur Aktualität des Konzepts der „Sozialdisziplinierung" Frehsee u.a. 1993). Schon *Anatole France* bringt dies in einem berühmten Spottvers zum Ausdruck: „Das Gesetz in seiner majestätischen Gleichheit verbietet dem Reichen wie dem Armen, unter den Brücken zu schlafen, auf Straßen zu betteln und Brot zu stehlen." Hier ist denn auch eine der Wurzeln schichteigentümlicher Relevanz konventioneller Kriminalität, aber auch der Bewegung im Verbrechensbegriff zu suchen. Obwohl der **Grund- oder Kernbestand** sich im Laufe der Geschichte nur sehr langsam und substantiell geringfügig verändert, sind in den letzten einhundert Jahren erhebliche Wandlungen in Inhalt und Umfang des kriminalisierten Verhaltensbereichs zu beobachten. Man schätzt, daß sich die Zahl der mit Kriminalsanktionen bewehrten Rechtsnormen vermehrfacht hat. Zu denken ist vor allem an die Betäubungsmittel-, Verkehrs-, Wirtschafts- und Umweltschutzdelikte (vgl. unten § 37 sowie LB §§ 72 ff.).

Wegen derartiger **Wandlungen**, insbesondere angesichts der zeitlichen und räumlichen **Relativität**, ist der Verbrechensbegriff nahezu seit den Anfängen der Kriminologie umstritten. Was „heute und hier Verbrechen ist, ist es vielleicht morgen und dort nicht mehr und umgekehrt" (*Mezger* 1951, 4). Neuerdings sind besonders **Einwände** gegen die Disziplinierungsfunktionen und die sozialen Konsequenzen für Individualfreiheit und sogenannte soziale Kosten hinzugetreten. Wenn die Bedenken zutreffen, so wird gefolgert, dann ermangelt der Verbrechensbegriff nicht nur klarer Konturen, sondern schon der Notwendigkeit.

Doch ist solchen Argumenten entgegenzuhalten, daß nach unserer Erfahrung keine Gesellschaft, und schon keine derart differenzierte wie jene der Gegenwart, in der Lage ist, auf den Verbrechensbegriff zu verzichten. Überdies läßt sich bei allem kulturellen Relativismus **eine beachtliche interkulturelle Evidenz in der Wertorientierung** (*Bellebaum* 1984, 16 f.) nicht übersehen. Denn trotz der Unterschiede von Ländern, Verbrechen und Kontrollstilen belegen interkulturelle Vergleichsuntersuchungen auf der Einstellungsebene eine bemerkenswerte Konsistenz in der Einschätzung, **ja einen Zug der Universalität in den Vorstellungen der Völker vom Verbrechen und in der Einstellung ihnen gegenüber,** besonders bei schwereren und zeitüberdauernden Deliktsformen wie Mord und Diebstahl (siehe Schaub. 5). Eine entsprechende Stimmigkeit drückt sich international auch in den Perzeptionen von Viktimisierungen sowie in den Gründen zur Anzeige- bzw. Nichtanzeige von Viktimisierungen aus (vgl. dazu die international vergleichende Studie von *van Dijk* u.a. 1996, 58 ff., 61, 66 mit Belegen für die international weitgehende Übereinstimmung im Verständnis des Verbrechensbegriffes als „fairly universal across countries"). Die modernen demokratischen Staaten zeigen sich generell toleranter gegenüber minderschweren Delikten und sind weniger geneigt, Strafsanktionen zu bevorzugen, verglichen mit mehr traditionalistischen, mehr autoritären oder mehr religiös geprägten Ländern. Soweit es gelingt, die Kriminalisierung von Verhaltensweisen zurückzudrängen, übernehmen nicht selten außer(straf-)rechtliche Regelungsmechanismen als funktionale Äquivalente, die überdies noch weniger zu kontrollieren sind, die bisherige Rolle des Verbrechensbegriffes.

Die zentrale Aufgabe besteht darin, die Frage zu beantworten, welches Maß der Strafbarkeit nach Inhalt und Form **unbedingt notwendig** ist, um die anerkannten elementaren Rechtswerte einer Gesellschaft zu sichern und die gesetzlichen Ziele zu erreichen. Anders gewendet bleibt zu fragen, welcher Straffälligenanteil in der Bevölkerung ein funktionales Optimum darstellt, ob es hier eine kritische Grenze gibt, ab der Kriminalisierung vollends dysfunktional wird. Ferner ist noch unklar, wie die für eine Gesellschaft funktionale Verbrechensrate entsteht und durch welche Prozesse sie gesteuert wird (*Schellhoss* 1993, 155). Die Klärung ist wiederholt und von unterschiedlichen Positionen aus versucht worden. Während in der Strafrechtsdogmatik neben dem sozial-

ethischen Verbrechensbegriff vor allem die Herausbildung und Fortentwicklung des Rechtsgutes dazu dienen, das strafwürdige Verhalten beschreibend zu erfassen und zu begrenzen, hat die kriminalpolitische
Diskussion seit den sechziger Jahren zunehmend den Begriff der Sozialschädlichkeit als Begründungsformel aufgegriffen, um Kriminalisierungsvorgänge einzuleiten, zurückzudrängen oder abzubrechen. Hingegen hat man sich in der Kriminologie hauptsächlich um einen kriminologisch-materiellen Verbrechensbegriff bemüht.

§ 18 Theorie der Kriminalisierung

Was und warum etwas als „kriminell" gilt, läßt sich verschiedenen
Grundauffassungen entnehmen, aber auch dem geschichtlichen Wandel
und den Kriminalisierungsprozessen. Substantiell nahezu unveränderte
Kernbereiche strafbaren Unrechts stehen historischen Zufälligkeiten der
Strafbarerklärung gegenüber. So gesehen scheinen die scholastischen
Begriffe vom malum per se und malum mere prohibitum noch immer
ihre Aussagekraft zu erweisen. Die Prozesse der Kriminalisierung, die
über die Problematik der Normgenese weit hinausgreifen, verdeutlichen
die Veränderungen gesetzlicher Rahmenbedingungen und ihrer Gründe.
Dabei ist die Frage nach Notwendigkeit, Inhalt und Umfang der Strafbarkeit wiederholt aufgegriffen und behandelt worden. Doch die bisherigen Antworten können offenbar nur teilweise und zeitweilig befriedigen. Daher hat man nach Alternativkonzepten gesucht. Der Begriff des
„abweichenden Verhaltens" hat dabei die größte Resonanz gefunden.
Deshalb muß er auch hier erörtert werden. Zwar sind die verschiedenen
Begriffe – gleichgültig, ob Verbrechensdefinitionen, Devianz, Dissozialität oder soziale Konflikte – keine Theorien; aber stets enthalten sie
bestimmte theoretische Annahmen über menschliches Verhalten, das
man als sozial auffällig und kontrollbedürftig betrachtet.

1. Verbrechen oder abweichendes Verhalten?

Schrifttum: *Amelang*, Sozial abweichendes Verhalten. Berlin u.a. 1986; *Bellebaum*, Abweichendes Verhalten. Kriminalität und andere soziale Probleme. Paderborn 1984; *Opp*, Abweichendes Verhalten und Gesellschaftsstruktur. Darmstadt u.a. 1974; *Scheffler*, Diskriminierung von sozialen Randgruppen durch das kriminalsoziologische Konzept abweichenden Verhaltens? In: Diskriminierung. Antidiskriminierung. Berlin u.a. 1996, 103-123; *Simon* (Hrsg.), Religiöse Devianz. Untersuchungen zu sozialen, rechtlichen und theologischen Reaktionen auf religiöse Abweichung im westlichen und östlichen Mittelalter. Ius Commune SH 45. Frankfurt/M. 1990; *Wiswede*, Soziologie abweichenden Verhaltens. Stuttgart u.a. 1979[2].

Im Bereich sozialer Auffälligkeit findet man den allgemeinsten Begriff im sogenannten abweichenden Verhalten. Diese Definition zeichnet sich neben der Weite anscheinend durch Wertneutralität aus (kritisch jedoch *Scheffler* 1996, 106, 117, 123). Deshalb ist sie zu einem Grundbegriff der Kriminalsoziologie geworden (vgl. *Opp* 1974, 38 ff.; *Wiswede* 1979; *Bellebaum* 1984). Allerdings bezeichnen Kriminalsoziologen, wenn sie von abweichendem Verhalten sprechen, sehr verschiedenartige Erscheinungen. Als Abweichung werden nicht nur schwere Kriminalität verstanden, sondern auch Prostitution, Alkoholismus, Drogengebrauch, Selbstmord, ferner Ehezerrüttung, Krankheit, insbesondere Geisteskrankheit, Blindheit, Sektierertum (zur religiösen Abweichung *Simon* 1990), Obdachlosigkeit und Armut (speziell zur Randgruppenproblematik siehe unten § 39, 1). Jedoch war Kriminalität bestimmend für die Entwicklung der Soziologie des abweichenden Verhaltens. Denn sie gilt als eine der Devianzformen, die zugleich als soziales Problem in Erscheinung treten, als der Prototyp der meisten theoretischen Konzeptionen und empirischen Untersuchungen (*Wiswede* 1979, 43). Praktisch beziehen sich soziologische Ausführungen zum abweichenden Verhalten überwiegend auf den Bereich der Kriminalität. Bei der Frage nach Unrecht und Verbrechen weist der Abweichungsbegriff freilich auf das positive Recht zurück.

2. Strafrechtlicher Verbrechensbegriff

Liegt die Schwäche des Abweichungsbegriffes in seiner Ungenauigkeit, hingegen jene des überpositiven Maßstabs in seiner Unsicherheit und der subjektiven Befangenheit des Werturteils, sieht man sich alsbald auf das geltende Strafrecht verwiesen. Trotz der Erweiterung des Blickfeldes

„bleibt es dabei: Alle Kriminologie empfängt ihren Gegenstand bei der Gestaltung des Verbrechensbegriffs aus den Händen der Strafrechtswissenschaft" (*Mezger* 1951, 4). Indessen, so muß man einschränken, kann dies nur für den Verbrechensbegriff gelten, nicht jedoch für den Gesamtgegenstand und Forschungsbereich der Kriminologie. Darüber besteht kaum noch Streit. Wenn aber die Kriminologie über die Kriminalität Aussagen machen will, insbesondere über Umfang, Struktur und Bewegung, so darf und muß sie an den strafrechtlichen Verbrechensbegriff anknüpfen. Dieser meint also die vom Strafgesetz beschriebenen Handlungen (§ 12 StGB) nach Tatbestandsmäßigkeit, Rechtswidrigkeit und Schuld. Nur die juristische Formaldefinition des Verbrechens vermag Sicherheit über Umfang und Inhalt des jeweils geltenden Kriminalrechts zu vermitteln. Auch hier erweist der Satz **„nullum crimen sine lege"** seine Aussagekraft.

Würde man die Legaldefinition des Verbrechens durch eine andere, subjektiv gefärbte ersetzen wollen, dann löste man nur die eine Relativität durch eine andere ab, ganz abgesehen von den rechtsstaatlichen Mängeln. Dies verdeutlichen besonders manche Dunkelfeldforschungen mit ihrem nahezu willkürlichen Delinquenzbegriff (kritisch *Scheffler* 1996, 116). Dabei ist nicht einmal sicher, wie weit Konsens und Anhängerschaft zu Alternativbegriffen überhaupt reichen.

3. Materieller oder kriminologischer Verbrechensbegriff

Schrifttum: *Amelung*, Rechtsgüterschutz und Schutz der Gesellschaft. Frankfurt/M. 1972; *Frisch*, An den Grenzen des Strafrechts. In: FS für Stree und Wessels. Heidelberg 1993, 69-106; *Zipf*, Kriminalpolitik. Heidelberg u.a. 1980[2].

Die Frage, was und warum im einzelnen als Straftat gelten soll oder welche Rechtsnormen auch strafrechtlich sanktioniert werden müssen, ist wiederholt von unterschiedlichen Positionen aus zu klären versucht worden. Während man sich in der Kriminologie hauptsächlich um einen kriminologisch-materiellen Verbrechensbegriff bemüht – nicht zuletzt, um zugleich das Gegenstandsproblem der kriminologischen Wissenschaft zu lösen –, hat in der Strafrechtsdogmatik neben einem sozialethischen Verbrechensbegriff vor allem die Herausbildung und Fortentwicklung des Rechtsgutes dazu gedient, das strafwürdige Verhalten beschreibend zu erfassen und zu begrenzen. Beide Ansätze verbindet, daß sie naturrechtliche Argumentationsmuster verwenden. Kennzeichnend ist die bis zur Scholastik zurückreichende Unterscheidung in malum bzw. delictum per se und delictum mere prohibitum.

Vor allem *Garofalo*, bei dem sich **Naturrechtsdenken** und sozialdarwinistische Einflüsse mischten, versuchte, den zeitlosen „Grundbestand der Verbrechen" aufzuspüren. Als Orientierungsmaßstab legte er die Verletzung fundamentaler Gemeinschaftsgefühle zugrunde. Danach entwickelte er 1885 in seinem Werk „Criminologia" die Lehre vom natürlichen Verbrechen, dem „delitto naturale". Gegen diese Lehre wurden alsbald methodische Einwände erhoben. Ähnliche Bedenken treffen auch für die Unterscheidung der strafbaren Handlungen „wider natürliches Recht" und Vergehen „wider positives Recht" zu. Aber auch eine solche Wiederaufnahme der alten naturrechtlichen Doktrin kam über den Stand der Lehre *Garofalos* nicht hinaus. Sie vermochte infolgedessen auch die Bedenken der Willkür und der Subjektivität nicht auszuräumen.

Dennoch dauern die Bestrebungen um einen materiellen Verbrechensbegriff bis zur Gegenwart fort. Zum Teil hat man die naturrechtliche Tradition fortzusetzen gesucht, nicht zuletzt aufgrund der „Verbrechen unter totalitärer Herrschaft" und anderer kollektiver Großkonflikte, zum Teil hat man anthropologische und rechtssoziologische Argumente miteinbezogen. Wohl nur auf die Unerschütterlichkeit solcher Annahmen läßt sich die Hoffnung der Menschheit gründen, der Legislative die Befugnis zum willkürlichen Gebrauch der Strafgewalt mit Aussicht auf Erfolg absprechen und damit verhindern zu können, daß der jeweilige Inhaber der gesetzgebenden Gewalt jedwedes Verhalten, das er aus irgendeinem Grund unterdrückt zu sehen wünscht, mit Strafe bedroht. Überdies hat die neuere Entwicklungsrichtung zur Polarisierung und Politisierung auch kriminologischer Überlegungen zu einem materiellen Verbrechensbegriff angeregt. So treffen wir mitunter auf den Versuch, kriminelle Aggressionshandlungen als gerechtfertigte Demonstrationsgewalt zu legitimieren (dazu unten § 41, 1). Ferner liefern politisch motivierte Straftaten ebenso wie Wirtschaftsdelikte für die heutige Diskussion Zeugnis. Gerade hieran wird erkennbar, wie sehr der materielle Verbrechensbegriff eine **rechtspolitische Funktion** erfüllt.

Weisen moderne Strömungen auf Vielfalt und Bedeutung schichtspezifischer und partikularer Gruppennormen sowie auf den Einfluß der Macht hin, so greift die kriminalpolitische Diskussion im übrigen seit den sechziger Jahren hauptsächlich auf den Begriff der **Sozialschädlichkeit** als Begründungsformel zurück, um Kriminalisierungsvorgänge einzuleiten, zurückzudrängen oder abzubrechen. Allerdings liegt auch hier in der Schwierigkeit, das Sozialschädliche eines Verhaltens zu erkennen und zu entscheiden, ob es deswegen strafbedürftig ist, das eigentliche Problem. Die seit der Entkriminalisierung einiger Sexualdelikte gängig gewordene Formel von der Sozialschädlichkeit und ihrem Anspruch, alles eliminieren zu können, was sich als „bloß moralischer Verstoß" darstellt, ist völlig unbestimmt und in unterschiedlicher Richtung interpretierbar. Sie wird vollends zur Tautologie, wenn man annimmt, daß eine Handlung immer und nur dann sozialschädlich sei, wenn sie ein Rechtsgut verletzt. Hält man aber den Begriff „sozialschädlich" dennoch für geeignet, strafwürdiges Unrecht von nichtstrafwürdigem zu trennen, so sieht man sich alsbald auf die Heranziehung anderer Maßstäbe verwiesen (zur Kritik *Zipf* 1980, 110; *Frisch* 1993, 76).

So ist denn die Wissenschaft von einem überzeugenden Konzept inhaltlicher Verbrechensbestimmung noch immer weit entfernt. Dementsprechend ist das Problem, welche Verhaltensweisen ein legitimer Gegenstand der Strafgesetzgebung sein dürfen, bis heute wissenschaftlich ungeklärt. Entsprechende Einwände treffen die innerhalb der Strafrechtsdogmatik einst verbreitete Lehre vom Verbrechen als sozialethisch besonders verwerflichem Unrecht. Selbst bei Reduzierung der weitgreifenden Formel vom unerläßlichen „sozialethischen Minimum" erweist sich die Vorstellung, bei dem Maßstab der Sozialethik handle es sich um einen gesicherten oder nur praktikablen Begriffsinhalt, als unzutreffend. Auch hier liegt die Schwäche des überpositiven Maßstabs in seiner Unsicherheit, in der subjektiven Befangenheit des Werturteils. Deshalb wird man sich alsbald anderen Bestrebungen zuwenden. Hervorzuheben ist dabei vor allem der **Versuch, vom Rechtsgut her den Verbrechensbegriff festzulegen.**

Freilich kann nicht überraschen, daß wir schon beim Definitionsversuch und der Rechtsgutsdiskussion auf ein Feld heftiger Kontroversen treffen. So ruft wegen der unterschiedlichen kriminalpolitischen Implikationen ein Teil der Praxis noch immer nach einer festen Definition des Wirtschaftsdelikts mit der Folge, daß um die schärfere Begriffsfassung der Wirtschaftskriminalität unverändert gerungen wird. Entsprechendes gilt für Umwelt-, Verkehrs- und Drogenkriminalität – sämtlich Problemfelder moderner Entkriminalisierungsdiskussionen.

Danach ist die Leistungsfähigkeit all dieser Versuche zur materiellen Verbrechensbestimmung offensichtlich sehr beschränkt. Eigentlich vermitteln uns derartige Ansätze relative Sicherheit nur dort, wo wir ohnehin kaum Zweifel hegen, nämlich beim Kernbestand des Verbrechens (vgl. dazu auch BVerfGE 22, 81; 45, 289), also im engeren Bereich des seit langer Zeit Überkommenen. Umgekehrt lassen uns die Ansätze dort im Stich, wo wir ihrer Hilfe am dringendsten bedürften, namentlich bei der Ent- und Neukriminalisierung sowie in den Randbereichen des Nebenstrafrechts, wo es um Ab- oder Aufwertung geht.

Angesichts der fortbestehenden Zweifel bleibt nur noch übrig, zumindest strenge Anforderungen an die **Begründungspflicht des Gesetzgebers** in der Strafgesetzpolitik zu stellen (dazu BVerfGE 83, 130 ff., 140 ff.) und ein kritisches Problembewußtsein zu wecken oder wachzuhalten. Denn wie die Erfahrung zeigt, vermag selbst das Freiheitspostulat (in dubio pro libertate) aus sich heraus keine eindeutigen Grenzen dessen zu vermitteln, was kriminell ist oder sein sollte. Im übrigen läßt sich die Freiheit auf andere Weise einschränken, etwa durch extensive Auslegung von Tatbestandsmerkmalen durch die Rechtsprechung, ohne daß der Verbrechensbegriff auffällig beeinflußt werden müßte. Obschon es gelegentlich so scheinen könnte, als lieferten die Ansätze zu einer materiellen Verbrechensbestimmung nur „Steine statt Brot", so bringen sie doch vorgegebene oder sachlogische Strukturen in der Kriminalpolitik nachdrücklich zur Geltung. Darin liegt ihre Bedeutung, aber auch ihre Grenze. Gleichwohl hat die Entwicklung rechtspolitischer Grundsätze wie Verhältnismäßigkeit (Übermaßverbot), Gleichheit, Toleranzgebot, Tatbestandsbestimmtheit (Rechtsstaatlichkeit) und Praktikabilität als kriminalpolitische Konstanten das kritische Potential gestärkt, um Inhalt, Umfang und Begründung der Kriminalisierung begrenzt zu überprüfen (*Zipf* 1980, 101 ff.).

4. Wandlungen des Verbrechensbegriffs

Schrifttum: *Albrecht, H.-J.*, Voraussetzungen und Konsequenzen einer Entkriminalisierung im Drogenbereich. In: Entkriminalisierung im Drogenbereich, hrsg. v. de Boor u.a., Köln 1991, 1-37; *Albrecht, P.-A./Hassemer/Voß*, Rechtsgüterschutz durch Entkriminalisierung. Baden-Baden 1992; *Arzt*, Probleme der Kriminalisierung und Entkriminalisierung sozialschädlichen Verhaltens. In: BKA-Vortragsreihe 26 (1981), 77-84; *Bock*, Recht ohne Maß. Die Bedeutung der Verrechtlichung für Person und Gemeinschaft. Berlin 1988; *Brusten* u.a. (Hrsg.), Entkriminalisierung. Opladen 1985; *Herzog*, Gesellschaftliche Unsicherheit und strafrechtliche Daseinsvorsorge. Studien zur Vorverlegung des Strafrechtsschutzes in den Gefährdungsbereich. Heidelberg 1991; *Kadish*, The Crisis of Overcriminalization. The Annals of the American Academy of Political and Social Sciences 374 (1967), 157-170; *Kaiser*, Entkriminalisierende Möglichkeiten des jugendstrafrechtlichen Sanktionenrechts und ihre Ausschöpfung in der Praxis. NStZ 1982, 102-107; *ders.*, Kriminalisierung und Entkriminalisierung in Strafrecht und Kriminalpolitik. In: FS für Klug. Köln u.a. 1983, 579-596; *Kaufmann*, Rechtsgefühl, Verrechtlichung und Wandel des Rechts. Jb für Rechtssoziologie 10 (1985), 185-199; *Kerner*, Normbruch und Auslese der Bestraften. Ansätze zu einem Modell der differentiellen Entkriminalisierung. In: KrimGegfr 12 (1976), 137-155; *Müller-Dietz*, Aspekte und Konzepte der Strafrechtsbegrenzung. In: FS für R. Schmitt. Tübingen 1992, 95-116; *Naucke*, Über deklaratorische, scheinbare und wirkliche Entkriminalisierung. GA 1984, 199-217; *Röhl*, Rechtssoziologie. Köln u.a. 1987; *Roos*, Entkriminalisierungstendenzen im Besonderen Teil des Strafrechts. Frankfurt/M. u.a. 1981; *Schöch*, Entkriminalisierung, Entpönalisierung, Reduktionismus. In: FS für Schüler-Springorum. Köln u.a. 1993, 245-256; *Volk*, Kriminalpolitik und Bekämpfung der Wirtschaftskriminalität. In: BKA-Vortragsreihe 26 (1981), 57-64.

Zwar gilt der Satz „nullum crimen sine lege", also kein Verbrechen ohne gesetzliche Grundlage (*v. Feuerbach* 1801), seit langer Zeit als anerkanntes Prinzip rechtsstaatlicher Kriminalpolitik. Darauf gründet sich die *v. Lisztsche* Annahme vom Strafgesetz als der Magna Charta des Staatsbürgers (1893). Ob und inwieweit aber Strafrechtsnormen auch wirklich ernstgenommen und in der Praxis durchgesetzt werden, ja warum sie überhaupt notwendig sind, geschaffen und wieder gegenstandslos werden, darüber sagt jener Grundsatz nichts. Doch gerade danach ist zu fragen. Die Problematik betrifft also die Wandlungen des von Gesetzgeber und Strafrechtspflege als strafbar erachteten Verhaltens sowie deren Gründe und Rückwirkungen auf die Geltung von Rechtsnormen. Von derartigen Prozessen und ihren Ergebnissen werden nicht zuletzt Zahl und Zusammensetzung der Rechtsbrecher sowie damit Umfang und Struktur der Kriminalität beeinflußt. Aber auch das Schicksal vieler Menschen wird dadurch mitbestimmt. In neuerer Zeit bilden vornehmlich Selbstverletzung, Selbsttötung und Sterbehilfe, Umwelt- und Verkehrsdelikte, Drogenmißbrauch, Schwangerschaftsabbruch, Familien- und Sexualdelikte einerseits sowie Staatsschutz- und Demonstrationsdelikte andererseits den Gegenstand rechtspolitischer Auseinandersetzung um die Reichweite der Kriminalisierung (siehe eingehend LB § 36, 4.1).

Generell kann man die Tendenzen in der Bewegung des Verbrechensbegriffs danach unterscheiden, ob der Bereich der Strafbarkeit erweitert oder eingeschränkt wird. Je nach Entwicklungsrichtung spricht man von Neu- oder Entkriminalisierung. Problematischer Ausgangspunkt ist die häufige Klage, daß der Bereich des für strafbar erklärten Verhaltens übermäßig zugenommen habe. Man spricht deshalb von Überkriminalisierung.

4.1 Überkriminalisierung

Auch wenn eine überzeugende Theorie der Kriminalisierung noch aussteht, so wird man in Inhalt und Umfang des Verbrechensbegriffs nicht nur Ausdrucksformen unterschiedlicher Machtverteilung in der Gesellschaft erblicken können. Die Schwächung der dem Recht vorgelagerten sozialen Normensysteme, das Versagen herkömmlich-informeller Sozialkontrolle in Familie und Gemeinde, aber auch neue sozialkulturelle Bedürfnisse haben die **Verrechtlichung** (vgl. *Kaufmann* 1985, 185 f.; *Bock* 1988, 11 ff., 20 ff.) **und** deren **Absicherung mit den Mitteln des Strafrechts** notwendig gemacht. Das Straßenverkehrsrecht und dessen strafrechtliche Bewehrung sind dafür kennzeichnend. Sinngemäß das gleiche gilt für die moderne Wirtschaft und die Stützung wirtschaftspolitischer Ziele durch das Wirtschaftsstrafrecht. Vor allem deshalb steigt die Zahl der strafrechtlich bewehrten Normen fortlaufend, auch wenn der Kernbestand des Verbrechens zeitüberdauernd verhältnismäßig gleichbleibt. Eine der gravierendsten Ursachen dieser Erscheinung liegt in dem schon angedeuteten Sachverhalt, daß in einer Welt wachsender Verstädterung, Mobilität und Anonymität das Recht als eines der wichtigsten Mittel erscheint, um in der Unübersichtlichkeit und mangelnden Durchschaubarkeit sozialer Verhältnisse als Steuerungsinstrument zu wirken (zum Anschwellen des Rechtsstoffes, auch „hyperlexis" oder „legal pollution" genannt, sowie zur Verrechtlichung der Gesellschaft *Röhl* 1987, 550 ff.). Das Gefährdungsstrafrecht gilt geradezu als „Merkmal der Risikogesellschaft" (*Müller-Dietz* 1992, 104). Das Recht verspricht überdies einen hohen Grad an Rationalität, Gleichheit und Verläßlichkeit (Rechtssicherheit).

So gesehen entbehren die herrschaftskritisch motivierten **Bedenken** gegenüber der Ausweitung staatlicher Kontrolle mittels Strafrechtsnormen überwiegend der Realität, insbesondere soweit es sich in Anlehnung an *Foucault* um die Beschwörung Orwellscher Visionen totaler Überwachung handelt. Dennoch läßt sich nicht übersehen, daß die in den letzten Jahrzehnten vielerorts geführte Klage der Überkriminalisierung bestenfalls vorübergehend, keinesfalls aber langfristig die gesetzliche Einschränkung des strafbaren Verhaltens bewirkt hat.

Überdies wird seit mehr als einhundertfünfzig Jahren auf den notwendig fragmentarischen Charakter des Strafrechts hingewiesen. Denn das Strafrecht stößt bei massenhafter Begehung von Delikten an die eigene Funktionsgrenze. Gleichwohl sehen wir uns in der Gegenwart einer Erscheinung gegenüber, die man als Überkriminalisierung bezeichnen kann (*Kadish* 1967). Dieses Phänomen widerspricht der Behauptung, wonach die Geschichte des Strafrechts die seiner Abschaffung sei. Doch in dem **Übermaß an Strafe** leidet das Strafrecht Not.

4.2 Entkriminalisierung

Da die gesellschaftlich immanente Tendenz zur Überkriminalisierung den Kriminalitätsanstieg mit einschließt, werden die Träger der Verbrechenskontrolle fortlaufend überfordert. Der **Gesetzgeber** versucht, wenn auch mit angemessener Verspätung, durch Entkriminalisierung der Lage Herr zu werden. Denn seit langem zählt zu dem gesicherten Bestand der Strafrechtswissenschaft und den festen Erfahrungen der Rechtspolitik, daß im Übermaß des Strafens das Strafschwert stumpf wird. Zunehmend hat man sich angewöhnt, vom notwendig **„fragmentarischen Charakter"** des Strafgesetzes zu sprechen, obschon dieses Postulat von *Binding* vor mehr als einhundert Jahren noch ganz anders gemeint war. So besteht über die notwendige Beschränkung des Strafrechts prinzipiell Einigkeit. Auch fehlt es nicht an strafrechtlichen Analysen und rechtspolitischen Vorstellungen, in welcher Weise die strafrechtlichen Tatbestände, und d.h. der Umfang strafbaren Verhaltens, einzuschränken seien. Dies um so mehr, als Migration, Straßenverkehr, Umwelt und Wirtschaft sowie die Intensivierung der internationalen Kommunikation mit der wellenartigen Verbreitung von Rauschmitteln für neue Verbrechensprobleme gesorgt und die Praxis an die Grenzen ihrer Kontrollmöglichkeiten erinnert haben. Im Hinblick auf die begrenzte Kapazität der Verfolgungsbehörden hat man schon in den fünfziger Jahren nach neuen Lösungsmöglichkeiten gesucht. Begriff und Forderung der Entkriminalisierung waren alsbald geboren, in der Bundesrepublik Deutschland zunächst auf den Bereich der Verkehrsdelinquenz bezogen. Weitere Anwendungsfälle lieferten Sexual-, Demonstrations- und Drogendelinquenz sowie Schwangerschaftsabbruch und ganz allgemein die Jugendkriminalität (eingehend *Roos* 1981; ferner *Schöch* 1993, jeweils m.N.). Außerdem wurde die Verfolgung der Kleinkriminalität vom Antrag der Verletzten abhängig gemacht.

Aber der Gesetzgeber vermag nur schleppend und wenig flexibel der Entwicklung zu folgen. Deshalb sieht sich die **Praxis** häufig alleingelassen. Sie bewältigt die Lage, indem sie ebenfalls entkriminalisierende Möglichkeiten gebraucht, namentlich im Jugendstrafrecht (dazu *Kaiser* 1982, 102 ff.). Schon die konkretisierende Handhabung des Rückfälligkeits- und Mißerfolgsbegriffs im Falle der (nicht) zu widerrufenden Strafaussetzung zur Bewährung bei neuer Straffälligkeit des Bewährungsprobanden zeigt dies. Nicht minder bedeutsam erscheinen Absehen von Verfolgung und Einstellung des Verfahrens **(faktische Entkriminalisierung)**. Allerdings begegnen der Verlagerung auf prozessuale Erledigungsmöglichkeiten (§§ 153 a StPO, 31 a, 37 BtMG) wegen des nicht stets durchsichtigen und überprüfbaren Ermessens der Verfolgungsbehörden in der Wissenschaft rechtsstaatliche Bedenken. Doch haben sich jene Verfahren in der Praxis wegen ihrer ökonomischen Vorzüge durchgesetzt (siehe unten § 19, 4). Die Frage nach der Entkriminalisierung ist daher unverändert aktuell. Kontroversen um die entkriminalisierende Behandlung des Bagatelldiebstahls, die Strafwürdigkeit von Selbstverletzung, Selbsttötung und des Gebrauchs „weicher" Drogen sowie um das Vorgehen gegen Hausbesetzer und Demonstrationsgewalt belegen dies.

4.3 Neukriminalisierung

Während das Gedankengut der Menschenrechte und die Sorge um die Funktionstüchtigkeit des Strafrechts (Kapazität und Strafökonomie) die Entkriminalisierung motivieren, liegen die Gründe zur Neukriminalisierung hauptsächlich in dem Versagen herkömmlich informeller Kontrollstrukturen und dem daraus folgenden Bestreben nach Verrechtlichung sowie gezielt politischer Steuerung, namentlich im **Drogen-, Straßenverkehrs-, Wirtschafts- und Umweltstrafrecht sowie** im **Minderheitenschutz**. Es ist nicht ersichtlich, wie die moderne Gesellschaft mit Industrialisierung, Urbanisierung, wirtschaftlicher Verflechtung und dichtem Straßenverkehr sowie mit ihrer grundsätzlichen Angewiesenheit auf „Systemvertrauen" zumindest temporär ohne die Normen und Mittel des Strafrechts auskommen könnte. Selbst wenn man in diesen Feldern auf die Funktion der Normverdeutlichung und schmerzlichen Sanktionen des Kriminalrechts verzichten könnte, so doch ohne Gefährdung des Ganzen offenbar nur dann, wenn fühlbar disziplinierende Sanktionen anderer Subsysteme der Sozialkontrolle als funktionale Äquivalente zur Verfügung stehen (kritisch gegenüber dem Gefährdungsstrafrecht, obgleich wenig überzeugend *Herzog* 1991, 38 ff., 48, 50 ff.).

Das **Grundproblem** jeder Neukriminalisierung besteht darin, daß anfangs die Strafverfolgungsbehörden gegen eine häufige Ignorierung des Verbots ankämpfen müssen (z.B. bei der Verkehrstrunkenheit oder im Verwaltungsrecht bei der Pflicht, in Kraftfahrzeugen während der Fahrt einen Sicherheitsgurt anzulegen). Deshalb geht es zunächst einmal um die Entwicklung einer gemeinsamen Wertüberzeugung, wonach das neukriminalisierte Verhalten mit einem hohen Unwerturteil belegt wird.

Dies allerdings zu verdeutlichen, fällt besonders schwer, wenn es an einem konkreten Opfer fehlt (*Arzt* 1981, 82). Wohl hat man neue Rechtsgüterkonzepte geschaffen, neue Kontrollmechanismen, welche der Anzeigebereitschaft des Individualopfers nach Intensität und Wirksamkeit nahekämen, jedoch noch nicht entwickelt (*Volk* 1981, 59). Die Klage des „Vollzugsdefizits" ist dafür typisch und will nicht verstummen. Die häufige Rechtsgutferne äußert sich gesetzestechnisch in der Verwendung abstrakter Gefährdungstatbestände. Hier bleiben die Rechtsgüter nicht nur äußerst vage, sondern riskieren durch Verzicht auf das Individualopfer auch mangelnde **Kontrolle und Durchsetzung der entsprechenden Strafrechtsnormen**. Hier setzt denn auch die neuere Kritik am Gefährdungsstrafrecht an.

Im übrigen geht es darum, auch im Bereich des kriminalisierten Verhaltens die **Chancengleichheit** herzustellen. Das Strafgesetzbuch soll nicht nur auf unerwünschte Verhaltensweisen der sozialen Unterschicht zugeschnitten sein, sondern auch sozialschädliche Handlungen der Mittel- und Oberschicht erfassen. Zu denken ist in diesem Zusammenhang besonders an die sogenannte **„Kriminalität der Mächtigen"**, partiell auch als Staats- und Regierungskriminalität bezeichnet. Sie hat Wissenschaft und Praxis mitunter beschäftigt und gelegentlich zur Neukriminalisierung wie im Bereich des Wirtschaftsstrafrechts oder im Falle der Geldwäsche zur Bekämpfung organisierten Verbrechens Anlaß geboten. Doch äußern sich Widersprüche und Strukturkonflikte, insbesondere die Überbürdung des strafrechtlichen Kontrollsystems mit immer neuen Aufgaben, ebenso in Neukriminalisierung wie in De-jure- und De-facto-Entkriminalisierung.

5. Zusammenfassung und Kritik

Schrifttum: *Zipf*, Kriminalpolitik. Heidelberg 1980[2].

Die Frage nach Notwendigkeit, Inhalt und Umfang der Strafbarkeit ist wiederholt untersucht worden. Doch die Antworten können nur teilweise und zeitweilig befriedigen. Eine umfassende Theorie der Kriminalisierung besteht nicht; wohl aber existieren verschiedene Grundauffassungen zu dem, was als „kriminell" gelten soll. Auch der soziologische Begriff des abweichenden Verhaltens bietet kein überlegenes Konzept. Vielmehr weist er im Konfliktfall bei der Frage nach Unrecht und Verbrechen auf das positive Recht zurück. Liegen die Schwächen der

Legaldefinition des Verbrechens in der historischen Zufälligkeit und Gebundenheit von Zeit und Raum, so jene des materiellen Verbrechensbegriffs in der Subjektivität und Unsicherheit der Beurteilung. An aktuellen Streitfragen wie der Kriminalisierung von Drogengebrauch, Selbsttötung und Sterbehilfe, Schwangerschaftsabbruch und politischen Delikten wird dies anschaulich (dazu LB § 36, 4.1). **Was kriminell ist, bleibt daher noch immer schwierig zu bestimmen.** Zu sehr schlagen sich zeitgebundene Ideen, aktuelle Bedürfnisse (z.b. Kriminalisierung der sog. Geldwäsche oder der Mediengewalt) und Ad-hoc-Entscheidungen nieder, um das Auf und Ab der Kriminalisierung theoretisch einheitlich fassen zu können. Eine Theorie der Kriminalisierung zeichnet sich bestenfalls in Ansätzen oder Bruchstücken ab. Dies kann in einer sich weithin pluralistisch verstehenden Gesellschaft auch nicht anders sein. Trotz aller Anstrengungen um die rationale Begründung und Begrenzung des Verbrechensbegriffs bleibt so die Skepsis, die Zurückhaltung gegenüber den Möglichkeiten perfekter Regelung einschließt und zugleich dem Menschlichen Raum läßt. Immerhin hält sich trotz gegenläufiger Entwicklung die Auffassung, daß es einen Kernbereich strafbaren Unrechts gibt. Zeitüberdauernde Grundüberzeugungen und Erfahrungen sprechen dafür. Zu ihnen rechnet auch der rechtsstaatlich unverzichtbare Grundsatz, daß es kein Verbrechen ohne gesetzliche Grundlage geben darf. Freilich werden damit der Gesetzeswandel und auch die Veränderungen des Verbrechensbegriffs nicht ausgeschlossen. Neu- oder Entkriminalisierung deuten die Entwicklungsrichtungen an.

Die Veränderungen im Bereich der Strafbarkeit, während der Nachkriegszeit insbesondere ablesbar an Drogen-, Verkehrs-, Wirtschafts- und Umweltschutzdelinquenz, scheinen für die bereits von *Hegel* (1821) vertretene These von der **Kulturabhängigkeit des Verbrechensbegriffs** zu sprechen (dazu *Zipf* 1980, 92). So richtig diese Annahme trotz interkultureller Evidenz in der Wertorientierung (siehe oben § 17) auch ist, so weit und konkretisierungsbedürftig scheint sie aber zu bleiben. Sie vermag nicht zu erklären, warum und in welcher Richtung sich innerhalb einer Epoche der Verbrechensbegriff wandelt, ja verändern muß, und ferner, warum der Bereich des Strafbaren schon innerhalb eines Kulturkreises sehr unterschiedlich ausgestaltet sein kann. Immerhin könnte man jener Auffassung die Folgerung entnehmen, daß die singuläre Strafbarerklärung bestimmten Sozialverhaltens in einem Land, und zwar im Gegensatz zu dem Verbrechensbegriff benachbarter Länder, einem besonders harten Begründungszwang unterliegt, um den Fall „normativer Isolierung" zu rechtfertigen. Zu denken ist etwa an das Beispiel der vom deutschen Gesetzgeber Anfang der sechziger Jahre erwogenen Kriminalisierung künstlicher Samenübertragung. Sinngemäß das gleiche gilt für die zeitweilige Absicht des Gesetzgebers, das Verherrlichen des Drogenmißbrauchs unter Strafe zu stellen. Neuere Forderungen nach Kriminalisierung beziehen sich auf die „sexuelle Belästigung" am Arbeitsplatz oder das „öffentliche Rauchen". Doch als Begründung der veränderten Beurteilung bleibt lediglich der lapidare Hinweis auf den Wandel der Wertanschauungen. Wie immer man dies ermittelt, begreift und interpretiert, in jedem Falle bleibt die soziokulturelle Abhängigkeit gewahrt. Daran wird wiederum die Dürftigkeit der Begründung ebenso wie der beachtliche Spielraum zur Kriminalisierung erkennbar. Dennoch ist das methodische Rüstzeug inzwischen so weit entwickelt, daß fehlende Initiative, gesetzestechnische Fehler, Widersprüche, Begründungsmängel, grobe Mißgriffe oder kaum verhüllter legislativer Dezisionismus, aber auch Argumentationsmuster von Interessengruppen wissenschaftlich denunzierbar werden.

§ 19 Konstituierung der Verbrechensrealität durch Strafanzeige und Strafverfolgung

1. Determinanten von Strafverfolgung und Verbrechenskonstruktion

Schrifttum: *van Dijk* u.a., Criminal Victimization in the Industrialized World: Key Findings of the 1989 and 1992 International Crime Survey. In: Understanding Crime. Experiences of Crime and Crime Control, ed. by del Frate u.a. Rome 1993; *Dölling*, Polizeiliche Ermittlungstätigkeit und Legalitätsprinzip. Wiesbaden 1987; *ders.*, Effizienzsteigerung durch Beurteilung der Aufklärungswahrscheinlichkeit. In: Symposium: Der polizeiliche Erfolg, hrsg. vom BKA. Wiesbaden 1988, 113-137; *Kilchling*, Opferinteressen und Strafverfolgung. Freiburg 1995; *Kürzinger*, Private Strafanzeige und polizeiliche Reaktion. Berlin 1978; *Kury* u.a.: Opfererfahrungen und Meinungen zur inneren Sicherheit in Deutschland. Wiesbaden 1992; *Naucke*, Der Tatverdacht. Zum Verhältnis von Strafprozeßrecht und neuerer Kriminologie. In: FS der Wissenschaftlichen Gesellschaft an der J.-W. Goethe-Universität Frankfurt/M. Wiesbaden 1981, 293-310; *Schwarzenegger*, Opfermerkmale, Kriminalitätsbelastung und Anzeigeverhalten im Kanton Zürich: Resultate der Zürcher Opferbefragung. SchwZStr 8 (1991), 63-91; *Schwind* u.a.: Dunkelfeldforschung in Göttingen 1973-1974. Eine Opferbefragung. Wiesbaden 1975; *Sessar,* Rechtliche und soziale Prozesse einer Definition der Tötungskriminalität. Freiburg 1981; *Steffen,* Analyse polizeilicher Ermittlungstätigkeit aus der Sicht des späteren Strafverfahrens. Wiesbaden 1976; *dies.* u.a., Inhalte und Ergebnisse polizeilicher Ermittlungen. Bayer. LKA. München 1982; *Stephan,* Die Stuttgarter Opferbefragung. Wiesbaden 1976; *US Dept. Justice,* Reporting Crimes to the Police. Washington/D.C. 1985; *dass.,* Criminal Victimization in the United States 1984. Washington/D.C. 1986; *dass.,* The Re-designed National Crime Survey: Selected New Data. Special Report. Washington/D.C. 1989: *dass.,* Criminal Victimization in the United States 1989. Washington/D.C. 1990.

Theorien der Kriminalisierung und deren partielle Übertragung in gesetzgeberische Konzepte setzen sich gebrochen in **Kriminalisierungsprozessen der Praxis** fort, werden verstärkt, umgeleitet und abgeschwächt. Sie gewinnen eigene **Strukturen.** Dafür erscheinen die folgenden **fünf Determinanten** bedeutsam:

- Art und Umfang der Strafanzeigen als input,
- Kapazität der Strafverfolgungsbehörden und die Verfahrensökonomie,
- Entscheidungsverhalten von Verbrechensopfer, Polizei und Staatsanwaltschaft,
- handlungsleitende Prinzipien wie Legalität oder Opportunität, Gleichheit, Fairness, Verhältnismäßigkeit und
- erwartbare Konsequenzen für Tat (-geographie), Täter (Schicht), Opfer und Gesellschaft.

Sie prägen die Strategien, insbesondere der Tataufklärung, und die Ergebnisse der Verbrechensverfolgung. Dabei geht es hier im Unterschied zu anderen Lehrtexten nicht um die Ausbreitung der Befunde von Polizei- und Justizforschung per se oder gar um die Beschreibung des Gesamtsystems der Strafjustiz, sondern um den „Ablauf der Strafverfolgung" (*Kürzinger* 1996, 111-157) insoweit, als er für unser Wissen über das Verbrechen relevant erscheint.

2. Strategische Bedeutung von Opferreaktion und privater Strafanzeige

Soweit es sich um **opferkontrollierte Delikte** handelt, sind vor allem Verhalten, Initiativen und Anzeigebereitschaft des Opfers für die Wirksamkeit der Verbrechenskontrolle belangvoll. Einstellung und Verhalten des Opfers gestalten daher entscheidend das allgemeine Bild von dem Verbrecher und der Kriminalität. Die **soziale Konstruktion der Verbrechenswirklichkeit** wird **von hier aus** zwar nicht ausschließlich, aber doch **entscheidend bestimmt.** Das Opfer übernimmt situativ und zeitlich begrenzt Funktionen eines informellen Agenten der strafrechtlichen Sozialkontrolle. Die Umfrageforschung verdeutlicht den Zusammenhang von Opferlage und Anzeigeerstattung. Dessen Tragweite reicht bis zur Kriminalstatistik (*Schwind* u.a. 1975, 1989; *Stephan* 1976; *Schwarzenegger* 1991, 78 ff.; *Kury* u.a. 1992) und Inanspruchnahme von Versicherungen.

Nach dem Freiburger Forschungsprojekt über Polizei und Staatsanwaltschaft in der Bundesrepublik wurden z.b. 1970 in 4588 repräsentativ ausgewählten Strafsachen je nach Deliktstypus 91 bis 98 % der Strafverfahren durch private Anzeigeerstattung in Gang gesetzt (vgl. *Steffen* 1976, 125), und zwar in beachtlichem Umfang von Verbrechensopfern der Unterschicht. Ferner sind Opfer und Anzeigeerstatter in 73 bis 86 % der Fälle identisch. Entsprechende Befunde sind international aus ähnlichen Untersuchungen bekannt. Die Bedeutung derartiger Ergebnisse wird auch nicht dadurch nennenswert gemindert, daß der Prozentsatz opferinitiierter Strafsachen sich ermäßigt, wenn man auf „Tatverdächtige" statt auf „Anzeigesachen" oder „Ermittlungsverfahren" abstellt. Dennoch hat man die Beziehungen zwischen der Strafanzeige und der Kriminalitätsstruktur lange Zeit kaum erkannt. Im wesentlichen beschränkte man sich darauf, die strafprozessuale Möglichkeit der Strafanzeige (§ 158 StPO) problemlos vorauszusetzen oder zur Kenntnis zu nehmen (zur Nichtanzeige geplanter Straftaten §§ 138 f. StGB). Damit blieb jedoch die **strategische Bedeutung der privaten Strafanzeige** außer Betracht. Erst der soziale Reaktionsansatz hat hier für die gebotene Schubkraft gesorgt und die neuere Forschung angeregt. Zu den relevanten und folgenreichen Beziehungen gehören:

1. Die **erfragte Anzeigebereitschaft** ist alters- und schichtspezifisch sowie deliktstypisch verschieden. Obwohl jüngere Personen häufiger in Opfersituationen geraten, sind sie weniger anzeigefreudig als ältere. Angehörige unterer Sozialschichten sind gegebenenfalls eher geneigt, Personendelikte und soziale Konflikte der Polizei mitzuteilen; höhere Sozialschichten wenden sich häufiger wegen erlittener Eigentumsverletzungen an die Polizei (vgl. *Kürzinger* 1978, 232 f.; *van Dijk* u.a. 1993, 32 f.; *US Dept. Justice* 1990, 6).

2. Die **tatsächliche Anzeigebereitschaft** und -praxis weicht von dem erfragten Anzeigeverhalten ab. Nach dem internationalen Forschungsstand werden durchschnittlich die Hälfte, in Deutschland und der Schweiz etwas weniger (*Schwarzenegger* 1991, 82), aller erfragten strafrechtlich bedeutsamen Opfersituationen der Polizei mitgeteilt (*van Dijk* 1993, 32 f.; vgl. Schaub. 6). Obwohl die sozialen Zugangsschancen die Anzeigefreudigkeit mitstrukturieren, zeigen sich im tatsächlichen Anzeigeverhalten weitere Unterschiede. Die Anzeigefrequenz reicht bei Eigentumsdelikten, je nach Schadenshöhe, von

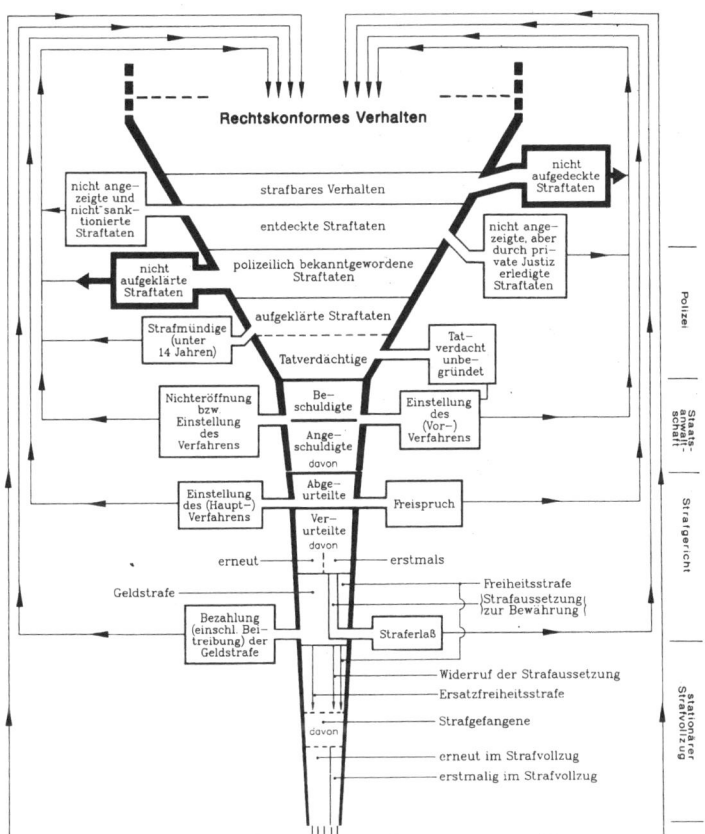

Schaubild 6:   Entdeckung, Verfolgung und Aburteilung von Straftaten sowie deren strafrechtliche Konsequenzen (Trichtermodell)

12 bis 88% aller Diebstähle (*US Dept. Justice* 1986, 92). Erhebliche Eigentumsdelikte werden überdies häufiger erfolgreich zur Anzeige gebracht als Personendelikte mit Bagatellcharakter. Demgemäß überwiegen im allgemeinen Opfer höherer Sozialschichten als Anzeigeerstatter, obwohl Personen unterer Sozialschichten kaum weniger häufig in Opfersituationen geraten, wenn auch bei anderen Delikten. Ferner verleugnen viele Anzeigeerstatter die Tatsache der Anzeigeerstattung, wenn sie danach gefragt werden (*Kürzinger* 1978, 232). Hinsichtlich des Geschlechts der Anzeigeerstatter ergeben

sich allerdings keine nennenswerten Unterschiede. Männer und Frauen zeigen insgesamt annähernd gleich häufig an (*US Dept. Justice* 1986, 86), obschon bei der Anzeige von Gewaltdelikten (Raub und Körperverletzung) Frauen vorherrschen.

3. Aber nicht nur die Motive für die Unterlassung der Anzeige sind wichtig, sondern auch die Beweggründe dafür, welche Erwägungen die staatliche Strafverfolgung auslösen. Hieran zeigt sich, wie das Verbrechensopfer in seiner Rolle als Anzeigeerstatter „die erste Auswahlentscheidung in dem Prozeß selektiver Strafverfolgung" trifft. Die **Gründe für die Anzeige** von Straftaten sind äußerst vielschichtig. Die Anzeigemotive sind meist persönlicher Art. Gleichwohl herrschen Vorbeugungsinteresse wegen Wiederholungsgefahr, Wiedergutmachungsinteresse und allgemeines Reaktionsbedürfnis vor (*US Dept. Justice* 1986, 92 f.). Bei Personendelikten bezweckt die Strafanzeige mitunter die „Disziplinierung der eigenen Schichtangehörigen" (*Kürzinger* 1978, 97). Dies gilt freilich nur bei opferbezogenen und -kontrollierten Delikten. Bei versuchten Tötungsdelikten befindet der Grad der Täter-Opfer-Beziehung über die Anzeigebereitschaft des Opfers. Je enger die Beziehung ist, desto zögernder wird das Opfer zur Polizei gehen. Daher kann ein erhebliches Dunkelfeld im sozialen Nahbereich der Tatbeteiligten vermutet werden. Schon seit langer Zeit wird die **Relevanz des Schadens** angenommen oder empirisch nachgewiesen (*Schwind* u.a. 1975, 211 ff.; *Stephan* 1976, 244; ferner *Kürzinger* 1978, 198 ff.). Demgemäß streuen die Strafanzeigen, je nach Art und Schwere des Delikts, zwischen 10 und 90% bei den aus der Sicht des Opfers als Verbrechen verstandenen Sachverhalten. In vielen Fällen wird der staatliche Sanktionsmechanismus „von den Bürgern weniger zur Ahndung einer Straftat, sondern eher als Mittel persönlicher Rache ausgenutzt" und „werden die Angezeigten also nach zufälligen und sachfremden Motiven ausgewählt". Dennoch läßt sich die Anzeigeerstattung motivologisch nicht zureichend erfassen. Vielmehr treffen die psycho- und sozialstrukturellen Aspekte zusammen und überlagern sich. Danach ist weder die Persönlichkeitsstruktur des Anzeigeerstatters (so aber *Stephan* 1976) noch die Situation der Anzeigeerstattung allein, sondern das gesamte komplexe Beziehungsfeld erheblich. Insgesamt sprechen die vorliegenden Anhaltspunkte mehr für die Relevanz der sozialstrukturellen Aspekte als für jene, die persönlichkeitsbezogen sind.

4. Zu den **häufigsten Gründen der Nichtanzeige** eines erlittenen Delikts zählen nach der internationalen Forschung die vermutete Erfolglosigkeit der Anzeige (in etwa 20% der Fälle), die Betrachtung als Privatangelegenheit oder die Deckung des Täters (knapp 10% der Fälle), wegen zu großen Zeitaufwandes oder übermäßiger Schwierigkeiten mit der Polizei (ungefähr 9% der Fälle) und vor allem wegen des zu geringen Schadens (etwa 30% der Fälle). Dabei ist die Streuung in den Motiven zur Nichtanzeige beachtlich (vgl. *US Dept. Justice* 1986, 94 f., 98), obwohl die Geringfügigkeit der Schädigung und die Bedeutungslosigkeit des Delikts als Grund der Nichtanzeige vorherrschen (*Kilchling* 1995, 229). Prüft man die individuelle Anzei-

gequote, so ergibt sich, daß etwa 44% der Opfer nie anzeigten, 39% hingegen stets. Überdies sinkt die Anzeigebereitschaft bei den Mehrfachviktimisierten.

5. Die **privaten Anzeigeerstatter veranlassen bei Massendelikten den Groß-teil aller Strafverfahren**. Lediglich 2-9% der Verfahren werden durch eigene polizeiliche Wahrnehmung und Initiative ausgelöst. Nach dem Freiburger Forschungsprojekt über Polizei und Staatsanwaltschaft in der Bundesrepublik Deutschland wurden z.B. 1970 in 4588 repräsentativ ausgewählten Strafsachen, je nach Deliktstypus, 91-98% der Strafverfahren durch private Anzeigeerstattung in Gang gesetzt (vgl. *Steffen* 1976, 125 f.), und zwar in beachtlichem Umfang von Verbrechensopfern der Unterschicht. Ferner sind Opfer und Anzeigeerstatter in 73-86% der Fälle identisch. Entsprechende Befunde über die Anzeigeerstattung sind international aus ähnlichen Untersuchungen bekannt (vgl. *US Dept. Justice* 1985, 4).

Eine **Ausnahme** besteht nur für vorsätzliche Tötungsdelikte (*Sessar* 1981) und die Deliktsbereiche, in denen die Polizei nicht reaktiv, sondern proaktiv tätig wird, insbesondere bei der Verkehrsdelinquenz, der Wirtschafts- und Umweltkriminalität sowie den Staatsschutz- und Rauschgiftdelikten (vgl. *Kürzinger* 1996, 129 ff.). Bei den kleinen und mittleren Wirtschaftsstrafsachen liegt die Situation der Anzeigeerstattung geradezu umgekehrt wie bei den klassischen Massendelikten. Hier nämlich werden nur wenige Prozente von Privatpersonen angezeigt. Sinngemäßig das gleiche dürfte für die Verkehrsdelinquenz zutreffen.

3. Polizeiliche Ermittlungstätigkeit und Tataufklärung

Nicht weniger bedeutsam als das Verhalten des Opfers sind Reaktion und Tätigkeit der Polizei. Je nach Deliktsgruppe wird die Polizei unterschiedlich aktiv (vgl. dazu *US Dept. Justice* 1989, 5 zum „police response"). Gleichwohl besteht ein beachtlicher Anteil von Strafsachen, deren Aufklärung von der „proaktiven" anstelle der „reaktiven" Tätigkeit der Polizei abhängig bleibt. Man spricht hier auch von sogenannten **Überwachungs- und Kontrolldelikten**, um zu verdeutlichen, daß Aufklärung und Verbrechensverfolgung entscheidend auf den Kenntnissen, Fähigkeiten, Techniken und dem Einsatz der Polizei beruhen. Mögen die Anstrengungen zur Verbrechensaufklärung unterschiedlich ausfallen, je nachdem ob **proaktives oder reaktives Verhalten der Polizei** geboten ist (dazu eingehend *Kürzinger* 1996, 130 ff.), stets ist die volle Tataufklärung noch von der Polizei zu leisten.

Verknüpft man die Befunde aus der Opfer- und Anzeigenforschung mit den Bedürfnissen nach „innerer Sicherheit", so stützen sie die neueren Bestrebungen, die Polizei wieder stärker in die Gemeinde zurückzubinden. Das angloamerikanische Konzept des **„community policing"** stellt dabei eine Wendung vom reaktiven zum ereignisorientierten proaktiven Problemlösungsansatz des Polizeiverhaltens dar. Es wird zum Teil begrifflich übernommen, zum Teil als gemeindebezogene oder **gemeindenahe Polizeiarbeit** thematisiert. Während in den USA und im weiteren angloamerikanischen Bereich der Gewaltaspekt sowohl im polizeilichen Alltag als auch bei der konkreten Strafverfolgung eine bedeutende Rolle spielt, sind hierzulande die Gewalt gegen die Polizei, insbesondere aber die Gewalt durch die Polizei noch kein besonderes Forschungsfeld.

Die von den Strafverfolgungsbehörden zu verarbeitenden deliktsrelevanten Informationen (System-input) werden überwiegend durch private Strafanzeigen wegen Eigentums- und Vermögensdelikten bestimmt. Die Menge der Strafanzeigen ist in Mittel- und Westeuropa mit gegenwärtig 5000 bis 12 000 pro 100 000 Einwohner recht hoch und bildet dennoch bloß einen Teil der Gesamtkriminalität. Denn nur selten werden mehr als die Hälfte aller von den Bürgern als Delikt verstandenen Sachverhalte auch angezeigt (zum Dunkelfeld siehe unten § 20, 3). Soweit aber Delikte entdeckt und angezeigt werden, werden sie nicht stets aufgeklärt und gelangen darüber hinaus nur selten zur förmlichen Sanktionierung.

Aufgeklärt ist eine rechtswidrige **Straftat dann, wenn** nach dem polizeilichen Ermittlungsergebnis ein mindestens namentlich bekannter oder auf frischer Tat ergriffener **Tatverdächtiger festgestellt** worden ist (PKS 1995, 7). Dabei ist tatverdächtig jeder, bei dem aufgrund des polizeilichen Ermittlungsergebnisses zumindest begründete Anhaltspunkte vorliegen, eine mit Strafe bedrohte Handlung begangen zu haben (sog. Anfangsverdacht). In der Schweiz gelten „alle von der Polizei den zuständigen Untersuchungsbeamten förmlich überwiesenen Beschuldigten" als tatverdächtig. Die Aufklärungsquote hingegen bezeichnet das prozessuale Verhältnis von aufgeklärten zu bekanntgewordenen Fällen im jeweiligen Berichtszeitraum.

So betrug im Jahr 1995 bei 6 668 717 erfaßten Straftaten die Gesamtaufklärungsquote 46%, während sie im Jahr 1953 bei 1 491 120 registrierten Fällen noch 73,6% ausgemacht hatte (PKS 1995, 23). Ähnliche Entwicklungen haben die **Aufklärungsraten** in anderen westeuropäischen Ländern genommen (siehe Tab. 1). Unabhängig von länder- und regionalspezifischen Besonderheiten der Verbrechensaufklärung weisen die einzelnen Deliktsgruppen erhebliche Aufklärungsunterschiede auf. Gelten z.B. Mord und Totschlag sowie Rauschgiftdelikte zu fast 90% als aufgeklärt, so jedoch Sachbeschädigung nur in einem Viertel der Fälle und Diebstahl unter erschwerenden Umständen gar zu weniger als 13% (PKS 1995, 23 f.). Bei Kontrolldelikten wie Rauschgift-, Umwelt-, Verkehrs- und Wirtschaftsstraftaten sind die Aufklärungsquoten im allgemeinen hoch, weil die offizielle Kenntnisnahme derartiger Tatsituationen als Delikt weithin zugleich mit der Strafverfolgung zusammentrifft. Vor allem drei deliktsspezifische **Merkmale** erweisen sich für den polizeilichen **Aufklärungserfolg** als relevant:

Tabelle 1: *Aufklärungsraten in europäischen Ländern und Japan im Vergleich – für Gesamtkriminalität und ausgewählte Deliktsgruppen in %*

Land	Jahr	Kriminali-tät allgem.[1]	Dieb-stahl[2]	Raub[3]	Vergewal-tigung[4]
Bundesrepublik	1970	48,3	33,3	58,1	75,0
Deutschland	1980	44,9	29,0	53,0	72,3
	1990	47,0	32,9	43,7	70,3
	1995	46,0	27,7	45,8	73,5
Österreich	1970	60,6	37,0	62,8	94,0
	1980	55,0	27,3	50,2	77,3
	1990	44,2	23,3	35,9	68,3
	1995	49,8	23,9	42,8	72,6
Schweiz[5]	1983	18,6	11,9	53,1	51,7
	1990	17,0	12,6	45,5	55,8
	1995	21,0	6,9	22,8	57,9
Frankreich	1974	43,3	18,7	18,1	71,2
	1980	38,8	17,7	17,4	76,6
	1990	37,5	15,0	18,9	85,3
	1994	34,9	15,3	20,2	85,4
England und Wales	1970	45,0	43,0	42,0	76,0
	1980	40,0	37,0	28,8	74,0
	1990	32,0	28,6	26,0	76,0
	1995	26,0	23,0	23,0	76,0
Niederlande	1970	37,0	22,3	35,1	56,1
	1980	29,0	16,0	19,0	45,0
	1990	22,3	31,6	23,5[6]	46,6
	1993	19,0	15,0	14,0	49,0
Japan	1970	71,0	47,5	77,9	92,0
	1982	59,9	55,3	74,8	89,4
	1990	42,3	37,2	77,0	82,3
	1994	58,1	37,7	78,2	92,6

1 Ohne Verkehrsdelikte.
2 D: Diebstahl mit und ohne erschwerende Umstände; NL: einfacher Diebstahl; F: vol sans violence.
3 D: Raub, räub. Erpressung, räub. Angriff auf Kraftfahrer; NL: Raub, qualifizierter Diebstahl; F: vol avec force.
4 D: Vergewaltigung/Notzucht; CH: Sexualdelikte; NL: Sexualdelikte; GB: sexual offenses; F: viol.
5 Nur Kanton Zürich.
6 Überfall

Quellen: D: *Bundeskriminalamt* (Hrsg.), PKS 1970, 116 f.; 1980, Tab. 1; 1990, 43; 1995, Tab. 1; A: *Bundesministerium für Inneres*, PKS Österreich 1970, 48 ff.; 1980, 10 ff.; 1990, 10 ff.; 1995, 10 ff.; CH: *Kantonspolizei Zürich* (Hrsg.), KRISTA. Kriminalstatistik des Kantons Zürich 1983, 28, 35; 1990, 28; 1995, 28; F: La criminalité en France en 1975 d'après les statistiques de police judiciaire, 50 ff.; en 1980, 59 ff.; Aspects de la criminalité et de la délinquance constatées en France en 1990, 58, 107; 1994, 24, 52, 95; GB: Criminal Statistics England and Wales 1970, Appendix I (a); 1981, 50; 1990, 50 ff.; 1995, 27; NL: Maandstatistiek Politie, Justitie en Brandweer 15 (1971), 129 f.; 31 (1987), H. 6, 21; Statistisch Jaarboek 1992, 287 ff.; *Ministerie van Justitie*, Criminialiteitsbeeld van Nederland 1994; J: *Government of Japan*, Summary of the White Paper on Crime, o.O. 1983, 24; 1987, 3; 1992, 8; 1995, 3.

- die **Sichtbarkeit** eines Deliktes, d.h. Wahrnehmung durch den Geschädigten, einen Zeugen oder die Polizei, die sich auf das Anzeigeverhalten des Opfers auswirkt und auf die Informationen zum Tathergang und möglichen Täter,
- die Aufklärungswahrscheinlichkeit eines Delikts, d.h. die Möglichkeit, einen zum Zeitpunkt der Anzeige noch unbekannten **Tatverdächtigen** zu ermitteln. Je höher der Anteil an Unbekanntsachen eines Delikts ist, desto geringer ist die Chance, daß zur Aufklärung des Falles Ermittlungen aufgenommen werden,
- der unterschiedliche **Grad an Beweisschwierigkeiten** eines Delikts, d.h. der Möglichkeit, einen strafrechtlich überzeugenden Beweis für die Erfüllung des Tatbestandes zu führen. Derartige Schwierigkeiten treten vor allem bei den Wirtschaftsdelikten auf und führen dann nicht selten zur Einstellung des Verfahrens (vgl. *Steffen* 1976, 292 f.).

Diese Ergebnisse werden von einer neueren Untersuchung bestätigt und präzisiert (*Dölling* 1987). Danach ist für die Aufklärung einer Straftat die Wahrnehmung durch das Opfer oder einen unbeteiligten Zeugen und dessen Aussageverhalten von maßgeblicher Bedeutung. In diesem Fall kann der Tatverdächtige häufig bereits „im ersten Angriff" festgenommen werden. Mehr als 80% der aufgeklärten Raubfälle, Vergewaltigungen und Betrugstaten sowie die Hälfte aller geklärten Einbrüche wurden innerhalb eines Tages nach ihrem Bekanntwerden aufgedeckt. Danach liegt der Schwerpunkt der Aufklärung am Beginn der Ermittlungsverfahren. Hingegen sind Tataufklärungen nach längerer polizeilicher Ermittlungstätigkeit jedenfalls bei den erwähnten Deliktsformen seltener. Spurensicherung und -auswertung sind hier von untergeordneter Bedeutung. Wenn eine Tat nach längerer Zeit aufgeklärt wird, geschieht dies – vor allem bei Einbruchsdiebstahl – häufig im Zusammenhang mit anderen Straftaten. Gemessen an den deliktsspezifischen Ermittlungsbedingungen haben die sozialen Merkmale der Tatverdächtigen nur eine relativ geringe Bedeutung für das Kontrollhandeln der Polizei.

Zusammenfassend läßt sich feststellen: Die einzelnen Polizeidienststellen ermitteln bei gleichartigen Delikten unterschiedlich. Hohe Ermittlungsintensität führt nicht stets auch zu höherem Aufklärungserfolg. Ob die Ermittlungen von der Schutzpolizei oder der Kriminalpolizei geführt werden, ist ohne Einfluß auf Ermittlungsintensität und Aufklärungserfolg. Die Aufklärungsquoten in einem Polizeibezirk hängen von der Deliktsstruktur und den polizeilichen Ermittlungsschwerpunkten ab. Sie eignen sich wenig zu einem Leistungsvergleich verschiedener Polizeidienststellen untereinander. Bei vielen Delikten besteht auch kein Zusammenhang zwischen der Aufklärungsquote der Polizei und der Verurteilungsquote der Strafjustiz. Der polizeiliche Begriff der Aufklärung täuscht insoweit einen Ermittlungserfolg vor, der von der Justiz oft nicht aufrechterhalten wird (dazu *Steffen* 1976, 313 ff.). Gleichwohl ist die Tataufklärung keinesfalls bedeutungslos (*Dölling* 1988, 113-137). Die Rückwirkungen auf die Begehung und Entwicklung des Verbrechens lassen sich jedenfalls dann nicht verkennen, wenn sich „Verbrechen bezahlt macht".

4. Ökonomie der Strafverfolgung

Schrifttum: *Blankenburg/Sessar/Steffen*, Die Staatsanwaltschaft im Prozeß strafrechtlicher Sozialkontrolle. Berlin 1978; *Dölling*, Einstellung des Strafverfahrens gem. § 153 a Abs. 1 StPO und Rückfall. In: FS für Geerds. Lübeck 1995, 239-262; *Feltes*, Polizeiliches Alltagshandeln. Konsequenzen für eine „neue Polizei" aus einer Analyse von Notrufen und Funkstreifen-Einsatzanlässen in der Bundesrepublik Deutschland. In: KrimFo 35 (1988), 125-156; *Koetz/Feltes*, Organisation der Staatsanwaltschaften. Köln 1996; *Heinz*, Strafzumessungspraxis im Spiegel der empirischen Strafzumessungsforschung. In: Individualprävention und Strafzumessung, hrsg. v. Jehle. Wiesbaden 1992, 85-149; *Heinz/Hügel*, Erzieherische Maßnahmen im deutschen Jugendstrafrecht. Bonn 1987[2]; *Hirsch*, Zur Behandlung der Bagatellkriminalität in der Bundesrepublik Deutschland, unter besonderer Berücksichtigung der Stellung der Staatsanwaltschaft. ZStW 92 (1980), 218-254; *Jung*, Private Verbrechenskontrolle. KKW 1993, 409-415; *Kausch*, Der Staatsanwalt. Ein Richter vor dem Richter? Untersuchungen zu § 153 a StPO. Berlin 1980; *Koetz/Feltes* (Hrsg.), Die Organisation der Staatsanwaltschaft. Köln 1996; *Kunz*, Das strafrechtliche Bagatellprinzip. Eine strafrechtsdogmatische und kriminalpolitische Untersuchung. Berlin 1984; *Meinberg*, Geringfügigkeitseinstellungen von Wirtschaftsstrafsachen. Eine empirische Untersuchung zur staatsanwaltschaftlichen Verfahrenserledigung nach § 153 a Abs. I StPO. Freiburg 1985; *Sack* u.a. (Hrsg.): Privatisierung staatlicher Sozialkontrolle: Befunde, Konzepte, Tendenzen. Baden-Baden 1995; *Stegherr*, Die Anwendung von § 31 a BtMG. Wiesbaden 1996; *Weiß/Plate* (Hrsg.), Privatisierung von polizeilichen Aufgaben. Wiesbaden 1996.

Im Gebiet der Bundesrepublik Deutschland beschäftigen seit Anfang der achtziger Jahre schätzungsweise rd. 7 Mio. Anzeigen wegen Verbrechen und Vergehen jährlich die Strafrechtspflege. Nur etwa 700-800 000 Rechtsbrecher werden aber förmlich verurteilt. Dieser Vorgang beruht notwendig auf einer Auslese; diese Auswahl erfolgt im Rahmen des Strafverfahrens.

Die Staatsanwaltschaften erledigten nach der Staatsanwaltschaftsstatistik, die bislang nur für das Altbundesgebiet einschließlich Gesamtberlin vorliegt, im Jahr 1992 ungefähr 3,1 Mio. Verfahren (StaJB 1995, 369). Dazu kamen schätzungsweise 2,1 Mio. Anzeigen gegen unbekannte Täter. Rechnet man diese Zahlen entsprechend dem Verhältnis der strafmündigen Bevölkerung auf Gesamtdeutschland hoch, so ergeben sich 3,8 Mio. Verfahren gegen bekannte Täter und 2,6 Mio. Unbekanntsachen. Die Summe dieser Verfahren dürfte jedoch die insgesamt **bekanntgewordene Verbrechensmenge** noch längst nicht ausschöpfen.

Bezogen auf alle Verfahren einschließlich Unbekanntsachen wird die weit überwiegende Zahl wegen Fehlens eines hinreichenden Tatverdachts nach § 170 Abs. 2 StPO eingestellt oder durch Sanktionsverzicht auf den Privatklageweg verwiesen; bezogen auf die Verfahren gegen bekannte Täter sind es immer noch 26,3%. In Verfahren, welche die Staatsanwaltschaft für anklagefähig hält, wird weitgehend von **informellen**, oder genauer, weniger förmlichen **Sanktionsmöglichkeiten** Gebrauch gemacht. Abgesehen von Strafbefehlsverfahren wurden 1991 ungefähr 35% aller in Strafverfahren gegen Erwachsene verhängten Sanktionen durch die Staatsanwaltschaft angeordnet (*Heinz* 1992, 136; etwas abweichend *Koetz/Feltes* 1996, 137).

Verglichen mit der **Bedeutung des Staatsanwalts als Erledigungsinstanz** ist diejenige als Ermittlungsinstanz gering: Der Staatsanwalt realisiert seinen gesetzlichen Ermittlungsauftrag nur selten (vgl. *Koetz/Feltes* 1996, 125 ff., 153). Er überläßt in der Regel die Ermittlungen der Polizei. Kennzeichnend ist weiter ein überregional annähernd gleichförmiges staatsanwaltschaftliches Handeln. Die aus der Statistik ersichtlichen regionalen Unterschiede verringern sich deutlich, wenn der regional unterschiedliche Geschäftsanfall berücksichtigt wird.

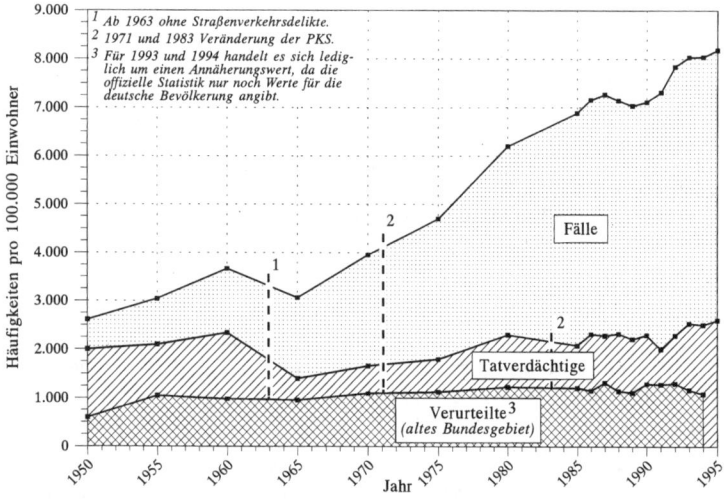

Quellen: PKS 1953 u. 1955; 1960; 1965; 1975; 1980; 1985; 1990-1995; StVSta 1965; 1970; 1975; 1980; 1985; 1990; 1992-1994; Sta. d. BRD. Abgeurteilte u. Verurteilte 1955; StaJb 1994-1996.

Schaubild 7: Entwicklung registrierter Straffälligkeit nach Fällen, Tatverdächtigen und Verurteilten pro 100 000 Einwohner in Deutschland 1950-1995

Der hohe Grad an Handlungskonformität der Anklagebehörden ist auffällig. Nur die eingeübten **Handlungsmuster des Staatsanwalts** können die aufgefundenen Varianten, etwa unterschiedliche Behandlung der Verfahren je nach Delikt, Deliktstypus, Täter und Opfer, erklären. Dazu gehören bei der Entscheidung über Einstellung oder Anklage z.b. die regelmäßige Übernahme des polizeilichen Ermittlungsergebnisses, die überragende Bedeutung des Geständnisses als Beweismittel und die Tatsache, daß die Vorstrafe wie auch die Höhe des verursachten Schadens unabhängig von tataufklärender Ermittlung die Erledigungspraxis des Staatsanwalts bestimmen. Außerdem hat sich eine weitgehende Dominanz pragmatischer und normativer Handlungsbedingungen gegenüber solchen mit sozialspezifischem Charakter gezeigt. Vom Alter abgesehen, rangieren Geschlecht, Schichtzugehörigkeit und Nationalität so gut wie immer hinter Variablen wie Geständnisbereitschaft, Täter-Opfer-Beziehung, Deliktshäufigkeit, Schaden und Opferstatus. Das Sozialprofil des Tatverdächtigen hat, wiederum vom Alter abgesehen, im gesamten Handlungs- und Entscheidungsprogramm erwartungswidrig eine strukturell untergeordnete Bedeutung.

Die Notwendigkeit zur Filterung und Auswahl ergibt sich also zunächst aus den unterschiedlichen tatsächlichen Anhaltspunkten für eine Straftat, aber **auch** aus der **begrenzten Kapazität von Polizei und Justiz.** Denn vor allem auf diese Weise läßt sich das relative Gleichbleiben in den Zahlen der Tatverdächtigen und Verurteilten über die Jahrzehnte der Nachkriegszeit hinweg deuten (siehe Schaub. 7), und zwar weitgehend unabhängig von Struktur und Entwicklung der Bevölkerung, (gesetzlichen) Kriminalisierungsprozessen und dem Wachstum der Kriminaljustiz. Ferner entfallen etwa zwei Drittel der schutzpolizeilichen Tätigkeit gegenwärtig auf verkehrspolizeiliche Aufgaben. Wollte das Kontrollsystem, abgesehen davon, nahezu alle Rechtsbrecher unabhängig von der Schwere der Rechtsverletzung als „Kriminelle" definieren, so wäre es in seiner Kapazität erheblich überfordert.

Die Zahl der Polizeibeamten ist seit 1962 relativ betrachtet zwar kontinuierlich angestiegen. Zählte man 1960 noch wenig mehr als 100 000 Polizeibeamte der Länder, so betrug die Ist-Stärke 1982 etwa 168 000 und 1992 ca. 220 000 Personen. Diese Entwicklung sagt aber praktisch noch wenig darüber aus, ob die **tatsächliche Präsenz der Polizei** ebenfalls verstärkt worden ist. Denn im Rahmen der gesamten Polizeiorganisation wurden in den siebziger Jahren vorrangig die Kriminalpolizei und sogenannte Sondereinheiten wie die mobilen bzw. Sondereinsatzkommandos, die Bereitschaftspolizei, aber auch bestimmte Ermittlungsgruppen zur Aufklärung der Drogenkriminalität, der Wirtschaftsverbrechen und der organisierten Kriminalität ausgebaut. Zwar ergibt sich bei der erwähnten Polizeistärke in Beziehung zur Bevölkerung eine theoretische **Polizeidichte** von einem Polizeibeamten auf 366 Bürger im Jahr 1982 und auf 365 Einwohner im Jahr 1992. Diese Relationen sind jedoch fiktiv. Denn unter Berücksichtigung der Anteile von Kriminalpolizei, Innendienst und Ausfallquoten besteht eine Streifendichte von einem Polizeibeamten auf 4600 Bürger. Beachtet man weiterhin, daß fast alle für den Funkstreifeneinsatz vorgesehenen Beamten abwechselnd Streifen- und Revierdienst leisten, so vermindert sich die schutzpolizeiliche Streifendichte pro Schicht von einem (streifefahrenden oder -gehenden) Schutzpolizisten auf etwa 10 000 Bürger (*Feltes* 1988, 147 f.). Im übrigen entfallen als Anlaß der Funkstreifeneinsätze in den Großstädten Berlin, Darmstadt, Heidelberg, Köln, Stuttgart und München nur etwa 16 bis 28% auf Fälle der klassischen Kriminalität, während die Erledigung von Verkehrssachen, von Streitigkeiten, Ruhestörungen und Hilfeleistungen den Großteil der Anlässe bestimmen (*Feltes* 1988, 143 f., 149). Ferner wird der überwiegende Teil des schutzpolizeilichen Dienstes innerhalb der Wachen und Reviere verrichtet, um Berichte und Protokolle anzufertigen, Anzeigen aufzunehmen sowie Tatverdächtige und Zeugen zu vernehmen. Die Entwicklung der letzten zwei Jahrzehnte zeigt überdies, daß die Zahl der Alarmierungen und damit auch jene der Einsätze kontinuierlich angestiegen ist, obschon der Zuwachs nicht ausschließlich durch die steigende Zahl polizeilich registrierter Straftaten bedingt war.

Die Kapazitätsnöte der Polizei spiegeln sich auch darin wider, daß viele Personalstellen der Polizei unbesetzt sind und die Bereitstellung zusätzlicher Polizeikräfte als kaum finanzierbar gilt. Deshalb werden zunehmend polizeiliche Präventionsaufgaben verlagert und von freiwilligen Helfern oder privaten Sicherungsdiensten wahrgenommen. Aufgrund dieser Entwicklung stellt das **Sicherheitsgewerbe**, und d.h. der Einsatz von Sicherheitskräften und sogenannter privater Polizei, eine Wachstumsbranche dar, deren Umsatz schon gegenwärtig auf mehr als 4 Mrd. DM veranschlagt wird. Ferner sollen sich die Deutschen im Jahre 1994 den Schutz vor Einbruch, Diebstahl oder Überfällen mindestens 14 Mrd. DM haben kosten lassen. Die zahlenmäßige Stärke privater Sicherheitskräfte schätzt man bereits auf mehr als 200 000 Personen. Die Bandbreite des privaten Sicherheitsgewerbes reicht vom verantwortlichen Selbstschutz des einzelnen bis zum privaten Werkschutz und privater Polizei. Anstieg und Verbreitung von Massenkriminalität steigern Verbrechensfurcht und Sicherheitsbedürfnisse. Sie verstärken den Ruf nach erhöhter Präsenz der Polizei. Da ein solch legitimes Bedürfnis offenbar nicht zu erfüllen ist, wendet man sich vermehrt den Angeboten des privaten Sicherheitsgewerbes zu, die freilich bei volkswirtschaftlicher Gesamtrechnung auch nicht billiger als die staatliche Polizei zu nutzen sind. Darüber hinaus werfen die Einrichtungen „privater" Polizei grundrechtliche Probleme, insbesondere die **Gefahr** zunehmender Ungleichheit durch **„Käuflichkeit von Sicherheit"** auf, ein auf die Dauer rechtsstaatlich kaum erträglicher Zustand (zum Ganzen *Jung* 1993, 409 ff.; *Sack* u.a. 1995, 38 ff., 206 ff., 234 ff., 334 ff.; *Weiß/Plate* 1996, 9 ff.).

Allerdings widerspräche die unbegrenzte Strafverfolgung der Integrationsfunktion des Verbrechensbegriffes. Denn dieser kann ebenso wie die Strafe nur dann seine Aufgabe erfüllen, wenn er auf das Verhalten einer Minderheit beschränkt bleibt. Die Mehrheit aber zu sanktionieren wäre sinnlos, sozial desintegrierend und dysfunktional. Deshalb müssen sich sowohl Verbrechensbegriff als auch Strafe auf nur bestimmte, als besonders sozialschädlich eingeschätzte Verhaltensweisen beziehen. Daraus folgt wiederum, daß die Auswahl entweder auf der Ebene des Gesetzgebers, etwa durch Entkriminalisierung, zu verwirklichen ist oder aber auf den Ebenen der Polizei und der Strafrechtspflege durch **zweckmäßige und rational überzeugende Filterung.** Die tatsächliche Handhabung der Selektion ist daher von herausragender Bedeutung. Rationales Vorgehen, insbesondere die Beachtung des Gleichheitsgrundsatzes, rückt dabei in den Blickpunkt.

Das Strafverfahren als Selektionsprozeß wird zunehmend nur dann legitimiert werden können, wenn es durchsichtig-rational begründet, entsprechend gestaltet und wenn ferner auch die negative Chancengleichheit oder besser die Gleichheit im Unrecht gewährleistet wird. Doch in Wirklichkeit sind die **Handlungsmuster der Sanktionspraxis seit langer Zeit ungleich.** Dies läßt sich neuerdings selbst dort feststellen, wo, wie bei der Bußgeldpraxis, verhältnismäßig enge Bindungen durch den sogenannten Bußgeldkatalog vorliegen. Unterschiede lassen ferner der Vergleich der Zumessungspraxis bezüglich der Jugenddelinquenz in Hamburg und Baden-Württemberg sowie die Einstellungspraxis nach §§ 153 f. StPO und 31 a BtMG erkennen (vgl. *Heinz* 1992, *Stegherr* 1996 m.N.). Tendenzielle Ungleichheiten werden selbst innerhalb der Sanktionspraxis bei vorsätzlichen Tötungsdelikten sichtbar, je nachdem, ob der Sachbearbeiter der Staatsanwaltschaft die Anklage in der Hauptverhandlung selbst vertritt und ein Wahlverteidiger mitwirkt oder nicht. Bereits die Handhabung des Verdachts und der Definitionsmacht der Polizei weist gravierende Unterschiede auf.

Vor allem **Verfolgung und Bewältigung der** sogenannten **Bagatelldelikte** werfen schwierige Fragen für Selektion und Gleichbehandlung, generalpräventive Effizienz sowie Kapazität und Kosten des Kontrollsystems (*Hirsch* 1980) auf.

Reformbedürftig erscheint im Gebiet der Bundesrepublik Deutschland besonders das Privatklageverfahren. Es ist zu schwerfällig, zeitaufwendig und kostenintensiv, um eine befriedigende Bewältigung von „höchstpersönlichen Bagatelldelikten" zu gewährleisten. Eine Reaktivierung erscheint weder sinnvoll noch aussichtsreich. Hingegen bildet die Einstellung wegen Auflagenerfüllung gem. § 153 a StPO, von der inzwischen in reichem Umfange Gebrauch gemacht wird, entgegen der überwiegenden Kritik in der Strafrechtsdogmatik eine ausbaufähige Lösung, wenn es gelingt, Durchsichtigkeit, Einheitlichkeit und Gleichbehandlung in der Praxis zu erreichen. Die Anwendung hat materiell-rechtliche Institute wie das Absehen von Strafe und die Verwarnung mit Strafvorbehalt (§§ 59 f. StGB) nahezu bedeutungslos gemacht und dazu beigetragen, die kurze Freiheitsstrafe zurückzudrängen. Sie hat bisher kaum Mißstände erkennen lassen, die dem befürchteten „Freikaufverfahren", „Reichenprivileg" oder „Millionärsparagraphen" entsprächen und gar über das frühere Maß hinausgingen. Doch wird man vermuten dürfen, daß die Mängel in der Handhabung des § 153 StPO sich hier verstärkt äußern (zum Ganzen *Meinberg* 1985 und *Dölling* 1995). Zur Gewährleistung der institutionellen Durchsichtigkeit und Kontrolle ist an die Einführung eines Begründungszwanges für sämtliche Bagatellisierungsentscheidungen zu denken. Auf diese Weise könnte der Rechtsanwender für die Verfahrensbeteiligten Rechenschaft über die Gebotenheit der Bagatellisierung ablegen (vgl. *Kunz* 1984, 323). Außerdem sollte das Klageerzwingungsverfahren auf Opportunitätsentscheidungen ausgedehnt werden.

5. Handlungsleitende Strukturen und Prinzipien

Schrifttum: *Bottke*, Grundlagen des polizeilichen Legalitätsprinzips. JuS 1990, 81-86; *ders.*, Materielle und formelle Verfahrensgerechtigkeit im demokratischen Rechtsstaat. Berlin 1991; *Jung*, Legalität oder Opportunität im Strafverfahren? In: Recht und Gesetz im Dialog III, hrsg. v. Prütting. Köln u.a. 1986, 55-72; *Gössel*, Überlegungen zur Bedeutung des Legalitätsprinzips im rechtsstaatlichen Strafverfahren. In: FS für Dünnebier. Berlin u.a. 1982, 121-148; *Meyer*, Strafverfolgungspflicht und Handlungsspielraum der Staatsanwaltschaft im europäischen Vergleich. In: Ist das Legalitätsprinzip noch zeitgemäß? Tagungsbericht, hrsg. v. Ministerium der Justiz. Stuttgart 1990, 57-97; *Schroeder*, Legalitäts- und Opportunitätsprinzip heute. In: FS für Peters. Tübingen 1974, 411-427; *Schünemann*, Absprachen im Strafverfahren? Grundlagen, Gegenstände und Grenzen. München 1990; *Stegherr*, Die Anwendung von § 31 a BtMG. Ausgewählte Ergebnisse. Wiesbaden 1996; *Weigend*, Anklagepflicht und Ermessen. Baden-Baden 1977.

Opfer und Anzeigeerstatter veranlassen überwiegend das Strafverfahren. Sie übernehmen dadurch situativ und zeitlich begrenzt die Funktionen eines informellen Agenten der Verbrechenskontrolle. Daher bedürfen die von ihnen behaupteten Tatsachen der Überprüfung sowie die privaten Verfolgungsinteressen der rechtsstaatlichen Kanalisierung und Humanisierung. Diese Aufgabe ist für alle Betroffenen und das Gemeinwesen so bedeutsam, daß sie nur in einem geregelten und das heißt formalisierten **Verfahren** z.B. nach der Strafprozeßordnung legitimiert werden kann. Außerdem müssen diese Funktionen von bestimmten Berufsgruppen, den Trägern der Verbrechenskontrolle wie Polizei, Strafrechtspflege, Strafvollzug und Bewährungshilfe, wahrgenommen werden. Alle Prüfung aber schließt Abstufung, Auswahl und damit auch Bewertung ein. Dies ist in der Verbrechenskontrolle prinzipiell nicht anders als etwa im Schul- und Ausbildungswesen. Die Tatsache der Selektion läßt sich also nicht umgehen. Die Fragen und Möglichkeiten liegen vielmehr in der **Rationalität** der Begründung, in der **Rechtfertigung und Durchsichtigkeit**. Andernfalls bliebe lediglich die Möglichkeit der Willkür oder der Zufallsauswahl, etwa im Sinne der sogenannten Dezimierung vergangener Jahrhunderte. Die Anordnung von Kriminalsanktionen zählt zu den einschneidendsten staatlichen Machtäußerungen. Sie muß deshalb für den Bürger im höchstmöglichen Grade berechenbar sein (*Jung* 1986, 62). Da Macht ohne Kontrolle mit den Grundsätzen des demokratischen Rechtsstaats kaum vereinbar ist, bedarf es entsprechender Sicherungen, gesetzlicher Bindungen und Handlungsanweisungen.

Um die Auswahlprozesse durchschaubar und rational einsichtig zu machen, hat sich im Laufe der Strafrechtsgeschichte eine Reihe von **rechtspolitischen Grundsätzen** herausgebildet (siehe § 11, 3 u. Zehntes Kapitel). Diese haben die Aufgabe von Handlungsanweisungen für die Träger der Verbrechenskontrolle. Zu den Prinzipien gehören auch die sogenannten Prozeßmaximen, insbesondere das **Legalitätsprinzip** (§§ 152 Abs. 2, 160 Abs. 1, 163 StPO). Danach haben hierzulande Staatsanwaltschaft und Polizei grundsätzlich alle strafbaren Handlungen zu verfolgen. Außerdem wird aus dem Grundsatz der Funktionstüchtigkeit der Strafrechtspflege abgeleitet, daß der Strafanspruch durchgesetzt wird (BVerfGE 46, 214, 22 f.; *Gössel* 1982, 121, 129; kritisch *Jung* 1986, 60). Freilich gibt es andere Länder wie Frankreich, Großbritannien und die Niederlande, wo das Opportunitätsprinzip herrscht. Dort ist es also grundsätzlich in das Ermessen der Behörden gestellt, ob und wann sie verfolgen wollen. Die tatsächliche Ausübung dieses Ermessens ist daher besonders wichtig. Dennoch ergeben sich überall gravierende Probleme, gleichgültig ob unter der Herrschaft des Legalitäts- oder Opportunitätsprinzips. Schwierige Fragen wirft schon die sogenannte Dunkelfeldkriminalität auf (siehe unten § 20, 3), die sich also der offiziellen Kenntnisnahme und Verfolgung entzieht. Entsprechendes gilt für die Eingriffe durch Amnestien, von denen in manchen Staaten reicher Gebrauch gemacht wird, und ferner für sogenannte Prozeßabsprachen („plea bargaining"; dazu kritisch *Schünemann* 1990). Aber auch dann, wenn man diese Problematik zunächst außer Betracht läßt, ergeben sich Fragen, die unter dem Gesichtspunkt der **Gleichheit im Unrecht** bezüglich der erwähnten Tätermerkmale sowie für die kriminologische Aussagekraft der Kriminalstatistik von erheblicher Tragweite sind. Denn die traditionelle Kriminologie ging gemäß dem Gesetz der konstanten Verhältnisse weithin von der Strukturgleichheit zwischen registrierter und unbekannt gebliebener Kriminalität aus. Doch schon die unterschiedliche Sichtbarkeit von Rechtsbrüchen und Rechtsbrechern (vgl. unten §§ 19, 6; 37, 3) läßt systematische Verzerrungen vermuten. Aufgrund dieser Erwägungen ist die Erforschung solcher Selektions- und Sanktionsprozesse ein wichtiges neues Feld kriminologischer Wissenschaft geworden.

6. Selektion und Kriminalitätsgeographie

Schrifttum: *Albrecht, G.*, Kriminalitätsgeographie, Städtebau und Kriminalität. KKW 1993[3], 226-236; *Albrecht, H.-J.*, Gemeinde und Kriminalität. In: Gesellschaftliche Umwälzung, hrsg.v. Kury. Freiburg 1992, 33-54; *Ammer*, Kriminalität in Landau. Analyse und (Re-) Konstruktion des Kriminalitätsbildes einer Kleinstadt mit hoher Kriminalitätsbelastung. Holzkirchen 1990; *Boggs*, Formal and Informal Crime Control: An Exploratory Study of Urban, Suburban, and Rural Orientation. Sociological Quarterly 12 (1971), 319-327; *v. Hentig*, Das Verbrechen, Bd. 1: Der kriminelle Mensch im Kräftespiel von Zeit und Raum. Berlin u.a. 1961; *Inciardi*, Visibility, Societal Reaction, and Criminal Behavior. Criminology 10 (1972), 217-234; *Kaiser*, Gefährliche Stadt? In: Stadt der Zukunft, hrsg. v. Zeller. Zürich 1990, 245-256; *Kräupl/Ludwig,* Wandel kommunaler Lebenslagen, Kriminalität und Sanktionserwartungen. Freiburg 1993.

Tatort und Tatgebiet sind kriminologisch von erheblicher Bedeutung. So werden in Großstädten bei bestimmten Deliktstypen teilweise zehnmal so viele Straftaten registriert wie auf dem Lande. Ferner werden in freiheitlichen Gesellschaften vermutlich mehr Delikte begangen als in totalitären Sozialsystemen, auch wenn in beiden Gesellschaftsformen ein **Stadt-Land-Gefälle** besteht. Doch läßt sich den Schwierigkeiten der Kriminalitätsgeographie nur bedingt dadurch entrinnen, daß man sich nicht mehr auf die Rechtspflegestatistik, sondern auf die polizeiliche Anzeigenstatistik stützt. Denn auch die Erstattung von Anzeigen unterliegt vielfältigen Verzerrungen, wie die Opferbefragungen gezeigt haben (dazu unten § 36, 4).

Damit wird deutlich, daß regional unterschiedliche Belastungen der Delinquenz überwiegend nicht auf Besonderheiten in der Persönlichkeitsstruktur zurückgeführt werden können. Vielmehr haben wir in den Großstädten besondere Kommunikationsformen mit den Kennzeichen einer höheren Anonymität anzunehmen. Dabei formen die Muster der strafrechtlichen Sozialkontrolle die Kriminalitätsgeographie entscheidend mit. „Stadtluft macht frei" gilt auch in dem Verhältnis zwischen Kriminalität und Verbrechenskontrolle. Selbst innerhalb der Gemeinden und kommunalen Bezirke finden wir Verschiedenheiten in der polizeilichen Überwachung, etwa nach dem Grad der Privatheit oder **Öffentlichkeit** von Beziehungen (*Boggs* 1971) oder nach der sozialen **Sichtbarkeit** (dazu *Inciardi* 1972). Derartige Kontrollmechanismen bestimmen schließlich die räumlichen Tatbereiche bei der Verkehrsdelinquenz, hier unterschieden nach Innerorts- und Außerortsgebieten sowie nach der Verkehrsdichte.

Daher können „systemneutrale Faktoren" nicht verkannt werden. Allerdings mögen sich die angelsächsischen Erfahrungen aufgrund der bei uns eingeengten polizeilichen Definitionsmacht auf die hiesigen Verhältnisse nur sehr bedingt übertragen lassen. Dies wird bei der Rezeption polizeisoziologischer Fragestellungen häufig übersehen. Dennoch bleibt richtig, daß ausweislich der Analysen die einzelnen Gemeinden und Stadtbezirke mit polizeilichen **Kontrollen unterschiedlich** ausgestattet sind. Dies gilt ferner für die Kontaktbereichsbeamten des kommunalen Sozialdienstes und überdies für die privaten Nachbarschaftskontrollen („neighbourhood watch"; dazu Näheres LB § 37, Rn. 41 ff.). Soweit es sich um Unterschichtbezirke handelt, zieht die generell beobachtbare Delinquenzrate eine schärfere polizeiliche Kontrolle nach sich und diese wiederum eine höhere polizeiliche Anzeigefrequenz. Auch wenn damit die Annahme schichtspezifischer Schwerpunkte der Kriminalität nicht zu entkräften ist, wie vor allem Ergebnisse von Opferbefragungen nahelegen, so bestehen doch Hinweise dafür, daß die einzelnen Gruppen und Schichten der Bevölkerung der sozialen Kontrolle unterschiedlich nahe sind. „Ganze Bevölkerungsgruppen genießen auf dem Gebiet der Anzeige ein Sonderregime" (*v. Hentig* 1961, 83). Manche von ihnen sind gegenüber der organisierten Verbrechenskontrolle fast vollständig „immun".

7. Verzerrungen durch Selektivität strafrechtlicher Verfolgung?

Schrifttum: *Albrecht, G./Howe*, Soziale Schicht und Delinquenz. Verwischte Spuren oder falsche Fährte? KZfSS 44 (1992), 697-730; *Amelang*, Sozial abweichendes Verhalten. Berlin u.a. 1986, 122 ff.; *Kerner*, Anstaltsinsassen. In: Strafvollzug. Ein Lehrbuch, hrsg. v. Kaiser u.a., Heidelberg 1992[4], 371-381; *Kürzinger*, Deliktsfragebogen und schichtenspezifisches Kriminalitätsvorverständnis. RdJB 21 (1973), 147-152; *Sack*, Selektion und Kriminalität. KJ 4 (1971), 384-400; *Thornberry/Farnworth*, Social Correlates of Criminal Involvement: Further Evidence on the Relationship between Social Status and Criminal Behavior. ASR 47 (1982), 505-518; *Villmow/Stephan*, Jugendkriminalität in einer Gemeinde: Freiburg 1983.

Wissenschaft und Öffentlichkeit sehen sich teilweise in der Annahme bestärkt, daß Polizei und Justiz dazu neigen, eher Personen der sozialen Unterschichten als andere zu verfolgen und zu bestrafen (siehe auch LB Schaub. 30). So wird für die USA angenommen, daß nach den offiziellen Statistiken der größte Teil der straffälligen Bevölkerung der sozialen Unterschicht entstammt, insbesondere soweit es um sogenannte Straßenkriminalität geht. Mindestens zwei Drittel der Anstaltsinsassen gehören dort der Unterschicht an. Ähnliche schichtspezifische Rekrutierungsmuster liegen dem hiesigen Strafvollzug zugrunde (vgl. *Kerner* 1992, 380). Darüber hinausgehend glaubt man, daß dann, wenn ein Angehöriger der Unterschicht und einer der höheren Schicht in gleicher Weise eines Delikts schuldig seien, die Person der Unterschicht mit größerer Wahrscheinlichkeit verdächtigt, verurteilt und gegen sie eine Freiheitsstrafe vollzogen werde. So meint *Sack* (1971, 397), daß die gleichen Gruppen und sozialen Schichten, die hinsichtlich der Bildung und des Zugangs zu dem Belohnungssystem der Gesellschaft unterprivilegiert, bezüglich des Zugangs zu dem Bestrafungssystem der Gesellschaft überprivilegiert sind. Die **Hypothese** besagt also, daß eine Person der Unterschicht, verglichen mit einem Angehörigen der höheren Sozialschichten,

* mit größerer Wahrscheinlichkeit bei einem Rechtsbruch beobachtet und
* eher festgenommen wird, wenn sie unter verdächtigen Umständen entdeckt worden ist, ferner, daß sie
* eher in Untersuchungshaft genommen,
* eher gegen sie ein Strafbefehl beantragt oder das Hauptverfahren eröffnet sowie daß sie
* eher schuldig gesprochen und
* eher hart bestraft wird.

Untersuchen wir daher, ob die Ergebnisse empirischer Analysen die Annahme schichtspezifischer Selektivität stützen.

Nach der Freiburger Dunkelfelduntersuchung (*Villmow/Stephan* 1983, 127) z.B. schwankt das erfragte Delinquenzverhalten in den einzelnen Schichten der männlichen Befragten (N = 854) zwischen 34,9 und 40,1%. Im Durchschnitt gab jeder Dritte an, innerhalb von zwölf Monaten strafbare Handlungen begangen zu haben.

Obschon sich die befragten 14- bis 26jährigen schichtspezifisch nach dem Alter nicht signifikant unterscheiden, scheint die Kriminalitätsbelastung tendenziell in den einzelnen Schichten vom Alter abhängig zu sein. Während nämlich bei den Jugendlichen die Täteranteile nur um etwa 4% streuen, schwanken sie bei den Heranwachsenden um mehr als 20%. Bei den Jungerwachsenen wiederum betragen die schichtspezifischen Differenzen bis zu 14%.

Auch hinsichtlich der erfragten Viktimisierung ergab sich eine Abhängigkeit vom Alter. So nimmt mit Ausnahme der oberen Schichten bei allen Sozialschichten die Opferrate mit zunehmendem Alter ab. Zwar sind Angehörige der Unterschichten tendenziell weniger als jene der Oberschichten mit Opfersituationen belastet. Aber Mehrfach- und Vielfachopfer sind auf alle Schichten relativ gleichmäßig verteilt.

Danach scheint keine Schicht in der Kriminalität besonders stark oder gering belastet zu sein. Vielmehr nehmen in den drei Altersgruppen jeweils Unterschichten die zu erwartenden Rangplätze ein. Differenziert man das erfragte Delinquenzverhalten aber nach der Art der Kriminalität, so zeigt sich eine tendenziell stärkere Belastung der unteren Schichten mit Gewaltdelikten einerseits und der Mittel- und Oberschicht mit Unterschlagung und Rauschgiftkriminalität andererseits (jedoch ohne statistische Signifikanz). Wegen eines möglicherweise schichtenspezifischen Deliktsverständnisses (*Kürzinger* 1973, 149 ff.) ist allerdings nicht auszuschließen, daß Befragte höherer Sozialschichten im Zeitpunkt der Befragung an leichtere Fälle dachten, die häufiger vorkommen und deshalb auch eher berichtet werden. Vergleicht man mit diesen Befunden wiederum die amtliche Registrierung aufgrund einer Dokumentenanalyse, so ergibt sich, daß auch danach die Schichtzugehörigkeit keine Unterschiede in der Delinquenz erkennen läßt.

Mit anderen Worten streuen Klein- und Gelegenheitskriminalität relativ gleichmäßig über alle Schichten, insbesondere bis zu einem Alter der Befragten von etwa 16 Jahren. **Mit zunehmendem Alter, wachsender Intensivierung und Schwere des kriminellen Verhaltens verliert sich die gleichmäßige Belastung jedoch zugunsten einer Schwerpunktbildung bei den unteren Schichtangehörigen**, und zwar sowohl nach Täterbefragung, erfragtem Anzeigeverhalten (siehe unten §§ 20, 3 und 36, 4) wie offizieller Registrierung (ähnlich *Amelang* 1986, 126 f.). Hierzu stimmige Befunde weist der Vergleich polizeilicher Erfassung von Deutschen und Ausländern nach der Freiburger Kohortenstudie aus, wonach Deutsche beiderlei Geschlechts nach dem Höhepunkt der Registrierung im 16. Lebensjahr allmählich abnehmen, hingegen Ausländer noch partiell eine Zunahme aufweisen, insbesondere die Mehrfachregistrierten mit dem Höhepunkt um das 22. bis 23. Lebensjahr. Entsprechend unterscheiden sich die Strukturbilder der Kriminalität. **Erst bei erfragter hoher Delinquenzbelastung** (bzw. verweigerter Befragung), Schichtzugehörigkeit und offizieller Registrierung treffen wir auf einen **signifikanten Zusammenhang**.

Wie in der Sozialisationsforschung kann auch hier die Schichtvariable in einer Stichprobe regelmäßig nur einen sehr kleinen Teil der Varianz erklären. Daher ist die Bedeutung der Schichtzugehörigkeit zurückhaltender einzuschätzen. Schon gar nicht rechtfertigen die Befunde die bislang behauptete Prominenz der Schichtanalyse in Strafverfolgung und Selektionsforschung. Wohl gibt es eine Selektion. Jedoch sind ihre Kriterien vielschichtiger, als daß sie sich allein auf die Schichtvariable zurückführen läßt.

Im übrigen jedoch muß man annehmen, daß auch unter Berücksichtigung selektionsspezifischer Verzerrungen ein Restunterschied nach Art und Belastung der Delinquenz zwischen Angehörigen der Unterklasse und den höheren Schichten bleibt. Allerdings trifft das Ausmaß der Überrepräsentation unterer Sozialschichten in der Strafrechtspflege nicht unter allen Bedingungen zu; es gibt hiervon auch Ausnahmen, etwa für die Bereiche der Wirtschafts- und Verkehrskriminalität. Die Deliktsart hängt offenbar in signifikanter Weise mit dem sozio-ökonomischen

Status, den Möglichkeiten und Fertigkeiten des Rechtsbrechers zusammen. Demgemäß verkennen die Vertreter einer schichtspezifischen Selektivität strafrechtlicher Verfolgung nicht nur die Unterschiede nach dem Deliktstypus, sondern sie übersehen auch, daß die schichteigentümliche Struktur der abgeurteilten Rechtsbrecher durch die strafgesetzlichen Vorentscheidungen (z.B. Kriminalisierung der Eigentumsverletzung) sowie durch die Handlungsmuster von Verbrechensopfer, Anzeigeerstatter und Polizei schon weitgehend vorgegeben ist.

8. Definition und Wahrnehmung des Verbrechens in ihrer Bedeutung für die Konstituierung der Verbrechensrealität

Schrifttum: *Heinz*, Kriminalstatistiken – Indikatoren der Kriminalität und ihrer Entwicklung? In: BKA-Vortragsreihe 23 (1977), 93-110; *Kürzinger*, Private Strafanzeige und polizeiliche Reaktion. Berlin 1978; *Rößner*, Bagatelldiebstahl und Verbrechenskontrolle. Frankfurt/M. 1976.

Die Relevanz von Selektionen und Auswahlprozessen liegt vor allem **in** den kriminologischen, aber auch rechts- und sozialpolitischen **Konsequenzen.** Diese bestehen in den Selektionskriterien und in dem Problem der Gleichheit, ferner in der Aussagekraft der Kriminalstatistik, in der Funktion des Strafverfahrens, einschließlich der Tätigkeit von Polizei und Staatsanwaltschaft für die kriminologische Untersuchung. Sie sind schließlich wichtig wegen der mit ihnen angedeuteten Dynamisierung der kriminologischen Betrachtungsweise, verglichen mit der Statik kriminologischer Frühforschung.

Die Wahrnehmung der Selektionsaufgaben wird von verschiedenen Gesichtspunkten bestimmt. Neben Opferbelangen, Resozialisierungsnotwendigkeiten beim Täter und generalpräventiven Interessen schlagen auch verfahrensökonomische Gesichtspunkte, insbesondere solche der begrenzten Kapazität, durch. Diese vielschichtigen Kriterien bestimmen die differentielle Wahrscheinlichkeit kriminalrechtlicher Sanktionierung. Kennt die Strafrechtspflege sowohl regional und national als auch international unterschiedliche Handlungsmuster, so versucht sie doch überall, unter den Rechtsbrechern auszulesen. Dabei lassen sich **Regelhaftigkeiten** erkennen. Je leichter und harmloser das festgestellte Delikt erscheint, desto mehr gehen zusätzliche Merkmale in den Selektionsprozeß ein und desto größer ist die Selektionsmacht (vgl. *Kürzinger* 1978, 158 ff. zu den delikttypischen Unterschieden von Gewalt- und Eigentumsstraftaten). Je schwerer und eindeutiger hingegen die Straftat zu beurteilen ist, desto mehr treten außerdeliktische Faktoren, die in Persönlichkeit und Bezugsbereichen des Rechtsbrechers begründet liegen, zurück. (Eine wichtige Ausnahme bilden lediglich die quantitativ geringen Fälle des § 20 StGB.) Nur auf diese Weise läßt sich wohl der Sachverhalt deuten, daß trotz auseinandergehender Kontrollstile im innerdeutschen wie im europäischen Vergleich die relativen Anteile der Strafgefangenen verhältnismäßig dicht beieinander liegen. Da vor allem im breiten Mittelfeld der Rechtsbrecher diagnostische Zuschreibungsprozeduren und darauf gestützte Prognosen über die kriminalrechtliche Handhabung entscheiden, wächst das **Bedürfnis nach Kontrolle** derartiger Entscheidung **und** nach **Festigung der rechtsstaatlichen Garantien**. Freilich reichen die differentiellen Handlungsmuster der Kontrollinstanzen nicht so weit und prägen nicht so stark, daß sie das Gefälle in der Kriminalitätsbelastung von Männern zu Frauen, von jungen zu alten Menschen sowie von stark urbanisierten Bereichen zum Land völlig umgestalten würden. Vielmehr deuten die gleichförmigen Strukturen, unabhängig von Zeit und Raum, an, daß es offenbar **systemneutrale und selektionsindifferente Faktoren in der Kriminalität** gibt. Diesen müssen auch Polizei und Strafrechtspflege Rechnung tragen, wenn sie im Gesamtsystem der Verbrechenskontrolle nicht dysfunktional wirken wollen.

Bei einer auf die Täterpersönlichkeit beschränkten Darstellung des Erfahrungswissens (vgl. §§ 25 ff.) muß die **Frage** noch weitgehend offen bleiben, **inwieweit zwischen sogenannten Tätermerkmalen und Selektionskriterien eine Übereinstimmung** besteht. Analysen solchen Materials, welches rein verhaltensorientiert und nicht persönlichkeitsbezogen gewonnen wurde, lassen erkennen, daß jene die Rechtsbrecher so kennzeichnenden Merkmale nicht nur reine Selektionskriterien bilden. Auch der Befund, daß Indikatoren für familiäre Sozialisationsdefekte mit nahezu tendenzieller Regelmäßigkeit zeitüberdauernd und geographisch fast überall gefunden werden, spricht für die diagnostische Relevanz. Freilich ist auch bei diesen Beobachtungen nicht auszuschließen, daß es sich bei manchen Unterschieden im späteren Jugend- und im Erwachsenenalter nicht mehr um primäre, sondern um sekundäre Merkmale handelt, also um Kriterien, die sich erst von dem möglicherweise langdauernden Sanktionierungs- und Betreuungsprozeß ableiten. Auch können die Übereinstimmungen ein Indiz dafür sein, daß die anscheinend unterschiedlichen sozialen Kontrollmechanismen und die Hintergrund-Überzeugungen in den verschiedenen Staaten und Gesellschaften im wesentlichen gleichartig sind. Sie erweisen sich offenbar bei der Stabilisierung jeglicher gesellschaftlicher Verhältnisse als günstig. Sie sind der Konformität, der Herrschaft schlechthin „funktional". Danach können die Verhaltensauffälligkeiten substantiell unabhängig von den spezifischen Selektionsmustern der strafrechtlichen Sozialkontrolle gedacht werden. **Der Ausleseprozeß macht dann die zugrunde liegenden defizitären Strukturen nur noch offenkundig.** Er wirkt nicht konstitutiv, sondern nur deklaratorisch.

Geht man von diesen Überlegungen aus, so ergeben sich **für Verbrechen und Kriminalität** die nachstehenden **Folgerungen**:

* „Kriminalität" beschränkt sich nach Begriff, Erscheinung und sozialpolitischer Problematik weitgehend auf die amtlich bekannt gewordenen Rechtsbrüche;
* „Kriminalität" ist im wesentlichen nichts anderes als eine abhängige Größe (Variable), ein Struktur und Intensität der strafrechtlichen Sozialkontrolle jeweils widerspiegelnder Sachverhalt.
* Negative Folgen für die soziale Plazierung treffen vor allem, aber nicht ausschließlich die abgeurteilten Rechtsbrecher.

Müssen diese Konsequenzen auch in der folgenden Darstellung noch näher ausgeführt und begründet werden, so ist schon jetzt zu erkennen, welche kriminologische sowie sozial- und rechtspolitische Bedeutung dem Selektionsprozeß zukommt. Hieraus erklärt sich nicht zuletzt „die hohe Priorität", die seit den 70er Jahren der Entstehung von Kriminalstatistiken eingeräumt wird. Der Ort der Filterung befindet sich hauptsächlich im strafrechtlichen Vor- und Hauptverfahren. Deshalb kommt ihm eine die Kriminalität in Umfang, Bewegung und Struktur gestaltende Funktion zu.

§ 20 Erkenntnismittel und methodische Zugänge zur Kriminalität

Schrifttum: *Albrecht, H.-J.*, Geschichte und Kriminologie: Was kann der historische Zugang für Untersuchungen kriminologischer Fragestellungen leisten? In: Literatur, Kriminalität und Rechtskultur im 17. und 18. Jahrhundert, hrsg.v. Böker. Dresden 1996, 36-53; *Blasius*, Kriminalität und Alltag. Zur Konfliktgeschichte des Alltagslebens im 19. Jahrhundert. Göttingen 1978; *van Dülmen* (Hrsg.), Verbrechen, Strafen und soziale Kontrolle. Frankfurt/M. 1990; *Evans* (ed.), The German Underworld. Deviants and Outcasts in German History. London u.a. 1988; *Gatrell* u.a., Crime and the Law: The Social History of Crime in Western Europe since 1500. London 1980; *Middendorff*, Historische Kriminologie. In: Die Psychologie 1981, 165-181; *Müller-Dietz*, Von der historischen Kriminologie zur Sozialgeschichte der Kriminalität und Kriminalitätskontrolle.

160

In: FS für Miyazawa 1995, 63-74; *Radbruch/Gwinner*, Geschichte des Verbrechens. Stuttgart 1951; *Reif* (Hrsg.), Räuber, Volk und Obrigkeit. Studien zur Geschichte der Kriminalität in Deutschland seit dem 18. Jahrhundert. Frankfurt/M. 1984; *Rengier*, Kriminologisches Lernen durch tägliche Zeitungslektüre. JuS 1983, 402-407.

1. Historische Kriminologie

Besonders bei neuartigen oder seltenen Delikten, aber **auch** aus didaktischen Gründen greifen Forschung und Lehre auf die **Schilderung von Einzelfällen** zurück. Zu denken ist vor allem an Studien über die vorsätzliche Tötung, über Geiselnahme und Flugzeugentführung sowie über das politische Verbrechen. Über „berühmte Kriminalprozesse" liegen in der Gegenwart mehrere instruktive Fallsammlungen vor. Derartige Rückgriffe sind als illustrative Methode und wegen der Einengung der Sichtweise auf die sogenannten „causes célèbres et intéressantes" nicht unbedenklich. Wollte man jedoch nur jenen Bereich der Kriminalität für wissenschaftlich legitim ansehen, der eine quantitative Analyse zuläßt, so würde man eine wichtige Dimension vergangener und zeitgenössischer Kriminalität verfehlen. Die Kriminologie ginge dann interesse- und kenntnislos an berühmten Fällen wie einstmals Kaspar Hauser ebenso vorbei wie an Amoklauf, Attentat, Flugzeugentführung, Geiselnahme, Subventionserschleichung, Sexualmord und an den Erscheinungen des organisierten Verbrechens (siehe unten § 22, 4). Dies scheint die gelegentlich geäußerte Kritik an der sogenannten anekdotischen Kriminologie zu übersehen.

Vor allem die Ansätze und Beiträge der **historischen Kriminologie** versprechen hier zusätzliche Einsichten (vgl. *Albrecht* 1996, 36 ff.). Diese Forschungsrichtung, einerseits Teilgebiet der Kriminologie, andererseits der Geschichte, will durch Auswertung und Vergleich verschiedener Kriminalfälle zur Steigerung der Erkenntnis über das Verbrechen und seine Kontrolle beitragen (vgl. *Middendorff* 1981, 165 f.). Neben der Auswertung von Einzelfällen anhand strafgerichtlicher Akten, Fallsammlungen und Biographien obliegt ihr die Aufgabe, die **„Geschichte des Verbrechens"** (*Radbruch/Gwinner* 1951; *Gatrell* u.a. 1980) sowie Strukturen und Wandlungen der Verbrechenskontrolle anhand von Urkunden, Statistiken und Gesetzen zu erforschen. Zwar verzahnen sich Kriminalität und Alltag in Fallgeschichten. Doch ist es äußerst schwierig, über Biographien oder einzelne kriminelle Karrieren kollektive Lebenswirklichkeiten zu erschließen. Unter dem Einfluß neuerer sozialgeschichtlicher Betrachtungsweisen (dazu *Müller-Dietz* 1995, 63 ff.) nimmt man daher an, daß die **alltägliche Kriminalität** einen besseren Zugang bildet, weil sie den kriminellen Alltag einfängt, d.h. einen Alltag, für dessen Bewältigung delinquentes Verhalten oft das einzige Mittel ist (*Blasius* 1978, 9). Zu denken ist hier etwa an die kleinen Diebstähle, die Holzdiebstähle oder die Steuerdelikte des 19. Jahrhunderts. Der bereits früh entdeckte Zusammenhang von Nahrungsmittelpreisen und Diebstählen veranschaulicht die Umsetzung der Alltagsprobleme in Kriminalitätsraten (dazu *Blasius* 1978, 45, 47 ff.;

Reif 1984, 43 ff. sowie unten § 24, 3.2). Neuerdings sucht man besonders die Alltagskriminalität unter dem Konzept der **Sozialdisziplinierung** zu deuten (z.b. *van Dülmen* 1990, 8 f.). Dieser Gedanke ist jedoch weder neu noch zur Erklärung von Kriminalität oder von deren epochenspezifischem Wandel zureichend.

Weitere Informationen über Kriminalität liefern Dunkelfeldforschung, insbesondere Opferbefragungen, Inhaltsanalysen der Massenmedien, Aktenuntersuchungen sowie Lehrbücher, Monographien und Fallsammlungen.

2. Kriminalstatistik

Schrifttum: *Biderman/Lynch*, Understanding Crime Incidence Statistics. Why the UCR diverges from the NCS. New York u.a. 1991; *Dörmann* u.a., Kriminalitätsanalyse und -prognose. In: Wissenschaftliche Kriminalistik, hrsg. v. Kube u.a. Wiesbaden 1984, 37-76; *Hauf*, Kriminalitätserfassung und Kriminalitätsnachweis auf polizeilicher Ebene. Eine Problemanalyse. Bonn 1992; *Heinz*, Die deutsche Kriminalstatistik. Überblick über ihre Entwicklung und ihren gegenwärtigen Stand. In: Kriminalstatistik, hrsg. v. Heinz u.a. BKA-Bibliographien-Reihe Bd. 5. Wiesbaden 1990, 1-139 mit Anhang 140-169; *Jehle* (Hrsg.), Datensammlungen und Akten in der Strafrechtspflege. Wiesbaden 1989; *Kerner*, Kriminalitätsentwicklung und Kriminalstatistik. In: Fälle zum Wahlfach „Kriminologie, Jugendstrafrecht, Strafvollzug", hrsg. v. Jung. München 1988[2], 150-168.

Wichtigstes Mittel zur Analyse der Kriminalität ist die Kriminalstatistik. Sie enthält die Mitteilung von **Zahlen**, die **über Rechtsbrüche und Rechtsbrecher** im Tätigkeitsfeld zuständiger Träger der Verbrechenskontrolle anhand schriftlicher Unterlagen (Urkunden) in regelmäßigen Zeitabständen zusammengestellt werden.

Als Erkenntnismittel dienen aber nicht nur die Tabellenwerke der Vollzugs- und Verurteiltenstatistik wie im 19. Jahrhundert. Schon die polizeiliche Anzeigenstatistik ist heranzuziehen (zum gegenwärtigen Stand *Dörmann* u.a. 1984, 37 ff.; *Kerner* 1988, 150 ff.; grundlegend *Heinz* 1990, 1 ff. und *Hauf* 1992, 13 ff.). Wir beobachten demgemäß in der Benutzung kriminalstatistischer Tabellenwerke eine zeitlich wachsende Verschiebung „nach vorn", also von der Vollzugs- zur Anzeigenstatistik. Diese Verlagerung entspricht der Blickschärfung für Tatnähe und Anzeigesituation, aber auch dem zunehmenden Bedeutungsverlust des stationären Vollzuges mit jetzt nur noch knapp 10% aller jährlichen Kriminalsanktionen (in Österreich und der Schweiz liegt der vergleichbare Satz etwas höher; siehe ferner unten § 45). Weitere Informationen liefern neben den Analysen derartiger Dokumente Dunkelfeldforschung, insbesondere Opferbefragungen, Inhaltsanalysen der Massenmedien, Aktenuntersuchungen sowie Lehrbücher, Monographien und Fallsammlungen.

Die Bedeutung kriminalstatistischer Materialien und deren Analyse leitet sich vor allem aus der erörterten Funktion der strafrechtlichen

Sozialkontrolle für die Struktur der Kriminalität und der Auslese der Täter her. Außerdem sind die gegenwärtig nicht entkräftbaren Einwände gegen die Dunkelfeldforschung und deren stets schmale Informationsbasis zu beachten (dazu unten 3.). Deshalb bleiben wir auf die Kriminalstatistik angewiesen, wenn wir uns über Inhalt, Ausmaß und Bewegung der registrierten Rechtsbrüche unterrichten wollen (dazu eingehend *Hauf* 1992, 17 ff., mit Vorschlägen zur methodischen Fortentwicklung der PKS). Denn jede Beschränkung oder Festlegung auf nur ein einziges Erkenntnismittel birgt ernstliche Nachteile (*Schneider* 1987, 168 ff.). Deshalb ist nicht nur die technische Verbesserung, sondern auch die überzeugende Auslegung der Kriminalstatistik notwendig. Ferner müssen kriminalstatistische Daten stets mit Opferbefragungen verglichen und auf deren Hintergrund interpretiert werden.

2.1 Werkzeuge kriminalstatistischer Untersuchung

Zur kriminalstatistischen Analyse stehen entsprechend den Teilsystemen strafrechtlicher Sozialkontrolle allgemein mindestens drei Statistiken zur Verfügung:

1. Polizeistatistik (PKS),
2. Rechtspflegestatistik und
3. Strafvollzugsstatistik.

Sie erfassen das Gesamtsystem der Verbrechenskontrolle und seiner Aktivitäten an verschiedenen Meßpunkten. Sie geben also jeweils „Momentaufnahmen" und damit Querschnittsdaten wieder. Sie lassen sich zur Längsschnittanalyse in sogenannten Zeitreihen verknüpfen und werden häufig durch Spezialstatistiken ergänzt.

In der **Bundesrepublik Deutschland** können wir uns der folgenden Hilfsmittel bedienen:

a) der **Polizeilichen Kriminalstatistik**. Sie wird seit 1953 jährlich vom Bundeskriminalamt in Wiesbaden veröffentlicht, hat allerdings in den Jahren 1963 und 1971 bedeutsame Änderungen erfahren;
b) der **Statistik der Staatsanwaltschaft**, seit 1981 vom Statistischen Bundesamt herausgegeben;
c) der **Rechtspflegestatistik**. Sie wird seit 1950 vom Statistischen Bundesamt in Wiesbaden herausgegeben. Sie gliedert sich seit 1976 in „Rechtspflege" und „Strafverfolgung". (Für die Zeit von 1882 bis 1939 wurde sie vom Statistischen Reichsamt geführt);
d) der **Statistik der Bewährungshilfe**;
e) der **Statistik des Strafvollzuges**;
f) der **Statistik der Öffentlichen Jugendhilfe**. Sie wird, ebenso wie die zwei folgenden statistischen Hilfsmittel, vom Statistischen Bundesamt bearbeitet;

g) der **Statistik der Verkehrsunfälle**;
h) der **Statistischen Mitteilungen des Kraftfahrtbundesamtes** in Flensburg. Sie enthalten Informationen über die Eintragung in das Verkehrszentralregister, über die Bußgeldpraxis der Länder und über die Entziehung von Fahrerlaubnissen.

In **Österreich** stehen als Erkenntnisquellen über die registrierte Kriminalität folgende Hilfsmittel zur Verfügung:

a) Die **Polizeiliche Kriminalstatistik**, veröffentlicht und erarbeitet vom Bundesministerium des Innern, erstmals für die Jahre 1953/54;
b) die **Gerichtliche Kriminalstatistik**, herausgegeben vom Österreichischen Statistischen Zentralamt seit 1910;
c) die **Statistik der Rechtspflege**, bearbeitet vom Statistischen Zentralamt, und
d) die **Straßenverkehrsstatistik**, herausgegeben vom Statistischen Zentralamt seit 1961 unter dem Titel „Straßenverkehrssicherheit".

Während die Polizeistatistik über die bekanntgewordenen Straftaten sowie über deren Aufklärung Auskunft gibt, vermitteln die beiden Justizstatistiken Informationen über die Tätigkeit der Staatsanwaltschaft und der Strafgerichte. Diese drei Hilfsmittel verknüpft und erläutert der jährlich von der Bundesregierung herausgegebene Bericht über die innere Sicherheit in Österreich, der sogenannte **Sicherheitsbericht**.

In der **Schweiz** unterscheidet man wegen unterschiedlicher Aussagekraft die statistischen Werkzeuge, die gesamtschweizerisch, und andere, die nur kantonal verfügbar sind. Für das Gebiet der Gesamtschweiz können wir auf folgende Hilfsmittel zurückgreifen (dazu auch *Kunz* 1994, 189 ff.):

a) Die **Polizeiliche Kriminalstatistik**, herausgegeben von der schweizerischen Bundesanwaltschaft und dem Zentralpolizeibüro in Bern, erstmals als „Minimale Kriminalstatistik" erschienen für das Jahr 1982. Sie ist vor allem eine Anzeigenstatistik und enthält eine knappe Zusammenstellung der kantonal von der Polizei erhobenen Daten zu den wichtigsten konventionellen Straftaten, den Tatverdächtigen und Opfern, also ohne die Verkehrs- und Betäubungsmitteldelikte sowie die sonstigen Bereiche des Nebenstrafrechts.
b) Die **Strafurteilsstatistik**. Sie wird seit 1929 veröffentlicht und erscheint ab 1946 jährlich in der vom Bundesamt für Statistik in Bern herausgegebenen Serie „Statistische Quellenwerke der Schweiz" unter dem Titel „Die Strafurteile in der Schweiz". Sie erfaßt sämtliche im Zentralregister eintragungsfähigen Strafurteile nach Merkmalen der Verurteilten, Sanktionen und Kantonen. Ausgeschlossen von der Registrierung sind z.B. Bußen bis 500 sFr. wegen Übertretungen und Maßnahmen gegen Kinder; Verurteilungen von Jugendlichen werden nur zu einem kleinen Bruchteil (etwa 5%) erfaßt.
c) Die **Schweizerische Strafvollzugsstatistik**, zusammengestellt von der Eidgenössischen Kommission für die schweizerische Strafvollzugsstatistik und

herausgegeben vom Bundesamt für Statistik als Jahresbericht, erstmals für die Zeit seit 1982. Sie besteht aus drei Teilen: dem Anstaltenkatalog, der Insassen-Statistik und der Rückfälligkeits-Statistik.

d) Die **Verkehrsunfallstatistik**, herausgegeben vom schweizerischen Bundesamt für Statistik seit 1963 unter der Bezeichnung „Straßenverkehrsunfälle in der Schweiz". Bezüglich der Alkoholunfälle im Straßenverkehr enthält die „Statistik der Fürsorgestellen und Heilstätten für Alkoholkranke", ebenfalls vom Bundesamt für Statistik herausgegeben, zusätzliche Informationen.

Kantonal werden die vorerwähnten Werkzeuge ergänzt. In erster Linie sind in diesem Zusammenhang zu erwähnen

a) die **Kriminalstatistiken**, z.B. die Kriminalstatistik des Kantons Zürich, bearbeitet von der Kantonspolizei Zürich, in neuer Fassung erstmals für das Jahr 1980 veröffentlicht, ferner

b) die **Rechenschaftsberichte** der Direktionen der Justiz sowie die **Verwaltungsberichte** der Polizeidirektionen und der Regierungsräte. Hier finden sich Informationen, die an Umfang und Aussagekraft über die Daten der gesamtschweizerischen Statistiken erheblich hinausgehen. Nach Bedarf lassen sich außerdem die Rechenschaftsberichte der Sozialdienste, der Vormundschaftsbehörden und ähnlicher Einrichtungen, die sich gelegentlich mit Kriminalität befassen, heranziehen.

Obschon Polizeiliche Kriminalstatistik und Rechtspflegestatistik die wichtigsten Materialien zur kriminalstatistischen Untersuchung liefern, so sind doch die anderen Informationsquellen zum **Vergleich** und zur **Ergänzung** mit heranzuziehen. Dies gilt besonders dann, wenn man Spezialfragen, z.B. über die Entwicklung und Handlungsmuster der Bußgeldpraxis, die Eintragung in das Verkehrszentralregister oder die Aktivitäten der öffentlichen Jugendhilfe untersuchen will. Erst die Benutzung und **Verknüpfung** der verschiedenen kriminal- und sozialstatistischen Instrumente befähigen uns, ein relativ verläßliches Bild der registrierten Kriminalität zu zeichnen. Jedes einzelne Werkzeug jedoch enthält ernstliche Schwächen, wenn es allein verwendet wird (*Eisenberg* 1995, 185 ff.; *Schwind* 1996, 16 ff.).

2.2 Aussagekraft kriminalstatistischer Daten

Die kriminalstatistischen Informationen unterrichten uns über **Stand, Bewegung, Trends** und **Struktur der** polizeilich sowie justizförmig **registrierten Kriminalität**. Ferner enthalten sie Anhaltspunkte über die Rechtsbrecher sowie über Handlungsmuster und Daten über die Strategien der Strafzumessung. Auf diese Weise ist es möglich, im Zusammenhang mit dem allgemeinen kriminologischen Wissen rechtspolitische Handlungsstile und Auffassungen begrenzt zu überprüfen.

Von den erwähnten statistischen Hilfsmitteln zählen – bei freilich unterschiedlichem Erfassungsmodus – die Polizeiliche Kriminalstatistik und die Rechtspflegestatistik jährlich die **Anzeigen**, die tatverdächtigen und abgeurteilten **Personen** nach Alter, Geschlecht und Vorbelastung, die **Straftaten** nach Tatzeit und Tatort, neuerdings auch **Opfer** und **Verbrechensschäden**, ferner **Aufklärungsergebnisse** und die verhängten **Kriminalsanktionen**. Bewährungshilfe- und Strafvollzugsstatistik vermitteln darüber hinaus knappe Überblicke über Umfang und Auslastung von Bewährungshilfe und Strafvollzug. Ferner differenzieren sie nach Art und Alter der Delinquenten. Die Bewährungshilfestatistik enthält außerdem Informationen über Erfolg und Widerruf der zur Bewährung ausgesetzten Freiheitsstrafen.

Die registrierten Straftäter und Straftaten werden als **Grund- und Verhältniszahlen** dargestellt. Die Grundzahlen geben die tatsächliche Anzahl der registrierten Rechtsbrüche oder Rechtsbrecher in einem bestimmten Zeitraum (Jahr) wieder. Demgegenüber drücken die Verhältniszahlen Prozentsätze oder als Verurteiltenziffern Anteile aus, welche auf die jeweilige Bevölkerungs- oder Altersgruppe bezogen sind. Durch die Beziehung auf die Altersgruppe wird die ständige Veränderung der Bevölkerung berücksichtigt und eine zeitüberdauernd taugliche Vergleichsgrundlage geschaffen. Als „**Verurteiltenziffern**" bezeichnet man die Zahlen der Verurteilten, die jeweils auf 100 000 Personen der gleichen Altersgruppe entfallen, und als „**Häufigkeits**"- oder „**Kriminalitätsbelastungsziffern**" die angezeigten Straftaten auf 100 000 Einwohner.

2.3 Einwände gegen die Aussagekraft kriminalstatistischer Daten

Dennoch wiegen die immer wieder vorgebrachten Einwände gegen die Aussagekraft der Kriminalstatistik schwer genug (zu den Vorzügen und Schwächen *Kerner* 1988; *Heinz* 1990; zusammenfassend *Göppinger* 1997, 482 ff.). Selbst wenn die Bedenken auf der Wunschvorstellung beruhen sollten, den Graben zwischen Rechtstreuen und Straffälligen, zwischen „Heiligen" und „Sündern", zuzuschütten, so befreit dies nicht von der kritischen Überprüfung. Sie sind teilweise so eng mit der Frage nach dem ergiebigen Bezugsrahmen zur Analyse der Kriminalität verknüpft, daß sie auch hier eine knappe Erörterung verdienen. Die Bedenken lassen sich in „systemimmanente" und „systemüberwindende" Einwände gliedern.

Zur Gruppe der **systemimmanenten Einwände** gehört der Vorwurf, daß die bisherige Statistik keine kriminologisch relevanten Fragen enthält. Dies ist etwa im Bereich der Jugendhilfe- oder der Strafvollzugsstatistik der Fall, wo vorwiegend administrative Belange im Vordergrund stehen. Im übrigen „verschweige" etwa die Jugendhilfestatistik wichtige Informationen. Außerdem ist hier die Kritik zu erwähnen, daß die einzelnen statistischen Hilfsmittel nur äußerst mangelhaft aufeinander abgestimmt und synchronisiert sind. Daher lassen sich Verläufe quer durch die sozialen Kontrollinstanzen statistisch kaum zureichend verfolgen (dazu *Jehle* 1989 m.N.). Außerdem und vor allem wird geltend gemacht, daß die Erhebungstechnik unvollständig und unzuverlässig sei.

Aufgrund dieser Bedenken, wegen möglicher Verzerrungen durch Aufklärungsrate und Dunkelfeldkriminalität sowie wegen der Abhängigkeit der registrierten Kriminalität von den Wandlungen in Gesetzgebung, Rechtsprechung und polizeilicher Strafverfolgung wird zum Teil die Brauchbarkeit der Kriminalstatistik überhaupt in Frage gestellt. Dem **systemüberwindenden Einwand** folgend schlägt man als Alternative die Nutzung der Dunkelfeldforschung vor. Dabei kommt der Kritik fraglos entgegen, daß man kriminalstatistische Daten nicht selten naiv und mißbräuchlich benutzt sowie überinterpretiert.

2.4 Verbrechenstypologisierung und Verbrechensindex

Schrifttum: *Amelang*, Sozial abweichendes Verhalten. Berlin u.a. 1986; *van Dijk/van Kesteren*, The Prevalence and Perceived Seriousness of Victimization by crime; Some Results of the International Crime Victims Survey. EuJCrim 4 (1996), 48-70; *Dölling*, Rechtsgefühl und Perzeption des Strafrechts bei delinquenten und nichtdelinquenten Jugendlichen und Heranwachsenden. In: Jb für Rechtssoziologie 10 (1985), 240-256; *Müller*, Schwereeinschätzungsuntersuchungen nach Sellin und Wolfgang – Fabrizierter Konsens? MschrKrim 74 (1991), 290-299; *Plate/Schneider*, Schwereeinschätzung von Gewalthandlungen. Wiesbaden 1989; *Sellin/Wolfgang*, The Measurement of Delinquency. New York 1964; *Villmow*, Schwereeinschätzung von Delikten. Berlin 1977; *Wolfgang* u.a., National Survey of Crime Severity. Washington/D.C. 1985.

Die Zahl an strafbewehrten Normen ist kaum zu überblicken. Deshalb besteht das Bedürfnis nach Übersicht und Ordnung. Herkömmlich werden **Einteilungsgesichtspunkte der strafrechtlichen Systematik** und der Rechtsgutlehre entnommen. Dabei faßt man die Verbrechenstypen zu Teil- und Hauptdeliktsgruppen zusammen. Demgemäß unterscheidet man Straftaten gegen den Staat und die öffentliche Ordnung, gemeingefährliche Straftaten, Straftaten gegen Leib und Leben oder gegen die Person, Straftaten gegen die sexuelle Selbstbestimmung, Raub und Erpressung, Diebstahl und Unterschlagung, Vermögensdelikte, Umweltstraftaten sowie Drogen- und Verkehrsdelikte. Einer solchen Gliederung folgt etwa die Einteilung der Rechtspflegestatistik. Ferner kann man wie bei Verkehrsstraftaten (dazu LB §§ 77 f.) nach Vorsatz- und Fahrlässigkeitstaten gliedern. Vorzüge und Mängel derartiger Typologisierungen in Anlehnung an das Strafrecht liegen dicht beieinander. Rechnet zu den Vorzügen die Zusammenfassung nach Rechtsgut oder Angriffsrichtung, so zu den Nachteilen der Aussagemangel zu den Gruppen der Gewaltstraftaten und der Wirtschaftsdelikte sowie zur Tatschwere. Daher hat man teilweise die Unterscheidung nach dem strafrechtlich vorgegebenen Deliktstypus verlassen, um umfassendere, grundsätzlichere Strukturen zu finden, die zugleich Auskunft über die schichtübergreifende Wertehierarchie in einer Gesellschaft und im interkulturellen Vergleich geben.

Vor allem ist man bestrebt, nach dem geschätzten Schweregrad des Verbrechens zu gewichten. Einen solchen **Verbrechensindex** gebraucht mitunter auch die Polizei. Besonders die amerikanische Kriminalpolizei erfaßt die Struktur und Bewegung des Verbrechens nur anhand von acht sogenannten Indexverbrechen. Dazu gehören Mord und Totschlag, schwere Körperverletzung, Raub, Vergewaltigung, Einbruch, Kraftfahrzeugdiebstahl, einfacher Diebstahl und vorsätzliche Brandstiftung. Da sich aber Zahl und Schwere des Verbrechens nicht decken müssen, hat man einen wissenschaftlichen Index zu erarbeiten versucht (*Sellin/Wolfgang* 1964; *Villmow* 1977; *Wolfgang* 1985). **Aufgabe und Ziel** eines solchen Indexes bestehen darin, schnell, übersichtlich und verläßlich über die Verbrechensbewegung zu unterrichten. Die Leistung eines solchen Verbrechensindexes könnte also darin liegen, Konstanz und Veränderung in den Erscheinungsformen sozialer Auffälligkeit genauer zu erfassen, deren Symptome zu gewichten und sie aussagekräftig darzustellen, aber auch sozial- und kriminalpolitische Prioritäten zu setzen. Ein solches Instrument zur Messung der Schwere und der Veränderung der Kriminalität soll ferner die Voraussetzung für einen interkulturellen Vergleich schaffen. Wegen der abweichenden Bedeutung bestimmter Delikte in den verschiedenen Gesellschaften und wegen der abweichenden Grundeinstellung der einzelnen Sozialsysteme läßt der Verbrechensindex aber noch eine Reihe von Fragen unbeantwortet (dazu eingehend *Amelang* 1986, 93 ff.). Es bleibt offen, ob der Verbrechensindex systemneutral oder systemspezifisch anzeigt, ob er die Kriminalitätsbewegung oder den Einstellungswandel der strafenden Gesellschaft und damit jenen der Verbrechenskontrolle trifft (weitergehende Kritik bei *Müller* 1991, 291 ff.).

3. Dunkelfeldforschung

Schrifttum: *Albrecht, G.* u.a., Neue Ergebnisse zum Dunkelfeld der Jugenddelinquenz: Selbstberichtete Delinquenz von Jugendlichen in zwei westdeutschen Großstädten. In: KrimFo 35, 2 (1988), 661-696; *Amelang*, Sozial abweichendes Verhalten. Berlin u.a. 1986; *Arnold*, Kriminelle Viktimisierung und ihre Korrelate. ZStW 98 (1986), 1014-1058; *Gottfredson*, Substantive Contributions of Victimization Surveys. In: Crime and Justice 7 (1986), 251-287; *Huizinga/Elliott*, Reassessing the Reliability and Validity of Self-Report Delinquency Measures. JQuantCrim. 2 (1986), 293-327; *Kirchhoff*, Selbstberichtete Delinquenz. Eine empirische Untersuchung. Göttingen 1975; *Kreuzer*, Über Gießener Delinquenzbefragungen. In: FS für Mallmann. Baden-Baden 1979, 129-150; *Lösel/Wüstendörfer*, Persönlichkeitskorrelate delinquenten Verhaltens oder offizieller Delinquenz? ZfSozialpsychologie 7 (1976), 177-191; *Müller*, Dunkelfeldforschung, ein verläßlicher Indikator der Kriminalität? Darstellung, Analyse und Kritik des internationalen Forschungsstandes. Jur. Diss. Freiburg 1978; *Quensel*, Delinquenzbelastung und soziale Schicht bei nichtbestraften männlichen Jugendlichen. MschrKrim 54 (1971), 236-262; *Reuband*, On the Use of Self-reports in measuring Crime among Adults: Methodological problems and prospects. In: Cross-national Research. Self-reported Crime and Delinquency, ed. by Klein. Dordrecht u.a. 1989, 89-106; *Schöch*, Ist Kriminalität normal? Probleme und Ergebnisse der Dunkelfeldforschung. In: KrimGegfr 12 (1976), 211-228; *Schumann* u.a., Jugendkriminalität und die Grenzen der Generalprävention. Neuwied u.a. 1987; *Schwind* u.a., Dunkelfeldforschung in Göttingen 1973/74. Wiesbaden 1975; *Stephan*, Die Stuttgarter Opferbefragung. Wiesbaden 1976; *Villmow/Stephan*, Jugendkriminalität in einer Gemeinde. Freiburg 1983.

3.1 Ansätze zur Dunkelfeldforschung

Trotz aller Verbesserungen und Verfeinerungen der statistischen Instrumente läßt sich der gravierende Einwand nicht ausräumen, daß die Kriminalstatistik als Tat- und Täterstatistik nur einen Teil des wirklichen Umfangs der Kriminalität nach Zeit und Raum wiedergibt. Nicht alle Straftaten werden entdeckt, von den entdeckten nicht alle angezeigt und von den angezeigten Delikten nicht alle abgeurteilt. Inwieweit die amtlich bekanntgewordenen Rechtsbrüche mit der wirklichen Kriminalität übereinstimmen, beschäftigt die Wissenschaft seit langer Zeit. Betrachtungen und Spekulationen über **Dunkelziffer** und **Dunkelfeld** begegnen wir in der Fachliteratur bereits seit Mitte des 19. Jahrhunderts.

Als **Dunkelfeld der Kriminalität** pflegt man **im Gegensatz zum sogenannten Hellfeld** allgemein die nicht amtlich bekanntgewordenen, also nicht offiziell zur Kenntnis gelangten und registrierten Rechtsbrüche zu bezeichnen. Allerdings wird der Begriff im Schrifttum nicht eindeutig gebraucht. Die **Dunkelziffer** soll überdies die Beziehungen zwischen Dunkelfeld und Hellfeld des Verbrechens – bezogen jeweils auf einen Deliktstypus oder eine Deliktsgruppe – ausdrücken.

In neuerer Zeit gab neben der Kriminalität des schwarzen Marktes in der Nachkriegszeit besonders die steigende Jugendkriminalität Anlaß, als eine „normale" Erscheinung der modernen Industriegesellschaft gedeutet zu werden. Um die Annahme von der Normalität zu konkretisieren und, wenn möglich, zu überprüfen, bot sich als **Werkzeug** die aufblühende **Umfrageforschung** an. Sozialwissenschaftler bedienten sich der seit Ende des Zweiten Weltkrieges aufkommenden Verfahren der empirischen Sozialforschung, insbesondere des Interviews und der Fragebogentechnik.

Von dieser Verfahrensweise ist zunehmend Gebrauch gemacht worden. Die **Erhebungen** lassen sich im wesentlichen **nach** den **drei Ansätzen** der **Täterbefragung** („self reported delinquency"), der **Opferbefragung** („reports on victimization") und der **Informantenbefragung** unterscheiden. Diese Untersuchungen haben in den vergangenen drei Jahrzehnten gelegentlich mehr die kriminologische, rechtssoziologische und rechtspolitische Diskussion beeinflußt als die Kenntnis über die Kriminalität bereichert. Denn auch heute ist die Dunkelfeldforschung vor allem von der Erwartung getragen, daß ihre Befunde die scharfe Unterscheidung zwischen „Heiligen" und „Sündern" entscheidend vermindern werden.

3.2 Einwände gegen die bisherige Forschung

Zwar stimmen die Befunde über das Dunkelfeld der Kriminalität in beachtlichem Grad überein. Dennoch können auch sie nur mit Kritik aufgenommen werden. Die Vorbehalte resultieren aus methodischen Mängeln der Genauigkeit, Widerspruchsfreiheit, Verläßlichkeit und Gültigkeit der erfragten Delinquenz (dazu *Huizinga/Elliott* 1986, 293 ff.; *Reuband* 1989, 89 ff.; eine positivere Beurteilung findet sich bei *Amelang* 1986, 142 f., 151). Die Genauigkeit und Zuverlässigkeit der Selbstbeurteilung eigener Straftaten darf nicht überschätzt werden. Faßt man die Einwände zusammen, so zeigt sich, daß die Bereitschaft der befragten Personen, wahrheitsgemäß zu antworten, durch die verwendeten Verfahrensweisen nicht mit Sicherheit erfaßt werden kann.

Vor allem bestehen die Schwächen der bisherigen Erhebungen darin, daß diese häufig bloß mit einer Technik der Datenerfassung (z.B. Täterbefragung) gearbeitet haben, wodurch eine Kontrolle der Ergebnisse nicht möglich ist. Außerdem ist einzuwenden, daß man nicht nur Straftaten, sondern auch präkriminelles oder delinquentes Verhalten erfragt hat, so daß sich Vergleiche mit und Überprüfung von amtlichen Kriminalstatistiken nur sehr begrenzt durchführen lassen. Der weitere Haupteinwand bezieht sich auf die Tatsache, daß sich Dunkelfeldstudien nahezu ausnahmslos auf Kinder, Jugendliche und Heranwachsende beschränken oder auf die frühere Jugendkriminalität der jetzt befragten Erwachsenen. Demgegenüber ist das Delinquenzverhalten des unbekannten erwachsenen Straftäters, der schwere Verbrechen begeht, so gut wie unbekannt (vgl. jedoch das Erfahrungsmaterial bei *Schöch* 1976, 211 f.).

Die Opferbefragungen wiederum, obwohl sie allgemein ein verläßlicheres Bild über die Kriminalität vermitteln als die Täterbefragungen, unterschätzen den Kriminalitätsumfang, da sie allgemein nur interpersonelle Delikte erfassen, nicht jedoch Straftaten zum Nachteil von Kollektivpersonen wie Firmen, Gemeinden oder staatlichen Einrichtungen.

Allerdings finden sich auch keine Alternativen zu den benutzten Techniken, wenn man nicht auf die totale Beobachtung bzw. auf die teilnehmende Beobachtung ausweichen kann oder will. Ein Weg, die Fehlerwahrscheinlichkeit zu vermindern, wenn nicht schon auszuräumen, scheint darin zu liegen, daß man die genannten Kontrollmethoden miteinander verbindet (siehe *Gottfredson* 1986, 251 ff.).

Trotz dieser Einwände trifft es zu, daß „die Existenz des Dunkelfeldes auf sehr nachhaltige Weise die empirische Forschung stimuliert und nicht nur zur Entwicklung von Fragestellungen beigetragen, sondern auch zur Einbringung eines ansehnlichen materiellen Ertrags geführt" hat. Dieser meint „in erster Linie die Einsichten, die mittels der verschiedenen Befragungstechniken zur Persönlichkeit von Tätern gewonnen werden konnten, … im weiteren Kenntnisse über die Merkmale, nach denen die Ermittlungsorgane die Täter aus der Grundgesamtheit aller Personen mit strafbaren Handlungen herausfiltern, ferner die Abhängigkeit selbstberichteter Kriminalität von „sozio-ökonomischen Variablen" und schließlich „methodenkritische Beiträge" zur Validität der Erhebungsinstrumente (*Amelang* 1986, 105 f.).

3.3 Ertragsanalyse

Unter Beachtung der erwähnten Bedenken und Vorbehalte läßt sich der **Ertrag** der wichtigsten Untersuchungen zur Dunkelfeldkriminalität wie folgt zusammenfassen:

1. Jugendkriminalität ist erheblich weiter verbreitet, als Polizeiliche Kriminal-, Rechtspflege- und Jugendhilfestatistik erkennen lassen. Die amtlichen Statistiken vermitteln also kein verläßliches Bild der wirklichen Kriminalität. **Im**

Bagatellbereich der Delinquenz scheinen **alle Jugendlichen schon einmal auffällig geworden** zu sein. Nach den Umfrageergebnissen sind z.b. Mundraub, Laden- sowie Haus- und Familiendiebstahl, Sachbeschädigung, vielleicht auch gewisse sexuelle Abweichungen, bei den nicht Registrierten im statistischen Sinne normal und nahezu ubiquitär. Allerdings liegt der Schwerpunkt der Delinquenz wohl im Alter unter 16 Jahren. Aber auch die erfragte Kriminalität der jungen Männer zwischen 20 und 30 Jahren ist beachtlich.

2. Die Dunkelfeldforschung weist **darüber hinaus Informationen über nicht kriminelles Verhalten** aus (z.B. Petting, Weglaufen, Schulschwänzen, nächtlicher Diskothekenbesuch), das von keiner Sozial- und Kriminalstatistik erfaßt wird (vgl. *Kirchhoff* 1975).

3. Aber **nur ein Teil der Delikte und Delinquenten** wird entdeckt, verfolgt und **sanktioniert**. Es ist danach zwar normal, im Jugendalter zu delinquieren, jedoch anormal, deshalb auch sanktioniert zu werden.

4. Die nähere Analyse ergibt, daß in der Verbreitung, Struktur und Intensität des Verbrechens erhebliche Unterschiede sowie innerhalb des Täterkreises eine große Streuung vorliegen. So gesehen ist die Aussage, daß nahezu jeder Junge delinquiere und deshalb Jugendkriminalität ubiquitär und normal sei, zu undifferenziert, vage und nichtssagend (kritisch deshalb vor allem *Schöch* 1976).

5. Denn die große Zahl der erfragten Delikte ist extrem trivial und findet sich dem Schweregrad nach im Bagatellbereich oder gar außerhalb der Jugendkriminalität. Bei Detailbeschreibungen werden ganz überwiegend Begebenheiten im sozialen Nahraum mit Bagatellwert, zumal aus Kindheits- und frühen Jugendjahren, geschildert. **Mehrfache und schwere Deliktsbegehung** ist hingegen auch **bei den nicht registrierten Jugendlichen seltener und gegebenenfalls weniger lang anhaltend**. Die Deliktsbelastung der Registrierten hingegen beträgt ein Mehrfaches der nicht Entdeckten (*Quensel* 1971; *Schöch* 1976). Dabei ist das Dunkelfeld erwartungsgemäß hinsichtlich der Delikte größer als hinsichtlich der Delinquenten (*Kreuzer* 1979, 130 m.N.). Schwere Delikte werden, wie Opferbefragungen ausweisen, von den Opfern eher angezeigt als leichtere Delikte (*Stephan* 1976; *Gottfredson* 1986).

6. **Wie auch nach der Kriminalstatistik**, obschon mit geringerem Abstand und strukturellen Unterschieden, stellt sich **weibliche Delinquenz** als **wesentlich geringer** gegenüber der männlichen dar. Delinquenz von Mädchen und jungen Frauen spielt sich zudem stärker im sozialen Nahraum und damit im Bereich des strafjustitiell weniger Kontrollierten ab (vgl. *Kirchhoff* 1975, 361).

7. Danach kann man den Befunden zumindest entnehmen, daß das Dunkelfeld bei den leichten Delikten größer ist als bei den schweren Straftaten. Ferner ist anzunehmen, daß die **Kriminalstatistik die als schwerer beurteilte Kriminalität nach Art, Entwicklung und Kriminalitätsgeographie** (Stadt-Land-Gefälle) **richtig erfaßt**. „In der Zusammenschau kann somit von einer konkurrenten und prädiktiven Übereinstimmung der Daten zur Befra-

gung der Delinquenz mit offiziellen Vermerken eben darüber ausgegangen werden" (*Amelang* 1986, 122; ähnlich *Gottfredson* 1986, 266, 281 f.). Allerdings haben nur wenige Erhebungen systematisch das Verhältnis von Information über das Dunkelfeld und die polizeiliche Aufklärung zu erforschen versucht. Auch fehlt weitgehend noch die Verknüpfung von Opfer- und Tätereinschätzungen in ein und derselben Studie sowie bezogen auf eine nach Raum und Zeit überblickbare kleinere Bevölkerungsgruppe (siehe jedoch *Villmow/Stephan* 1983). Ferner sind bislang die Befunde über den Zusammenhang zwischen sozialer Schichtzugehörigkeit und krimineller Aktivität widersprüchlich, wenn auch reiche Anhaltspunkte dafür vorliegen, daß die befragten Kinder und Jugendlichen der unteren Schichten häufiger über Delinquenz berichten (*Quensel* 1971). Außerdem sollen die erfragten Opfersituationen in den unteren Einkommensgruppen partiell häufiger sein. Doch weisen andere Studien eine ziemlich gleichmäßige Streuung des Dunkelfeldes über die verschiedenen Schichten der Befragten aus (so *Schöch* 1976 und *Villmow* u.a. 1983).

8. Die herkömmliche und übliche Einteilung in „Kriminelle" und „Nichtkriminelle", in „Sünder" und „Heilige" ist zumindest dann fehlerhaft, wenn sie auf die männliche Jugend und ferner auf den Gesamtbereich der Jugenddelinquenz bezogen wird. Denn delinquentes Verhalten erscheint weithin als eine Sache des Grades, nicht aber der Qualität. Daher weisen auch viele von denen, die vor Gericht erscheinen müssen, besonders die Ersttäter im Verkehrsbereich, keinerlei Unterschiede in ihrem Verhalten zu der Mehrheit der nichtregistrierten Personen auf. **Der gelegentlich einmal Bestrafte steht dem Unbestraften in vieler Hinsicht näher als dem vielfach Bestraften.**

9. Daraus folgt aber auch, daß sich **Gelegenheits- und Mehrfachtäter** unterscheiden. Selbst bei dem erfragten Delinquenzverhalten heben sich die Hochdelinquenzbelasteten von den Nicht- oder Niedrigbelasteten durch Persönlichkeitsmerkmale ab (vgl. *Lösel/Wüstendörfer* 1976; *Schöch* 1976). Dies trifft auch dann zu, wenn man dabei Institutionalisierungseinflüsse, also Persönlichkeitsausprägungen aufgrund langfristiger Inhaftierung, berücksichtigt. Deshalb ist die grundlegende Einteilung der Täter in nicht, einmalig oder nur selten Bestrafte einerseits und in vielfach Rückfällige andererseits **empirisch begründet**.

    Nach *Amelang* (1986, 151) formiert sich der Gesamtfundus an vorliegenden Ergebnissen zur Dunkelfeldforschung „zu einem hinreichend konsistenten Bild, das die Feststellung rechtfertigt, daß die erhobenen Informationen hinsichtlich meßtheoretischer Anforderungen und unter Validitätserwartungen durchaus befriedigen können, sie im weiteren eine Fülle von theoretisch wie praktisch bedeutsamen Detailaussagen erlauben, die ohne das Instrument der direkten Befragung kaum verfügbar gewesen wären und die insofern unseren Wissensstand ganz erheblich erweitert haben". Systematische Abweichungen in der Datenlage aus Selfreports beruhten unter anderem darauf, „daß in den Fragebogen mehrheitlich die Delikte von wesentlich geringerer Schwere sind, es sich dabei mehr um Delinquenz als um einfache ‚harte'

Kriminalität handelt, die Inkonsistenzen mithin dadurch erklärbar sind, daß offizielle und selbstberichtete Daten nur auf partiell einander überlappenden Verhaltensbereichen beruhen".

10. Gleichwohl ist die **Auslegung schwierig, ob die Angaben der Befragten die vermutete Toleranz der Gesellschaft widerspiegeln**, nämlich bestimmte Delikte in bestimmtem Alter weitgehend hinzunehmen, um danach die „Selbsteinschätzung" bei der Befragung vorzunehmen, **oder ob die Angaben der Befragten die wirkliche Verteilung der Kriminalität anzeigen.** Aufgrund der abweichenden Einschätzungen und Definitionen, die auch mittels Lügenfragen nicht ausreichend kontrolliert, jedenfalls aber nicht ausgeschaltet werden können, ist eine Verzerrung des Ertrages der Dunkelfeldforschung wahrscheinlich, selbst bei Anonymbefragung (*Quensel* 1971; *Schöch* 1976). Denn die Bereitschaft, schwere Straftaten zu offenbaren, dürfte schwächer sein als die Neigung, Bagatelldelikte mitzuteilen. Fragen zur eigenen Sexualdelinquenz dürften auch heute noch auf restriktives Antwortverhalten stoßen (*Kreuzer* 1979, 142). Im übrigen ist, wie erwähnt, die Bereitschaft, Straftaten zu offenbaren, schichtspezifisch geprägt. Sie ist ferner davon abhängig, ob es sich bei den Befragten schon um offiziell entdeckte Rechtsbrecher handelt oder nicht. Nimmt man das erfragte Verhalten als ein Meßinstrument für die vermutete Einstellung der Gesellschaft, dann ergibt sich erwartungsgemäß ein Unterschied zur registrierten Kriminalität.

Entsprechende Bedenken gelten gegenüber manchen Opferbefragungen bezüglich hochsensibler Bereiche wie z.B. weit zurückliegender frühkindlicher sexueller Ausbeutung, zur Ehegattenvergewaltigung und zur Ausländerviktimisierung, etwa durch Schutzgelderpressung. Dies trifft vor allem dann zu, wenn durch Einsatz einer großen Zahl von Interviewern deren Einflüsse durch Variabilität und Interpretation kaum kontrolliert wird bzw. werden kann wie bei ausländischen Interviewern, was sich daher verzerrend in den Ergebnissen niederschlägt. Angesichts karger Forschungsdokumentation der methodischen Kontrolle bleibt nicht selten unklar, um wessen Informationen es sich eigentlich handelt und was sie schließlich aussagen. Die methodischen Schwächen in Erhebung und Interpretation bei Großbefragungen werden häufig vernachlässigt oder schlicht „überspielt".

4. Zusammenfassung und Kritik

Schrifttum: *Amelang*, Sozial abweichendes Verhalten. Berlin u.a. 1986; *Schöch*, Ist Kriminalität normal? Probleme und Ergebnisse der Dunkelfeldforschung. In: KrimGegfr 12 (1976), 211-228; *Schünemann*, Das strafrechtliche Dunkelfeld – Stabilisator der Rechtstreue? In: Die Durchsetzung des Rechts. Mannheim u.a. 1984, 39-58; *Schultz*, Von der dreifachen Bedeutung der Dunkelziffer. In: FS für Henkel. Berlin 1974, 239-351.

Die Dunkelfelduntersuchungen haben im wesentlichen das bestätigt, was die sozialen Kontrollinstanzen schon seit langer Zeit mehr oder

weniger bewußt praktizieren. Das Ergebnis weist auf eine unterschiedliche Toleranz der befragten Personen gegenüber den Rechtsbrüchen hin.
Dunkelfeld wie registrierte Kriminalität lassen in gleicher Weise den
Norm- und Sanktionsdruck erkennen. Einzelne und leichte Delikte werden häufig, hingegen wiederholte, hartnäckige und schwere Rechtsbrüche selten oder nur von verhältnismäßig wenigen Tätern begangen. Die
Dunkelfeldforschung hat daher „nicht nur hohe Dunkelziffern ans Licht
gebracht, sondern bei vielen und vor allem bei den schweren Straftatbe-
ständen ein beachtliches Maß an Rechtstreue der Befragten" (*Schöch*
1976, 224). Demgemäß verteilt sich ebenso wie die registrierte Kriminalität auch das erfragte Delinquenzverhalten zum Dunkelfeld J-kurven-
förmig. Deshalb ist es auch gerechtfertigt, im minderschweren Verbre-
chensbereich der Spontanbewährung von Delinquenten große Chancen
einzuräumen und das Engagement sozialer Kontrollinstanzen auf die
schwerer erscheinenden Fälle zu konzentrieren. Abweichungen in Häufigkeit und Schwere der Delinquenz sowie in Alter, Geschlecht und
Schichtzugehörigkeit von Rechtsbrechern deuten an, daß es gruppenspe-
zifische Unterschiede gibt und daß die Kontrollinstanzen nicht blind und
willkürlich vorgehen, daß sie sich vielmehr von sachlichen Gesichtspunkten leiten lassen wollen (dazu *Amelang* 1986, 122). Daher ist auch
kriminologisch weniger das wirkliche Ausmaß der Delinquenz von
Interesse als vielmehr die **Kenntnis darüber wichtig,**

* **warum** sich der **Großteil der erwachsenen Menschen** – abgesehen
  vom Straßenverkehr – **überwiegend rechtskonform** verhält, **und**
  ferner,
* wie es kommt, daß **von allen Rechtsbrechern nur ein Teil** von ihnen
  als Straftäter identifiziert wird und der andere Teil nicht.

Dabei geht es um mehr als das empirisch-statistische Problem der
Gleichbehandlung, obwohl dies für die Erlangung verallgemeinerungs-
fähiger Forschungsergebnisse wichtig genug ist. Vielmehr stehen die
rationale Handhabung der Verbrechenskontrolle – also die rechtspolitische Gleichheit und Zweckmäßigkeit – sowie die Chancen zu wirksamer
Verbrechensvorbeugung auf dem Spiel.

Die zum Teil erheblichen Unterschiede zwischen Dunkelfeld und registrierter Kriminalität lassen vermuten, daß Ausmaß und Struktur der
Straffälligkeit entscheidend von der Wahrscheinlichkeit gesellschaftlicher Reaktion und Sanktion her bestimmt werden. Deshalb kann man
auch nicht begründet behaupten, daß die Dunkelfeldforschung ein ge-
naueres Bild als die Kriminalstatistik vermittelt. Vielmehr handelt es sich

um **zwei verschiedene Wege, Daten zu sammeln.** Dies ist schon deshalb so, weil die Wahrnehmung selektiv und die **soziale Konstruktion von Verbrechenswirklichkeit** unterschiedlich erfolgt, je nachdem, ob es sich um Täter, Opfer, Polizei oder Strafjustiz handelt. Zusammen aber vermitteln uns die Verfahrensweisen weit mehr Informationen über die Kriminalität, als jeder Weg allein an Daten zu liefern vermag.

Damit wird deutlich, daß die aus der Kriminalstatistik oder aus der Umfrageforschung entnommenen **Rohdaten** als solche nur **höchst selten aussagekräftig** sind. Sie bedürfen erst der weiteren Aufbereitung, Vergleichung, Auslegung und systematischen Einfügung in den Gesamtzusammenhang kriminologischen Wissens.

§ 21 Kriminalität

1. Begriff und Analyse der Kriminalität

Kriminalität (abgeleitet von lat. crimen = Verbrechen) meint Verbrechen als soziale Erscheinung. **Sie ist die Summe der strafrechtlich mißbilligten Handlungen.** Es handelt sich also um die mit einem besonderen Unwerturteil belegten Rechtsbrüche (vgl. oben § 18, 4). Sie werden gewöhnlich nach **Raum** und **Zeit** sowie nach **Umfang, Struktur** und **Bewegung** beschrieben.

Dabei bezeichnen **Raum** und **Zeit** die nationalen, regionalen oder lokalen Verteilungen von Rechtsbrüchen innerhalb eines bestimmten Zeitraums, gegebenenfalls im Zeitreihenvergleich. Der **Umfang** bezieht sich auf die Summe aller Rechtsbrüche, die bekanntgeworden sind, während **Struktur** die Differenzierung nach dem Schweregrad oder nach Deliktstypen und Deliktsgruppen zum Inhalt hat. **Bewegung** der Kriminalität umfaßt die Entwicklung der Gesamtkriminalität oder Teilmengen von ihr innerhalb bestimmter Zeiträume.

Die Daten der Kriminalität setzt man ferner mit den von der Rechtspflege verhängten Kriminalsanktionen in Beziehung und bereitet sie **nach** bestimmten **Merkmalen der Rechtsbrecher** auf. Dazu gehören vor allem Alter und Geschlecht, Vorstrafenbelastung, Familienstruktur, Schulbesuch und sozioökonomischer Status. Neuerdings schenkt die Kriminalstatistik auch der gemeinschaftlichen Begehungsweise, der Opfersituation, dem Schadensumfang und der Nationalität besondere Aufmerksamkeit.

2. Umfang, Struktur und Bewegung der registrierten Kriminalität

In der Gegenwart werden Umfang, Struktur und Entwicklung des Verbrechens als ernste Belastung, ja Bedrohung, jedenfalls als Herausforderung betrachtet. Dies kann freilich auch an der gesteigerten Empfindlichkeit liegen, Delikte selbst im Bagatellbereich nicht mehr reaktionslos hinzunehmen. Folgt man den Umfragen in der Bevölkerung, so gelten Verbrechensprobleme, Unsicherheit und Verbrechensfurcht als äußerst bedeutsam, insbesondere verglichen mit anderen Sorgen, die den Menschen heute plagen und seine Lebensqualität beeinträchtigen. Deshalb wird man nach dem Wirklichkeitsgehalt dieser Sorgen und damit wiederum nach Ausmaß, Schweregrad und Bewegung der Kriminalität fragen. Polizei- und Rechtspflegestatistik sowie Opferbefragungen liefern eine Reihe von Anhaltspunkten (**Indikatoren**), die begründete Rückschlüsse auf das Ausmaß, die Art und Veränderung tatsächlicher Kriminalität zulassen. Freilich wird auch bei solchem Vorgehen die soziale Wahrnehmung von Kriminalität thematisiert, jedoch als Problem der Diskrepanz zwischen offiziell registrierter Kriminalität und der Perzeption von Kriminalität aufgrund von Befragungen der Bevölkerung. Immerhin kann nicht zweifelhaft sein, daß durch Kriminalstatistik offiziell vermittelte Verbrechenswirklichkeit und erfragte Viktimisierung unterschiedliche Realitäten zeichnen, die sich aus methodischen Gründen nur schwer zur Deckung bringen lassen. Unter diesem Vorbehalt lassen sich die folgenden Feststellungen treffen.

2.1 Deutschland

Schrifttum: *Albrecht, H.-J.*, Die Kriminalitätsentwicklung in der Bundesrepublik Deutschland. BewHi 31 (1984), 37-52; *Boers*, Sozialer Umbruch und Kriminalität in Deutschland. MschrKrim 79 (1996), 314-337; *von der Heide/Lautsch*, Entwicklung der Straftaten und der Aufklärungsquote in der DDR von 1985 bis 1989. NJ 1991, 11-15; *Kaiser*, Entwicklung der Kriminalität in Deutschland seit dem Zusammenbruch des realen Sozialismus. ZStW 106 (1994), 469-501; *Kerner*, Die Kriminalität macht keine Sprünge. Die Entwicklung der polizeilich registrierten Kriminalität in Westdeutschland seit 1980. Neue Kriminalpolitik 8 (1996), 44-47; *Kury/Richter/Würger*, Opfererfahrungen und Meinungen zur Inneren Sicherheit in Deutschland. Wiesbaden 1992.

Während des letzten Jahrzehnts wurden im Altbundesgebiet jährlich zwei bis sechs Millionen Straftaten (ohne Verkehrsdelikte) polizeistatistisch erfaßt. Im Jahr 1995 waren dies im wiedervereinigten Deutschland gar 6,6 Millionen Fälle, die zur polizeilichen Anzeige und damit zur amtlichen Registrierung geführt haben. Bezieht man diese Anzeigenmengen auf die Bevölkerung, so gelangt man zu einer **Häufigkeitsziffer** von etwa 8000 auf 100 000 Einwohner (1995: 8179). Dabei sind verzerrende Mehrfachzählungen vermieden. Sie werden seit 1984 bundesweit

berücksichtigt. Allerdings sind bei dieser Berechnung die Verkehrsstraftaten, die nach der Strafrechtspflegestatistik mehr als ein Drittel aller
Verurteilungen ausmachen (z.b. 1994: 34,5%), noch nicht erfaßt. Berücksichtigt man auch sie, so hat man in Anlehnung an die justizstatistischen Vergleichszahlen von einer jährlichen **Verbrechensmenge** von rd.
neun Millionen amtlich bekanntgewordener Rechtsbrüche im gesamten
Bundesgebiet auszugehen.

Würde man gar die Befunde der Opferbefragungen miteinbeziehen,
wonach allein in der Mitte der achtziger Jahre rd. 30% der Bevölkerung
viktimisiert und nur die Hälfte aller bewußt erlebten deliktischen Opfersituationen den Polizeibehörden als Anzeigen berichtet worden sind (vgl.
Kury u.a. 1992, 391 ff.), so gelangte man zu einer Verbrechensmenge,
die noch erheblich höher zu veranschlagen wäre, ohne schon damit den
tatsächlichen Verbrechensumfang zu erreichen. Gegenüber einer derart
verbreiteten Kriminalität in unserer Gesellschaft könnte es geradezu
tröstlich erscheinen, daß im Altbundesgebiet jährlich „nur" etwa 750 000
bis 800 000 Personen verurteilt werden, wenn sich hierin nicht auch der
hohe Anteil sogenannter informeller Sanktionierungen (mit jährlich etwa
600 000 Fällen), ferner die geringe Aufklärungsrate der Polizei (1995
insg. 46%) und die beträchtlichen Beweisschwierigkeiten äußern wür-

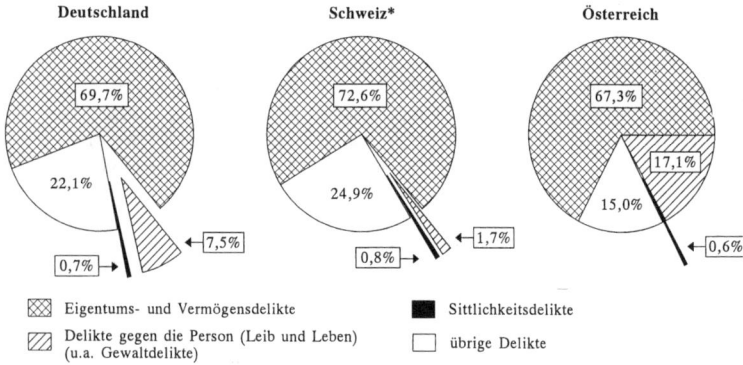

* *Die Gesamtzahl der angezeigten Straftaten in der Schweiz wurde mangels statistischer Ausweisung auf 400.000 geschätzt. Dies ist die untere Grenze der möglichen Annahmen.*

Quellen: Jeweils PKS Deutschlands, Österreichs und der Schweiz. Die Straßendelikte sind in Österreich nicht gesondert erfaßt; wegen der Vergleichbarkeit sind nur Vergehen und Verbrechen berücksichtigt.

Schaubild 8: *Struktur der Kriminalität im Ländervergleich 1995 (ohne Straßenverkehrsdelikte)*

den. Immerhin wird deutlich, warum man sich seit einiger Zeit angewöhnt hat, von der „Ubiquität" und „Normalität" des Verbrechens zu
sprechen.

Angesichts der Fülle von Verhaltensweisen, die von Bürgern angezeigt
sowie von Polizei und Rechtspflege als Straftaten beurteilt werden,
gewinnen Fragen nach der **Struktur der Kriminalität**, nach der Schwere und der Entwicklung der Delikte vorrangiges Interesse (vgl. Schaub.
8). Dies bedeutet, vor allem nach der Deliktsstruktur (z.B. Verkehrs-,
Eigentums- oder Gewaltdelikte), ferner nach Versuch und Vollendung
von Straftaten, nach vorsätzlicher oder fahrlässiger sowie nach gemeinschaftlicher Begehungsweise, nach dem Mit-sich-Führen von Schußwaffen und der Schadensart (Personen- oder Sachschäden) sowie Schadenshöhe zu differenzieren. Dementsprechend stehen Deliktsformen der
Massenkriminalität solchen der Hoch- oder Schwerkriminalität gegenüber. Dabei dürfte die **Schwerkriminalität** (insb. Mord, Totschlag,
gefährliche Körperverletzung, Raub, Erpressung, Menschen-, Waffen-
und Rauschgifthandel sowie Vergewaltigung und Geiselnahme) kaum
über 15% aller polizeilich erfaßten Kriminalfälle hinausreichen. Hingegen kennzeichnen die Massendelikte (namentlich Diebstahl, Leistungserschleichung, Sachbeschädigung, einfache Körperverletzung sowie
Drogen- und Verkehrsdelikte) mit Überschneidungen zur Bagatelldelinquenz die Alltagskriminalität. Deren Aufklärungsrate liegt erheblich
unter dem Durchschnitt und bewegt sich nur selten über 30%.

Bei der Strukturanalyse der Gegenwartskriminalität kann man die Straftaten zunächst danach unterscheiden, ob sie im oder außerhalb vom
öffentlichen Straßenverkehr begangen werden. Wegen ihrer spezifischen
Entstehungsgründe und Begehungsweise bildet die **Verkehrskriminalität** eine eigene Deliktsgruppe. Mehr als ein Drittel aller von deutschen
Strafgerichten verurteilten Rechtsbrecher sind im öffentlichen Straßenverkehr straffällig geworden. Im Jahr 1994 waren dies mehr als 260 000
Personen. Strafrechtlich verfolgt werden vor allem die bedeutenden
Vergehen gegen die Sicherheit des Straßenverkehrs. Dazu gehören namentlich die sogenannten unfallträchtigen Verkehrsdelikte, einschließlich der Trunkenheit im Verkehr, die fahrlässigen Körperverletzungen
und Tötungen im Straßenverkehr sowie die Verkehrsunfallflucht. Die
Zahl der Verurteilungen läßt freilich das wirkliche Ausmaß der Verkehrsdelinquenz nur unvollkommen erkennen. Denn ein beachtlicher Teil der
Verkehrsdelikte wird lediglich informell sanktioniert. Dies wird auch
dadurch deutlich, daß die Statistik der Verkehrsunfälle jährlich etwa 2,3
Millionen Unfälle erfaßt. Die hohen Zahlen jährlicher Todesopfer und

Verletzter sowie der beträchtliche Umfang des Sachschadens unterstreichen die Bedeutung.

Der Verkehrsdelinquenz steht der Block der sogenannten **klassischen oder konventionellen Rechtsbrüche** gegenüber. Diese gelten nicht selten als die eigentliche Kriminalität. Sie machen etwa zwei Drittel der heute registrierten Straftaten aus. Trotz der im Ganzen günstigen Wirtschaftsentwicklung seit den fünfziger Jahren sind die Zahlen der **Eigentums- und Vermögensdelikte gewachsen und ist deren Betrag seither unvermindert hoch geblieben (1995 fast 5 Millionen Rechtsbrüche)**. Von ihnen steht nach der Polizeilichen Kriminalstatistik (1995) **der Diebstahl** mit einem Anteil von fast zwei Dritteln an erster Stelle (also ohne Berücksichtigung der Verkehrsdelikte). Dabei fällt der Diebstahl unter erschwerenden Umständen mit etwa 35% auch quantitativ stärker ins Gewicht als der einfache Diebstahl. Darüber hinaus hatte der Kraftfahrzeugdiebstahl bis zur Einführung der elektronischen Wegfahrsperre einen bisher nicht bekannten Umfang erreicht. Sachbeschädigung (9,1%) und Betrug (9,3%) machen zusammen mit dem Diebstahl insgesamt fast 80% der erfaßten Kriminalität ohne Verkehrsstraftaten aus, eine für das Altbundesgebiet **seit Jahren** zu beobachtende **gleichbleibende Verteilung**. Man hat daher diese Erscheinungen als Wohlstandskriminalität im Gegensatz zu der aus Not erwachsenen Kriminalität bezeichnet. Ob der „soziale Umbruch" in Ostmitteleuropa die weltweite Wirtschaftskrise der neunziger Jahre mit ihrer verbreiteten Arbeitslosigkeit, der Verknappung der öffentlichen Ressourcen und der sogenannten neuen Armut die Verbrechensbewegung meßbar beeinflußt hat und eine andere Beurteilung rechtfertigt, muß noch geprüft werden (vgl. dazu *Boers* 1996, 318 ff., 323 ff; ferner unten § 24, 3.1). Dabei wird man auch berücksichtigen müssen, daß etwa ein Drittel der angezeigten Eigentums- und Vermögensdelikte nicht einmal einen Schaden von 100 DM erreicht.

Demgegenüber fällt die **Gewaltkriminalität**, gemessen an der Gesamtzahl der registrierten Straftaten, mit 2 bis 6% kaum ins Gewicht. Dies gilt auch für die **Sexualdelikte**, auf die weniger als 1% aller polizeilich angezeigten Straftaten ohne Verkehrsdelikte entfallen. Zu den weiteren qualitativ bedeutsamen Deliktsgruppen zählen mit einem Anteil von 1 bis 2% die **Wirtschaftsstraftaten**, mit 2 bis 3% die **Rauschgiftdelikte** und mit jeweils weniger als 1% Staatsschutz- und **Umweltkriminalität**. Inhalt, Schadensrichtung und Intensität dieser verschiedenen Deliktstypen haben unterschiedliches Gewicht, auch in ihrer Verteilung auf das gesamte Bundesgebiet. Teilweise lassen sich die Gefährdungen und Schäden noch kaum abschätzen, weil sie vor allem langfristig unsere

Tabelle 2: Entwicklung von Straftaten im Bundesgebiet 1953-1995 nach polizeilichen Anzeigen und Häufigkeitszahlen, jeweils bezogen auf 100 000 der Wohnbevölkerung

		1953	1963	1973	1983	1993[1]	1995[1]	1995[2]	
Straftaten insgesamt[3]	abs.	1 260 000	1 678 840	2 559 974	4 345 107	5 347 780	5 232 363	6 668 717	100%
	rel.	2 456	2 914	4 131	7 074	8 032	8 179	8 179	100%
Mord/Totschlag	abs.	843	1 908	2 694	2 730	3 428	3 091	3 928	
	rel.	1,6	2,3	4,3	4,4	5,1	4,6	4,8	
davon vollendet	rel.	0,6	0,8	1,2	1,4	1,6	1,4	1,6	
versucht	rel.	1,0	1,5	3,1	3,0	3,5	3,2	3,2	
Tötungsdelikte insgesamt (§§ 211 f., 217, 222, 226)	rel.	–	4,7	5,9	5,8	6,3	–	6,0	0,1%
Raub/räuberische Erpressung	abs.	3 584	6 721	18 274	29 561	48 587	51 154	63 470	1,0%
	rel.	7,0	11,7	29,5	48,1	73,0	76,0	78,0	
Vergewaltigung	abs.	4 371	6 572	7 027	6 763	5 527	5 315	6 175	1,0%
	rel.	8,5	11,4	11,3	11,0	8,3	7,9	7,6	
Diebstahl insgesamt	abs.	544 110	943 423	1 675 662	2 784 931	3 202 621	2 933 555	3 848 308	57,7%
	rel.	1 060	1 637	2 704	4 534	4 810	4 358	4 720	
davon Einfacher Diebstahl	rel.	816	1 172	1 256	1 937	1 983	1 849	1 877	23,0%
Ladendiebstahl	rel.		75	356	702	852	730	745	9,1%
Fahrraddiebstahl	rel.	153	182	271	747	613	604	630	7,7%
Diebstahl aus Wohnungen	rel.	–	53	133	218	276	266	259	3,2%
Betrug	abs.	221 282	180 914	179 331	341 334	459 715	530 500	623 182	9,3%
	rel.	432	314	289	556	690	788	764	
Einfache Körperverletzung	abs.	–	54 046	59 572	115 471	142 160	156 038	204 313	3,1%
	rel.	–	97	96	188	213	232	251	
Gefährliche Körperverletzung	abs.	26 830	30 239	41 112	60 057	77 311	81 099	95 759	1,4%
	rel.	52	52	66	107	116	120	117	
Sachbeschädigung	abs.	–	85 497	173 625	359 264	429 700	458 490	607 909	9,1%
	rel.	–	148	280	585	645	681	746	
Rauschgiftdelikte	abs.	1 746	820	27 027	63 742	121 080	154 881	158 477	2,4%
	rel.	3,4	1,4	43	104	182	230	194	

absolut = Zahl der polizeilichen Anzeigen
relativ = Zahl der polizeilichen Anzeigen, jew. auf 100 000 Einwohner (Häufigkeitszahlen)
Quellen: PKS 1953-1995.

1 Alte Bundesländer einschl. Gesamt-Berlin.
2 Bundesgebiet insgesamt.
3 Ohne Verkehrsdelikte; für 1953 geschätzt.

Lebensgrundlagen und Lebensqualität wie im Falle der Umweltdelikte beeinträchtigen können. Die Gefahren, die wiederum von der Rauschgiftkriminalität ausgehen, sind nur schwer mit den Milliardenschäden durch Wirtschaftsstraftaten zu vergleichen. Gleichwohl sind die Schädigungen bei beiden Deliktsgruppen so gravierend, daß sie die volle Aufmerksamkeit der Gesellschaft und des Kontrollsystems in Anspruch nehmen.

In der Nachkriegszeit ist die Kriminalität stark angestiegen. Die bundesdeutsche Anzeigenstatistik weist auf eine **Verdoppelung der Kriminalität** allein in den letzten beiden Jahrzehnten hin.

Dieser Befund wird auch nicht dadurch entkräftet, sondern nur gemildert, daß ein wachsender Teil der angezeigten Kriminalfälle, namentlich jene der Massenkriminalität, Delikte mit Bagatellcharakter zum Inhalt hat. Hinweise dafür lassen sich etwa der polizeilichen Schadensstatistik entnehmen, wonach im Jahre 1995 über ein Viertel der einfachen Diebstahlsdelikte im Schadensbereich „unter 25 DM" anzusiedeln war und annähernd die Hälfte nicht zu einem größeren Schaden als 100 DM führte. Die Tatsache der Anzeige von Kleinkriminalität belegt, daß die betroffenen Geschädigten selbst bei Bagatellfällen nicht stets gewillt sind, die erlittenen Vermögenseinbußen reaktionslos hinzunehmen. Vermutlich hat auch der ausgeweitete Sachversicherungsschutz die Anzeigehäufigkeit verstärkt, da ohne polizeiliche Anzeige das Opfer nicht entschädigt wird. Zwar ist die schwere Kriminalität nur für einen Teil des Zuwachses verantwortlich. Immerhin nahm, beurteilt nach der Schadenshöhe, bei schwerem Diebstahl und Raub die Deliktsintensität zu. Andererseits wird angenommen, daß die Schadenssumme bei den Fahrraddiebstählen jene der Raubüberfälle auf Banken übersteigt.

Im übrigen zeigt die deliktsspezifische Längsschnittanalyse **unterschiedliche Entwicklungen** an (vgl. *Kerner* 1996, 44; Tab. 2), obschon mit Ausnahme der Vergewaltigung und anderer Sexualdelikte alle wichtigen Deliktsgruppen sowohl absolut als auch relativ gravierende Zunahmen erkennen lassen. Allerdings ist die Zahl der Mord- und Totschlagsfälle seit 1973 beinahe konstant geblieben, während Raub und räuberische Erpressung bis 1995 beträchtlich angewachsen sind. Die Fälle der Geiselnahme (1995: 128 Fälle mit 169 Tatverdächtigen) haben sich innerhalb eines Jahrzehnts mehr als verdreifacht.

2.2. Österreich

Schrifttum: *Pilgram*, Kriminalität und Strafverfolgung im Zeitvergleich. In: Der andere Sicherheitsbericht von Hanak u.a. Wien 1991, 11-43; Gerichtliche Kriminalstatistik 1995.

Struktur und Bewegung der Kriminalität in Österreich fügen sich im wesentlichen in das über Deutschland und Westeuropa bekannte Bild. Im Jahr 1995 wurden insgesamt 486 433 strafbare Handlungen einschließlich Verkehrsstraftaten bekannt; ohne Verkehrsdelikte zählte man ungefähr 444 000 Straftaten. Bezogen auf die Bevölkerung ergab sich eine Häufigkeitszahl von 6058 bzw. 5529 Delikten pro 100 000 Einwohner. Ermittelt wurden 1995 insgesamt 195 670 Tatverdächtige. Strafgerichtlich wurden 1995 insgesamt 69 779 Personen verurteilt.

Wie die Strukturanalyse der Kriminalität zeigt, machen die Delikte gegen Eigentum und Vermögen mit rd. 67% den größten Anteil aus, gefolgt von den Delikten gegen Leib und Leben mit 17% und gegen die Sittlichkeit mit knapp 1%. Die übrigen Straftaten belaufen sich auf 15%. Vergleichsweise fällt auf, daß der Anteil der Delikte gegen die Person größer ist als in Deutschland und der Schweiz. Dies beruht darauf, daß fast 99% dieser Deliktsgruppe auf Körperverletzungsdelikte entfallen, die zur Hälfte in Zusammenhang mit dem öffentlichen Straßenverkehr begangen worden sind. Im Rahmen der Eigentums- und Vermögenskriminalität herrschen die leichteren Begehungsformen vor.

Ähnlich wie in Deutschland und in den Ländern Westeuropas verzeichnet man auch in Österreich einen starken Anstieg der registrierten Kriminalität während der letzten drei Jahrzehnte; allein in den letzten 15 Jahren ist die Kriminalität um 40% angestiegen. Allerdings spiegelt sich dieser Zuwachs in der Verurteiltenstatistik nur schwach wider. Während nach der Polizeistatistik die Zahlen der Vermögensdelikte und vor allem des Raubs erheblich zugenommen haben, hat sich die Zahl der vorsätzlichen Tötungen in den letzten dreißig Jahren kaum verändert. Wirtschafts- und Umweltdelikte werden zwar in Österreich erörtert, schlagen sich jedoch in der Kriminalstatistik nur teilweise nieder. Offenbar hat sich das Umweltstrafrecht trotz steigender Verurteilungszahlen nicht als griffiges Instrumentarium erwiesen. Insgesamt ist der Anstieg der Kriminalität seit Mitte der siebziger Jahre vor allem den Zuwachs der Diebstahls-, Raub- und Sachbeschädigungsdelikte zurückzuführen. Demgegenüber bleiben die Zahlen der Delikte gegen Leib und Leben im Anstieg erheblich zurück. Im Ganzen gesehen dürfte die Kriminalitätsbelastung in Österreich zwischen jener Deutschlands und der Schweiz liegen.

2.3 Schweiz

Schrifttum: *Adler,* Switzerland. In: Nations not Obsessed with Crime. Littleton/Col. 1983; *Balvig,* Weiß wie Schnee. Die verborgene Wirklichkeit der Kriminalität in der Schweiz. Bielefeld 1990; *Frey,* Kriminalität im Zeichen des Wohlstandes. Eine Untersuchung der schweizerischen Kriminalität von 1951-1964. Zürich 1968; *Killias,* Les Suisses face au crime. Leurs expériences et attitudes à la lumière des enquêtes suisses de victimisation. Grüsch 1980; *Niggli* u.a., Paradise lost? On Crime Developement in Switzerland. Studies on Crime & Crime Prevention 6 (1997), 73-99; *Schwarzenegger*, Opfermerkmale, Kriminalitätsbelastung und Anzeigeverhalten im Kanton Zürich: Resultate der Zürcher Opferbefragung. SchwZStr 108 (1991), 63-91.

Zwar galt die Schweiz noch in den achtziger Jahren als eines der zehn Länder der Welt mit der niedrigsten Kriminalitätsbelastung. Gleichwohl zeigt die Verknüpfung der verschiedenen polizei- und justizstatistischen Instrumente sowie der neueren Opferbefragungen, daß das Ausmaß der Delinquenz auch in der Schweiz nicht unbeachtlich ist. Schon die eidgenössische Polizeistatistik läßt für 1995 rd. 305 000 StGB-Straftaten erkennen, obgleich im Jahr 1994 nur etwa 22 000 deliktstypisch entsprechende Verurteilungen im Zentralregister erfaßt wurden. Da Straßenverkehrs- sowie Betäubungsmitteldelikte getrennt registriert werden, muß man derartige Straftaten, die justizstatistisch zusammen rd. 60% ausmachen, der Anzeigenstatistik noch hinzurechnen. Danach erscheint es nicht zu hoch gegriffen, wenn man die jährlich registrierte **Deliktsmenge** auf etwa 600 000 veranschlagt.

Somit nähert sich die schweizerische Kriminalitätsbelastung jener Österreichs. Die Häufigkeitszahl auf 100 000 Einwohner beträgt nach der schw. PKS 1995 etwa 4345 Delikte, wobei freilich Betäubungsmittel- und Straßenverkehrsdelikte fehlen.

Allerdings geht der Anteil eidgenössisch registerpflichtiger Verurteilungen kaum über ein Zehntel der geschätzten Deliktsmenge hinaus. Immerhin waren Mitte 1995 etwa 472 000 Personen im Zentralregister erfaßt, bezogen auf die gesamtschweizerische männliche Bevölkerung etwa 12%.

Neben den Verkehrsdelikten, die über ihren Anteil in Deutschland hinaus rund die Hälfte der registrierten Kriminalität ausmachen, stellen die Eigentums- und Vermögensdelikte mit knapp 19% die zahlenmäßig zweitwichtigste Deliktsgruppe. Dabei herrschen wiederum der einfache Diebstahl und der Betrug vor. Verbrechen und Vergehen gegen Leib und Leben, insbesondere fahrlässig begangen, betragen nur etwa 3%. Die strafbaren Handlungen gegen die Sittlichkeit haben sich in den letzten Jahren auf ungefähr 1% im Jahr 1994 erheblich vermindert. Bei den Straßenverkehrsdelikten herrscht, ähnlich wie in anderen Ländern, mit rd. 50% das Delikt des Fahrens in angetrunkenem Zustand vor. Die Betäubungsmitteldelikte machen etwa 12% aus (Strafurteilsstatistik der Schweiz 1994).

Auch in der Schweiz ist die registrierte Kriminalität in den letzten Jahrzehnten erheblich angestiegen, obschon weniger ausgeprägt als in Österreich und in Deutschland. Immerhin haben die Probleme der Wirtschaftskriminalität und neuerdings sogar des organisierten Verbrechens die Aufmerksamkeit in Wissenschaft und Praxis auf sich gezogen. Auch läßt sich nicht übersehen, daß hoch urbanisierte Bereiche wie etwa Stadt und Kanton Zürich eine Kriminalitätsbelastung aufweisen, die jener von Stuttgart und Baden-Württemberg kaum nachsteht. Ferner haben Kraftfahrzeugdiebstahl und Einbruchsdiebstahl eine relative Häufigkeit erreicht, die der relativen Belastung der USA mit vergleichbaren Straftaten fast entspricht. Bei alledem verwundert nicht, daß die „Internationalisierung" der Kriminalität wächst. Viele Jahre lang war der Anteil der ermittelten tatverdächtigen Ausländer geringer als ihr Anteil an der Gesamtbevölkerung. Kontinuierlich stieg jedoch der Anteil ausländischer Tatverdächtiger an und betrug 1995 nach der PKS insgesamt 47,3%. Dabei sind ähnlich wie in der Bundesrepublik die prozentualen Anteile der ausländischen Arbeitnehmer im Verhältnis zu denen der Durchreisenden und Asylsuchenden eher gesunken. Vor allem in den Bereichen der Betäubungsmittel- und Gewaltkriminalität ist der Ausländeranteil überdurchschnittlich hoch. Im Drogenhandel und bei der Geldwäsche liegt der Ausländeranteil bei den Verurteilten sogar bei mehr als 70% für die Gesamtschweiz. Nach der Kriminalstatistik des Kantons Zürich waren der Straßenverkauf von Drogen und der gesamte Handel mit Betäubungsmitteln Anfang der neunziger Jahre fast ausschließlich in der Hand von Ausländern.

3. Bewegung der Kriminalität im internationalen Vergleich

Schrifttum: *Collmann*, Internationale Kriminalstatistik. Geschichtliche Entwicklung und gegenwärtiger Stand. Stuttgart 1973; *van Dijk* u.a., Experiences of Crime across the World. Key Findings of the 1989 International Crime Survey. Deventer u.a. 1990; *van Dijk*, Criminal Victimisation in the Industrialized World. Key Findings of the 1989 and 1992 International Crime Surveys. Den Haag 1992; *Dörmann*, Interpol-Kriminalstatistik: Kein wahrer Spiegel der tatsächlichen Kriminalitätsbelastung. Kriminalistik 38 (1984), 414-420; *Gurr*, Crime Trends in Modern Democracies since 1945. Ann 16 (1977), 41-85; *Heidensohn/Farrell* (eds.), Crime in Europe. London 1991; *Kalish*, International Crime Rates. Rockville/Md. 1988; *Kube/Koch*, Die Kriminalitätslandschaft in Ost und West im Zeichen des politischen Umbruchs in Osteuropa. WGO Monatshefte für osteuropäisches Recht 32 (1990), 133-142; *Kühne/Miyazawa*, Kriminalität und Kriminalitätsbekämpfung in Japan. Versuch einer soziokulturell-kriminologischen Analyse. Wiesbaden 1991[2]; *Landau*, Trends in Violence and Aggression: A Cross-cultural Analysis. Ann 22 (1984), 119-150.

Die vergleichende Untersuchung der Verbrechensentwicklung ist ebenso notwendig wie problematisch. Sie ist geboten, weil nur sie zureichende

Anhaltspunkte darüber vermittelt, ob der jeweilige Zustand von Kriminalität und Verbrechenskontrolle befriedigend, normal, bedenklich oder bedrohlich erscheint. Die komparative Analyse ist aber zugleich auch problematisch, da die Vergleichbarkeit der Kriminalitätsstrukturen international aufgrund verschiedener Strafrechts- und Verfolgungssysteme sowie unterschiedlicher Meßkriterien erheblich beeinträchtigt ist (vgl. *Collmann* 1973, 63 f.). Als wichtigstes Instrument dient neben den Opferbefragungen trotz erheblicher Mängel die Interpol-Statistik (dazu kritisch *Dörmann* 1984, 414 ff.).

Trotz methodischer Vorbehalte bleibt das Bedürfnis nach vergleichender Untersuchung bestehen, zumal fast alle Industriestaaten in der Zeit nach dem Zweiten Weltkrieg einen erheblichen Kriminalitätsanstieg verzeichnen (siehe den Überblick bei *Landau* 1984, 141, 144). In Europa ist der amtlich bekanntgewordene Umfang der Kriminalität in den achtziger Jahren höher als in den fünfziger Jahren. Eine Ausnahme scheint nur Japan zu bilden (*Kühne/Miyazawa* 1991, 102 ff.). Der **Zuwachs der allgemeinen Kriminalität** ist zu einer durchgängigen Erscheinung **in den westlichen Gesellschaften** geworden. Dies drückt sich sowohl in Erfahrungen der Bürger aus, die Opfer werden und Delikte anzeigen, als auch in den Anstrengungen zur Verbrechenskontrolle. Die Unterschiede zwischen den westlichen Gesellschaften sind hauptsächlich solche im Detail: Während der Anstieg in Kontinentaleuropa und Skandinavien überwiegend erst in den sechziger Jahren begonnen hat, setzte der Zuwachs in den englischsprachigen Ländern bereits in den fünfziger Jahren ein. Zur Erklärung des Kriminalitätsanstiegs wird allgemein auf den **sozialen Wandel** verwiesen (dazu eingehend § 24, 3.3), der auch den Wertewandel und die Veränderungen der Kontrollsysteme einschließt.

Ein Überblick über die **unterschiedliche Kriminalitätsbelastung in den Entwicklungsländern und den wirtschaftlich hochentwickelten Nationen** unter besonderer Berücksichtigung der Bundesrepublik Deutschland und Japans (dazu LB § 38, 5, Tab. 5) ergibt, daß, insgesamt gesehen, Entwicklungsländer eine hohe Belastung an Gewaltdelikten, hingegen die hochentwickelten Nationen eine hohe Rate an Eigentums- und Vermögensdelikten aufweisen.

Gleichwohl zeigen die Unterschiede zwischen Japan und Deutschland, daß die Tatsachen der Industrialisierung und Urbanisierung allein noch keine bestimmte Verbrechensrate determinieren, daß vielmehr Möglichkeiten sozialer Kontrolle bestehen, welche die Kriminalitätsentwicklung wirksam begrenzen, vermindern oder schlicht vernachlässigen (vgl. etwa die geringen Betrugszahlen in Frankreich, Japan und den Niederlanden). Freilich muß man dabei berücksichtigen, daß neuere Daten der vergleichend angelegten Opferbefragung (siehe *v. Dijk* u.a.

1990) manche Strukturunterschiede in der Kriminalitätsbelastung der verschiedenen Länder stützen, andere jedoch erheblich relativieren. Nach der Befragungsforschung zumindest scheinen die Unterschiede in der Kriminalitätsbelastung zwischen dem Bundesgebiet und Japan nicht so erheblich zu sein, wie sie nach der Darstellung offiziell registrierter Kriminalität zum Ausdruck gelangen.

Im **Vergleich der europäischen Staaten** befindet sich Deutschland insgesamt im oberen Feld der Kriminalitätsbelastung und des Verbrechenszuwachses, und zwar sowohl nach der Befragungsforschung wie nach der Kriminalstatistik (siehe jedoch die Kritik an der Interpol-Statistik von *Dörmann* 1984, 414 ff.). Eine weitgehende Deckungsgleichheit läßt sich in der starken Zunahme der jüngeren Altersgruppen bei der registrierten Kriminalität und in der Gruppendelinquenz von Jugendlichen beobachten (siehe unten §§ 29 ff.). Tendenzielle Übereinstimmungen bestehen auch in dem Anstieg der Ladendiebstähle und der Diebstähle von Kunstgegenständen, dem Zuwachs an Terrorismus und politisch-motivierter Gewaltkriminalität sowie in den als bedeutsam beurteilten Erscheinungen der Wirtschaftskriminalität und der hohen Verkehrsdelinquenz. Jedoch dürfte organisiertes Verbrechen in Europa mit Ausnahme Italiens und Rußlands im Gegensatz zu Nordamerika erst gering verbreitet sein und auch keine vergleichbare Bedeutung wie in Japan verdienen (dazu *Kühne/Miyazawa* 1991, 157 ff.). Im übrigen hat sich trotz erheblichen gesellschaftlichen Wandels der Anteil der Frauenkriminalität international nur leicht erhöht (dazu Näheres unten § 29, 3). Diese vielfältigen Erscheinungen bedürfen aber noch weiterer Untersuchung. Ihre Analyse erscheint jedoch nicht sinnvoll, ohne zuvor den Theorien des Verbrechens, der Kriminalität und der Kriminalitätsentwicklung nachgegangen zu sein.

§ 22 Organisiertes Verbrechen

Schrifttum: *Beck*, Bekämpfung der Organisierten Kriminalität speziell auf dem Gebiet der Rauschgiftkriminalität unter besonderer Berücksichtigung der V-Mann-Problematik. Frankfurt/M. 1990; *Block* (ed.), The Business of Crime. A Documentary Study of Organized Crime in the American Economy. Boulder 1991; *Bundeskriminalamt* (Hrsg.), Organisierte Kriminalität in einem Europa durchlässiger Grenzen. Wiesbaden 1991; *dass.* (Hrsg.), Lagebild Organisierte Kriminalität Bundesrepublik Deutschland 1993-1995 (Kurzfassung). Wiesbaden 1994-1996; *Fijnaut*, Organized Crime: The Forms it Takes, Backgrounds and

Methods Used to Control it in Western Europe and the United States. In: Crime and Criminal Policy in Europe. Proceedings of the IInd European Colloquium, ed. by Kaiser u.a. Freiburg 1990, 53-97; *Mayerhofer/Jehle* (Hrsg.), Organisierte Kriminalität. Heidelberg 1996; *President's Commission* on Organized Crime. The Impact: Organized Crime Today. Report to the President and the Attorney General. Washington/D.C. 1986; *Rebscher/Vahlenkamp*, Organisierte Kriminalität in der Bundesrepublik Deutschland. Wiesbaden 1988; *Sieber/Bögel*, Die Logistik der organisierten Kriminalität: Wirtschaftswissenschaftlicher Forschungsansatz und Pilotstudie zur internationalen KFZ-Verschiebung, zur Ausbeutung von Prostitution, zum Menschenhandel und zum illegalen Glücksspiel. Wiesbaden 1993; *Weschke*, Organisierte Kriminalität als Netzstrukturkriminalität. Berlin 1990.

1. Begriff und Abgrenzung

Das organisierte Verbrechen beschäftigt in wachsendem Maße Strafverfolgung, Wissenschaft und Öffentlichkeit. Der Versuch jedoch, das Phänomen des organisierten Verbrechens begrifflich, geschweige empirisch, zu erfassen, stößt wegen Vielfalt und Besonderheit der Erscheinungsformen auf Schwierigkeiten. Wegen mangelnden Zuganges der Wissenschaft und fehlender Dokumentation wird die organisierte Kriminalität nicht selten zwischen „Mythos und Wirklichkeit" eingeordnet. Genauer betrachtet handelt es sich um ein pragmatisches Konzept, das von der polizeilichen Verbrechensbekämpfung her definiert wird. Folgende Merkmale gelten als **Indikatoren** organisierten Verbrechens:

- Auf Dauer angelegter Zusammenschluß von mindestens drei Personen als gewinnorientierte solidarische Interessengemeinschaft,
- Organisationsstruktur, gekennzeichnet durch einerseits straffen Führungsstil, Disziplin der Mitglieder, aber auch Sorge für deren Sicherheit, oder andererseits Straftäterverflechtungen mit lockerem Führungsstil,
- planmäßiges und arbeitsteiliges Vorgehen unter Abschottung nach außen,
- Verknüpfung von legalen mit illegalen Geschäften, die an die jeweiligen Bedürfnisse der Bevölkerung angepaßt sind, kriminelle Nutzung von persönlichen und geschäftlichen Verbindungen („connections"),
- flexible Verbrechenstechnologie und Vielfalt in der Wahl der Verbrechensmethoden von Ausbeutung, Drohung, Erpressung, Gewalt, Zwangsschutz, Terror bis zur aktiven Bestechung, wobei Gewalt gegen Personen zurücktritt zugunsten von Druckausübung jeglicher Art,
- bewußte Ausnutzung der Infrastruktur wie Funkverkehr, Telefon und länderübergreifende Transportmöglichkeiten sowie
- Internationalität und Mobilität.

Kriminelle Organisationen suchen Politik, Medien, öffentliche Verwaltung, Justiz und Wirtschaft zu unterwandern. Dabei beschränkt sich die versuchte Einflußnahme nicht auf Bereiche Nordamerikas, Japans, Italiens oder Rußlands, sondern wird auch bereits in Deutschland beobachtet.

Das **organisierte Verbrechen unterscheidet sich** von traditionellen Formen der **Gruppenkriminalität** wie **der Bande** dadurch, daß mehr als drei der erwähnten Merkmale vorliegen, insbesondere daß nicht mehr der Täter, sondern der Kunde die Tat bestimmt sowie die persönlichen Beziehungen erheblich zurücktreten. Die Bande weist demgegenüber keine derart verfestigte Organisationsstruktur und Qualität der Verbrechensplanung auf. Sie besteht in der Regel noch aus einem überschaubaren personenbezogenen Kreis (siehe auch unten § 31, 2 m.N.).

2. Erscheinungsformen in den USA

Inbegriff des organisierten Verbrechens war lange Zeit in den USA die Mafia. Diese entwickelte sich aufgrund der spezifischen Sozialstruktur und Geschichte Siziliens zu einem hierarchisch aufgebauten „Staat im Staat", indem an der Spitze einer jeden „Familie" ein „Padrone" steht, der die Familie leitet, für Ordnung sorgt und die kriminelle Aktivität bestimmt, während von den einzelnen Mitgliedern Disziplin und absoluter Gehorsam sowie Verschwiegenheit verlangt werden. Das „organized crime" in den USA bildet sich aus der durch die italo-amerikanischen Einwanderer importierten sizilianischen Mafia und aus einem bunten Gemisch von Randexistenzen verschiedener Nationalitäten, die im Untergrund der Großstädte eine Beschäftigung am Rande oder außerhalb der Legalität suchten. Es war immer gekennzeichnet durch den Handel mit illegalen Gütern und Dienstleistungen, nach denen dennoch eine starke Nachfrage bestand.

In der Gegenwart ist das organisierte Verbrechen in den USA aber nicht mehr mit der ursprünglichen Mafia, einer konspirativen Kriminalität von ethnischen Minderheiten, identisch, sondern verfügt über eine große Reichweite von Aktivitäten, die fest verbunden sind mit dem System der freien Marktwirtschaft. Es entspricht in Organisation und Planung modernen Wirtschaftsunternehmen und bedient sich der Methoden moderner Volkswirtschaft. Die einzelnen Einnahmequellen sind heute in den USA je nach Region unterschiedlich. So sind z.B. im Westen die häufigsten Formen der organisierten Kriminalität Versicherungs- und Landbetrug, Mißbrauch von Rentenfonds, Hehlereiorganisationen, Wucher, illegale Spiele, Buchmacherei, Drogenimport und -handel, Pornographie und Prostitution sowie vor allem in kleineren Städten Korruption. Im Südosten der USA werden dagegen Hotels und Rennbahnen für illegales Glücksspiel, Fracht- und Fluggesellschaften für Drogen-, Waffen-, Juwelen-, Zigaretten- und Alkoholschmuggel benutzt (*President's Commission* 1986, 33 ff.; *Block* 1991). Außerdem ist das organisierte Verbrechen in den USA maßgeblich an der illegalen Giftmüll-Beseitigung beteiligt.

3. Erscheinungsformen in Europa

Das „organized" oder „syndicated crime" kann nicht von den spezifisch sozialen und gesellschaftlichen Gegebenheiten in den USA gelöst und uneingeschränkt auf europäische Verhältnisse übertragen werden. „Mafia-artig" ausgebaute Organisationen finden sich aber auf dem europäischen Kontinent vorwiegend noch immer in Italien. Das **organisierte Verbrechen** entwickelte sich **in den einzelnen europäischen Staaten unterschiedlich.** Die skandinavischen Länder, ferner die Schweiz und Belgien haben mit der Kontrolle geringere Sorgen als die Niederlande, Großbritannien, Deutschland oder die Nachfolgestaaten der Sowjetunion. Jedoch besteht gegenwärtig ein verstärkter Trend zur Internationalität. Dabei spielen sowohl die Öffnung und der Abbau von Grenzen als auch die wachsende Dimension der Vergabe europäischer Subventionen mit entsprechenden Mißbrauchsmöglichkeiten eine bedeutsame Rolle.

Als **Schwerpunkte** des organisierten Verbrechens kommen vor allem die folgenden Kriminalitätsfelder in Betracht:

* Handel und Schmuggel von Rauschgift und Zigaretten (sog. Zigarettenmafia),
* Waffenhandel und -schmuggel sowie Nuklearkriminalität,
* Diebstahl von und Handel mit gestohlenen Kunstgegenständen,
* Zuhälterei, Prostitution, Menschenhandel sowie illegales Glücks- und Falschspiel,
* Schutzgelderpressung,
* unerlaubte Arbeitsvermittlung und Beschäftigung,
* illegale Einschleusung von Ausländern,
* illegale Entsorgung von Sonderabfall (Müllmafia) und illegaler Technologietransfer,
* Kapitalanlagebetrug,
* Subventionsbetrug und Abgabenhinterziehung,
* Herstellung und Verbreitung von Falschgeld sowie Fälschung und Mißbrauch unbarer Zahlungsmittel,
* Diebstahl und Verschiebung hochwertiger Kraftfahrzeuge, LKW-, Container- und Schiffsladungen sowie
* professioneller Wohnungseinbruch.

Die modernen Formen des organisierten Verbrechens reichen daher von der sogenannten Schutzgelderpressung gegenüber Lokalinhabern sowie unter Ausländern bis in den Bereich der Wirtschaftskriminalität und der Korruption. Dazu zählt das Ausnutzen von Steuerunterschieden bzw. Zolldifferenzen, z.B. durch organisierten Schmuggel von Gold und Geld, der Handel mit Wertpapieren, systematischer Versicherungsbetrug oder organisierter Konkurs und Stoßbetrug. Zu den neuesten Entwicklungen gehört das Anzapfen von Datenbanken und die

Computerkriminalität. Soweit Bedienstete im Datenverarbeitungsbereich nicht selbst beteiligt sind, führt der Weg zum Erfolg über Bestechung oder besondere elektronische Verfahren, durch welche man den Datenzugang ermöglicht, ohne Personen einbeziehen zu müssen. Bei der Verschiebung von Kraftfahrzeugen in den Vorderen Orient oder nach Osteuropa werden hochwertige Fahrzeuge auf Bestellung in Deutschland gestohlen und mit anderen Daten versehen ins Ausland verbracht. Auch der illegale Waffenhandel setzt eine perfekte Planung und eine Vielzahl williger Helfer in allen Funktionsebenen voraus. Besondere Hinweise ergeben sich für die Bekämpfung des internationalen Waffenhandels deshalb, weil im Ausland häufig die politische Polizei oder militärische Dienststellen den illegalen Waffenhandel als Geheimsache verfolgen und daher nur bedingt Auskünfte erteilen.

Die Ausbreitung der genannten Formen des organisierten Verbrechens in der Bundesrepublik und im übrigen Europa werden durch das Recht der Freizügigkeit und der damit zusammenhängenden Mobilität begünstigt, ferner durch die Durchlässigkeit der Grenzen, die erleichterten Reise- und Transportbedingungen, die verbesserten Möglichkeiten der Kommunikation auf internationaler Ebene sowie durch die engen wirtschaftlichen Verflechtungen der Staaten untereinander. Deshalb ist verständlich, wenn die **Bekämpfung** große **Schwierigkeiten** bereitet (siehe *Rebscher* u.a. 1988, 2 ff., 152 ff.; *Bundeskriminalamt* 1991; *Mayerhofer/Jehle* 1996; Vorschläge zur Bekämpfung für die USA *President's Commission* 1986, 129 ff.).

Nicht weniger problematisch erscheint der Stand theoretischer Analyse. Obwohl die weitverbreiteten und vielfältigen Aktivitäten im Rahmen organisierter Kriminalität nicht länger eine allgemeine Interpretation als Einrichtungen der Selbsthilfe erlauben, die vom späten Feudalsystem überkommen sind und in weitem Maße sowohl für die Mafia als auch für die japanischen Yakuza zutreffen, bleibt die theoretische Durchdringung des organisierten Verbrechens hinter dem Stand der Wahrnehmung erheblich zurück. Immerhin herrscht hier die Profitorientierung im „Geist des Kapitalismus" genauso vor wie im Fall des legalen Handelsverkehrs. Daher bieten sich Interpretationen im Lichte der Entscheidungstheorie, der Unternehmenstheorie oder allgemeiner im Lichte der Kriminalökonomie an. Entsprechend schwierig und komplex gestalten sich die Anstrengungen in den Bereichen polizeilicher und justizförmiger Verbrechenskontrolle. Dies gilt namentlich für verdeckte Ermittler, Rasterfahndung, Telefonüberwachung, den Schutz von Zeugen und Sachverständigen, die Gewinnabschöpfung und die Geldwäsche. Dies sind sämtlich wichtige und wahrscheinlich auch unverzichtbare Maßnahmen, und dennoch bergen sie Gefahren für den Rechtsstaat und die

Menschenrechte. Die schleppende und kontroverse Diskussion über gesetzliche Maßnahmen gegen die organisierte Kriminalität in der Gegenwart verdeutlicht dies. Ist die optimale Problemlösung auch nicht in Sicht, so doch die Notwendigkeit wissenschaftlicher Beobachtung, Dokumentation, Analyse und empirischer Forschung.

4. Entwicklung und Lage in Deutschland

Obwohl kriminelle Organisationen in Deutschland schon seit Jahrzehnten bekannt sind (z.b. die sogenannten Ringvereine Berlins), hat das organisierte Verbrechen erst in den letzten Jahren besondere Schubkraft erhalten. Daher wurden nicht nur die Polizei, sondern auch der Gesetzgeber mobilisiert. Internationale Organisationen wie die italienische Mafia haben den durch die Wiedervereinigung bedingten hohen Bedarf an Investitionskapital z.b. für die Privatisierung von Treuhandunternehmen schnell erkannt und Investitionen in den neuen Bundesländern als schier unerschöpfliche Möglichkeit der Geldwäsche für sich entdeckt. Neben den vorhandenen Stützpunkten ausländischer krimineller Organisationen aus Europa, Asien und den USA, hat sich auch eine speziell „deutsche" Form des organisierten Verbrechens im Bundesgebiet etabliert. Deren kriminelle Aktivitäten und Ziele unterscheiden sich nicht von denen ausländischer Organisationen entsprechender Art. Einer Expertenbefragung der achtziger Jahre ist zu entnehmen, daß die Strukturen des organisierten Verbrechens in Deutschland im Gegensatz zu der italienischen Mafia oder der japanischen Yakuza weder starr hierarchisch noch mitgliedschaftlich angelegt sind. Vielmehr haben sich inzwischen flexible Straftäterverflechtungen mit lockeren, wechselnden Beziehungsstrukturen gebildet (z.b. sogenannte connections). Aber auch hier werden die Gruppierungen von zentral dominierenden Personen geleitet. Ein Stab von kriminellen Spezialisten kann gezielt und überregional eingesetzt werden. Die „Netzstruktur" wird vervollständigt durch korrupte Beamte, Politiker, Rechtsanwälte und Finanzberater. Sie dient zugleich der Abschottung nach außen sowie der Informationsbeschaffung. Die Logistik und Vorgehensweisen sind speziell auf die Betätigungsfelder abgestimmt. Sie unterscheiden sich von der legaler Wirtschaftsunternehmen jedoch nicht nur in der Zielsetzung, sondern auch im Hinblick auf Besonderheiten des „illegalen Handels". Gerade die Verhinderung von Tataufdeckung und -nachweis, also die Geheimhaltung, ist für das Funktionieren der kriminellen Organisation unabdingbar. Die logistische Umsetzung dieses Zieles ist am ehesten mit einer

Militärlogistik vergleichbar. Der Einsatz modernster Technik, internationaler Kontakte und konspirativer Methoden erlaubt es, auf neue Ermittlungs- und Bekämpfungsmethoden der Polizei rasch und flexibel zu reagieren (vgl. *Schwind* 1996, 511 ff.).

Die Bedeutung und das Ausmaß der organisierten Kriminalität in Deutschland sind wegen der Unschärfe und Pragmatik des Begriffs sowie des bisher kaum überzeugend erforschten Dunkelfeldes schwerlich abzuschätzen. Zur Bekämpfung derartiger Straftaten hat das **Bundeskriminalamt** inzwischen etwa 1000 Mitarbeiter eingesetzt. Als Anhaltspunkte derartiger Aktivitäten können die Berichte des Bundeskriminalamts über das Lagebild der organisierten Kriminalität in der Bundesrepublik Deutschland aus den Jahren 1993 bis 1995 dienen. Allein 1994 wurden 789 Ermittlungsverfahren mit 9256 Tatverdächtigen und einer Gesamtschadenshöhe von rd. 3,5 Milliarden DM ausgewertet. Dabei spielten in fast 18% aller Ermittlungsverfahren Korruptionshandlungen gegen Justiz, Verwaltung, Politik, Wirtschaft und Medien eine Rolle. Nach dem Lagebild organisierter Kriminalität waren 1995 insgesamt 787 einschlägige Ermittlungsverfahren anhängig mit rd. 52 000 Einzeldelikten und 7922 Tatverdächtigen 87 verschiedener Nationalitäten. Der Anteil deutscher Tatverdächtiger betrug nur etwa 36%. Die größte Gruppe der nichtdeutschen Tatverdächtigen stellten die türkischen Staatsangehörigen mit einem Tatverdächtigenanteil von rd. 15%. Ein stetiger Anstieg ist insbesondere bei Tatverdächtigen aus Osteuropa zu verzeichnen. Lediglich in 13,5% aller Verfahren wurde gegen rein deutsche Tätergruppen ermittelt. Demzufolge waren auch über zwei Drittel der Verfahren durch eine internationale Tatbegehung gekennzeichnet. In etwa 80% aller Verfahren wurden von den Ermittlern geschäftsähnliche Strukturen und in fast der Hälfte der Verfahren die Anwendung von Gewalt oder anderer Mittel zur Einschüchterung festgestellt. Außerdem ist eine Zunahme von Geldwäscheaktivitäten zu verzeichnen (1995: 42 Verfahren mit 320 Delikten). Der durch Aktivitäten krimineller Organisationen verursachte Schaden betrug 1995 annähernd 700 Millionen DM. Der seit 1991 ermittelte Gesamtschaden wird auf knapp 10,5 Milliarden DM geschätzt.

5. Strafrechtliche Kontrolle organisierten Verbrechens

Die Entwicklung und Ausbreitung des organisierten Verbrechens in Deutschland wie im übrigen Europa werden durch das Recht auf Freizügigkeit und die damit eröffnete Mobilität begünstigt, ferner durch die Durchlässigkeit der Grenzen, die erleichterten Reise- und Transportbedingungen, die verbesserten Möglichkeiten der Kommunikation auf internationaler Ebene sowie durch die engen Verflechtungen der staatlichen Wirtschaftssysteme untereinander. Dem steht die allgemein an die nationalen Grenzen gebundene polizeiliche Strafverfolgung gegenüber. Deshalb ist verständlich, wenn die **Bekämpfung** große **Schwierigkeiten** bereitet.

Neuere Analysen haben die ausgefeilte Logistik krimineller Organisationen verdeutlicht. Als Reaktion auf derartige Erkenntnisse wurden 1992 mit dem „Gesetz zur Bekämpfung des illegalen Rauschgifthandels und anderer Erscheinungsformen der Organisierten Kriminalität (OrgKG)" besondere Ermittlungsmaßnahmen in die Strafprozeßordnung eingeführt. Der Einsatz von Rasterfahndung, technischer Mittel zu Observationszwecken und verdeckter Ermittler soll die **„Waffengleichheit"** zwischen Polizei und organisiertem Verbrechen **wiederherstellen**.

Ob dieser Zweck allerdings schon allein deswegen verfassungskonform und damit legitim ist, weil er erfolgversprechend zu sein scheint, bleibt sowohl nach dem Inkrafttreten des **OrgKG** 1992 wie auch des **VerbrechensbekämpfungsG** aus dem Jahre 1994 umstritten. Auf Kritik stoßen vor allem neuere Bestrebungen, auch sogenannte „Vorfeld"-Ermittlungen im Bereich der organisierten Kriminalität zu ermöglichen. Die Verfechter einer verstärkten polizeilichen Ermittlungstätigkeit im Vorfeld konkreter Straftaten befürchten besonders den Vertrauensverlust des Staates, falls sich die organisierte Kriminalität als eine feste Institution etablieren könnte. Sie sehen die erfolgreiche Bekämpfung vor allem in der Penetrierung und Zerschlagung verbrecherischer Organisationen und fordern deshalb auch, den Geheimdiensten die dafür nötigen Eingriffsbefugnisse zu bewilligen. Nach Meinung einiger Fachleute ist allerdings diese Zuständigkeit für die Sonderermittler des Bundesnachrichtendienstes und des Verfassungsschutzes bereits gegeben, weil die organisierte Kriminalität in ihrer Bedrohungsqualität dem Terrorismus schon gleichstehe. Ihre Erkenntnisse könnten durch ein Datenaustauschsystem auch den Strafverfolgungsbehörden zugänglich gemacht werden. Allerdings erheben sich dagegen Bedenken, weil es mit dem repressiven Charakter der Strafprozeßordnung schwerlich vereinbar ist, der Polizei unmittelbar oder indirekt Zugriff auf Erkenntnisse im Vorfeld von Straftaten zu gewähren und damit eine präventive Verbrechensbekämpfung zu ermöglichen.

So wichtig derartige Bekämpfungsmaßnahmen auch sein mögen, sie können nur ein **erster Schritt zu einem Gesamtkonzept zur Bekämpfung** der fraglichen Erscheinungsformen **von Kriminalität** sein, da der Erfolg solcher Ermittlungsmethoden bestenfalls in der Verurteilung einzelner Mitglieder, jedoch kaum in der totalen Zerschlagung krimineller Organisationen liegen dürfte. Nicht nur Strafverfolger fordern daher strukturelle Bekämpfungsmaßnahmen im präventiven Bereich, die an den „Grundsäulen " der kriminellen Vereinigungen ansetzen. Da diese Organisationen nicht anders als legale Wirtschaftsunternehmen die Gewinnmaximierung anstreben und illegale Gewinne in großem Umfang in den legalen Wirtschaftskreislauf zurückschleusen müssen, lag es nahe, im OrgKG – in Umsetzung einer EG-Richtlinie – einen neuen Straftatbestand der Geldwäsche zu schaffen und die Vermögensstrafe einzuführen, um der organisierten Kriminalität die finanziellen Grundlagen zu entziehen. Ergänzend hierzu wurde 1993 mit dem Gesetz über das Aufspüren von Gewinnen aus schweren Straftaten (GwG) eine Anzeige-, Identifizierungs- und Meldepflicht für Bankgeschäfte bei einer bestimmten Höhe vorgeschrieben. Mit Hilfe der Banken und Kreditinstitute soll der Verbleib illegaler Gewinne nachvollziehbar gemacht werden. Dieses legislatorische Vorgehen entspricht einem Weg, den die USA schon im Laufe der achtziger Jahre beschritten hatten. Aber selbst nach Inkrafttreten des Verbrechensbekämpfungsgesetzes 1994, das die Zugriffsmöglichkeit noch erweitert, lassen die derzeitigen gesetzlichen Regelungen eine wirksame Kontrolle des Geldflusses nur lückenhaft zu. Zwar weist die Polizeiliche Kriminalstatistik 1995 insgesamt 321 Fälle aus mit 399 Tatverdächtigen, davon 244 Nichtdeutschen. Jedoch kommt es nur selten zur Anklage, geschweige zur Verurteilung, insbesondere in gravierenden Fällen. Vor dem Hintergrund international agierender Verbrecherorganisationen ist vor allem die Beschränkung der Meldepflicht auf inländische Zweigstellen der Kreditinstitute unbefriedigend. Auch eine kriminalpolitisch wünschenswerte Möglichkeit der Verwertung so gewonnener Erkenntnisse in steuerlicher und steuerstrafrechtlicher Hinsicht, wie es sie seit Jahren in den Vereinigten Staaten gibt, ist bisher im GwG nicht vorgesehen.

Um eine grenzüberschreitende Zusammenarbeit der Strafverfolgungsbehörden im europäischen Bereich voranzubringen, ist im Maastrichter Vertrag die Schaffung einer europäischen Polizeibehörde „ EuroPol " mit dem Sitz in Den Haag beabsichtigt, die mit Fachleuten aus den Kriminalämtern aller Mitgliedsstaaten besetzt werden soll. Anfang 1994 hat die Übergangsform dieser Kooperationsstelle ihre Arbeit aufgenommen und ist unter dem Namen EuroPol/EDU zunächst für die Bekämpfung des illegalen Rauschgifthandels zuständig. Ihre Hauptaufgabe besteht in der Informationssammlung und -auswertung, aber auch der Aus- und Weiterbildung. Ihre Kenntnisse sollen die nationalen Polizeibehörden unterstützen und deren Arbeit international koordinieren. Vor allem im Bereich der Datensammlung und -auswertung sowie der Koordinationsfunktion gehen ihre Aufgaben über die bis dahin u.a. im Schengener Abkommen festgelegte grenzüberschreitende Zusammenarbeit der nationalen Ermittlungsbehörden hinaus. Doch erst nach Inkrafttreten und Implementierung der Europäischen Konvention über EuroPol wird man Unterstützung und Ermittlungshilfe erwarten dürfen.

Internationale Zusammenarbeit ist vor allem im Bereich der grenzpolizeilichen Aufgaben zur Behandlung der organisierten Schleuser- und Zuwanderungskriminalität geboten. Im Bereich der europäischen Union gibt es Bestrebungen, mobile internationale Einsatzeinheiten zu bilden und auch auf höherer Ebene durch den Austausch von Beamten Kooperationsstrukturen zu schaffen. Ein weiterer wichtiger Schritt ist die Sanktionierung von privaten Beförderungsunternehmen, die Ausländer ohne die erforderlichen Grenzübertrittsdokumente befördern. Nicht nur im Exekutivbereich ist die internationale Zusammenarbeit nach Meinung von Praktikern verbesserungsbedürftig. Auch im Bereich der Rechtshilfe im Zusammenhang mit gerichtlichen Verfahren fordern Praktiker eine europäische Koordinationsbehörde, um die Effektivität zu erhöhen (zum Ganzen *Schwind* 1996, 556 ff.).

Weitergehender Handlungsbedarf besteht bei der Bekämpfung der Korruption, die Experten als wesentliches Element der organisierten Kriminalität betrachten. OrgKG und VerbrechensbekämpfungsG sehen weder spezielle Bekämpfungsmaßnahmen für Vorteilsannahme und Bestechlichkeit vor, noch lassen sie Korruptionsverdacht für die Einleitung „besonderer Ermittlungsmaßnahmen" ausreichen. Anders ist dies z.B. in Italien, der Schweiz und den Vereinigten Staaten, wo der Bedeutung derartiger Straftaten für den Bereich des organisierten Verbrechens durch Eröffnung spezieller Bekämpfungsmethoden Rechnung getragen wurde. Schließlich müssen auch gesamtgesellschaftliche Ursachen der organisierten Kriminalität wie z.B. die Nachfrage nach illegalen Gütern, die nur durch kriminelle Organisationen beschafft werden können, strukturell bekämpft werden. So vielschichtig das Problem „organisierte Kriminalität" ist, so umfassend müssen auch die Maßnahmen der gesellschaftlichen, polizeilichen und justitiellen Verbrechenskontrolle sein. Dabei sind der Konflikt zwischen Sicherheitsbestreben mit den Freiheits- und Grundrechten ebensowenig wie die Defizite der Effektivität zu verkennen. Jedoch lassen sich auch keinerlei überlegene Alternative ausmachen. Freilich zeigt die schleppende und recht kontroverse Diskussion über gesetzliche und praktische Maßnahmen gegen die organisierte Kriminalität an, wie schwierig sich die Bekämpfung gestaltet. Man denke nur an die Hindernisse beim Aufspüren von oder dem Zugriff auf

Verbrechensgewinn und bei der Überwachung ausländischer Organisationstäter. Zum Teil mag dies dazu führen, daß die bislang ergriffenen Maßnahmen zur Bekämpfung des organisierten Verbrechens zwar erforderlich und angemessen, aber wenig effektiv sind (z.B. bei der Geldwäsche). Im Hinblick auf die unumgänglichen Einschränkungen grundrechtlicher Positionen können aber die Maßnahmen jedenfalls nur dann hingenommen werden, wenn eine sorgfältige Kontrolle und Dokumentation der Eingriffe sowie die damit gebotene Transparenz, Rechenschaftslegung und Glaubwürdigkeit gewährleistet werden. Ist die optimale Problemlösung auch nicht in Sicht, so doch die Notwendigkeit wissenschaftlicher Beobachtung, Dokumentation, Analyse, theoretischer Durchdringung und empirischer Forschung.

§ 23 Kriminalität der Mächtigen

1. Begriff und Bedeutung

Schrifttum: *Jünschke/Meertens*, Risikofaktor innere Sicherheit. Argumente gegen den Law-and-Order-Staat. München 1994; *Lampe,* Systemunrecht und Unrechtssysteme. ZStW 106 (1994), 683-745; *Maue,* Macht macht Kriminalität. Eine strukturelle Analyse und ein Methodenkonzept zur Psychologie der Macht und des kriminellen Subjekts. Frankfurt/M. u.a. 1989; *Pearce,* Crimes of the Powerful. Marxism, Crime, and Deviance. London 1976; *Scheerer,* Kriminalität der Mächtigen, KKW 1993[3], 246-249; *Triffterer,* Kriminologische Erscheinungsformen des Machtmißbrauchs und Möglichkeiten ihrer Bekämpfung. ZfRVergl 1991, 184-210; *Weber,* Die drei reinen Typen der legitimen Herrschaft (1922). In: Gesammelte Aufsätze zur Wissenschaftslehre, hrsg.v. Winckelmann. Tübingen 1968[3], 475-488.

Kriminalität der Mächtigen (in Anlehnung an *Pearce* 1976) gilt als herrschaftskritischer Topos und entstammt offensichtlich der Konfliktkriminologie. Danach schafft das Bestreben, die Verfügungsbefugnis über die stets knappen Mittel zur Bedürfnisbefriedigung zu erlangen, Konflikte und die Kontrolle über die Mittel Macht. Diese Macht wiederum wird eingesetzt, um die Herrschaftsgrundlage zu sichern, zu erweitern, und zwar auf Kosten anderer, weniger mächtiger Gruppen. Zwar neigt und verführt die Macht, besonders die ungesicherte oder bedrohte, zum hemmungslosen Einsatz aller Machtmittel. Auf derartigen Beobachtungen mag die Auffassung beruhen, wonach „die Macht an sich böse" sei (vgl. *Trifftterer* 1991, 187) und den Menschen korrumpiere. Doch die kriminologische Deutung „Macht macht kriminell" (*Maue* 1989) ist jüngeren Datums. Solcher Deutung folgend hat man etwa zu Protestaktionen und Kampagnen gegen das Verbrechensbekämpfungsgesetz aufgerufen, da man sich fragen müsse, ob nicht die Gefahren aus den Chefetagen der Banken und Konzerne, aus dem Bundestag, dem Bundesinnenministerium, dem Bundeskriminalamt und den geheimen Diensten kommen könnten (so *Jünschke/Meertens* 1994, 10, 302, 331, 351). Dementsprechend begreift man unter Kriminalität der Mächtigen die Summe der Straftaten, die zur Stärkung oder Verteidigung überlegener Macht begangen werden (in diesem Sinne *Scheerer* 1993, 246).

Macht bedeutet nach der klassischen Definition Max Webers jede Chance, innerhalb einer sozialen Beziehung den eigenen Willen auch gegen das Widerstreben durchzusetzen, gleichviel, worauf diese Chance beruht, bzw. den eigenen Willen einer Gemeinschaftshandlung auch gegen den Willen anderer daran Beteiligter durchzusetzen. Würde man von dieser Begriffsbestimmung ausgehen, so fiele bereits jede Durchsetzung des kriminellen Willens innerhalb einer Sozialbeziehung, und zwar auch ganz alltäglich zwischenmenschlicher Art unter den Begriff Kriminalität der Mächtigen. Damit bestünde die **Gefahr der uferlosen Ausdehnung**, weil dann fast jede interpersonelle Straftat als einschlägig und relevant erschiene. Die ethnozentrische Gewalt durch rechtsextremistische Skinheads würde ebenso wie die Gewalt in der Familie konzeptuell miteinbezogen. Denn durch die Verwirklichung einer Straftat zeigt sich bereits, daß der Täter seinen Willen auf Kosten des Opfers durchsetzen und damit Macht ausüben kann (so zutreffend der Einwand von *Trifftterer* 1991, 198). Eine solche Ausweitung führte aber zu einer fast vollständigen Sinnentleerung des Begriffs, nähme ihm jede eigenständige Bedeutung und raubte ihm das kritische Potential. Zwar ist zuzugeben, daß die feministische Perspektive innerhalb der Konfliktkriminologie dem Machtgefälle zwischen den Geschlechtern den gleichen Rang einräumt wie den Machtunterschieden nach Schicht, Rasse und Lebensalter. Doch um Aussagekraft zu gewinnen, muß der **Begriff** „Kriminalität der Mächtigen" notwendig enger gefaßt werden. Als „Mächtige" sollten daher nur solche Personen betrachtet werden, die eine über die jedermann zugänglichen Einflußmöglichkeiten hinausgehende (Macht-) Position inneheben, indem sie etwa ein System pervertieren und ihrem Willen unterwerfen. Durch eine solche **Eingrenzung** auf herausgehobene Machtstellungen lassen sich die Formen des Machtmißbrauchs innerhalb alltäglicher zwischenmenschlicher Beziehungen unterscheiden und als hervorhebenswert aus diesem Zusammenhang nehmen. Unter Kriminalität der Mächtigen ist daher die Summe der Straftaten zu verstehen, welche von Personen mit besonderen Positionen und einer sich darauf gründenden herausragenden Machtstellung zur Stärkung oder Verteidigung dieser Macht begangen werden.

Aufgrund kollektiven Handelns oder gar politisch motivierten Organisationsverbrechens werden die Erscheinungen der Kriminalität der Mächtigen gelegentlich auch mit der sogenannten organisierten Kriminalität in Verbindung gebracht (vgl. dazu oben § 22). Dafür spricht, daß man bei Unrechtssystemen mehrere Erscheinungstypen findet. So lassen sich kriminell ausgerichtete Systeme (z.B. organisiertes Verbrechen) von kriminell anfälligen Systemen (z.B. Wirtschaftsunternehmen) und kriminell pervertierten Systemen (z.B. staatliche Unrechtsinstitutionen) unterscheiden (in diesem Sinne die instruktive Typologie von *Lampe*, 1994, 695). Zwar ist ihr gemeinsames Kennzeichen das **Systemunrecht**, das als spezifische Unrechtsform neben das normale strafrechtliche Beziehungsunrecht tritt (*Lampe* 1994, 702). Trotz mancher Ähnlichkeiten oder gar Übereinstimmungen, die sich einfach aus dem korporativen Zusammenschluß oder der Verflechtung mehrerer Personen ergeben, handelt es sich jedoch um **verschiedene Phänomene**, da die Mächtigen im hier gemeinten Sinne gewöhnlich die Legalität in Anspruch nehmen und die Macht des Staates für sich mobilisieren, während organisiertes Verbrechen als Gegenmacht generell gegen den Staat gerichtet ist, ihn korrumpiert oder sogar in symbiotischen Beziehungen mit staatlichen Funktionsträgern lebt und allenfalls durch Korruption, Erpressung und Unterwanderung Formen der Scheinlegalität erlangt. Deshalb erweist sich auch der Hinweis, wonach formal zwischen dem Idealtyp einer kriminellen und einer legalen Organisation kein Unterschied bestehe, als wenig aussagekräftig. Wir kennen unterschiedliche Typen des Systemunrechts. Aber gerade Abschottung, Geheimhaltung und Agieren im Verborgenen kennzeichnen die organisierte Kriminalität. So gefährlich sie dadurch auch sein mag, sie bleibt trotz aller Schwierigkeiten der Bekämpfung prinzipiell in Reichweite der strafrechtlichen Sozialkontrolle; sie befindet sich nicht grundsätzlich außerhalb des geltenden Strafrechts, wie dies nicht selten für die Kriminalität der Mächtigen zutrifft und zu deren weitgehender Immunisierung führt. Nur dort, wo sich staatliche oder wirtschaftliche Machtträger auf Korruptionspraktiken einlassen, finden sich eine enge Verknüpfung und auch eine partielle Identität. Doch nicht jede Korruption öffentlicher Funktionsträger läßt zugleich auch Verbindungen mit dem sogenannten organisierten Verbrechen erkennen. Überdies wird eine Strafverfolgung gewöhnlich erst nach einem politischen Systemwechsel möglich (siehe das neuere Beispiel in Südkorea mit der Verurteilung zweier früherer Staatspräsidenten im Jahre 1996).

Daher muß zwischen der öffentlichen Gewalt, dem Staat und der Machtstellung des Täters eine unmittelbare Verknüpfung bestehen. Um eine genaue Zuordnung zu ermöglichen, sind bestimmte **Merkmale** oder Indikatoren notwendig.

Charakteristisch ist zunächst, daß der Täter eine **herausragende Macht-position** ge- bzw. **mißbraucht**, indem er die ihm verfügbaren Mittel und Einrichtungen ausnutzt, und zwar unabhängig davon, ob diese sozialer, wirtschaftlicher oder politischer Art sind. Typisch ist, daß der Täter bestehende hierarchische Strukturen, innerhalb deren er selbst eine gehobene Stellung innehat, in der Weise nutzt, daß er in der Hierarchie ihm unterstehende Personen für seine Zwecke einspannt und damit deren Abhängigkeit, sei sie persönlicher oder wirtschaftlicher Natur, zu seinen Gunsten ausnutzt. Darüber hinaus können nicht nur einzelne Personen, sondern auch ganze Institutionen für die Taten benutzt werden. Für das Verhalten erscheint typisch, daß häufig nicht nur die an der Tat selbst Interessierten die Tathandlung selbst ausführen, sondern auch solche, die den Unterschichten entstammen und damit dem typischen Bild des Kriminellen entsprechen. Insgesamt läßt sich die Begehungsweise inner-halb der Kriminalität der Mächtigen als ein spezifisch arbeitsteiliges Vorgehen unter Ausnutzen und Umgestaltung bestehender oder Schaf-fung neuer Organisationen oder Netzwerke kennzeichnen.

Als weiteres Merkmal für die Kriminalität der Mächtigen gilt der besonders hohe materielle und immaterielle **Schaden**. Für Machtmißbräuche durch Korruption und Folterung ist eine solche Charakterisierung offen-kundig.

Ferner steht der besonderen Höhe der Schäden die **Schwierigkeit von Entdeckung und Überführung der Täter** mit rechtsstaatlichen Mitteln gegenüber. Weil die Taten überwiegend komplexere Strukturen als das „normale" Verbrechen aufweisen, sind sie auch schwer zu durchschauen und zu fassen. Dem entsprechen die reichen Verdunkelungsmöglichkei-ten der Handelnden, welche eine Aufdeckung der Straftaten auf erheb-liche Hindernisse stoßen lassen. Daher wird auch das Dunkelfeld inner-halb der Kriminalität der Mächtigen als besonders groß vermutet. Damit korrespondiert die relativ seltene Sanktionierung aufgrund hoher Sank-tionsimmunität. Deshalb stellt sich die Frage, ob das Straf- und auch das Strafprozeßrecht überhaupt dafür gerüstet sind bzw. geeignet sein kön-nen, mit der Kriminalität der Mächtigen effektiv umzugehen. Außerdem erschweren internationale Verflechtungen der Täter die Strafverfolgung.

Die Kriminalität der Mächtigen läßt sich nach mehreren Äußerungsfor-men kennzeichnen. Dabei ragen Amtsmißbrauch, Korruption sowie Folter und Makrokriminalität heraus.

2. Staatlicher Machtmißbrauch durch Genozid, Folter und sonstige Mißhandlungen

Schrifttum: *Amelung*, Die strafrechtliche Bewältigung des DDR-Unrechts durch die deutsche Justiz – ein Zwischenbericht. GA 143 (1996), 51-71; *Bank*, Die internationale Bekämpfung von Folter und unmenschlicher Behandlung auf den Ebenen der Vereinten Nationen und des Europarates. Eine vergleichende Analyse von Implementation und Effektivität der neueren Kontrollmechanismen. Jur. Diss. Freiburg i.Br. 1996; *Bornewasser/Eckert*, Belastungen und Gefährdungen von Polizeibeamtinnen und -beamten im alltäglichen Umgang mit Fremden. Abschlußbericht zum Projekt „Polizei und Fremde". Münster u.a. 1995; *Bürgerschaft der Freien und Hansestadt Hamburg* (Hrsg.), Bericht des Parlamentarischen Untersuchungsausschusses „Hamburger Polizei". Drucks. 15/6200. Hamburg 1996; *Epp* (ed.), Crime by Government. Toulouse 1995; *Lampe* (Hrsg.), Die Verfolgung von Regierungskriminalität der DDR nach der Wiedervereinigung. Deutsche Wiedervereinigung. Die Rechtseinheit – Arbeitskreis Strafrecht. Bd. II. Köln 1993; *ders.*, Systemunrecht und Unrechtssysteme. ZStW 106 (1994), 683-745; *Limbach*, Regierungskriminalität und Machtmißbrauch. In: Kriminologische Opferforschung, hrsg.v. Kaiser/Jehle, 1994, 127-136; *Schreiber*, Die strafrechtliche Aufarbeitung von staatlich gesteuertem Unrecht. ZStW 107 (1995), 157-182; *Spirakos*, Folter als Problem des Strafrechts. Kriminologische, kriminalsoziologische und (straf-)rechtsdogmatische Aspekte unter besonderer Berücksichtigung der Folter in Griechenland. Frankfurt/M. 1990; *Triffterer*, Kriminologische Erscheinungsformen des Machtmißbrauchs und Möglichkeiten ihrer Bekämpfung. ZfRVergl 1991, 184-210.

Die Möglichkeit, im Rahmen einer funktionierenden Hierarchie über Personen „verfügen" zu können, birgt ein bedeutendes Machtpotential in sich. Als **Machtmißbrauch** gilt jede positivrechtlich bzw. sozialethisch unvertretbare Ausübung oder zweckgerichtete Nichtausübung einer herausragenden sozialen Machtposition. Nicht selten bedienen sich Politiker zur Begehung ihrer Straftaten des staatlichen Machtapparates, welcher an sich der Bekämpfung der Kriminalität dienen soll. Dabei ist zu beachten, daß nicht nur diejenigen, die an der Spitze einer Hierarchie stehen, über herausragende Mittel verfügen, sondern auch jene, welche innerhalb bestehender Organisationen die Möglichkeit haben, nach ihrem Ermessen die ihnen unterstehenden Personen einzusetzen. Als markantes Beispiel dafür läßt sich der Genozid an der jüdischen Minderheit während der nationalsozialistischen Herrschaft anführen. Dabei bedienten sich die Täter der Partei und der ihr angeschlossenen Organisationen. Sie hatten damit die wichtigsten Funktionen des Staates in ihrer Hand. Auch in anderen politischen Systemen werden nicht selten die militärischen Subsysteme den Parteiapparaten zu- und untergeordnet, um dann gegenüber politischen Gegnern oder unerwünschten Volksgruppen eingesetzt zu werden.

Vor allem liefert die sogenannte **Regierungskriminalität** anschauliche Beispiele für derartige Straftaten (vgl. *Epp* 1995, 93 ff.; *Lampe* 1993, 3 ff.; *Schreiber* 1995, 157ff.). Obwohl solche Fälle aus Staaten ganz verschiedener politischer Systeme bekanntgeworden sind, haben derartige Erscheinungsformen in der ehemaligen DDR aktuelle Bedeutung gewonnen. So erfolgte hier die gezielte Ausnutzung der hierarchischen Machtstrukturen nicht nur über die Partei und ihr zugeordnete Organisationen, sondern auch durch den Mitarbeiter- und Informantenstab des Ministeriums für Staatssicherheit zur Aushorchung und Bespitzelung der DDR-Bürger. Ferner verdeutlichte die Verfügungsmöglichkeit über die DDR-Grenzsoldaten zur Sicherung der sogenannten Friedensgrenze das Machtpotential der Führungsgruppe. Etwaige rechtsstaatliche Hindernisse der Strafverfolgung, etwa gegenüber Honecker oder den „Mauerschützen", stehen der Beurteilung keineswegs entgegen. Sie beeinträchtigen die mögliche Zuordnung derartiger Taten unter den Begriff der „Kriminalität der Mächtigen" nicht. Denn es zählt ja bereits zu den Kennzeichen derartiger Verbrechensformen, daß eine weitgehende Bestrafungsimmunität besteht, sei es aus faktischen oder sei es auch rechtlichen Gründen. Denn die Machthaber und Funktionäre eines Machtsystems können sich während dessen Dauer in der Regel vor Bestrafung sicher fühlen, jedenfalls soweit sie staatliche Befugnisse systematisch mißbrauchen, um sich an der Macht zu halten. Erst mit dem Wechsel des politischen Systems endet die ihm eigene Ohnmacht der Strafrechtspflege und auch der Opfer (vgl. *Amelung* 1996, 51 ff.). Doch wird der nunmehr möglichen justitiellen Ahndung des Regimeunrechts mit dem Argument begegnet, daß ein souveräner Staat nicht über die Machthaber und Funktionäre eines anderen zu Gericht sitzen könne, solle es keine sogenannte Siegerjustiz sein. Für die Opfer ist das eine schwer erträgliche Heuchelei. Daher muß nach einem übergeordneten Maßstab, etwa nach den Regeln des Völkerrechts, gemessen und beurteilt werden, ob die fraglichen Handlungen als Mißbrauch der Machtstellung erscheinen, wenn sie elementare Werte des menschlichen Gemeinschaftslebens verletzen (vgl. *Triffterer* 1991, 204; *Limbach* 1994, 129ff.).

Davon ist allerdings die Fallgruppe zu unterscheiden, bei der die entsprechende Handlung zwar mit einer Strafandrohung verknüpft ist, die Tat jedoch noch nicht aufgedeckt ist oder nicht strafrechtlich verfolgt wird.

Obgleich sich bezüglich der Grenzsoldaten die Meinung vertreten läßt, diese hätten eine herausragende Machtposition innegehabt, da sie ehemalige DDR-Bürger an einem Grenzübertritt sogar mit Schußwaffengebrauch hindern konnten, fehlt es hier an einer Ausnutzung bestehender Organisationen durch die DDR-

Grenzsoldaten selbst sowie an der Zielsetzung der Täter. Denn diese handelten nicht, um ihre eigene Macht zu erhalten oder auszubauen, sondern um Anordnungen der Befehlsgeber Folge zu leisten und um möglicherweise den nach ihrer subjektiven Überzeugung durch unerlaubte Grenzübertritte bedrohten Staat zu schützen. Es handelt sich daher bei den sogenannten **Mauerschützen** um Werkzeuge der politisch Mächtigen. Die nationale Volksarmee war eine Einrichtung, der sich die politisch Mächtigen zur Erreichung ihrer Ziele bedienen konnten. Deshalb sind die Taten der DDR-Grenzsoldaten nicht unter dem Begriff der Kriminalität der Mächtigen einzuordnen. Denn lediglich solche Personen, welche mit dem Ziel des Machterhalts ihre besondere Machtposition benützen, haben für die Kriminalität der Mächtigen Bedeutung.

Schwierigkeiten bestehen ferner in der Entdeckung und Verfolgung der fraglichen Taten. Denn die Parteibeschlüsse hatten für den Staats- und Verwaltungsapparat bindende Wirkung. Entsprechendes galt für Festlegungen der Parteizentrale gegenüber der Justiz und der Partei gegenüber dem Staat. Diese Umstände und politische Opportunität, deretwegen in der ehemaligen DDR seinerzeit die Strafverfolgung und die Anwendung der bestehenden Sanktionsnormen unterblieben, verdeutlichen in gleicher Weise die Ursachen wie die Charakteristik, welche zur Sanktionsimmunität der Täter geführt haben.

In neuerer Zeit häufen sich auch in der Bundesrepublik die Berichte über Übergriffe und **Mißhandlungen** einzelner Personen **durch Polizei- oder Strafvollzugsbeamte**. Vor allem scheinen Angehörige von Minderheiten (etwa Vietnamesen) in Deutschland nicht selten durch Polizeibeamte körperlich mißhandelt zu werden (*Bornewasser/Eckert* 1995, 146 f.). Freilich mag es fragwürdig erscheinen, Polizisten wie auch andere Amtsträger als „Mächtige" zu betrachten. Sicherlich kann man den „kleinen Polizeibeamten", der seine Befugnisse überschreitet, nicht mit dem sein Amt mißbräuchlich nutzenden Minister auf die gleiche Ebene stellen. Doch läßt sich nicht verkennen, daß auch der Polizist im Rahmen eines Übergriffes als Träger staatlicher Herrschaftsgewalt handelt, die ihm gestattet, dem einzelnen Bürger mit einer herausragenden Machtbefugnis gegenüberzutreten, und nicht nur als Werkzeug seiner Vorgesetzten und Befehlsgeber. Es geht also hier um eine Art Exzeß in der Funktionsausübung. Denn auch der kleine Beamte nutzt seine Machtposition, welche über die alltäglichen zwischenmenschlichen Beziehungen hinausgeht, um seine Herrschaftsmöglichkeiten auszuleben und darzustellen. Da er nicht als Werkzeug übergeordneter Befehlsgeber handelt, unterscheidet er sich von den meisten ehemaligen Grenzsoldaten, die bei ihrem Tun in eine bestimmte Hierarchie eingegliedert waren. Wenngleich also der „einfache" Polizist nicht an der Spitze einer Hierarchie steht, so ist er doch als Mächtiger im hier verstandenen Sinne zu begreifen.

Deshalb verwundert nicht, daß viele westliche Staaten in neuerer Zeit sogenannte **police complaint boards** eingerichtet haben, um gegen etwaige Mißbräuche gleichsam selbstreinigend vorzugehen. Allerdings tut man sich hierzulande schwer, eine derartige Einrichtung zu schaffen (siehe jedoch *Bürgerschaft der Freien und Hansestadt Hamburg* 1996, 986 ff., 1032, 1081 ff. zur Einführung eines unabhängigen Polizeibeauftragten), weil man meint, daß das etablierte **Disziplinar- und Strafverfahren** zur Verfolgung und Vorbeugung ausreicht und im übrigen neuzuschaffende Einrichtungen, die Mißhandlungen von Polizeibeamten untersuchen und rügen, von staatskritischen Kräften mißbraucht, Polizisten verunsichern und gegen die polizeiliche Effizienz ins Feld geführt werden könnten. Die ausländischen Erfahrungen stützen jedoch eine solche Befürchtung nicht und sind eher geeignet, das Vertrauen in die Polizei zu stärken als die polizeiliche Effizienz zu schwächen. Dies gilt besonders dann, wenn man die beeinträchtigte Opferseite, etwa durch Strafvereitelung (§§ 258 f. StGB) und Nichteinschreiten (z.B. bei „Chaos-Tagen" oder extremistischen Übergriffen) oder „Abwimmeln" des Opfers miteinbezieht. Dann könnte man auch eher dem polizeilichen Verlangen nach Erweiterung der Kompetenz, etwa nach dem Opportunitätsprinzip, nachgeben. Man hätte dann eine dem Klageerzwingungsverfahren (gem. § 172 StPO) vorgeordnete Kontrolle. Wenn ferner Staatsanwälte gar gegen den Widerstand der Polizei, etwa im Fall der sogenannten Göttinger Linie, ermitteln müssen, reichen Disziplinar- und Strafverfahren nicht mehr aus, um Rechtsordnung und Opferinteressen zu schützen.

Aufgrund dieser Sachlage und der Zurückhaltung gegenüber der **Untersuchung polizeilicher Mißbräuche** erstaunt es auch nicht, daß sich in Deutschland kaum Arbeiten und Studien zu diesem Thema finden lassen. Nach der Strafverfolgungsstatistik wurden 1994 insgesamt 91 Personen wegen Körperverletzung im Amt abgeurteilt, davon 20 auch verurteilt, hingegen 37 Angeklagte freigesprochen (StVSta 1994, 56 f.). Doch sagen die erwähnten Zahlen allein wenig aus; denn sowohl Umfang als auch Struktur polizeilichen Fehlverhaltens nach der Strafverfolgungsstatistik vermitteln ein völlig anderes Bild von der Polizei als z.B. eine Untersuchung, die polizeiliches Fehlverhalten nach Erfahrungen von Strafverteidigern, Opfern oder Bürgerinitiativen bemißt. Freilich sind auch hierbei Mißbräuche und Verzerrungen keinesfalls ausgeschlossen. Doch das nahezu völlige Fehlen von Forschungen auf dem Gebiet polizeilicher Mißbräuche erschwert die Orientierung und Vergewisserung über das Thema. Immerhin läßt sich aufgrund internationalen Vergleichs nicht begründen, daß in Deutschland polizeiliche Mißhandlungen weniger häufig verfolgt und durch Sanktionen geahndet würden als beispielsweise in England und Wales.

Die Beschäftigung mit polizeilichen Übergriffen gegenüber tatverdächtigen Personen führt unmittelbar in einen wichtigen Bereich der Kriminalität der Mächtigen, nämlich zur Aussageerpressung und körperlichen Mißhandlung, insbesondere zur Anwendung der Folter. Zum Schutz der Menschenwürde des Tatverdächtigen statuiert § 136 a StPO ein Verbot. Gerade die Folter verkörpert kennzeichnend den Machtmißbrauch gegenüber dem Unterlegenen, um eigene Ziele zu erreichen.

Die **Folter** läßt sich nach drei Merkmalen beschreiben. Zum einen muß sie große körperliche Schmerzen oder Leiden verursachen. Zum weiteren muß sie einem bestimmten Zweck dienen und drittens von einem Staatsorgan oder mit dessen Billigung angewendet werden (vgl. Art. 1, Abs. 1 der UN-Antifolterkonvention). Gerade die Folter als Mittel zur Sicherung und zum Ausbau bestehender Machtstrukturen nimmt einen herausragenden Platz innerhalb der Kriminalität der Mächtigen ein. Dadurch werden die typischen Merkmale dieses Begriffs auf besonders deutliche und grausame Weise offenkundig. Vor allem ist es der autoritäre oder totalitäre Staat, der sich der Anwendung der Folter bedient oder deren Anwendung toleriert, um auf diese Weise die Herrschaft zu stabilisieren. Die Folter manifestiert „die gewaltsame Dimension der Macht, die in Krisensituationen über die gesetzlichen Grenzen hinausläuft, und stellt zugleich ein Mittel dar, mit dem der autoritäre Staat auf drastische Weise signalisiert, daß er gegenüber den Personen keine Dialogbereitschaft hat und daß sie als Feinde der Gesellschaft anzusehen sind" (vgl. *Spirakos* 1990, 36).

Die Renaissance von Folter und menschenunwürdiger Behandlung gegenüber Straffälligen und Gefangenen unter der Herrschaft des Nationalsozialismus, insbesondere während des Zweiten Weltkrieges, erschütterte die gesamte Völkergemeinschaft und verstärkte weltweit das Bestreben um Anerkennung und Schutz der Menschenrechte. Seither kann das Folterverbot wohl als zwingendes Völkergewohnheitsrecht gelten. Bereits die Charta der Vereinten Nationen vom 26. Juni 1945 bekannte sich in Art. 55 zur Achtung und Verwirklichung der Menschenrechte, und die UN-Erklärung der Menschenrechte vom 10. Dezember 1948 nahm den Kampf gegen die Folter auf. Gleichwohl sind Verletzungen von Menschenrechten inhaftierter Personen noch immer nicht ungewöhnlich, in manchen Teilen der Welt sogar alltäglich. Gefoltert wird unter Einsatz moderner Technologie („High-Tech-Folter") und selbst unter ärztlicher Beobachtung, ganz abgesehen von der umstrittenen „Isolationsfolter". Dadurch wird es schwieriger, Folterungen nachzuweisen, da sie oftmals keine äußerlich sichtbaren körperlichen Spuren hinterlassen. Deshalb besteht unverändert das Bedürfnis, den Menschenrechten besonders dort Aufmerksamkeit zu widmen, wo der Staat mit voller Machtentfaltung dem Bürger gegenübertritt und die Sicherung der Menschenrechte am gefährdetsten erscheint, nämlich bei der staatlichen Freiheitsentziehung. Diese Gefahrenlage hat auch dazu geführt, daß Folter und Mißhandlungen durch Staatsorgane zunehmend unter dem kriminologischen Konzept der „Kriminalität der Mächtigen" erörtert werden (*Spirakos* 1990, 137 ff.).

Um Mißbräuchen entgegenzuwirken, gewährleisten sowohl der Internationale Pakt über Bürgerliche und Politische Rechte vom 19. Dezember 1966 in Art. 7 als auch die Europäische Menschenrechtskonvention, die in Deutschland und der Schweiz jeweils als Bundesrecht gelten, in Österreich gar Verfassungsrang hat, in Art. 3 ausdrücklich den Schutz Inhaftierter vor Folter und unmenschlicher oder erniedrigender Behandlung oder Strafe. Da ferner Menschenrechtskommissionen und Ausschüsse der Vereinten Nationen der Folter entgegenwirken wollen (dazu *Bank* 1996), kann und wird man sich fragen, welche Aufgaben ein europäisches Übereinkommen zur Verhütung von Folter und unmenschlicher oder erniedrigender Behandlung oder Strafe noch erfüllen soll. Doch das Ziel der Europäischen Antifolterkonvention gilt vor allem der Verhütung von Folter oder unmenschlicher und entwürdigender Behandlung von inhaftierten Personen. Es soll durch ein nichtgerichtliches Verfahren erreicht werden, indem ein international besetzter Ausschuß oder einzelne Ausschußmitglieder als Delegation in den Vertragsstaaten Besuche an Orten durchführen, an denen Personen die Freiheit entzogen ist. Damit zielt die Konvention nicht darauf, die einzelnen Staaten für schuldig zu erklären. Auch werden die Besuche durch den Ausschuß oder einzelne seiner Mitglieder primär nicht als von außen gegenüber dem jeweiligen Staat gerichtete „Kontrolle" verstanden. Vielmehr soll im Wege der gegenseitigen Zusammenarbeit eine Verhütung von etwaigen Mißständen erreicht werden. Denn die Erfahrung zeigt, daß **unverändert ein Bedürfnis für breitere und wirksamere internationale Kontrollmaßnahmen** besteht, um vor allem den Schutz von Personen zu verstärken, denen die Freiheit entzogen ist. Die bislang vorliegenden etwa dreißig länderbezogenen Besuchsberichte und die bisher erstatteten sechs Jahresberichte des sogenannten Antifolterausschusses zeigen denn auch, wie berechtigt die Annahme war und wie begründet das Bedürfnis für externe Kontrolle durch ein spezielles Besuchssystem ist. Dies ist nicht zuletzt vor dem Hintergrund der nur partiellen Umsetzung internationaler Mindestgrundsätze im Strafvollzug, der langen Verfahrensdauer vor der Europäischen Menschenrechtskommission und dem Europäischen Gerichtshof für Menschenrechte sowie der geringen Erfolgsaussichten der Beschwerden zu sehen. Zusätzliche Bestrebungen zur Reform dieser Organe sollen daher deren Wirksamkeit verbessern.

Indem jedoch noch immer bestehende Institutionen zur Erreichung der persönlichen Ziele wie Machterhalt und -ausbau kriminell mißbraucht werden, wird zugleich die Kriminalität der Mächtigen verdeutlicht. Wird die Folter vom Staat gezielt eingesetzt oder geduldet, so sind eine Sanktionierung der Taten bzw. eine Verurteilung der Täter äußerst selten.

3. Makrokriminalität und kollektive Gewalt

Schrifttum: *Benz* (Hrsg.), Dimension des Völkermords. München 1991; *Grabitz/Bästlein/Tuchel* (Hrsg.), Die Normalität des Verbrechens. Bilanz und Perspektiven der Forschung zu den nationalsozialistischen Gewaltverbrechen. Berlin 1994; *Harff/Gurr*, Victims of the State: Genocides, Politicides and Group Repression from 1945 to 1995. In: Pioom-Newsletter and Progress Report, Vol. 7 (1995), 1, 24-41; *Jäger*, Versuch über Makrokriminalität. StV 8 (1988), 172-179; *ders.*, Makrokriminalität. Studien zur Kriminologie kollektiver Gewalt. Frankfurt/M. 1989; *Kiernan*, The Pol Pot Regime. Race, Power and Genocide in Cambodia under the Khmer Rouge, 1975-1979. New Haven 1996; *v. Stietencron/Assmann* (Hrsg.), Töten im Krieg. Freiburg 1995; *Walter*, Zur Reichweite des Konzepts Kriminalität – Einige Überlegungen zur „Makrokriminalität" Herbert Jägers. KrimJ 26 (1993), 117-133.

Im Gegensatz zu Einzelfällen der Mißhandlung im Rahmen von Alltags- oder „Mikrokriminalität" kann man so unterschiedliche Phänomene wie Genozid, Kriegsverbrechen, Staatsterrorismus und nukleare Massenver- nichtung unter dem Begriff **„Makrokriminalität"** zusammenfassen. Es handelt sich dabei um Planung, Vorbereitung, Einleitung und Führung eines Angriffskrieges, um die Mißhandlung oder Verschleppung der zivilen Bevölkerung, um die gezielte Zerstörung von Städten und Wohn- gebieten, ferner um die Ausrottung, Versklavung, Verfolgung aus politi- schen, rassischen oder religiösen Gründen, kurz um die meisten Tatbe- stände des sogenannten Völkerstrafrechts (vgl. *Jäger* 1988, 172ff.; *Benz* 1991, und *Grabitz* u.a. 1994, sowie *Stietencron* u.a. 1995; zur Entwick- lung 1945-1995 siehe *Harff* u.a. 1995, 26 ff.). Obwohl derartige Formen kollektiver Gewalt seit langem bekannt sind, hat uns die „Nahraum-Mo- ral" offenbar bislang daran gehindert, derartige Ereignisse uneinge- schränkt als Kriminalität wahrzunehmen. Ob dieses herkömmliche nor- mative Vakuum auch eine der Bedingungen dafür ist, daß es überhaupt zu solchen Verbrechen kommt, erscheint jedoch fraglich. Richtig ist hingegen die Beobachtung, daß der „staatsinternen Pazifizierung" die „kontrastierende Bewertung von Gewalt und Krieg" gegenübersteht. Bei alledem handelt es sich um Erscheinungsformen der Kriminalität, für die charakteristisch ist, daß sie von Regierungen angeordnet, ausgelöst, gefördert oder systematisch verschleiert werden. Daher verwundert nicht, wenn Staats- und Völkerrechtsverbrechen herkömmlich aus der Kriminologie weitgehend ausgeblendet werden. Es handelt sich hier wohl um die Einschränkung der Kriminalitätswahrnehmung, also um einen Fall der Konstituierung von Kriminalität überhaupt (kritisch *Walter* 1993, 117 ff.). Die Wahrnehmung wird nicht zuletzt deshalb erschwert, weil die weitaus überwiegende Zahl der Tötungs- und Gewaltakte nicht unter den Bedingungen sogenannter Devianz, sondern unter denen der rollenkonformen Übereinstimmung mit den faktischen Erwartungen und Verhaltensnormen des Kollektivs geschieht, dem der Handelnde angehört. Dem entspricht, daß die individuelle Zurechenbarkeit derartiger Akte fragwürdig erscheint. Dies nicht nur deshalb, weil sie weitgehend systemgebunden sind, sondern auch häufig im Ausnahmezustand des Krieges geschehen und deshalb mit anderen Maßstäben gemessen werden als Straftaten, die man im Frieden bzw. in Zeiten relativer Normalität begeht.

Eine besonders wichtige **Bedingung** der Makrokriminalität scheint **in der kollektiven Veränderung moralischer Wertorientierungen und** in **Neutralisationsmechanismen** zu bestehen, die zur Schwächung oder sogar zur völligen Suspendierung sonst wirksamer Normvorstellungen, Kulturverboten, Hemmungen und Gewissensreaktionen führen. Auch mag man leicht der Suggestion erliegen, kollektive Verbrechen als das verselbständigte Handeln von „Systemen", „Apparaturen" und organisierten Großgruppen, also als Systemunrecht, zu interpretieren, das für persönlich motivierte Verhaltensweisen keinen Raum mehr läßt. Doch wie die Analyse der sogenannten **NS-Gewaltverbrechen** aufgrund der Nachkriegsprozesse ergeben hat, handelt es sich dabei um eine vereinfachende Vorstellung. Denn auch „Systeme" bestehen aus dem Handeln einzelner, insbesondere einzelner Funktionsträger. Deshalb muß das Erkenntnisinteresse gerade auf das Individualverhalten und die konkreten Bedingungen individueller Verantwortlichkeit gerichtet sein. Auch Systemunrecht kann als persönliches Vollzugsunrecht der Funktionäre effektiv verfolgt werden. Dennoch ist wohl richtig gesehen, wenn angenommen wird, daß der Bereich der **Makrokriminalität** von den verinnerlichten Normen und Wertvorstellungen **unserer Nahraum-Moral nicht erreicht** wird. Techniken der Neutralisierung, also Rationalisierungen und Rechtfertigungsstrategien, durch welche die aus internalisierten Normen und Umwelturteilen stammende Mißbilligung des Eigenverhaltens im voraus abgewehrt wird, also alles, was zur Abschwächung, Relativierung und Ausscheidung des Gewalt- und Tötungstabus und damit zusammenhängender Handlungshemmungen beiträgt, zählen zu dem Bedingungsgefüge. Sie liefern überdies generell den Schlüssel dafür, daß Täter mit normaler Sozialisation sich überhaupt zu Deliktsformen hinreißen lassen, die man – sei es als Gewalt oder als Korruption – der Kriminalität der Mächtigen zuordnen kann.

4. Politischer und wirtschaftlicher Machtmißbrauch durch Korruption

Schrifttum: *Bellers* (Hrsg.), Politische Korruption. Vergleichende Untersuchungen. Münster 1989; *Bernasconi*, Internationale Anti-Korruptionskonvention – Entwurf und Kommentar. In: Aspekte des Wirtschaftsrechts. Festgabe zum Schweizerischen Juristentag 1994, hrsg. v. Walder u.a. Zürich 1994, 423-440; *Claussen*, Korruption im öffentlichen Dienst – Gefahren und ihre Abwehr. Ein Überblick aus verwaltungsrechtlicher Sicht. Köln 1995; *Dölling*, Empfehlen sich Änderungen des Straf- und Strafprozeßrechts, um der Gefahr von Korruption in Staat, Wirtschaft und Gesellschaft wirksam zu begegnen? Gutachten zum 61. DJT, Karlsruhe 1996. München 1996; *Kerner/Rixen*, Ist Korruption ein Strafrechtsproblem? Zur Tauglichkeit strafgesetzlicher Vorschriften gegen die Korruption. GA 143 (1995), 355-396; *Max-Planck-Institut für ausländisches und internationales Strafrecht*, Strafrechtliche Korruptionsbekämpfung – insbesondere Bestechungsdelikte. Rechtsvergleichendes Gutachten im Auftrag des Bayerischen Staatsministeriums der Justiz. Unveröff. Auszug aus dem Gesamtgutachten. Freiburg 1996; *Schaupensteiner*, Bekämpfung von Korruptionsdelinquenz – Vom Unwesen des Bestechens und Bestochenwerdens. Kriminalistik 48 (1994), 514-524; *ders.*, Das Korruptionsbekämpfungsgesetz. Kriminalistik 50 (1996 a), 237-243, 306-313; *ders.*, Gesamtkonzept zur Eindämmung der Korruption. NStZ 1996 b, 409-416; *Scholz*, Korruption in Deutschland. Die schmutzigen Finger der öffentlichen Hand. Reinbek bei Hamburg 1995; *Vahlenkamp/Knauß*, Korruption – Hinnehmen oder Handeln. Wiesbaden 1995; *Wewer*, Prolegomena zur Untersuchung der Korruption in der Verwaltung. In: Zwischen Kooperation und Korruption, hrsg.v. Benz/Seibel. Baden-Baden 1992, 295-324; *White*, The Fight against International Corruption: towards a European Strategy? In: Agon Bull no. 13, October 1996, 3-6.

In dem bislang erörterten thematischen Zusammenhang wird vornehmlich an Taten von politisch Mächtigen nicht demokratischer Systeme gedacht. Gleichwohl ist auch innerhalb demokratisch-rechtsstaatlicher Systeme Kriminalität der politisch Mächtigen nicht ungewöhnlich. Zwar wird hier meist von Skandalen oder Affären gesprochen und dadurch bereits sprachlich von einer strafrechtlichen Bewertung oder einer Einordnung als kriminelle Handlung Abstand genommen. Man rückt deshalb derartige Verhaltensformen gern in den gedanklichen Zusammenhang der politischen Kultur. Dies will besagen, daß die Ausübung von Herrschaft heute unter einem höheren Legitimationsdruck steht als jemals zuvor. Verhaltensformen, die man früher kaum problematisiert hat, erweisen sich daher in der Gegenwart zunehmend als skandalfähig, wie sich z.b. an Parteispendenaffären im In- und Ausland zeigt. Das Vertrauen des Bürgers in die Integrität des Staates, seiner Institutionen und Funktionsträger erscheint gefährdet. Folglich mußte in Deutschland aufgrund des öffentlichen Protestes Anfang der achtziger Jahre das Vorhaben der sogenannten Steueramnestie für steuerhinterziehende Parteispender abgebrochen werden. Entsprechend hat man in Frankreich Mitte 1995 eine Generalamnestie wegen Bestechungsdelikten, die von mehr als 70 ehemaligen Ministern, Bürgermeistern, Abgeordneten, Wirtschaftsführern, Bankiers und Bauunternehmern, die wegen Korruption verdächtigt oder angeklagt waren, nach der Wahl erwartet wurde, abgelehnt. Korruption – überwiegend Synonym für Bestechung, Bestechlichkeit sowie Vorteilsannahme und -gewährung (§§ 331 ff., 108 e StGB, 12 UWG) verallgemeinernd auch für Sittenverfall – hat offenbar Signalwirkung. Hinter ihr steht bereits die Republik. Deshalb bietet die Korruption der Sozial- und Herrschaftskritik ein so ergiebiges Feld im Gegensatz zu prosaischen Individualverfehlungen der Untreue oder der Steuerhinterziehung, so schadensträchtig diese auch sein mögen. Bei der Steuerhinterziehung, selbst bei Verrat von Betriebsgeheimnissen, Spionage und Landesverrat, um faktisch benachbarte Tatbestände einzubeziehen, sehen wir uns noch dem Schicksal und der Pathologie des einzelnen gegenüber. Ihre publizistische Attraktivität hält sich demgemäß in Grenzen. Bei der Korruption hingegen stehen Gesellschaft und Staat, ja die politische Kultur schlechthin auf dem Prüfstand. Erst hier wird es möglich, dem moralischen Impetus Geltung zu verschaffen. Dem kommen die Vagheit und Konturenlosigkeit der Korruption entgegen. Offenbar bietet dieser Begriff für unterschiedlich motiviertes Unbehagen Raum. Er strukturiert und sättigt vagabundierende Bedürfnisse nach Herrschaftskritik, ja liefert gar ein neues „Feindbild". Dies erscheint um so wichtiger, als die Sexualmoral bzw. abweichendes Sexualverhalten mit Ausnahme von Kinderschändung und Sexualtourismus kaum noch resonanzträchtige Möglichkeiten zur moralischen Entrüstung eröffnen. Ebenso aufschlußreich wie treffend wird die Korruption in die „Grauzone zwischen Recht und Politik" gerückt (*Bellers* 1989, 82). Dieser Ort der Korruption mit seiner spezifischen Affinität zur politischen Kultur zeigt an, daß offenbar nur bestimmte Fälle oder Fallgruppen geeignet sind, Staat und Gesellschaft nachhaltig zu erschüttern. Zwar sind fast überall, nicht zuletzt durch den internationalen Harmonisierungsdruck, Bestechung und Vorteilsannahme im Bereich des öffentlichen Dienstes kriminalisiert. Dennoch bestehen zwischen einem Backschisch, gegeben bei der Einreise in ein Entwicklungsland, um eine schnellere Paßkontrolle zu erreichen, und der Parteispendenaffäre oder der Bestechung staatlicher Machtträger gravierende Unterschiede in Dimension und Tragweite. Deshalb wird man bei Korruptionserscheinungen sinnvoll dadurch differenzieren, daß man Fälle sogenannter Kleinkorruption von schweren Korruptionsfällen abhebt und ferner zwischen Korruption im öffentlichen Bereich (**politische Korruption**) und solcher in der Privatsphäre, einschließlich sogenannter Wirtschaftskorruption, unterscheidet. Voraussetzung für die politische Korruption ist ein Verstoß gegen auf das Allgemeinwohl bezogene Interessen im Rahmen einer öffentlich zu verantwortenden Tätigkeit, also einem Amt, zugunsten von Privatbelangen. Hier liegt ganz überwiegend das Hauptgebiet der gegenwärtigen Korruptionsproblematik. Sie umfaßt auch die seit 1994 kriminalisierte Abgeordnetenbestechung (vgl. § 108 e StGB).

Bei alledem handelt es sich um freiwillige Austauschbeziehungen, nicht hingegen um solche, die gewaltsam erzwungen wurden. Immerhin gibt es Übergänge zu Erpressung und zu Gewalthandlungen durch organisiertes Verbrechen.

Allerdings erfolgt Amtsmißbrauch durch Korruption nicht nur auf höchster politischer Ebene, sondern auch **im Rahmen** nachgeordneter **öffentlicher Verwaltung**. Mehrere skandalfähige Fälle aus Frankfurt, München und Stuttgart sind in der Gegenwart bekanntgeworden. Die Polizeiliche Kriminalstatistik, welche die Bestechungsdelikte erstmals für das Jahr 1994 aufgeschlüsselt ausweist, hat 1995 insgesamt 2875 Fälle mit 2078 Tatverdächtigen erfaßt, wobei im Falle aktiver Bestechung etwa zwei Drittel auf Nichtdeutsche entfallen (PKS 1995, Tab. 1, Bl. 14 f.; ferner *Claussen* 1995; zum Ganzen *Vahlenkamp* u.a. 1995, 61 ff., 115 ff; weitere N. bei *Scholz* 1995, 204 ff.). Häufig sind Amtsträger in der Bauverwaltung überrepräsentiert, die mit der Vergabe von Aufträgen befaßt sind und bestochen werden. Offenbar besteht dort ein erhöhtes Risiko zu Korruption, wo die gewöhnlichen Kontrollmechanismen innerhalb der Verwaltung stark eingeschränkt sind oder versagen (vgl. *Wewer* 1992, 319). In diesem Kontext sind besonders die Geheimdienste zu nennen, weil es hier nur ein recht vereinfachtes, letztlich kaum kontrollierbares Belegwesen gibt. Weiterhin ist festzustellen, daß Korruption außerdem dort wahrscheinlich ist, wo viel Geld auf dem Spiel steht und wo externe Abhängigkeiten bestehen. Das ist z.b. dann der Fall, wenn der Staat Alleinabnehmer für bestimmte Produkte ist oder Aufträge in Millionenhöhe vergibt. Besonders in solch einer Situation verfügt der Amtsträger über eine herausragende Machtstellung und kann diese für eigene Ziele nutzen. Vor dem Hintergrund, daß Korruptionsfälle nicht stets bekannt werden oder nicht zur Anzeige, geschweige Aburteilung, gelangen, geben amtliche Statistiken keine genauen Aufschlüsse über das wirkliche Ausmaß der Korruption. Vielmehr ist von einem beachtlichen Dunkelfeld auszugehen, da Korruptionsdelikte in der Regel keine natürlichen Personen als Opfer kennen und sowohl Geber als auch Nehmer von illegalen Zuwendungen als Täter an einer Verschleierung des Delikts interessiert sind (*Dölling* 1996, 16).

Wirtschaftskorruption hängt eng mit der Kriminalität der wirtschaftlich Mächtigen zusammen. Der sozialschädliche Charakter wird dadurch unterstrichen, daß derartige Delikte häufig mit Betrug, Untreue und Steuerdelinquenz (§ 392 AO) zusammentreffen. Hier geht es um private Gewinnmaximierung und Stärkung der eigenen Position im wirtschaftlichen Konkurrenzkampf als die wichtigsten Antriebskräfte für die Wirtschaftskriminalität. Angesichts der Kommerzialisierung sportlicher Aktivitäten verwundert es nicht, wenn auch der Sport zunehmend in den Sog der Korruption geraten ist, wie neuere Beobachtungen des europäischen Fußballgeschehens erkennen lassen. Im übrigen liefern als Fälle von Wirtschaftskorruption besonders Subventionsbetrug, Wettbewerbsdelikte und Industriespionage weitere Beispiele.

Nicht selten steht die Kriminalität der wirtschaftlich Mächtigen mit jener der politisch Mächtigen in enger Verknüpfung, wie bereits die obigen Beispiele veranschaulichen. Zwar haben die beiden Gesetze zur Bekämpfung der Wirtschaftskriminalität die Strafverfolgungsmöglichkeiten in Deutschland verbessert, jedoch darauf verzichtet, wettbewerbsbeschränkende Absprachen und den Mißbrauch wirtschaftlicher Machtpositionen unter Strafe zu stellen. Erst neuerdings will der Gesetzgeber dem ernsthaft entgegenwirken.

Weiterhin ist zu beachten, daß häufig internationale Verflechtungen komplexer Tatstrukturen vorliegen, welche die Beweislage erheblich erschweren und damit eine Strafverfolgung verhindern. Jedoch ist es vor allem die Größe und die damit einhergehende Wirtschaftsmacht und nicht so sehr der multi- oder transnationale Charakter der Unternehmen, welche zum Mißbrauch reizen. Im übrigen versuchen die Steuerverwaltungen durch Einigung mit dem betroffenen Unternehmen, die entgangenen Steuern ganz oder teilweise nachzuerheben, so daß das Interesse an der Verhängung von Kriminalstrafen aus fiskalischer Sicht zurücktritt.

Obwohl nach Ablösung der sogenannten „gift-giving-Tradition" Bezeichnung und Erscheinungen der Korruption sich allmählich herausgebildet haben, vermittelt erst der moderne Verwaltungsstaat mit seinen Ansprüchen, demokratisch, rechts- und sozialstaatlich, d.h. zweckrational, objektiv und unpersönlich zu handeln, dem Begriff Schubkraft und Bedeutung. Denn die Korruption absorbiert nicht nur existentiell notwendige Ressourcen, sondern rüttelt geradezu an Selbstverständnis, Glaubwürdigkeit und Legitimation des Gemeinwesens, insbesondere wenn Führungseliten in sie verwickelt sind. Insofern verbindet sich mit dem Hinweis auf Korruption eine sozialkritisch-denunziatorische Funktion.

Wegen der Bedeutung widmen sich internationale und zwischenstaatliche Übereinkommen zunehmend der **Korruptionsbekämpfung** (vgl. *Bernasconi* 1994, 423-440 m.N.). So enthält auch die Europäische Wirtschaftsgemeinschaft in den Art. 85 ff. ihres Gründungsvertrages Wettbewerbsregeln für Unternehmen und damit Vorschriften gegen den wirtschaftlichen Machtmißbrauch. Vereinbarungen, die dagegen verstoßen, sind nichtig. Auch kann die Beachtung der Regeln durch Geldbußen und Zwangsgelder durchgesetzt werden. Außerdem haben sich die Mitgliedstaaten der EU im Ersten Protokoll zum Übereinkommen über den Schutz der finanziellen Interessen der Europäischen Gemeinschaften von September 1996 verpflichtet, ihre strafrechtlichen Regelungen auf die gemeinschaftsschädlichen Bestechungen der Amtsträger der Europäischen Gemeinschaften und der anderen EU-Mitgliedstaaten zu erstrecken (Recht 1996, 6, 97). Ferner dürften die Harmonisierung der Rechtsordnungen sowie die Einrichtung von grenzüberschreitenden Kommissionen als Verfolgungsorganen und ein intensiver Rechtshilfeverkehr zwischen den Staaten der Korruption besser entgegenwirken. Auch wenn man die notwendige Stärkung des Rechtsbewußtseins der Öffentlichkeit und die Verbesserung der zivil-, verwaltungs- und steuerrechtlichen Vorschriften sowie schließlich die Einrichtung interner Kontrollen und eines sogenannten Korruptionsregisters (zu den Widerständen der Wirtschaft vgl. FAZ Nr, 294 v. 17.12.1996) in ihrer Bedeutung nicht verkennt, bleibt doch der Schwerpunkt der Bekämpfung der juristisch faßbaren Korruptionsformen unverändert beim Strafrecht (vgl. *Dölling* 1996, 110).

Demgemäß sehen auch die Vorschläge für eine effektivere Bekämpfung der Korruption die Kriminalisierung des Ausschreibungsbetruges, die Erhöhung des Strafrahmens der Bestechung und der Bestechlichkeit sowie für die Fälle der Wirtschaftskorruption gem. § 12 UWG, ferner die Einführung der Telefonüberwachung und der Kronzeugenregelung vor (so der im November 1995 vorgelegte SPD-Entwurf eines Korruptionsbekämpfungsgesetzes; dazu eingehend *Schaupensteiner* 1996 a, 237 ff., 306 ff.). Ein von der Regierungskoalitation im Juni 1996 vorgelegter Gesetzentwurf hat diese Vorschläge teilweise aufgegriffen, verzichtet aber auf die Telefonüberwachung und die Kronzeugenregelung (vgl. *Schaupensteiner* 1996 b, 409 f.). Auch der 61. Deutsche Juristentag, der sich im September 1996 mit der Korruptionsthematik befaßt hat, äußerte sich in seiner Beschlußfassung ebenso wie die dazu erarbeiteten Gutachten eher zurückhaltend. Wohl wurde erkannt, daß im Hinblick auf die bekanntgewordenen Handlungsweisen dringender Handlungsbedarf bestehe. Bekämpfungsmaßnahmen müßten aber auf verschiedenen Ebenen erfolgen, wobei der Prävention der Vorrang zukomme. Demgemäß schenkte der Deutsche Juristentag Ansätzen außerhalb des Strafrechts besondere Aufmerksamkeit, während er der Verschärfung des Strafrechts und des Strafverfahrensrechts eher eine nachrangige Aufgabe zuwies (vgl. die Beschlußfassung in NJW 1996, 1295 ff.). Die gelegentlich geäußerte Furcht vor einer „Verpolizeilichung" des Strafprozeßrechts (so etwa *Kerner/Rixen* 1996, 395) erscheint daher unbegründet. Eine rechtsvergleichende Studie des Max-Planck-Instituts zu den Antikorruptionsbestimmungen in 19 Ländern gelangte im übrigen zu dem Ergebnis, daß sich konkrete Änderungsvorschläge für das deutsche Recht auf der Grundlage des ausländischen Rechts nicht aufdrängen (*Max-Planck-Institut* 1996, 676).

Es ist jedoch Aufgabe von Polizei und Justiz, die strafrechtlichen Normen durchzusetzen. Das Gelingen dieser Aufgabe aber wird nicht nur zum Prüfstand des Strafrechts und der Kriminalpolitik, sondern für Gleichheit und Gerechtigkeit in unserer Gesellschaft schlechthin.

5. Zusammenfassung

Schrifttum: *Bock*, Kriminalität der Mächtigen. Kritische Anfragen an ein in die Jahre gekommenes Konzept und Seitenblicke auf jüngere Verwandte. In: Kriminologische Opferforschung, hrsg.v. Kaiser/Jehle. Teilband 1. Heidelberg u.a. 1994, 171-186; *Lampe*, Systemunrecht und Unrechtssysteme. ZStW 106 (1994), 683-745.

Kriminalität der Mächtigen ist ein herrschaftskritischer Topos. Er meint Straftaten, die zur Stärkung oder Verteidigung überlegener Macht begangen werden. Regelmäßig erfolgen sie im Rahmen von Unrechtssystemen. Man begreift sie deshalb zunehmend als Systemunrecht. Kriminelle Zwecksetzung, Verantwortungsminderung der Untergebenen, Risikopotential und konkrete Gefährlichkeit sind dafür kennzeichnend (*Lampe*

1994, 695, 713 ff.). Als sogenannte Mächtige sind vornehmlich statushohe Personen oder Eliten in Staat, Wirtschaft und Gesellschaft betroffen. Aufgrund ihrer leitenden Funktion obliegt ihnen gesteigerte Systemverantwortung. Der Mißbrauch der herausragenden Machtstellung, die
Neutralisierungsmechanismen und die weitgehende Sanktionsimmunität lassen sich als übergreifende Merkmale hervorheben, ganz abgesehen
von dem hohen Gefahren- und Schadenspotential.

Obwohl Machtausübende häufig durch Organisationen und Unrechtssysteme wirken, deckt sich die Kriminalität der Mächtigen nicht mit dem
organisierten Verbrechen. Denn hier kann von Amts- oder Machtmißbrauch mit Ausnahme der Anstiftung hierzu nur selten die Rede sein,
weil es zumindest an der Legalität der Funktionsausübung mangelt.

Zwar ist für die Kriminalität der Mächtigen die Formenvielfalt charakteristisch. So heterogene Handlungen wie kollektive Gewalt durch Völkermord, Kriegsverbrechen oder „ethnische Säuberungen" werden ebenso einbezogen wie „Gehirnwäsche", Rechtsbeugung, Folter und Korruption. Auch ist der Kritik zuzugeben, daß weniger neue Konzepte als
vielmehr bessere Möglichkeiten des Zugangs zu den relevanten Tatsachen sowie eine grundsätzliche Bereitschaft gefordert sind, sich ohne
moralische Entrüstung für Person und Umfeld der einschlägigen Tätergruppen zu interessieren. Ferner läßt sich nicht verkennen, daß das
Konzept der Kriminalität der Mächtigen wohl verschiedenartige, aber
doch zusammengehörige Erscheinungen zu bündeln und darauf als
heuristisches Prinzip die Aufmerksamkeit zu lenken vermag. Dies trifft
auch dann zu, wenn man die Frage, worin sich denn die kriminellen von
den nichtkriminellen Mächtigen jenseits der Verbrechensbegehung unterscheiden, weder gestellt noch beantwortet hat. Die spezifische Blickschärfung für und vertiefte Analyse von Erscheinungen kriminell anfälliger oder pervertierter Systeme rechtfertigen es jedoch, die mißbräuchliche Machtäußerung konzeptuell zu verselbständigen und ihr dadurch
ein besonderes Forschungsinteresse zu widmen. Die Risiken für ebenso
intensive wie breite Viktimisierung unterstreichen die Bedeutung. Dabei
geht es primär keinesfalls um die Wiederherstellung der sozialen Symmetrie in dem Sinne, daß die verbreitete Unterschichtkriminalität durch
die Kriminalität höherer Schichten ergänzt wird. Auch besteht nicht
zwangsläufig die Gefahr, in einen „kriminologischen Moralismus" zu
verfallen, wie *Bock* (1994, 178 f.) befürchtet. Vielmehr handelt es sich
vor allem darum, den kriminologischen Blick für Gefahrenpotentiale zu
schärfen, die sich herkömmlich weitgehend dem wissenschaftlichen Zugriff
entzogen haben; eigentlich ohne legitimen Grund, wie wir heute wissen.

§ 24 Theorien des Verbrechens und der Kriminalität

1. Konzepte zur Erklärung der Kriminalität als Sozialerscheinung

Wie bereits die allgemeinen Analysen und der Überblick zur Theoriebildung erkennen lassen, sind die gängigen Konzepte entweder täterorientiert oder auf die Verbrechenskontrolle bezogen. Demgegenüber finden sich **kriminalitätsspezifische Erklärungen seltener**. Eine solche Beurteilung gilt sowohl für die Deutung der Kriminalität in einem bestimmten Zeitpunkt (**Querschnittsanalyse**) als auch für jene der Kriminalitätsentwicklung (**Längsschnittsanalyse**). Dies schließt freilich nicht aus, daß Theoriebruchstücke oder formelhaft verkürzte Erklärungsansätze an die Stelle von sonst genauer ausgearbeiteten Theorien treten. Vor allem trifft dies für die **Anomietheorie** zu, die trotz aller Schwächen **neben der Kulturkonflikttheorie noch immer reiches Erklärungspotential enthält und Chiffren zur Entschlüsselung der zeitgenössischen Kriminalität** liefert. Beide Konzepte haben durch die **aktuellen Modernisierungstheorien neue Schubkraft** erhalten. Die partielle Deckungsfähigkeit und Stimmigkeit mit der Kontrolltheorie (siehe unten § 28, 4) ist unverkennbar. Man denke nur an so gängige Beschreibungen wie Bindungs- und Orientierungslosigkeit, Entfremdung, soziale Isolierung und Normlosigkeit. Der Anomietheorie sind auch die Chancenstrukturtheorie und ferner eine Version der Subkulturtheorie zugeordnet, obschon diese zugleich täterorientiert begriffen wird. Nach ihrem Aussagegehalt sind jedoch Kulturkonflikt- und Subkulturtheorie enger gefaßt, so daß sie dort, wo sie ihre spezifische Erklärungskraft am ehesten entfalten können, nämlich bei der Ausländer- und der Gruppenkriminalität, speziell erörtert werden (vgl. unten §§ 31, 3.2 und 38).

2. Anomietheorie der Zielerreichung mit unzulässigen Mitteln

Schrifttum: *Adler/Laufer* (eds.), The Legacy of Anomie Theory. New Brunswick/N.J. 1995; *Amelang*, Sozial abweichendes Verhalten. Berlin u.a. 1986; *Bohle*, Soziale Abweichung und Erfolgschancen. Die Anomietheorie in der Diskussion. Neuwied u.a. 1975; *Cloward/Ohlin*, Delinquency and Opportunity. A Theory of Delinquent Gangs (1960). London 1961; *Diekmann/Opp*, Anomie und Prozesse der Kriminalitätsentwicklung im sozialen Kontext. ZfSoz 8 (1979), 330-343; *Frey/Opp*, Anomie, Nutzen und Kosten. Soziale Welt 30 (1979), 275-294; *Lamnek*, Wider den Schulenzwang. München 1985; *Merton*, Social Structure and Anomie. ASR 3 (1938), 672-682; *ders.*, Sozialstruktur und Anomie (1957).

In: Kriminalsoziologie, hrsg. v. Sack/König. Frankfurt/M. 1968, 283-313; *Orrù*, Anomie. History and Meanings. Boston u.a. 1982; *Sack*, Kriminalitätstheorien, soziologische. In: KKW 1993[3], 271-280.

Die Anomie zählt zu den bedeutendsten Grundbegriffen der modernen Kriminalsoziologie. Nach ihrem ursprünglichen Wortsinn bedeutet sie Norm- oder Gesetzlosigkeit. Die Bezeichnung entstammt dem Griechischen und wurde bereits von *Luther* (1527) und *Hobbes* (1698) gebraucht (vgl. *Orrù* 1987, 8, 12 ff., 68 ff. m.N.). Der französische Sozialwissenschaftler *Durkheim* führte sie zur Charakterisierung eines besonderen Typus des Suizids (1897) sowie zur Beschreibung von Gesellschaften mit einer entwickelten arbeitsteiligen Wirtschaft (1893) und schnellem sozialen Wandel ein. Vor allem in Zeiten sozialer Umwälzung erschlafft das Gemeinschaftsgewissen; die bisherigen Normen und Kontrollen werden unwirksam. In solchem Zustand verliert der Mensch die Beschränkungen, die ihm die Gesellschaft auferlegt hat; er neigt zu unerfüllbaren Ansprüchen. Orientierungslosigkeit und Bedürfnisfrustration äußern sich in gesteigerter Kriminalität.

Der Begriff der Anomie ist von der nordamerikanischen Sozialwissenschaft in den dreißiger Jahren aufgegriffen, fortentwickelt und theoretisch verfeinert worden. Jetzt beschränkt sich das Anomiekonzept nicht mehr darauf, Phänomene der Normlosigkeit zu beschreiben oder festzustellen. Vielmehr befaßt es sich mit den **Bedingungen der Entstehung von Normlosigkeit**, und genauer mit den Prozessen strukturell bedingter Wandlungen und Steuerungseinbußen von normativen Regelungen. Nach der neueren Fassung der Anomietheorie, die im wesentlichen auf den amerikanischen Soziologen *Merton* (1938, 672 ff.) zurückgeht, sieht man die anomischen Bedingungen nicht mehr in der Kluft zwischen Bedürfnislage und Befriedigungsmöglichkeiten, sondern zwischen kulturell bestimmten Zielen und den sozialstrukturellen Mitteln zu ihrer Verwirklichung.

Die Anomietheorie beruht also auf der Annahme, daß diejenigen, denen die Gesellschaft nicht auf legalem Wege z.B. die Chance auf Wohlstand vermittelt, eher als andere dahin gedrängt werden, ihn auf illegalem Wege – z.B. durch Eigentumsdelikte – anzustreben. Der Unterschichtsangehörige ist im Hinblick auf die gesamtgesellschaftlich geltenden Ziele, denen er folgt, im Hinblick auf die allgemein geltende Wertorientierung, die er teilt, mit unzureichenden Mitteln ausgestattet. Diese Spannung und ihr Bewußtwerden „drängen" ihn zur Wahl illegitimer Mittel oder zur Ausbildung von delinquenten Verhaltensweisen mit den in gleicher Lage befindlichen Partnern. So gesehen nimmt die Anomietheorie die soziale Drucksituation zum Ausgangspunkt. Sie ist ein Versuch, vor allem die überproportionale Beteiligung der unteren Sozialschichten an der Diebstahlskriminalität, die sich in der modernen Industriegesellschaft durchweg beobachten läßt, zu erklären. Darüber hinaus ist die Anomietheorie bestrebt, die sozialstrukturell benachteiligende Lage im Sinne der erwünschten soziokulturellen Ziele zu verändern (*Cloward/Ohlin* 1960, 211). Damit sucht sie allerdings, die Kriminalität zu überwinden und dadurch gegenstandslos zu machen.

Die Anomietheorie hat fast vierzig Jahre lang " als Glanzstück einer soziologischen Theorie abweichenden Verhaltens" gegolten (*Bohle* 1975, 1, 199). Der Begriff „Anomie", psychologisch durch Gefühle der Einsamkeit, Isoliertheit, Fremdheit, Macht- und Hilflosigkeit gekennzeichnet, bedeutet ursprünglich nichts anderes als Norm-, Bindungs- und Orientierungslosigkeit als die subjektive Seite sozialer Desintegration. Es handelt sich um einen Sachverhalt, der anders gewendet als Bindungsverlust auch für die Erklärung des Verbrechens als Individualerscheinung im Rahmen der Kontrolltheorie relevant wird. Insofern ist er unverändert hilfreich, aussagekräftig und anregend, etwa zur Deutung der Drogenkriminalität und Demonstrationsgewalt sowie zum Kriminalitätsanstieg aufgrund politischer Umwälzungen wie in Osteuropa zu Beginn der neunziger Jahre. Im übrigen jedoch bleibt hinter dem hohen heuristischen Wert des Anomiekonzepts dessen empirische Bewährung weit zurück (*Amelang* 1986, 163). Die " empirische Evidenz der Anomietheorie" ist daher „unbefriedigend" (*Bohle* 1975, 204). Da im Hinblick auf die reduzierten legitimen und gehäuft illegitimen Mittel nur in der Unterschicht anomische Zustände erwartet werden, ist strenggenommen auch nur Unterschichtkriminalität damit erklärbar (*Amelang* 1986, 159). Überdies werden kulturelle Ziele und soziale Schichten nur vage und unzureichend umschrieben. Sie werden ferner mit einem einheitlich gedachten Wert- und Normensystem in der Gesellschaft verknüpft, obwohl die Vielheit unterschiedlicher Normensysteme einer solchen Annahme widerspricht. Auch finden soziale Reaktionen und Kontrollprozesse in diesem Konzept keinen Platz.

Den Erklärungsmangel der Anomietheorie kann auch die einschlägige *Mertonsche* Verhaltenstypologie nach Auflehnung, Neuerung, Konformität, Ritualismus und Rückzug nicht ausräumen. Denn sie vermag nicht zu begründen, unter welchen Bedingungen die einzelnen Anpassungsarten vorliegen und wann nicht. Sie verfehlt damit " eine zentrale Pointe: Sie benennt nicht die strukturellen Bedingungen, unter denen welche Formen der individuellen Anpassungsmodi gewählt werden" (*Sack* 1993, 276). Dazu bedarf es anderer Erklärungsansätze, die Einsichten des Anomiekonzeptes aufgreifen und weiter verarbeiten. Daher erweist sich auch die Anomietheorie der Zielerreichung mit unzulässigen Mitteln allein als kein aussagekräftiges Konzept. Die Erklärungen für die Hochkriminalität wie für die Massendelikte in der heutigen Gesellschaft müssen in anderer Richtung gesucht werden.

3. Theorien der Kriminalitätsentwicklung

Schrifttum: *Adler*, Nations not Obsessed with Crime. Littleton/Col. 1983; *Albrecht, H.-J.*, Jugendarbeitslosigkeit und Jugendkriminalität – Empirische Befunde zu den Beziehungen zwischen zwei sozialen Problemen. In: Jugendarbeitslosigkeit und Jugendkriminalität, hrsg. v. Münder u.a. Neuwied u.a. 1987, 41-91; *Boers*, Sozialer Umbruch und Kriminalität in Deutschland. MschrKrim 79 (1996), 314-337; *Council of Europe* (ed.), Economic Crises and Crime. Strasbourg 1985; *Dölling*, Kriminalitätsentwicklung als Indikator gesellschaftlicher Zustände. Krim 42 (1988), 350-361; *Haferkamp* u.a., Herrschaftsverfall und Machtrückgewinn. Zur Erklärung von Paradoxien des Wohlfahrtsstaates. In: Wohlfahrtsstaat und soziale Probleme, hrsg. v. Haferkamp. Opladen 1984, 60-103; *ders.*, Effekte des Wertewandels auf Kriminalität und Strafsanktionen. ZfSoz 16 (1987), 419-433; *Hagan*, The Social Embeddedness of Crime and Unemployment. Criminology 31 (1993), 465-491; *Heiland*, Wohlstand und Diebstahl. Bremen 1983; *Heinz*, Was kann die Kriminologie zur Kriminalitätsprognose beitragen? In: Zweites Symposium: Wissenschaftliche Kriminalistik, hrsg. v. BKA. Wiesbaden 1985, 31-118; *Hellmer*, Wirken „ideologische Aufschwünge" kriminalitätshemmend? MschrKrim 50 (1967), 34 ff.; *Jäger*, Makrokriminalität. Studien zur Kriminologie kollektiver Gewalt. Frankfurt/M. 1989; *Kaiser*, Kriminalität in der Wohlstandsgesellschaft. Kriminalistik 20 (1966), 281-287, 339-343; *Klages*, Wohlstandskriminalität und Anomie. In: Haferkamp u.a. 1984, a.a.O., 6-30; *Kube/Koch*, Die Kriminalitätslandschaft in Ost und West im Zeichen des politischen Umbruchs in Europa. WGO-Monatshefte für osteuropäisches Recht 32 (1990), 133-142; *Leder*, " Normale" Kriminalität im totalitären Staat. Frankfurt/M. 1987; *von Mayr*, Moralstatistik mit Einschluß der Kriminalstatistik (Sozialstatistik erster Teil). HB des öffentlichen Rechts. Einleitungsband. 7. Abt. Moralstatistik mit Einschluß der Kriminalstatistik (Sozialstatistik I. Teil). Tübingen 1917; *Noelle-Neumann* u.a., Die verletzte Nation. Stuttgart 1987; *Sack*, Die West-Ost-Wanderung der Kriminalität. In: Grundlagen der Kriminalistik. Bd. 4: Kriminalistische Akzente, hrsg. v. Schäfer. Hamburg 1968, 245-293; *Sarnecki*, Some Mechanisms of the Growth of Crime in Sweden. Archiwum Kryminologii 12 (1985), 199-210; *Spieß*, Arbeitslosigkeit und Kriminalität. In: KKW 1993[3], 33-38; *Wilson/Herrnstein*, Crime and Human Nature. New York 1985.

3.1 Bewegung der Kriminalität und ihre Erklärung

Die bisherige Kriminalitätsanalyse findet ihren Schwerpunkt in der Querschnittsbetrachtung, sei es regional, national oder im internationalen Vergleich. Ihr steht die Untersuchung der Kriminalität im Längsschnitt, also der Kriminalitätsentwicklung, gegenüber.

Daß Verbrechen geschehen, ist an sich weder problematisch noch erstaunlich. Die geschichtliche Erfahrung spricht dafür, daß dies schon immer so war. Die funktionalistische Erklärung macht darüber hinaus einleuchtend, daß dies offenbar auch so sein muß. **Problematisch** und zum Teil beunruhigend ist vielmehr die **Kriminalitätsbewegung.** Dieser Befund wird auch nicht dadurch entkräftet, sondern nur gemildert, daß ein wachsender Teil der angezeigten Kriminalfälle Delikte mit Bagatellcharakter zum Inhalt hat. Der internationale Vergleich der Kriminalität weist überdies strukturelle und tendenzielle Gleichförmigkeiten hochindustrialisierter Gesellschaften des Westens aus, im Gegensatz zu den Kriminalitätsbildern in Japan, der ehemals sozialistischen Gesellschaft sowie jener der unterentwickelten Staaten.

Wie aber kann man das Auf und Ab der Kriminalitätsraten und damit die Bewegung der Kriminalität erklären? Hilfreich kann sich hierbei eine **epochenspezifische Betrachtung** erweisen, insbesondere der Kriminalitätsentwicklung in der Nachkriegszeit. Zum Teil deckt sie sich mit der krisengeschichtlichen Perspektive. Ist die Erklärung für die vergangene Kriminalitätsbewegung aussagekräftig, dann müßte sie auch, wie oben ausgeführt, zugleich Prädiktoren für die künftige Kriminalitätsentwicklung enthalten, also eine Kollektivprognose ermöglichen. **Welche Konzepte oder Faktoren kommen zur Erklärung in Betracht?** Man wird an Veränderungen in der Religiosität, des Wertewandels und Erziehungsstils, ferner an Krieg, wirtschaftliche Krise oder Arbeitslosigkeit sowie an die Motorisierung denken. Freilich läßt sich nicht verkennen, daß die **Analyse** insoweit noch immer **in den Grenzen des additiven Mehrfaktorenansatzes** befangen bleibt. Diesem ist es aber unmöglich, das Gewicht der einzelnen Faktoren sowie die Beziehungen zwischen ihnen anzugeben. Die folgende Graphik, die nicht einmal sämtliche Faktoren erfaßt, veranschaulicht dieses Dilemma (siehe Schaub. 9).

Selbst der übliche Rückgriff auf das soziologische **Konzept des sozialen Wandels** erweist sich nur begrenzt als hilfreich und weiterführend. Zwar macht jenes Konzept, da empfänglich für Komplexität und wertneutraler als der Fortschrittsbegriff, einleuchtend, daß sich auch die Kriminalität

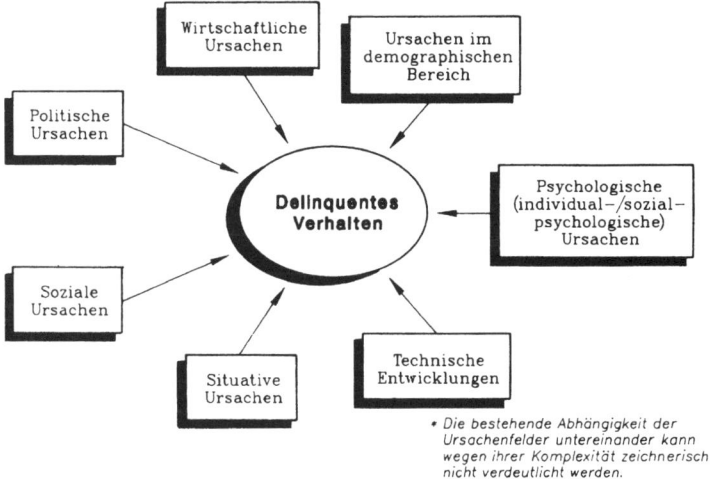

Quelle: In Anlehnung an *Beck,* Kriminalitätsprognose. Darstellung anhand eines Prognoseprojekts beim BKA. In: Wissenschaftliche Kriminalistik, Teilbd. 2, hrsg. v. Kube u.a. Wiesbaden 1984, 66.

Schaubild 9:   Ursachen im Umfeld (unter Ausklammerung der gesellschaftlichen und staatlichen Reaktionen)*

mit dem sozialen Wandel verändert. Gleichwohl bleibt es darüber hinaus allgemein und vage. Auch die neueren **Ansätze** der politisch-ökonomischen **Transformation und Modernisierung** vermögen den Mangel nicht auszuräumen. Dies um so mehr, als sie teilweise Modernisierung und Kriminalitätszuwachs fast in einem gesetzmäßigen Zusammenhang verknüpft sehen sowie dazu neigen, den Modernisierungsdruck zu überschätzen, um in eine resignative Verbrechenskontrolle zu münden (kennzeichnend *Boers* 1996, 316 ff., 331 f.). Immerhin überzeugt, daß ein ergiebiger Erklärungsversuch an die Geschichte des Verbrechens (dazu oben § 20) und ferner an den internationalen Kriminalitätsvergleich (dazu oben § 21, 3) als Datenbasen anknüpfen, aber zugleich über die Deskription hinaus um theoretische Vertiefung und Präzisierung bemüht sein muß.

Ferner hat er die Veränderungen der Verbrechenskontrolle, einschließlich der Kriminalisierung und des Sanktionenwandels (siehe §§ 5; 18, 44), mit einzubeziehen. Schließlich müssen Einsichten zur kriminologischen Theorie, wenn sie ihre Aussagekraft behaupten wollen, sich auch in diesem Zusammenhang empirisch bewähren. Dies kann nichts anderes bedeuten, als auch hier auf interne und externe Verhaltenskontrolle, jedoch unter dem spezifischen Aspekt des Wandels, abzustellen und außerdem die Veränderungen der soziokulturellen Rahmenbedingungen (einschließlich Wirtschaft und Technik) zu berücksichtigen.

So „läßt sich vermuten, daß das Tempo solcher gesellschaftlicher Transformationsprozesse eine wichtige Größe im Kausalgeflecht der Kriminalität darstellt. Das würde bedeuten, daß nicht der soziale Wandel schlechthin, nicht der wachsende wirtschaftliche Reichtum einer Gesellschaft als solcher, nicht die Urbanisierung überhaupt kriminogene Tendenzen hervorbringen, sondern das forcierte Einsetzen solcher Prozesse und der dadurch abrupte Ablösungsprozeß einer Gesellschaftsform durch die andere. Eine im Gleichgewicht befindliche Gesellschaft erfährt Veränderungen, die ihr Gleichgewicht stören. Ehe sich ein neues Gleichgewicht im neuen Sozialsystem einstellt, durchläuft die Gesellschaft eine **Übergangsphase erhöhter Orientierungslosigkeit**, sich schnell abbauender alter und nur mühsam aufbauender neuer Normen" (*Sack* 1968, 285). Allerdings wirft auch diese Annahme die Frage auf, unter welchen Bedingungen das vorausgesetzte Tempo der gesellschaftlichen Transformationsprozesse erreicht ist und sich überdies messen läßt, ferner, wann das Gleichgewicht des Sozialsystems gestört und ein neues erlangt ist. Der Beginn und die Dauer solch anomisch wirkender Prozesse sind schwer zu bestimmen, zumal sie sich auch in nichtkriminellen Formen abweichenden Verhaltens (Depressionen, Ehezerrüttung, Unfälle, Selbsttötung) ausdrücken können. Außerdem müssen sich Norm- und Verhaltensunsicherheit nicht durch vermehrte Straffälligkeit äußern, wie etwa der viel erörterte Wertewandel vermuten läßt (dazu die international vergleichende Studie von *Noelle-Neumann* u.a. 1987, 45 ff., 297 ff., mit freilich zu kulturpessimistischer Deutung). Wir brauchen nur an die Sexualdelikte zu denken. Hier ist die Zahl der sexuell-abweichenden Verhaltensweisen, verglichen mit der Lage um 1960, sicherlich erheblich gewachsen. Dennoch ist der Umfang der registrierten Sexualstraftaten zurückgegangen.

So werden der Anstieg der Kriminalität und die Zunahme der Verbrechensfurcht in den neuen Bundesländern Anfang der neunziger Jahre vor allem auf den sogenannten **sozialen Umbruch** in Ostdeutschland zurückgeführt. Damit ist ein Transformationsprozeß gemeint, der eine rasche und grundlegende Umwandlung gesellschaftlicher Institutionen bewirkt sowie in wesentlichen Teilen von individuellen und kollektiven Akteuren bewußt herbeigeführt wird. Soweit freilich mit der Transformation Kriminalität und Kriminalitätsfurcht als unausweichliche und kaum beeinflußbare Modernisierungsrisiken verknüpft werden (so *Boers* 1996, 316, 331), begegneten solch fatalistischer Deutung Bedenken. Jedenfalls kann von einer gesetzmäßigen Kausalverbindung nicht die Rede sein. Dem stehen auch die strukturelle Steigerung von Tatgelegenheiten und der Anstieg der Massen- und Bagatellkriminalität in Ostdeutschland nicht entgegen. Im Hinblick auf die bedeutende Zunahme der Arbeitslosigkeit liegen zwar Annahmen über das Entstehen einer neuen „Armutskriminalität" durch soziale und ökonomische Benachteiligungen nahe. Doch würde ein monokausaler Zusammenhang zu kurz greifen (dazu kritisch *Boers* 1996, 324 f.), zumal die Frauen, die besonders in Ostdeutschland am stärksten unter der Armut zu leiden haben, kaum einen Zuwachs an Straffälligkeit erkennen lassen (weitere Einwände bei *Walter*, DVJJ-Journal 1996,

209 ff.). Vor allem die seit 1990 in Ostdeutschland verstärkt zu beobachtenden schwereren Formen der Eigentums- und Gewaltkriminalität scheinen auf komplexeren sozialstrukturellen Integrationsdefiziten zu beruhen (dazu *Boers* 1996, 324 m.N.).

Zu den funktionalen Erfordernissen einer jeden Gesellschaft gehören u.a. biologische Reproduktion, Wirtschaftssystem und Technologie, Schichtung, Kommunikation und ferner Verhaltenskontrolle. Eine flüchtige Orientierung zeigt, daß sich in all diesen Bereichen erhebliche Veränderungen während der letzten Jahrzehnte ergeben haben, insbesondere aber in der Umbruchsituation Ostmitteleuropas seit 1989. Damit sind denn auch zugleich die soziokulturellen Rahmenbedingungen umrissen. Sie können als **mutmaßliche Einflußfaktoren** in die **drei komplexen Hauptgebiete** der soziokulturellen Bedingungen sowie der Politik und der Wirtschaft unterteilt werden, wobei weitere Einzelfaktoren wie Wertorientierung, Freizeit, Massenmedien, Technik und Urbanisierung einbezogen sind.

3.2 Politik, Wirtschaft, Arbeit und Technik und ihr Einfluß auf die Kriminalitätsbewegung

Politik und politisches System können sich in unterschiedlicher Weise auf die Kriminalität auswirken. Die neuerdings vielfach erörterte Korruption (siehe oben § 23, 4) als Mangelerscheinung „politischer Kultur" oder die sogenannte Regierungskriminalität in der ehemaligen DDR liefern aktuelle Beispiele. Freilich gerät man in Definitionsschwierigkeiten, wenn man nicht nur auf die offiziell registrierte Kriminalität abstellt, sondern auch die jenseits nach geltendem Recht erfaßbare „Kriminalität der Mächtigen" einbezieht (vgl. oben § 23).

Wie bereits im Zusammenhang von Verbrechenskontrolle und Kriminalisierung ausgeführt wurde, zielen die staatlichen Anstrengungen auf die Bekämpfung und die Verminderung des Verbrechens. Deshalb ist das **Politikfeld der Rechts- und Sozialpolitik** als Einflußfaktor von besonderem Interesse. Aber selbst in diesem Bereich zeigen die Analysen, daß die Zusammenhänge nicht so eindeutig und überzeugend sind, wie man dies annehmen sollte. Am ehesten lassen sich noch **Beziehungen** sichern, die **mit der Funktionstüchtigkeit strafrechtlicher Sozialkontrolle überhaupt** oder dem Zusammenbruch bzw. Stillstand der Strafrechtspflege zusammenhängen. Dies kann man erneut an der Entwicklung in der ehemaligen DDR in den Jahren 1989 bis 1992 erkennen mit dem erheblichen Anstieg an Raub- und Eigentumsdelikten sowie (tödlichen) Straßenverkehrsunfällen. Im übrigen jedoch äußert sich die begrenzte Abhängigkeit des Rechts von vorgelagerten sozialen Normensystemen auch hier. Obwohl langfristig gesehen in der Strafzumessungspraxis eine „Tendenz zur Milde" festzustellen ist, läßt sich ein unmittelbarer Zusammenhang zwischen milder Gerichtspraxis und Verbrechenshäufung nicht nachweisen (so schon *Exner* 1949, 104 f.). Insbesondere scheinen einzelne Reformen des Sanktionensystems sich auf die Kriminalitätsrate kaum meßbar auszuwirken. Zum Teil sind die Befunde auch widersprüchlich. So wurde für Frankreich bei steigender Kontrolle durch Verstärkung der Polizeikräfte eine positive, für die Bundesrepublik und England und Wales jedoch eine negative Korrelation zur Kriminalität ermittelt (*Council of Europe* 1985, 53, 57; zur problematischen Polizeidichte siehe ferner oben § 19, 4).

Stärkere Auswirkungen auf die Kriminalitätsentwicklung wird erwartungsgemäß sozialpolitischen Maßnahmen zugeschrieben. So wird etwa der Rückgang der Diebstähle in Deutschland seit der Jahrhundertwende nicht zuletzt mit der **Sozialgesetzgebung** in Zusammenhang gebracht (*Exner* 1949, 108). Dies wäre freilich nur Ausdruck des *von Lisztschen* Postulats, wonach eine gute Sozialpolitik die beste Kriminalpolitik ist. Allerdings reicht die weit bessere Sozialpolitik in der Gegenwart offensichtlich nicht aus, um zu verhindern, daß die Diebstahlsrate bislang unbekannte Höhen erreicht (siehe oben Tab. 2), von dem Wachstum anderer Deliktsgruppen ganz zu schweigen.

Einen nachhaltigen Einfluß auf das Kriminalitätsgeschehen wird man von plötzlichen und einschneidenden politischen Ereignissen wie z.B. **Revolutionen** oder **Krieg** erwarten dürfen. Neben Besonderheiten wie der Warenverknappung, dem Schwarzhandel und der Geldentwertung wird man auch an die veränderte Norm- und Sanktionsgeltung, entsprechend der Devise, daß Not kein Gebot kennt, denken müssen.

Neben der Politik stellt das **Wirtschaftssystem** den zweiten großen Einflußbereich. Entsprechende Analysen reichen bereits in die Anfänge kriminologischen Denkens zurück.

So begriff etwa die französische Milieu-Theorie die Kriminalität als eine ausschließlich ökonomisch bedingte Erscheinung (dazu *Eisenberg* 1995, 1038 ff.). Präziser hatte bereits *von Mayr* im sogenannten „Sechser-Gesetz" den Zusammenhang zwischen Roggenpreis und Vermögenskriminalität zwischen 1835 und 1861 in Bayern belegt, wonach jeder Sechser, um den das Getreide im Preis anstieg bzw. sank, einen Diebstahl auf 100 000 Einwohner mehr bzw. weniger zur Folge hatte (siehe *von Mayr* 1917, 403, 950). Auch später konnten noch

Zusammenhänge zwischen Lebensmittelpreisen, insbesondere Brot- und Getreidepreisen, und der Kriminalität ermittelt werden (dazu *Exner* 1949, 70 ff.). Ferner wurden Schwankungen der Konjunktur, des Geldwertes und des Einkommens als Faktoren herangezogen. Jedoch seit der Zeit nach dem Ersten Weltkrieg verloren derartige Erklärungen aufgrund wachsender Komplexität der Gesellschaft und nicht zuletzt wegen des Ausbaus des sozialen Sicherungssystems an Aussagekraft.

Seit den sechziger Jahren hat man **der traditionellen Notkriminalität die** Interpretationsformel der sogenannten **Wohlstandskriminalität gegenübergestellt** (vgl. *Kaiser* 1966; *Heiland* 1983). In den 70er Jahren haben hingegen erneut wirtschaftliche Krise und Arbeitslosigkeit kriminologische Bedeutung gewonnen (vgl. *Council of Europe* 1985; *Albrecht* 1987). Betroffenheit von Notlagen und soziale Drucksituation scheinen eher zu verbreiteter Konformität als zu erhöhter Devianz zu führen (*Haferkamp* 1984, 84). In den 90er Jahren wiederum greift man die bereits vor zwanzig Jahren geprägte Formel von der **„neuen Armut"** auf und meint, in Anlehnung an neuere Armutsberichte die Armut auch kriminologisch thematisieren und die gegenwärtige Kriminalitätsbewegung damit erklären zu können.

Dabei läßt sich freilich der hochspekulative Charakter einer solchen monokausalen These nicht verkennen. Denn jene These entrinnt dem herkömmlichen Zyklus der Armut zwischen „Verdrängung und Dramatisierung" nicht. Sie läßt sich weder mit den verfügbaren Daten über die Arbeitslosigkeit noch mit jenen der Sozialhilfe sichern. Überdies lassen sich weder im Längs- noch im Querschnitt Armuts- und Kriminalitätsverteilung zur Deckung bringen. Ferner stimmen Armutsgeographie und Kriminalitätsgeographie nicht miteinander überein. Andernfalls hätte die Kriminalität in den 60er Jahren nicht wie geschehen steigen dürfen und hätten in den 90er Jahren die Kriminalitätsbelastungen in den neuen Bundesländern, namentlich bei den Frauen, erheblich höher sein müssen. Entsprechendes gilt für den internationalen Vergleich von Arbeitslosigkeit, Armut und Kriminalitätshäufigkeit. Auch decken sich das Sozialprofil der Armen und der Straffälligen nicht. Andernfalls müßten wir erwähnt vor allem die Frauen straffällig werden, da sie schätzungsweise zwei Drittel aller Armen stellen. Bekanntlich ist jedoch die weibliche Kriminalität noch immer sehr gering.

Immerhin wird man die gravierend veränderten Gelegenheits- und Chancenstrukturen für die Erklärung der modernen Massenkriminalität nicht außer Betracht lassen können (*Sarnecki* 1985, 205 f.; *Wilson/Herrnstein* 1985, 328 f.; *Schneider* 1987, 254 f.). Dies um so mehr, als dieser Sachverhalt auch für die Einschätzung von wirtschaftlicher Krise und Arbeitslosigkeit seine Bedeutung zu behalten scheint.

Während die ältere Forschung noch von deutlichen Zusammenhängen zwischen der Arbeitslosenrate und der Häufigkeit von Eigentumsdelikten ausgeht (vgl.

Exner 1949, 80) und danach eine Million Arbeitslose 10 000 Verurteilungen wegen Diebstahls entsprechen soll, läßt sich ein solcher Zusammenhang jedenfalls für die Gegenwart nicht mehr sichern (für die USA *Wilson/Herrnstein* 1985, 328). So ist der größte Anstieg der Eigentumskriminalität in der Nachkriegszeit bereits vor Eintritt der Massenarbeitslosigkeit in den siebziger Jahren zu beobachten. Außerdem trifft **Arbeitslosigkeit** häufig mit anderen Sozialisationsdefekten zusammen, so daß wie beim Alkoholeinfluß schwierig zu beurteilen ist, ob Sozialisationsdefekte sowohl Arbeitslosigkeit als auch Kriminalität verursachen, ob Arbeitslosigkeit zu Kriminalität oder Kriminalität zu Arbeitslosigkeit führt (vgl. *Albrecht* 1987, 41 ff.; *Spieß* 1993, 33, 37; *Hagan* 1993, 468, 486 f.). Zwar scheinen Arbeitslose überproportional an der Kriminalität beteiligt zu sein (*Schwind* 1996, 222). Jedoch bleibt die Frage nach den bedingenden Variablen offen. Zumindest ist ein monokausaler Zusammenhang auch hier nicht nachweisbar. Vielmehr trifft die Arbeitslosigkeit mit weiteren Defekten wie fehllaufenden Sozialisationsprozessen, Steigerung bereits vorhandener Konfliktpotentiale sowie Stigma entlassener Strafgefangener und sozialer Desintegration zusammen. Danach bildet Arbeitslosigkeit nur eine Dimension im kriminogenen Mängelprofil.

Obschon wegen der komplexen Kriminalitätsentstehung monokausale Versuche, Kriminalität ausschließlich jeweils auf einen Faktor zurückzuführen – sei es Not und Armut, wirtschaftliche Krise und Arbeitslosigkeit oder Wohlstand –, als unangemessen erscheinen müssen, führen jene einander widersprechenden ökonomiebezogenen Formeln paradoxerweise zu ein und derselben Folgerung:

Danach entwickelt sich die **Eigentumskriminalität** in der industriellen Gesellschaft **zunehmend unabhängig von den unterschiedlichen wirtschaftlichen Lagen.** Not und Elend der unteren Sozialschichten können daher nicht mehr die herkömmliche Bedeutung in der Verursachung beanspruchen, geschweige als alleinige Ursachen der Kriminalitätssteigerung gelten.

Wie aber läßt sich trotz erheblicher Wohlstandssteigerungen aller Sozialschichten und trotz Abbaus von Ungleichheiten ein Ansteigen besonders der Eigentumskriminalität erklären? Zwar kann man darauf verweisen, daß bei generell wachsendem Lebensstandard die Kriminalitätsbelastung vor allem in den sozioökonomisch benachteiligten Randgruppen ansteigt. Doch lassen sich damit die modernen Erscheinungen der Massenkriminalität nicht zureichend interpretieren, schon gar nicht die Verkehrsdelikte sowie die Laden- und Fahrraddiebstähle. Offenbar wohnt dem ökonomischen Wachstum ein revolutionäres Potential inne, das zur grundlegenden Veränderung der von der Bevölkerung gehegten Ansprüche aus ihren bisherigen traditionellen Bindungen heraus und zu ihrer

Dynamisierung führt. Diese Interpretation beruht auf der **Hypothese einer Anspruchs-Befriedigungslücke**, " d.h. also eines signifikanten Abstandes zwischen Aspirationen und Erfüllungen als eines vorrangigen Auslösers psychischer Anomiedispositionen" (*Klages* 1984, 12). Lassen sich die Erwartungen nicht in dem gewünschten Umfange verwirklichen, so tritt ein Zwiespalt zwischen der erhofften und der tatsächlichen Bedürfniserfüllung auf. Die sogenannte Schere zwischen subjektiven Vorstellungen und den objektiven Gegebenheiten führt zur Enttäuschung, sozialen Frustration, zum Legitimationsverlust und zur Instabilität des sozialen Gemeinwesens. Sie mündet also in die Anomie (*Klages* 1984, 7 f.). Dabei ist auffallend, daß die Anomiephänomene mit den Wachstumsprozessen der Wohlstandsgesellschaft positiv korrelieren.

Politische, wirtschaftliche oder soziale Krisen bringen nicht nur Erwartungsenttäuschungen mit sich, sie lassen auch Unsicherheit, Apathie und Pessimismus wachsen. Erklärt werden diese Abläufe und Zustände mit dem Auftreten des Wohlfahrtsstaates und dessen Unfähigkeit, die Balance zwischen den selbstproduzierten staatlichen und von den Bürgern gesteigerten Ansprüchen und Erwartungen herzustellen. Wirtschaftliches Wachstum lockert die Bindungen des Menschen an die herkömmliche Sozialordnung und bringt insofern sozialpsychologische „Entwurzelungen" mit sich (*Klages* 1984, 15). Daher ist das **Auftreten von Anomietendenzen mit den Strukturmerkmalen der Wohlstandsgesellschaft und ihrer Entwicklung eng verbunden** (*Heiland* 1983, 193).

Die **Annahme von der Wohlstandskriminalität** greift also über einen rein sozio-ökonomischen Ansatz hinaus; sie sieht in der Ausdehnung der Ansprüche und der Ausbildung von Gelegenheits- und Chancenstrukturen in westlichen Industriegesellschaften die entscheidenden Ursachen ständig steigender Eigentumskriminalität. Sind die gewachsenen Ansprüche nicht in sozialgebilligter Weise zu verwirklichen, tritt außerdem eine Diskrepanz zwischen erreichtem Einkommen und dem angestrebten Anspruchsniveau auf, und wird die Diskrepanz ferner als bedrohlich erfahren, so stellen sich Enttäuschungen ein. Man sucht durch kriminelle Handlungen die bedrohliche Situation zu " entschärfen", indem man materielle Güter entwendet, mit denen man wieder Statusgewinn erzielen kann (*Heiland* 1983, 192). Veränderte Einstellungen gegenüber dem Eigentum und größere Zugänglichkeit zu Konsumgütern durch die Vielzahl von Chancen und Gelegenheiten erleichtern den Zugriff auf die begehrten Güter anderer.

Zwar stimmt der Zusammenhang von realer Einkommensverbesserung und Anstieg der Eigentumskriminalität mit der Wohlfahrtsstaatshypothese überein (*Heiland* 1983, 194). Gleichwohl ist insgesamt diese Interpretation nicht in der Lage, das Wachstum der Eigentums- und Vermögenskriminalität überzeugend zu erklären. Empirisch konnte die angenommene Bedeutung der Variablen „Anspruchsniveau" und „Gelegenheit" nicht erhärtet werden (*Heiland* 1983, 127; a.A. *Sarnecki* 1985, 205 ff.). Ferner ist kritisch einzuwenden, daß Bedürfnisfrustration und Unzufriedenheit auch anders als durch Eigentumskriminalität verarbeitet werden können. Außerdem erscheinen anomietheoretische Deutungen für Laden- und Fahrraddiebstähle als Bindungs- und Orientierungslosigkeit oder als illegitime Mittel der Zielerreichung sehr anspruchsvoll. Vor allem aber werden interne und externe Verhaltenskontrolle konzeptuell völlig ausgeblendet.

Mit dem Teilsystem der Wirtschaft ist auch, obschon nicht allein, die **Technik** verbunden. Dabei sind hier vor allem die Auswirkungen technischer Neuerungen von Interesse. Als kennzeichnende Erscheinungen, ja Symbole unseres Jahrhunderts kann man die stürmische Verbreitung des Kraftfahrzeugs und der Massenmedien sowie in der Gegenwart die Mikroprozessortechnik und die damit verbundenen Produkte ansehen. Unmittelbar läßt sich ein Einfluß derart sichern, daß Automatisierung und Computerisierung einzelne Straftatbestände überhaupt erst ermöglicht, jedoch auch erforderlich gemacht haben. Man denke an die sogenannten Computer-Delikte (siehe LB § 74, 2). Andererseits wirken derartige Einflüsse mittelbar über den soziokulturellen Bereich, etwa über die Verbreitung neuer Medien, als Einflußnahme auf die sogenannte Freizeitgesellschaft oder über Veränderungen in der Wirtschaftsstruktur.

Aufgrund der **Verbreitung des Kraftfahrzeugs** und des Bedürfnisses nach rechtlicher Gestaltung des Straßenverkehrs wurde eine neue Deliktsgruppe mit der Kriminalisierung von Verkehrsverstößen erst geschaffen. Ein kovarianter Zusammenhang zwischen Kraftfahrzeugbestand oder genauer Fahrleistung einerseits und der Verkehrsdelinquenz andererseits ist seit langem gesichert. Aber auch traditionelle Deliktsbereiche wie z.B. die Eigentums- und Vermögenskriminalität werden stark beeinflußt. Die hohe Zahl der Kraftfahrzeugdiebstähle verdeutlicht dies. Ferner hat sich die technische Innovation auf die Umwelt folgenreich ausgewirkt und damit die Kriminalisierung einer Gruppe von **Umweltschädigungen** notwendig gemacht. Die herkömmliche zivil- und verwaltungstechnische Kontrolle ist offenbar nicht mehr in der Lage, das Gefahrenpotential zureichend zu beherrschen.

Mit Wirtschaft, Arbeit und Technik sowie demographischen Veränderungen – von der gewaltigen Wanderungsbewegung von Millionen von Flüchtlingen und ausländischen Arbeitern in der Nachkriegszeit gar nicht zu reden (siehe unten § 38) – hängt auch die **Urbanisierung** zusammen. Die anonymen Großstadtverhältnisse begünstigen nicht nur die Entstehung von Anomiepotentialen, sondern schwächen zugleich informelle und formelle Sozialkontrolle. Schon mit dem räumlichen Auseinanderfallen von Wohnung und Arbeitsplatz durch die zeitweilige Abwesenheit vieler Menschen von der Wohnung wird die informelle Sozialkontrolle erheblich beeinträchtigt, vor allem durch das situative Zusammentreffen von nichtbesitzenden potentiellen Tätern mit geeigneten Objekten. Die sprunghaft gestiegenen Einbruchsdiebstähle erscheinen als Tribut, den die weite räumliche Trennung der modernen Wohnkultur vom Arbeitsplatz und dessen Anreizen in der heutigen Wirtschaft fordert. Durch die **Schwächung informeller Sozialkontrolle** wiederum bieten sich mehr Gelegenheiten als früher zur Begehung von Eigentumsdelikten.

3.3 Soziokultureller Wandel und Kriminalitätsentwicklung

Unter soziokulturellem Wandel kann man die Veränderungen der sozialen Normensysteme **Religion, Moral** und **Recht** sowie der **Erziehung und der sie vermittelnden Einrichtungen** wie Familie, Schule, Kirche und Justiz verstehen. Im Hinblick auf die sozialisatorische Funktion wird man auch die Massenmedien und die Freizeit einbeziehen. In diesem komplexen Bedingungsgefüge nehmen der Werte- und Sozialisationswandel sowie die Veränderungen in der Familie und die Mediensozialisation einen herausragenden Rang ein.

Die stärksten Veränderungen in der langfristigen Kriminalitätsentwicklung und die größten Unterschiede in der Verbrechensrate beim interkulturellen Vergleich stehen in einem hohen Zusammenhang mit dem Wandel der **Familie** (*Wilson/Herrnstein* 1985, 526). Dabei handelt es sich sowohl um das Ansteigen und Fallen der Geburtenrate in den letzten Jahrzehnten mit den jeweiligen Konsequenzen für die Verbrechensrate als auch um den Wandel von Stil und Inhalten der **Sozialisation**. Ferner äußert sich hier der allmähliche Wandel in der **Rolle der Frau**. Man hat davon auszugehen, daß die Familie zunehmend diffus werdende Bestände konventioneller Pflicht-, Enthaltsamkeits- und Akzeptanzwerte vermittelt, die sich mit Beimischungen von Selbstverwirklichungswerten moderner Provenienz vermengen (*Klages* 1984, 17). Im Beschäftigungssystem werden demgegenüber nachdrücklich Leistungsorientierungen und -bereitschaften in den Vordergrund gestellt. Die damit verbundenen Wertverwirklichungsangebote beziehen sich ausdrücklich auf konkrete Berufs- oder Tätigkeitsrollen. **Von besonderer Konfliktträchtigkeit ist der einschneidend erlebte Übergang von der Familien- und Bildungswelt in die Arbeitswelt.** Dabei handelt es sich um den Übergang von einem persönlichkeitsbezogenen Freiheits- und Kompetenzerlebnis zum normengesteuerten Diszplin-, Arbeits- und Leistungszwang. Dieser Übergang hat sich in der Gegenwart sozial verbreitert und verschärft (*Klages* 1984, 19). Die sich hier, insbesondere in der Phase der sogenannten Postadoleszenz, äußernden Spannungen und Enttäuschungserlebnisse reichern das Anomiepotential an. Bei der soziokulturellen Prägung, insbesondere der Wertevermittlung, nehmen **Religion** und Religiosität traditionell einen besonderen Rang ein. Während einst der Religion ein überwiegend kriminalitätshemmender Einfluß zugeschrieben wurde (*Exner* 1949, 88) und damit eine Erklärung steigender Kriminalität mit fallendem Interesse an Religion und Kirche gefunden zu sein schien, läßt sich eine derartige Annahme als zu einfach und undifferenziert nicht mehr aufrechterhalten.

Von der Religion läßt sich nur dann ein verhaltensbestimmender Einfluß erwarten, wenn das gesamte Klima, das Milieu und das soziale Netzwerk einen solchen Einfluß stützen und möglichst verstärken. Dies besagt im Ergebnis wiederum nichts anderes als die Betonung der Komplexität und des Verbundes sich wechselseitig stützender Normensysteme. Wo allerdings diese soziale Integration nicht ungestört erfolgt oder gespalten ist, etwa durch gegensätzliche Einflüsse des Elternhauses und der Altersgruppe (Peer group), wird man aber nur mit einem schwächeren Einfluß der Religion rechnen können. Überdies sprechen die neueren Untersuchungsbefunde dafür, daß die religiöse Determinante durch den Einfluß der Altersgruppe überlagert wird. Dies bedeutet auf die Theorieebene bezogen, daß kontroll- oder sozialisationstheoretische Wirkungen durch solche der differentiellen Assoziationstheorie verdrängt werden. Der Grund des nur schwachen Zusammenhangs mit der Religion beruht wohl darauf, daß sich eine nennenswerte **Verhaltensprägung nur dann** erwarten läßt, **wenn das gesamte soziale Netzwerk oder Klima eine eindeutige und sich gegenseitig verstärkende Wertorientierung vermittelt.** Hier erweist sich der religiöse Einfluß dann als konformitätsverstärkend, wenn die Wertinhalte etwa zwischen Religion und Recht übereinstimmen.

Neben der Bindung an Werte spielt seit jeher im kriminologischen Denken das Wissen eine besondere Rolle. Aber schon im 19. Jahrhundert war der Einfluß des Wissens in Gestalt der Bildung auf die Kriminalität lebhaft umstritten. Es wurde ihm sowohl hemmende als auch fördernde Bedeutung zuerkannt. In der Gegenwart neigt man zu der Annahme, daß sich **Wissen und Bildung** eher als strukturelle Veränderung der Kriminalität auswirken. So vermutet man, daß die Gewaltkriminalität durch die „Kriminalität der List" zurückgedrängt werde (*Eisenberg* 1995, 992). Freilich wird eine derartige Annahme – bezogen auf die Zunahme der Betrugs- und Wirtschaftskriminalität – im strafrechtlich-kriminologischen Schrifttum schon seit den dreißiger Jahren vertreten. Gleichwohl kann man nicht feststellen, daß die Gewaltkriminalität abgenommen hat. Eher scheint es so zu sein, als hätten sich bestimmte Gewaltformen (etwa des Terrorismus, des organisierten Verbrechens und der Demonstrationsgewalt) mit der „List" verbunden und wären zu den konventionellen Deliktsformen noch weitere hinzugekommen, hätten zugleich aber auch besondere Aufmerksamkeit gefunden.

Zu den Sozialisationseinflüssen von Elternhaus und Schule sowie der Altersgruppe ist in jüngerer Zeit die **Mediensozialisation** hinzugetreten. Als „Massenmedien" gelten dabei diejenigen Kommunikationsmittel, die sich an eine große Zahl von Personen richten und zugleich zahlreich vorkommen. Entsprechend den benutzten technischen Verfahren und ihrem Inhalt kann man Druck-, Funk- und Filmmedien unterscheiden. Gefahren drohen besonders der nachwachsenden Generation einmal durch die Gewaltdarstellung (dazu eingehend unten § 39, 3) und zum anderen durch die pornographische Abbildung. Da Gewalt und Pornographie zwar nicht ausschließlich, aber doch in erheblichem Umfang durch Medien vermittelt werden, und dies nicht nur punktuell, sondern vielfältig und langfristig, implizieren Mediengefahren zugleich das Bedürfnis nach Jugendschutz.

Doch bekanntlich gilt das Gebiet der **Medienwirkungen** als **wenig geklärt** (*Wilson/Herrnstein* 1985, 353 f.) und äußerst kontrovers. So halten manche Wissenschaftler z.B. den Einfluß des Bildschirms für wichtig, andere für nichtig, die einen für aggressionsanregend, die anderen für aggressionsmindernd (vgl. *Schwind* 1996, 244). Im Hinblick auf die Wertevermittlung und den Zusammenhang von Gewaltdarstellung und pornographischen Inhalten ist besonders die kurz- und langfristige Beeinflussung der nachwachsenden Generation ins Blickfeld getreten. Obwohl eine Reihe von empirischen Anhaltspunkten für einen Medieneinfluß durch Modellernen spricht, ist im ganzen die Forschungslage noch widersprüchlich. Verschärft wird die Problematik durch die sogenannten neuen Medien, insbesondere die sich damit verbindende Welle von Gewaltvideos (vgl. den aufsehenerregenden Passauer Fall eines 14jährigen Gewalttäters nach dem Konsum von Horror-Videofilmen, der zur Verurteilung des Jungen und zur Anklage der Eltern wegen fahrlässiger Körperverletzung führte; NStZ 1996, 601 f.; FAZ Nr. 302 v. 28.12.1996). Das neugefaßte Jugendschutzrecht versucht, durch Gesetz und Verwaltungspraxis unerwünschten Entwicklungen entgegenzusteuern.

3.4 Anomie oder Synnomie?

Führt man sich die bisherige Analyse möglicher Zusammenhänge mit der Kriminalitätsentwicklung vor Augen, so sieht man sich bei der Erklärung noch weitgehend einem diffusen Mehrfaktorenansatz gegenüber (ähnlich die Bilanz von *Wilson/Herrnstein* 1985, 451, 527 f.). Dabei kann aber die Kriminologie nicht stehen bleiben. Denn die **Faktenlage und deren theoretische Durchdringung** erlauben eine Strukturierung der verschiedenen Einflüsse, sei es durch die Verknüpfung von Wohlfahrtsstaatsthese und Anomietheorie oder sei es durch die differentielle Sozialisations- und Kontrolltheorie. Deshalb wird der Erklärungsversuch präzisiert, wenn man die **Wertorientierung** als Variable interner Verhaltenskontrolle einbezieht. Damit wird eine Anknüpfung sowohl an die Kontrolltheorie (siehe unten § 28, 4) als auch an die Wertwandlungstheorie möglich. Danach „sind dem Auftreten von Aspirations-Erfüllungsdefiziten überall dort innere Riegel vorgeschoben, wo Pflicht-, Selbstdisziplinierungs- und Akzeptanzwerte dominieren, während umgekehrt eine Dominanz von Selbstentfaltungs- oder Antriebserfüllungs- und Hedonismuswerten ganz generell das Auftreten und subjektive Wirksamwerden solcher Defizite stark begünstigt" (*Klages* 1984, 13). Dem entspricht gedanklich das **Konzept der Synnomie**, das *Adler* (1983, 7 ff.) eingeführt und als Gegensatz dem Anomiebegriff *Durkheims* gegenübergestellt hat: „syn" in der Bedeutung von Kongruenz, „nomos" als Ausdruck für Werte und Normen. Mit dem Kontinuum von Anomie und Synnomie will *Adler* das Kriminalitätsphänomen in den verschiedenen Sozialsystemen aussagekräftiger erfassen.

Entsprechend der unkonventionellen Frage, warum in bestimmten Staaten keine oder so wenig Verbrechen bekannt werden, analysierte *Adler* die Kriminalität in den zehn Ländern mit der weltweit geringsten Verbrechensrate und rückte diese in den Zusammenhang mit den sozioökonomisch-kulturellen Faktoren. Zu den erfaßten Staaten gehören unter anderen die Schweiz, die frühere DDR und Japan. Zur Erklärung benutzte die Autorin einen **kontrolltheoretischen Ansatz**, in dem sie traditionelle Bindungen und Kontrollen oder deren funktionale Äquivalente in allen zehn Nationen hervorhob (1983, 117 ff.). Die Funktionstüchtigkeit der Sozialkontrolle scheint danach den einzelnen Staaten gemeinsam zu sein.

Diesem Ansatz waren Bestrebungen vorausgegangen, anhand von fast 50 sozioökonomischen Faktoren und der entsprechenden Daten in Beziehung mit der jeweiligen Festnahmerate in einem internationalen Kriminalitätsvergleich Einsichten zu gewinnen. Jedoch konnten auf diese Weise keine signifikanten Ergebnisse ermittelt werden (ähnlich *Council of Europe* 1985, 57).

Bietet überdies die kriminalstatistische Analyse schon im Inland genügend Ansatzpunkte zur **Kritik**, so kommen diese bei dem internationalen Kriminalitätsvergleich in verstärktem Maße zum Tragen. Häufig zeichnen die „Statistiken für den Export" ein zu günstiges Bild der Kriminalitätsbelastung. Dies gilt auch für manche dem „World Crime Survey" der Vereinten Nationen zugrundeliegenden Daten. Besonders deutlich wurde dies bei dem Kriminalitätsvergleich zwischen Staaten der sozialistischen und der westlichen Gesellschaft. Auch sind für die interpretierende Einbettung kriminalstatistischer Daten neben der Gefangenenrate Dimensionen wie Offenheit der Gesellschaft, Durchlässigkeit der Grenzen, Freizügigkeit, Totalisierung der Kontrolle („Stasi"!), Beachtung der Menschenrechte und damit ein Stück Lebensqualität notwendig, wie etwa die vergleichende Gegenüberstellung der Kriminalität in der Schweiz mit jener der früheren DDR verdeutlicht.

Daß unsere Gesellschaft, wie es scheint, ein gesteigertes Maß an Kriminalität hervorbringt, beruht offenbar auf den vielschichtigen Veränderungen in unserer Gesellschaft, die man als sozialen Wandel begreift. Dieser reicht von dem Wertsystem, der Familienstruktur, den Beziehungen der Menschen sowie der Wohn- und Arbeitswelt bis hin zu technologischen Veränderungen. Anscheinend steigt die Bereitschaft zur Delinquenz als Antwort auf Belastungssituationen, die der soziale Wandel bedingt und die nicht konfliktfrei verarbeitet werden können, vielmehr als Streß und Überforderung erfahren sowie als Sinnkrise erlebt werden. Dies ist wiederum vor allem dann wahrscheinlich, wenn die soziale Stützung durch Familie und Gesellschaft versagt oder ausfällt. **Anomietheoretische Interpretationen** von Gefühlen der Verlorenheit, der Orientierungs- und Perspektivelosigkeit als „Vorboten der Gewalt" machen dies einsichtig.

Der soziale Wandel schließt auch Veränderungen von Gesetz und Recht, von Polizei und Justiz, also der Kontrollsysteme ein. Er gelangt damit in den veränderten Aufgaben zum Ausdruck, die Recht, Polizei und Justiz angesonnen werden und welche diese auch zum Schutz der elementaren Rechtswerte im Interesse aller wahrnehmen müssen. Aufgrund solcher Einsichten haben neuerdings die sogenannten **Kontrolltheorien**, welche die Bindung des Menschen an die Gesellschaft in den Mittelpunkt rücken, zunehmend an Bedeutung gewonnen. Deshalb liefern Werte, Bindungen und Gewissen das durchgehende Thema kriminologischer Reflexion der Gegenwart.

3.5 Prognose der Kriminalitätsentwicklung

Da sich logisch Erklärung und Prognose nicht unterscheiden, müßten die bisherigen Befunde und Einsichten auch **Voraussagen für die künftige Kriminalitätsentwicklung** erlauben, und zwar über eine Fortschreibung von Zeitreihen hinaus. Zu denken wäre etwa an kontrolltheoretisch abgeleitete Kriminalitätsprognosen.

So wäre es ein erheblicher Planungsgewinn für Gesetzgebung, Justizverwaltung und Polizei, wenn man die Kriminalitätsentwicklung über das Jahr 2000 hinaus verläßlich abschätzen könnte. **Kollektivprognosen**, die sich im Gegensatz zu Individualprognosen auf Kollektive unterschiedlicher Art (etwa Strafgefangene oder bisher straflose Personen) beziehen, sind daher **in hohem Grad wünschbar**, sei es im Interesse der Wissenschaft, der Kriminalpolitik oder der Praxis. Doch Hinweise auf die Notwendigkeit von Kriminalitätsprognosen ersetzen weder den Nachweis ihrer Möglichkeit, noch rechtfertigen sie es, die erkenntnis- und wissenschaftstheoretischen Voraussetzungen für Prognosen zu ignorieren (*Heinz* 1985, 69). Aufgrund des derzeitigen kriminologischen Wissens können hochgesteckte Erwartungen nicht erfüllt werden. Schon allgemein ist das prognostische Instrumentarium wenig fortgeschritten und hier bei der Kollektivprognose noch besonders unterentwickelt. Daher müssen Prognosen an mangelnder Treffsicherheit und Brauchbarkeit leiden. Man bewegt sich auch hier **bei der Kriminalitätsprognose noch weitgehend auf einem informierten Plausibilitätsniveau**. Doch sollte nicht übersehen werden, daß die empirischen Befunde differenzierter und besser erhärtet sind als Alltagstheorien, die üblicherweise intuitiven Prognosen zugrunde liegen. Wohl sind diese unter günstigen Bedingungen Ausdruck eines langjährigen Umgangs mit Prognosefällen. Sie beruhen also auf Erfahrungen der Anwender. Doch bei der Intuitivprognose wird der Untersuchungsgegenstand nur selektiv wahrgenommen, so daß es zu falschen Vorstellungen über die Wirklichkeit kommen kann. Für eine weitgehend zuverlässige Voraussage fehlt es jedoch noch an einem für die Prognose notwendigen Modell über die Abhängigkeit der für die Kriminalitätsentwicklung relevanten Faktoren. Ferner ist kaum vorhersehbar, wie sich diese Faktoren zukünftig entwickeln werden (vgl. *Kürzinger* 1996, 313, 315). Daher sollten bei dem Versuch, vorläufige Kriminalitätsprognosen zu erstellen, alle verfügbaren kriminologischen Befunde herangezogen und im übrigen die Theoriebildung zu den Erkenntnisgegenständen des Verbrechens, des Verbrechers und der Verbrechenskontrolle verbessert werden.

Fünftes Kapitel

Verbrecher

Wie die Analysen der Kriminalität zeigen, scheinen kulturelle, politische und wirtschaftliche Einflüsse für die Entstehung des Verbrechens von übermächtiger Kraft zu sein. Sie wirken sich selbst auf das Verbrechen als Individualerscheinung aus. Dementsprechend hat die Täterorientierung an kriminologischem Aussagevermögen verloren. Dennoch läßt sich nicht verkennen, daß es sich beim **Verbrechen stets um menschliches Verhalten** handelt. Immer und überall sind es Menschen, die als kriminell beurteilte Handlungen begehen, und zwar unterschiedlich häufig und intensiv. Männer und Frauen, Junge und Alte verstricken sich in Rechtsbrüche. Sie werden zum Teil als Rechtsbrecher entdeckt, verdächtigt, angezeigt, verfolgt, bestraft und zu resozialisieren versucht. Opfer und Anzeigeerstatter, Polizei und Justiz, Bewährungshilfe und Strafvollzug beschäftigen sich mit ihnen. Unter diesem Blickfeld erforscht auch die kriminologische Wissenschaft die Persönlichkeit des Rechtsbrechers; sie kann sich daher nicht nur mit Gegenstand, Funktion, Ausmaß und Erklärung des Verbrechens als Sozialerscheinung oder mit der Verbrechenskontrolle begnügen, geschweige sich in einem „defensiven Formalismus" erschöpfen. Das Bild des Rechtsbrechers und das Verständnis ihm gegenüber bestimmen auch den Umgang mit ihm. Die Persönlichkeit des Täters einfach als „black box" zu betrachten, und d.h. ihn als Erkenntnisgegenstand zu vernachlässigen, führte zum Wirklichkeitsverlust. Dies wäre nicht nur lebensfremd, sondern würde ebenso zu inhumanen, ungerechten und präventiv unerwünschten Ergebnissen führen.

§ 25 Verbrechen als Individualerscheinung oder die Frage nach dem Verbrecher

Schrifttum: *Brammsen*, Die Person des Straftäters aus kriminologischer Sicht. JA 10 (1988), 57-67; *Kürzinger*, Der kriminelle Mensch – Ausgangspunkt oder Ziel empirischer Forschung? In: FS für Jescheck. Berlin 1985, 1061-1080; *Rasch*, Kriminalität und Persönlichkeit. In: Forensische Psychiatrie. Stuttgart 1986,

111-172; *Strasser*, Verbrechermensch. Zur kriminalwissenschaftlichen Erzeugung des Bösen. Frankfurt/M. 1984; *Wilson/Herrnstein*, Crime and Human Nature. New York 1985; *Yochelson/Samenow*, Criminal Personality. A Profile for Change. Vol. 1. New York 1976.

Bedeutung und Verbreitung des täterorientierten Forschungsansatzes beruhen vor allem auf der Einsicht, daß Persönlichkeitsfaktoren und Verhalten beeinflußbar sind. „Es ist der einzelne, dessen Handeln, Motivation und Schuldfähigkeit zu beurteilen sind, selbst wenn er in Gemeinschaft mit anderen gehandelt hat. Dies ist eine Ursache dafür, daß die meisten kriminologischen Erklärungsansätze in psychologische Theorien münden, auch wenn eine gesellschaftswissenschaftliche Orientierung geltend gemacht wird" (*Rasch* 1986, 111). Dem suchen lern-, sozialisations- und kontrolltheoretische Konzepte zu entsprechen (siehe unten §§ 28 und 31, 3.1). Doch leuchtet es nicht ein, zwar die „Theorie der kriminellen Persönlichkeit" breit zu erörtern und vielleicht auch noch das zeitgenössische Wissen über das Verbrechensopfer darzustellen, aber die Täterpersönlichkeit selbst schlicht zu ignorieren, weil dies offenbar zum modernen Kanon kriminologischer Wissenschaft gehört. Die Täterorientierung gründet sich ferner auf die Überzeugung, daß der Verzicht auf die individuelle Verantwortlichkeit inhumaner und für die Kriminalprävention ineffektiver wäre.

Zu untersuchen, wer der Rechtsbrecher ist, wie man ihn erkennt, welche Beweggründe sein Handeln bestimmen, wie man ihn ebenso zweckmäßig wie maßvoll behandelt, erforderlichenfalls „bekämpft" und wie man ihn zur Gesellschaft hin- oder zurückführen kann, gilt daher von Anbeginn als eine der vorrangigen Aufgaben kriminologischer Wissenschaft. Nur Ignoranz, Unverständnis und Polemik können diese Forschungsaufgabe als „Ausgrenzungswissenschaft" mißdeuten. Haben sich seither auch erhebliche Wandlungen in Strafrecht und Justiz ergeben, so ist doch die Frage danach, **wer der Verbrecher ist**, geblieben. Ja, mit der Ausdehnung und Problematisierung des Verbrechensbegriffs ist die Beantwortung **ungenauer und unsicherer geworden als je zuvor.** Auch ist man sich zunehmend der geringen Determiniertheit und beachtlichen Flexibilität der Persönlichkeit, ihrer Entwicklung sowie der beträchtlichen Adaptionsfähigkeit des Individuums bewußt geworden. Der straffällige Mensch ist daher zwar ein Ausgangspunkt und Erkenntnisgegenstand, nicht aber das alleinige Ziel kriminologischer Untersuchung (dazu *Kürzinger* 1985, 1061 ff.; *Brammsen* 1988, 66).

Die **traditionelle Kriminologie**, obwohl sie von Anbeginn um Verbrechertypologien bemüht war, **fragte eigentlich nicht nach den Abhängigkeiten vom**

Verbrechensbegriff und nach dessen Rückwirkungen auf das Bild von der Täterpersönlichkeit. Unabhängig von Schwere und Häufigkeit des Rechtsbruchs waren alle Delinquenten in gleicher Weise „Verbrecher". Dabei blieb gleichgültig, ob sie wegen eines Verbrechens, eines Vergehens oder einer Übertretung straffällig geworden, ob sie Erstbestrafte oder Rückfalltäter waren.

Mit der Untersuchung des Dunkelfeldes der Kriminalität und den neueren Wandlungen des Verbrechensbegriffes wurde diese Ausgangsposition fragwürdig. Denn man sah zunehmend nicht mehr nur das Endprodukt eines Prozesses, nämlich den Strafgefangenen. Vielmehr weitete sich der Blick für das gesamte Spektrum des Verbrechens, angefangen vom Verkehrs- und Wirtschaftsdelinquenten bis hin zum Räuber und Mörder, vom nichtregistrierten bis zum mehrfach verurteilten Straftäter. Allerdings wurde damit nicht ausgeschlossen, den gleichen Fehler mitunter auf dem entgegengesetzten Ausgangspunkt der Dunkelfeldanalyse zu wiederholen (siehe dazu oben § 20, 3), als ob alle Menschen Erpresser, Räuber und Mörder wären. Schon Mitte der dreißiger Jahre begannen sich die kritischen Stimmen zu melden. Aber die **Grundannahme, daß sich Kriminelle von Nichtkriminellen nach Persönlichkeitsmerkmalen unterscheiden**, erwies sich als so stark, daß sie trotz gewichtiger Kritik (u.a. *Strasser* 1984) bis heute nicht gravierend erschüttert werden konnte (vgl. *Wilson* u.a. 1985, 27, 45; *Schneider* 1987, 394). Die Suche nach dem sogenannten Mörderchromosom (XYY-Chromosomenmißbildung), die vor zwei Jahrzehnten geradezu hektische Formen annahm, oder neuerdings die vermeintliche Bestimmung eines Alkoholismus-Gens liefern für die fortbestehende Grundüberzeugung ein spätes Zeugnis (dazu unten §§ 26; 39, 2 mit ausführlichen Belegen). Persönlichkeitsunterschiede müssen auch häufig erklären, warum der eine sich einer Gruppe mit abweichenden Normen angeschlossen hat, der andere nicht. Selbst die Dunkelfeldforschung, obwohl ursprünglich auch als Kritik an der Täterorientierung gemeint, stützt durch ihre psychologische Anreicherung unversehens die Relevanz von Persönlichkeitsdimensionen. Sie weist damit die Annahme der alleinigen Rückführbarkeit von Persönlichkeitsunterschieden bei Rechtsbrechern auf Selektionsprozesse zurück.

Entgegen kriminalsoziologischer Kritik folgt die Täterorientierung nicht etwa daraus, daß man nur Personen, nicht aber Situationen bestrafen kann. Im übrigen werden durch das Festhalten an diesem Postulat **Beeinflussung** und Veränderung **von kriminogenen Situationen nicht ausgeschlossen**, im Gegenteil. Gerade Bewährungsauflagen und Weisungen zur Lebensführung (vgl. §§ 56 c, 57 f. StGB, 10, 23, 60, 88 JGG) sowie soziale Hilfe (71 ff. StVollzG) und nachgehende Betreuung (§§ 123, 127 Abs. 1 StVollzG) belegen die versuchte Einwirkung auf die „Situation". Ähnliches gilt für die Maßnahmen der Verbrechensverhütung. Präventionsmaßnahmen durch Stadtplanung und Baugestaltung (siehe oben § 13, 3) sowie solche gegen Ladendiebstahl, Bankraub, Verkehrs- und Waffendelikte liefern außerdem anschauliche Beispiele der gezielten situativen Intervention. Gleichwohl sind „Gelegenheitsstrukturen" nicht immer leichter zu verändern als Menschen, wie Aktionsforschung und Gemeinwesenarbeit zeigen.

Welche Persönlichkeitsunterschiede von Rechtsbrechern lassen sich aber **nach dem heutigen Forschungsstand sichern, und** wie lassen sie sich gegebenenfalls **erklären?** Zur Beantwortung der Frage soll die Analyse von biosozialen Perspektiven, Persönlichkeitsdimensionen, Sozialprofilen, sozialen Bezügen und Bindungen dienen. Persönlichkeits-, Lern-, Sozialisations- und Kontrolltheorien werden dabei herangezogen, um zu prüfen, inwieweit sie fähig sind, die empirischen Befunde zureichend zu erklären.

§ 26 Biosoziale Grundlagen

Schrifttum: *Christiansen*, A Preliminary Study of Criminality among Twins. In: Biosocial Bases of Criminal Behavior, ed. by Mednick u.a. New York 1977, 89-108; *Hutchings/Mednick*, Criminality in Adoptees and their Adoptive and Biological Parents: A Pilot Study. In: Biosocial Bases of Criminal Behavior, ed. by Mednick u.a. New York u.a. 1977, 127-141; *Jung*, Zum genetischen Fingerabdruck. MschrKrim 75 (1989), 103-107; *Kunz*, Die Kriminalität: Ein Produkt der Natur oder der Gesellschaft? In: Erbanlage und Umwelt, Colloquium generale – Universität Bern. Bern u.a. 1986, 211-239; *Mednick/Volavka*, Biology and Crime. In: Crime and Justice 2 (1980), 85-158; *Mofitt/Mednick*, Biological Contributions to Crime Causation. Dordrecht u.a. 1988; *Plomin/Daniels*, Why are Children in the Same Family so Different from one Another? Behaviorial and Brain Sciences 10 (1987), 1-60; *Taschke/Breidenstein* (Hrsg.), Die Genomanalyse im Strafverfahren. Baden-Baden 1995; *Walters*, A Meta-Analysis of the Gene-Crime Relationship. Criminology 30 (1992), 595-613; *Zang*, Psychische Auffälligkeiten und Kriminalität bei Männern mit einem überzähligen Y-Chromosom. In: KrimGegfr 16 (1984), 19-31; *Zerbin-Rüdin*, Gegenwärtiger Stand der Zwillings- und Adoptionsstudien zur Kriminalität. KrimGegfr 16 (1984), 1-17.

Einen besonderen Rang nehmen in der täterorientierten Kriminologie seit jeher die Fragestellungen, Annahmen und Befunde der Humangenetik und ihrer erbbiologischen Vorläufer ein (dazu Tab. 3). Die **Ergebnisse der Zwillingsforschung** verdienen auch heute Beachtung. Obwohl alle diese Untersuchungen der Frage nachgingen, ob einige Formen der Kriminalität genetisch bedingt sind, hat sich die Beurteilung der Ergebnisse erheblich gewandelt. Zunehmend geht man von einer „biosozialen Interaktion" aus.

Besondere Bedeutung hat die **Zwillingsuntersuchung** von *Christiansen* in Dänemark erlangt. Dabei wurde die Gesamtheit der 3586 Zwillingspaare einbezogen, die 1881 bis 1910 in Dänemark geboren waren und von denen etwa 900 mindestens einen delinquenten Partner aufwiesen. *Christiansen* (1977, 96 ff.) ermittelte, daß bei den von ihm untersuchten männlichen Zwillingspaaren 35,2% der 325 eineiigen und 12,5% der 611 zweieiigen Paare auch einen delinquenten Partner hatten. Danach **stimmt das straffällige Verhalten bei eineiigen männlichen Zwillingen in mindestens einem Drittel** und damit dreimal so häufig **überein** wie bei zweieiigen männlichen Zwillingen. Tendenziell ähnlich war bei anderen Zwillingsuntersuchungen aus verschiedenen Kontinenten die Konkordanz bei eineiigen Zwillingen fast immer höher als bei zweieiigen (siehe Tab. 3). Worauf die Übereinstimmung im Verhalten zurückzuführen ist, bleibt noch klärungs- und interpretationsbedürftig. Da eineiige Zwillinge die gleichen Erbanlagen haben, genetisch gewissermaßen zweimal der gleiche Mensch vorhanden ist, kann bei der Untersuchung eineiiger Zwillinge der genetische Faktor konstant gehalten werden. Dennoch treten auch bei der Beobachtung eineiiger Zwillinge Schwierigkeiten auf. Eineiige Zwillinge werden wegen ihrer Ähnlichkeit oft ähnlich behandelt. Die Einflüsse, denen eineiige Zwillinge ausgesetzt sind, können in der frühkindlichen Umwelt, z.B. durch Trennung der Zwillinge, aber auch verschieden (vgl. dazu *Plomin/Daniels* 1987, 1 ff., 15, 53 f.) und überdies andere sein als jene, die auf zweieiige Zwillinge einwirken. Berühmt ist das Beispiel der Zwillingsbrüder *Korf*, von denen der eine Gewaltverbrecher und der andere „Rausschmeißer" in einem Nachtlokal wurde. Allerdings könnte die neuere **Adoptionsforschung** die erhoffte Klärung bringen. Sie ist der Zwillingsforschung methodisch insofern überlegen, als sich bei adoptierten Kindern – anders als bei Zwillingen, die überwiegend zusammen aufwachsen und deshalb ähnlichen Sozialisationsbedingungen unterliegen – Anlage- und Umweltfaktoren eher voneinander trennen lassen. Deshalb erregte eine dänische Untersuchung aus dem Jahre 1977 Aufmerksamkeit, als sie die Kriminalitätsbelastung von Adoptivsöhnen mit der ihrer leiblichen Väter verglich: Waren weder der leibliche Vater noch der Adoptivvater kriminell, so lag die Quote der kriminell auffälligen Söhne bei 10,4%. Diese Quote steigerte sich auf lediglich 11,5% bei den Probanden, deren Adoptivväter zwar ebenfalls kriminell auffällig geworden waren, deren biologische Väter jedoch unbelastet blieben. War hingegen der Adoptivvater unbelastet und der leibliche Vater kriminell, so lag die Belastungsquote der Söhne bei 22%. Diese Quote erreichte ihren signifikanten Höchstwert mit 36,2% jedoch erst dann, wenn sowohl der Adoptivvater als auch der leibliche Vater kriminell belastet waren. Diese Ergebnisse lassen – bei allen Einschränkungen, die zu machen sind (so sind z.B. die Adoptiveltern in Dänemark über die Kriminalität des leiblichen Vaters informiert) –, die Schlußfolgerung zu, daß eine Disposition zu bestimmtem Sozialverhalten partiell genetisch bedingt sein kann. Denn die Kriminalität des

Adoptivvaters wirkt sich erst dann signifikant für die Kriminalitätsbelastung des Sohnes aus, wenn auch dessen leiblicher Vater kriminell belastet ist (zum Ganzen *Hutchings/Mednick* 1977, 127 ff.; ferner Überblick von *Zerbin-Rüdin* 1984, 1 ff.).

Tabelle 3:   *Grad der Übereinstimmung im Delinquenzverhalten von Zwillingen*

Untersuchung	Jahr	Land	*eineiige* Zwillinge		*zweieiige* Zwillinge	
			Zahl der Paare	überein- stimmend %	Zahl der Paare	überein- stim- mend %
Lange	(1929)	D	13	77	17	12
Legras	(1932)	F	4	100	5	0
Rosanoff et al.	(1934)	USA	37	68	60	10
Kranz	(1936)	D	31	65	43	53
Stumpfl	(1936)	D	18	61	19	37
Rosanoff et al.	(1941)	USA	45	78	27	18
Yoshimasu	(1961)	Japan	28	61	18	11
Dalgaard et al.	(1976)	N	31	26	54	15
Christiansen	(1977)	DK	325	35	611	13
Durchschnittliche Übereinstimmung				62		19

Der wissenschaftliche Fortschritt, menschliche Chromosomen genau darstellen zu können, gewann in den letzten Jahrzehnten wiederholt forensische Bedeutung im Rahmen des sogenannten „**XYY-Syndroms**". Nach Entdeckung dieser ungewöhnlichen Konstellation des Geschlechtschromosoms im Jahr 1961 wurden alsbald in den USA, Australien und Frankreich dramatische Kriminalfälle verhandelt, an denen Täter mit dieser Chromosomenmißbildung beteiligt waren. Obwohl derartige Zusammenhänge, nicht zuletzt durch ihre Überbewertung in den Massenmedien, rasch eine breite populärwissenschaftliche Öffentlichkeit fanden, läßt sich heute unzweifelhaft feststellen, daß ein überzähliges Y-Chromosom mit aggressivem Verhalten in keiner kausalen Verknüpfung steht. Darüber hinaus kann man nach neueren Untersuchungen für die XYY-Männer die Annahme vertreten, daß diese weniger aggressiv als vergleichbare XY-Männer sind (*Zang* 1984, 20 f.). Dem stimmen selbst jene zu, die im übrigen charakteristische Verhaltenstypologien bei Probanden mit gonosomalen Chromosomenmißbildungen für erwiesen erachten (zum Ganzen *Schwind* 1996, 85 ff.).

Selbst wenn sich nach den erwähnten Befunden erhebliche Dispositionen als bedeutsam erweisen, so wird damit keinesfalls ausgeschlossen, daß gleich verlaufende Lern- oder Sozialisationsprozesse zur partiellen Übereinstimmung im Sozialverhalten beigetragen haben. Dies zeigt auch der **Forschungsstand** über die ähnlich gelagerte Frage nach der **Vererbung von Intelligenzunterschieden**.

Wie man ferner der Prognoseforschung entnehmen kann, ist Sozialverhalten noch weniger festgelegt und voraussagbar als Leistungsverhalten.

Läßt sich auch die Vererblichkeit von gewissen Potentialen und Dispositionen des Verhaltens nicht bestreiten, so kann Kriminalität als sozialbewertete Erscheinung weder anlage- noch erbbedingt verstanden bzw. theoretisch erfaßt werden. Überdies rechtfertigt die Abhängigkeit des Verbrechensbegriffs von Raum und Zeit keine Auffassung, die erlaubte, einem einzelnen Gen als der lokalisierbaren erblichen Anlage eine kriminalitätserzeugende Kraft zuzuschreiben. Gleichwohl kann man Verbrechen nicht verstehen, ohne individuelle Prädispositionen und ihre biologischen Wurzeln in Rechnung zu stellen. Ferner kann die beweisrechtliche Relevanz neuerer Fortschritte der Humangenetik (sog. genetischer Fingerabdruck; dazu *Jung* 1989, 103 ff.; ferner BGH NJW 1990, 23, 28 ff.; *Taschke/Breidenstein* 1995) nicht verkannt werden. Der Bundestag hat nunmehr aufgrund einer Regierungsvorlage (BT-Drucks. 13/667 und 13/6420) die gesetzliche Regelung der DNA-Analyse im Strafverfahren in den §§ 81 e, f StPO beschlossen.

§ 27 Persönlichkeitstheorie und Persönlichkeitsdimensionen

Schrifttum: *Amelang*, Sozialabweichendes Verhalten. Berlin u.a. 1986; *Blau*, Schuld und Gefährlichkeit des psychisch abnormen Täters. Strafrechtsgeschichtliche, kriminologische und rechtsvergleichende Aspekte. In: Straftäter in der Psychiatrie, hrsg. v. Blau u.a. Stuttgart 1984, 1 ff.; *Eysenck*, Crime and Personality. London 1964 (deutsch: Kriminalität und Persönlichkeit, Frankfurt/M. 1977); *Eysenck/Eysenck*, Personality and Individual Differences. A Natural Science Approach. New York u.a. 1985; *Gschwind* u.a., Kriminalpsychopathologie. Berlin u.a. 1987; *Hollin*, Psychology and Crime. An Introduction to Criminological Psychology. London u.a. 1989; *Lösel*, Täterpersönlichkeit. In: KKW 1993[3], 529-540; *Ortmann*, Resozialisierung im Strafvollzug. Theoretischer Bezugsrahmen und empirische Ergebnisse einer Längsschnittstudie zu den Wirkungen von Strafvollzugsmaßnahmen. Freiburg 1987; *Rasch*, Persönlichkeit und Kriminalität. In: Forensische Psychiatrie. Stuttgart u.a. 1986, 111-172; *Saß*, Psychopathie – Soziopathie – Dissozialität. Zur Differentialtypologie der Persönlichkeitsstörungen. Berlin u.a. 1987; *Scheurer*, Persönlichkeit und Kriminalität. Eine theoretische und empirische Analyse. Regensburg 1993; *Seligman*, Helplessness. San Francisco 1975 (deutsch: Erlernte Hilflosigkeit. München u.a. 1979).

1. Persönlichkeitsdimensionen als Korrelate kriminellen Verhaltens

Die Erforschung der Täterpersönlichkeit setzt voraus, daß die Annahme zeitlich relativ stabiler und über verschiedene Situationen hinweg generalisierbarer Dispositionen sinnvoll ist (Konsistenzpostulat). Das sogenannte Eigenschaftsparadigma hat sich auch keineswegs als unangemessen erwiesen. Gerade bei dissozialem, aggressivem und delinquentem Verhalten scheint sogar zeitlich und situativ größere Konsistenz zu bestehen als in anderen Bereichen. Daher nimmt die täterorientierte Kriminologie an, daß bestimmte **Verhaltensdispositionen**, wenn nicht gar Persönlichkeitsmerkmale im Sinne allgemeiner Eigenschaften, die Begehung von Straftaten, insbesondere von Rückfallkriminalität, begünstigen, ohne normalerweise mit einer Einbuße an Verantwortlichkeit des Täters verbunden zu sein. Jedoch herrscht in der Wissenschaft darüber keine Einigkeit, ob klar trennbare Typen der sozialen Auffälligkeit und Unauffälligkeit bestehen. Deshalb befaßt sich die Nachkriegsforschung bescheidener mit den Unterschieden im Ausprägungsgrad der einzelnen Merkmale (*Lösel* 1993, 530 f.).

Danach weisen Rechtsbrecher **hohe Ausprägungen** im Bereich der emotionalen Labilität (Neurotizismus), Impulsivität, spontanen und reaktiven Aggressivität, Abenteuerlust, Unduldsamkeit, Ängstlichkeit, Depressivität, **Risikobereitschaft** und **negativen Selbstbewertung** auf sowie **geringere Impulskontrolle** und Neigung zur externen Ursachenzuschreibung. Die Beziehungen zwischen Kriminalität und einzelnen Persönlichkeitsaspekten sind zwar im ganzen schwach ausgeprägt, obschon nicht geringer als manche Merkmale des Sozialprofils. Trotz gewisser Widersprüche in der Befundlage deutet sich an, daß delinquenzgefährdete und amtlich bekanntgewordene Straftäter gegenüber Vergleichsgruppen etwas andere Wahrnehmungen, negativere Selbstbewertung und geringere Selbstakzeptierung aufweisen (*Lösel* 1993, 536 m.N.; *Scheurer* 1993, 247).

Der Extremgruppenvergleich zwischen den befragten Strafgefangenen und den Nichtstrafgefangenen verdeutlicht zwar, daß Persönlichkeitsunterschiede nicht zu ermitteln sind, wenn die Strafgefangenen keine oder nur ein bis zwei Vorstrafen aufweisen. Im übrigen jedoch scheinen die vorerwähnten Persönlichkeitsmerkmale **Korrelate kriminellen Verhaltens** zu sein, insbesondere bei jenen, die sich nach eigenen Angaben als stark kriminalitätsbelastet einstufen.

Damit stellt sich die Frage, wie sich die genannten Unterschiede im Ausprägungsgrad einzelner Merkmale erklären lassen. Der bekannteste persönlichkeitspsychologische Ansatz zur Erklärung delinquenten Verhaltens stammt von *Eysenck* (siehe unten 2.). Andere Forschungsansätze suchen persönlichkeits- mit sozialpsychologischen Sichtweisen zu verknüpfen.

So ergibt sich in Anlehnung an *Seligmans* **Theorie von der erlernten Hilflosigkeit** (1975; 1979, 47 ff., 52), nach der Depressivität erlernt wird, über den Lernvorgang eine Verbindung zur Entstehung abweichenden Verhaltens (vgl. *Ortmann* 1987, 175 ff.). Danach wird erlernt, daß gezieltes Verhalten zwecklos ist. Die Person verhält sich aufgrund dieser Lernerfahrung auch dort hilflos, wo sie die Situation oder deren Konsequenzen kontrollieren und beeinflussen könnte.

Erlernte Hilflosigkeit und depressive Verstimmung können als Teil eines Ängstlichkeitssyndroms interpretiert werden. Der an sich erwartungswidrige Befund der Ängstlichkeit bei Mehrfachtätern traditioneller Kriminalität leuchtet ein, wenn man bedenkt, daß solche Personen gerade wegen ihrer Ängstlichkeit frühzeitig auf Bedrohungs- und Gefahrensignale aller Art durch Ausweichen, Vermeiden und Flucht reagieren sowie aus diesem Grunde wenig Übung hinsichtlich kontrollierter Reaktionen auf stärkere und unvermeidbar auftretende Signale aufweisen. Sie zeigen dann einen recht abrupten Übergang zu relativ dramatischen Reaktionen (*Ortmann* 1987, 380 f.). Entsprechend werden zeitliche Ausdehnung der Zukunftsperspektive und Fähigkeit zum Belohnungsaufschub geringer. Selbst Bagatelldelikte mit magerem Ertrag gewinnen einen für den Außenstehenden nicht nachvollziehbaren hohen Belohnungswert. Da die Zukunft weder vorhersagbar noch kontrollierbar erscheint, dominiert der positive Anreizwert eines ambivalent besetzten Zieles (Gelddiebstahl ./. Strafe) die aversive Komponente stärker als bei anderen Menschen.

2. Theorie unterschiedlicher Konditionierbarkeit

Eysenck hat aus seinem Persönlichkeitsmodell eine Theorie entwickelt, die aufgrund „ihrer griffigen Kompaktheit, des umfassenden Geltungsanspruchs und der Berücksichtigung neuroanatomisch-physiologischer Erkenntnisse auch außerhalb der Psychologie einen großen Bekanntheitsgrad erreicht" hat (*Amelang* 1986, 131). Denn sie verspricht zugleich eine persönlichkeitstheoretische Erklärung der Delinquenz (*Ortmann* 1987, 76 ff., 80 ff., 101 ff.). Danach ist Ausgangspunkt der psychologische Befund, daß sich Menschen in Temperament und Denkweise nach Extra- und Introvertiertheit (Außen- und Innengerichtetheit) unterscheiden. Nach der Annahme *Eysencks* sollen Extravertierte im Vergleich zu Introvertierten weniger leicht konditionierte Reaktionen ausbilden. **Aufgrund verminderter Konditionierbarkeit werden die sozialen Normen weniger leicht und dauerhaft übernommen.** Weil Rechtsbrecher als Personen gelten können, welche wegen ihrer Hemmungen bei Konditionierungsvorgängen die gesellschaftlichen Normen im Zuge des langwierigen Sozialisationsprozesses nicht verinnerlicht haben, folgt daraus die Vorhersage einer Beziehung zwischen Extraversion und Delinquenz. Antisoziales Verhalten wird vor allem als Folge unzureichend ausgebildeter Angst- und Vermeidungsreaktionen interpretiert (Gewissen als konditionierte Reaktion). Soziopathen sind also im Vermeidungsverhalten weniger lernfähig als andere (*Lösel* 1993, 533 ff.). Normverstöße, insbesondere Kriminalität, werden folglich aufgrund mißlungener Konditionierung zu erklären versucht.

Dabei verknüpft die Theorie eigenschaftspsychologische, lerntheoretische, neuro-anatomische, psychophysiologische sowie genetische Hypothesen und Ergebnisse (*Lösel* 1993, 533). Mitunter wird sie auch als eine Art der Kontrolltheorie begriffen (*Hollin* 1989, 53). Sie geht von einem **Konzept** der antisozialen, psychopathischen oder soziopathischen Persönlichkeit aus (*Eysenck* u.a. 1985, 331). Die soziopathische Persönlichkeit wird vor allem durch die drei Persönlichkeitsdimensionen

- **Neurotizismus** (emotionale Labilität ./. Stabilität)
- **Extraversion** ./. Introversion und
- **Psychotismus**

erfaßt (*Eysenck* 1977, 114 ff., 131 ff.). In diesen Bereichen soll sie hohe Merkmalsausprägungen aufweisen. Weil jedes Sozialverhalten auf Konditionierungsprozessen durch Eltern, Lehrer, Gleichaltriger und Partner beruht, sollen nach *Eysencks* Annahme derartige Prozesse auch das spätere Verhalten bestimmen. Da jedoch aufgrund schlechter Konditionierbarkeit Extravertierte häufiger mit den entsprechenden Stimuli konfrontiert werden müßten als Introvertierte, meint *Eysenck*, eine Disposition der Extravertierten zur Delinquenz ableiten zu können. Das ständige dissoziale Verhalten wird vor allem als Folge unzureichend ausgebildeter Furchtreaktionen verstanden. *Eysenck* (1977, 137) nimmt an, daß die kriminelle Tat vom Täter nicht begangen, sondern der Täter nicht an ihr gehindert werde. Die bei Delinquenten beobachtete hohe Emotionalität übernehme darüber hinaus die Funktion des Antriebes.

Danach läßt sich vermuten, daß bei Extravertierten die sozialisierenden Einflüsse geringer wirken und daß sich ferner Delinquente von Nichtstraffälligen in der stärkeren Extraversion und Emotionalität sowie durch eine weniger ausgeprägte Impulskontrolle unterscheiden. Intaktes Gewissen und soziale Verantwortlichkeit gelten demgegenüber als die entscheidenden Faktoren, welche den einzelnen vor Normverstößen bewahren.

Tatsächlich zeigen denn auch manche Untersuchungsbefunde, daß registrierte Rechtsbrecher eine stärkere Ausprägung der fraglichen Persönlichkeitsdimensionen aufweisen als Nichtregistrierte. Danach läßt sich die Theorie *Eysencks* zwar auf eine Reihe von empirischen Forschungsergebnissen stützen, welche die behaupteten Zusammenhänge bestätigen. Allerdings sind die Ansätze und Ergebnisse der Untersuchungen „weit davon entfernt, konsistent zu sein in dem Sinn, daß jeweils Personen mit offiziellen Registrierungen im Durchschnitt höhere Meßwerte aufweisen als Unbestrafte"; **insgesamt ist die Befundlage unschlüssig** (vgl. *Amelang* 1986, 57, 133). Teilweise sind die bisherigen Überprüfungen schon methodisch anfechtbar und die Korrelation überdies niedrig. Ferner werden jeweils nur einzelne Hypothesen und nichtindikative Zusammenhänge untersucht. Auch erscheint fraglich, ob ein allgemeines Merkmal der Konditionierbarkeit besteht. Außerdem fehlt die konzeptuelle Berücksichtigung der sozialen Umwelt für Art und Wirkungen der Konditionierung (*Amelang* 1986, 133; *Ortmann* 1987, 82). Vor allem ist noch präzisierungsbedürftig, warum sich soziopathische Persönlichkeiten in den meisten Lebensbereichen normkonform verhalten und Kriminalität mit dem Lebensalter deutlich abnimmt (zum Ganzen *Lösel* 1993, 530 ff.). Trotz ihrer Schwächen ist aber die *Eysenck*sche Theorie noch immer anregend und bedeutsam (*Hollin* 1989, 59).

3. Psychopathologische Ausprägungen

Handelt es sich um Neigungs- oder Rückfalltäter, so pflegt man hauptsächlich **psychopathologische** oder psychiatrische **Kriterien** zur Beurteilung der Täterpersönlichkeit heranzuziehen. Danach gelten als Psychopathie jene Abweichungen von der „Durchschnittsbreite von Persönlichkeiten", bei denen die Person unter ihrer und die Gesellschaft unter deren Abnormität leidet (*Göppinger* 1997, 233 f. in Anlehnung an *K. Schneider*). Hiermit sind Ausprägungen von Persönlichkeitsstörungen nicht-somatischer Art gemeint, die angeboren oder aufgrund einer abnormen Anlage lebensgeschichtlich entstanden sind. Sie betreffen hauptsächlich charakterologische Abweichungen, die sich auf das soziale Leben störend auswirken (*Blau* 1984, 9).

Jedoch treffen derart charakteristische Ausprägungen nur auf einen kleinen Teil der Menschen zu, auf Straffällige wie auch auf andere

Tabelle 4:   Die Bedeutung unterschiedlicher Kriterien für Psychopathie aufgrund der Einschätzung gerichtlicher Sachverständiger

1. nichts aus der Erfahrung Lernen	8.25
2. mangelnde Impulskontrolle	8.22
3. chronisch oder wiederholt asozial	8.16
4. Mangel an Verantwortungsgefühl	7.53
5. Verhalten durch Strafe unbeeinflußt	7.50
6. Unfähigkeit zur Begründung sinnvoller Beziehungen	7.28
7. emotionale Unreife	7.28
8. Unfähigkeit zur Entwicklung von Schuldgefühlen	7.25
9. Mangel an moralischem Empfinden	6.75
10. Mangel an zielgerichtetem Verhalten	6.31
11. selbstbezogen	6.25
12. häufiger Rechtsbruch	5.81
13. häufiges Lügen	5.75
14. Aggressivität	5.63
15. unstet in der Beschäftigung	5.45
16. unverantwortliches Sexualverhalten	4.03
17. exzessiver Alkoholverbrauch	3.84
18. erhebliche Stimmungsschwankungen	3.83
19. abnormales EEG	3.00
20. Hyperaktivität	1.25

Nach der Rating-Skala: 10 = bedeutungsvoll; 0 = unbedeutend; N = 30

Quelle: Davies/Feldman, The diagnosis of psychopathy by forensic specialists. In: British Journal of Psychiatry 138 (1981), 329-331.

Personen. Im ganzen handelt es sich um uneinheitlich diagnostizierte, persönlichkeitstypologische Verallgemeinerungen. Wegen ihrer geringen Zuverlässigkeit und der Unmöglichkeit klarer Grenzziehung aufgrund vieler Mischformen und Überschneidungen mit neurotischen Erscheinungen haben sie in der Gegenwart wissenschaftlich an Bedeutung verloren. Ihre Erklärung wird zur Tautologie, wenn die Straffälligkeit die psychiatrische Diagnose mitbestimmt (weitere Bedenken bei *Schneider* 1987, 392 ff.). Ähnliche **Einwände** begegnen dem angloamerikanischen Konzept der antisozialen, soziopathischen oder dissozialen Persönlichkeit (zuversichtlich hingegen *Saß* 1987). Obschon die Weltgesundheitsorganisation in ihrem Internationalen Diagnoseschlüssel nicht mehr an den Differenzierungen der „Psychopathie" festhält, besteht hierfür offenbar ein praktisches Bedürfnis, das nicht ignoriert werden kann (vgl. *Hollin* 1989, 117). Doch die „kopernikanische Wende", die in der Persönlichkeitsforschung zu neuen Einsichten führen könnte, steht noch aus. Daher sieht man sich alsbald auf die Analyse der Sozialprofile und Bezugsbereiche von Rechtsbrechern, verglichen mit Kontrollgruppen, weiterverwiesen. Hierbei handelt es sich freilich nicht mehr um die Frage nach reinen Persönlichkeitsdimensionen, sondern um jene nach sozialen Merkmalen.

§ 28 Theorie unterschiedlicher Sozialisation und Sozialkontrolle

Schrifttum: *Akers*, Self-Control as a General Theory of Crime. JQuantCrim 7 (1991), 201-211; *Amelang*, Sozial abweichendes Verhalten. Berlin u.a. 1986; *Bandura*, Social Learning Theory. Englewood Cliff/N.J. 1977; *Bock*, Kriminologie und Spezialprävention. ZStW 102 (1990), 504-533; *Braithwaite*, Crime, Shame and Reintegration. Cambridge u.a. 1989; *Edelstein* u.a., Beziehungen über Zeit und Raum hinweg. MPG-Spiegel 2 (1989), 3-6; *Elliott*, The Assumption that Theories Can be Continued with Increased Explanatory Power: Theoretical Interpretation. In: Theoretical Methods in Criminology, ed. by Meier. Beverly Hills u.a. 1985, 123-149; *Göppinger*, Der Täter in seinen sozialen Bezügen. Heidelberg u.a. 1983; *Gottfredson/Hirschi*, A General Theory of Crime. Stanford/Ca. 1990; *Haage*, Theorien der sozialen Kontrolle und des sozialen Lernens in der Kriminologie: eine kritische Bestandsaufnahme des Beitrags der Kontrolltheorien und ausgewählter anderer Theorien zu einer Theorie des sozialen Lernens in der Kriminologie. Frankfurt/M. 1995; *Hirschi*, Causes of Delinquency. Berkeley 1969; *Lamnek*, Wider den Schulenzwang. Ein sekundäranalytischer Beitrag zur Delinquenz und Kriminalisierung Jugendlicher. München 1985; *Mawson*, Transient Criminality: A Model of Stress-induced Crime: Westport/CT 1987; *Meier*, Crime and Society. Boston u.a. 1989; *Niggli*, Kriminologische Theorien und ihre Bedeutung für die Kriminologie in Deutschland, der Schweiz und den USA – Ein empirischer Vergleich. MschrKrim 72 (1992), 261-277; *Nunner-Winkler*, Zur moralischen Sozialisation. KZfSS 44 (1992), 252-272; *Otto*, Generalprävention und externe Verhaltenskontrolle. Freiburg 1982; *Reiss*, Delinquency as a Failure of Personal und Social Controls. ASR 16 (1951), 196 ff.; *Rössner*, Was kann das Strafrecht im Rahmen der Sozialkontrolle und der Kriminalprävention leisten? Überlegungen zu einer neuen theoretischen Grundlegung. In: Kriminalprävention und Kriminaljustiz, hrsg.v. Jehle. Wiesbaden 1996, 203-225; *Tittle*, Two Empirical Regularities (Maybe) in Search of an Explanation: Commentary on the Age/Crime Debate. Criminology 26 (1988), 75-85; *Tyler*, Why People Obey the Law. Newhaven u.a. 1990; *Walter*, Jugendkriminalität. Stuttgart u.a. 1995; *Wiatrowski/Anderson*, The Dimensionability of the Social Bond. JQuantCrim 3 (1987), 65-81; *Wiswede*, Soziologie abweichenden Verhaltens. Stuttgart u.a. 1979[2].

Möglichkeiten der Erklärung bestehen vor allem **im Kontext der Lern-, Sozialisations- und Kontrolltheorien,** wenn es gelingt, institutionelle und viktimologische Aspekte integrativ einzubinden. Die auf dem Konzept der Sozialkontrolle beruhenden Kontrolltheorien wollen wieder bei der von *Hobbes* im „Leviathan" gestellten **Ausgangsfrage** nach dem Ursprung sozialer Ordnung anknüpfen, nämlich erklären, **warum** Menschen den Normen Gehorsam leisten (dazu *Tyler* 1990). Aufgrund der sozialpsychologischen Erkenntnis, daß Aggression und Verfehlung zu den Grundmerkmalen des Menschen zählen, fragen die Vertreter des kontrolltheoretischen Ansatzes nicht primär danach, warum sich Menschen sozialschädlich verhalten, sondern untersuchen vielmehr, **wie normkonformes Verhalten erworben wird.**

Jede Gesellschaft hat ein besonderes Interesse daran, daß sich Personen nach bestimmten Werten und Normen richten. Um dies zu erreichen, bedarf es der **sozialen Kontrolle** (dazu eingehend oben § 10, 2). Dabei kann man begrifflich interne von externer Kontrolle unterscheiden. Weil interne Kontrolle durch Sozialisation vermittelt wird, verdient dieser Prozeß theoretische Vertiefung, eine Aufgabe, der sich die Sozialisationstheorie angenommen hat.

1. Aussage und Anspruch der Sozialisationstheorie

Sozialisation meint bekanntlich den Vorgang, in dem der Mensch die Normen, Werte und Orientierungen der Gruppe, der er angehört, erlernt. Sie ist das durch die soziale Umwelt vermittelte Lernen von Verhaltensweisen, Denkstilen, Gefühlen, Kenntnissen, Motivationen und Werthaltungen. Der Lernvorgang erfolgt durch Beobachtung, Nachahmung, Vergleich, Vermeidung, Einübung und Einsicht. Er kann verstärkt und geschwächt werden (dazu eingehend *Bandura* 1977; *Haage* 1995, 239ff., 389). Als **Sozialisationsziele** gelten die Erlangung von intellektuellen Fähigkeiten und Selbstsicherheit, Leistungsmotivation, Gewissensbildung, Fähigkeit und Bereitschaft zur produktiven Konfliktbewältigung und Solidarität.

Sozialisationstheoretische Konzepte kennen allerdings **unterschiedliche Akzentuierungen.**

* So betonen Soziologen mehr den äußeren sozialen Zusammenhang der Sozialisation, etwa die besonderen Sozialisationsbedingungen unterer Sozialschichten oder bestimmter Subkulturen.

- Psychologen, insbesondere Entwicklungspsychologen, legen vor allem Gewicht auf die Ausgestaltung kognitiver Kontrolle mit Blickrichtung auf die Ausformung einer autonomen Moral. Sie betonen demgemäß den Sozialisationsprozeß für die Entwicklung moralischer Grundwerte.
- Psychoanalytiker richten bei ihrer Erklärung ihre Aufmerksamkeit auf triebdurchbrüchiges Verhalten, auf Fixierungen der frühkindlichen Sexualentwicklung sowie auf fehlende Steuerung durch verinnerlichte Kontrollen (Über-Ich-Lücken).
- Lerntheoretisch orientierte Ansätze, sei es innerhalb der Soziologie oder Psychologie, unterstreichen schließlich den allmählichen Aufbau von Verhaltensmustern durch die Wirkung von Belohnung und Bestrafung, wobei komplizierte Lernprozesse wie Modellernen, Erwartungslernen, Vergleichslernen und Hypothesenlernen einbezogen werden.

Auch wenn keines der Sozialisationsmodelle Allgemeingültigkeit beanspruchen kann, besteht Einigkeit darüber, daß jede neue Generation „eine Invasion von Barbaren" (*Parsons*) darstellt, die es zu sozialisieren, zu enkulturieren gilt, und daß in diesem Prozeß die Vermittlung normativer Orientierungen zentral ist. Zumindest auf der Mikroebene gibt es so etwas wie „Moral" (*Nunner-Winkler* 1992, 252). Die persönliche Aneignung von moralischen Normen ist allerdings ein differentieller Lernprozeß.

Alle Kinder lernen, welche Normen gültig sind; Kinder und Erwachsene aber unterscheiden sich in ihrer moralischen Motivation, in der Geschwindigkeit des Aufbaus, in der Intensität und im Typus moralischer Motivation, d.h. in den Gründen, die dazu bewegen, Moralnormen folgen zu wollen: Einige (dies entspricht dem Konditionierungsmodell) wollen Sanktionen vermeiden, andere lassen sich durch Empathie mit dem Opfer motivieren; etliche (und dies entspräche dem Überich- bzw. S-Überformungsmodell) wollen ein schlechtes Gewissen und Schamgefühle vermeiden. Viele aber wollen die Regel befolgen, einfach deswegen, weil die Regeln gültig sind und weil es gut ist, das Rechte zu tun. Daß dieses Motiv bereits bei Kindern nachweisbar ist, belegt die Notwendigkeit, die tradierten sozialisationstheoretischen Erklärungen um ein Modell moralischen Lernens zu ergänzen, in dem Freiwilligkeit und Einsicht einen Platz haben (*Nunner-Winkler* 1992, 268).

Erfolgt der Vermittlungsvorgang – gemessen an den herrschenden Erwartungen – nicht richtig oder unvollständig, so kann der Mangel zu Norm- und Verhaltenskonflikten und damit auch zu Verletzungen des Strafgesetzes führen. Entsprechendes gilt im Fall der Übernahme von **Neutralisierungstechniken**, um das abweichende Verhalten zu legitimieren (z.B. Schutzbehauptungen wie „die anderen sind auch nicht anders oder gar noch schlimmer"). Demgegenüber pflegen sich bei normverletzenden Sozialisierten Gewissensbisse und Schuldgefühle einzustellen. Hier setzt denn auch die sogenannte **Schamtheorie** ein, die das Gefühl des Schämen-Müssens verstärken möchte (vgl. *Braithwaite* 1989). Schon Kinder lernen, das politische System als Teil des Sozialisationsprozesses diffus zu unterstützen. Wiederholte Fehlschläge des politischen oder Rechtssystems können allerdings diese diffuse Unterstützung beeinträchtigen. Immerhin bietet die Sozialisation eine Art Kissen affektiver Bindung, das die Akzeptanz aufrechtzuerhalten hilft (*Tyler* 1990, 176 f.). Danach leuchtet ein, daß etwaige **Defekte des Sozialisationsprozesses** sich besonders bei denjenigen äußern, die als soziale Abweicher und Rechtsbrecher in Erscheinung treten. Tatsächlich hat denn auch die Forschung reiche Beobachtungen und Belege erbracht, die sich als Sozialisationsmängel interpretieren lassen. Besonders bei Jugendlichen, Alten und Frauen sowie bei sozialen Randgruppen und Mehrfachtätern erweist das Konzept seine Erklärungskraft. Dementsprechend wird das negativ auffällige Sozialverhalten derartiger Populationen im neueren Schrifttum vor allem im Lichte der Sozialisationstheorie gesehen (vgl. *Lüderssen* 1984, 97 f.; *Amelang* 1986, 53; *Walter* 1995, 57 ff.; *Kürzinger* 1996, 85 ff.; *Rössner* 1996, 206 ff.; *Schwind* 1996, 160 ff.).

2. Grenzen und Kritik

Dennoch kann das Sozialisationskonzept, und zwar auch dann, wenn es als differentielle Sozialisationstheorie begriffen wird, als eine integrierende Theorie der Kriminalität nicht ganz befriedigen. Wir beobachten nämlich einen zahlenmäßig beachtlichen Teil von Rechtsbrechern – besonders im Falle der Verkehrsdelinquenz sowie der Delikte gegen Bürokratien einschließlich „zivilem Ungehorsam" und bei sogenannten opferlosen Verbrechen –, die lediglich einmal oder nur äußerst selten straffällig werden und die sich ohne größere soziale Intervention allgemein angepaßt und rechtstreu verhalten. Wie vor allem die Kohortenstudien zeigen, macht der Anteil derer, die mit der Polizei in wiederholte Kontakte geraten, nur etwa die Hälfte der jungen Tatverdächtigen aus. Die große Zahl der Verkehrsdelinquenten und der Wirtschaftskriminellen ist wiederum so gut sozialisiert, daß deren Entdeckung und Identifizierung erhebliche Schwierigkeiten bereitet. Die Befunde der Dunkelfeldforschung verdeutlichen überdies, daß es **keine Sozialisation** gibt, die **Kriminalität unter allen Umständen und in sämtlichen Konfliktlagen ausschließen würde**. Andernfalls wäre sie Ausdruck einer starren,

geschlossenen Welt, die sich kaum als überlebensfähig erwiese. Bei
Tätern mit „normaler" Sozialisation läßt sich also die Zufälligkeit oder
Singularität des Rechtsbruchs sozialisationstheoretisch nicht erklären,
es sei denn als **Neutralisation** oder als **Überforderung** und Normalität
(zu einem streßbedingten Modell temporärer Bindungslockerung an sich
rechtstreuer Personen *Mawson* 1987). Aber auch eine solche Annahme
ließe sich empirisch im wesentlichen nur für die minderschwere Kriminalität stützen.

Darauf mag es beruhen, daß man bei statushohen Kriminellen wie etwa bei
„korrupten Politikern" so selten nach der Sozialisation zu fragen pflegt. Denn hier
geht es nicht mehr um die möglicherweise entlastenden Sozialisationsmängel,
sondern steht bereits die Legitimation der gesellschaftlichen Ordnung oder der
politischen Kultur auf dem Spiel (zur Korruption Näheres unter § 23, 4). Ein
Einwand gegen die Aussagekraft der Sozialisationstheorie läßt sich aber daraus
nicht herleiten. Ähnlich verhält es sich mit der Kritik, die sich gegen die vermeintliche Selbstverständlichkeit oder Banalität sozialisationstheoretischer Aussagen
wendet (so etwa *Bock* 1990, 504 ff.). Damit sollen freilich die Aussagegrenzen
der Sozialisationstheorie nicht verkannt werden.

3. Konsequenzen und Weiterführung

Gibt es aber keine Sozialisation, und d.h. keine interne Kontrolle, die
gegen kriminelles Verhalten stets und in allen Konfliktlagen immuni-
siert, so bleibt das Sozialisationskonzept ergänzungsbedürftig. Immer
dann, wenn Personen sich durch Verinnerlichung der Werte nicht selbst
kontrollieren (dazu *Reiss* 1951, 198 ff.), wird insoweit äußere Kontrolle
durch besondere Organe notwendig, um die zum sozialverträglichen
Zusammenleben erforderliche Verhaltenskonformität zu gewährleisten.
Nur in einem Sozialsystem, in dem alle Menschen das wollten, was sie
sollten und auch danach handelten, bestünde kein zusätzlicher Kontrollbedarf. **Externe Verhaltenskontrolle** wird jedoch dann **erforderlich,
wenn**

*   **verinnerlichte Kontrollen fehlen** oder abweichende Normen verin-
    nerlicht sind,
*   **der Anreiz kriminellen Verhaltens hoch ist** und damit auch die
    Neigung zur Neutralisation wächst,
*   **Überforderungssituationen eintreten** oder
*   **die bisherige Normierung** von der Bevölkerung angezweifelt wird,
    an verhaltensprägender Kraft verliert oder eine neue nicht oder nur
    zögernd angenommen wird.

In diesem Fall müßten Formen und Strukturen externer Verhaltenskontrolle verändert werden, während in den erstgenannten Fällen auch der Sozialisationsbedarf nachzuholen und zu decken wäre.

Nach unseren Erfahrungen ist der Mensch moralisch nicht so stark festgelegt, daß er sich auch dann konform verhält, wenn sich dies für ihn nachteilig auswirkt (Beispiel Drogenkonsum), wie Funktionalisten und Kriminalökonomen behaupten, sondern von inneren Kontrollen weitgehend frei. **Konformes Verhalten** wird daher grundsätzlich **erst durch externe Kontrollen erzeugt**; Kriminalität ist folglich Ergebnis der Abwesenheit von Disziplinierungskräften. Da aber weder der Funktionalismus noch die Konflikttheorie zufriedenstellende Antworten auf das *Hobbes*sche Ordnungsproblem gefunden haben, versucht man, die Bedingungen sozialkonformen Verhaltens neu zu bestimmen.

4. Aussage und Anspruch der Kontrolltheorie

Als theoretisch bedeutendster soziologischer wie empirischer Beitrag der letzten Jahrzehnte hat die **Kontrolltheorie** von *Hirschi* (1969) in der Kriminologie breite Zustimmung gefunden (vgl. *Niggli* 1992 m.N.). Das von *Hirschi* vertretene Konzept gehört zu der Gruppe der sogenannten Bindungstheorien, d.h. denjenigen Theorien informeller Sozialkontrolle, die den Grad der **Einbindung des Individuums in die Gesellschaft** als Maßstab für die Angepaßtheit seines Verhaltens zugrunde legen.

Bindungen sind affektive Beziehungen über Zeit und Raum hinweg. Beim Eingehen einer Bindung erleben wir einige unserer stärksten Gefühle. Die Erfahrung einer neuen Bindung entspricht subjektiv dem Gefühl des Sich-Verliebens. Eine alte Bindung aufrechtzuerhalten oder zu erneuern, gibt uns das Gefühl von Glück und Zufriedenheit. Einmal etabliert bleiben **Bindungsmuster** über die Zeit meist ziemlich stabil. Unter bestimmten Umständen können sich Bindungsmuster indessen verändern, z.B. durch den Eintritt neuer Lebensereignisse wie Geburt oder Tod, durch Therapie oder durch Eingehen neuer Beziehungen. Der Verlust einer Bindung führt in der Regel zu Gefühlen von Wut, Schmerz und Trauer.

Bindungen lassen sich am besten verstehen, wenn man die Bedingungen berücksichtigt, unter denen sie zustandegekommen sind. Bindungen stammen anscheinend aus der Stammesgeschichte der Menschheit. Sie hatten ursprünglich die Funktion, den Nachwuchs vor Raubtieren zu schützen. Ein Kind, das an eine erwachsene Person gebunden ist, hat bessere Chancen, Schutz vor Raubtieren zu finden, und verfügt deswegen über höhere Lebenschancen als ein Kind ohne Bindungen.

Bindungsbeziehungen unterscheiden sich jedoch in ihren **Qualitäten**. Welche Güte eine Bindungsbeziehung hat, hängt von der Qualität der Interaktionen zwischen den Bindungspartnern ab. So gesehen sind Bindungen nicht Eigenschaften von Personen, sondern von Beziehungen. Ein Kind kann – je nach Art der Interaktion – ein Bindungsmuster zu seiner Mutter und ein ganz anderes Bindungsmuster zu seinem Vater haben (zum Ganzen *Edelstein* u.a. 1989, 3 ff.).

Wenn dieses „Band", das unseren Sinn für Verpflichtung und Schuld definiert, brüchig oder neutralisiert wird, dann ist auch kriminelle Abweichung zu erwarten. Der Bindungslose ist „free to deviate" (*Hirschi* 1969, 34). Bindungen werden von *Hirschi* auf vier **relevanten Ebenen** erblickt:

Nach der Grundannahme wird das Verhalten durch das **emotionale Band**, welches das Individuum **mit Bezugspersonen** verbindet, bestimmt (attachment to meaningful persons). Auf ihm beruht die **Verpflichtung** gegenüber dem anderen und die Bedeutung der persönlichen Beziehungen für die Gestaltung des eigenen Lebens.

Mit der rationalistisch geprägten Komponente der Kontrolltheorie (commitment to conventional goals) wird die subjektive Seite einer Kosten-Nutzen-Analyse und die **Antizipation der Folgen eigenen Handelns** beschrieben.

Weiter geht die Annahme dahin, daß jemand, der durch **konventionelle Tätigkeiten** (involvement in conventional activities) in Anspruch genommen wird, kaum Zeit und Gelegenheit findet, sich in kriminellen Aktivitäten zu engagieren. Sie stellt damit auf **sinnvolle Freizeit und mangelnde Gelegenheit** zu delinquentem Verhalten ab. Auf der anderen Seite wird in der fehlenden Integrierung in konventionelle Aktivitäten der Schule oder des Berufs die fehlende Bindung an die Gesellschaft erblickt.

Die vierte Komponente schließlich enthält die Anerkennung gesellschaftlicher Spielregeln und die **Billigung** des (konventionellen) gesellschaftlichen Wertsystems, also den Normkonsens (belief in social rules). Im Gegensatz zu den Konflikttheorien nehmen die Kontrolltheoretiker das Bestehen eines **gemeinsamen Wertsystems** innerhalb der Gesellschaft an, deren Normen durch Rechtsbrecher verletzt werden (*Hirschi* 1969, 23). Stärke und Wirksamkeit der Orientierung an den bestehenden Werten sind allerdings von der Kraft anderer Bindungen an die gesellschaftliche Ordnung abhängig.

Wie immer man die Bedeutung der einzelnen **Bindungskomponenten** einschätzen mag, es läßt sich nicht verkennen, daß deren Fehlen oder Schwächung häufig mit kriminell-abweichendem Verhalten zusammentrifft. „Die Kontrolltheorie von *Hirschi* formuliert nicht nur weithin dasjenige, was Laien zur Kriminalitätsgenese erwarten und auch bei der Erziehung gewöhnlich berücksichtigen, sondern auch originäre Faktoren, die allerdings seltener überprüft wurden." Obwohl die Zahl der angenommenen kriminogenen Determinanten mit vier sehr gering ist –

von *Amelang* (1986, 191 ff.) als Anbindung, Vereinbarung, Einbindung und Werthaltungen gekennzeichnet –, gestattet die Kontrolltheorie, „eine große Bandbreite sehr unterschiedlicher Variablen zu organisieren". Sie ist „deshalb nicht nur von hohem integrativem, sondern auch heuristischem Wert". Eine Kombination mit oder Einfügung in andere Konzepte ist unschwer möglich (*Amelang* 1986, 206).

So gelten nach der Tübinger Langzeituntersuchung „strukturlose Freizeitgestaltung" und das „ungebremste Leben im Augenblick" sowie der „Übersprung in der Ausdehnung der Freizeit auf die Leistungsbereiche" als charakteristische Merkmale der wiederholt Straffälligen im Vergleich zur Normalpopulation (*Göppinger* 1983, 136, 170). Als entscheidend wird mit Recht der Unterschied in der Fähigkeit angesehen, feste persönliche Bindungen einzugehen.

Das „ungebremste Leben im Augenblick" von wiederholt straffälligen Personen ist also durch kurze Zeitperspektiven, mangelnde Realitätskontrolle und fehlende Lebensplanung gekennzeichnet. Die Suche nach sofortiger Befriedigung spontaner Bedürfnisse ist mit geringer Ausdauer und Belastbarkeit verbunden, ferner mit inadäquat hohem Anspruchsniveau, paradoxen Anpassungserwartungen und ausgeprägter Forderung nach Ungebundenheit. Jedoch führen regelmäßig nicht einzelne dieser Kriterien, sondern der gesamte unstete Lebensstil zu Gefährdungen. Die Tübinger Untersuchungsergebnisse beruhen auf breit angelegten multidisziplinären Erhebungen (zusammenfassend *Göppinger* 1997, 31 ff.). Sie decken sich weitgehend mit anderen europäischen und amerikanischen Forschungen. Dieser Sachverhalt zählt überdies seit langer Zeit zum festen Wissen kriminologischer Erfahrung.

5. Grenzen und Kritik

Die Kontrolltheorie kann auf die Mitglieder der verschiedensten sozioökonomischen Schichten bezogen werden. Sie vermeidet damit den normalerweise engen Aussagebereich soziokultureller Konzepte. Außerdem ist sie empirisch überprüfbar; der Grad der Einbindung des Individuums in die Gesellschaft kann also gemessen werden. Allerdings ist die Zahl der vier erfaßten kriminogenen Determinanten sehr gering. Die Qualität der Bindungsbeziehungen, insbesondere die Unterschiedlichkeit der Bindungsmuster (etwa „sicher" oder „unsicher"), werden nur grob erfaßt (anders hingegen die Studie von *Edelstein* u.a. 1989, 4). Auch über die Entwicklung von Bindungen oder die Entstehung von Bindungslosigkeit gibt die Kontrolltheorie wenig Auskunft (vgl. *Tittle* 1988, 81, 83). Die Gründe, die den einzelnen dazu bewegen, Rechtsverletzungen zu begehen, werden nicht näher spezifiziert, insbesondere dann nicht, wenn es trotz Bestehens emotionaler Bande zu kriminell abweichenden Eltern oder trotz allgemeiner Bindung zu Mitmenschen, jedoch wegen fehlender oder versagender externer Kontrolle zur Kriminalität kommt (z.b. im öffentlichen Straßenverkehr) oder wenn schließlich Techniken der Neutralisierung situativ eine kriminelle Problemlösung zu rechtfertigen scheinen (z.b. Konflikttaten wie den Schwangerschaftsabbruch oder die Umdeutung als zivilen Ungehorsam). Denn die Motivation zur Delinquenz wird für alle Menschen als gleich unterstellt. Der Peer-group-Einfluß gilt als ebenso bedeutsam wie andere soziale Lernprozesse. Soweit man die sozialisationstheoretische Annahme, insbesondere der Gewissensbildung durch Normverinnerlichung, ablehnt, wird hierin zu Recht eine der Schwächen kontrolltheoretischer Theoriebildung erblickt. Spielt nicht Normkonformität oder Devianz der relevanten Bezugspersonen, sondern nur die Intensität der Anbindung an jene eine Rolle, wie *Hirschi* meint, so widerspricht dem die Erfahrung, vor allem nach dem Wissen über soziales Lernen (*Amelang* 1986, 193). Der empirische Bewährungsgrad ist denn auch nicht sehr hoch (*Meier* 1989, 146). Demgemäß vermag die **Theorie** auch nicht jene Fälle zu erklären, in denen eine Person trotz Fehlens konventioneller Bindungen keine Rechtsbrüche begeht, da es an entsprechender Motivation mangelt. Die Kontrolltheorie setzt affektive und kognitive Bindungen lediglich als Bedingungen für normkonformes Verhalten voraus. Daher bleibt sie in zwei Richtungen **ergänzungsbedürftig**:

- Einmal müssen die **Unterschiede in Entstehung** und Erwerb, aber auch in **Schwächung, Neutralisierung und Verlust von Bindungen** erklärt sowie die Qualitäten der Bindungsbeziehungen näher erfaßt sowie
- zum anderen die Funktionstüchtigkeit der **externen Verhaltenskontrolle** theoretisch mit einbezogen werden.

6. Ergänzung durch Verknüpfung

Zur Entstehung und damit **zur Erklärung von Bindung oder Bindungslosigkeit** erweist sich das **Sozialisationskonzept** als **hilfreich** (auf die Vereinbarkeit der Konzepte weisen *Gottfredson/Hirschi* 1990, 269, 272 ff., sowie kritisch *Akers* 1991, 209, ausdrücklich hin). Trotz mancher Schwächen bleibt das Sozialisationskonzept dafür geeignet. Denn es betont den Zusammenhang mit einer allgemeinen Theorie sozialen Lernens und rückt die Entwicklung von Bindungen in den Mittelpunkt. Soziale Lernprozesse, aber auch individuelle Merkmale und die emotionalen Beziehungen eines Menschen zu seiner Umwelt von Geburt an können erklären, **wie Bindungen zustandekommen, wie intensiv sie sind, ferner wie sie aufrechterhalten und gefestigt werden.** Theorieelemente der Sozialisation, der Moralentwicklung und externen Sozialkontrolle treffen danach zusammen. Sie betten die deskriptiv begriffenen kriminoresistenten oder kriminovalenten Konstellationen (dazu *Göppinger* 1997, 379 ff.) theoretisch ebenso ein, wie sie die vielschichtige Genese der sogenannten Integrationsprävention (dazu oben § 13, 4) verdeutlichen. Es handelt sich also um eine integrierende Perspektive, die dem sozialpsychologischen Theoriebestand entstammt (vgl. *Elliott* 1985 129 f.; *Meier* 1989, 155; *Schwind* 1996, 160 ff.).

Danach haben z.b. jüngere und ältere Menschen, Männer und Frauen verschiedene Sozialisationserfahrungen. Diese führen zu unterschiedlich starken Bindungen an die herrschende Ordnung. Auf Vertrauen beruhende Bindungen aber stellen innere Kontrollen oder Sicherungen gegen Abweichung dar. Einmal etabliert, bleiben Bindungsmuster über die Zeit meist ziemlich stabil. Je fester die individuellen Normbindungen sind, desto intensiver mißbilligt das Gewissen die Abweichung, desto stärker „schämt" man sich und desto wahrscheinlicher ist die Bewahrung vor Kriminalität. Alte Bindungsmuster können sich indessen durch Eintritt neuer Lebensumstände, durch das Eingehen neuer Beziehungen, aber auch durch gezielte Intervention (Therapie) verändern. Ferner können Vertrauensverluste, Überforderungen, Streß (vgl. *Mawson* 1987) und Kulturkonflikte Bindungen schwächen. Die Stärke der Bindungen bleibt daher nicht unabänderlich, sondern wird durch spätere Erfahrungen mit den Mitmenschen, ferner durch Erfolg und Mißerfolg in Schule und Beruf sowie Familienzusammenhalt und -krise beeinflußt.

Die Kontrolltheorie geht über andere Bindungskonzepte insoweit hinaus, als sie im Zusammenhang mit der rationalen Bindungskomponente die **externe Verhaltenskontrolle ausdrücklich bejaht** (vgl. *Otto* 1982, 64). Verhalten wird danach durch seine Konsequenzen kontrolliert und ist auch durch diese weithin erklärbar. Damit teilt die Kontrolltheorie das Interesse an der sozialen Reaktion gemeinsam mit dem Labeling approach oder sozialen Reaktionsansatz, jedoch mit unterschiedlicher Motivation und Begründung. Erscheinen dem Labeling approach Kriminalsanktionen aufgrund der Ungleichverteilung von Macht und Handlungskompetenz grundsätzlich als verdächtig, so den Kontrolltheorien geradezu als existentiell notwendig, um Verhaltenskonformität zu erreichen oder um – anders gewendet – die latente Bedrohung eines jeden Sozialsystems durch den „Kampf aller gegen alle" zu verhindern. Zugleich setzen damit die Kontrolltheorien wieder am Ursprung, dem raison d'être aller Sozialtheorie, an. So werden denn auch die Wurzeln der Kontrolltheorie in der Ausgangsfrage *Durkheims* erblickt, wie in hochdifferenzierten und durch Arbeitsteilung gekennzeichneten Gesellschaften die soziale Ordnung gewährleistet werden kann (*Meier* 1989, 142). *Durkheim* suchte die Antwort in dem Begriff der Integration und der Bindung an gesellschaftliche Gruppen. „Integration" und „Bindung" tragen auch in der modernen Theoriebildung der Kriminologie begründet zur Entschlüsselung normkonformen wie abweichenden Sozialverhaltens bei.

Als aussagekräftig erweisen sich besonders jene Komponenten der Kontrolltheorie, welche die emotionale Bindung zu nahen Bezugspersonen, die Verknüpfung mit konformen Aktivitäten und die gemeinsame Wertüberzeugung betonen. Je nach Stärke oder Schwäche der Bindung wird auch die strafrechtliche Sozialkontrolle zu unterschiedlichen Interventionen herausgefordert. Die sehr differenziert vorgehende Selektionspraxis der strafrechtlichen Kontrollinstanzen trägt dem überwiegend alltagstheoretisch Rechnung.

Dennoch gehört es zu den unaufgebbaren Wahrheiten des Labeling approach, auf Ungleichheiten und dysfunktionale, ja mißbräuchliche Handhabung staatlicher Sanktionierung hingewiesen zu haben. Hinter dieser Blickschärfung stehen fundamentale Prinzipien unserer Gesellschaft. Darauf soll und darf nicht verzichtet werden. Jede Strategie zur Intensivierung externer Verhaltenskontrolle wird sich daran messen lassen müssen. Allein in der **Kraft zur Erklärung**, wie und warum es zu straffälligem Verhalten überhaupt kommt, und in der praktischen Leistungsfähigkeit ist die Theorie von der unterschiedlichen Sozialisation und Sozialkontrolle an Reichweite anderen Konzepten überlegen. Denn sie vermag nicht nur unterschiedliche Kriminalitätsbewegung, Werdegang des Rechtsbrechers, Situation des Rechtsbruchs und soziales Reaktionsverhalten zu erklären, sondern auch die Frage zu beantworten, warum trotz sozialstruktureller Unterschiede der Großteil der Menschen überwiegend rechtskonform handelt (dazu vor allem *Reiss* 1951, 196; *Hirschi* 1969, 34; *Wiatrowski/Anderson* 1987, 66 ff.). Im Gegensatz zur Anomietheorie oder zum Labeling approach deckt sie nicht nur ein Präventionsfeld ab, sondern erfaßt kriminogene Strukturen sowohl im Bereich der primären als auch in den Feldern der sekundären und tertiären Prävention. Überdies ermöglicht sie die Begegnung mit den ihr entsprechenden Straftheorien der Resozialisierung und integrativen Generalprävention. Jenen Konzepten und ihrem systematischen Ort muß im gedanklichen Zusammenhang externer Verhaltenskontrolle die Aufmerksamkeit gelten. Hier soll zunächst den Sozialmerkmalen der Rechtsbrecher nachgegangen werden. Wie die Unterschiede zu Kontroll-

gruppen erkennen lassen, sind derartige Kriterien, die sich zu anomischen Syndromen verknüpfen lassen, offensichtlich erklärungsbedürftig.

§ 29 Sozialprofile

Schrifttum: *Göppinger*, Der Täter in seinen sozialen Bezügen. Ergebnisse aus
der Tübinger Jungtäter-Vergleichsuntersuchung. Heidelberg 1983; *Kerner* u.a.,
From Child Delinquency to Adult Criminality. EuroCriminology 8-9 (1995),
127-162; *Sarnecki* u.a., Predicting Social Maladjustment. Stockholm 1985;
West/Farrington, The Delinquent Way of Life. 3rd Report of the Cambridge Study
in Delinquent Development. London 1977.

1. Allgemeine Zusammenhänge und anomische Syndrome

Zwar sind nach der neueren Forschung Persönlichkeitsmerkmale für
Straffällige nur in geringer Ausprägung zu sichern. Dennoch läßt sich
nicht verkennen, daß **die registrierten Rechtsbrecher**, insbesondere die
Mehrfachtäter, nicht **in der gesamten Bevölkerung** gleichmäßig, sondern **asymmetrisch und überdies nach Schwerpunkten verteilt** sind.

So unterscheidet sich die Delinquenzbelastung der jungen Generation von jener
der älteren, die der Männer von der der Frauen, die negativ soziale Auffälligkeit
der Randseiter von jener der Majoritätsgruppe, die Straffälligkeit in der Unterschicht von jener in der oberen Schicht und schließlich die Kriminalitätshäufung
bei beruflich und sozial Gescheiterten verglichen mit der Normalpopulation oder
mit den sozial besser Plazierten. Nach den Untersuchungsbefunden sowie nach
den Erfahrungen der Sozialarbeiter, Polizeibeamten, Strafrichter und des Straf-
vollzugspersonals treffen bei den bekannt gewordenen Rechtsbrechern **folgende
Sozialmerkmale häufig** zusammen: gestörte Familie, wiederholter Wechsel der
Pflegestelle oder Beziehungssituation im Kindes- und Jugendalter, intellektuelle
Minderbegabung, Zurückbleiben in der Schule, berufliches Scheitern, intergene-
rationeller Abstieg, niederer sozialer Status (z.B. Ungelernter, Hilfsarbeiter),
Freizeit überwiegend außerhalb der Familie und mit Altersgenossen.

Mit der Häufung derartiger Merkmale wächst die diagnostische und prognostische Aussagekraft, und zwar unabhängig davon, ob man ihnen kriminogene oder
symptomatische Bedeutung zuerkennt. Da nicht bei allen Rechtsbrechern diesel-
ben Kombinationen bestehen, versucht man, nach der Verteilung von Merkmals-
bündelungen zu forschen. Derartige Bestrebungen haben bei der Erklärungssuche

Tabelle 5: Gruppenvergleich von männlichen Erwachsenen im Alter von 25 bis 40 Jahren nach dem Grad ihrer Delinquenz im Kindes- und Jugendalter

Erwachsenenstatus	Zahl der registrierten Delikte		
	2 und mehr	1	keine
1983 verstorben	11% (N = 61)	8% (N = 131)	1% (N = 95)
1982 mehr als 70 Tage auf der Krankenliste	16% (N = 54)	9% (N = 121)	1% (N = 93)
Registrierter intravenöser Drogenmißbrauch Alter 25 J. und älter	15% (N = 58)	7% (N = 127)	1% (N = 95)
Anteil der zu Gefängnis Verurteilten im Alter von 25 bis 29 J.	26% (N = 58)	14% (N = 127)	4% (N = 95)
Straftatendurchschnitt der polizeilich registrierten Tatverdächtigen im Alter von 25 bis 34 J.	29% (N = 26)	26% (N = 28)	7% (N = 13)
1982 verheiratet	26% (N = 54)	49% (N = 121)	62% (N = 93)
3-4 Jahre Oberschule oder höher in 1970	3% (N = 58)	7% (N = 127)	23% (N = 95)
Universitätsabschluß 1982	0% (N = 54)	7% (N = 121)	9% (N = 93)
1975 weder Student noch Angestellter oder Soldat	38% (N = 54)	16% (N = 121)	6% (N = 93)
Berufliche Stellung 1980 verglichen mit der des Vaters 1960-1963 niedriger höher	60% (N = 54) 23%	46% (N = 121) 30%	29% (N = 93) 46%
Hausbesitzer im Jahr 1980	21% (N = 54)	20% (N = 121)	48% (N = 93)

Quelle: Sarnecki u.a., Predicting Social Maladjustment. Stockholm 1985, 23 f.

zu Syndrombildungen und bei der sozialen Voraussage zu sogenannten Strukturprognosetafeln geführt. Je nach Lage und Zusammentreffen kann man die Merkmalskombinationen zu **anomischen Syndromen** zusammenfassen. Man wird dabei an Zeichen der Verwahrlosung, der Fehlanpassung, der Unreife und des Sozialisationsdefekts denken. Die Forschung hat sie über Jahrzehnte hinweg immer wieder bei den Gruppen negativ Sozialauffälliger ausgewiesen (vgl. z.B. die Befunde von *West/Farrington* 1977; *Göppinger* 1983; *Kerner* u.a. 1995, 154 ff.).

Eine schwedische Untersuchung (*Sarnecki* 1985, 23 f.) hat für jene Personen ein besonders hohes Risiko zu allgemeiner sozialer Auffälligkeit einschließlich von

Kriminalität im Erwachsenenalter ermittelt, die bereits im Kindesalter mehrfach polizeilich aufgefallen waren. Die Nachuntersuchung ergab folgendes Ergebnis: Die wiederholt im späten Kindesalter wegen Rechtsbrüchen auffällig gewordenen Jungen waren etwa 20 Jahre später – verglichen mit den nur einmal oder überhaupt nicht auffällig Gewordenen –

- erheblich länger krank (bezogen auf das Jahr 1982),
- häufiger straffällig geworden, zu Gefängnis verurteilt, schwer drogenabhängig und häufiger gestorben,
- seltener verheiratet und hatten weniger Kinder zu Hause (bezogen auf das Jahr 1980), sie
- hatten häufiger Unterhalt an das außerhalb von ihrem Haushalt lebende erste Kind zu leisten,
- hatten weniger gute und erfolgreiche Schulausbildung,
- waren häufiger arbeitslos und – verglichen mit dem Vater – häufiger beruflich abgestiegen,
- hatten geringeres Einkommen und
- waren tendenziell seltener Hauseigentümer (siehe Tab. 5).

Insgesamt also läßt sich die größere Fehlanpassung und Lebensuntüchtigkeit der wiederholt früh auffälligen Rechtsbrecher nicht übersehen. Entsprechend der Annahme, daß Auffälligkeit in einem Verhaltensbereich häufig mit Problemen in anderen Verhaltensbereichen verknüpft ist, ergab sich auch nach den Längsschnittuntersuchungen ein mehr als zufälliges Zusammentreffen von Persönlichkeitsproblemen und Belastungen. Zum Beispiel kamen zum Schulversagen häufig Alkoholmißbrauch, Arbeitslosigkeit, Scheidung und wiederholte Delinquenz hinzu.

Derartige **Profildaten** sind fraglos **aussagekräftig**. Sie zeigen Wahrscheinlichkeiten in der Gefährdung an. Wie im Falle des Lebensalters und des Geschlechts weisen sie zum Teil universelle Bedeutung auf. **Dennoch** läßt sich nicht übersehen, daß die Häufungen unterschiedlich ausfallen. Daher erscheint eine empirische Verallgemeinerung nur begrenzt zulässig. Lediglich die Deskription der Profildaten ist gelungen, **nicht** aber die Erklärung. Es ist dokumentiert, daß Personen mit den erwähnten Sozialmerkmalen erheblich häufiger an der Kriminalität beteiligt sind. Es ist jedoch weder erklärt, warum dies so ist, noch, wieso Menschen ohne jene Kennzeichen – gleichsam regelwidrig – delinquieren. Daher läßt die bloße Ausbreitung von Rohdaten zum Sozialprofil der Rechtsbrecher die **entscheidende Frage noch offen**.

Einen Schritt, sich der Erklärung zu nähern, verspricht die Analyse des Lebensalters und Geschlechts, ferner der sozialen Bezugsfelder und Bindungen. Auf diese Weise dürften die Wahrscheinlichkeiten und damit die Aussagekraft der Befunde erhöht werden. Dies ist um so mehr geboten, als die oben hervorgehobenen anomischen Syndrome erkennbare Grenzen aufweisen, indem sie sich zur Erklärung des Verkehrs-, Umwelt- und Wirtschaftsdelinquenten nur bedingt ergiebig erweisen.

2. Lebensalter und Kriminalität

Schrifttum: *Albrecht/Dünkel*, Die vergessene Minderheit – alte Menschen als Straftäter. Zf Gerontologie 14 (1981), 259-273; *Brusten/Hurrelmann*, Abweichendes Verhalten in der Schule. Eine Untersuchung zu Prozessen der Stigmatisierung. München 1973; *Farrington*, Age and Crime. In: Crime and Justice 7 (1986), 189-250; *Feest*, Alterskriminalität. In: KKW 1993[3], 14-17; *Hirschi* u.a., Age and Explanation of Crime. AJS 89 (1983), 552-584; *Karger/Sutterer*, Kohortenstudie. In: Tätigkeitsbericht 1991. MPI Freiburg 1992, 66-75; *Kerner* u.a., From Child Delinquency to Adult Criminality. EuroCriminology 8-9 (1995), 127-162; *Kreuzer* (Hrsg.), Alte Menschen als Täter und Opfer. Freiburg 1991; *Pongratz* u.a., Kinderdelinquenz, Daten, Hintergründe und Entwicklungen. München 1975; *Remschmid* u.a., Kinderdelinquenz und Frühkriminalität. In: KrimGegfr 20 (1984), 87-105; *Sutterer/Karger*, Self-reported Juvenile Delinquency in Mannheim, Germany. In: Delinquent Behavior Among Young People in the Western World, hrsg.v. Junger-Tas. Amsterdam 1994, 156-175; *Stattin/Magnusson*, Stability and Change in Criminal Behaviour up to Age 30. BritJCrim 31 (1991), 327-346; *Tracy/Wolfgang/Figlio*, Delinquency in Two Birth Cohorts. Washington/D.C. 1985; *Villmow/Stephan*, Jugendkriminalität in einer Gemeinde. Freiburg 1983.

Mindestens seit den kriminalstatistischen Analysen der ersten Hälfte des 19. Jahrhunderts ist bekannt, daß die Kriminalität nicht gleichmäßig über das gesamte Lebensalter streut, sondern unterschiedlich verteilt ist. **Allgemein steigt die registrierte individuelle Kriminalitätsbelastung bis zum Alter von 20 Jahren steil an**, um dann zunächst allmählich, nach dem 35. Lebensjahr wieder stärker abzufallen (vgl. *Schneider* 1987, 608; *Eisenberg* 1995, 933 ff.; *Kürzinger* 1996, 192 ff.; *Schwind* 1996, 56 ff.; *Göppinger* 1997, 497 ff.), von einem partiellen Wiederanstieg bei 60 und mehr Jahren abgesehen. Diese Verteilung hat sich auch durch neu hinzukommende Kriminalitätsformen wie die Verkehrsdelinquenz nicht wesentlich verändert, eher noch verstärkt (vgl. Schaub. 10 und Tab. 6).

Dem entspricht weitgehend **auch** der **Verlauf der individuellen kriminellen Karriere**. Die Intensität der Deliktsbegehung läßt um das 40. Lebensjahr erheblich nach, wechselt jedoch häufig in gemeinlästiges Verhalten wie Trunkenheit und Randalieren über. Eine solche Entwicklung ist als „maturing out effect", eine Art Auswachsen durch Reifwerden, selbst von Drogenabhängigen bekannt, soweit diese Gruppe überhaupt ein höheres Lebensalter erreicht. Nicht selten steigt die Krimina-

Tabelle 6: Wegen Verbrechen und Vergehen nach dem allgemeinen Strafrecht und nach dem Jugendstrafrecht Verurteilte, unterschieden nach dem Lebensalter (männlich und weiblich)

Zeit	Verbrechen und Vergehen d. Strafmündigen insgesamt			Jugendliche (12 bzw. 14-17 Jahre)			Heranwachsende (18-20 Jahre)			Jungerwachsene (21-24 Jahre)			Vollerwachsene (25 Jahre und älter)		
	absolut	VZ	relativ %	absolut	VZ	relativ %	absolut	VZ	relativ %	absolut	VZ	relativ %	absolut	VZ	relativ %
1884/88	323 302	989	100	31 939	567	9,8	37 691	1 472	11,6	44 693	1 407	13,8	209 079	943	64,6
1894/98	421 003	1 144	100	45 121	707	10,7	55 975	1 933	13,2	59 712	1 598	14,1	260 191	1 052	61,8
1904/08	478 887	1 123	100	52 558	726	10,9	61 009	1 811	12,7	67 477	1 578	14,1	297 843	1 033	62,1
1928/32	428 555	858	100	21 613	487	5,0	51 718	1 207	12,0	80 769	1 589	18,8	274 456	743	64,0
1951	401 538	1 073	100	30 495	1 015	7,6	46 817	2 296	11,7	62 367	2 181	15,5	261 859	887	65,2
1954	502 211	1 281	100	29 212	842	5,8	58 854	2 623	11,7	81 214	2 886	16,2	332 924	1 085	66,3
1958	549 191	1 347	100	42 210	1 285	7,7	79 920	2 935	14,5	96 127	3 164	17,5	331 024	1 201	60,3
1960	548 954	1 326	100	37 089	1 372	6,8	86 471	3 045	15,7	103 046	2 995	18,8	322 348	1 164	58,7
1964	586 266	1 282	100	44 270	1 506	7,5	67 666	3 108	11,6	122 215	3 186	20,8	352 115	957	60,0
1968	652 263	1 392	100	49 855	1 588	7,6	75 595	3 252	11,6	103 874	3 561	15,9	422 939	1 099	64,9
1970	643 285	1 346	100	55 657	1 741	8,7	81 768	3 303	12,7	102 458	3 470	15,9	403 402	1 030	62,7
1974	699 198	1 419	100	60 396	1 677	8,6	86 695	3 426	12,4	117 269	3 375	16,8	434 838	1 096	62,2
1978	739 044	1 473	100	76 177	1 892	10,3	98 374	3 562	13,3	114 976	3 367	15,6	449 517	1 125	60,8
1980	732 481	1 433	100	80 424	1 917	11,0	98 845	3 323	13,5	116 305	3 230	15,9	436 907	1 083	59,6
1984	753 397	1 436	100	73 122	1 842	9,7	98 600	3 054	13,1	126 582	3 120	16,8	455 093	1 104	60,4
1988	702 794	1 328	100	44 479	1 929	6,3	80 271	2 727	11,4	129 538	3 005	18,4	448 506	1 049	63,9
1990	692 363	1 286	100	34 684	1 348	5,0	66 972	2 554	9,7	124 462	2 873	18,0	466 245	1 052	67,3
1993*	760 792	1 369	100	33 356	1 307	4,4	67 118	3 098	8,8	145 522	3 613	19,1	514 796	1 099	67,7
1994*	765 397	1 370	100	33 895	1 312	4,4	66 006	3 190	8,6	137 914	3 669	18,0	527 582	1 112	68,9

* Altes Bundesgebiet einschl. Berlin (West).

Quellen: RechtspflegeSta bzw. StVSta 1951-1994; *Rangol*, MschrKrim 45 (1962), 164; StaJb 1994, 66; 1995, 61 f.

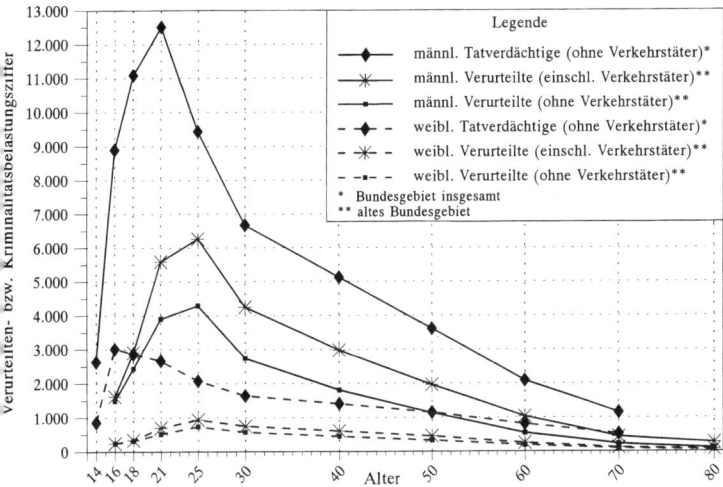

Quellen: PKS 1994, 77 (Bundesgebiet insgesamt); StVSta 1994, 10 ff. (altes Bundesgebiet); StaJb 1995, 62; StaBA, Gebiet und Bevölkerung 1994, 299.

Schaubild 10: *Tatverdächtige und Verurteilte nach dem Lebensalter und Geschlecht mit und ohne Straßenverkehrsdelikte 1994 (Angaben pro 100 000 der entsprechenden Bevölkerungsgruppe nach Alter und Geschlecht)*

lität der über 60jährigen wie im Falle der Eigentums-, Verkehrs- und Sexualdelikte noch einmal leicht an (dazu *Albrecht/Dünkel* 1981, 259 ff.).

Allerdings wird man aufgrund neuerer Kohortenforschung sowie vergleichender Analysen zwischen Kriminalstatistik und Dunkelfeldbefragungen annehmen dürfen, daß sich **in Wirklichkeit die stärkste Deliktsbelastung** schon im Jugendalter **bei etwa 14 bis 16 Jahren** findet, wenn auch hauptsächlich im Bereich der minderschweren Kriminalität. Die amtliche Registrierung von Straftaten mit ihren Konsequenzen setzt hingegen erst verzögert ein. Der Grund hierfür liegt in der allmählichen Verlagerung der Sozialkontrolle von dem informellen in den formellen Bereich. Zum einen wachsen mit zunehmendem Jugendalter deliktische Schwere und Intensität, zum anderen nimmt die Toleranz der Gesellschaft gegenüber straffälligem Verhalten ab. Demgemäß wundert nicht, daß im Alter bis zu 16 Jahren die Delinquenz der männlichen Jugendlichen über die Schichten hinweg nahezu gleichmäßig streut, während danach, also mit Verlassen des „sozialen Schonraums", sich die schichtspezifische Delinquenzbelastung nach Häufigkeit und Schwere zu Lasten der unteren Schichtangehörigen verlagert (vgl. *Villmow/Stephan* 1983, 151 ff., 181, 183 f.). So gesehen trifft die Annahme zu, wonach die Wahrscheinlichkeit des Rückfalls wächst und das Rückfallintervall desto kürzer wird, je jünger der Täter war, als er seinen ersten (registrierten!) Rechtsbruch beging.

Die nähere Analyse zeigt freilich, daß nach Raum, Zeit, Geschlecht und Deliktstypus die bisherigen **Allgemeinaussagen der weiteren Differenzierung** bedürfen.

1. Zwar deutet eine frühe Erfassung als Rechtsbrecher auf die Wiederholung von Straftaten im späteren Alter hin (*Sarnecki* 1985, 49 f., 61 ff.). Gleichwohl läßt sich feststellen, daß die große Mehrheit der Frühdelinquenten nicht mehr offiziell in Erscheinung tritt und die überwiegende Zahl selbst der stark delinquenzbelasteten Jugendlichen ihre Delinquenzkarriere spätestens im Erwachsenenalter abbricht.

2. In Ländern mit geringer Lebenserwartung weicht die höchste relative Belastung von dem hierzulande bekannten Bild nach unten ab. Eine ähnliche Beobachtung trifft für den angloamerikanischen und skandinavischen Raum sowie für **Japan** und ehemals für die **DDR** zu, jedoch hier wahrscheinlich aus Gründen der anders gelagerten Sozialkontrolle. Liegt nach der Kriminalstatistik die Belastungsspitze in **Skandinavien** bei 13 bis 15 Jahren, in **England** bei 14 bis 17 Jahren, so in den **USA** bei 14 bis 19 Jahren (*Farrington* 1986, 192 f., 202).

3. Obwohl **junge Menschen** seit geraumer Zeit – relativ gesehen – die höchste **Delinquenzrate** aufweisen, ist die Belastung **in dem letzten Vierteljahrhundert international noch erheblich angestiegen**, während die Delinquenzbelastung der über 25jährigen trotz vermehrter Deliktschancen (Motorisierung, Möglichkeiten im Beruf und Unternehmen) konstant geblieben ist (siehe Tab. 6 sowie LB § 77).

4. Die altersspezifische Deliktsbelastung des weiblichen Geschlechts unterscheidet sich von jener der Männer hauptsächlich in der geringeren Häufung und in der späteren Mehrfachdelinquenz mit dem Schwerpunkt im Jungerwachsenenalter, nicht jedoch im Altersverlauf der Einfachdelinquenz, die ähnlich jener der Männer erscheint. Lediglich die Entwicklung der Straffälligkeit von Ausländerinnen weicht von diesem Bild ab mit dem Schwerpunkt im Jungerwachsenenalter für Einfach- wie Mehrfachtäterinnen.

5. Allgemein steigt zwar die Delinquenzbelastung bis zum Alter von etwa 20 Jahren steil an und nimmt dann zögernd ab (vgl. Schaub. 10). Doch trifft diese charakteristische **Verteilung nicht für alle Tätergruppen und Deliktstypen** zu, da ab dem Alter von 17 Jahren hauptsächlich die Mehrfachdelinquenz zu Buche schlägt und die altersspezifische Spitzenbelastung in die Höhe treibt. Umgekehrt sind die Einfachtäter bereits seit dem 17. Lebensjahr in der Abnahme begriffen. Wegen der zum Teil beruflich oder situativ vorgegebe-

nen unterschiedlichen Deliktsmöglichkeiten finden wir auf dem Gebiet der Wirtschaftskriminalität die höchste Deliktsrate erst bei den 40jährigen (siehe LB § 74, 1). Auf der anderen Seite werden Fahrraddiebstahl und Brandstiftung vorwiegend von Kindern, Auto- und Ladendiebstahl, Sachbeschädigungen und sexuelle Nötigung von Jugendlichen sowie Verkehrsdelikte von Heranwachsenden und Jungerwachsenen begangen (zur vergleichenden Verteilung in den USA *Farrington* 1986, 199 f.).

Auch wenn man selektive Verzerrungen durch leichtere Überführbarkeit und größere Geständnisbereitschaft junger Täter berücksichtigt, darf man insgesamt gesehen die ausgewiesene **altersspezifische Verteilung** als empirisch gesichert annehmen. Hierbei handelt es sich neben den geschlechtsspezifischen Unterschieden in der Delinquenzbelastung um die sichersten **Befunde von nahezu universeller Gültigkeit**. Über die Gründe, warum dies so ist, streitet man seit langem (vgl. *Hirschi* u.a. 1983, 552 ff.; *Farrington* 1986, 189 ff.). Entsprechend der hier vertretenen Auffassung bietet sich vor allem eine sozialisations- und kontrolltheoretische Erklärung an, ohne freilich mit einem solchen Konzept die Befundtatsachen schon voll ausschöpfen zu können.

Die **Bedeutung offizieller Interventionen für das weitere Leben und Sozialverhalten eines jungen Delinquenten** bleibt hingegen **noch unklar** (vgl. *Villmow* u.a. 1983, 267 ff.). Während einerseits wohl in Anlehnung an den Labeling approach stigmatisierende Wirkungen damit verbunden werden, wird andererseits aufgrund der zweiten Philadelphia-Studie bezüglich der Entwicklung des Geburtsjahrgangs 1958 angenommen, daß die Jugendgerichtsbarkeit gegenüber dem chronischen Rechtsbrecher zu weich und nachgiebig verfahre (so *Tracy* u.a. 1985, 24 ff.). Nach dem gegenwärtigen Forschungsstand wird man die erwartbaren Verhaltensunterschiede durch justizförmige Interventionen als nicht sehr groß veranschlagen dürfen, und zwar weder als Stigmatisierung noch als Bewährungserfolg.

Im Hinblick auf die komplexen interaktiven Prozesse (dazu *Kerner* u.a. 1995, 158, 161) ist es nicht nur wenig überzeugend, sondern geradezu fehlerhaft, wenn die Beziehung zwischen härterer Bestrafung, etwa durch Freiheitsentziehung, und höheren Rückfalldaten kurzschlüssig auf einen Kausalzusammenhang reduziert wird. Zuviel ist in der fraglichen Population bereits vorher fehlgelaufen, als daß eine Freiheitsentziehung angesichts der vorfindbaren Bedingungen (Persönlichkeitsentwicklung und soziales Umfeld) noch viel Konstruktives bewirken könnte, es sei denn mit außergewöhnlichen Anstrengungen wie in der Sozial- und Drogentherapie.

Aufgrund der unterschiedlichen Delinquenzbelastung und deren Bedeutung im Lebenslauf pflegt man Kinderdelinquenz, Jugend- und Alterskriminalität herauszuheben. Finden Kinder- und Altersdelinquenz wegen ihrer verhältnismäßig geringen Bedeutung – jeweils ca. 5% aller

Tatverdächtigen – Aufmerksamkeit, so die Jugendkriminalität wegen ihrer überdurchschnittlichen Häufung und wegen ihrer überragenden kriminalpolitischen Relevanz (vgl. Schaub. 10 und 20).

Über Ausmaß und Dimensionen der **Kinderdelinquenz** geben Dunkelfeldbefragungen und die Polizeiliche Kriminalstatistik Auskunft. Nach den Befragungen ist delinquentes Verhalten im Kindesalter weit verbreitet und so gesehen normal (vgl. die Studien von *Brusten/Hurrelmann* 1973 und *Remschmidt* 1984, 87 ff.). Nur wenige der verhaltensauffälligen Kinder werden auch offiziell als delinquent bekannt. Legt man das Jahr 1995 zugrunde, so werden jährlich knapp 1,9% aller deutschen Kinder polizeilich als delinquent registriert, also eine verschwindend kleine Zahl. Deshalb erscheinen Anzeige- und Selektionsmuster so bedeutsam.

Gleichwohl liefert uns die Polizeiliche Kriminalstatistik Informationen, die wir sonst nicht beschaffen könnten, auch wenn sie uns nur über die registrierte Kinderdelinquenz zu unterrichten vermag. Danach kann man feststellen, daß die polizeilich als delinquent bekanntgewordenen Kinder in der Nachkriegszeit jährlich einen **Anteil** von 3 bis 7% **an allen Tatverdächtigen** ausmachen, zuletzt 1995 5,5% (PKS 1995, 78). Ferner läßt die Analyse erhebliche länderspezifische und regionale Schwankungen im Bundesgebiet erkennen, zum Teil entsprechend dem unterschiedlichen Urbanisierungsgrad. Nach absoluten Zahlen wurden 1995 insgesamt rd. 117 000 Kinder als Delinquente registriert. In der Nachkriegszeit schwankt die absolute Zahl delinquenter Kinder zwischen 35 000 und knapp 100 000 mit dem Höhepunkt im Jahre 1978. Dabei wirken sich auch der unterschiedliche Bevölkerungsanteil der Kinder und die in den letzten Jahren abnehmende Geburtenrate aus. Stellt man auf die **Belastung pro 100 000** der entsprechenden **Bevölkerung** unter 14 Jahren ab (sog. Prävalenzrate), so schwankt sie jährlich **zwischen 1 und 2%**.

Delinquente Kinder, soweit sie offiziell bekannt werden, rekrutieren sich hauptsächlich aus den 10- bis unter 14jährigen. Während die Kinder unter 10 Jahren insgesamt weniger als 1% aller Tatverdächtigen ausmachen, stellen die Kinder ab 10 Jahren bereits über 5% der Tatverdächtigen insgesamt (PKS 1995, 80).

Die Strukturanalyse läßt erkennen, daß hierzulande ganz ähnlich wie in der Schweiz, in Schweden und in Japan zahlenmäßig die **Auffälligkeit wegen Diebstahls** vorherrscht. Besonders Laden-und Fahrraddiebstähle gewinnen eine herausragende Bedeutung. Dem steht nicht entgegen, daß sich die größten Kinderanteile innerhalb einzelner Deliktsgruppen bei Brandstiftung mit etwa 25%, Sachbeschädigung mit 12%, Diebstahl mit 11% und Erpressung mit 7% finden (PKS 1995, Tab. 20). Bei den Akteuren der Kinderdelinquenz handelt es sich erwartungsgemäß **überwiegend** um **Jungen**. Allerdings ist der Anteil der Mädchen von 11% im Jahre 1955 auf ca. 25% im Jahre 1995 erheblich angestiegen (PKS 1995, 76). Auch nach Befragungen verstoßen Mädchen wesentlich seltener

gegen Rechtsnormen als Jungen und gegebenenfalls auch nicht wegen vergleichbar schwerer Delikte (*Remschmidt* 1984, 90; anders *Sutterer/Karger* 1994, 165).
Der größte Teil der delinquenzauffälligen Kinder wird **nur einmal polizeilich registriert**, obwohl tatsächlich häufiger Delinquenz vorgelegen haben mag, wenn wir an die Dunkelfelduntersuchungen denken. Nur eine verhältnismäßig kleine Zahl von Kindern begeht eine relativ große Zahl von Delikten (vgl. z.B. *Karger/Sutterer* 1992).

Kindliches Verhalten und demgemäß auch die Kinderdelinquenz folgen eigenen Regeln. Anordnung und Beurteilung von Verhaltensauffälligkeiten nach den Deliktskategorien des allgemeinen Strafrechts werden dem kindlichen Verhalten kaum gerecht (*Pongratz* u.a. 1975, 44). Ein **Großteil der Kinderdelinquenz entspricht ganz normalem kindlichen Verhalten** wie Sport, Spiel und Abenteuer, bei denen die Kinder die Grenzen des Strafrechts überschreiten, ohne sich dessen bewußt zu sein. Die Beurteilung nach Deliktskategorien scheint kindliches Verhalten zu verfremden. Deshalb bestehen gute Gründe dafür, an dem Unterschied im Fühlen, Erleben, Denken und Verhalten zwischen Kindern und Erwachsenen festzuhalten, im Interesse der Kinder, aber auch der Gesellschaft. Obschon die Mediensozialisation und der Fernsehkonsum für Wertorientierung und Verhalten der nachwachsenden Generation in der Gegenwart erhebliche Bedeutung gewonnen haben, besteht weder Anlaß noch Notwendigkeit, auf „die Idee der Kindheit" zu verzichten und gar in erzieherische Apathie zu verfallen.

Die Gründe für den Anstieg in der Registrierung von Kinderdelinquenz liegen wahrscheinlich im sozialkulturellen Wandel, also in **Veränderungen der Wertorientierung, Familie, Schule** und **Erziehung**, aber auch der **Toleranz sozialer Auffälligkeit**, der **Anzeigehäufigkeit und Selektion** (vgl. *Schwind* 1996, 53 ff.).

Im Gegensatz zu den Eingliederungsschwierigkeiten von Kindern und Jugendlichen in die Gesellschaft ist das Älterwerden und damit auch die **Alterskriminalität** durch Rückbildungs- und Abbauerscheinungen, abgeschwächte Anpassungs- und Leistungsfähigkeit, Hirnveränderungen und teilweise Persönlichkeitsveränderungen gekennzeichnet. Doch übereinstimmend mit der Jugendzeit läßt sich das **Altern** als ein **Übergangsstadium zu einem neuen sozialen Status** begreifen. Das allmähliche Ausscheiden aus dem Arbeitsprozeß, die Verminderung des Einkommens und die reicher verfügbare Freizeit, aber auch die partielle Isolierung erfordern eine neue Anpassung des Verhaltens, die in einer Art Sozialisationsprozeß gelernt werden muß. In den meisten hochindustrialisierten Gesellschaften drückt sich die „Altersgrenze" zugleich mit

Erreichen des Rentenalters oder der Pensionierung aus. Man setzt daher bei dem 60. bis zum 65. Lebensjahr den Beginn des Alters und damit auch der Alterskriminalität an. Dementsprechend kennt die moderne Kriminalstatistik die **Altersgruppe „60 und mehr Jahre"** (*Schneider* 1987, 699; *Feest* 1993, 14).

Obwohl die über 60jährigen bei wachsender Zahl gegenwärtig etwa ein Viertel der strafmündigen Bevölkerung ausmachen, gelangt ihr **Anteil an der registrierten Gesamtkriminalität** über 6% kaum hinaus (vgl. Tab. 7 über Umfang und Entwicklung der Alterskriminalität). Zwar haben in den Nachkriegsjahrzehnten die über 60jährigen Rechtsbrecher erheblich an Zahl zugenommen. Doch bewegt sich dieser Zuwachs nur innerhalb der Gesamtkriminalität und stellt sich bezüglich der Verurteilten **relativ** betrachtet, also auf 100 000 der Bevölkerung bezogen, als ein **erheblicher Rückgang** dar (vgl. Tab. 7). Ob sich in dieser Entwicklung mehr die unterschiedliche Strafverfolgung widerspiegelt – da Verfolgungsorgane geneigt sind, eher jugendspezifische als altersspezifische Delikte zu verfolgen (so *Feest* 1993, 16) – oder die wirkliche Delinquenzbelastung, ist nicht eindeutig zu beurteilen. Immerhin leuchtet ein, daß mit dem allmählichen Rückzug alternder Menschen aus dem sozialen Leben, insbesondere im öffentlichen Straßenverkehr, auch die Risiken abnehmen, in strafrechtlich relevante Konflikte verwickelt zu werden. Ferner gelangt in den abnehmenden Verurteiltenziffern, verglichen mit der gegenläufigen Entwicklung der Kriminalitätsbelastungsziffern, auch eine spezifische altersstrafrechtliche Strategie der Strafjustiz nach

Tabelle 7: Umfang und Entwicklung der Alterskriminalität

| | Tatverdächtige | | | | | Verurteilte | | |
| | | davon 60 Jahre und älter | | | | | davon 60 Jahre und älter | |
	insgesamt absolut[1]	absolut[1]	KBZ[2]	%	%	VZ[3]	absolut[4]	insges. absolut[4]
1890	–	–	–	–	3,1	345	10 335	329 968
1930	–	–	–	–	2,8	378	16 228	585 862
1960	1 306 471	–	–	–	3,3	217	17 973	548 954
1970	1 000 841	41 249	354	4,1	3,4	191	22 184	643 285
1980	1 423 968	61 727	523	4,3	3,2	196	23 185	732 481
1985	1 290 999	72 234	584	5,6	3,2	184	22 795	719 924
1990	1 437 923	80 305	499	5,6	3,4	180	23 515	692 363
1994	2 032 092	103 937	626	5,1	3,0	169	22 832	765 397
1995	2 118 104	109 618	650	5,2	–	–	–	–

1 Bis 1990 für die alten Bundesländer, ab 1994 für das Bundesgebiet insgesamt.
2 KBZ = Kriminalitätsbelastungszahl: Tatverdächtige pro 100 000 des Bevölkerungsanteils.
3 VZ = Verurteiltenziffer: Verurteilte pro 100 000 des Bevölkerungsanteils.
4 Für die alten Bundesländer.

Quellen: StaJb für das Deutsche Reich 1890, 1930; StaJb für das vereinte Deutschland 1991, 63; 1994, 66; StVSta 1960-1994; PKS 1960-1995; *StaBA*, Gebiet und Bevölkerung 1994, 299.

§§ 153, 153 a StPO zum Ausdruck, die mit jener des Jugendstrafrechts gem. der §§ 45, 47 JGG korrespondiert.

Im übrigen engt sich das Deliktsspektrum auf wenige **typisch** erscheinende Deliktsgruppen wie die **Verkehrs- und Eigentumsdelikte** ein. Beide Deliktsformen, jeweils etwa zur Hälfte beteiligt, machen über 80% der registrierten Alterskriminalität aus. Mit dieser Struktur unterscheidet sich die Alterskriminalität ganz erheblich von den Kriminalitätsbildern der vorausgehenden Altersgruppen. Insbesondere bei Frauen kann der Ladendiebstahl als typische Form der Alterskriminalität gelten (*Albrecht/Dünkel* 1981, 259 ff.). Demgegenüber gewinnen andere Straftaten wie z.b. die Gewaltdelikte hier kaum Bedeutung. Dies gilt auch für Formen des organisierten Verbrechens sowie für Berufs- und Wirtschaftskriminalität, obwohl hier ältere Menschen gelegentlich eine führende Position einnehmen mögen. Selbst die Sexualdelikte, die wie im Falle des sexuellen Mißbrauchs von Kindern stereotyp als Schwächedelikte älterer Personen gegolten und deshalb gelegentlich Überlegungen zu einem „Altersstrafrecht" veranlaßt haben, fallen mit einem Anteil von weniger als 1% nur gering ins Gewicht.

Bedeutsam für die Beurteilung der Alterskriminalität erscheint, daß etwa **drei Viertel aller Altersdelinquenten im hohen Alter erstmals wegen einer Straftat verurteilt** werden. Nur eine kleine Zahl von etwa 5% war schon in Lebensabschnitten vor dem 50. Lebensjahr nachweislich kriminell in Erscheinung getreten (*Feest* 1993, 16), wobei man freilich die Löschungen von amtlichen Registereintragungen vernachlässigen muß. Ferner handeln alte Straffällige überwiegend allein. Auch sind Personen der unteren Sozialschichten bei ihnen nicht überrepräsentiert.

Erwartungsgemäß zeigt sich bei der Analyse der strafrechtlichen Sozialkontrolle gegenüber Straftaten alter Menschen, daß gegen diese **Verfahren überdurchschnittlich häufig wegen Geringfügigkeit eingestellt** und daß sie aufgrund fehlender Vorbelastungen selten zu gravierenden Freiheitsstrafen verurteilt werden (dazu *Albrecht/Dünkel* 1981, 265; vgl. aber den Fall einer wegen Ladendiebstahls wiederholt rückfällig gewordenen und deshalb verurteilten 68jährigen Frau, NStZ 1989, 75 f.). Im Strafvollzug findet sich, abweichend vom Maßregelvollzug, mit 1% nur eine verschwindende Minderheit, weshalb allerdings der Vollzug freiheitsentziehender Sanktionen schwierige und bislang meist ungelöste Probleme aufwirft.

3. Geschlecht und Kriminalität

Schrifttum: *Adler*, Sisters in Crime: The Rise of the New Female Criminal. New York 1975; *Albrecht, H.-J.*, Die sanfte Minderheit. Mädchen und Frauen als Straftäterinnen. BewHi 34 (1987), 341-359; *Althoff* (Hrsg.), Geschlechterverhältnis und Kriminologie. KrimJ, Beiheft 5, 1995; *Funken*, Frau, Frauen, Kriminelle. Zur aktuellen Diskussion über „Frauenkriminalität". Opladen 1989; *Gransee/Stammermann*, Kriminalität als Konstruktion von Wirklichkeit und die Kategorie Geschlecht. Versuch einer feministischen Perspektive. Pfaffenweiler 1992; *Kaiser*, Das Bild der Frau im neueren kriminologischen Schrifttum. ZStW 98 (1986), 658-678; *Kreuzer*, Cherchez la femme? Beiträge aus Gießener Delinquenzbefragungen zur Diskussion um Frauenkriminalität. In: GS für Kaufmann. Berlin 1986, 291-308; *Leder*, Frauen- und Mädchenkriminalität. Eine kriminologische und soziologische Untersuchung. Heidelberg 1988[2]; *Lombroso/Ferrero*, Das Weib als Verbrecherin und Prostituierte. Hamburg 1894; *Pollak*, The Criminality of Women. Westport 1950; *Schmölzer*, Aktuelle Diskussionen zum Thema „Frauenkriminalität" – ein Einstieg in die Auseinandersetzung mit gegenwärtigen Erklärungsversuchen. MschrKrim 78 (1995), 219-235; *Wilson*, An International Perspective on Women and Criminology. In: IntHB 1983/1, 99-118; *Wilson/Herrnstein*, Crime and Human Nature. New York 1985.

Die Kriminalität der Geschlechter zeigt erwartungsgemäß Unterschiede. Diese sind freilich so erheblich, daß Volksmund ebenso wie Fachsprache mit dem Wort „Verbrecher" geradezu die Vorstellung verbinden, der Täter sei stets ein Mann. Vor allem handelt es sich um **zwei Fragen**, welche das Interesse auf sich lenken und die Diskussion beflügeln:

- Die Gründe für den seit langem überlieferten geringen Anteil von Mädchen und Frauen an der bekanntgewordenen Kriminalität sowie
- die Ursachen für den international verbreiteten Anstieg der Frauenkriminalität in den letzten zwei Jahrzehnten.

Nach den kriminalstatistischen Materialien wird **die registrierte Kriminalität überwiegend von Männern geprägt**. Demgemäß betrug der Anteil der Frauen an allen Tatverdächtigen 1995 22,1% (PKS 1995, 76). Hingegen belief sich der Anteil der im Jahre 1994 verurteilten Frauen nur auf 15,1%. Von ihnen war wiederum rund ein Drittel vorbelastet. Freiheitsstrafen mußten lediglich 2129 Frauen verbüßen, deren Anteil an sämtlichen Strafgefangenen daher nur 4% ausmachte. Auch international betrachtet ist die Beteiligung von Mädchen und Frauen an der Kriminalität entsprechend gering (*Wilson* 1983, 105 ff.; siehe Tab. 8). Danach weist **kein Merkmal eine so große statistische Bedeutung auf wie das Geschlecht, Rechtsbrecher von Rechtskonformen zu unterscheiden**.

Die Gültigkeit dieses Befundes wird auch nicht dadurch in Frage gestellt, sondern nur abgeschwächt, daß Altersverlauf, Deliktsstruktur, Gebiet oder Dunkelfeldforschung die Unterschiede zwischen den Geschlechtern mildern (vgl. *Schwind* 1996, 64 f.).

So nähern sich die Deliktsbelastungen der Geschlechter mit zunehmendem **Lebensalter** in beachtlichem Ausmaß (vgl. Schaub. 10). Diese Entwicklung trifft zwar in Deutschland nicht in einem Grade zu wie anscheinend in Norwegen, wo sich das Verhältnis von einer etwa dreißigfachen zu einer dreifachen Mehrbelastung der Männer abschwächt. Immerhin verdoppeln sich hierzulande die Anteile der Frauen bei den über 60jährigen Verurteilten – verglichen mit den unter 25jährigen – auf mehr als 30%.

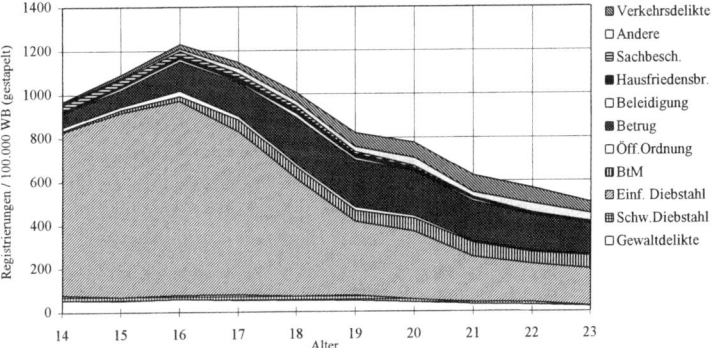

Quelle: Anlage zum Tätigkeitsbericht des MPI 1996, 47.

Schaubild 11: BZR-Registrierungen von Straftaten deutscher Frauen von Geburtskohorten der Jahre 1970, 1973, 1975 und 1978 in Baden-Württemberg differenziert nach Alter pro 100 000 der Wohnbevölkerung (Stand: 1996)

Auch die **Struktur der Kriminalität** zeigt erhebliche Unterschiede der Geschlechter. Während Frauen an Gewaltdelikten erheblich unter dem erwartbaren Maß von 15 bis 25% beteiligt sind (1995: 10,8%), nähern sie sich beim leichten Diebstahl mit über 30%, im Falle des Laden- und Kaufhausdiebstahls mit rund 40%, dem männlichen Anteil und überflügeln diesen sogar bei Delikten wie der Verletzung der Fürsorge- und Erziehungspflicht mit jeweils über 60% im Jahre 1995. Hingegen weisen Straftaten im Amt, Verletzung der Unterhaltspflicht, Diebstahl unter erschwerenden Umständen, Sachbeschädigung, Delikte gegen sexuelle Selbstbestimmung einen Beteiligungsgrad von Frauen auf, der lediglich zwischen 3 und 10% liegt (vgl. Schaub. 11 und 12).

Gleichwohl bleibt die alte Feststellung richtig, daß **die Kriminalität der beiden Geschlechter nicht nur quantitativ, sondern auch qualitativ,**

also ihrer Art nach, verschieden ist (*Mezger*, 1951, 13). Selbst dort, wo Frauen relativ häufiger kriminell in Erscheinung treten, ist die Kriminalität innerhalb der einzelnen Deliktsarten vergleichsweise weniger schwer und der Anteil an Bagatelldelikten weit höher (PKS 1995, 95).

Eine Modifikation der quantitativ verschiedenen Beteiligung der Geschlechter an der Kriminalität besteht aber darin, daß die Stärke der Unterschiede und damit das Bild von Nation zu Nation etwas abweicht, insbesondere wenn die Gesellschaften kulturell und damit auch die soziale Stellung der Frau divergieren (*Exner* 1949, 145, und *Wilson* 1983, 115). Doch nicht nur **national**, sondern auch **regional und** besonders **lokal** wird die **Regelhaftigkeit der Beobachtungen etwas abgeschwächt.** So erweist sich schon die Größe des Wohnorts für die weibliche Delinquenzhäufung als bedeutsam. In Großstädten z.b. nähert sich die Deliktsbelastung der Frauen eher jener der Männer an als in den Kleinstädten. Allerdings wird auch dadurch die Gültigkeit der Aussage, daß die Geschlechter quantitativ und qualitativ unterschiedlich an der Kriminalität beteiligt sind, nicht ernstlich in Frage gestellt.

Wenn in vielen Ländern der westlichen Welt die Kriminalität steigt und mehr Personen als zuvor häufiger straffällig werden, so ist allerdings eine entsprechende Zunahme der weiblichen Kriminalität keineswegs über-

Tabelle 8: *Weibliche Tatverdächtige nach Kriminalitätsbelastung und Anteil im internationalen Vergleich 1994*

	KBZ	%
USA[1]	1629,2	19,8
England und Wales	270,9	23,0
Bundesrepublik Deutschland[2]	1146,0	21,6
Österreich	932,2	19,1
Schweden[3]	503,0	16,6
Niederlande	386,8	12,3
Schweiz	240,7	15,8
Frankreich	390,6[4]	14,2
Japan	110,0[5]	18,8

1 „Persons arrested".
2 Zugrundegelegte Bevölkerungszahl ohne Kinder im Alter bis zu 8 Jahren.
3 1992.
4 KBZ für 1992.
5 KBZ für 1991.

Quellen: Summary of the White Paper on Crime. Tokyo 1992, 87; 1995, 3; schwPKS 1994, 1 ff.; schwStaJb 1994, 39; Statistical Yearbook of the Netherlands 1996, 43, 416; Rätsstatistikårsbook 1992, 66, 72, 231; Criminal Statistics England and Wales 1994, 103 f.; Annual Abstract of Statistics 1995. London 1996, 4; Aspects de la criminalité et de la délinquance constatées en France en 1992, 32, 108; 1994, 104; öPKS 1994, 6, 15; öStaJb 1995, 25; Statistical Abstracts of the United States 1995, 15; UCR 1994, 222; PKS 1994, Tab. 20; StaJb 1995, 61.

raschend, sondern normal und daher erwartungsgemäß. Problematisch könnte der Anstieg krimineller Frauen erst dann sein, wenn er im Vergleich zu dem der Männer überproportional erfolgte. Auf einen derartigen Zuwachs scheint die Kriminalstatistik in vielen Ländern hinzuweisen und damit eine beachtliche Zunahme der Frauenkriminalität zu belegen. Polizei- und Rechtspflegestatistik weisen tendenziell übereinstimmend auf einen **überproportionalen Anstieg weiblicher Rechtsbrecher in den beiden letzten Jahrzehnten** hin (siehe Schaub. 13). Dabei wird die Zunahme überwiegend durch den Anstieg bei den Eigentums- und Vermögensdelikten bestimmt. Mehr als die Hälfte des Zuwachses entfällt auf den einfachen Diebstahl. Hingegen bleiben die Frauen bei den Gewaltdelikten unverändert stark unterrepräsentiert (vgl. Schaub. 12). Auch die in den achtziger Jahren erfragten Wahrnehmungen der Opfer bezüglich des Tätergeschlechts – der Anteil der Frauen an den Gewalttätern beträgt knapp 11% – zeigen substantiell keinen abweichenden Befund. Für den behaupteten neuen Typus des gewaltgeneigten weiblichen Rechtsbrechers findet sich so gesehen daher (noch) kein Anhaltspunkt.

Angesichts dieser Befunde stellt sich die **Frage nach der weiblichen Kriminalität** – des geringeren Anteils einerseits, aber auch des erheblichen Anstiegs andererseits – **in neuem Licht.** Dem steht nicht entgegen, daß der Versuch, die Besonderheiten weiblicher Kriminalität zu deuten, selten erlahmt und die Frage nach den spezifischen Ursachen nie verstummt ist. Substantiell jedoch geht der Streit wie ehemals kriminologisch um Gleichverteilung oder Verschiedenheit der Kriminalität der Geschlechter und kausaltheoretisch um biologische oder soziokulturelle Bedingtheiten.

Die Ansätze zur Erklärung weiblicher Kriminalität, die in die **Gleichverteilungsthese** münden, beginnen paradoxerweise mit *Lombroso.* Dieser nahm an, daß dem Verhalten der weiblichen Kriminellen ein abweichendes ererbtes Anlagenpotential zugrunde liegt, das sich aber nicht von dem der Prostituierten unterscheide. Der niedrige Anteil der weiblichen Kriminalität erkläre sich dadurch, daß für die Frau die Prostitution ein Ersatz für den Rechtsbruch sei (*Lombroso/Ferrero* 1894, 76). Gleichgültig, ob man damit die Prostitution als funktionales Äquivalent zur Kriminalität betrachtet oder ob man implicite von einem weitergefaßten Begriff abweichenden Verhaltens ausgeht, der Kriminalität und Prostitution in gleicher Weise erfaßt, in jedem Fall läuft die Argumentation *Lombrosos* auf die Gleichverteilungsthese hinaus. Daß sie nicht überzeugen kann, wurde schon ausgeführt.

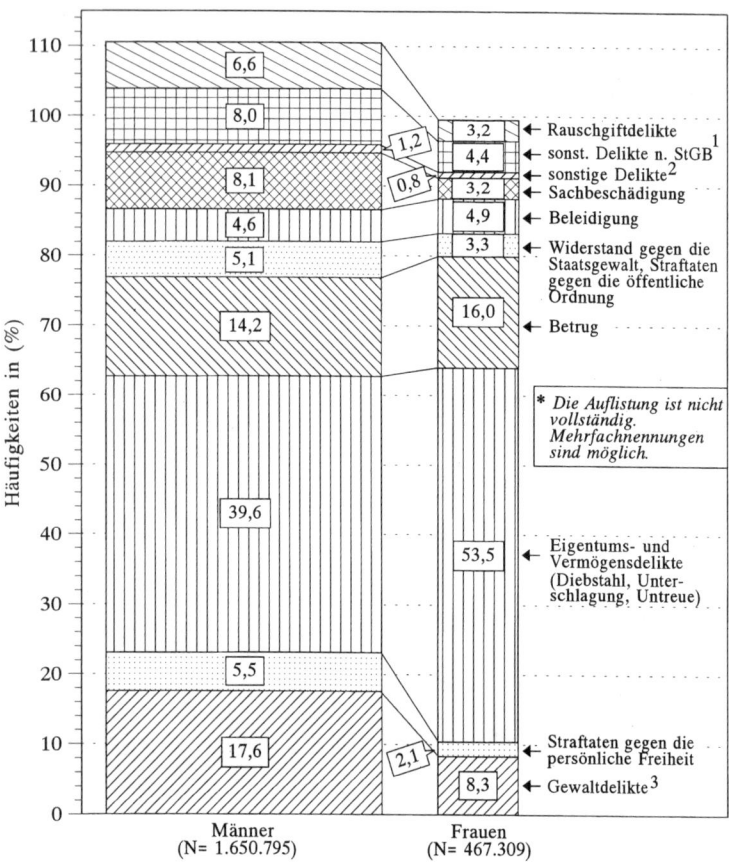

Schaubild 12: *Deliktsspezifische Verteilung* männlicher und weiblicher Kriminalität 1995 (jeweils bezogen auf alle tatverdächtigen Männer/Frauen)*

1 Urkundenfälschung, Begünstigung, Strafvereitelung, Hehlerei, Brandstiftung, Straftaten im Amt, Verletzung der Unterhaltspflicht, Straftaten gegen die Umwelt nach StGB.
2 Nach strafrechtlichen Nebengesetzen auf dem Wirtschaftssektor.
3 Mord, Totschlag, Vergewaltigung, Raub, räub. Erpressung, räub. Angriff auf Kraftfahrer, vorsätzliche leichte Körperverletzung, gefährliche und schwere Körperverletzung.

Quelle: PKS 1995, 103.

Demgegenüber lenkte *Pollak* (1950, 44 ff.), der einem sozialwissenschaftlichen Ansatz folgte, die Aufmerksamkeit auf die Selektions- und

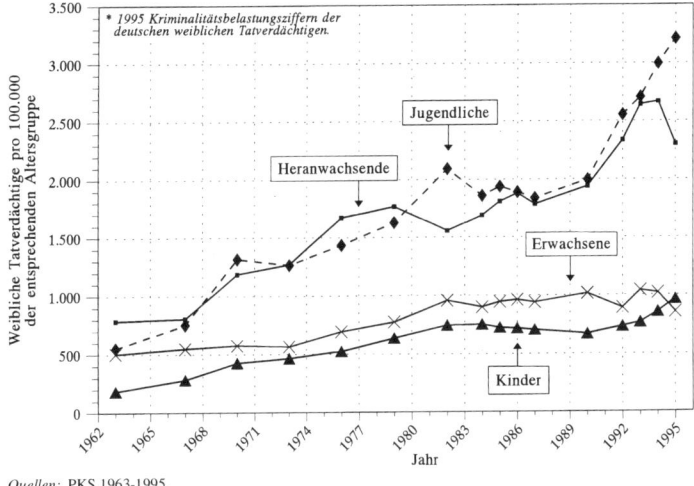

Quellen: PKS 1963-1995.

Schaubild 13: Entwicklung der weiblichen Kriminalität 1963-1995* (Gemessen nach polizeilichen Kriminalitätsbelastungsziffern)

Kontrollmechanismen. Er suchte den niedrigen Anteil der Frauenkriminalität dadurch zu erklären, daß er annahm, die kriminellen Aktivitäten des weiblichen Geschlechts seien in Wirklichkeit kaum geringer als jene des männlichen; jedoch würden Frauen seltener entdeckt, weniger häufig angezeigt, überführt und verurteilt. Die „ritterliche" Einstellung des Mannes verhindere häufig eine Strafverfolgung. Im übrigen werde die Frau vorwiegend als Anstifterin und Gehilfin tätig. Auch hier wird also substantiell von einer **Gleichverteilung** der Kriminalitätsbelastung beider Geschlechter ausgegangen, die allerdings **durch die differentiellen Strafverfolgungsmechanismen verzerrt** wird.

Die **Befundlage ist allerdings nicht eindeutig**. Immerhin müssen nach diesen Untersuchungen etwaige Unterschiede eher deliktseigentümlich als geschlechtsspezifisch erklärt werden. Selbst dann, wenn man von einer Bevorzugung der Frau durch die sozialen Kontrollinstanzen ausgeht, ist diese keineswegs groß genug, um eine hinreichende Begründung für den geringen Anteil der Frau an der Gesamtheit der Straffälligen zu liefern. Schon deshalb ist für eine „strafrechtliche Sonderbehandlung der Frau" kein Raum.

Aussagekräftiger sind demgegenüber Dunkelfeldforschungen. Sie vor allem können neues Licht auf die Kriminalitätsbelastung beider Geschlechter werfen und den Streit darüber der Entscheidung näherbringen. Denn es könnte sich bei der Delinquenz von Frauen auch um sogenannte „maskierte Kriminalität" handeln (vgl. *Pollak* 1950, 1 ff.), die weniger auffällt und daher schon seltener entdeckt wird. Einer solchen Annahme folgt denn auch die These von der annähernden „Gleichverteilung der Männer- und Frauenkriminalität" (siehe dazu *Leder* 1988, 52 ff., 78 ff.).

Fassen wir die Überlegungen zusammen, so gelangen wir zu dem Schluß, daß die Annahme gleichverteilter Kriminalitätsbelastung beider Geschlechter empirisch nicht gesichert ist. Deshalb ist der **Frage** nachzugehen, **ob und wie die unterschiedliche Kriminalitätsbelastung der Geschlechter erklärt werden kann.** Auch hier stehen biologisch-anthropologische Annahmen sozialwissenschaftlichen Hypothesen gegenüber.

Da ganz allgemein sozio-biologische Ansätze **in neuester Zeit** eine unerwartete Renaissance erfahren haben (siehe oben § 26), verwundert nicht, daß auch die **Kriminalität der Frau** erneut in biologischer Perspektive gesehen wird. Doch die These leidet daran, daß sie nicht zu erklären vermag, wieso die Kriminalitätsbelastung des weiblichen Geschlechts im Laufe der Geschichte und international sehr verschieden ist, so daß die Unterschiede auch nicht mit einer biologischen Naturkonstante überzeugend erklärt werden können. Raum- und zeitbedingte Variationen zwingen daher dazu, auf spezifisch soziokulturelle Bedingtheiten als Erklärung für die geringe weibliche Delinquenz zu schließen.

Die Vertreter der sogenannten Rollentheorie oder Anhänger der differentiellen Sozialisationstheorie gehen davon aus, daß sich das Verhalten der Frauen bislang nur teilweise an das der Männer angeglichen hat. Vielmehr wird angenommen, daß die unterschiedliche **geschlechtsspezifische Rolle der Frau in unserer Kultur fest verankert sei.** Die Frau durchläuft damit eine besondere Sozialisation und erlangt geschlechtstypische Verhaltensweisen, Motive und Einstellungen schon von Geburt an. Anforderungen, Erwartungen und Belohnungen richten sich von Anfang an nach dem Geschlecht und bestimmen so das Verhaltensrepertoire der Frauen selbst sowie der formellen und informellen Instanzen gegenüber weiblichem Verhalten, insbesondere die Reaktion auf abweichendes Verhalten. Mädchen werden stärker behütet und damit auch intensiver kontrolliert, lernen „weibliche" Fähigkeiten und haben unter anderem in jungen Jahren vermehrten Kontakt mit weiblichen Personen. Dieser Ansatz nimmt Einzelelemente anderer Theorien, welche die weibliche Kriminalität nur punktuell erfassen können, wieder auf und vermittelt im Zusammenhang mit der Geschlechtskontrolle der Frau einen neuen Ansatz. Auch wenn über das maßgebliche Rollenleitbild Unsicherheit herrscht, so läßt sich nicht verkennen, daß das traditionelle oder konservative Frauenleitbild wenn nicht dominiert, so doch über eine starke Anhängerschaft und Verankerung verfügt (ähnlich *Schneider* 1987, 566).

Danach läßt sich nach dem heutigen Stand kriminologischer Analyse festhalten, daß **der geringe Anteil weiblicher Kriminalität** biologisch kaum überzeugend zu erklären ist, hingegen **rollen- oder sozialisationstheoretisch einleuchtend begründet** werden kann. Damit bleibt als die weitere klärungsbedürftige Frage nur noch jene nach dem verbreiteten **Anstieg weiblicher Kriminalität** während der letzten zwei Jahrzehnte (siehe Schaub. 13). Auch wenn international Lage und Entwicklungstendenzen uneinheitlich sind, so läßt sich doch nicht verkennen, daß in vielen der hochindustrialisierten Länder des Westens und des Fernen Ostens mindestens seit den siebziger Jahren ein bemerkenswerter Anstieg der weiblichen Kriminalität dokumentiert ist (vgl. *Wilson* 1983, 103). Allerdings ergeben sich nach Gesellschaftsformen (westlich, islamisch, sozialistisch u.a.), Deliktstypen und nach Altersgruppen erhebliche Unterschiede, welche die Bedeutung der Frage noch zusätzlich unterstreichen.

Eine ernstzunehmende biologische Erklärung für den partiellen Anstieg der weiblichen Kriminalität ist nicht ersichtlich. Sie ließe sich auch schwerlich begründen. Daher beschränkt sich das **Erklärungspotential** auf sozialwissenschaftliche Theorien. Dabei sind es vorwiegend **drei Ansätze**, die überwiegend erörtert werden:

* Die Emanzipationsthese,
* die Annahme ökonomischer Bedürfnisse sowie
* die veränderte Sozialisation und informelle Sozialkontrolle, die auch die veränderten Gelegenheiten und erweiterten Handlungsspielräume für das weibliche Geschlecht einschließen.

Die Emanzipationsthese gipfelt mitunter in der Annahme des „neuen gewaltgeneigten weiblichen Rechtsbrechers" („the violence-prone new femal criminal": *Adler* 1975, 20). Teilweise werden auch Frauenbewegung und Anstieg der Verbrechensrate in Zusammenhang gerückt.

Nimmt man den **Anteil von Frauen an allen Beschäftigten**, also die Integration von Frauen in die Reihen der Berufstätigen, **als Indikator für die Frauenemanzipation**, so ergibt der internationale Vergleich zwischen den Vereinigten Staaten, Israel und Japan ein recht uneinheitliches Bild (vgl. *Wilson* 1983, 106). Jedenfalls läßt sich daraus kaum auf einen Kriminalitätsanstieg schließen. Noch weniger Anhaltspunkte scheinen für die Hypothese des gewaltgeneigten neuen weiblichen Rechtsbrechers vorzuliegen. Außerdem erweist sich die **Emanzipa-**

277

tionsthese als **untauglich,** die mit dem Lebensalter erneut steigende Deliktsrate zu erklären, die überdies schon seit langer Zeit einen solchen Verlauf aufweist. Ferner zeigten die – obschon spärlichen – Informationen aus der ehemaligen DDR, daß auch dort die Frauen eine geringere Kriminalitätsquote aufwiesen, obgleich sie dort länger und in einem höheren Grade in das Berufsleben integriert waren, als dies in Westdeutschland der Fall war und ist.

Danach läßt sich auch der **Anstieg** weiblicher Kriminalität ebenso wie schon der geringe Anteil der Frauenkriminalität **überzeugend nur mit der differentiellen Sozialisationstheorie und der unterschiedlichen informellen Sozialkontrolle erklären.** Lediglich am Rande treten noch besonders ökonomische Bedürfnisse, etwa bei sozialschwachen, alten und arbeitslosen Frauen hinzu und in ganz seltenen Fällen auch emanzipatorische Motive wie im Falle der Beteiligung von Frauen am deutschen Terrorismus.

Sozialisationsstörungen bei Mädchen und Frauen schaffen aber nicht nur Verhaltensunsicherheit und -auffälligkeit, sondern **vereiteln geradezu die Erfüllung der sozialen Rolle,** die fast alle Gesellschaften weitgehend übereinstimmend für die Frau vorsehen. Im Hinblick auf diese besondere Gefährdungslage werden in der Sozialisation des weiblichen Geschlechts entsprechende Konsequenzen gezogen. Vor allem wird eine intensivere Sozialkontrolle ausgeübt. Sie nimmt direkten Einfluß auf die Delinquenz, ist beim männlichen und weiblichen Geschlecht verschieden und hängt von der Rolle ab, welche die Gesellschaft für die verschiedenen Geschlechter vorsieht. Hier dürfte vor allem der Grund für die unterschiedliche Delinquenzbelastung der Geschlechter zu suchen sein. Die geringe Delinquenzbelastung des weiblichen Geschlechts dürfte daher weniger darauf beruhen, daß der Frau der Zugang zu illegitimen Mitteln vorenthalten wird. Ebensowenig dürfte der Anstieg der Frauenkriminalität nur damit zusammenhängen, daß Frauen zunehmend am Berufsleben und Geschäftsverkehr teilnehmen und somit mehr Möglichkeiten zur Deliktsbegehung haben. Denn die erhebliche Zunahme der registrierten Kriminalität des weiblichen Geschlechts zwischen 14 und 21 Jahren, die seit Mitte der sechziger Jahre hierzulande namentlich im großstädtischen Bereich beobachtet wird, läßt sich nur teilweise mit der Erweiterung der Zugangschancen erklären.

Man könnte für eine solche Annahme zwar den Anstieg weiblicher Täter bei der Begehung von Ladendiebstählen, Alkohol- und Drogendelikten sowie Verkehrsstraftaten anführen, neben den Sozialisationsdelikten (im Jugendschutzbereich) **heutige Schwerpunkte weiblicher Kriminalität.** Dieser Zuwachs hat nämlich zur Verdoppelung der Kriminalitätsbelastung weiblicher Jugendlicher seit den 60er Jahren geführt. Gleichwohl liegt die registrierte Delinquenzrate der über 50 Jahre alten Frauen seit langer Zeit wesentlich höher, ohne daß hier Veränderungen in der Chancenstruktur als Erklärung ausreichten. Auch widerspricht der angefochtenen Annahme, daß in den USA delinquente Frauen größtenteils der Unterschicht entstammen, kaum oder nur geringe Ausbildung erfahren haben und sich und ihre Kinder selbst versorgen müssen, während die Frauen, für die sich durch zunehmende Berufstätigkeit die Zugangschancen tatsächlich verbessert haben, mehr der Mittelschicht angehören.

Der **Wandel in der Rolle der Frau** läßt sich mit der These differentieller Sozialisation und unterschiedlicher (informeller) Sozialkontrolle erklären, einem Konzept, das nicht nur isoliert für die Frauenkriminalität, sondern darüber hinaus für die Kriminalität schlechthin ein beträchtliches Erklärungspotential aufweist. Insofern stellt sich die Frauenkriminalität auch nicht als isolierte Sondersituation innerhalb weitergreifender kriminologischer Phänomene dar (*Schneider* 1987, 570).

Sozialisationsmängel und Integrationsstörungen reichen selbstverständlich über die Gruppe straffälliger Frauen hinaus. Gerade die unterschiedliche Beteiligung der Geschlechter am kriminellen Verhalten wirft über die Klärung der Gründe hinaus die Frage auf, warum – soweit von außen erkennbar – beim weiblichen Geschlecht der Sozialisationsprozeß allgemein störungsfreier verläuft. Denn die generell bessere Anpassung von Mädchen und Frauen an rechtliche Normen bis hin zu den Anforderungen im Straßenverkehr ist evident. Wenn es aber der soziale Lernprozeß ist, der eine umfassende Normkonformität bewirkt, dann ist damit zugleich, und zwar über den konkreten Anwendungsfall der Frauenkriminalität hinaus, dargetan, daß **das soziale Lernen eine erfolgreiche Strategie zumindest dann** ist, **wenn sie mit großer Ausdauer und Intensität durchgesetzt wird**.

§ 30 Bezugsfelder, Bindungen und Lebensstile

Schrifttum: *Göppinger*, Der Täter in seinen sozialen Bezügen. Berlin u.a. 1983; *Hirschi*, Crime and Family Policy. J of Contemporary Studies (Winter) 1983, 3-16; *Kaiser*, „Lebensstil". Entwicklung und kriminologische Bedeutung eines Konzepts. In: FS für Göppinger. Berlin u.a. 1990, 27-40; *Kerner/Weitekamp/Stelly*, From Child Delinquency to Adult Criminality. First Results of the Follow-up of the Tübingen Criminal Behavior Development Study. EuroCriminology 8/9 (1995), 127-162; *Keupp*, Interpersonale Beziehungen. Eine deviante und eine konforme Gruppe im empirischen Vergleich. Heidelberg 1981; *Kury*, Familiale Erziehungsbedingungen und Kriminalität. In: Ist Straffälligkeit vermeidbar? Möglichkeiten der Kriminalprävention, hrsg. v. Kury. Bochum 1982, 72-219; *Sarnecki* u.a., Predicting Social Maladjustment. Stockholm Boys Grown Up. Stockholm 1985; *West/Farrington*, Who Becomes Delinquent? Second Report of the Cambridge Study in Delinquent Development. London 1973.

Wie die vorausgehende Analyse zeigt, lassen Daten des Sozialprofils Wahrscheinlichkeiten der Delinquenzgefährdung, ja anomische Syndrome erkennen. Kaum ein Merkmal weist eine derart große statistische Bedeutung auf, Rechtskonforme von Rechtsbrechern zu unterscheiden, wie Alter und Geschlecht. Das darüber hinausreichende Bestreben, unterscheidende Merkmale zwischen Rechtsbrechern und Rechtstreuen zu finden, hat Kriminologen schon seit langer Zeit veranlaßt, den verbrechensfördernden die verbrechenshindernden Merkmalsverbindungen gegenüberzustellen (z.B. *Göppinger* 1983, 20, 169 ff.; zu den Schwierigkeiten der Definition und Operationalisierung *Eisenberg* 1995, 1226). Typische Häufungen von Merkmalen sollen die Entwicklung von Straffälligkeit günstig oder hemmend beeinflussen. Gemeint ist mit derartigen als „kriminovalent" oder „kriminoresistent" bezeichneten **Konstellationen** (dazu auch *West/Farrington* 1973, 162 ff.; *Göppinger* 1997, 308 ff.), je nachdem ob sie fehlen oder vorliegen, unter anderem die **Verknüpfung folgender Merkmale**:

Erfüllung der sozialen Pflichten im Familien-, Arbeits- und Sozialbereich, adäquates Anspruchsniveau, gute Realitäts- und Selbstkontrolle, reales Verhältnis zu Geld und Eigentum, Lebensplanung, Anpassungsbereitschaft, verhältnismäßig hohe Belastbarkeit bei großer Ausdauer, Befriedigung bei der Berufstätigkeit, Gebundenheit an Häuslichkeit, Familienleben und Ordnung, produktive Freizeitgestaltung, persönliches Engagement für Sachinteressen, tragende personale Bindungen.

Danach handelt es sich offenbar im wesentlichen um Einstellungs- und Verhaltenskriterien, die sich auf **unterschiedliche Ziel- und Wertorientierungen im Sozialisationsprozeß** zurückführen sowie **im Lichte der sogenannten Bindungstheorien erklären** lassen (*Kaiser* 1990, 30; *Kerner* u.a. 1995, 158 ff.). Soweit Normen der Mittelklassengesellschaft, als herrschende Normen, verinnerlicht und zu Bestandteilen des individuellen Lebens geworden sind, erweisen sich die Personen auch als resistent gegenüber der Abweichung von Rechts- und Sozialordnung, insbesondere gegenüber dauernder und tiefgreifender sozialer Desintegration. Sie verhalten sich, mit anderen Worten gesagt, konform. Diese Verhaltenskonformität, vorbereitet durch Erlernen von Selbstsicherheit, durch Gewissensbildung, Leistungsmotivation, Bereitschaft und Fähigkeit zur produktiven Konfliktbewältigung und Solidarität, läßt sich anscheinend am besten und überwiegend dann erreichen, wenn

- sichere Bindungen zu den Bezugspersonen bestehen,
- frühkindliche Schädigungen fehlen,
- die Eltern eine geachtete Stellung einnehmen,

- die Beziehungen der Eltern zueinander liebe- und verständnisvoll sind sowie
- die Aufgabenzuständigkeit in der Familie klar getrennt und ausbalanciert ist.

Dies jedenfalls zeigen neuere Untersuchungen. Mit dieser Beobachtung ist jedoch keine Verteidigung des herkömmlichen Familienmodells beabsichtigt.

„Nur" die Befunde über Umwelt-, Verkehrs- und Wirtschaftskriminelle scheinen sich dieser Regel nicht zu fügen. Eine Ausnahme dürfte ferner für soziale und politische Extremsituationen (Kriegs- bzw. Nachkriegszeit) sowie kollektive Großkonflikte vorliegen. Hier handelt es sich teils um Mängel in der Verinnerlichung und Verhaltensdetermination durch Rechtsnormen, teils um Neutralisationstechniken und teils um Überforderungssituationen (Beispiel: „Not kennt kein Gebot!").

Deuten aber im übrigen jene Kriterien unterschiedliche Lebenswelten, Sozialisationsstile und Wertorientierungen an, so liegt die **Analyse derjenigen Träger und Mechanismen nahe, welche Normen** der herrschenden Rechts- und Sozialordnung auf die junge Generation **übertragen sollen**. In erster Linie ist hierbei an Familie, Schule und Lehrbetrieb als den entscheidenden Sozialisationsmittlern **und** an die hier ablaufenden **Prozesse** zu denken (dazu *Schwind* 1996, 159 ff.). Außerdem spielen die Interaktionserfahrung mit Altersgruppen und kirchlichen Gemeinschaften sowie Massenmedien für die Sozialisation eine bedeutsame Rolle (zum Ganzen vgl. auch Schaub. 14). Gerade der Einfluß der Altersgruppe (Peer group) und weiterer Gesellungsformen, die mit einem beachtlichen Delinquenzpotential verbunden sein können, bedarf besonderer Beachtung und Analyse.

§ 31 Soziales Bezugsfeld „Gruppe"

Schrifttum: *Franke*, Kriminologische und strafrechtsdogmatische Aspekte der Kollegialdelinquenz. In: FS für Blau. Berlin u.a. 1985, 227-244; *Jäger*, Makrokriminalität. Studien zur Kriminologie kollektiver Gewalt. Frankfurt/M. 1989; *Ohder*, Gewalt durch Gruppen Jugendlicher. Berlin 1992; *Reiss*, Co-offending and Criminal Careers. Crime and Justice 10 (1988), 117-170; *Sader*, Psychologie der Gruppe. München 1991[2]; *Schäfers*, Einführung in die Gruppensoziologie. München 1980; *Schild*, Der strafrechtsdogmatische Begriff der Bande. GA 1982,

55-84; *Schöch*, Kriminologische Differenzierung bei der Zweierbande. NStZ 1996, 166-170; *v. Trotha*, Bande, Gruppe, Gang. In: KKW 1993[3], 53-59.

Die Lebenswelt des Menschen wird von Anbeginn durch Gruppeneinflüsse bestimmt. Dabei dient das **Konstrukt des Bezugsfeldes** dazu, die Umwelt in einzelne Sozialbereiche aufzugliedern, in denen das Individuum sozialisiert wird. Neben der Familie (Herkunfts- und Eigenfamilie), Schule, Ausbildungs- und Arbeitsstelle sowie Kirche gilt die Altersgruppe der sogenannten Peers als wichtigstes Sozialisationsfeld. Dabei wird der in den ersten 10 bis 15 Lebensjahren überwiegende **Sozialisationseinfluß der Familie allmählich durch jenen der Altersgruppe (Peer group) abgelöst** (vgl. Schaub. 14). Für diese ist kennzeichnend, daß sie im Gegensatz zu den anderen Bezugsfeldern besonders aus der Sicht junger Menschen nicht mehr überwiegend von Erwachsenen dominiert wird und damit auch nicht erwachsenenbestimmt ist. Sie und andere Gesellschaftsformen können aber mit einem erheblichen Delinquenzpotential verbunden sein. Die sozialen Gruppenprozesse bedürfen daher besonderer Beachtung. Dabei verdient auch Aufmerksamkeit, um welche Gruppen es sich im einzelnen handelt und welches ihre Funktionen sind.

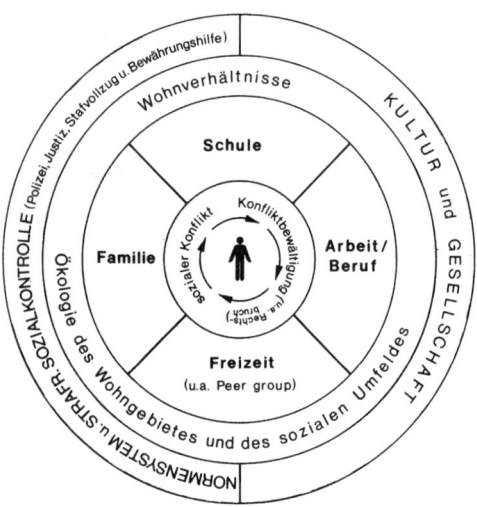

Schaubild 14: Sozialer Konflikt und Störung sozialer Bezüge – nach Konfliktebenen und Bezugsfeldern

1. Bedeutung sozialer Gruppenprozesse

Personen, die häufig miteinander in Beziehung stehen, bezeichnet man meist als soziale Gruppe. Sowohl erwachsenen wie jungen Menschen gewährt die Bildung von Sozialgruppen ein Stück Eigenständigkeit gegenüber den „Zwängen der Gesellschaft" (*Schäfers* 1980, 28 f.). Diese positive Funktion der Gruppe schließt allerdings eine negative Beeinflussung nicht aus. Denn auch soziale Gruppen können auf ihre Mitglieder Zwang ausüben, sie von weiteren Sozialkontakten ausschließen und so eine differenzierte Sozialisation verhindern. Sie können gar durch Vermittlung von nichtkonformen Werten zu abweichendem Verhalten des einzelnen führen. Deshalb sind die innerhalb der Gruppe bestehenden Gruppenzwänge und die einsetzende **Gruppendynamik** von besonderem Gewicht. Die in der Gruppe herrschenden gemeinsamen Vorstellungen üben eine Art Druck aus, in bestimmter Weise zu handeln oder nicht zu handeln, d.h. sich den in der Gruppe herrschenden Verhaltensmustern anzupassen. Auf diesem Wege bilden sich gruppeninterne soziale Normen oder gar eine gruppeninterne Subkultur. Durch das Zugehörigkeitsgefühl zur Gemeinschaft tritt der einzelne zurück. Normale Hemmungen und Kontrollen werden geschwächt. Der einzelne fühlt sich weniger verantwortlich und damit „entlastet". In derartigen Geschehensabläufen ist daher die Ambivalenz, ja Gefährlichkeit der Gruppenbildung zu erblicken, sowohl für das einzelne Gruppenmitglied als auch für die potentiellen Opfer.

2. Tätergemeinschaften

Entsprechend dem Grad der Verfestigung, Organisation oder Stabilität kann man Kollegien, Cliquen, Rudel oder Banden unterscheiden. Doch läßt sich nach dem Stand empirischer Forschung nicht verkennen, daß innerhalb der gemeinschaftlichen Täterschaft – und dies trifft in Europa in weniger als der Hälfte aller Fälle zu (vgl. dazu *v. Trotha* 1993, 55) – die Zweierverbindung vorherrscht.

Von der personellen Benutzung ist die **Zweierverbindung**, auch Paar oder Dyade genannt, die kleinste soziale Einheit. Doch im Hinblick auf die möglichen Wechselwirkungen sozialer und psychischer Art ist sie ein äußerst komplexes Gebilde (*Schäfers* 1980, 22). Diese Tatsache und die vorrangige Stellung der Zweierverhältnisse bei gemeinschaftlicher Delinquenz Jugendlicher (*Reiss* 1988, 117 f.) rechtfertigen die Hervorhebung der Zweierverbindungen in dem hier gefaßten thematischen Rahmen, obwohl man kriminologisch erst bei Beteiligung

von mehr als zwei Personen von einer „Gruppe" sprechen kann (deshalb gegenüber der gegenteiligen Auffassung der Rechtsprechung kritisch *Schöch* 1996,
166 ff.).

Ferner handelt es sich um Gesellungsformen, die locker, diffus und gelegentlich
auch situationsbedingt auftreten. Diese Merkmale kennzeichnen sog. Spontan-
und Gelegenheitsgruppen. Überwiegend stellt sich das Problem der kriminellen
Gruppen- und Rudelbildung bei jungen Menschen (siehe dazu eingehend LB
§ 51, 4.3).

Organisierte Vereinigungen oder **Verbände** nicht krimineller Art sind
in der gegenwärtigen Gesellschaft offenkundig von Bedeutung. Dies
trifft sowohl für Politik und Wirtschaft zu wie auch für den Freizeitbereich. Sie stellen damit in ihrer Funktion als Bezugsgruppen einen
wesentlichen Bestandteil des gesellschaftlichen Lebens dar. Zu denken
ist hier jedoch an die Delinquenz von **Kollegien**, einer Sonderkonstella-
tion der Gruppenkriminalität in öffentlicher Verwaltung und Wirtschaft
(vgl. *Franke* 1985, 227 ff.) und zugleich der Berufskriminalität. **Kriminelle Vereinigungen** hingegen finden sich heute vor allem im Bereich
des sogenannten organisierten Verbrechens (siehe dazu oben § 22, 1) und
in Form von rechts- oder linksextremen Gemeinschaften des Terrorismus
(dazu eingehend unten § 41). Teilweise werden auch Staatsführungen in
totalitären oder korrupten Regierungssystemen, die ihre Macht mißbrauchen und sich im Rahmen von Gewaltverbrechen sowie entsprechenden
Menschenrechtsverletzungen gegen Minderheiten im Staat richten (dazu
Näheres oben § 23 m.N.), als organisierte Tätergemeinschaften betrachtet. Stets stellt jedoch der Zusammenschluß mehrerer Menschen zur
kriminellen **Bande** eine besondere Beteiligungsform zur Begehung gemeinschaftlicher Straftaten dar (*Göppinger* 1997, 552). Diese kriminellen Verbindungen heben sich trotz unterschiedlichem Organisationsgrad
von den bisher behandelten Gesellungen dadurch ab, daß strafbare
Handlungen gerade den Inhalt ihres Entscheidungsverhaltens und den
Zweck ihres Zusammenwirkens ausmachen. Daran ist die Bandenver-
bindung orientiert, obschon weniger dauerhaft und strukturell verfestigt
als beim organisierten Verbrechen (vgl. *Schild* 1982, 55 ff. m. eingehenden N. zur älteren Literatur und Rechtsprechung; zum neueren Schrifttum *Schwind* 1996, 469 ff.).

3. Delinquente Gruppierungen und ihre theoretische Erklärung

Die Beziehung zwischen sozialer Interaktion, Gruppenzugehörigkeit
und **Lerntheorie** verbindet der Gedanke, daß Interaktionen als wechsel-

seitige Austauschprozesse von Belohnungen und Strafreizen gelten. Einen etwas anderen Ansatz bilden **subkulturelle Konzepte**, die zum Teil in der Tradition der Lerntheorie oder der Anomietheorie stehen.

3.1 Theorie der unterschiedlichen Kontakte

Schrifttum: *Dull*, Friends' Use and Adult Drug and Drinking Behavior: A Further Test of Differential Association Theory. JCrim 74 (1983), 1608-1619; *Geerds*, Kriminelle Ansteckung und kriminelle Nachahmung. ArchKrim 168 (1981), 1-16; *Hirschi/Gottfredson* (eds.), Understanding Crime. Current Theory and Research. Beverly Hills 1980; *Killias*, „Kriminelles Verhalten wird gelernt" – Aber wie? Zur Rezeption der Sozialisationsforschung in der Kriminologie. MschrKrim 64 (1981), 329-342; *Sutherland/Cressey*, Criminology. Philadelphia 1978[10].

3.1.1 Aussage und Anspruch

Besonders *Sutherland* hat die sozialen Gruppenprozesse und ihren Einfluß auf das abweichende Verhalten des einzelnen in den Blickpunkt gerückt. Er hat die differentielle Assoziation oder treffender die **unterschiedlichen Kontakte** geradezu als Erklärungszusammenhang angeboten. Der theoretische Bezugspunkt ist die **Lerntheorie**. Diese hat *Sutherland* aus dem Bereich der allgemeinen Theorie sozialen Handelns für die Analyse kriminellen Verhaltens übernommen, teilweise in Anlehnung an das Nachahmungskonzept von *Tarde* (1895).

Die Lerntheorie *Sutherlands* verwendet einen **sozialpsychologischen Bezugsrahmen**. Nach ihr vollziehen sich Kontakte in sozialen Gruppen, und zwar in Gestalt von Lernprozessen. Auf diese Weise werden Verhaltensmuster, Wertorientierungen und Reaktionsweisen vermittelt. Da die Gesellschaft aus einer Vielzahl von Gruppen mit jeweils unterschiedlichem Norm- und Wertgefüge besteht, werden auch vom einzelnen Gruppenmitglied ganz verschiedene Wertorientierungen übernommen. Seine Wertorientierungen und Verhaltensmuster bestimmen sich nach Geschlecht, Alter und sozioökonomischem Status. Die erste der neun Thesen dieser Theorie lautet denn auch lapidar: „Kriminelles Verhalten ist gelerntes Verhalten" (*Sutherland/Cressey* 1978, 80). Damit wird implizit gesagt, daß kriminelles Verhalten, weil es erlernt wird, weder ererbt ist noch von selbst entsteht. Dieser einst revolutionären Formel und zugleich Kritik am biologischen Positivismus verdankt die Assoziationstheorie nicht zuletzt ihre weite Resonanz bis in die sechziger Jahre. Nach der sechsten These wird ein Mensch dann kriminell, wenn die Kontakte zu kriminellen verglichen mit denen zu antikriminellen Wertvorstellungen überwiegen.

Der Vorzug und die **Bedeutung** dieses Konzepts bestehen vor allem darin, daß die Theorie unterschiedlicher Kontakte im Gegensatz zu den traditionell verhaltensbiologischen Ansätzen ein dynamisches Konzept entwickelt und ferner, verglichen mit dem Mehrfaktorenansatz, nunmehr einen theoretischen Bezugsrahmen geschaffen hat. Diesen Vorzügen sowie den praktisch-politischen Konsequenzen durch die wissenschaftlich einleuchtende Möglichkeit zur Behandlung und zur sozialen Intervention verdankt denn auch die Theorie einen Teil ihre Popularität und ihres Widerhalls. Umerziehung, kompensatorisches Lernen und Verhaltensmodifikation erscheinen vor allem von hier aus als wissenschaftlich begründbar, ja als theoretisch gerechtfertigt. Die Tatsache, daß die differentielle Assoziation als eine soziologische Theorie entworfen worden war, sicherte zugleich einer einzigen Disziplin die fortwährende Vorherrschaft über das Forschungsfeld (*Hirschi* u.a. 1980, 10). Ein Teil der Resonanz, welche dieses Konzept gefunden hat, leitet sich ferner aus der Kritik an den Mängeln des Mehrfaktorenansatzes her.

3.1.2 Grenzen und Kritik

Dennoch lassen sich die **Schwächen** der Theorie der unterschiedlichen Kontakte nicht übersehen. Diese liegen in ihrer Übervereinfachung und der sehr mechanisch gedachten Konstruktion des Lernvorganges. Symbolische, also nicht auf konkreten Kontakten beruhende Lernprozesse werden ausgeklammert. Ebenso bleiben individuelle Unterschiede der Lernfähigkeit vernachlässigt. Auch vermag die Theorie nicht zu erklären, warum es überhaupt zu abweichenden Wertorientierungen und kriminellen Verhaltensmustern kommt. Ferner beschränkt sie ihren Bezugsrahmen allein auf die unterschiedlichen Kontakte zwischen der sozialen Bezugsgruppe und dem konkreten Mitglied, bezieht jedoch das Reaktionsverhalten der Träger strafrechtlicher Sozialkontrolle nicht mit ein. Demgegenüber fehlt es auch an empirischer Bestätigung. Ob sich derartige Mängel durch Ergänzung und Verbesserung ausräumen lassen, erscheint zweifelhaft. Zwar kann man die Auffassung vertreten, daß Verbrechen gelernt wird; aber es ist nicht mehr länger möglich zu begründen, daß Verbrechen ausschließlich nach den Prozessen gelernt wird, wie sie *Sutherland* beschrieben hat (so *Hirschi* u.a. 1980, 16; a.A. offenbar *Schneider* 1987, 505 f.). Letztlich liegt die Qualität dieser Theorie wohl mehr in dem historischen Verdienst, der traditionellen Erklärung des Verbrechens als Anlage oder aussichtsloses Schicksal die

Erklärung eines sozialen Lernprozesses und damit menschlicher Einflußnahme anheimgegeben, aufgezeigt und gegenübergestellt zu haben. Doch davon abgesehen ist bereits die lebensnähere und ergiebigere Sozialisationstheorie – wie einstmals die Assoziationstheorie über die Nachahmungstheorie von *Tarde* – über sie hinweggeschritten.

3.2 Theorie der delinquenten Subkultur

Schrifttum: *Cohen*, Delinquent Boys. The Culture of the Gang. Chicago 1955 (deutsch Reinbek bei Hamburg 1961); *Cremer*, Die Subkultur der Rocker. Pfaffenweiler 1992; *Miller*, Lower Class Culture as a Generating Milieu of Gang Delinquency. J of Social Issues 24 (1958), 5-19; *Sack*, Die Idee der Subkultur: Eine Berührung zwischen Anthropologie und Soziologie. KZfSS 23 (1971), 262-282.

3.2.1 Aussage und Anspruch

Theorieansätze der delinquenten Subkultur wollen eine Antwort auf die Frage nach dem Zusammenhang von gesellschaftlicher Struktur und kriminellen Lernprozessen in der Unterschicht, namentlich bei Banden Jugendlicher, geben. Sie gehen davon aus, daß wegen Vielschichtigkeit und pluralistischer Struktur von Gesamtgesellschaften sich in diesen kleinere Subsysteme herausbilden, die, verglichen mit den herrschenden Verhaltenserwartungen, kriminell abweichende Normen kennen. **Das Wertsystem der Subkultur weicht** also **von der Gesamt- oder Rahmenkultur erheblich ab**. Nach *Cohen* (1955) sind Jugendliche der Unterschicht im allgemeinen Statuswettbewerb, d.h. bei der Erlangung der begehrten sozialen Positionen, stark benachteiligt, zumal die Maßstäbe von der Mittelschicht gesetzt werden. Daraus folgt eine Statusfrustration. In einer kollektiv erfolgenden Reaktion wird das herrschende Wertsystem verletzt, etwa in vandalistischen Handlungen oder durch Diebstahl. Demgemäß wird in der Existenz von Subkulturen der Versuch einer kollektiven Antwort auf anomieerzeugende Situationen erblickt. Das Spannungsverhältnis der anomisch erlebten Situation wird delinquent gelöst, indem die Mittelschichtziele und -werte zugunsten des eigenen subkulturellen Wertesystems abgelehnt werden.

Neben der Subkultur der Jugendlichen wird auch die Unterschicht insgesamt als graduell abweichendes Subsystem begriffen. So nimmt *Miller* (1958) anders als *Cohen* an, daß die **Unterschicht**, verglichen mit der

Mittelschicht, über ein **eigenes Wertsystem** verfüge. Daher äußere sich in der Delinquenz nicht die Negation des herrschenden Wertesystems der Mittelschicht. Vielmehr gelangte in ihr ein Verhalten zum Ausdruck, das sich an den in der Mittelschicht lebenden Wertvorstellungen orientiere, etwa die Neigung zu aggressiv männlichen Problemlösungen.

Die subkulturellen Ansätze sind **im wesentlichen an Erscheinungen der nordamerikanischen Bandendelinquenz** entwickelt worden. Sie finden dort, und d.h. in einem Land mit vielerlei ethnischen Gruppen und divergierenden Wertorientierungen, auch ihren Anwendungsschwerpunkt. Sie enthalten anomietheoretische, kulturkonflikttheoretische, aber auch lerntheoretische Elemente. Bedeutsam ist, daß derartige Ansätze die kulturellen Werte und Normen als unmittelbar bestimmend für das menschliche Sozialverhalten zugrunde legen. Kriminelle Abweichung erscheint dann als Ergebnis entweder von subkulturell vermittelten oder sich in Kulturkonflikten äußernden Lernprozessen. Jedoch wollen subkulturelle Ansätze nicht die Entstehung der unterschiedlichen Normen erklären, sondern diese sind wiederum die Ursache für das Auftreten von kriminellem Verhalten. Die vom Wertsystem der Gesamtgesellschaft als abweichend begriffene Verhaltensweise erscheint subkulturell als verhaltenskonform.

3.22 Grenzen und Kritik

Unzweifelhaft zeigen subkulturelle Ansätze eine hohe Erklärungskraft bei terroristischen Vereinigungen, bei einer ideologisch motivierten „Subkultur der Gewalt", ferner bei der Drogen- und Sektensubkultur sowie den subkulturellen Angleichungsprozessen in der Justizvollzugsanstalt. Jedoch will es scheinen, als wirke in diesen Fällen die Subkultur eher als stützendes, verstärkendes und Rechtfertigungstechniken vermittelndes Element. Denn die Gruppenprozesse verlaufen unterschiedlich intensiv.

Dies veranschaulicht auch das Hauptanwendungsgebiet der subkulturellen Ansätze, nämlich die Jugendkriminalität. Nur ein kleiner Teil der bekanntwerdenden Rechtsbrüche Jugendlicher wird gemeinsam begangen, und davon wiederum der größte Teil in sogenannten Zweierverbindungen. Gruppierungen, die eine subkulturelle Prägung aufweisen, sind im europäischen Bereich noch immer selten. Immerhin bieten Rocker, Punks, Skinheads und Fußballfans Hinweise dafür (eingehend LB § 51, 4.3 m.N.).

Unklar bleibt vor allem das Verhältnis von Ursache und Wirkung: Wird das delinquente Verhalten erst durch die Zugehörigkeit zur Bande erzeugt, oder finden sich in der Bande bereits sozial Gescheiterte und Delinquente zusammen? Soweit die Subkulturtheorie über die Kleingruppe hinaus auf die soziale Unterschicht ausgedehnt wird, bleibt offen, warum nur ein relativ kleiner Teil der Unterschicht mehrfach und wiederholt seine Statusfrustration durch Kriminalität „verarbeitet".

§ 32 Erklärung erhöhter Delinquenzbelastung und strafrechtliche Sozialkontrolle

Schrifttum: *Blumstein* u.a. (eds.), Criminal Careers and „Career Criminals". Report of NAP Penal on Research on Criminal Careers. Washington/D.C. 1986; *Dolde*, Sozialisation und kriminelle Karriere. München 1978; *Dünkel/Geng*, Aspects of the Recidivism of Career Offenders According to Different Forms of Correction and Release from Prison. In: Crime and Criminal Justice 36 (1988), 137-185; *Engel*, Zur Metamorphose des Rechtsbrechers. Stuttgart 1973; *Farrington/West*, The Cambridge Study in Delinquent Development. A Long-term Follow-up of 411 London Males. In: Kriminalität, Persönlichkeit und Verhalten. FS für Göppinger. Berlin u.a. 1990, 115-138; *Frietsch*, Verlaufsformen krimineller Karrieren unter besonderer Berücksichtigung der sozialen Intelligenz. Heidelberg 1982; *Göppinger*, Der Täter in seinen sozialen Bezügen. Berlin u.a. 1983; *Haapanen*, Selective Incapacitation and the Serious Offender. A Longitudinal Study of Criminal Career Patterns. Berlin u.a. 1990; *Hassin*, Career Criminals, Recidivists and Dangerous Offenders. Ann 25 (1987), 233-251; *Kerner*, Rückfall, Rückfallkriminalität. In: KKW 1993[3], 432-437; *Kerner/Weitekamp/Stelly*, From Child Delinquency to Adult Criminality. First Results of the Follow-up of the Tübingen Criminal Behavior Development Study. EuroCriminology 8/9 (1995), 127-162; *Mischkowitz*, Kriminelle Karrieren und ihr Abbruch. Bonn 1993; *Sarnecki* u.a., Predicting social Maladjustment. Stockholm Boys Grown Up. Stockholm 1985; *Schäffer*, Rückfall bei ehemaligen Strafgefangenen: Ergebnisse einer Nachuntersuchung der Tübinger Jungtäter-Vergleichsuntersuchung. Baden-Baden 1996; *Waldo* (ed.), Career Criminals. Beverly Hills/Ca. 1983; *van der Werff*, Recidivism 1977. Rate of recidivism for persons convicted and persons whose cases were dropped in 1977 (indictable offences). The Hague 1989; *Wilson/Herrnstein*, Crime and Human Nature. New York 1985.

1. Erhöhte Delinquenzbelastung und Rückfallkriminalität

Ist die Kriminalität von Frauen und alten Menschen kriminologisch belangvoll, weil sie so selten beobachtet wird, so sind es die Häufigkeit und Intensität des Verbrechens, die bei den Mehrfach- und Rückfalltätern das Interesse auf sich lenken. Gerade deren Erforschung verspricht, die

„Frage nach dem Verbrecher" der Antwort näherzubringen. Warum es zu Rückfall- und Intensivkriminalität im Gegensatz zur Gelegenheits- oder Erstdelinquenz kommt, beschäftigt daher seit langem die Wissenschaft. Aber auch das Strafrecht pflegt bei der Anwendung seiner **Reaktionen nach Erst- und Gelegenheitstätern einerseits und Rückfalltätern andererseits** zu unterscheiden. Wie man den Unterschieden nach Persönlichkeitsdimensionen und Sozialprofilen entnehmen kann, ist eine solche Differenzierung auch empirisch begründet. Demgemäß suchen Kriminalpolitik und Strafgesetz den Präventionsbedürfnissen durch Rückfallverschärfung, Sicherungsverwahrung oder auch durch sozialtherapeutische Behandlung Rechnung zu tragen. Falls es Wissenschaft und Kriminalpolitik gelänge, durch Diagnose, Prognose und zweckmäßige Behandlung den in hohem Maße rückfallgefährdeten Personenkreis frühzeitig zu erfassen und auf ihn integrierend einzuwirken, so wäre dies für die Verbrechensverhütung, aber auch für die konkreten Einzelschicksale von erheblicher Bedeutung.

Allerdings herrscht über den Begriff der Rückfallkriminalität oder des Rückfalltäters wenig Übereinstimmung, zumal gleichsinnig damit auch verwandte Definitionen wie Mehrfach- oder Intensivkriminalität, Rezidivismus, kriminelle Karriere und chronische Kriminalität gebraucht werden. Immerhin kann man sich leicht verständigen, wenn man den **Begriff der Rückfallkriminalität** als kriminalpolitischen Anwendungsfall der Mehrfachkriminalität begreift. Dieser ist dadurch gekennzeichnet, daß der Täter mindestens einmal bereits wegen eines Deliktes auch mit kriminalrechtlichen Sanktionen belegt worden ist und danach innerhalb eines bestimmten, in der Regel 3-5jährigen Risikozeitraums erneut straffällig wird. Obwohl die Begriffe des Rückfalls und der Rückfallkriminalität pragmatisch begriffen und deshalb in der Wissenschaft unterschiedliche Definitionen verwendet werden, behält man ihnen allgemein solche Rechtsbrüche vor, die mehrfach in verhältnismäßig kurzen Abschnitten erfolgen und zur Ahndung durch die Justizbehörden führen.

Dennoch ist die Suche nach dem chronisch Kriminellen bislang wenig erfolgreich geblieben. Nicht minder trifft dies für die Reaktionspolitik auf die Rückfallkriminalität zu. Deshalb hat man das **Konzept der persönlichkeitsspezifischen Sozialgefährlichkeit** des Gewohnheitsverbrechers oder Hangtäters verstärkt **angezweifelt**. Realität oder Mythos, das ist noch immer eine der international aktuellen Streitfragen.

Trotz aller Vorbehalte und Kritik hat man von dem **Befund** auszugehen, daß es eine Gruppe von Rechtsbrechern gibt, die immer wieder straffällig werden und so eine regelrechte Karriere hinter sich bringen. Hervorzuheben sind dabei die sogenannten Intensivtäter, die in einem Jahr mehrfach kriminell in Erscheinung treten.

Rückfalldiagramme bei verurteilten Tätern nach der Strafverbüßung aus Deutschland, der Schweiz und den USA lassen erkennen, daß – indiziert durch die Sanktionsart – **Rückfallentwicklungen** ähnlich verlaufen, so daß nach 3 bis 5 Jahren über die Hälfte der Ausgangspopulation wieder rückfällig geworden ist (vgl. *Dünkel/Geng* 1988, 137 ff.; *Schäffer* 1996, 6, 105 ff. 281 ff.; ferner oben Schaub. 3 und 4). Der Rechtspflegestatistik läßt sich ferner entnehmen, daß deliktstypisch betrachtet Verurteilte wegen Einbruchdiebstahls, Diebstahls mit Waffen und Bandendiebstahls mit 60 bis 75% die höchsten Vorbelastungen aufweisen (*van der Werff* 1989, 2, 11 f.).

Nahezu unauffällig von der Art der Straftat und Strafvollstreckung erfolgt der Rückfall bei mehr als der Hälfte der überhaupt rückfälligen Täter innerhalb von 6 Monaten nach der Strafverbüßung. Das **Rückfallintervall** wird dabei von Fall zu Fall kürzer. Dabei läßt sich nur gelegentlich ein Trend zu schweren Delikten sowie zu Spezialisierungen erkennen (siehe auch *Haapanen* 1990, 140). Die Neigung zu gleichartiger Rückfälligkeit (Verbrecherperseveranz) findet sich daher nur selten. Man kann sie mit der fortschreitenden Erfahrung und verbesserten Verbrechenstechnik auf einem Gebiet erklären, ebenso mit der Entwicklung bestimmter Fähigkeiten und Fertigkeiten. Freilich verbürgt das gleichartige Vorgehen zunächst nicht nur den kriminellen Erfolg, sondern erleichtert auch die Entdeckung und Überführung. Aber die Bedingungen dafür, daß es überhaupt zu einer Karriereentwicklung kommt, muß anderen Zusammenhängen entnommen werden.

Nach der Tübinger Langzeituntersuchung weisen wiederholt Straffällige, zum Teil lange bevor sie straffällig werden, eine bemerkenswert hohe Mobilität auf, was ihren Aufenthaltsort angeht. Schon in der Kindheit fallen sie auf durch häufiges Schulschwänzen, zielloses Herumstreunen, aber auch durch wiederholtes auffälliges Verhalten gegenüber Mitschülern und Lehrern. Die Ausbildung brechen sie häufig ab, werden Gelegenheitsarbeiter, machen durch schlechtes Arbeitsverhalten, häufigen Arbeitsplatzwechsel und wiederholte berufliche Untätigkeit auf sich aufmerksam. Eine Berufsplanung kennen sie nahezu nicht. Deshalb gilt ein **auffälliges Sozialverhalten als Vorbote krimineller Entwicklung**. Im Vergleich zu Normalbürgern läßt sich das alltägliche Verhalten von wiederholt auffälligen Menschen auf die Formel vom „ungebremsten Leben im Augenblick" bringen (*Göppinger* 1983, 136, 170; *Kerner* u.a. 1995, 156 ff.; *Schäffer* 1996, 83 ff., 281 ff.).

Das Freizeitverhalten gilt als „Frühwarnbereich". Hier zeigen sich stetige Abweichungen vom „Normalverhalten" schon zu einem Zeitpunkt, als das Berufsleben noch in Ordnung zu sein scheint. Bei den untersuchten Häftlingen läßt sich fast durchweg eine **„strukturlose Freizeitgestaltung"** nachweisen. Oft sind die Untersuchten sinn- und planlos losgezogen in der Erwartung, irgendwo schon jemanden zu finden, mit dem man sich die Zeit vertreiben könne. Kennzeichnend ist die Ausweitung der freien Zeit zunächst auf Kosten des Schlafes, also bis tief in die Nacht oder in den frühen Morgen hinein, dann auch auf Kosten der Arbeitszeit. Dieses Verhalten wiederum hält *Göppinger* für einen der entscheidenden Punkte, nämlich „Übersprung der Ausdehnung der Freizeit auf die Leistungsbereiche". In dieser Hinsicht unterschieden sich auch diejenigen Normalbürger, die wegen eines einmaligen Delikts bestraft worden waren, deutlich von den Wiederholungsstraftätern.

Als entscheidend wird mit Recht der **Unterschied in der Fähigkeit** angesehen, **feste persönliche Bindungen einzugehen**. Das „ungebremste Leben im Augenblick" schon wiederholt straffälliger Personen ist also durch kurze Zeitperspektiven, mangelnde Realitätskontrolle und fehlende Lebensplanung gekennzeichnet. Die Suche nach sofortiger Befriedigung spontaner Bedürfnisse ist mit geringer Ausdauer und Belastbarkeit verbunden, ferner mit inadäquat hohem Anspruchsniveau, paradoxen Anpassungserwartungen und ausgeprägter Forderung nach Ungebundenheit. Doch führen regelmäßig nicht einzelne dieser Kriterien, sondern **der gesamte unstete Lebenswandel** zur Gefährdung (vgl. *Sarnecki* u.a. 1985, 23 f.; *Wilson/Herrnstein* 1985, 213 ff.; *Farrington/West* 1990, 115 ff., 132 ff.).

Allerdings decken die empirischen Befunde der Tübinger Untersuchung nur den Erfahrungsbereich mit Rückfalltätern konventioneller Kriminalität ab, sperren sich aber darüber hinaus der Verallgemeinerungsfähigkeit. Als nicht oder nur bedingt aussagekräftig erweisen sich die Befunde insbesondere für die überwiegende Zahl der Einmal- und Gelegenheitstäter sowie der Verkehrs-, Umwelt- und Wirtschaftsdelinquenten.

Immerhin verfügen wir für den Bereich der konventionellen Mehrfach- und Wiederholungstäter inzwischen über gut abgesichertes Erfahrungswissen. International lassen sich den Untersuchungen eine Reihe von rückfallrelevanten Beziehungen entnehmen. Dazu gehören namentlich folgende **Zusammenhänge**:

• Je früher und häufiger der Einstieg in die Kriminalität erfolgt, desto wahrscheinlicher ist auch die spätere Mehrfachdelinquenz (vgl. *Schäffer* 1996, 186 ff., 275). Ferner
• je schwächer persönliche, schulische und berufliche Bindungen ausgeprägt sind, desto wahrscheinlicher ist der Rückfall (dazu *Mischkowitz* 1993, 164 ff., 380 f.).

Zusammenfassend läßt sich zum wiederholten Rückfalltäter feststellen, daß er in seinen sozialen Bezügen stark gestört erscheint, zumal sein soziales Umfeld problembelastet ist, daß er ferner ein anderes Bezugssystem und andere Verhaltensmuster als die Mehrheit der Bevölkerung aufweist und überdies mit seiner kriminellen Karriere bereits früh begonnen hat (vgl. dazu auch *Dolde* 1978, 358; *Sarnecki* u.a. 1985, 23 f.; *Farrington* u.a. 1990, 117 ff.; *Kerner* u.a. 1995, 149 ff., 156 ff.; *Schäffer* 1996, 275). Umgekehrt kennen wir typische Bedingungen, die den

„Abbruch delinquenter Verlaufsformen bei Erwachsenen" offenkundig fördern: festes Arbeitsverhältnis oder beruflicher Aufstieg, verbunden mit Stabilisierung der finanziellen Lage, Wohnungs- und Milieuwechsel, Abbruch delinquenzbegünstigender Kontakte, Familiengründung und Einschränkung des Alkoholverbrauchs (vgl. *Mischkowitz* 1993, 179 ff.). Allerdings läßt sich nicht übersehen, daß es bestimmte Formen der Lebensführung gibt, die sich nicht in dieses Bild einordnen lassen, aber dennoch mit einem Abbruch des Straffälligwerdens einhergehen. Warum dies so ist, bleibt noch unklar. Offenbar gibt es recht „verschiedene Wege aus der Kriminalität" (vgl. *Mischkowitz* 1993, 381 f.).

Diese Forschungsergebnisse lassen sich im Lichte der sogenannten Sozialisations-, Bindungs- und Kontrolltheorien deuten (dazu *Kerner* u.a. 1995, 158; *Mischkowitz* 1993, 377; ferner oben § 28).

Demgemäß zeigen Rückfalluntersuchungen von Strafgefangenen, daß die günstigste Prognose von ihnen jene zeigen, und zwar unabhängig von Tatart und Haftzeit, die eine dauerhafte familiäre Bindung, einen festen Wohnsitz und hohe Chancen zur beruflichen Integration aufweisen. Fehlen hingegen einige oder gar alle Merkmale, so erhöht sich das Rückfallrisiko. Daher werden unabhängig von der Vollzugsart Gefangene mit festem Wohnsitz und fortbestehender familiärer Bindung weniger rückfällig.

Selbst bei der schwierigen Problemgruppe der Heroinabhängigen finden sich eindeutige Zusammenhänge zwischen Heroinabhängigkeit und fester Partnerschaft ebenso wie zwischen der Aufenthaltsdauer in therapeutischen Gemeinschaften und der Drogenverzichtsbereitschaft.

Verlaufen die Sozialisationsvorgänge unvollständig oder mangelhaft, so kann man auch **Störungen in den** für den Menschen **relevanten Bezugsbereichen** wie **Familie, Schule, Arbeit** und **Freizeit** vermuten. Hier wird wiederum der Ort gesehen, an dem die Überwindung gestörter Beziehungen ansetzen muß. Derartige Auffassungen beruhen auf der **sozialisationstheoretischen Annahme**, daß der **wiederholt Straffällige in seinen Bindungen unsicher und geschwächt sowie in sozialen Bezügen gestört ist**. Freilich begegnen wir in der heilpädagogischen und therapeutischen Praxis einer Symptomvielfalt von Persönlichkeitsstörungen ohne Delinquenz. Aus der Analyse der Ausländerkriminalität wissen wir, daß die Reaktionen der Menschen auf desintegrierende Randsituationen verschieden, ja ganz entgegengesetzt sein können (vgl. unten § 38).

Die sozial und strafrechtlich bedeutsamen Auswirkungen der „**Störstrukturen**" (*Engel* 1973, 24) sind derart verschieden und vielfältig ausgeprägt, daß es bisher nicht gelungen ist, die Zuordnung von Verhaltensauffälligkeiten zu Störstrukturen überzeugend zu sichern. **Fähigkeit und Bereitschaft zum Einhalten der Regeln des sozialen Zusammenlebens sind offenbar sowohl bei Mehrfachtätern als auch bei anderen Verhaltensauffälligen erheblich herabgesetzt.** Sie sind abhängig von der Intaktheit dessen, was man die sozialkulturelle Persönlichkeit mit voller Handlungskompetenz nennt. So finden sich bei Mehrfach- und Vielfachtätern eher Zeichen erlernter Hilflosigkeit (siehe oben § 32, 1). Daher liefern Korrelate einer nicht intakten oder gestörten Persönlichkeit wie Vorstrafenbelastung, ferner exzessiver Alkoholgenuß und Mängel in Familien-, Leistungs- und Freizeitbereich so häufig und verläßlich Hinweise (Indikatoren) für Diagnose und Prognose des Rechtsbrechers. Allerdings lassen sich die Grenzen der Verallgemeinerungsfähigkeit bisheriger Forschungsergebnisse nicht verkennen. Denn die Gruppe jener, die auch im Erwachsenenalter dauerhaft und intensiv straffällig werden, ist verhältnismäßig klein. Mit zunehmendem Alter geht jedenfalls sowohl die Anzahl der Verurteilungen insgesamt als auch die Häufigkeit und Intensität der Straftaten, deretwegen aktive Täter verurteilt werden, zurück (so die Ergebnisse einer Nachuntersuchung der Tübinger Jungtäter-Vergleichsuntersuchung durch *Mischkowitz* 1993, 139 ff., 148). Ferner ist fraglich, ob und inwieweit sich die Befunde und Konsequenzen auch auf die rückfälligen Verkehrs-, Umwelt- und Wirtschaftsdelinquenten übertragen lassen (siehe LB § 84).

2. Täteranalyse und strafrechtliche Sozialkontrolle

Nach den Langzeituntersuchungen erscheint auffälliges Sozialverhalten als Vorbote krimineller Entwicklung. Strukturlose Freizeitgestaltung, Unfähigkeit zu Bindungen und unsteter Lebensstil charakterisieren das kriminogene Bedingungsgefüge. Lern- und kontrolltheoretische Konzepte dienen zur Entschlüsselung. Allerdings läßt die **begrenzte Verallgemeinerungsfähigkeit** nicht übersehen, daß wir nur über die konventionellen Rechtsbrecher Erfahrungen vermittelt bekommen, nicht oder weniger über die andere Hälfte der Delinquenten in den Bereichen der Verkehrs-, Umwelt- und Wirtschaftskriminalität.

Immerhin hat die Kohortenforschung verdeutlicht, daß es eine kleine Gruppe von immer wieder straffällig werdenden Rechtsbrechern gibt, auf die ein Großteil der Straftaten entfällt. Diese sogenannten **Intensivtäter** verdienen daher besondere Aufmerksamkeit. Die in Nordamerika aus den Befunden gezogenen Folgerungen äußern sich durchweg in Empfehlungen zu einer „härteren Gangart" in der Strafzumessungspraxis. Ob dies die erforderliche Reaktionsweise ist und sich diese überdies auch als kontraproduktiv erweist, erscheint im Hinblick auf das interaktive Geschehen zwischen Rechtsbruch und Reaktion fraglich. Sicher ist hingegen, daß die bisherige Sanktionspraxis nicht ausreicht, um zeitiger und wirksamer kriminelle Entwicklungen zu verhindern oder abzubrechen. Trotz weitgehender Austauschbarkeit der Sanktionen münden die kriminalpolitischen Forderungen zu der kleinen Gruppe der Intensivtäter wiederum in die individual-präventive Sanktionsforschung.

Lassen sich zumindest Mehrfach- und Rückfalltäter dadurch kennzeichnen, daß sie in ihren sozialen Bezügen gestört sind, Bindungslosigkeit oder -verlust aufweisen und eine abweichende Wertorientierung kennen, so müßte man mit diesem Befund nicht nur die Täterpersönlichkeit charakterisieren, sondern auch die Unterschiede der registrierten Delinquenzbelastung von jung und alt, von Mann und Frau, von arm und reich, in Stadt und Land, von Erst- und Mehrfachtätern erklären können. Ob dies überall möglich und gegebenenfalls auch aussagekräftig ist, erscheint jedoch zweifelhaft. Dies wohl deshalb, weil **nicht nur** eine **Störung sozialer Bezüge** bei jedem Rechtsbrecher vorliegen, sondern **auch Anzeigeerstatter, Polizei und Justiz** von jedem Rechtsbruch in belangvoller Weise Kenntnis nehmen müßten. Diese Voraussetzung wird nicht zuletzt wegen der unterschiedlichen Sichtbarkeit, aber auch wegen der verschieden eingeschätzten Bedeutung und Selektivität des auffälligen Verhaltens nur zum Teil erfüllt. Daher liegt nicht bloß die Analyse jener Personen, Einrichtungen, Prozesse und Mechanismen nahe, welche die Normen der herrschenden Sozialordnung durch Sozialisation auf die junge Generation übertragen, sondern auch jener, welche auf die strafrechtlich relevante Verhaltenskonformität achten sollen. Theoretisch handelt es sich um die **Integration von Kausalforschung und Kontrollparadigma**. Dabei gilt es, auch das Verbrechensopfer einzubeziehen.

Sechstes Kapitel

Verbrechensopfer und Viktimisierung

§ 33 Lehre vom Opfer und die Theorie der Viktimisierung

Schrifttum: *Amelunxen*, Das Opfer der Straftat. Beiträge zur Viktimologie. München 1970; *Baumann*, Das Bild des Opfers in der Kriminalitätsdarstellung der Medien. Ergebnisse einer Untersuchung. Freiburg 1995;*van Dijk*, Research and the Victim Movement in Europe. EuCrimRes 23 (1985), 5-15; *Garofalo*, Reassessing the Lifestyle Model of Criminal Victimization. In: Positive Criminology, ed. by Gottfredson u.a. Beverly Hills u.a. 1987, 23-42; *v. Hentig*, The Criminal and His Victim. Newhaven/Conn. 1948; *Jung*, Viktimologie. In: KKW 1993[3], 582-588; *Kaiser/Kury/Albrecht* (eds.), Victims and Criminal Justice. 3 Vol. Freiburg 1991; *Kiefl/Lamnek*, Soziologie des Opfers. Theorie, Methode und Empirie der Viktimologie. München 1986; *Landau/Freeman-Longo*, Classifying Victims: a Proposed Multidimensional Victimological Typology. In: International Review of Victimology 1 (1990), 267-286; *Mendelsohn*, Une nouvelle branche de la science bio-psyche-sociale: la victimologie. Revue internationale de criminologie et de police technique 10 (1956), 95-109; *Miethe/Meier*, Crime and its Social Context. Toward an Integrated Theory of Offenders, Victims and Situations. New York 1994; *Miyazawa/Ohya* (eds.), Victimology in Comparative Perspective. Tokyo 1986; *Schafer*, The Victim and His Criminal. New York 1968. (Neuaufgelegt unter dem Titel: Victimology: The Victim and His Criminal. Reston/Va. 1977); *Schneider*, Das Verbrechensopfer in der Strafrechtspflege. Berlin u.a. 1982; *ders.*, Viktimologie. HWKrim 5 (1991), 405-425; *Seligman*, Helplessness. San Francisco 1975; *Sessar*, Über das Opfer. Eine viktimologische Zwischenbilanz. In: FS für Jescheck. Berlin 1985, 1137-1157.

1. Entstehung und Bedeutung der viktimologischen Perspektive

Das Opfer und sein Verhalten sind kriminologisch in mehrfacher Hinsicht relevant. Die Bedeutung äußert sich sowohl in den Beziehungen zum Täter, zur Tat und zur Kriminalitätsbewegung als auch in jenen zur Verbrechenskontrolle und zur Rechtspolitik. Teilweise sind **die vielfältigen Aspekte** – mehr naiv erahnt als bewußt gesehen – **schon seit alters her bekannt.** Vielen Rechtsordnungen sind sie als Problem geläufig. In der Gegenwart bezeugen dies normative Lösungen des materiellen

296

Strafrechts und des Strafverfahrensrechts (eingehend unten §§ 47 ff.) sowie des Zivilrechts (z.B. Mitverschulden i.S.d. § 254 BGB).

Zu denken ist an allgemeine und besondere Strafzumessungsregeln (§§ 46 und 46 a StGB) bei Provokation und Verlangen des Opfers (§§ 213, 216 StGB), bei der Kompensation und Aufrechnung (§§ 199, 233 StGB) sowie an das Absehen von Strafe gemäß § 60 StGB (zum Einfluß der Täter-Opfer-Beziehung auf Schuld- und Strafbemessung siehe BGHSt 11, 20 ff.). Ferner sind hier die Vorschriften der Notwehr (§ 32 StGB), der Einwilligung zur Körperverletzung (§ 226 a StGB) und zur Entführung (§ 236 StGB) sowie Antrags- und Privatklagedelikte (§ 374 StPO) und gewisse (alte) Beweisregeln (z.B. Schreien der vergewaltigten Frau und Beweisvermutung bei sog. Auffahrunfällen) zu erwähnen. Aber auch für den Gewaltbegriff im Strafrecht ist die körperliche Beteiligung des Opfers oder dessen Zwangslage als Abgrenzungsmerkmal erheblich.

Die viktimologische Blickschärfung und stürmische Zunahme opferbezogener Forschung wirft die **Frage** ebenso **nach** dem **Erkenntnisgewinn wie** nach der weiteren **Fortentwicklung** auf.

Nehmen wir die kriminologischen Lehrbücher der ersten Nachkriegsjahre zum Ausgangspunkt, so können wir unschwer feststellen, daß damals Verbrechensopfer oder Täter-Opfer-Beziehungen in ihrem Rang entweder gar nicht erkannt oder noch kaum zu den relevanten Dimensionen kriminologischer Analyse gerechnet werden. Zwar hält man schon in jener Zeit die persönlichen Beziehungen des Täters zum Opfer, vor allem bei Mord, für besonders wichtig. Auch erkennt man, daß es „so etwas wie eine persönliche Eignung, Opfer eines bestimmt gearteten Verbrechenseingriffes zu werden", gibt. Aber das Vorhandensein dieser Eignung wie das Verbrechensopfer überhaupt wird lediglich als „ein maßgebender Teil der Tatsituation" begriffen (*Exner* 1949, 262 f.), in ihrer Aussagekraft der „inneren Tatsituation" und der „Gelegenheit" nachgeordnet sowie gleichrangig mit Aspekten des „Tatorts", der „Tatzeit" und der gemeinschaftlichen Begehungsweise eingestuft. Substantiell entspricht dem trotz abweichender Akzentuierung die Sichtweise *v. Hentigs* (1948, 383 ff.), indem dieser das Opfer systematisch lediglich als „Element der Umwelt" begreift. Eine weitere Perspektive sieht das Opfer wiederum als „Gruppenfaktor".

Zu sehr ist die **traditionelle Betrachtung** wohl noch **auf Tat und Täter gerichtet**, als daß sie dem Verbrechensopfer schon eine größere Beachtung hätte schenken können, übrigens ganz ähnlich der geringen Bedeutung, die herkömmlich Klageerzwingungsverfahren, Privatklage und Adhäsionsprozeß in Wissenschaft und Strafrechtspflege eingeräumt wird. Überall wird die **Rolle des Opfers erst in neuerer Zeit problematisiert und besonders nach dem Zweiten Weltkrieg systematisch erforscht.**

Die **Viktimologie** (lat. victima = Opfer) will die Beziehungen zwischen dem Rechtsbrecher und dem Verbrechensopfer untersuchen. Die Bezeichnung soll von

Wertham (1948) stammen. Teilweise wird Viktimologie als selbständige Disziplin begriffen, die sich als Parallelwissenschaft zur Kriminologie versteht und sich ausschließlich den Opfern von Verbrechen oder Unfällen zuwendet. Nach dieser nur selten vertretenen Auffassung besteht die Aufgabe der Viktimologie darin, die Opferpersönlichkeit unter biologischen, psychologischen und soziologischen Gesichtspunkten zu untersuchen (*Mendelsohn* 1956, 97). Außerdem soll ein System vorbeugender und therapeutischer Maßnahmen entwickelt werden, um das potentielle Zum-Opfer-Werden zu verhindern. Dem entspricht die Entwicklung einer besonderen „Opfer-Prognose". Danach liegt die Rechtfertigung der Viktimologie „in ihrem Korrelat zur Kriminologie" (*Sessar* 1985, 1147). Manche systematische Darstellungen (*Kiefl/Lamnek* 1986 u.a.) verdeutlichen dies.

Von der Konzeption einer übergreifenden Opferlehre geht fraglos eine starke Faszination aus, zumal sich damit ein begrüßenswertes sozialpolitisches Anliegen verbindet (*Jung* 1993, 582). Doch alle diese Ansätze, so wichtig sie auch im einzelnen sein mögen, werden der kriminologischen Bedeutung des Opfers nicht stets gerecht. Denn auch jetzt pflegt man aus der kriminologischen Täterforschung bekannte Fragestellungen häufig nur zu übernehmen und auf die Opferanalyse sinngemäß anzuwenden. So läßt etwa die Frage danach, ob es ein geborenes Opfer gäbe, vermuten, daß sich im viktimologischen Forschungsfeld die kriminologische Wissenschaftsgeschichte wiederholt. Dementsprechend bedeutet „eine Opferforschung als Korrelat zur Täterforschung ..." die Suche nach viktimogenen Faktoren vor allem psychischer und sozialer Art, Charakteristika also, die jemanden attraktiv genug machen, das Ziel eine Straftat zu werden. Ähnlich der Kriminologie, deren Entstehungsbedingungen bei näherem Hinsehen stets den Mehrfachtäter meinen, interessiert sich die Viktimologie für Mehrfachopfer" (*Sessar* 1985, 1140). Auch hier wiederholen sich die methodischen Schwierigkeiten. Die Entwicklung oder Anwendung eines neuen Instrumentariums zur Opferanalyse setzt erst spät ein, ebenso das Bewußtsein von der Massenviktimisierung durch eine politische Subkultur sowie das Wissen über die partielle Identität von Täter- und Opferpersönlichkeiten. Die gebotene Einheitlichkeit der vielschichtigen kriminologischen Analyse macht es daher fraglich, die Untersuchung von Situation, Verhalten und Persönlichkeit des Opfers theoretisch zu verselbständigen und zu einem autonomen Forschungszweig, der Viktimologie, auszugestalten.

Gleichwohl nimmt die **viktimologische Forschung während der letzten Jahrzehnte** einen eindrucksvollen **Aufschwung**. Dieser verdankt seine Existenz und Durchschlagskraft nicht etwa neuen Durchbrüchen in der Erkenntnis von Hause aus viktimologischer Untersuchung, sondern vor allem Anstößen „von außen". Er muß also besondere **Gründe** haben.

Die neue Blickschärfung für Funktion und Belange des Opfers **erfreut sich**, wie es scheint, **vielfältiger Genese**. Sie entstammt ebenso dem Bewußtsein steigender Kriminalität, ja der Furcht vor dem Verbrechen, wie dem neu entwickelten Forschungsinstrument der **Opferbefragung** und in Anknüpfung daran dem neu entstandenen **Interesse an Anzeigeverhalten, Selbsthilfe und Sozialkontrolle**.

Die strategische Rolle des Opfers in seiner Macht zur Definition und Selektion des Verbrechers und damit als Agent strafrechtlicher Sozialkontrolle wird sichtbar. Gerade die Befunde der Opferbefragungen rücken sie in ein neues Licht, erscheint doch damit eine Reihe methodischer Schwierigkeiten ebenso der bisherigen Dunkelfeldforschung wie der kriminalstatistischen Analyse weithin behoben. Überdies verspricht die komparative Opferbefragung, zur Entschlüsselung des Problems weltweiter Kriminalitätsbelastung beizutragen, also einen Vergleich zu ermöglichen (siehe oben § 21, 3 m.n.), den die internationale Kriminalstatistik bislang vergebens erstrebt hat. Ferner erlaubt es die Verknüpfung perzipierter Viktimisierung und Sanktionswirkung, dem „Rätsel" der Generalprävention empirisch näherzukommen. Auf der anderen Seite glaubt man, daß der neueingeführte Begriff des sogenannten opferlosen Verbrechens einen brauchbaren Indikator für die Grenze der Kriminalisierung zu liefern vermag. Hinzu kommt die **Blickschärfung für Ungleichheit und** das Engagement für **sozial Ohnmächtige**. Im einzelnen gemeint sind Kinder, Frauen und sozial Schwache. Die Theorie erlernter sozialer Hilflosigkeit (siehe oben § 27, 1), zum Teil ebenso für Opfer wie für Täter tauglich, sucht diesen Sachverhalt zu deuten. Um die starke Forschungsentwicklung in den Bereichen der Kindesmißhandlung und der Vergewaltigung zu erklären, mußten freilich noch zusätzliche Anreize ausgelöst werden. Diese entstammen der neuen Sensibilität für **Gewalt** – in der Gesellschaft, der Familie oder in der Ehe – **und** nicht zuletzt **spätemanzipatorischen Strömungen**, wie sie sich im neuen Feminismus äußern. Von der verstärkten Empfindlichkeit gegenüber jeglicher Gewalt, vor allem der Gewaltausübung in der Familie, dürfte „eine Sogwirkung für die Viktimologie insgesamt" ausgegangen sein. Derartige Anregungen und Denkanstöße werden seit Anfang der siebziger Jahre vielfältig aufgegriffen, fortentwickelt und gelegentlich auch propagandistisch verstärkt (vgl. *van Dijk* 1985, 5 ff.) durch eine Reihe internationaler Symposien zur Viktimologie und Kongresse bis hin zu den Verhandlungen des Deutschen Juristentages 1984 zur Rechtsstellung des Verletzten (dazu und zur Schadenswiedergutmachung siehe unten §§ 47 ff.). Ob gewollt oder nicht, wird die Hinwendung auf das Opfer von dem sich stärker bemerkbar machenden **„Law and order"-Denken** begünstigt (*Jung* 1993, 583).

Faßt man die Anregungen und neuen Einsichten zusammen, so sind es weder die viktimologisch selbstgenügsame Untersuchung noch eine etwaige Radikalisierung der Viktimologie, welche die Neuentwicklung anbahnen und ihr zum Durchbruch verhelfen. **Entscheidend** ist vielmehr die Entwicklung und Anwendung der **Opferbefragung sowie** die breite und intensive **Verknüpfung der neuen Befunde mit dem gesamtkriminologischen Wissen, der Kriminalpolitik und** – obschon etwas verzögert – **der Strafrechtsdogmatik**. So gesehen ist die kriminologische Analyse durch Einbeziehung der viktimologischen Perspektive außerordentlich befruchtet worden. Konstruktion der Verbrechenswirklichkeit sowie Analyse der Kriminalisierung und Sozialkontrolle liefern hier unverändert die Impulse. **Die gesamtkriminologische Analyse** zu Verbrechen, Kriminalität, Täterpersönlichkeit und Verbrechenskontrolle **läßt daher den Verzicht auf viktimologische Fragestellungen schon gar nicht mehr zu**, wenn man keinen Erkenntnisverlust riskieren will. So geht es um die vertiefte Erkenntnis des Zusammenhangs zwischen Verbrechenskontrolle, Kriminalisierung, dem Straffälligwerden und der Kriminalitätswirklichkeit. Diesen Beziehungen ist auch die Viktimisierung zugeordnet, freilich unter besonderer Blickschärfung für Gewalt und soziale Ungleichheit.

Als **thematische Schwerpunkte** lassen sich der Viktimisierungsprozeß, Opferbefragungen, Opferbehandlungs- und -entschädigungsprogramme, Opferrechte und ihr spezielles Verhältnis zum Strafrecht ausmachen (dazu die Beiträge in dem dreibändigen Sammelwerk von *Kaiser/Kury/Albrecht* 1991). Außerdem kann man eine Verschiebung der Gewichte beobachten, nämlich von den Opfertypologien zur Analyse von Situationen der Viktimisierung. Allerdings gilt das Hauptinteresse der Forschung noch immer den Gewalt- und Sexualdelikten. Wenn viele Viktimologen ihre eigentlichen Prioritäten in dem Bereich „Opferhilfe, Opferbehandlung und Prävention" erblicken, so hängt dies sicher nicht nur mit persönlichem Engagement zusammen. Eher schon ist die Viktimologie von ihrem sozialen und kriminalpolitischen Selbstverständnis her geradezu darauf angelegt, diesen Bereich angesichts der zum Teil empfindlichen Lücken zum Schwerpunkt ihrer Aktivitäten auszugestalten (*Jung* 1993, 586). So gewinnt die Schadenswiedergutmachung (vgl. §§ 46 Abs. 2, 56 b Abs. 2 StGB, 153 a Abs. 1 StPO, 15 Abs. 1 JGG) als sogenannter Täter-Opfer-Ausgleich (§ 46 a StGB, §§ 10 Abs. 1 Nr. 7, 23 Abs. 1, 45 Abs. 2, 47 Abs. 1 Nr. 2 JGG) durch mehr Verfahrensgerechtigkeit (Befriedung und Fairness) grundlegende Bedeutung (dazu eingehend unten § 49). Ferner anerkennt man die Entschädigung der Verbrechensopfer von Gewalttaten zunehmend als öffentliche Aufgabe.

Doch hierin erschöpft sich das viktimologische Potential noch nicht. Die Impulse haben auch darüber hinaus das Strafrecht erreicht und hier zu Ansätzen einer **„Viktimo-Dogmatik"** geführt (dazu unten § 47). Die Auseinandersetzung reicht von der Grundsatzfrage über den Rang der Wiedergutmachung im Rahmen der Strafzwecke über die Bedeutung des Opferverhaltens für die Konstruktion und Interpretation strafrechtlicher Tatbestände bis zur Stellung des Verletzten im Strafverfahren.

Danach gilt die viktimologische Perspektive als fester Bestandteil des „Dreiklanges von Tat, Täter und Opfer", (*Schwind* 1996, 320, in Anlehnung an *Amelunxen* 1970), wobei allerdings diese Trias auch kritisch als „Täter, Staat und Opfer" umgedeutet wird. Immerhin ist die Täter-Op-

fer-Beziehung nach heutiger Auffassung für das Verständnis der Straffälligkeit (vgl. *v. Hentig* 1948; *Schafer* 1968) und für die Verbrechenskontrolle (*Schneider* 1982; *Sessar* 1985, 1144 ff.; *Miyazawa/Ohya* 1986,
439 ff.; *Kaiser/Kury/Albrecht* 1991, Vol. 2; *Schneider* 1991, 405 ff.) so
bedeutsam, daß auf sie auch für die kriminologische Analyse nicht
verzichtet werden kann.

2. Lehre vom Opfer und ihre Schwächen

Wie Antrags- und Privatklagedelikte (§ 374 StPO) sowie Klageerzwingungsverfahren (§ 172 StPO) noch abgeschwächt erkennen lassen, nehmen in der Frühzeit der Rechtskultur das Verbrechensopfer und dessen
Angehörige den Schutz ihrer Belange selbst wahr. Erst im Laufe der
Rechtsentwicklung werden die Verletzungen von Rechtsgütern des Opfers ausdrücklich anerkannt und vom Staat als verfolgungswürdig übernommen. Daher äußert sich in dem historisch gewordenen Kriminalisie-
rungsprozeß auch ein bestimmtes **Bild vom Verbrechensopfer**. Dieser
Befund gibt im wachsenden Umfang zu wissenschaftlichen und rechtspolitischen Überlegungen Anlaß.

Dabei ist man keineswegs sicher, ob von hier aus gegenüber dem Verbrechensbegriff (siehe oben § 18) überlegene Kriterien (z.B. „victimless crimes") gewonnen werden. Zweifel folgen nicht nur aus der Beobachtung, daß sich der Kernbestand des Unrechts als verhältnismäßig zeitüberdauernd erwiesen hat. Zu denken
ist vor allem an die Schwierigkeiten im sozialen Umwertungsprozeß bei Verkehrsdelikten trotz erheblicher Verkehrsopfer sowie die mühsamen Bestrebungen
zur Neukriminalisierung und Verstärkung der Strafverfolgung auf den Gebieten
der Umwelt- und Wirtschaftskriminalität (dazu LB §§ 72 ff.). Denn diese Deliktsgruppen sind ja gerade durch die sich hier verflüchtigende Opfereigenschaft
gekennzeichnet. Deshalb ist der für die Viktimologie zentrale **Opferbegriff** (*Jung*
1993, 583) konfliktreich (*Sessar* 1985, 1146). Die Herausbildung eines besonderen Opferbegriffs erscheint aber wissenschaftlich wenig fruchtbar (a.A. *Schwind*
1996, 321; zu Gefahren des Subjektivismus LB § 47 Rz. 13).

Ähnliche und zusätzliche Schwächen zeigen auch die **Opfertypologien**. Zwar
lassen die verschiedenen Verhaltenstypen des Opfers das breite Spektrum der
Opferrolle erkennen. So kann man das gänzlich unschuldige Opfer vom Opfer
aus Unwissenheit, vom freiwilligen, dem aus Unvorsichtigkeit handelnden, dem
provokatorischen, dem angreifenden, dem simulierenden und dem eingebildeten
Opfer unterscheiden (*Mendelsohn* 1956, 105 f.). Gröbere Typologien differenzieren nach jungen und alten Personen, nach Männern und Frauen, nach abnormen
Persönlichkeiten sowie nach Einwanderern und Angehörigen von Minderheiten
(*v. Hentig* 1948, 404 ff.). Die wiederholten Versuche zur verfeinerten Kategori-
sierung nach dem Grad der Fremdheit des Täters oder der Art des Opfers

befriedigen zwar Ordnungsbedürfnisse. Auch bringen neue Klassifizierungen nach dem unterschiedlichen **Opferrisiko** (Verwundbarkeit, Schutzlosigkeit, Attraktivität, Schaffung erhöhter Risiken, Provokation) einen systematischen Gewinn (vgl. *Sessar* 1985, 1141 f.; *Landau* u.a. 1990, 267 ff.). Sie gelangen aber über Bekanntes eigentlich nicht hinaus und bleiben deskriptiv. Wie fast alle Typologien vermittelt auch diese beschreibende Phänomenologie keine weiterführende Erkenntnis. Sie leidet überdies an dem Mangel empirischer Absicherung.

Wohl steht die **Täter-Opfer-Beziehung** unverändert im Zentrum der Viktimologie. Ihre Erforschung stellt „erst eigentlich den viktimologischen Zugewinn" dar (*Sessar* 1985, 1143). Doch haben die Untersuchungen hierzu nur wenig vertiefte Einsichten vermitteln können. Interaktionsanalysen liegen zum Täter-Opfer-Verhältnis kaum vor und sind ggf. rekonstruiert, beruhen verständlicherweise aber nur selten auf teilnehmender Beobachtung. Tagebuchaufzeichnungen des Opfers oder nachträgliche Tatrekonstruktionen können wegen ihrer Subjektivität bzw. Statik die wechselvolle Dynamik der Tatentwicklung nur unzulänglich einfangen und verläßlich wiedergeben, insbesondere dann, wenn es sich um die Feststellung der „Freiwilligkeit" im Falle der Vergewaltigung oder der Zuhälterei handelt. Damit fehlen zugleich Prozeßanalysen für Entstehung und Verlauf der Viktimisierung. Allenfalls haben **neue Einsichten in die partielle Täter-Opfer-Identität** im Jugendalter oder im Straßenverkehr den Ertrag zu steigern vermocht, freilich vorwiegend außerhalb der viktimologischen Forschung. Sie lassen den mitunter hohen Grad der Selbstgefährdung des Täters bewußt werden. Fälle, in denen „aufgerechnet" oder von Strafe abgesehen wird, deuten den Sachverhalt an. Ist die Tatgenese in der Beziehung selbst zu suchen, so werden Täter und Opfer zu „bloß" normativen Rollenzuschreibungen (*Sessar* 1985, 1144), freilich mit unterschiedlichen Konsequenzen, wie sich namentlich bei der Notwehr zeigt.

Schon der Suche nach dem sogenannten Unfäller seit den 20er Jahren liegt die Annahme gehäufter Fremd- und zugleich Selbstgefährdung zugrunde und damit auch die Existenz sogenannter **Opferprognosen und Opferpersönlichkeiten**. Doch haben sich die Erwartungen, die einst an jenes Konzept geknüpft waren, noch nicht erfüllt.

3. Forschungslücken und Defizite der Theoriebildung

Die von Wissensmängeln gekennzeichnete Forschungslage beruht auch darauf, daß die theoretische Durchdringung und Entfaltung der viktimologischen Perspektive noch nicht weit gediehen ist. Offenbar überlagern rechtspolitische Interessen dieses Forschungsfeld. Doch gerade hier kann die viktimologische Bewegung ihre größten Erfolge verbuchen (dazu kritisch *van Dijk* 1985, 12 ff.). Ob die zur Erklärung herangezogenen **Lebensstilkonzepte** (dazu *Garofalo* 1987, 23 ff. m.N.), **unterschiedlichen Gelegenheitsstrukturen** und die **Theorie der erlernten Hilflosigkeit** (*Seligman* 1975) erheblich weiterführen, muß die Forschung erst noch ausweisen. Dies gilt auch für den Versuch, die viktimologische Perspektive in den anerkannten Theoriebestand der Kriminologie zu integrieren (dazu *Miethe* u.a. 1994, 60).

Nach dem **Lebensstilkonzept** – das bereits seit langem auf den Unfäller wie auf den Täter (siehe oben § 30) bezogen wird – hängt die Chance, Opfer einer Straftat zu werden, von den Rollenerwartungen und Zwängen ab, welche die täglichen Aktivitäten in Beruf und Freizeit bestimmen. Der Lebensstil läßt die Opferrisiken erkennen, da von ihm abhängt, mit welcher Wahrscheinlichkeit man sich unter bestimmten Umständen zu einer bestimmten Zeit an einem bestimmen Ort aufhält, um dort mit bestimmten Personen Kontakt aufzunehmen (vgl. *Sessar* 1985, 1141; *Garofalo* 1987, 23 ff.). *Kiefl/Lamnek* (1986, 131 ff., 167 ff.) versuchen demgegenüber, das viktimologische Erklärungspotential sozialwissenschaftlicher Theorien zu nutzen. Dies hat den Vorzug der Einbettung viktimologischer Perspektiven in die kriminologische Gesamtbetrachtung. Doch zeigt sich der Übertragungs- und Anwendungsversuch als viktimologisch wenig ergiebig. Praktisch handelt es sich um die Ausdehnung von gängigen Konzepten auf die Viktimisierung. Dies zeigt sich etwa bei der Heranziehung des soziokulturellen Wandels, bei dem der viktimologische Beitrag lediglich als Korrelat zum kriminologischen erscheint.

Viktimologische Schwierigkeiten der Analyse geben besonders die modernen Massendelikte auf, die vornehmlich als Gefährdungsdelikte konstruiert sind. Trifft aber das Opferrisiko nahezu jedermann, so verstärkt sich nicht etwa das viktimologische Interesse, sondern es schwächt sich ab. „Wo jeder Opfer ist, ist niemand Opfer". Anwendungsfälle potentieller Viktimisierung für jedermann liefern namentlich die **Straßenverkehrsdelinquenz,** die **Umweltkriminalität** und die **Eigentumsdelikte.** Hier sind die Täter dem Verbrechensopfer in der Regel anonym und fremd. Ähnliches gilt für die Phänomene des Alkoholismus und Drogengebrauchs sowie der Jugendsekten, hier offenbar wegen vermuteter Opferlosigkeit oder Selbstschädigung. Gleichwohl kann eine derartige Sichtweise nicht befriedigen. Denn die sich mit jenen Erscheinungen verbindenden Schäden und sozialen Folgeprobleme erfordern ebenso wie beim Unfallgeschehen kriminologische Aufmerksamkeit.

4. Opfer und Massenmedien

Die fachwissenschaftliche und engagierte Blickschärfung für das Verbrechensopfer setzt sich in den Massenmedien nur abgeschwächt und gebrochen fort. Die Eigentümlichkeiten und Mängel in der Wiedergabe oder genauer in der Konstruktion von Tatsachen massenmedialer Kriminalitätsberichte äußern sich auch hier. Zu denken ist besonders an die **Selektivität** der Berichterstattung, da Gewalt- und Sexualverbrechen bevorzugt werden und trotz ihrer relativen Seltenheit übermäßig häufig in den Massenmedien erscheinen. Ferner ist die **Verzerrung** von Realität hervorzuheben, insofern vielschichtige Zusammenhänge der **Vereinfachung** und Reduzierung auf Stereotypen unterliegen. Das Verbrechensopfer bildet nur insoweit eine Besonderheit, als es weniger als Tat und Täter im Blickpunkt steht, nur halb so häufig in den Schlagzeilen erscheint, falls es nicht gar unsichtbar wird (*Baumann* 1995, 38ff., 10ff.).

Allerdings fällt das Interesse der Wissenschaft an der Analyse massenmedialer Opferdarstellung bislang nicht viel größer aus. Die Untersuchungen zur Kriminalitätsdarstellung in der Presse reichen zwar 60 Jahre zurück. Aber die massenmediale Opferdarstellung hat es **nur selten** und auch erst verhältnismäßig spät vermocht, die **wissenschaftliche Aufmerksamkeit** auf sich zu lenken. Dies verwundert deshalb, als sie kriminalpolitisch äußerst bedeutsam ist, insbesondere für Opferprävention und Opferhilfe sowie für das Verständnis von Gerechtigkeit in der Gesellschaft schlechthin. Doch die sich mit Tat und Täter verbindende Faszination wirkt offenbar so stark und nachhaltig, daß sie ein Interesse am Opfer auch in der Medienanalyse nur zögernd aufkommen läßt. Die empirische Forschung spiegelt herkömmlich in der Untersuchung massenmedialer Opferdarstellung die Struktur der Kriminalberichterstattung wider. Danach nimmt das Thema „Kriminalität" im Durchschnitt keine herausgehobene Stellung ein, mit Ausnahme bestimmter Fälle von Gewaltkriminalität, die vorrangig behandelt werden. Der Aufmerksamkeitswert ist also insgesamt relativ gering.

Für den Fall, daß überhaupt über Opferaspekte berichtet wird, handelt es sich vorrangig um Individualopfer, die verglichen mit der Verbrechensrealität überrepräsentiert sind. Im übrigen sind die Verbrechensopfer überwiegend weiblich und befinden sich im jugendlichen Alter. Schwere Delikte sozial hochstehender Täter mit weiblichen Opfern haben die größten Publizitätschancen. Die Täter-Opferbeziehung wird regelmäßig für erwähnenswert gehalten.

Im ganzen erschöpft sich das Opferbild in der Presse übereinstimmend in wenigen Grundinformationen, namentlich in Kurzbeschreibungen mit Angaben zum Namen, Geschlecht, Beruf und der Art der Verletzung. Ausnahmsweise treten in spektakulären Fällen zusätzliche Informationen hinzu. Bei alledem scheinen sich Lokalzeitungen in der selektiven Darstellung des Opferbildes der Realität stärker zu nähern als überregionale Medien.

5. Folgerungen

Insgesamt gesehen muß man feststellen, daß nach fast fünfzig Jahren viktimologischer Analyse der **Täter** in seiner Verantwortung im ganzen **nicht entlastet** ist, **sondern** das **Opfer und sein Schutzinteresse** gestärkt, ja weiterhin **verstärkungsbedürftig** erscheinen. Umwelt-, Verkehrs-, Wirtschafts-, Sexual- und Gewaltkriminalität verdeutlichen dies. Man könnte anhand neuerer Entwicklungstendenzen der Kriminalpolitik gar den Eindruck gewinnen, als liege der beste Schutz des potentiellen Verbrechensopfers in der noch stärkeren Belastung des Täters durch seine möglichst langfristige Unschädlichmachung („incapacitation"; dazu oben § 13, insb. 5.). Denn jedenfalls in der Zeit der Inhaftierung würden vom Täter keine Gefahren ausgehen, so daß insgesamt gesehen das allgemeine Risiko der Viktimisierung gesenkt werden könnte. Ob dies wirklich der Fall wäre, ist erneut Gegenstand des Streits.

Freilich wird auch diese Kontroverse nicht durch spezifisch viktimologische Forschung gelöst, sondern am ehesten durch deren Einbettung in das gesamtkriminologische Problemfeld entschärft. Damit tritt aber das Opfer nicht wieder in das wissenschaftliche Dunkel früherer Jahrzehnte zurück, sondern gewinnt seine Bedeutung im Zusammenhang mit der Entstehung und Kontrolle des Verbrechens. Gerade die Erweiterung des Blickfeldes über die Ätiologie der Täter-Opfer-Beziehung hinaus hat entscheidend zu neuen Einsichten beigetragen, die allerdings die Bezugsrahmen traditioneller Viktimologie und Kriminologie hinter sich lassen.

§ 34 Gruppen mit besonderem Opferrisiko

Schrifttum: *Albrecht, H.-J.*, Kinderhandel. Der Stand des empirischen Wissens im Bereich des (kommerziellen) Handels mit Kindern. Bonn 1994; *Brocker*, Der Schutz kindlicher Opferzeugen – Eine kritische Bestandsaufnahme. MschrKrim 79 (1996), 406-425; *Fattah/Sacco*, Crime and Victimization of the Elderly. Berlin u.a. 1989; *FitzGerald/Hale*, Ethnic Minorities, Victimisation and Racial Harassment. Home Office Research Findings no. 39. London 1996; *Kaiser*, Kindesmißhandlung gestern und heute aus kriminologischer Sicht. In: Kindesmißhandlung, hrsg. v. Haesler. Diessenhofen/CH 1983, 11-33; *Kawelovski*, Ältere Menschen als Kriminalitätsopfer. Wiesbaden 1995; *Kreuzer* u.a. (Hrsg.), Alte Menschen als Täter und Opfer. Alterskriminologie und humane Kriminalpolitik gegenüber alten Menschen. Freiburg 1991; *Mercer*, Consequences of Institutionalization of the Aged. In: Abuse and Maltreatment of the Elderly, ed. by Kosberg. Boston u.a. 1983, 84-103; *Schwarzenegger*, Opfermerkmale, Kriminalitätsbelastung und Anzeigeverhalten im Kanton Zürich: Resultate der Zürcher Opferbefragung. SchwZStr 108 (1991), 63-91; *Sessar*, Ausländer als Opfer. In: FS für Schüler-Springorum. Köln u.a. 1993, 111-121; *Smith*, Chances in the Victimization of Women: Is there a „New Female Victim"? JResCrim 24 (1987), 291-301; *Steffen*, Ausländer als Kriminalitätsopfer. In: Das Opfer und die Kriminalitätsbekämpfung. BKA-Arbeitstagung 1995, hrsg.v. Bundeskriminalamt. Wiesbaden 1996, 247-282; *Trube-Becker*, Gewalt gegen das Kind. Heidelberg 1987[2]; *U.S. Department of Justice*, Sourcebook of Criminal Justice Statistics 1995. Washington/D.C. 1996; *dass.*, Teenage Victims. A National Crime Survey Report. Washington/D.C. 1990; *Wetzels/Greve/Mecklenburg* u.a., Kriminalität im Leben alter Menschen. Eine altersvergleichende Untersuchung von Opfererfahrungen, persönlichem Sicherheitsgefühl und Kriminalitätsfurcht. Ergebnisse der KFN-Opferbefragung 1992. Stuttgart u.a. 1995; *Whitaker*, Elderly Victims. U.S. Department of Justice. Rockville/Md. 1987; *Wolff/Albrecht/Strunk*, Gewalt gegen Kinder. Das Phänomen der Kindesmißhandlung aus sozialpsychologischer, kriminologischer und jugendpsychiatrischer Sicht. Freiburg 1986.

Zu den durch Kriminalität besonders verletzbaren Gruppen zählen erwartungsgemäß Frauen, Kinder und alte Menschen. Diese prägen aufgrund höherer Gefährdung wesentlich das Opferprofil, genauer betrachtet vor allem bei Gewaltstraftaten.

1. Frauen

Im Gegensatz zu dem nach wie vor kleinen Anteil des weiblichen Geschlechts an den Straftätern (dazu oben § 29, 3) werden **Frauen** nur relativ geringfügig seltener das Opfer einer Straftat als Männer. Dies gilt besonders für die Viktimisierung durch Eigentums- und Vermögensdelikte.

Zwar gelangen die nationalen Erhebungen zur Verteilung eines generellen Opferrisikos zwischen den Geschlechtern zu nicht ganz einheitlichen Ergebnissen. So gaben beispielsweise 1986 in der Schweiz 24% der befragten Frauen im Vergleich zu 25% der Männer an, das Opfer einer Straftat geworden zu sein (*Schwarzenegger* 1991, 72). Demgegenüber lag in den USA 1992 bezogen auf 1000 Personen über 12 Jahren – bei allerdings engerer Deliktsbreite – die Opferrate von Frauen bei 45 gegenüber 62 für Männer (*US Dept Justice* 1996, 232).

Gravierende Unterschiede zeigen sich jedoch dann – sowohl nach Befragungen wie nach der Polizeistatistik –, wenn man die Belastungsziffern für die einzelnen Delikte aufschlüsselt: So waren beispielsweise 1995 in Deutschland von den bekanntgewordenen Mordopfern insgesamt 45% weiblichen Geschlechts. Während bei vollendeten Raubmorden 30% auf Frauen und Mädchen entfielen, waren bei Sexualmorden dagegen 90% der Opfer Frauen und Mädchen. Bei einem etwas höheren Prozentsatz männlicher Opfer von Raub, räuberischer Erpressung und räuberischem Angriff auf Kraftfahrer waren insgesamt nur 7% bei vollendetem Zechanschlußraub, 18% bei vollendetem räuberischen Angriff auf Kraftfahrer, aber 92% bei vollendetem Handtaschenraub weibliche Opfer. Hingegen sind bei Straftaten gegen die sexuelle Selbstbestimmung erwartungsgemäß weibliche Opfer ganz erheblich überrepräsentiert: 1995 waren 88% der Opfer einer sexuellen Nötigung und 76% sexuell mißbrauchter Kinder weiblichen Geschlechts, während der gesetzliche Tatbestand der Vergewaltigung bislang nur weibliche Opfer kannte (PKS 1995, 137, 142, 150).

Da Viktimisierung grundsätzlich eine gewisse Überlegenheit des Täters sowie Unterlegenheit des Opfers voraussetzt und ferner notwendig ist, daß Gelegenheiten zur Tatausführung bestehen, ist nicht nur an den vielzitierten Handtaschenraub oder Entreißdiebstahl zu denken, sondern ebenfalls an betrügerische Haustürgeschäfte, Autoverkäufe und -reparaturen sowie unlautere Geschäftspraktiken auf Versorgungs- und technischem Dienstleistungsgebiet.

Mehr noch als Frauen mögen **Kinder** zu den Verbrechensopfern zählen. Vor allem handelt es sich um sexuellen Mißbrauch und Kindesmißhandlungen.

2. Kinder

Die **Kindesmißhandlung** hat es schon immer gegeben; jedoch ist sie erst um die Jahrhundertwende in das Blickfeld von Wissenschaft und Öffentlichkeit getreten. Eine Flut von Veröffentlichungen seitens Juristen, Kinderärzten und Sozialarbeitern zeigt das Ausmaß von Kindesmißhandlungen an. Kinder werden mit allen denkbaren Gegenständen geschlagen, mit heißem Wasser verbrüht. Man läßt sie verhungern oder in ihrem Urin und Kot liegen. Jahr für Jahr werden 600 bis 1000 Kinder von ihren Eltern getötet. Nach Schätzungen sollen jährlich gar 60 000 bis zu mehr als 1 Million Kindesmißhandlungen begangen werden. Oft sind die körperlichen Folgen der Mißhandlungen derart schwer, daß es unbegreiflich scheint, wie sie übersehen werden können und auch vom Arzt nicht als Mißhandlungsspuren erkannt werden. Kindesmißhandlung muß daher auch als ein ärztliches Problem angesehen werden. Denn der Arzt hat bei den schweren Verletzungen eine Schlüsselrolle, indem er entscheidet, ob die Mißhandlung als solche erkannt oder als Unfall betrachtet wird. Die Opfer der Mißhandlungen sind in der Regel Kleinstkinder und Kinder im Vorschulalter. Entgegen früherer Feststellung werden eheliche Kinder genauso häufig mißhandelt wie uneheliche und Stiefkinder (*Trube-Becker* 1987, 18).

Die Täter der bekanntgewordenen Fälle stammen fast immer aus den sozialen Unterschichten: dies hängt allerdings auch mit der größeren Sichtbarkeit bei sozial ungünstigen Verhältnissen zusammen. Häufig waren die Täter als Kinder selbst Opfer von Mißhandlungen, die sie nun an ihre Kinder weitergeben. Als besonders gefährdet gelten die sogenannten Multiproblemfamilien, die durch Arbeitslosigkeit, exzessiven Alkoholkonsum, hohe Kinderzahl und schlechte Wohnverhältnisse gekennzeichnet sind. Demzufolge wird die Kindesmißhandlung zunehmend nicht nur als strafrechtliches, sondern als soziales Problem angesehen. Die Bedeutung von Vorbeugungsstrategien tritt gegenüber der reaktiven Stufe in den Vordergrund. Allerdings können die bisherigen Angebote an Hilfestellung und Vorbeugung nur als Ansätze zu einem aktiven Kinderschutz betrachtet werden, die jedoch das wirkliche Ausmaß der Mißhandlungen und Vernachlässigung kaum eindämmen können.

Hingegen werden im **Fall des sexuellen Mißbrauchs von Kindern** tiefgreifende und nachhaltige Störungen der Persönlichkeitsentwicklung seltener festgestellt. Vor allem gilt dies bei normal entwickelten, in unauffälligen Umweltverhältnissen aufwachsenden Kindern, abgesehen von einer vorübergehenden Beunruhigung. Gleichwohl wird man sich kaum entschließen können, Kinder den sexuellen Zumutungen von Erwachsenen schutzlos preiszugeben (zur „Gewalt in der Familie" siehe unten § 40). Selbst dort, und das ist die Minderheit der Fälle, wo die Initiative vom Kind ausgeht und wo eine Art partnerschaftliche Beziehung vorliegt, bedarf es der Klärung, ob das Kind nur den Sexualpartner sucht oder vor allem die väterliche Ersatzperson und den Freund, bei dem gegebenenfalls die Sexualbeziehung mit in Kauf genommen wird. Auch bestehen Unterschiede zwischen den Fällen, bei denen sich das sexuelle Erlebnis des Kindes lediglich auf die Exhibition eines Erwachsenen beschränkt, und jenen Fällen, bei denen z.B. Väter mit ihren Kindern über längere Zeit hindurch sexuelle Beziehungen unterhalten. Im übrigen herrscht heute große Einigkeit darüber, daß das gesamte Strafverfahren mit seinen immer neuen Vernehmungen wahrscheinlich oft schädlicher für das Kind ist als die Tat selbst. Denn das Verfahren ruft den kriminellen Vorgang wiederholt ins Gedächtnis zurück und bringt darüber hinaus das Kind in eine schwierige Rolle (vgl. § 241 a StPO). Deshalb wurde auf Bundesratsinitiative der Entwurf eines **Gesetzes zum Schutz kindlicher Zeugen** in den Bundestag eingebracht (BT-Drucks. 13/4983). Der Entwurf sieht die Verwendung von Bild-Ton-Übertragungen und -aufzeichnungen im Strafprozeß vor, um den minderjährigen Opfern von Straftaten die oftmals belastende Aussage in der gerichtlichen Hauptverhandlung ersparen zu können (zu Möglichkeiten weiterer Reformen zum Schutz kindlicher Opferzeugen vgl. *Brocker* 1996, 415 ff.). Wenn schon die schädliche Wirkung verbaler Wiederholung zutrifft, dann gilt sie natürlich erst recht hinsichtlich sexueller Dauerkontakte für die psychische Entwicklung des Kindes, also dann, wenn die sexuellen Beziehungen mit dem Erwachsenen über ein punktuelles Erlebnis hinausgehen und sich wiederholen oder gar über längere Zeit hinweg andauern.

Der Schutz von Kindern gilt seit langem als eine der vordringlichen Aufgaben, die der staatlich organisierten Gesellschaft obliegt. Trotz dieser Schutzaufgabe, die mit der Europäischen Sozialcharta vom 18. Oktober 1961 weite Anerkennung gefunden hat, haben sich in der Gegenwart Erscheinungen der **Kinderpornographie**, des **Kindersextourismus** und auch eines kommerziell organisierten „Kinderhandels" entwickelt, die ebenso des wissenschaftlichen Interesses wie der staatlichen Intervention bedürfen. Demgemäß hat der deutsche Gesetzgeber bereits Gesetze zur verschärften Bekämpfung der Kinderpornographie und des Kindersextourismus sowie die Neuregelung der Verjährung bei sexuellem Kindesmißbrauch beschlossen(vgl. § 184 Abs. 3-7 StGB). Weitere gesetzliche Bestrebungen zielen auf die **Erweiterung des Tatbestandes krimineller Kindesentziehung und der Neukriminalisierung des organisierten und kommerziellen Kinderhandels**. Dem steht nicht entgegen, daß die quantitativen Dimensionen von „Kinderdiebstahl" und „Kinderhandel" noch als sehr gering veranschlagt werden (*Albrecht* 1994, 1 ff., 119 ff.). Die Handhabung des § 235 StGB in der strafrechtlichen Praxis darf zwar nicht als Bedeutungslosigkeit des Tatbestandes mißverstanden werden. Jedoch beruht seine Funktion heute wohl nicht mehr zentral auf der Ahndung von Unrecht und der Bestrafung des schuldigen Täters als vielmehr darin, zivilrechtliche Sorgerechtentscheidungen abzusichern. Was den Stand der empirischen Forschung anbetrifft, so hat sich die deutschsprachige Kriminologie mit dieser Facette der Kriminalität bislang nur ganz am Rande befaßt (so *Albrecht* 1994, 45). Auch ist die Forschung aus der Perspektive „Prostitution und sexuelle Ausbeutung" interessengeleitet und politisch motiviert. Die Sekundäranalyse zeigt denn auch, daß aus den Untersuchungsfeldern, aus denen heraus grundsätzlich empirische Befunde zum Untersuchungsgegenstand erwartet werden dürften, in der deutschsprachigen Forschung nur partiell Erkenntnisse gezogen werden können. Eine andere Forschungsperspektive wird wiederum in Nordamerika aufgegriffen. Hier liegen spezifische Untersuchungen zum Kinderdiebstahl vor, die im wesentlichen Sachverhalte erfassen, die nach deutschem Strafrecht unter dem Titel „Kindesentziehung" eingeordnet werden. Das

Problem der Kindesentziehung wird als Problem des Eingriffs in das Sorgerecht eines Elternteils durch den nicht mehr oder jedenfalls nicht allein sorgeberechtigten anderen Elternteil thematisiert. Dabei gilt die Fallsituation als Teil des allgemeineren Problems der Kindesmißhandlung. Die Forschungsbefunde unterstreichen eine solche Einordnung. Die auf internationale Adoption wiederum bezogene Forschung hat insbesondere die kommerzielle Vermittlung von Kindern außerhalb der Adoptionsvorschriften als Problem thematisiert und damit ein Thema erneut aufgegriffen, das zu Beginn des 20. Jahrhunderts bereits als damals nationales Problem behandelt worden ist. Aus diesem Zweig der Forschung läßt sich entnehmen, daß ein erheblicher grauer und schwarzer Markt für Kleinstkinder vorhanden ist, der, wie jeder Schwarzmarkt, durch außerordentlich hohe Preise (für den Nachweis von Adoptionsgelegenheiten) gekennzeichnet ist. Freilich ist gerade in diesem Feld die Trennung von legitimer oder legaler Vermittlung einerseits und dem grauen oder schwarzen Markt andererseits nicht leicht. Die Größenordnung des Problems läßt sich daran ermessen, daß allein in Kolumbien über 100 ausländische Adoptionsagenturen offiziell registriert sein sollen, in Indien sogar mehr als 300 (dazu und zu möglichen rechtlichen Konsequenzen *Albrecht* 1994, 47 f., 124 f.).

3. Alte Menschen

Obwohl alte Menschen über 60 Jahre von allen Altersgruppen in geringstem Maße Verbrechensopfer werden, ist ihre **Viktimisierung** bedeutsam. Dies trifft vor allem bei Raub und Mord zu.

Immerhin entfällt auf diese Altersgruppe nach der Polizeilichen Kriminalstatistik 1995 bei vollendetem Mord ein Anteil von 17,7%, bei Raub, räuberischer Erpressung und räuberischen Angriffen auf Kraftfahrer ein Anteil von 11,9%, bei Handtaschenraub gar 57,2% der Fälle und bei Körperverletzungen mit tödlichem Ausgang 9,2% der Opfer (PKS 1995, 137, 150, 162). Nach den Opferbefragungen stehen Handtaschenraub, Betrug (in der eigenen Wohnung) und Einbruch an der Spitze der Straftaten gegen alte Menschen.

Die **Gründe** für die partielle Opferanfälligkeit alter Menschen liegen in der modernen Gesellschaft auf der Hand. Vor allem ist hier die verbreitete **soziale Isolation** zu nennen; gerade die geschiedenen, getrennt lebenden, verwitweten und alleinstehenden alten Leute gelten als besonders opferanfällig.

Dieser Situation entsprechend hat sich eine charakteristische **Typologie von Straftaten** gegenüber dieser Gruppe herausgebildet. So sind alte Menschen wegen ihrer geistigen und physischen Schwäche bevorzugte Opfer beispielsweise für den **Handtaschenraub**; gerade jugendliche Räuber suchen sich dafür alternde, körperlich und seelisch schwache, einsame Menschen als Opfer aus (*Schneider* 1987, 710; in manchen Großstadtbezirken der USA werden etwa 83% der Kriminalität an alten Menschen von Jugendlichen begangen). Durch ihren begrenzten Bewegungsradius und den verhältnismäßig gleichförmigen Verrichtungsmodus ihrer Lebensgewohnheiten sind sie besonders anfällig. So müssen sie meist öffentliche Verkehrsmittel benutzen, holen zu festgelegten Zeitpunkten ihr Geld von der Bank oder Post und gehen zu bestimmten Zeiten zum Einkaufen. Dies macht sie in erhöhtem Grad verwundbar für **Diebstahl, Einbruch und Raub**. Besonders **Trickdiebstahl** jeder Art (unter Tarnung als Handwerker, Stromableser usw.) und vielerlei **Betrugsformen** (Konsumenten- und Reparaturbetrug) haben sich herausgebildet (in den USA wurden in den sechziger und siebziger Jahren Grundstücksbetrügereien großen Ausmaßes bekannt, bei denen alten Menschen von Spekulationsfirmen Grundstücke, die ihnen gar nicht gehörten, unbewohnbares Land oder auch mehrfach dasselbe Grundstück als „Pensionärssiedlungen" veräußert wurden; dazu *Schneider* 1987, 710 f. m.N.).

Auch werden **alte Menschen** gelegentlich **mißhandelt**. Obwohl sie weniger häufig als jüngere Altersgruppen Opfer werden, wiegen die Viktimisierungen schwerer (*Whitaker* 1987, 1 ff.). Sie werden vom Pflegepersonal beschimpft, bedroht, geschlagen; man enthält ihnen Essen, Wasser und Kleidung vor. Manchmal werden sie an Möbelstücken festgebunden, um sie leichter kontrollieren zu können. Auch ärztlich nicht indizierte „Ruhigstellung" mit Beruhigungs- und Schlaftabletten kommt gelegentlich vor (siehe *Schneider* 1987, 707 f.). Ferner werden alte Menschen zu Objekten herabgewürdigt, die der Macht der Angehörigen oder des Pflegepersonals ausgeliefert sind. Man spricht hier von „Infantilisierung" der Heimbewohner (*Mercer* 1983, 91).

In ihren **Auswirkungen** ist die Kriminalität gegenüber alten Menschen besonders gravierend. Nicht nur die körperlichen und seelischen Schäden wiegen oft schwer. Auch die Gegenstände sind ihnen unersetzlich, weil sie für sie einen hohen Erinnerungs- und Gefühlswert darstellen. Selbst wo es den Geschädigten möglich wäre, gestohlene oder zerstörte Sachen zu ersetzen, ist es gerade den alten Menschen, die oft von Rente oder Sozialhilfe leben, wegen der Begrenztheit der finanziellen Mittel unmöglich, Ersatzgegenstände zu erwerben. Entsprechend groß ist die **Verbrechensfurcht** (dazu unten § 36). Diese kann sich verselbständigen und führt mitunter zu einer Art „Festungsmentalität" (*Schneider* 1987, 712 f.). Zwar ist diese oft übertrieben, in gewissem Umfang irrational und beruht auch auf verzerrten Kriminalitätsdarstellungen in den Massenmedien (dazu oben § 33, 4). Dennoch ist sie aus dem Bewußtsein alter Menschen wegen ihrer besonderen Gebrechlichkeit und Gefährdung einfühlbar. Sie verstärkt damit wiederum die Isolierung und Anfälligkeit. Im Hinblick auf die Auswirkungen für diese hilfsbedürftige Gruppe verdient die Viktimisierung alter Menschen über die rein zahlenmäßige Bedeutung hinaus verstärkte Aufmerksamkeit.

4. Ausländer und Minderheiten

Besonders durch Hautfarbe, Sprache, Kleidung und Verhalten erkennbare Angehörige von Minderheiten erscheinen durch Viktimisierungen in erhöhtem Maße gefährdet (vgl. *FitzGerald/Hale* 1996). Allerdings trifft das Risiko, Opfer zu werden, weder die Mitglieder aller Minoritäten gleichmäßig noch für sämtliche Arten von Delikten zu. Dies äußert sich namentlich bei der Viktimisierung durch sogenannte ethnozentrische Gewalt. Selbst die fremdenfeindlichen und rassistischen Gewaltakte der neunziger Jahre wandten sich nicht unterschiedslos gegen alle Minderheitenangehörige, sondern richteten sich besonders gegen jene als Opfer, bei denen sich die Indikatoren der Fremdheit, zum Teil identisch mit den perzipierten Faktoren eines Verdrängungswettbewerbes, zu häufen schienen. Obwohl innerhalb der Viktimisierungsformen vornehmlich Gewaltdelikte im Blickfeld öffentlicher und wissenschaftlicher Wahrnehmung liegen, dürfte sich damit Kriminalität gegenüber Ausländern und Minderheiten keinesfalls erschöpfen. Unter Ausnutzung der Bedrängnis, der mangelnden Vertrautheit und der Unerfahrenheit von Ausländern wird man sicherlich zusätzlich einen nicht unerheblichen Betrag an Betrugs- und Wucherdelikten vermuten dürfen.

Im übrigen würde man das Potential der Gefährdung und die Dimensionen des Opferrisikos verkürzen, wenn man die Analyse bloß auf Beziehungen zwischen Majoritätsangehörigen und Minderheitsmitgliedern beschränkte und damit die erheblichen Beziehungskonflikte zwischen den Minoritäten sowie innerhalb der ethnischen Gruppen ignorierte. Von derartigen In-Group-Delikten sind in neuerer Zeit vor allem sogenannte Schutzgelderpressungen, vorsätzliche Tötungen und andere Gewaltstraftaten bekanntgeworden (dazu *Sessar* 1993, 111 ff.). So ergab eine für Bayern repräsentative PKS-Stichprobe, daß die Mehrheit der ausländischen Opfer (insgesamt 54,4%) durch einen ausländischen Tatverdächtigen geschädigt wurde, davon über 60% durch einen Tatverdächtigen derselben Staatsangehörigkeit. Allerdings ist nicht bekannt, wie das Dunkelfeld der Straftaten gegen Ausländer beschaffen ist (vgl. *Steffen* 1996, 261, sowie § 39, 5).

5. Zusammenfassung

Zwar ist die Viktimisierung heutzutage weitverbreitet. Derartige Beeinträchtigungen reichen bis zum Opferwerden im öffentlichen Straßenverkehr und zum sogenannten Psychoterror am Arbeitsplatz. Hier kann nahezu jedermann Opfer werden. Manche Personen werden es gar wiederholt. Von allen durch Verbrechen Gefährdeten ragen bestimmte Gruppen als besonders verletzbar heraus. Zu ihnen gehören Frauen, Kinder, alte Menschen und Angehörige sichtbarer Minderheiten, aber auch die Verfolgten politischer Gewaltherrschaft. In der Gegenwart haben vor allem Gewaltakte und sexueller Mißbrauch, einschließlich Kinder- und Frauenhandel sowie Kinderpornographie Besorgnisse ausgelöst und Beachtung gefunden. Insbesondere aus der Analyse amerikanischer Opferbefragungen ist bekannt, daß trotz unterschiedlicher Verletzbarkeit der gesellschaftlichen Gruppen das Opferrisiko damit noch nicht schlechthin determiniert wird. Vielmehr vermag erst das Zusammentreffen mehrerer Faktoren das Opferrisiko zu steigern. Dazu gehören außerdem kriminalgeographische Besonderheiten im Sinne hoher oder geringer Urbanisierung und der Vorkehrungen zum Selbstschutz. Im übrigen werden Kinder nicht nur von Erwachsenen viktimisiert, sondern auch von Mitgliedern ihrer Altersgruppe. Entsprechendes gilt für Ausländer und Angehörige von Minoritäten.

Wenig einsichtig erscheint die fehlende Einbeziehung der Erpressung. Hierzu gibt es ebenso wie bezüglich der überindividuellen Opferlagen der Wirtschaftskriminalität kaum neuere Untersuchungen. Zu den viktimologisch vernachlässigten Deliktsbereichen zählen ferner, wenn auch aus verschiedenen Gründen, die **Geiselnahme** und die **Zuhälterei**. Selbst das im letzten Jahrzehnt modisch gewordene Interesse an Prävention gegenüber Vergewaltigung und an dem Schutz der Frau spart die Zuhälterei sorgfältig aus. Offenbar verdienen Prostituierte, wenn sie von Zuhältern mißhandelt und ausgebeutet werden, wegen ihrer selbstgewollten, verschuldeten oder anders begriffenen Opferlage viktimologisch kein Forschungsinteresse. Die Frauenbewegung hat verständlicherweise ihren Blick einengend vor allem auf die Gewalt gegen Frauen (dazu unten § 40) bezogen, damit aber andere viktimologische Perspektiven weitgehend ignoriert. Deshalb ist es geboten, viktimologische Einsichten auf den Gesamtbereich des Opferwerdens von Frauen auszudehnen und nutzbar zu machen. Die unterschiedliche Viktimisierung der Geschlechter, wie sie von neueren Opferbefragungen ausgewiesen wird und sich keineswegs nur auf bestimmte Gewaltdelikte bezieht, liefert dafür Hinweise.

§ 35 Verhalten des Opfers in der Situation des Verbrechens

Schrifttum: *Arzt,* Viktimologie und Strafrecht. MschrKrim 67 (1984), 105-124; *Ellmer,* Betrug und Opfermitverantwortung. Berlin 1986; *Fiedler,* Zur Strafbarkeit der einverständlichen Fremdgefährdung unter besonderer Berücksichtigung des viktimologischen Prinzips. Frankfurt/M. u.a. 1990; *v. Hentig,* Zur Psychologie der Einzeldelikte. Bd. III: Der Betrug. Tübingen 1957; *Kaiser,* Prahlerei, Lug und Trug in kriminologischer Sicht. In: Prahlerei, Lug und Trug, hrsg. v. Guggenbühl u.a. Zürich 1987, 70-96; *Kilchling,* Opferinteressen und Strafverfolgung. Jur. Diss. Freiburg 1995; *Kurth,* Das Mitverschulden des Opfers beim Betrug. Frankfurt/M. u.a. 1984; *Middendorff,* Die Opfer des Betruges. In: Viktimologie, hrsg. v. der Schweizerischen Arbeitsgruppe für Kriminologie. Diessenhofen/CH 1986, 101-114; *Schultz,* Kriminologische und strafrechtliche Bemerkungen zur Beziehung zwischen Täter und Opfer. SchwZStr 71 (1956), 171-192; *U.S. Department of Justice,* The Re-designed National Crime Survey: Selected New Data. Washington/D.C. 1989; *Werfel,* Nicht der Mörder, der Ermordete ist schuldig. München 1920; *Wolfgang,* Patterns in Criminal Homicide. Philadelphia 1958.

Das Verhalten des Opfers in der Deliktsituation hat zunehmend die Aufmerksamkeit auf sich gelenkt. Dabei geht es vor allem um die **Beteiligung am Tatgeschehen** und deren strafrechtliche Konsequenzen. Je nach Art der Beziehungs- und Deliktssituation kann sich das Opfer im Zeitpunkt der Tat unterschiedlich verhalten:

- Es kann ihm infolge Nichtwissens, Arglosigkeit oder Fehleinschätzung das Bewußtsein mangeln, überhaupt kriminell geschädigt zu werden;
- es kann ferner hilflos und ohnmächtig gegenüber dem deliktischen Vorgehen verharren oder die Flucht ergreifen;
- es kann freilich auch mit der Fremdgefährdung (etwa durch Aids oder illegale Drogen) einverstanden sein oder
- selbst die Initiative ergreifen und den Täter provozieren;
- es mag sich aber auch gegen den deliktischen Angriff berechtigt wehren, den Täter überreden wollen oder
- gar sein Notwehrrecht überschreiten.

Allerdings schöpfen diese Möglichkeiten die realistisch denkbaren Varianten des Opferverhaltens noch nicht aus (vgl. dazu *Kilchling* 1995, 192ff.). So ist etwa nach Befragungen von Gewaltopfern bekannt, daß sie sich zu einem Drittel widersetzen oder versuchen, den Täter zu überwältigen; über ein Viertel der Opfer flieht oder verbirgt sich, ein weiteres Viertel versucht, den Täter zu überreden, vom Delinquieren abzulassen oder zurückzutreten, 20% der Opfer gehen sogar aggressiv gegen den Täter vor; in weiteren Fällen schlagen sie Alarm oder schreien (*US Dept. Justice* 1989, 3). Entsprechend dem jeweiligen Opferverhalten verändern sich die Schutzbedürftigkeit des Verletzten und die strafrechtliche Beurteilung des Täters. Weil Rolle und Tatbeitrag des Opfers so vielfältig und verschieden gewichtig sind, können nach heutiger Auffassung die Interessen des Opfers und dessen Wunsch nach Vergeltung die staatliche Antwort auf das Verbrechen nicht mehr allein bestimmen. Schon in der pointierten Annahme, daß „nicht der Mörder", sondern „der Ermordete ... schuldig" sei (*Werfel* 1920), deutet sich ein derartiger Gedankengang an. Sie will den gelegentlich **aktiven Beitrag des Opfers zum Verbrechen** bewußt machen, damit die Situation der Straffälligkeit erhellen und eine gerechte Beurteilung ermöglichen. Sie neigt überdies zur Umverteilung der herkömmlichen Lasten sozialen Risikoverhaltens. Denn die Mitverantwortung des Opfers wird hervorgehoben. Darin drückt sich zugleich die allgemeine „Tendenz zur Exkulpierung" des Täters aus.

Aussagekräftig für das Opferverhalten ist besonders die Unterscheidung danach, ob **Täter und Opfer** zum Zeitpunkt der Straffälligkeit **einander bekannt oder fremd** waren. Delikte gegen die Person und Sexualstraftaten geschehen erfahrungsgemäß häufiger im sozialen Nahraum und weisen daher einen höheren Bekanntheitsgrad zwischen Täter und Opfer auf – Ausnahme: Überfälle auf Taxifahrer – als alle Eigentums- und Vermögensdelikte wie z.B. Betrug und Diebstahl mit Ausnahme der Erpressung. Deshalb spricht man auch bei einem Teil dieser Straftaten von sogenannten **Beziehungsverbrechen** (*Schulz* 1956, 171 ff.). Hierbei handelt es sich um Taten, welche durch die aktuelle Auseinandersetzung zwischen Täter und Opfer gekennzeichnet sind.

Daher verwundert es nicht, daß bei Mord, Totschlag, Körperverletzung, Bedrohung, Beleidigung und sexuellem Mißbrauch von Kindern Täter und Opfer einander vor der Tat in hohem Grad bekannt sind. Dem entspricht, daß bei **Personendelikten** Täter wie Opfer häufig unter Alkoholeinfluß stehen und daß es sich hier mehr um Auseinandersetzungen innerhalb der ethnischen oder sozialen Gruppen handelt als um Konflikte zwischen verschiedenen Bevölkerungsteilen. Schließlich gehört in diesen Zusammenhang, daß der Anteil der Opfer, welche die Tat veranlaßt, erleichtert oder mit dazu beigetragen haben, gelegentlich größer ist als jener der Täter (*Wolfgang* 1958). Hier stellt sich beim Mangel an Selbstverantwortung des Opfers geradezu die Frage nach dessen Schutzbedürftigkeit (*Arzt* 1984, 111 ff.).

Freilich wird diese Abwägung auf die **Kindesmißhandlung** nicht übertragen, offenbar in der Annahme, daß hier der Erwachsene trotz aller Erschwernisse und Überforderung in der erzieherischen Situation immer seine eigene Handlungsweise souverän kontrollieren müsse. Dies leuchtet im Hinblick auf die unterschiedliche Handlungskompetenz der Beteiligten und die möglichen Dauerschäden, die seelischen und körperlichen Deformierungen, ein.

Die Blickschärfung für Ungleichheit und das Engagement für sozial Ohnmächtige haben in jüngerer Zeit die prekäre Opferlage von Kindern, Frauen und alten Menschen verdeutlicht (siehe oben § 34). Hilflosigkeit und Resignation einerseits sowie die Selektivität von Selbsthilfemaßnahmen und der Anzeigeerstattung andererseits (dazu unten § 36) drücken diesen Sachverhalt noch zusätzlich aus. Die Theorie erlernter sozialer Hilflosigkeit bietet dafür eine plausible Erklärung.

Ganz anders stellt sich das **Opferverhalten in der interpersonalen Beziehungssituation des Betruges** dar. Die mitunter unverständlichen, ja atemberaubenden Erfolge von Großbetrügern und Hochstaplern werden zwar herkömmlich auf die besondere Persönlichkeitsstruktur sowie Intelligenz und Fähigkeit des Schwindlers zurückgeführt. Aber die **Betrügereien** sind nicht immer raffiniert eingefädelt, die Vorgehensweisen nicht stets einfallsreich und die Techniken nicht immer perfekt entwickelt. Deshalb drängt sich in vielen Fällen die Frage auf, wie die z.T. plumpen Praktiken den gelegentlich schwer begreiflichen Erfolg haben können. Aufklärung verspricht hier vor allem die nähere Betrachtung der Täter-Opfer-Beziehung, insbesondere Bedürfnisstrukturen und spezifische Situationen zum Tatzeitpunkt. Denn wer mit einer Hochstapelei oder mit einem kleineren Schwindel erfolgreich sein will, muß vorgeben, etwas zu bieten, das die Bedürfnisse des Opfers erfüllt. Deshalb ist die viktimologische Perspektive kaum weniger bedeutsam als das Tatgeschehen und die Psychologie des Täters.

Schon allgemein fällt in der Gegenwartsliteratur das Psychogramm des Betrugsopfers wenig schmeichelhaft aus. Danach sind die Opfer oft leichtgläubig, optimistisch, dumm, abergläubisch, eitel, geltungsbedürftig und vor allem gewinnsüchtig (vgl. *Middendorff* 1986, 101 ff.). Offenbar muß eine bestimmte Anfälligkeit zum Opferwerden vorliegen, wenn der Heiratsschwindel oder andere betrügerische Manöver gelingen sollen. Deshalb ist die herkömmlich psychologisch-psychopathologische Betrachtungsweise gegenüber der Figur des hochstaplerischen Betrügers zunehmend durch eine viktimologische Analyse des Opfers und der Täter-Opfer-Beziehung ergänzt, berichtigt oder sogar ersetzt worden. Im Schrifttum werden vier **Grundkonstellationen der Täter-Opfer-Beziehung** nach den Motiven des Opfers und der Ausnutzung durch den Täter unterschieden (vgl. *v. Hentig* 1957, 43 ff., 59 ff., 67 ff.; *Middendorff* 1986, 104 ff.).

- Mitleid,
- Hilfsbereitschaft und Hilfsbedürftigkeit,
- Devotionslust sowie
- Gewinnsucht.

Die Devotionslust spielt vor allem bei Heiratsschwindel eine Rolle. Hier ist vorwiegend das durch die Einsamkeit hervorgerufene Bedürfnis nach Liebe, Wärme, Gemeinschaft, Fürsorge und Geborgenheit, welches das Opfer für das eloquente, schmeichelhafte Werben des sicher und „männlich" auftretenden Betrügers empfänglich macht, hervorzuheben. Es gibt mitunter Frauen, die selbst noch in der Hauptverhandlung gegen den Täter an dessen Versprechungen und guten Willen glauben. Der kleinste Hinweis des Täters auf seine Ernsthaftigkeit genügt, um die Frauen zu einem Widerruf der Strafanzeige zu bewegen.

Ein Beispiel für das gewinnsüchtige Opfer lieferte vor einiger Zeit der Skandal mit den angeblichen Hitler-Tagebüchern. Hier ließen die Verantwortlichen einer Zeitschrift offensichtlich jegliche Sorgfalt außer acht. Die Gier nach der großen Sensation und dem großen Geld ließ alle Sicherungen des kritischen Urteilsvermögens durchbrennen (*Middendorff* 1986, 111).

Ein weiteres Beispiel bildete der sogenannte „European Kingsclub", der in den Jahren 1992 bis 1995 in Deutschland, Österreich und der Schweiz für knapp 2 Mrd. DM Anlagenbriefe, sogenannte letters, verkauft und Renditen von 70% versprochen hatte. Tatsächlich wurde das von den rd. 90 000 Mitgliedern eingezahlte Geld nicht wie versprochen angelegt. Vielmehr wurden nach dem Schneeballprinzip weitere Anleger mit den Einlagen neu hinzugekommener ausgezahlt. Als das System 1995 zusammenbrach, entstand ein geschätzter Gesamtschaden von rd. 850 Mio. DM. Die Staatsanwaltschaft klagte lediglich 32 814 Betrugsfälle und 674 592 unerlaubte Bankgeschäfte der letzten 6 Monate der Club-Tätigkeit an. Wegen gemeinschaftlichen Betrugs und Gründung einer kriminellen Vereinigung verurteilte das Landgericht Frankfurt drei führende Mitglieder des Geldanlagevereins zu langjährigen Freiheitsstrafen (berichtet nach FAZ Nr. 295 v. 18.12.1996).

Weil der Betrug typischerweise gewaltlos begangen wird, wirkt die Betrugshandlung auf das Opfer unmittelbar auch nicht schockierend. Im Gegenteil, das Opfer trifft selbst die vermögensschädigende Verfügung, da der Betrug als ein „Intelligenzdelikt" äußerlich in erlaubter Form sowie im Gewande normaler wirtschaftlicher Betätigung auftritt und das gesetzwidrige Handeln vom Opfer jedenfalls nicht sofort, falls überhaupt, erkannt wird. Zwar sind die meisten Opferbedürfnisse zeitlos. Zeitbedingt sind jedoch die Ausprägung, die Art und Stärke der Äußerungsform. Hier entfalten die jeweiligen gesellschaftlichen und kulturellen Verhältnisse ihre Wirkung. Die Anpassung der Schwindeltechnik an die gesellschaftlichen und kulturellen Verhältnisse bedeutet zugleich eine Anpassung an die sich wandelnde Bedürfnisstruktur der Opfer. Wünsche, Ängste, Sehnsüchte, Bereitschaften, wo immer sie auftauchen, werden vom Schwindler sofort für seine Zwecke ausgebeutet. So gesehen lebt der Betrug von der Anpassung an die aktuelle Situation. Der Blick in die Geschichte zeigt den Befund, daß offenbar jede Zeit die Betrüger hat, die ihren Bedürfnissen entspricht. Allerdings gibt es auch zeitüberdauernde Formen. So hat sich das Schwindelsystem der falschen Grußbesteller bis zum heutigen Tag nicht verändert. Wir begegnen dieser Schwindelvariante bereits in Homers Odyssee.

Den sogenannten Beziehungsdelikten stehen Deliktsformen wie Verkehrs- und Umweltstraftaten gegenüber, bei denen ein Einfluß des Opferverhaltens allenfalls gelegentlich und punktuell zu Buche schlägt. Dies trifft weitgehend auch für Massendelikte wie Laden- und Fahrraddiebstähle zu. Darüber hinaus ist bedeutsam, wie das Verbrechensopfer kurzfristig auf den erlittenen Rechtsbruch reagiert, ob durch Selbsthilfe, Selbstjustiz oder durch Strafanzeige.

§ 36 Reaktionen des Opfers auf das Verbrechen

Schrifttum: *Arnold*, Kriminelle Viktimisierung und ihre Korrelate. Ergebnisse international vergleichender Opferbefragungen. ZStW 98 (1986), 1014-1058; *Arnold/Teske/Korinek*, Viktimisierung, Verbrechensfurcht und Einstellung zur Sozialkontrolle in West und Ost. Ergebnisse vergleichender Opferbefragungen in der Bundesrepublik Deutschland, den Vereinigten Staaten und Ungarn. In: KrimFo 35, 2 (1988), 909-942; *Arzt*, Notwehr, Selbsthilfe, Bürgerwehr. Zum Vorrang der Verteidigung der Rechtsordnung. In: FS für Schaffstein. Göttingen 1975, 77-88; *Baurmann/Schädler*, Das Opfer nach der Straftat – seine Erwartungen und Perspektiven. Wiesbaden 1991; *Boers*, Kriminalitätsfurcht. Über den Entstehungszusammenhang und die Folgen eines sozialen Problems. Pfaffenweiler 1992; *van Dijk/Mayhew/Killias*, Experiences of Crime Across the World. Key findings from the 1989 International Crime Survey. Deventer u.a. 1990; *Hermann/Streng*, Die Bewältigung des Traumas. Zum Stellenwert spezifischer Opferstrategien im Viktimisierungsprozeß. BewHi (1991), 5-21; *Kürzinger*, Private Strafanzeige und polizeiliche Reaktion. Berlin 1978; *Kunz*, Die organisierte Nothilfe. Möglichkeiten und Grenzen der Inanspruchnahme von Notrechten durch gewerbliche Sicherheitsunternehmen und „Bürgerwehren". ZStW 95 (1983), 973-992; *Kury/Richter/Würger*, Opfererfahrungen und Meinungen zur Inneren Sicherheit in Deutschland. Wiesbaden 1992; *Richter*, Erleben und Verarbeitung krimineller Viktimisierung. Forschungsbericht. Freiburg 1997; *Schwarzenegger*, Opfermerkmale, Kriminalitätsbelastung und Anzeigeverhalten im Kanton Zürich: Resultate der Zürcher Opferbefragung. SchwZStr 108 (1991), 63-91; *Schwind* u.a., Dunkelfeldforschung in Göttingen 1973-74. Eine Opferbe-

fragung zur Aufhellung des Dunkelfeldes und zur Erforschung der Bestimmungs-
grade für die Unterlassung von Strafanzeigen. Wiesbaden 1975; *dies.*, Dunkelfeldforschung in Bochum 1986-87. Eine Replikationsstudie. Wiesbaden 1989;
Shapland u.a., Victims in the Criminal Justice System. Aldershot/GB 1985;
Steffen, Analyse polizeilicher Ermittlungstätigkeit aus der Sicht des späteren
Strafverfahrens. Wiesbaden 1976; *Stephan*, Die Stuttgarter Opferbefragung. Eine
kriminologisch-viktimologische Analyse zur Erforschung des Dunkelfeldes unter
besonderer Berücksichtigung der Einstellung der Bevölkerung zur Kriminalität.
Wiesbaden 1976; *U.S. Department of Justice*, Reporting Crimes to the Police.
Washington/D.C. 1985; *dass.*, The Re-designed National Crime Survey. Selected
New Data. Washington/D.C. 1989; *dass.*, Criminal Victimization in the United
States 1989. Washington/D.C. 1990; *dass.*, Sourcebook of Criminal Justice
Statistics 1995. Washington/D.C. 1996.

1. Das Opfer nach der Straftat –
Reaktionen und Bewältigungsstrategien

Die psychische Lage des Opfers nach der Tat ist nicht weniger vielgestaltig als in der Verbrechenssituation. Die Gefühle gegenüber Tat und
Täter reichen von Bagatellisierung, Überraschung und Resignation bis
zu Rache und Wut. Nicht selten sind die Gefühle des Opfers ambivalent
und widersprüchlich. Das etwaige Hinauszögern einer Strafanzeige oder
die erfragten Motive dafür, Strafanzeige zu erstatten oder, noch besser,
davon abzusehen, belegen dies. Die Bereitschaft der Eigentumsopfer,
dem Täter zu verzeihen und gleichwohl ein Wiedergutmachungsinteresse zu bekunden, erscheinen dem Opfer als miteinander vereinbare Bewältigungsstrategien. Sie schließen ebenso das gleichmütige Nichtstun
oder den resignativen Verzicht, die kompensierende Täterschaft gegenüber einem anonymen Ersatzopfer wie die auf Strafe gerichtete Anzeige
ein (zu eng daher das Spektrum möglicher Opferstrategien bei *Her-
mann/Streng* 1991, 5 ff.). Außerdem liegen Hinweise dafür vor, daß die
Antworten des Opfers auf das Verbrechen delikts- und geschlechtsspezifisch verschieden ausfallen. Je bedeutsamer der deliktische Eingriff in
die Rechtssphäre des Opfers empfunden wird, desto ausgeprägter wird
sich der Bestrafungswunsch in der Anzeigebereitschaft äußern, wobei
das Motiv nach ausgleichender Genugtuung und nach Vorbeugung gegenüber weiteren Straftaten zusammentreffen mögen (dazu *Baurmann*
u.a. 1991, 280 ff. m.N.).

Aufgrund der postalischen Befragung einer 342 Personen umfassenden Stichprobe von Opfern schwerer Sexual- und Gewaltkriminalität (vgl. *Richter* 1997,
179 ff.) ergab sich erwartungsgemäß, daß die Schäden im psychischen Bereich

am schwersten eingeschätzt wurden, und zwar am höchsten bei den Opfern sexueller Gewalttaten. Da als eines der Hauptmotive zur Anzeige der unspezifische **Wunsch nach Hilfe und Unterstützung** war, wird die Diskrepanz zwischen den Erwartungen der Betroffenen und den tatsächlichen Leistungen von Polizei und Justiz selten als unproblematisch erlebt. In der Einschätzung von wirksamer Hilfe und Unterstützung rangieren Personen aus dem familiären Umfeld, dem Freundes- und Bekanntenkreis am höchsten. Hinsichtlich der Bewältigung in den ersten zwei Monaten nach dem Opfererlebnis wird dessen Einfluß auf das körperliche und seelische Befinden sowie auf die berufliche Situation deutlich negativ bewertet. Die gegenüber dem Täter verhängten Strafen werden überwiegend als zu mild beurteilt. Hauptverhandlung und gerichtliches Verfahren werden weitgehend negativ erlebt und haben sich dementsprechend in der Einstellungsveränderung niedergeschlagen. Vor allem Opfer reiner Gewaltdelikte äußern sich über den Prozeßverlauf ganz überwiegend unzufrieden, während dies bei den Opfern der Sexualdelikte nur zur Hälfte der Fall ist.

Etwa zwei Drittel der Befragten gaben nach einem Zeitablauf von zwei bis drei Jahren nach der Viktimisierung **fortdauernde seelische Beeinträchtigungen** an, am stärksten die Opfer der Sexualdelikte. Die Furcht vor einer erneuten Viktimisierung ist selbst nach einigen Jahren noch sehr lebendig, insbesondere wiederum bei den Opfern der Sexualstraftaten. Insgesamt gab mehr als die Hälfte aller befragten Opfer an, die Viktimisierung sehr schlecht bewältigt zu haben. Zu den wichtigsten Befunden zählen der negative Einfluß persistierender, depressiv-orientierter Bewältigungsstrategie und die vorherrschende Wahrnehmung von Schädigungen im psychischen Bereich verglichen mit solchen körperlicher oder materieller Art. Vor allem für die Opfer der Sexualdelikte scheint das Auseinanderklaffen zwischen strafrechtlichen Verfolgungsinteressen und den sich aus der Viktimisierung ergebenden persönlichen Bedürfnissen besonders groß zu sein. Das Hauptproblem dürfte in der partiellen Unvereinbarkeit von individuellen Bewältigungsstrategien und dem Ablauf bzw. Zweck des Strafverfahrens liegen. Auch können Verarbeitungsmechanismen, die für das Opfer erfolgreich und wichtig sind wie z.B. das Vergessen, die Korrektur der Erinnerung und die Umdeutung des Geschehens für eine rechtliche Aufarbeitung unter Umständen kontraproduktiv sein. Auch insofern bedarf der Strafprozeß im Interesse des Opferschutzes noch der Verbesserung.

2. Selbsthilfe und Selbstschutz

Erscheinungen der Kriminalität sind häufig, ja alltäglich, obwohl sie noch immer zu den seltenen Ereignissen zählen. Allerdings ist nach

Befragungen in Westeuropa die Hälfte der Bevölkerung und mehr innerhalb eines Fünfjahreszeitraums der achtziger Jahre kriminell viktimisiert worden (*van Dijk* u.a. 1990, 126, Tab. 25), allein im Jahre 1988 mehr als ein Fünftel. Da es sich überwiegend um minderschwere Eigentumsdelikte mit geringen Aufklärungsraten handelt und die polizeiliche Strafverfolgung gewöhnlich zu spät und nur lückenhaft einsetzt (*US Dept. Justice* 1989, 5 f.) sowie weder Aufklärung noch Vorbeugung bewältigt, wird verständlich, daß die Verbrechensfurcht wächst (vgl. *Boers* 1992) sowie Selbstschutz- und Selbsthilfemaßnahmen Bedeutung gewinnen. Dabei handelt es sich vor allem um **Vorbeugungs- und Vermeidungsstrategien**, die von den Opfern, insbesondere Frauen, häufiger als von den Nichtopfern zum Schutz vor Einbruch und Gewalt ergriffen werden (*van Dijk* u.a. 1990, 129 ff. sowie Schaub. 38 u. 40). Das vielfältige Instrumentarium umfaßt im wesentlichen die Beachtung besonderer Vorsicht bei Aus- und Spaziergängen, u.a. durch Begleitschutz, den Abschluß von Privatversicherungen, die Einrichtung von Alarmanlagen und anderen Schutzmaßnahmen (Rolläden, Gittern, Fahrradsicherungen), das Aufsuchen von Kinderschutzzentren und Frauenhäusern sowie das Lichtbrennenlassen oder die Verständigung von Nachbarn bei Abwesenheit. Die Aktivierung der Nachbarschaft reicht bis zur „neighbourhood watch" (siehe oben §§ 11, 2 und 13) und Bildung sogenannter Bürgerwehren (zu den Selbstschutzmaßnahmen bereits in der Verbrechenssituation siehe oben § 35).

Mehr als zuvor versuchen Bürger, sich vor Verlusten durch Sachversicherungen zu schützen, was wiederum auf die Struktur der Anzeigeerstattung und auf die Anzeigerate zurückwirkt.

Nicht zuletzt haben der Zuwachs an beweglichen Sachgütern und die zunehmende **Abwehr von Risiken durch Sachversicherungen** zum Anstieg der Diebstahlrate geführt (vgl. auch *van Dijk* u.a. 1990, 25, 93). **Entsprechend** dem **Versicherungsrisiko** weisen die Einbruchdiebstahls- und Beraubungsversicherungen im Bundesgebiet mehrere Zonen auf.

Außerdem treffen größere Industriebetriebe Vorkehrungen durch Einrichtungen und Ausbau des Werkschutzes. Gelegentlich rügen sie Normverletzungen im Wege sogenannter Betriebsjustiz selbst. Ähnliches gilt für die Verbandsgerichtsbarkeit.

Im Gefolge der spektakulären Kapitalverbrechen in der zweiten Hälfte der siebziger Jahre stieg die Nachfrage nach sogenannten **Leibwächtern** sprunghaft. Da nur Spitzenpolitiker und nachweislich bedrohte Personen unter Polizeischutz stehen, müssen alle anderen, die sich für gefährdet halten, für ihre Sicherheit selbst sorgen.

3. Selbstjustiz

Konnten die ins Uferlose greifenden Vergeltungsinteressen der Verletzten im Laufe der historischen Entwicklung nur allmählich kanalisiert werden, so wird verständlich, daß sich heutzutage das Verbrechensopfer in seinen Belangen mitunter unerträglich eingeengt sieht. Jenseits legitimer Selbsthilfemaßnahmen brechen daher manchmal die Interessen des Opfers eruptiv durch. Sie äußern sich in **Selbst- und Prangerjustiz**. Anprangerung in Selbstbedienungsläden und an Laternenpfählen, Verprügelungen, **„Bürgerwehren"** und Maßnahmen, die bis zur Lynchjustiz reichen, liefern in der Gegenwart dafür anschauliche Beispiele (dazu *Arzt* 1975, 77 ff.; *Kunz* 1983, 973 ff.). Die an sich berechtigte Kritik an den Handlungen der Privatjustiz übersieht jedoch, daß möglicherweise schon Jahre voraus die Einstellungspraxis der Staatsanwaltschaft den Rechtsschutz und das Genugtuungsbedürfnis des Opfers erheblich geschwächt hat.

4. Private Strafanzeige

Obschon nach den Zielen und der Struktur die Belange des Verbrechensopfers im Interesse von Schuldbegrenzung und Individualprävention des Delinquenten zurücktreten müssen, bleiben sie jenseits von Selbsthilfe und Selbstjustiz wichtig genug. Legitimen Ausdruck gewinnen sie vor allem in der privaten Strafanzeige. Mehr als 60% aller (konventionellen) Strafsachen werden allein vom Opfer, nur 2 bis 9% von der Polizei initiiert (vgl. *Steffen* 1976, 125 f.; für die USA *US Dept. Justice* 1985, 4).

Eine **Ausnahme** besteht nur für vorsätzliche Tötungsdelikte (*Sessar* 1981) und die Deliktsbereiche, in denen die Polizei nicht reaktiv, sondern proaktiv tätig wird, insbesondere bei der Verkehrsdelinquenz, der Wirtschafts- und Umweltkriminalität sowie den Staatsschutz- und Rauschgiftdelikten (vgl. *Kürzinger* 1978, 40 f.). Bei den kleinen und mittleren Wirtschaftsstrafsachen liegt die Situation der Anzeigeerstattung geradezu umgekehrt wie bei den klassischen Massendelikten. Hier nämlich werden nur wenige Prozent von Privatpersonen angezeigt. Sinngemäßig das gleiche dürfte für die Verkehrsdelinquenz zutreffen.

Die **Beweggründe** für das Opfer zur Anzeigeerstattung sind hauptsächlich **ökonomischer und präventiver Natur**, zusammen etwa 80%, wobei freilich die Deliktsart von erheblichem Einfluß ist. Die persönlich empfundene **Deliktsschwere**, die **Eingriffsintensität** in die Rechtssphäre des sozialen Nahraums, aber auch die **subjektive Hilflosigkeit und**

soziale Ohnmacht im Blickfeld des Anzeigeerstatters sind dabei **entscheidend**. Rein punitive Motive (Bestrafungswünsche) treten demgegenüber zurück.

Informelle Normen lassen erkennen, wann die Schwelle sozialer Adäquanz und Tolerierbarkeit überschritten wird. Dies zeigt sich neuerdings an der Sensibilisierung und Skandalisierung gegenüber der sogenannten sexuellen Belästigung am Arbeitsplatz. Vor allem bei der aggressiven Sexualdelinquenz charakterisieren Gewalt und Sexualität nicht allein die Täter dieser Deliktsgruppe, sondern der Modus operandi, die fehlende Rücksichtnahme des Täters auf die Belange des Opfers. Diese Mißachtung wird es wahrscheinlich sein, die den **Selektions- und Sanktionierungsprozeß vom Opfer her in erster Linie einleitet**. Deshalb werden bei den Rechtsbrechern der Vergewaltigung und sexuellen Nötigung am ehesten solche Personengruppen ausgelesen, bei denen die in der kriminologischen Literatur immer wieder beschriebenen Sozialisationsdefekte vorliegen. Das Opfer beeinflußt mindestens indirekt die sanktionierende Behandlung, die der Rechtsbrecher seitens der Träger der formellen Sozialkontrolle erfährt. Dabei erweisen sich besonders die „Opfer-Täter-Dynamik" sowie der gesellschaftliche Status, die Glaubwürdigkeit und die Mitschuld des Opfers als bedeutsam. Täter- und Opfermerkmale, aber auch unterschiedliche Empfindlichkeit gegenüber der Begehung bestimmter Delikte bestimmen also den Zusammenhang zwischen Anzeigebereitschaft, Aufwand und Verfahrensausgang in erheblichem Grade (*Kürzinger* 1978; *Shapland* u.a. 1985). Dieser Sachverhalt führt zu der umfassenden Frage nach den Selektionsmechanismen überhaupt (dazu oben § 19, 2).

5. Zusammenfassung und Folgerungen

Je nach Wahrnehmung und Erleben, vermittelt durch Deliktsschwere, Situation, Alter, Geschlecht, Schicht und Vertrauen gegenüber der Polizei, antwortet das Opfer auf das Verbrechen. Seine Reaktionen sind dementsprechend unterschiedlich und zum Teil auch widersprüchlich. Motive der Bewältigung, Vorbeugung und Vermeidung bündeln sich und durchdringen einander. Diese **Vielschichtigkeit der Opferreaktionen** erschwert die Verallgemeinerungsfähigkeit und die Reduktion der Befunde auf wenige Erfahrungssätze. Immerhin ergeben sich international eine Reihe von Regelhäufigkeiten:

So wird durchschnittlich nur die Hälfte der vom Opfer als Delikt verstandenen Sachverhalte der Polizei zur Kenntnis gebracht. Vermutliche Erfolglosigkeit der Strafanzeige und Geringfügigkeit des Schadens motivieren vor allem das Opfer, nicht anzuzeigen. Einer derartigen **Selektivität des Anzeigeverhaltens** stehen die Auswahl und Inanspruchnahme eines breiten Instrumentariums von **Selbsthilfemaßnahmen** kaum nach. Demgemäß schenkt ihnen die neuere Forschung große Beachtung. Hingegen bilden Handlungen der Selbstjustiz, obwohl sie in den Massenmedien breiten Widerhall finden, nur selten den Anlaß und Gegenstand wissenschaftlicher Analyse.

Erfüllen **private Strafanzeige und polizeiliche Reaktion** noch immer strategische Funktionen für die mögliche Bewältigung der Viktimisierung, das Sicherheitsgefühl und die Verbrechenskontrolle, so kommt es auf die Schnelligkeit und Effizienz der polizeilichen Aktivitäten und die Einstellung der Bevölkerung an. Allgemein hängt die polizeiliche Reaktion vom Schweregrad des Verbrechens ab. Dies trifft sowohl für die Zeitspanne bis zur Einvernahme des Opfers durch die Polizei zu als auch für die Beweissicherung (vgl. *US Dept. Justice* 1989, 5 ff.). Überwiegend zeigen sich die Opfer, soweit sie Anzeige erstattet haben, von der Art ihrer Behandlung durch die Polizei befriedigt (66%). Darüber hinaus sind zwei Drittel der befragten Bevölkerung der Ansicht, daß die Polizei ihres Wohnortes „ihre Sache gut mache" (*van Dijk* u.a. 1990, 128). Im übrigen beobachten wir eine Entwicklung von relativ gleichmäßiger Streuung über alle Sozialschichten bei Verbrechensfurcht und Opferneigung zu einer asymmetrischen Verteilung bei der Täterermittlung und -verurteilung hin, und zwar nunmehr mit dem Schwerpunkt bei den unteren Schichten. Deshalb sind „private Strafverfolgung" und Privatklage nicht bloß strafverfahrensrechtlich bedeutsam und der Anzeigeerstatter nicht nur ein „kriminalistisches Phänomen". Vielmehr stellen beide Aspekte auch kriminologische Probleme von erheblicher rechtspolitischer Bedeutung dar (grundlegend *Kürzinger* 1978 mit umfassenden Belegen).

Zwar nimmt das Verbrechensopfer auf den Gang des Strafverfahrens Einfluß, wie sich in seinem Anzeigeverhalten und seiner Rolle als Zeuge oder Nebenkläger zeigt. Aber **staatlicher Schutz** durch Strafverfolgung und Justizgewährung, hilfsweise durch Klageerzwingungsverfahren, Privatklage und Opferentschädigungsgesetz, werden **vom Opfer häufig als zu spät, ungenügend und unökonomisch empfunden.** Dieser Sachverhalt wiederum wirkt auf die **Anzeigebereitschaft** zurück, indem nur in rd. der Hälfte aller Fälle von der Möglichkeit zur Anzeige Gebrauch gemacht wird. Selbst Anträge nach dem Opferentschädigungsgesetz bleiben hinter den Erwartungen zurück und vermögen die Mängel im Schutz der Opferbereitschaft nicht auszugleichen (siehe unten § 50). Die **Wiedergutmachung und Opferentschädigung,** fraglos wichtig und herkömmlich Opferinteressen am nächsten stehend, erscheinen auch **zu tat- und vergangenheitsbezogen,** als daß sie dem Präventionsbedürfnis des (potentiellen) Opfers gegenüber künftigen kriminellen Schädigungen schon ausreichend Rechnung tragen könnten.

Dies gilt sinngemäß auch für die **Absicherung des Opferrisikos durch privaten Versicherungsschutz**. Dabei ist gleichgültig, ob es sich um die Kraftfahrzeug-Kaskoversicherung oder um die Diebstahls- und Einbruchsversicherung handelt. Zwar mag in derartigen Fällen das primäre Interesse des Opfers an der Strafverfolgung des Täters zurücktreten, soweit es nicht zur Inanspruchnahme von Versicherungsleistungen oder zur Durchsetzung etwaiger Schadensersatzansprüche notwendig ist. Aber eine wirksame Vorbeugung gegenüber neuer Viktimisierung ist damit noch keinesfalls gewährleistet. Die seit zwei Jahrzehnten ständig steigende Inanspruchnahme von Versicherungsleistungen, verglichen mit den Prämien für Diebstahlsversicherungen, belegt dies. Solche anscheinend befriedigenden Risikoverteilungen durch Selbsthilfe erklären wohl auch, warum die Viktimologie desinteressiert ist, hier den zugrundeliegenden Opfersituationen nachzugehen, um sie zu erhellen.

Auf der anderen Seite machen sich verstärkt Entwicklungen bemerkbar, die gefährdeten oder verletzten Opferinteressen erneut durch eigene Aktivitäten zu sichern. Diese reichen je nach Intensität und rechtlicher Billigung von der **Selbsthilfe** bis zur **Selbstjustiz**. Zu den Einrichtungen der Selbsthilfe zählen ebenso Kinderschutzzentren, Frauenhäuser und Privatversicherungen gegen Diebstahl wie anonyme Alkoholiker, Bürgerwehren, privates Schutzpersonal (Leibwächter) und sogenannte Betriebsjustiz. Derartige Mittel sind überwiegend der informellen Sozialkontrolle zuzuordnen (siehe oben § 11, 2). Soweit es sich um Opferhilfe handelt, wird sie in 2 bis 13% der Fälle gewährt (*US Dept. Justice* 1989, 7; *van Dijk* u.a. 1990, 128 f.), allerdings von den Opfern in mehrfachem Umfang gewünscht. So wichtig und notwendig Maßnahmen der Selbsthilfe auch sein mögen, sie dürfen keinesfalls zu neuer Willkür und Ungleichheit führen, insbesondere nicht zu Lasten dessen, der zur Selbsthilfe zu ohnmächtig ist oder es vorzieht, vornehmlich auf den staatlichen Schutz zu vertrauen. Der Staat darf sich also hier nicht von seiner Aufgabe, Sicherheit zu gewährleisten, befreien und die innere Sicherheit zur käuflichen Ware denaturieren. Deshalb können derartige Selbsthilfeeinrichtungen stets nur eine ergänzende Aufgabe erfüllen.

Siebtes Kapitel

Minderheiten und Randgruppen als kriminologische Problemfelder

§ 37 Drogenkriminalität

Wohl zu allen Zeiten haben sich Menschen damit beschäftigt, Wirkstoffe zu entdecken und zu verwenden, von denen man annahm, daß sie die Stimmung, das Verhalten und die Gesundheit günstig beeinflussen. Allerdings haben Kulturen und Völker in Geschichte und Gegenwart den **Drogengebrauch unterschiedlich toleriert.** So kann man **Abstinenz-** von **Ambivalenz-** und **Permissivkulturen** unterscheiden. Aufgrund des wachsenden Kommunikations- und Transportwesens sowie des Welthandels nahm als unerwünschte Folge auch der Drogengebrauch zu. Wegen seiner Gefahren und der ihm begegnenden internationalen Mißbilligung wurde er immer mehr als Drogenmißbrauch verstanden. Produktion, Handel und Konsum illegaler Drogen haben sich seit ihrer sprunghaften Zunahme Ende der sechziger Jahre zu einem Problem von globalen Dimensionen entwickelt, dem man eine hohe Priorität einräumt. Daher ist die **Drogenkontrolle zu einer gesellschaftlichen Aufgabe geworden**, die von nicht wenigen Staaten geradezu als existentiell begriffen wird. Denn der Drogenmißbrauch kann sowohl für den einzelnen als auch für die Allgemeinheit (insb. Volksgesundheit) gefährliche Folgen haben. So hat sich aus der sogenannten Rauschgiftwelle und den ihr folgenden Behandlungsmaßnahmen zunehmend ein weltweiter „Drogenkrieg" entwickelt.

1. Dimensionen und Entstehungsgründe des Rauschmittelkonsums

Schrifttum: *Bellebaum*, Abweichendes Verhalten. Kriminalität und andere soziale Probleme. Paderborn 1984; *Bundesminister für Jugend, Familie, Frauen und Gesundheit (BMJFFG)* (Hrsg.), Bericht der Bundesregierung über die gegenwärtige Situation des Mißbrauchs von Alkohol, illegalen Drogen und Medikamenten in der Bundesrepublik Deutschland und die Ausführung des Aktionsprogramms des Bundes und der Länder zur Eindämmung und Verhütung des Alkoholmißbrauchs. BT-Drucks. 10/5856. Bonn 1986; *Deutsche Hauptstelle gegen die Suchtgefahren* (Hrsg.), Jahrbuch Sucht 1993, 1995, 1996. Geesthacht 1994, 1996, 1997; *Dörmann*, Wie sicher fühlen sich die Deutschen? Repräsentativbefragung der Bevölkerung zur Rauschgiftsituation, Polizeibewertung und Sicherheitsgefühl. Wiesbaden 1996; *Kerner*, Alkohol und Kriminalität. In: KKW 1993[3], 5-9; *ders.*, Drogen und Kriminalität. In: KKW 1993[3], 93-99; *Kreuzer*, Jugend – Rauschdrogen – Kriminalität. Wiesbaden 1978; *ders.*, „Endstation" Sucht? – Wege aus der Sucht? In: Schriftenreihe der DVJJ e.V. Bd. 18. Bonn 1990, 276-297; *Kreuzer/Wille*, Drogen-Kriminologie und Therapie. Heidelberg 1988; *Maag*, Zwanzig Jahre Drogen und Strafrecht. Bern, Kriminalstatistik Nr. 10 (1991), 1-6; *Reuband*, Drogenkonsum und Drogenpolitik in Westeuropa. Aus Politik und Zeitgeschichte B9 (1995), 22-31; *Schweizerische Fachstelle für Alkoholprobleme* (Hrsg.), Soziale und präventive Aspekte des Drogenproblems unter besonderer Berücksichtigung der Schweiz, im Auftrag des Bundesamtes für Gesundheitswesen. Lausanne 1990; *US Dept. Justice*, Drugs and Crime Facts, 1994. Rockville/Md. 1995.

Die Drogendelinquenz wird erwartungsgemäß durch den Gebrauch von Suchtstoffen bestimmt. Um ihre Bedeutung abzuschätzen, gilt es zunächst, das Ausmaß des Rauschmittelkonsums abzustecken, und zwar getrennt nach Alkoholika und sonstigen Drogen.

Sowohl der **Alkoholkonsum** als auch die Alkoholerzeugung sind beträchtlich. Sie nehmen in der Bundesrepublik Deutschland sowie in Österreich und der Schweiz ständig zu. Wegen der damit wachsenden Suchtgefahren sind Produktion und Genuß von Alkoholika problematisch.

Bedenklich erscheint weniger der enorme Verbrauch alkoholischer Getränke als vielmehr der **Alkoholmißbrauch**. Doch die Abgrenzung zwischen dem Alkoholkonsum als Genuß- und Nahrungsmittel und dem exzessiven oder süchtigen Trinken ist schwierig. Dies drückt sich auch in unterschiedlicher Terminologie wie „Alkoholgefährdete", „Alkoholabhängige", „Alkoholiker" oder „Alkoholkranke" aus. Nach dem Begriff der WGO werden die Personen als **„exzessive Trinker"** gekennzeichnet, „deren Abhängigkeit vom Alkohol einen solchen Grad erreicht hat, daß sie deutliche geistige Störungen oder Konflikte in ihrer körperlichen und geistigen Gesundheit, ihren mitmenschlichen Beziehungen, ihren sozialen und wirtschaftlichen Funktionen aufweisen" oder die Symptome einer solchen Entwicklung zeigen. Demgemäß wird Alkoholismus im Sozialrecht als „Krankheit" anerkannt. Im übrigen jedoch kann die Zahl der Alkoholkranken nur geschätzt werden, weil dieser Personenkreis sozial weitgehend integriert ist. Man vermutet, daß in der Bundesrepublik etwa 2,5 Mio. Personen trunksüchtig sind. Davon sollten etwa 10% auf Jugendliche entfallen.

Während aber der bloße Alkoholgenuß ganz überwiegend gesellschaftlich gebilligt wird, fällt der sonstige **Rauschgiftkonsum** bereits allgemein in den Bereich strafrechtlich relevanten Verhaltens. Auch hier ist man allerdings auf Schätzungen angewiesen, wenn man sich über den wirklichen Umfang der Erscheinung vergewissern will. Als Ausgangspunkte dienen polizeiliche und gerichtliche Statistiken, Angaben über sichergestellte Rauschgiftmengen und Drogentote sowie Ergebnisse von Dunkelfeldforschungen.

Der Kreis der **Personen mit illegaler Drogenerfahrung** ist zwar wesentlich geringer als derjenige der Alkoholkonsumenten. Immerhin haben in Westdeutschland ausweislich der Befragung etwa 10 bis 15% junger Menschen im Alter bis zu 24 Jahren irgendwann einmal eine Droge genommen, wobei zwei Drittel von ihnen als Probierer überwiegend weicher Drogen einzustufen sind (*BMJFFG* 1986, 4; Jahrbuch Sucht 1997, 95). Dieser Befund deckt sich im wesentlichen mit dem Bild für Westeuropa, unabhängig von der konkreten Drogenpolitik (*Reuband* 1995, 25, 30). Im Jahr 1995 gaben 8,8% der Repräsentativbefragten von 19- bis unter 30jährigen im Westen an, in den letzten zwölf Monaten Cannabisprodukte konsumiert zu haben, im Osten 3,5% (*Dörmann* 1996, 14 f.). Die Extremgruppe drogengefährdeter Jugendlicher liegt jedoch „nur" bei 0,4%, macht also ungefähr 46 000 Personen aus (*BMJFFG* 1986, 5). Innerhalb dieser Gruppe junger Menschen verfügen 80% über Erfahrung mit Haschisch und 40% mit Marihuana; Cannabis-Produkte sind somit die weitaus am häufigsten verwendeten illegalen Drogen (*Kreuzer/Wille* 1988, 2). 11% haben bereits einmal LSD probiert, 8% Opiate (einschl. Heroin und Kodein) (*BMJFFG* 1986, 18). Bei den illegalen Drogen ohne Haschisch/Marihuana, obwohl insgesamt nur 2,1% der Bevölkerung betroffen ist, entfällt inzwischen mehr als die Hälfte auf Ecstasy bezogen auf die letzten zwölf Monate vor der Befragung (Jahrbuch Sucht 1997, 97). Gefragt sind zunehmend Drogen, denen stimulierende, euphorisierende oder leistungssteigernde Wirkungen zugeschrieben werden (*Dörmann* 1996, 15). Immerhin deuten die Daten darauf hin, daß die Anzahl der Mehrfachkonsumenten und somit abusiven Drogengebraucher zugenommen hat, obschon jene junger Menschen mit Drogenerfahrungen über die Zeit weitgehend stabil geblieben ist (*Schweizerische Fachstelle* 1990, 21; *Reuband* 1995, 25, jeweils m.N.).

Insgesamt jedoch scheint das Drogenproblem in der Bundesrepublik wie auch in anderen Staaten nicht mehr erheblich zu wachsen. Vielmehr sprechen die **Anhaltspunkte für eine partielle Stagnation**, die allerdings gegenläufige Einzelentwicklungen bei Cannabiskonsum, Mehrfachkonsumenten und die Zunahme von Drogentoten nicht ausschließt. Ferner könnte Rauschgiftkriminalität in Form der sogenannten Designer-Drogen weitere Gefahren heraufbeschwören. Es handelt sich hier offenbar um wirkungsintensive Substanzen, die synthetisch aus überwiegend legal erwerbbaren chemischen Grundstoffen hergestellt werden und mit einem erheblichen Abhängigkeitspotential versehen sind.

Der Drogenumgang ist erwartungsgemäß eine vielschichtige Erscheinung. Er kann als Ausdruck der Grundbefindlichkeit einer Gesellschaft und namentlich junger Menschen in ihr verstanden werden (*Kreuzer* 1978, 24). Immerhin weisen die Untersuchungen darauf hin, daß Symptome abweichenden Verhaltens häufiger kumuliert auftreten. Auch hier belegen die Befunde, daß es Bündelungen riskanten Verhaltens gibt. Dies gilt namentlich für den Suchtmittelumgang, das Flucht- und Ausweichverhalten sowie die Delinquenz. Personen mit starkem Alkohol- oder Nikotinkonsum haben auch weitaus häufiger Rauschmittelerfahrung (vgl. *Kreuzer* 1990, 278 ff.). Ursachen- und Motivforschungen zeigen, daß die Entstehungsbedingungen des Mißbrauchsverhaltens und die Beweggründe zum exzessiven Konsum der verschiedenen Substanzen weitgehend identisch sind, obschon im Einzelfall das Bedingungsgefüge unterschiedliche Schwerpunkte aufweist (*BMJFFG* 1986, 5).

Dem einzelnen dient der exzessive Rauschmittelkonsum vielfach als Mittel zur Konfliktbewältigung (dazu *Göppinger* 1997, 590). Beachtlich ist dabei die Suche nach passivem Erleben mit Hilfe der Droge (*Kreuzer* 1978, 25). Eine Parallele zu dieser **passiven Problemlösungsstrategie** findet man beim Suizid, so daß man den Drogenmißbrauch auch als einen „Suizid auf Raten" begreifen kann.

Besondere Bedeutung kommt **Störungen in der Familie** und der Erziehung zu. So spielt neben der allgemeinen Aufgabe, welche die Familie für die soziale Integration junger Menschen erfüllt, insbesondere der Rauschmittelumgang der Eltern eine erhebliche Rolle für das spätere Verhalten der Kinder (*Kreuzer* 1978, 27).

Neben den Mängeln in der Herkunftsfamilie und den zwischenmenschlichen Beziehungen zu ihren Eltern zeigten sich in einer Vergleichsgruppenuntersuchung von Heroinabhängigen mit ihren „normalen" Altersgenossen ferner erhebliche **Unterschiede im Schul- und Ausbildungsbereich**.

Auch das **Freizeitverhalten** hat entscheidenden Anteil am Einstieg in Drogenkarrieren: In praktisch allen Fällen erfolgt der erste Kontakt mit Rauschgift im Freundes- oder Bekanntenkreis (speziell zur Gruppe als sozialem Bezugsfeld siehe oben § 31). Nur etwa 3% der Erstkonsumenten illegaler Drogen geben an, die Mittel von einem Dealer erhalten zu haben. Allerdings kann dieser Befund auch auf Wissensmängeln der Befragten, der Verkennung von Kleindealern und auf der Anstößigkeit von Kontakten mit Dealern beruhen. Immerhin spielen Neugier und Nachahmung bei mehr als der Hälfte aller wirklichen und potentiellen Drogengebraucher die bestimmende Rolle.

Einen erheblichen Einfluß üben dabei **soziale Bewegungen und modische Trends** aus. Als Beispiel sei auf den bedeutenden Anstieg des Rauschmittelkonsums in den späten sechziger Jahren im Zusammenhang mit der gesellschaftlichen Protestbewegung, den Studentenrevolten und der Hippie-Bewegung hingewiesen. Der Rauschgiftkonsum diente als Statussymbol und Abgrenzungsmerkmal. Er dokumentierte die Ablehnung konventioneller Normen und gesellschaftlicher Ziele. Noch in der Gegenwart wird der Gebrauch von Cannabis-Produkten weithin als Zeichen einer Anti-establishment-Haltung verstanden.

Obwohl die aufgezeigten Zusammenhänge einleuchten und teilweise auch gut belegt sind, ist eine **überzeugende Erklärung noch immer schwierig**. Dies veranschaulichen besonders die vielfältigen Beziehungen zwischen Alkohol und Kriminalität, die hierzulande bekanntlich in sozialkulturelle Verhaltensmuster eingebettet sind. Dabei ist offenkundig, daß auch bei uns der Alkohol als Rauschmittel nur unter großen Verlusten gesellschaftlich integriert werden kann; denn der Alkohol fordert schwere Opfer (*Bellebaum* 1984, 211).

Schon aus diesen Überlegungen ergibt sich, daß es sich bei der Beziehung zwischen Alkohol und Verbrechen um ein Problem handelt, dem vielschichtige Bedingungszusammenhänge zugrunde liegen (vgl. *Bellebaum* 1984, 206 ff.). Als Erklärungsansätze bieten sich im wesentlichen vier **Theoriemodelle** an;

1. Enthemmende Wirkung des Alkohols:
   Dieser Ansatzpunkt hat besonders bei der Beziehung zwischen Gewaltdelikten und Alkohol Bedeutung. Unter Alkoholeinfluß verliert der Täter an Selbstkontrolle, seine Aggressionsbereitschaft wächst. Daß manche, sogar zurückhaltende Menschen unter Alkoholeinfluß zu verbalen und tätlichen Ausfälligkeiten neigen, kann oft beobachtet werden. Diese Wirkung des Alkohols ist jedoch auch davon abhängig, welche kulturellen und sozialen Erwartungen vorherrschen.
2. Gemeinsame Ursache:
   Alkoholkonsum und Kriminalität werden nicht als voneinander abhängig angesehen, sondern eine gemeinsame Ursache, wie z.B. Schwierigkeiten in der Kindheit, wird sowohl für die Kriminalität als auch für die Alkoholprobleme des Täters als verantwortlich betrachtet.
3. Gegenseitiges Bedingen:
   Alkohol und Kriminalität sind Faktoren, die sich – zusammen mit anderen Sozialfaktoren – wechselseitig bedingen. So kann starkes Trinken zur Arbeitslosigkeit und zu sonstigem sozialen Kompetenzverlust führen, was ein Abgleiten in die Kriminalität begünstigt. Auf der anderen Seite kann Alkohol als Fluchtmittel aus sozialen Konflikten eingesetzt werden, die durch Kriminalität und Sanktionen (mit Haft, Verlust von Beziehungen, Wohnungen und Arbeitsplatz) entstanden sind.
4. Scheinzusammenhang:
   Schließlich kann in Frage gestellt werden, ob überhaupt eine kausale Beziehung besteht. So ist es möglich, daß sich Alkoholtäter leichter überführen

lassen und daher überrepräsentiert sind. Kriminalität kann durch Alkohol sichtbarer werden, ebenso wie umgekehrt auch der Alkoholkonsum durch die Begehung der Straftaten sichtbar gemacht wird. Für die Behauptung, daß bei der Begehung von Straftaten relativ häufig Alkoholeinfluß vorliegt, wären daher genauere Erkenntnisse über das Trinkverhalten der Bevölkerung notwendig, um Vergleiche ziehen zu können.

Entsprechendes gilt für das Verhältnis zwischen sonstigem Rauschmittelkonsum und der Kriminalität.

Obschon empirische Untersuchungen Licht in die vielfältigen Beziehungen zwischen Alkohol und Kriminalität gebracht haben und Strukturelemente eine begrenzte Typologisierung gestatten, bleiben die ausgewiesenen oder vermeintlichen Beziehungen noch weiter der theoretischen Vertiefung und Interpretation bedürftig. Denn es könnte sich auch um erhöht sichtbare Gruppen handeln, die nur durch einen „Scheinzusammenhang" miteinander verknüpft werden.

Die persönlichen und sozialen **Folgen des Drogenmißbrauchs** sind ebenso mannigfaltig wie nach Art der Droge und Umfang des Konsums unterschiedlich. So bewirkt der exzessive Alkoholkonsum vor allem Veränderungen im psychischen Bereich, die sich erkennbar auf das äußere Erscheinungsbild des Konsumenten auswirken und z.B. seine Distanz- und Kritikfähigkeit beeinträchtigen. Der Alkoholismus führt dann regelmäßig zum sozialen Abstieg, dessen Phänomene sich als „Desozialisierung der Persönlichkeit" begreifen lassen (*Schwind* 1996, 438). Es findet eine Lockerung, oft eine völlige **Lösung der sozialen Bindungen** statt. Zerrüttung und Zerfall der Familie sowie der Verlust des Arbeitsplatzes mit den dortigen Bindungen stehen dann am Ende eines „Teufelskreises", in dem der Trinker aufgrund dieser Probleme immer häufiger zur Flasche greift und sich immer mehr isoliert.

Obwohl eine physische Abhängigkeit bei Haschisch und Marihuana grundsätzlich nicht eintritt, wird aus Ländern, in denen Cannabis-Gebrauch traditionell üblich ist, berichtet, daß exzessiver Genuß zu Motivationsverlusten, Apathie, Gedächtnisschwierigkeiten und zum Verlust gedanklicher Schärfe führen kann. Auch im westlichen Kulturkreis kann man beobachten, daß Jugendliche die normalen Streßsituationen des Lebens und die Probleme, die untrennbar mit dem Heranwachsen verbunden sind, meiden, wenn der Marihuana-Gebrauch erst einmal zur „Weltanschauung" erhoben wurde. In den Vereinigten Staaten wurde schwerer chronischer Marihuana-Gebrauch in Verbindung mit Fehlanpassung und Apathie gebracht, welchen man als **Unmotiviertheitssyndrom** (amotivational syndrome) bezeichnet. Es wird mit dem Verlust der Arbeitswilligkeit, des Ehrgeizes und der Energie beschrieben, der auf der ausschließlichen Zentrierung des individuellen Interesses auf den Rauschmittelgebrauch beruht. Am problematischsten sind erwartungsgemäß die Folgen des Gebrauchs harter Drogen. Neben einer regelmäßig einsetzenden physischen und psychischen Abhängigkeit mit entsprechenden Entziehungserscheinungen bei Absetzen der Mittel treten bei längerem Gebrauch meist psychische Veränderungen auf (dazu *Göppinger* 1997, 582 ff.).

Folgenreich wirkt sich außerdem das Eintreten in die „Drogenszene" aus. Diese kann als kriminogene Subkultur bezeichnet werden. Die **Drogensubkultur** kennt eigene Strukturen, Integrationsmittel und Rituale (vgl. *Kreuzer* 1978, 43 ff.), in gewissem Umfang auch eine eigene Sprache. Sie besteht aus Gruppierungen von Personen, die ihr Leben dem Drogengebrauch gewidmet haben. Oftmals ist sie auf bestimmte Wohngebiete beschränkt. Auch Konsumenten „weicher" Drogen sind hiervon betroffen. Die Gefahr des Umsteigens auf harte Drogen wächst nach dem Eintritt in die Drogenszene stark an. Die Verbindung zwischen Drogengebrauch, sozialem Abstieg und Verwahrlosung ist offensichtlich. Dennoch bleibt im Einzelfall immer zu fragen, ob die Droge nicht lediglich an die Stelle der bisherigen „Auslöser" tritt, die eine bereits vorhandene Abweichungsbereitschaft nur aktualisieren (*Kerner* 1993, 96).

Im Zusammenhang gesundheitlicher Folgen ist neben dem allgemeinen körperlichen Verfall von Drogenabhängigen neuerdings die überdurchschnittlich große **Aids-Gefährdung** von Süchtigen zu einem Zentralproblem geworden. Da die wichtigste Ansteckungsquelle im Geschlechtsverkehr und in der Benutzung von gemeinsamen Nadeln beim Spritzen besteht, sind sogenannte Fixer besonders gefährdet (*BMJFFG* 1986, 24). Durch die oftmals mit der Sucht einhergehende Beschaffungsprostitution ergibt sich eine doppelte Gefährdung der Betroffenen, aber auch eine erhöhte Gefahr der weiteren Verbreitung.

Der Gesamtschaden, der durch den Drogenmißbrauch entsteht, ist erheblich und läßt sich kaum überblicken. Dabei kann man in Geld ausdrückbare Folgekosten von solchen nichtmonetärer Art (Anzahl der Todesfälle, Verlust an Lebensjahren, Invalidität usw.) unterscheiden.

Die gesellschaftlichen und staatlichen Reaktionen auf den Drogenmißbrauch umfassen das gesamte Präventionsspektrum, einschließlich sozialer, sozialmedizinischer und juristischer Strategien. Trotz vielfältiger Präventionsmodelle herrscht weltweit die „Prävention durch Repression" vor, insbesondere, aber nicht ausschließlich, gegen den Drogenhandel, und nur nachrangig durch gesundheitliche Aufklärung, Drogenerziehung, psychosoziale Beratung sowie Behandlung, Therapie und Überlebenshilfe gegenüber Suchtkranken ergänzt. Insgesamt betrachtet lassen sich die Strategien nach dem sogenannten **Vier-Säulen-Modell**

(Prävention, Repression, Therapie und Überlebenshilfe), das der neueren schweizerischen Drogenpolitik zugrunde liegt, begreifen.

2. Strafrechtliche Drogenkontrolle

Schrifttum: *Albrecht, H.-J.*, Betäubungsmittelstrafrecht und Betäubungsmittel-kriminalität in der Bundesrepublik Deutschland. In: Betäubungsmittelstrafrecht in Westeuropa, hrsg. v. Meyer. Freiburg i.Br. 1987, 63-168; *ders.*, Voraussetzungen und Konsequenzen einer Entkriminalisierung im Drogenbereich. In: Entkriminalisierung im Drogenbereich? Hrsg. v. de Boor u.a. Köln 1991, 1-37; *Albrecht/van Kalmthout*, Drug Policies in Western Europe. Freiburg 1989; *Böker* u.a. (Hrsg.), Drogenpolitik wohin? Bern u.a. 1991; *Bundesminister für Jugend, Familie, Frauen und Gesundheit (BMJFFG)* (Hrsg.), Bericht der Bundesregierung über die gegenwärtige Situation des Mißbrauchs von Alkohol, illegalen Drogen und Medikamenten in der Bundesrepublik Deutschland und die Ausführung des Aktionsprogramms des Bundes und der Länder zur Eindämmung und Verhütung des Alkoholmißbrauchs. BT-Drucks. 10/5856. Bonn 1986; *Dünkel*, Zur Entwicklung der Drogenkriminalität und Drogenkontrolle in Deutschland. KrimBull 17 (1991), 47-74; *Egg* (Hrsg.), Drogentherapie und Strafe. Wiesbaden 1988; *Kaiser*, Gewinnabschöpfung als kriminologisches Problem und kriminal-politische Aufgabe. In: FS für Tröndle. Berlin u.a. 1989, 685-704; *Leuw*, Drugs and Drug Policy in the Netherlands. In: Dutch Penal Law and Policy. Notes on Criminological Research from the Research and Documentation Center. The Hague 4 (1991), 1-8; *Meyer*, Rechtsvergleichender Querschnitt. In: Betäubungs-mittelstrafrecht in Westeuropa, hrsg. v. Meyer. Freiburg i.Br. 1987, 729-773; *Quensel*, Drogenelend. Cannabis, Heroin, Methadon. Für eine neue Drogenpolitik. Frankfurt/M. u.a. 1982; *Rüter*, Die strafrechtliche Drogenbekämpfung in den Niederlanden. Ein Königreich der Aussteiger? ZStW 100 (1988), 385-404; *Schöch*, Strafbarkeit des Umgangs mit illegalen Drogen als präventives Mittel? In: Politische Studien (H. 344), 46 (1995), 60-72; *Stock/Kreuzer*, Drogen und Polizei. Eine kriminologische Untersuchung polizeilicher Rechtsanwendung. Bonn 1996.

Die gesicherten oder vermuteten Gefahren des Drogenmißbrauchs haben die staatlich organisierte Gesellschaft nicht ruhen lassen. Nationale Initiativen und internationale Zusammenarbeit bei der Kontrolle des Drogenmißbrauchs sind vor allem durch zwei Faktoren ausgelöst worden:

- Erstens haben fast alle Staaten die Verantwortung für das Wohlergehen ihrer Staatsbürger übernommen und
- zweitens sind die finanziellen Einbußen, die durch Drogen verursachte Kriminalität entstehen, sowie die Folgekosten für Behandlungen und vorbeugende Maßnahmen erheblich angewachsen.

Auf diese Weise leuchtet ein, daß sich der Strafgesetzgeber erst im **zwanzigsten Jahrhundert** intensiver mit den Problemen des Drogenmißbrauchs befaßt hat. Den **entscheidenden Impuls** erhielt die Gesetzgebung erst **durch den sprunghaften Anstieg des Drogenmißbrauchs Ende der sechziger und Anfang der siebziger Jahre**. Aufgrund der sich erkennbar abzeichnenden Zunahme des Drogenkonsums, der sich damit verbindenden Gefahren sowie im Hinblick auf die internationalen Abkommen über die Suchtstoffkontrolle aus den Jahren 1961 und 1971 zeichnete sich weltweit das Bemühen der Gesetzgebung ab, die Strafbarkeit auszuweiten und die Strafandrohungen zu verschärfen.

So wurde durch die Neufassung des Betäubungsmittelgesetzes in der Bundesrepublik 1981 versucht, zwischen Händlern und (Klein-)Verbrauchern zu differenzieren. Um den mittlerweile international organisierten und erheblichen Profit abwerfenden Rauschgifthandel wirksamer zu bekämpfen, sollten hier härtere Sanktionen angedroht, der illegale Gewinn abgeschöpft (vgl. *Kaiser* 1989, 685 ff.), die „Geldwäsche" kriminalisiert und der Kreis der Kleinkonsumenten weniger hart bestraft werden. Da ein Großteil der Konsumenten jedoch zur Finanzierung des Eigenbedarfs als Kleindealer tätig ist, gestaltet sich diese Unterscheidung als äußerst schwierig.

Tabelle 9: *Drogenkontrolle im internationalen Vergleich nach der Intensität der Kontrolle – jeweils bezogen auf 100 000 Einwohner*

Länderreihenfolge nach Deliktsbelastung

	Delikte		Tatverdächtige		Verurteilte	
	Anzahl	pro 100 000	Anzahl	pro 100 000	Anzahl	pro 100 000
1. Schweiz (1995)	42 001[1]	598	–	–	22 681	323
2. Schweden (1993)	40 749	466	6 706	77	2 239	26
3. USA (1994)	919 561[2]	364	1 118 346[3]	539	186 872[2]	74
4. Dänemark (1995)	15 203	291	12 421	241	5 938[2]	206
5. Deutschland (1995)	158 477	194	123 888	152	29 494[4]	45
6. Österreich (1995)	11 635	146	11 526	143	3 275	41
7. Frankreich (1994)	70 735	122	68 819	119	20 326[5]	36
8. England und Wales[6] (1995)	21 272	42	48 200	93	28 500	55
9. Niederlande (1994)	4 000	26	4 353	29	4 050	26
10. Japan (1994)	23 536	19	17 564	14	11 378	9

Länderreihenfolge nach Beschlagnahmemengen

	Beschlagnahmemenge pro 100 000 Einwohner in kg		
	bei Cannabis	bei Heroin	bei Kokain
1. Niederlande (1993)	915,5	6,0	24,4
2. USA (1994)[7]	136,0	0,5	49,2
3. England und Wales (1993)	134,3	6,0	5,0
4. Frankreich (1994)	100,2	1,1	8,2
5. Dänemark (1995)	47,3	0,7	2,1
6. Deutschland (1995)	17,5	1,1	2,3
7. Schweiz (1995)	11,5	3,0	3,7
8. Österreich (1995)	8,7	0,6	0,7
9. Japan (1993)	0,5	0,01	0,02

1 Anzeigen.
2 1992.
3 „Persons arrested".
4 Angaben für 1994 (früheres Bundesgebiet einschl. West-Berlin).
5 1990.
6 Nach der Kriminalstatistik wird nur ein Teil der Drogendelikte unter der Bezeichnung „drug trafficking" ausgewiesen. Gemeint sind damit unerlaubte Herstellung von Drogen (außer Cannabis), Schmuggel und Handel, allerdings ohne den verbotenen Besitz. Bei den Tatverdächtigen und Verurteilten werden hingegen auch Drogenstraftäter wegen verbotenen Besitzes miterfaßt.
7 Vorläufige Berechnung.

Quellen: PKS 1995, 19, 236 ff.; StVSta 1994, 36 f.; StaJb 1995, 19, 61; Jahrbuch Sucht '97. Geesthacht 1996, 59; StaJb für das Ausland 1996. Wiesbaden 1996, 34, 37; Pressemitteilung des *BA für Polizeiwesen* zur Betäubungsmittelstatistik 1995. Bern 1996; schwStaJb 1996, 39; öPKS 1995, 12 f.; *Österreichisches Statistisches Zentralamt,* Gerichtliche Kriminalstatistik für das Jahr 1995. Wien 1996, 24 f.; *dass.,* Jahresbericht 1995 über die Suchtgiftkriminalität in Österreich. Wien 1996, 6; *Rigspolitichefen,* Politiets årsberetning (Jahresbericht der Polizei) 1995. Kopenhagen 1996, 105, 207, 244; Statistical Yearbook of the Netherlands 1996. Voorburg/Heerlen 1996, 39, 415, 418, 424; Auskunft v. *CBS* (niederl. Büro für Statistik); *Ministère de l'Intérieur,* Aspects de la criminalité et de la délinquance constatées en France en 1994. Paris 1995, 75 ff., 82, 121; *Ministère de la Justice,* Annuaire statistique de la justice 1989-1990. Paris 1992, 141; *Home Office,* Criminal Statistics England and Wales 1995. London 1996, 38, 56, 96, 163; *Brottsförebyggande rådet,* Brottsutvecklingen 1992 och 1993. Stockholm/Göteborg 1994, 115 ff., 131 ff.; *U.S. Department of Justice,* Drugs and Crime Facts 1993. Rockville 1993, 10 ff.; *dass.,* UCR for the United States 1994. Washington/D.C. 1995, 220; *dass.,* Sourcebook of Criminal Justice Statistics 1994. Washington/D.C. 1995, 419, 450, 485; *Government of Japan,* Summary of the White Paper on Crime. O.O. 1995, 9, 19 ff., 114; *National Police Agency* (Japan), White Paper on Police 1994. Tokyo o.J., 76.

Die ganz überwiegende Anordnung der Strafbestimmungen im Nebenstrafrecht kann nicht darüber hinwegtäuschen, daß das **Drogenstrafrecht** inzwischen nach der Bindung öffentlicher Ressourcen, nach der Höhe der Strafdrohung und der Häufigkeit seiner Anwendung **zu einem Zentralbereich der Kriminalpolitik geworden** ist (*Meyer* 1987, 735).

Als **typische Gesetzestechnik** ist im Betäubungsmittelstrafrecht aufgrund der hohen Gefahren, die von den Drogen ausgehen, die **Vorverlagerung der Strafbarkeit** erkennbar. Es handelt sich größtenteils um abstrakte Gefährdungsdelikte, was letztlich auch die **Beweisführung im Prozeß erleichtert**. Weiterhin besteht die Tendenz zur Reduzierung subjektiver Strafbarkeitsvoraussetzungen. Die Art des Betäubungsmittels (harte/weiche Droge) findet im Rahmen der Strafzumessung Berücksichtigung (vgl. dazu *Meyer* 1987, 340 ff., 747 ff.). Eine strafprozessuale Besonderheit bietet die sogenannte „**Kronzeugenregelung**" des § 31 BtMG. Sie soll zur Aufklärung schwerer Drogenkriminalität kleine und mittlere Drogenhändler zu Aussagen bewegen. Bei der Auswertung von 16 500 Aburteilungen aus dem Jahre 1984 wurden immerhin 417 Fälle der Strafmilderung nach § 31 BtMG registriert (vgl. dazu *BMJFFG* 1986, 25 f.). Allerdings kommt die Kronzeugenregelung des § 31 BtMG anscheinend vor allem gegen die kleine und mittlere Händlerebene zur Anwendung (dazu *Stock/Kreuzer* 1996, 354 ff.). Hingegen wurden bisher noch kaum Großdealer aufgrund dieser Vorschrift überführt oder ganze Rauschgiftringe zerschlagen. Als Rechtsfolge sieht das BtMG zwar „**mehr Therapie, weniger Strafvollstreckung**" vor. Die Umsetzung dieses Ziels in der Praxis wird jedoch weiterhin kritisch beurteilt (vgl. *Egg* 1988).

Soweit man das durch das Betäubungsmittelstrafrecht geschützte **Rechtsgut** zu definieren sucht, greift man herkömmlich verbreitet auf die Volksgesundheit, außerdem auf Gesundheits- sowie Jugendschutz und ärztliche Versorgung des Landes zurück (vgl. *Meyer* 1987, 735; *Schöch* 1995, 64).

Zwar wird dem **Cannabis** vielfach **die Eignung als „Einstiegsdroge"** abgesprochen (vgl. etwa *Quensel* 1982, 69). Es geht in diesem Zusammenhang jedoch nicht primär um die substanzgebundene Kausalbeziehung. Wenn auch nur ein kleiner Teil der Cannabiskonsumenten auf andere Drogen umsteigt, so hat doch umgekehrt ein hoher Prozentsatz der Heroinkonsumenten zuvor als Cannabiskonsument angefangen. Konsum von Alkohol und Cannabisprodukten steht praktisch am Anfang jeder Drogenkarriere. Dies rechtfertigt es, bereits hier vorbeugend einzugreifen.

Die sich mit dieser Auffassung verbindende Sorge dürfte es wahrscheinlich sein, welche die Staaten der Welt – mit Ausnahme der Niederlande und vielleicht Dänemarks – noch zu einer **schärferen „Gangart" in der Drogenkontrolle** veranlaßt (vgl. dazu den internationalen Vergleich nach Tab. 9, sowie Schaub. 15). Immerhin weisen die Befragungen darauf hin, daß der Anteil konsumierender oder abhängiger Personen während des letzten Jahrzehnts eher stagniert, wenn nicht gar partiell abgenommen hat.

Freilich, der hohe Anteil der regelmäßigen Betäubungsmittelkonsumenten unter den Strafgefangenen und das Unvermögen der Strafvollzugsverwaltung, die Strafanstalten drogenfrei zu machen, rütteln unvermindert an **Anspruch und Effizienz strafrechtlicher Sozialkontrolle im Betäubungsmittelrecht**. Gleichwohl ist nicht ersichtlich, wie eine vollständige oder partielle Legalisierung illegaler Drogen das Suchtproblem und den Angebotsdruck durch den internationalen Drogenhandel besser lösen könnte als die strafrechtliche Drogenkontrolle (ähnlich *Schwind* 1996, 462 ff.).

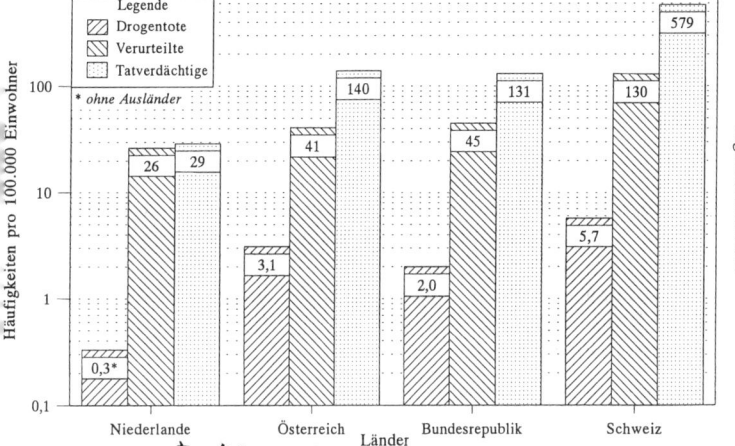

Quellen: PKS 1994, 13, 228; *StaBA*, Strafverfolgung 1994, 36 f.; StaJb 1995, 61; öPKS 1994, 12 f.; *Österr. Stat. ZentralA*, Gerichtl. Kriminalstatistik f. d. J. 1994. Wien 1995, 24; *dass.*, Statist. Jahrbuch f. d. Rep. Österreich 1995. Wien 1995, 14; Schweiz. Strafurteilsstatistik 1994. Bern 1995; Pressemitteilung des *BA für Polizeiwesen* zur BtM-Statistik 1995. Bern 1996; schwStaJb 1996, 39; Statist. Yearbook of the Netherlands 1996. Voorburg/Heerlen 1996, 424; Auskunft v. *CBS* (niederl. Büro f. Statistik). Voorburg/Heerlen 1996.

Schaubild 15: Drogentote, Verurteilte und Tatverdächtige nach jeweiligem BtM-Straf-recht im Ländervergleich 1994

3. Vorbeugung, Behandlung und Drogensubstitution

Schrifttum: *Baumgart*, Illegale Drogen – Strafjustiz – Therapie. Freiburg 1994; *Bundesminister für Jugend, Familie, Frauen und Gesundheit* (BMJFFG) (Hrsg.), Bericht der Bundesregierung über die gegenwärtige Situation des Mißbrauchs von Alkohol, illegalen Drogen und Medikamenten in der Bundesrepublik Deutschland und die Ausführung des Aktionsprogramms des Bundes und der Länder zur Eindämmung und Verhütung des Alkoholmißbrauchs. BT-Drucks. 10/5856. Bonn 1986; *Dölling*, Eindämmung des Drogenmißbrauchs zwischen Repression und Prävention. Heidelberg 1995; *Gossop*, Prescribing Heroin and Other Injectable Drugs to Addicts: A British Perspective. Sucht 1994, 325-333; *Hüllinghorst*, Zur Versorgung der Suchtkranken in Deutschland. In: Jahrbuch Sucht 1995. Geesthacht 1996, 153-162; *Kerner*, Drogen und Kriminalität. In: KKW 1993[3], 93-99; *Kühne*, Staatliche Drogentherapie auf dem Prüfstand. Heidelberg 1985; *Kurze*, Strafrechtspraxis und Drogentherapie. Wiesbaden 1993; 1994[2]; *Leune*, Illegale Drogen. In: Jahrbuch Sucht 1993, 50-64; *Schöch*, Straßenverkehrsgefährdung durch Arzneimittel. In: FS für Miyazawa. Baden-Baden 1995, 227-242; *Schweiz. Bundesamt für Gesundheitswesen*, Medienorientierung zur ärztlichen Verschreibung von Betäubungsmitteln. Bern 1993; *Strang/Ruben/Farrel* u.a., Prescribing Heroin and Injectable Drugs. In: Heroin Addiction and Drug Policy. The British System, ed. by Strang u.a. Oxford 1994, 192-206.

Dem steht freilich nicht entgegen, daß nicht auch unabhängig davon oder in Verbindung damit auf den Drogenmißbrauch reagiert wird. So ergeben sich bereits im Vorfeld von Drogenmißbrauch und Sucht **Möglichkeiten vorbeugender Einflußnahme** auf das Konsumverhalten. Dabei lassen sich die beiden Hauptbereiche der gesetzlichen Verbote und der Prävention durch gesundheitliche Aufklärung unterscheiden. Allgemein neigt man dazu, der Prävention durch gesundheitliche Aufklärung und Drogenerziehung, etwa durch entsprechende Aufklärungsaktionen in Schulen und Anstrengungen in der öffentlichen Jugendarbeit, den Vorzug gegenüber bloßen Verboten einzuräumen.

Die (psychosoziale) **Beratung** ist ein Angebot für diejenigen, die mit Mitteln der Prävention nicht mehr erreicht werden können, weil sie bereits Schwierigkeiten im Umgang mit Drogen oder Alkohol haben. Hier ist eine persönliche Beziehung zwischen dem Ratsuchenden und dem Helfer von ausschlaggebender Bedeutung. Dabei wird dem Einsatz freier Verbände der beste Erfolg zugesprochen (*Kerner* 1993, 98 f).

Mit der Beratung ist die **Behandlung und Therapie von Suchtkranken** eng verbunden. Hierbei sind wiederum die bereits erwähnten Beratungsstellen tätig, die etwa zu 40% ambulante Therapie von Suchtkranken durchführen.

Das Konzept der **„Therapie statt Strafe"** wird in den §§ 7, 93 a JGG, 35 ff. BtMG deutlich. Vor und neben therapeutischen Möglichkeiten im Strafvollzug selbst kann schon das Gericht bei Verurteilungen, die eine bestimmte Dauer der Freiheitsstrafe nicht überschreiten, die Vollstreckung von Strafe oder Maßregel zurückstellen, wenn sich der Betroffene einer Behandlung unterzieht. Die Zeit dieser Behandlung kann u.U. auf die Strafe angerechnet werden (§§ 35, 36 BtMG).

Bereits in früheren Verfahrensstadien kann die Staatsanwaltschaft zusammen mit dem zuständigen Gericht das Verfahren vorläufig einstellen, wenn sich der Beschuldigte seit mindestens drei Monaten einer Behandlung unterzieht und seine Resozialisierung zu erwarten ist (§ 37 BtMG). Unabhängig von der Bereitschaft, sich behandeln zu lassen, ist im Rahmen der Maßregeln der Besserung und Sicherung die Einweisung in eine Entziehungsanstalt möglich (§§ 61, 64, 67 StGB); für Jugendliche und Heranwachsende sind Sonderanstalten vorgesehen (§ 93 a JGG).

Da bekanntlich mit den traditionellen Behandlungsprogrammen nur etwa ein Drittel aller Drogenabhängigen zu erreichen ist, wird immer wieder gefordert, eine staatliche Drogenabgabe einzuführen oder zuzulassen. Derartige Forderungen haben auch bereits zu einer Reihe von Versuchsprojekten geführt.

Als **problematisch** gelten allerdings noch immer die im Rahmen der Pharmakotherapie umstrittenen **Methadon-Programme** (*Dölling* 1995, 24 f.). In Deutschland soll zur Zeit jeder fünfte Drogenabhängige, das sind schätzungsweise rd. 30 000 Personen, mit Ersatzdrogen behandelt werden. Dazu kommen mindestens 20 000 Drogenabhängige mit einer Kodein-Substitution außerhalb betäubungsmittelrechtlicher Bestimmungen. Das sind etwa 40 bis 50% aller Opiatabhängigen. Danach befindet sich weit über die Hälfte aller Drogenabhängigen pro Jahr in Behandlung, so daß die jährliche Erreichungsquote auf etwa 75% zugenommen hat. Dabei sollen 2000 Abhängige in offiziellen Methadon-Programmen substituiert werden, aber mehrere 10 000 ihre tägliche Ersatzdroge vom Arzt bekommen (*Leune* 1993, 54).

Methadon-Programme können zwar als „**Überlebenshilfen**" betrachtet werden. Sie bilden jedoch insgesamt keinen Weg zur Lösung. Immerhin sprechen sie eine motivierte Gruppe an und erreichen sie auch, so daß der illegale Drogenkonsum partiell und temporär reduziert sowie die Beschaffungskriminalität entschieden vermindert wird. Allerdings leiden die Methadon-Programme allmählich an der Ausdünnung, weil ein Großteil der Teilnehmer sich dem Programm entzieht. Da Methadon-Programme häufig nicht die gewünschten Erfolge erzielen, schließen sich ihnen wie in der Schweiz Heroin-Programme durch die kontrollierte Abgabe von Heroin an Süchtige an. Allerdings bewirkt auch der legale Zugang zu Drogen für einen Teil der Abhängigen keine Besserung der gesundheitlichen, psychischen und sozialen Situation.

In einem neueren Pilotversuch der Schweiz sollen etwa 1000 Schwerstabhängige einbezogen werden. Da die Gesamtzahl der Schwerstabhängigen illegaler Drogen in der Schweiz auf rd. 25 000 geschätzt wird, könnte es sich bei dem **Heroinabgabe-Projekt** allerdings nicht um eine flächendeckende drogenpolitische Maßnahme handeln, sondern nur um den Versuch, der weiteren Verelendung eines Teils der Schwerstabhängigen und damit auch der Verbreitung der HIV-Infektion vorzubeugen. Das Ziel beschränkt sich daher darauf, den körperlichen und psychischen Gesundheitszustand sowie die Arbeitsfähigkeit und soziale Integration zu verbessern sowie eine Distanzierung von der Drogenszene und den Abbau des deliktischen Verhaltens zu erreichen.

Da auch bei kontrollierter Heroinabgabe zwei Märkte nebeneinander bestehen und damit eine scharfe Überwachung notwendig machen, ist der **Kontrollaufwand** erheblich. Immerhin sollen nach ausländischen Langzeitprojekten (und d.h. nach etwa 7-10 Jahren) etwa 40% der Teilnehmer am Schluß abstinent und geheilt sein. Allerdings bringt selbst eine ausgedehnte Heroinabgabe an Schwerstabhängige die (offene) Drogenszene nicht völlig zum Verschwinden, da viele integrierte und nichtintegrierte Abhängige, insbesondere Kokainabhängige, außerhalb des kontrollierten Abgabeprojektes bleiben. Freilich ist zuzugeben, daß aufgrund der bisherigen Erfahrungen begründet angenommen wird, daß mit den traditionellen Behandlungsprogrammen nur etwa ein Drittel aller Drogenabhängigen erreicht wird. Ziel und Anforderung der neueren Projekte basieren denn auch weniger auf der Drogenabstinenz als vielmehr auf der Verbesserung des körperlichen und psychischen Gesundheitszustandes, einer Verbesserung der sozialen Integration und Arbeitsfähigkeit sowie auf der Distanzierung von der Drogenszene mit dem Abbau des deliktischen Verhaltens. Auch wenn auf diese Weise der **Anspruch der Behandlung** zurückgenommen wird, so kann doch auf die Erfolgsbeurteilung nicht verzichtet werden. Deren Kriterium kann letztlich nur die Heilung von der Sucht und d.h. die Drogenabstinenz meinen.

In Großbritannien besteht schon seit 1926 die Möglichkeit, Drogen an Süchtige, bei denen eine Entzugsbehandlung erfolglos blieb oder aussichtslos erschien, unter medizinischer Aufsicht auf Rezept abzugeben, sogenanntes **„Britisches System"**. Dieses beruht auf dem Konzept der Schadensbegrenzung („harm reduction policy") im Gegensatz zu einer rein repressiven Drogenpolitik. Auf diese Weise wird zum einen der Beschaffungskriminalität entgegengewirkt, da die Abhängigen – im Gegensatz zu Gelegenheitskonsumenten – erheblich höhere Kosten aufzubringen hätten. Andererseits wird die Gesundheit der Süchtigen erhalten. Viele dieser Konsumenten können daher ein einigermaßen normales Leben führen und einer geregelten Arbeit nachgehen (*Strang* u.a. 1994, 194).

Die Rückfallrate von Therapieteilnehmern wird auf etwa 75% geschätzt. Der erhoffte Erfolg, durch die beschriebene Drogentherapie die Verbreitung illegaler Drogen zu vermindern, blieb allerdings aus. Teilweise wirken die Bedingungen für eine Therapie entmutigend, auch ist die orale Einnahme von Methadon für diejenigen, die injizieren, unattraktiv. Auf jeden registrierten Konsumenten kommen daher noch einmal fünf bis zehn, die sich auf dem illegalen Markt versorgen. Zwar soll die Kriminalität in den fraglichen Regionen zurückgegangen sein, im Bezirk Widnes existiert angeblich kein Schwarzmarkt mehr. In Liverpool will man sogar mit einer Infektionsrate von weniger als 1% unter „Fixern" das HIV-Problem weitgehend in den Griff bekommen haben. Für diese behaupteten Erfolge fehlen jedoch noch ausreichende Belege. Allein der Drogenhandel soll 1995 um 60% gestiegen sein, ganz abgesehen von 5 Tötungen und 432 bewaffneten Raubüberfällen in den Straßen Liverpools. Mehrere Drogennetzwerke sollen kriminelle Clans gebildet haben (berichtet nach Times v. 18.04.1996). Angesichts der AIDS-Problematik wird die Verschreibungspraxis derzeit neu überdacht, mit einer Ausweitung der Verschreibung von injizierbaren Rauschgiften ist jedoch nicht zu rechnen. Auch eine strafrechtliche Drogenkontrolle wird weiterhin für unverzichtbar gehalten.

Trotz mancherlei Mängeln besteht angesichts der vorliegenden Befunde kein Anlaß, in der Therapie der Drogenabhängigkeit zu resignieren; vielmehr ist ihr Ausbau angezeigt. Auch sind die Regelungen, die der Strategie „Therapie vor Strafe" Geltung verschaffen, sachgerecht.

4. Umfang, Entwicklung und Struktur der Drogenkriminalität

Schrifttum: *Burgstaller*, Drogenstrafrecht in Österreich. In: Criminal Law in Action, ed. by van Dijk u.a. Arnhem 1986, 179-198; *Kerner*, Alkohol und Kriminalität. In: KKW 1993[3], 5-9; *Kreuzer/Römer-Klees/Schneider*, Beschaffungskriminalität Drogenabhängiger. Wiesbaden 1991; *Kühne*, Methadon: Letzte Hilfe im Drogenelend? ZRP 22 (1989), 1-4; *Kube/Erhardt*, Kriminalistisch-kriminologische Forschung zur Bekämpfung der Rauschgiftkriminalität. NStZ 1991, 171-175; *Republik Österreich*, Sicherheitsbericht 1994; *Schöch*, Straßenverkehrsgefährdung durch Arzneimittel. In: FS für Miyazawa. Baden-Baden 1995, 227-242.

Die Beziehungen zwischen **Alkohol und Kriminalität** sind aufgrund der vielfältigen unmittelbaren und indirekten Zusammenhänge nur bedingt faßbar, zumal Alkohol bei der nicht unmittelbar auf ihn abstellenden Delinquenz häufig keine tatbedingende, sondern lediglich eine tatbegleitende Funktion erfüllt. In der Polizeilichen Kriminalstatistik wird der Alkoholeinfluß in der Tatsituation erst neuerdings (vgl. Schaub. 16) und in der Strafverfolgungsstatistik nur bezüglich der alkoholbeeinflußten Verkehrsdelikte (§§ 315 c, 316 StGB) gesondert hervorgehoben. Daher empfiehlt es sich, die strafrechtliche Relevanz des Alkoholeinflusses in fünf, sich teilweise überschneidende **Hauptbereiche** zu unterteilen (in Anlehnung an *Kerner* 1993, 6 f.).

- Der **Alkoholismus als kriminalisiertes Verhalten** betrifft vor allem Staaten mit puritanischer Tradition, aber temporär auch die Sowjetunion. In der Bundesrepublik, in Österreich und in der Schweiz sind Zwangseingriffe, etwa die Unterbringung in einer Entziehungsanstalt oder einem psychiatrischen Krankenhaus, nur aus fürsorge-, polizei- oder strafrechtlichen Erwägungen zulässig.
- **Chronische Alkoholiker** weisen eine **breite Straffälligkeit** mit hoher Vorstrafenbelastung auf, die gelegentlich die 40%-Grenze überschreitet. Im Vordergrund stehen Affektdelikte, Aggression gegen Personen und Sachen sowie Entgleisungen im Sexualbereich.
- **Alkoholismus bei chronisch Straffälligen** läßt sich als gleichsinnig verstärkende Beziehung zwischen exzessivem Alkoholkonsum und Kriminalität nachweisen. Bei Gewohnheitsdelinquenten oder Personen mit „kriminellem

Lebensstil" finden sich Alkoholprobleme doppelt so häufig wie bei Nichtvorbestraften.

- Spezifische **Rauschtaten** im Grenzbereich der Zurechnungsfähigkeit, also die Fälle des § 323 a StGB. Im Jahre 1994 wurden insgesamt 4245 Personen dieser Deliktsgruppe verurteilt (StVSta 1994 28 f.). Der deliktische Schwerpunkt scheint bei den Aggressionsdelikten zu liegen, während Diebstahl und sexualbezogene Straftaten hier seltener vorkommen.
- **Alkoholbeeinflußte Alltagskriminalität** bildet die zahlenmäßig bedeutendste Teilgruppe der einschlägigen Delinquenz. Trotz unsicherer Feststellungen kann man aufgrund zahlreicher Untersuchungen davon ausgehen, daß eine hohe Quote von Tätern bei der Tatbegehung unter Alkoholeinfluß stand. Teilweise zeigen die Untersuchungen einen Anteil von mehr als 70% alkoholbeeinflußter Täter. Zwar besagt ein solcher Befund noch wenig über die unmittelbar kausale Bedeutung des Alkoholeinflusses; doch er läßt sich auch nicht vernachlässigen.

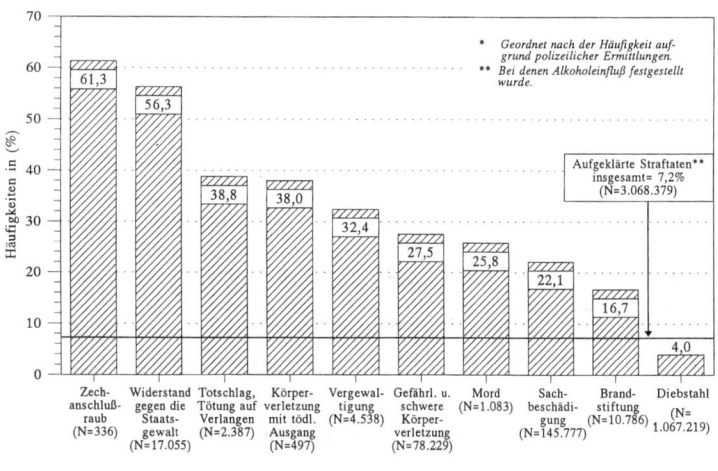

Quelle: PKS 1995, Tab. 12.

Schaubild 16: Alkoholbeeinflußte Tatverdächtige im Tatzeitpunkt 1995*

Die Analyse der Beziehungen zwischen Alkohol und Kriminalität würde daher zu kurz greifen, wollte man den Schwerpunkt auf den chronischen Alkoholismus und den alkoholabhängigen Täter legen, so beachtlich das Zerbrechen menschlicher Einzelschicksale und Bindungen durch extremen Alkoholgenuß sowie die sozialen Folgekosten auch sein mögen.

Empirische Untersuchungen zu dem Problemkreis Alkohol und Verbrechen setzen an drei Punkten an: der Alkoholgeschichte des Täters, den Angaben der Täter zu ihrem Alkoholkonsum bei Tatbegehung und den Polizeifeststellungen bei der Festnahme. Die **Ergebnisse** sind uneinheitlich und zum Teil auch widersprüchlich:

So schwanken z.b. die Angaben zum Anteil der Alkoholiker unter Strafgefangenen zwischen 2 und mehr als 30%. Demgegenüber liegen natürlich die Anteile der Täter mit vorausgehendem Alkoholgenuß – ohne schon Alkoholiker zu sein – noch weitaus höher. Bei den erfragten Angaben, aber auch bei den Polizeifeststellungen ergibt sich eine nach Delikten unterschiedlich starke Beziehung (siehe Schaub. 16), die zudem in den einzelnen Untersuchungen stark differiert: Z.B. werden bei Raub in einer Befragung 50% der Taten unter Alkoholeinfluß angegeben, während die Ergebnisse von Polizeiuntersuchungen zwischen Anteilen von 30 und 70% schwanken. Demzufolge bestehen gegen derartige Erhebungen methodische Einwände: So sind die Kriterien wie „Alkoholismus" und „Trunkenheit" sehr unbestimmt. Auch beziehen sich die Untersuchungen nur auf die registrierte Kriminalität und hier oft noch auf die besonders problematische Gruppe der inhaftierten Straftäter.

Die Beziehungen zwischen **Rauschgift und Kriminalität** sind hingegen schon durch die weitgehende Kriminalisierung von Erzeugung, Handel, Erwerb, Konsum und Besitz derartiger Drogen gekennzeichnet. Dabei kann man

* die eigentlichen Rauschgiftdelikte, im wesentlichen Verstöße gegen das BtMG, und
* die sogenannte Beschaffungskriminalität

unterscheiden. Weitere kriminologische Gesichtspunkte liefern die ergänzend auftretenden verschiedenen Formen der Bagatellkriminalität und des Rauschgifteinflusses auf die normale Kriminalität (*Kerner* 1985, 349 f.) und die Verkehrsdelinquenz (*Schöch* 1995, 227 ff.).

Bei den **Verstößen gegen das Betäubungsmittelrecht** läßt sich in den europäischen Ländern seit den sechziger Jahren allgemein ein sprunghafter Anstieg feststellen, der sich in den achtziger Jahren abgeflacht hat. 1995 wurden in der Bundesrepublik 158 477 Fälle polizeilich registriert bei einer Aufklärungsrate von 96%. Auf den illegalen Handel und Schmuggel entfielen rd. 50 000 Taten.

Überwiegend standen die Drogendelikte im Zusammenhang mit Cannabis-Produkten (70 461 Fälle), während Kokain mit 17 687 Fällen geringer beteiligt war, obgleich mit einer großen Steigerungsrate. Die Heroin-Fälle nahmen seit 1987 deutlich zu. Im Jahr 1995 wurden 49 056 Heroinfälle erfaßt (PKS 1995, 234).

Von den Tatverdächtigen stellen die Heranwachsenden und Jungerwachsenen die Mehrzahl der Delinquenten. Allerdings waren über 80% der Heroin- und Kokaindelinquenten älter als 21 Jahre, während über ein Drittel der Cannabis-Delinquenten unter 21 Jahre alt war.

Erwartungsgemäß überwiegen bei den Tatverdächtigen die jungen Männer mit einem Anteil von 88%; allerdings sind Frauen bei Delikten in Zusammenhang mit harten Drogen verhältnismäßig stark beteiligt (PKS 1995, 236).

Der Anteil der Nichtdeutschen betrug insgesamt 27,6%, beim Handel und Schmuggel sogar 37,8% (PKS 1995, Tab. 61). Hierbei herrschten bis 1985 die Nordamerikaner vor, die sich hauptsächlich aus Angehörigen der in der Bundesrepublik stationierten Streitkräfte rekrutierten (PKS 1985, 153). 1995 stellten Türken etwa ein Drittel der nichtdeutschen Tatverdächtigen (PKS 1995, 237). Hinsichtlich der Verteilung auf Stadt und Land läßt sich eine erhöhte Kriminalitätsbelastung der Ballungsgebiete feststellen.

Eine strukturell ähnliche Entwicklung ergibt sich für **Österreich**. Hier ging sowohl die Zahl der Tatverdächtigen als auch jene der Verurteilten in der ersten Hälfte der achtziger Jahre zurück (*Burgstaller* 1986, 191). Jedoch sind Delikte und Tatverdächtige inzwischen wieder erheblich angewachsen (*Republik Österreich* 1994, 145 ff.).

Auch ist in der **Schweiz** die steigende Tendenz der Drogenkriminalität ungebrochen. Hierbei dürfte es sich aber vor allem um den Ausdruck polizeilicher Drogenkontrolle handeln. Lediglich bei Drogenkonsumenten, die zugleich auch Handel betreiben, ist seit 1982 ein Rückgang zu beachten. Im übrigen jedoch haben sowohl die polizeilich registrierten Taten als auch die Zahl der Verurteilungen, insbesondere in den 90er Jahren, erheblich zugenommen.

Tabelle 10: Zahl und Entwicklung von Drogentoten in der Bundesrepublik Deutschland, Österreich und der Schweiz

Land		1975	1979	1985	1990	1995
D	absolut	195	623	324	1 491	1 565
	relativ*	0,32	1,02	0,53	1,86	1,9
A	absolut	20	30	58	83	241
	relativ*	0,27	0,40	0,77	1,05	3,0
CH	absolut	35	102	120	284	361
	relativ*	0,55	1,61	1,84	4,21	5,1

* Pro 100 000 der Bevölkerung.

Quellen: PKS 1993, 217; 1995, 19; Jahrbuch Sucht '97. Geesthacht 1996, 67; *Bundesministerium für Inneres*, Jahresbericht 1981 über die Suchtgiftkriminalität in Österreich. Wien 1982, 63; Jahresbericht 1995. Wien 1996, 92; StaHB Österreich 1981, 12; für die Jahre 1983-85 nach Angaben der österr. Suchtgiftüberwachungsstelle an das BM für Justiz; österr. StaJb 1995, 14; schwStaJb 1983, 61; 1996, 39; *Heine, G.*, Betäubungsmittelstrafrecht in der Schweiz. In: Meyer, J. (Hrsg.), Betäubungsmittelstrafrecht in Westeuropa. Freiburg i.Br. 1987, 594; *Fahrenkrug, H.* u.a., Illegale Drogen in der Schweiz 1990-1993. Zürich 1995, 46; Pressemitteilung des *Bundesamtes für Polizeiwesen.* Bern 1996.

Doch ihre volle Aussagekraft erlangen die Zahlen über die Strafverfolgung von Drogendelikten erst, wenn man sie auf den Hintergrund der Befragungsergebnisse bezieht. Dann wird deutlich, daß **lediglich ein Bruchteil der Drogenkriminalität**, der beim Handel etwas höher liegen mag, **offiziell erfaßt und bekannt** wird. Die wachsende Spezialisierung der Rauschgiftdezernate bei der Polizei und Staatsanwaltschaft geht Hand in Hand mit entsprechender Ausrüstung mit einer personellen Verstärkung und der Anwendung proaktiver Ermittlungsstrategien durch Einsatz von sogenannten Vertrauensleuten und Untergrundfahndern. Außerdem verstärkt sich die nationale und internationale Zusammenarbeit in diesem Bereich.

Die unmittelbare **Beschaffungskriminalität** äußert sich in Raub und Diebstahl von Betäubungsmitteln sowie Fälschungen zur Erlangung von entsprechenden Drogen. Im Jahr 1995 wurden in der Bundesrepublik Deutschland 234 entsprechende Raubstraftaten bekannt. Von ca. 1700 Diebstählen waren besonders Krankenhäuser, Arztpraxen und Apotheken betroffen. Fälschungsdelikte wurden 2458mal angezeigt (PKS 1995, 24 ff.). Viele der Straftaten blieben allerdings im Versuchsstadium stecken. Der größte Teil der Beschaffungskriminalität besteht in normalen Eigentumsdelikten, die der Finanzierung illegaler Beschaffung von Rauschgiften dienen.

Jedoch hat sich die verbreitete Annahme als falsch erwiesen, wonach die Sucht weitgehend durch indirekte Beschaffungskriminalität, namentlich durch Einbrüche, Raub und Autoaufbrüche, finanziert werde. Denn nur knapp ein Drittel des Finanzbedarfs der Drogenabhängigen wird auf diesem Wege gedeckt. Immerhin wird ein Fünftel durch Einnahmen außerhalb der Drogenszene finanziert, etwa durch Kredite oder Unterstützung von Angehörigen. Die primäre Beschaffungswelle stellt vielmehr der sogenannte „Ameisenhandel" dar, also die Gewinnerzielung durch Kleinverkäufe (zum Ganzen *Kreuzer* u.a. 1991 m. eingehenden Belegen). Ferner sprechen die neueren Untersuchungsergebnisse dafür, daß die Ansätze von Substitutionstherapie, insbesondere von Methadon, kaum in der Lage sind, Formen der Beschaffungskriminalität in nennenswertem Umfang zu vermindern. Dies gilt selbst für jene Länder, in denen von Substitutionstherapien größerer Gebrauch gemacht wird als in Deutschland.

5. Drogenpolitik – Wohin?

Angesichts der nur beschränkten Erfolge der Drogenpolitik und deren unerwünschter, ja kontraproduktiver Nebenwirkungen wird der Ruf nach **Entkriminalisierung** des Betäubungsmittelstrafrechts **und** nach **Lega-**

lisierung bisher illegaler Drogen verständlich. Dennoch **läßt sich** die Freigabe harter Drogen und deren „Normalisierung" **nicht rechtfertigen**. Die dazu vorgelegten kriminalökonomischen Modelle greifen wie üblich auch hier zu kurz. Eine wie auch immer geartete Liberalisierung harter Drogen könnte weder die Ausbreitung des Drogenkonsums mit all seinen Gefahren und Gebrechen verhindern noch das hinter dem Drogenhandel stehende Potential des organisierten Verbrechens an Finanzkraft und Drogenumsatz nennenswert beeinträchtigen. Eine Drogenkontrolle ähnlich der Prostitutionskontrolle wäre in Wahrheit ein Verzicht auf Prävention und Repression, würde aber der Gesellschaft vermehrt die sozialen Kosten für die Drogenabhängigen aufbürden. Eine Beschlagnahme von Drogen wäre dann überzeugend ebensowenig durchsetzbar wie die Gewinnabschöpfung oder die Strafverfolgung der Geldwäsche, soweit es sich um Drogengelder handelt. Auch eine wirksame Drogenprävention in den Schulen wäre kaum noch glaubwürdig zu vermitteln. Zwar lassen sich die Schwächen und Gefahren der strafrechtlichen Drogenkontrolle nicht verkennen. Immerhin kann man sie identifizieren und bewältigen. Doch eine Drogenfreigabe wäre weitaus verheerender, als es die relative Erfolgslosigkeit der heutigen Drogenbekämpfung je sein kann und würde zudem den Rechtsfrieden durch Selbstjustizhandlungen an sich rechtstreuer Bürger empfindlich gefährden. So gesehen kann man der vom schweizerischen Bundesrat favorisierten Kontrollstrategie nach dem sogenannten **Vier-Säulen-Modell** zustimmen, und d.h. Prävention, Repression, Therapie sowie Überlebenshilfe in der Suchtphase.

§ 38 Ausländerkriminalität

1. Straffälligkeit von Ausländern als Problem

Schrifttum: *Albrecht, H.-J.*, Foreign Minorities and the Criminal Justice System in the Federal Republic of Germany. The Howard Journal 26 (1987), 272-286; *Bauhofer* u.a. (Hrsg.), Ausländer, Kriminalität und Strafrechtspflege. Zürich 1993; *Flowers*, Minorities and Criminality. New York 1988; *Hoffmann-Nowotny*, Zur Soziologie des Fremdarbeiterproblems. Eine theoretische und empirische Studie am Beispiel der Schweiz. Stuttgart 1974; *Hood* (ed.), Minorities, Crime and Public Policy. In: Crime and Criminal Policy in Europe. Proceedings of a European Colloquium. Oxford 1989, 142-185; *Killias*, Anzeigeverhalten von

Opfern gegenüber Ausländern. MschrKrim 71 (1988), 156-165; *Schöch/Gebauer*, Ausländerkriminalität in der Bundesrepublik Deutschland. Baden-Baden 1991; *Schütz*, The Stranger. An Essay in Social Psychology. AJS 49 (1944), 499-607; *Simmel*, Exkurs über den Fremden. In: Soziologie (1908). Berlin 1968[5]; *Steffen*, Ausländerkriminalität in Bayern. NStZ 1993, 462-466; *Tonry*, Ethnicity, Crime, and Immigration. Chicago, London 1997.

Wohl seit jeher wird der „fremde Mann" gern mit dem Feind des Landes und mit dem Übeltäter gleichgesetzt. Wenn Ausländer als fremde Gruppen durch Sprache und Verhaltensweisen, mitunter auch durch Kleidung, besonders auffällig erscheinen, werden Aufmerksamkeit, aber auch Zurückweisung gesteigert. Treten Fremde oder Ausländer nicht allein, sondern in großer Zahl auf, so dürften **Unsicherheit** sowie Gefühle der **Gefährdung** und der **Angst** wachsen. Befürchtungen kultureller Überfremdung steigern sich in Zeiten wirtschaftlicher Krise und verbreiteter Arbeitslosigkeit. Sie nehmen gar Dimensionen existentieller Bedrohung an. Eine solche mögen vor allem jene wahrnehmen und erleben, die als bodenständige Inländer ökonomisch gefährdet erscheinen, vom wirtschaftlichen Aufstieg ausgeschlossen bleiben oder ihren sozialen Abstieg nicht mehr auszugleichen vermögen. Hier wird man die Zugehörigkeit zur herrschenden Kultur besonders betonen, um dadurch individuelle Spannungen und Ängste zu vermindern (*Hoffmann-Nowotny* 1974, 128, 151).

Vor allem jene Deutschen, die sich mit sozial schwierigen Problemlagen konfrontiert sehen, wird es erkennbar schwerer fallen, gegenüber ausländischen Mitbürgern Toleranz zu zeigen, als denen, die wirtschaftlich abgesichert zu Konfliktsituationen mit Fremden in weiter Distanz leben. Sie werden überdies eher dazu neigen, Nichtdeutsche, namentlich fernerstehender Kulturen, zurückzuweisen, zu isolieren oder doch zumindest **schärfer** zu **kontrollieren**. Begriffe wie „Sündenbock" und „Stigmatisierung" deuten allgemein die Kontrollstrategien an. Diese werden konkret bei Anzeigeerstattung und Strafverfolgung von Ausländern. Sie werden außerdem an der Anwendung des Ausländerrechts ablesbar.

2. Entwicklung und Strukturwandel der Ausländerkriminalität

Die soziale Auffälligkeit (Rechtsbrüche, Unfälle, Krankheiten) der Ausländer hat in den letzten Jahrzehnten wiederholt Anlaß zu öffentlicher Diskussion und auch zu erfahrungswissenschaftlicher Betrachtung geboten. Dies verwundert nicht, wenn man bedenkt, daß schon die Zahl

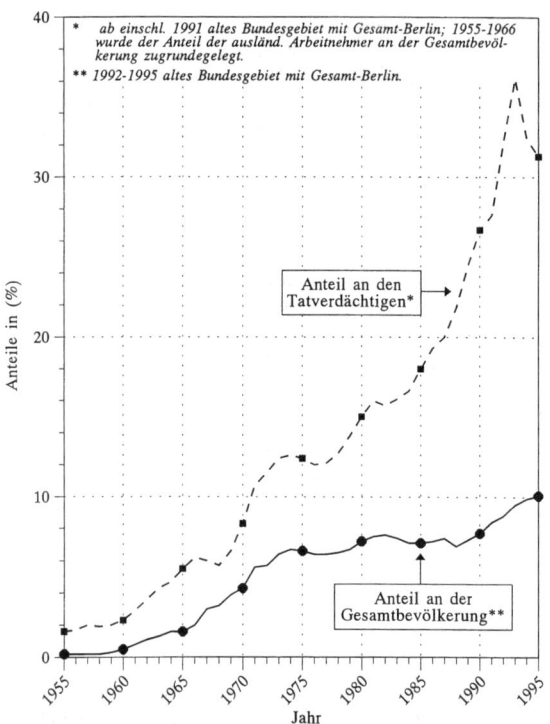

Quellen: PKS 1981-1984; 1994-1995, 92; StaJb 1955-1968; *StaBA*, Ausländer 1994, 11, 24 ff.

Schaubild 17: Anteile der Ausländer an der Gesamtbevölkerung und den Tatverdächtigen im Bundesgebiet 1955-1995 (ohne Verkehrsdelikte)

der Gastarbeiter von weniger als 200 000 im Jahr 1959 auf mehr als zweieinhalb Millionen im Jahre 1972 zugenommen hat. Seither bilden die Ausländer im Bundesgebiet etwa ein Zehntel der gesamten Arbeitnehmerschaft und ungefähr 6 bis 9% der Wohnbevölkerung (1995 rd. 7 Mio.). Es ist daher normal, weil nach ihrem Anteil der Bevölkerung erwartungsgemäß, daß sie auch einen entsprechenden Teil der Straftäter stellen.

Rückt man im historischen Längsschnitt die Entwicklung des Ausländeranteils, unbeschadet seiner Zusammensetzung, mit der auf ihn entfallenden Straffälligkeit in Beziehung, so stellen wir fest, daß **in der Zeit von 1955 bis 1973** die fraglichen Anteile der Ausländer in der Gesamtbevölkerung und an den Tatverdächtigen (ohne Verkehrstäter) einander im wesentlichen entsprechen (siehe Schaub. 17). Angesichts der für Ausländer generell zu vermutenden Ungunst der sozialen Ausgangslage ein **höchst erwartungswidriger, wenn auch im ganzen beruhigender Befund**. Offenbar lassen sich an ihm spezifische Problemsituationen nicht ablesen. Natürlich treten gravierende Mängellagen, Unterprivilegierung, Milieuverlust und Stigmatisierung bei den Ausländern auch in jener Zeit auf, wie wir Berichten entnehmen können. Sie äußern sich jedoch allgemein in anderer, jedenfalls nicht in krimineller Weise. Schon daran wird erkennbar, daß soziale Problemsituationen und Bedrängnisse nicht zwangsläufig in Kriminalität münden.

Ab **1973** jedoch ändern sich Lage und Beziehungen. Im Zusammenhang mit dem am 23. November 1973 in Kraft tretenden Anwerbestopp nehmen die Anteile der Nichtdeutschen an der Bevölkerung zwar vorübergehend ab, bereits seit 1979 aber wieder allmählich zu. Während einerseits ausländische Arbeitnehmer in ihre Heimatländer zurückwandern, steigt die Zuwanderung von Familienangehörigen durch den sogenannten Familiennachzug an. Das überproportionale Ansteigen der Gesamtzahl der Ausländer gegenüber dem Anteil der ausländischen Arbeitnehmer in den siebziger Jahren weist darauf hin, daß jetzt ein Wandel in der Motivation für den Aufenthalt in der Bundesrepublik einsetzt. Die Ausländer wollen nicht mehr wie in den sechziger Jahren nur vorübergehend einen Arbeitsplatz übernehmen, um anschließend in das Heimatland zurückzukehren. Jetzt will ein Großteil von ihnen hier mit seiner Familie auf unbestimmte Zeit leben.

Veränderungen in der Zusammensetzung der nichtdeutschen Population **aufgrund wirtschaftlicher Krise, Wanderungsbewegung und Strukturverschiebung** führen offenbar zu **zwei Konsequenzen**:

* Erstens **weiterer Anstieg des Straffälligenanteils der Nichtdeutschen** trotz temporärer Abnahme oder Gleichbleibens des ausländischen Bevölkerungsanteils sowie
* zweitens **Rückgang des Anteils straffälliger Gastarbeiter und Zunahme von tatverdächtigen jungen Menschen und sonstigen Gruppen** unter den Ausländern.

Seit zwei Jahrzehnten also hat sich die Schere zwischen den Anteilen an Bevölkerung und Straffälligen immer mehr geöffnet (vgl. Schaub. 17), ist das herkömmliche Strukturbild der Tatverdächtigen in „Unordnung" geraten (vgl. Schaub. 18). Der absoluten Zahl nach haben **alle** polizeistatistisch ausgewiesenen **Ausländergruppen unter den Tatverdächtigen zugenommen**, freilich mit unterschiedlichen Zuwachsraten und Relationen.

Wohl ist die Straffälligkeit der Nichtdeutschen prozentual seither zunehmend **weniger** auf dem Konto der **ausländischen Arbeitnehmer** zu verbuchen. Doch nach dem Vergleich der jeweiligen Anzahl der Tatver-

Tabelle 11: Überdurchschnittliche Tatverdächtigenanteile der Nichtdeutschen und ausländischen Arbeitnehmer 1975 und 1995

Straftaten[1]		Nichtdeutsche insgesamt		ausländische Arbeitnehmer allein[2]	
		%	N	%	N
Straftaten insgesamt	1975	12,4	137 592	6,6	73 166
	1995	31,3	526 539	5,8	98 571
Glücksspiel	1975	47,3	1 633	37,6	1 297
	1995	73,4	1 891	37,3	960
Mord	1975	21,1	290	13,6	186
	1995	37,7	431	10,9	125
Sonstige vorsätzliche Tötungen	1975	25,1	418	19,5	323
	1995	36,8	827	9,7	218
Vergewaltigung	1975	29,8	1 646	19,9	1 101
	1995	35,9	1 400	12,7	497
Gefährl. u. schwere Körperverletzung sowie Vergiftung	1975	18,8	10 835	14,5	8 366
	1995	33,3	28 295	11,2	9 538
Raub, räub. Erpressung und räub. Angriff auf Kraftfahrer	1975	16,8	2 788	8,5	1 066
	1995	41,4	11 578	7,5	2 102
Erpressung	1975	12,6	274	7,4	168
	1995	38,1	1 500	10,1	399
Illegaler Handel mit und Schmuggel von Rauschgiften[3]	1975	22,1	2 082	7,7	724
	1995	38,0	16 044	7,9	3 319
Erschleichen von Leistungen	1975	13,7	3 692	8,4	2 250
	1995	34,9	26 668	4,6	3 540
Urkundsdelikte insgesamt	1975	17,2	3 308	9,3	1 797
	1995	61,4	35 412	5,0	2 908
In-Verkehr-Bringen von Falschgeld	1975	30,7	48	16,7	26
	1995	63,0	486	15,2	117
Taschendiebstahl	1975	23,2	552	9,7	231
	1995	72,0	3 151	3,5	154
Begünstigung, Strafvereitelung, Hehlerei	1975	9,0	1 495	5,8	953
	1995	35,6	8 661	10,7	2 593
Geldwäsche[4]	1995	59,3	178	12,0	36
Vorteilsgewährung u. Bestechung[5]	1995	65,2	978	17,5	262

1 Bezugszahlen: Tatverdächtige insgesamt (= 100%) 1975: 1 112 996; 1995: 1 682 118. Die Daten des Jahres 1995 beziehen sich auf das alte Bundesgebiet einschl. Gesamt-Berlin.
2 Prozentuierungen bzgl. „ausländische Arbeitnehmer allein" nach eigener Berechnung.
3 Für 1975: OpiumG v. 23.3.1934.
4 1975 noch nicht strafbar.
5 1975 nicht einzeln ausgewiesen.

Quellen: PKS 1975, Tab. 4; 1995, Tab. 61.

dächtigen (1975: rd. 73 000; 1995: 101 000) und der Kriminalitätsbelastung pro 100 000 Gastarbeiter (1975: 3533; 1995: 4712) ist auch deren registrierte Straffälligkeit seit 1975 angestiegen (vgl. Tab. 11), freilich nicht überproportional. Mord und Vergewaltigung haben bei den Gastarbeitern absolut und relativ teilweise sogar abgenommen.

Stärker als die Arbeitnehmer sind hingegen die **nachwachsende Generation** der Ausländer und die Gruppe der **Sonstigen** (Asylbewerber, Erwerbslose usw.) in steigendem Maße an der Delinquenz der Nichtdeutschen beteiligt, und zwar auf breiter Front über fast alle Deliktsgruppen hinweg. Wenn die verführerisch eingängige These „von der Entwurzelung über die Arbeitslosigkeit in die Straffälligkeit" einen richtigen Sachverhalt trifft, dann vermutlich hier (vgl. auch Schaub. 18). Dies schlägt sich besonders in der hohen Kriminalitätsbelastung der männlichen Ausländer im Alter zwischen 14 und 25 Jahren nieder. Aber auch die älteren Gruppen männlicher Ausländer weisen ebenso wie die nichtdeutschen Frauen eine erheblich stärkere Kriminalitätsbelastung als in den sechziger Jahren auf. Selbst Kinder werden von der Polizei bei Ausländern relativ gesehen häufiger als auffällig registriert als bei Deutschen. Auch wenn man die Unsicherheiten in den Berechnungsgrundlagen sorgfältig beachtet, ergibt sich noch immer eine Verteilung, die **über alle Altersgruppen hinweg eine erheblich stärkere Belastung der Nichtdeutschen**, insbesondere des männlichen Geschlechts, ausweist. Spitzenwerte zeigen dabei die 16-30jährigen (vgl. auch LB § 56, 3.4).

Unter den im Jahre 1995 im Bundesgebiet einschließlich der neuen Bundesländer polizeilich als Täter ermittelten 2 118 104 Personen befinden sich rd. 603 000 **nichtdeutsche Täter**. Das sind **28,5% aller tatverdächtigen Personen**. Selbst wenn man die spezifisch ausländerrechtlichen Straftaten, die also nur von Nichtdeutschen begangen werden können, vernachlässigt, beträgt der Prozentsatz noch immer 21,9. Allerdings entfällt nur knapp ein Sechstel aller ausländischen Tatverdächtigen auf Arbeitnehmer, während die Asylbewerber nunmehr mit einem mehr als 20%igen Anteil unter den ausländischen Tatverdächtigen vorherrschen. Vor drei Jahrzehnten – im Jahre 1965 – waren von insgesamt 860 000 polizeilich als Täter ermittelten Personen erst 47 000 Nichtdeutsche, also rd. 5,5%. Derartige Anteile stimmen auch annähernd mit jenen der Rechtspflegestatistik überein (PKS 1995, 113 ff.; StVSta 1994, 380 ff.).

Demgegenüber beträgt der **Anteil** der 7 Millionen zählenden Nichtdeutschen **an der Gesamtbevölkerung 8,6%** (31.12.1994). Er vermindert sich etwa auf 8%,

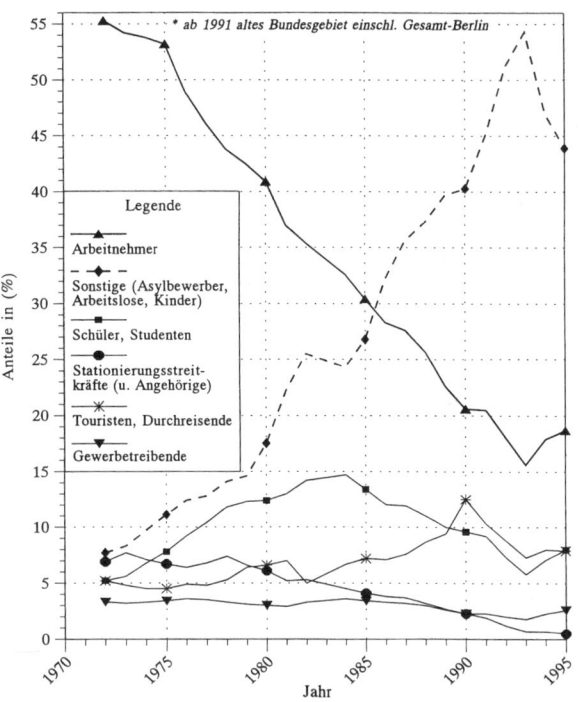

Quellen: PKS 1972-1995.

Schaubild 18: Anteile der Ausländer nach dem Anlaß des legalen Aufenthalts bezogen auf die Gesamtzahl der nichtdeutschen Tatverdächtigen 1972-1995*

stellt man nur auf den Vergleich der strafmündigen Bevölkerung ab. Hierbei handelt es sich freilich nur um die amtlich registrierten Ausländer. Wieviele Nichtdeutsche sich tatsächlich in der Bundesrepublik aufhalten, ist nicht bekannt. Man wird zu den Mitgliedern der Wohnbevölkerung jedoch die Touristen und Illegalen sowie die nichtdeutschen Stationierungskräfte (Soldaten) mit ihren Angehörigen noch hinzurechnen müssen. Immerhin wurden 1993 mehr als 31 Millionen Übernachtungen von Ausländern im Hotel- und Gaststättengewerbe gezählt. Außerdem hat man zu berücksichtigen, daß sich die Alters- und Geschlechtsstruktur der Nichtdeutschen von den Deutschen unterscheidet, obschon nicht mehr so stark, wie dies noch vor drei Jahrzehnten der Fall war. Gleichwohl gehören die Ausländer überwiegend den jüngeren, besonders kriminalitätsgeneigten Altersgruppen zwischen 20 und 40 Jahren an. Außerdem ist bei ihnen der

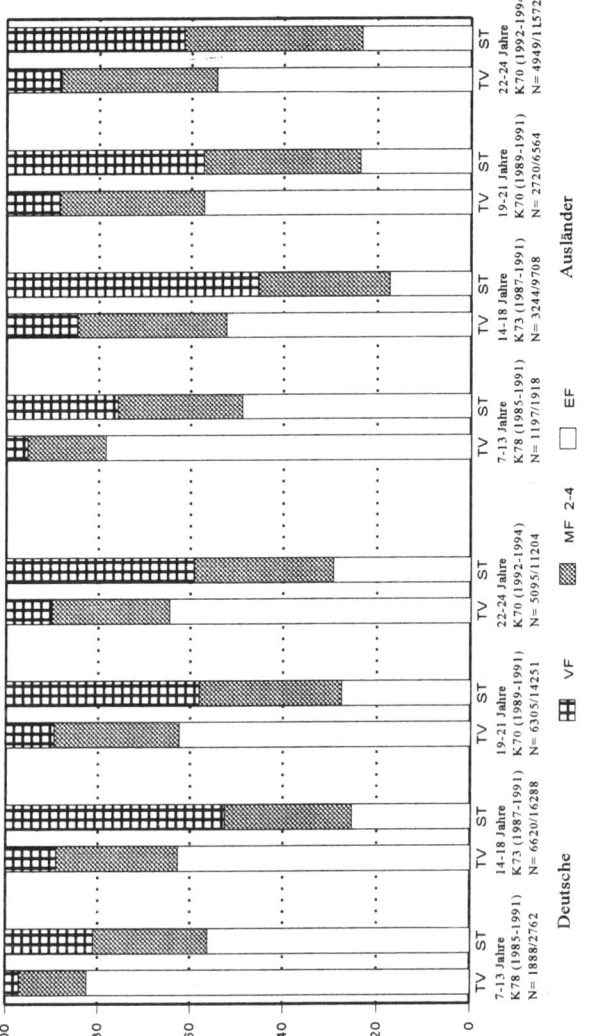

Schaubild 19: *Einfach-/Mehrfach-/Vielfach-Täter und Taten (nach Altersgruppen) männliche Deutsche, Ausländer für die Periode 1985-1994 (alle Delikte, ohne AuslG und Verkehrsdelikte)*

weibliche Anteil mit etwa 44% noch immer kleiner als bei den Deutschen. Frauen werden aber wesentlich geringer straffällig, und zwar bei allen Bevölkerungsgruppen, gleich welcher Nationalität.

So gesehen erscheint es geradezu als normal, weil erwartungsgemäß, daß die Ausländer nicht nur anteilig, sondern sogar leicht überhöht straffällig werden. Problematisch ist also nicht, daß Ausländer überhaupt oder entsprechend ihrem Bevölkerungsanteil kriminell in Erscheinung treten: **problematisch ist erst, wenn die Nichtdeutschen** schlechthin oder bestimmte Gruppen von ihnen **weit überdurchschnittlich wegen schwerer Delikte als Rechtsbrecher auffällig werden.**

3. Extremismus und kriminelle Vereinigungen von Ausländern

Schrifttum: *Bundeskriminalamt* (Hrsg.), Lagebild Organisierte Kriminalität. Bundesrepublik Deutschland 1995. Kurzfassung Wiesbaden 1996; *Bundesministerium des Innern* (Hrsg.), Verfassungsschutzbericht 1995. Bonn 1996; *Frisch*, Ausländerextremismus in der Bundesrepublik Deutschland. In: Terror und Extremismus in Deutschland, hrsg.v. Löw. Berlin 1994, 155-169.

Soweit bekannt, folgt der größte Teil der in Deutschland lebenden Ausländer keinen extremistischen Bestrebungen. Immerhin waren 1995 nach Schätzungen der Verfassungsschutzbehörden insgesamt etwa 55 500 Personen der über 16jährigen Ausländer Mitglieder in extremistischen oder extremistisch beeinflußten Gruppen. Hingegen schätzt man den Bestand der links- und rechtsextremistischen Gruppen der Deutschen auf insgesamt 82 000 Mitglieder (*Bundesministerium des Innern* 1996, 22, 96, 204; siehe ferner *Frisch* 1994, 155, 160 f.).

Unter **extremistischen Gruppierungen** werden solche Organisationen der im Bundesgebiet lebenden Ausländer verstanden, deren Bestrebungen sich nach § 3 Abs. 1 des Gesetzes über die Zusammenarbeit des Bundes und der Länder in den Angelegenheiten des Verfassungsschutzes und über das Bundesamt für Verfassungsschutz (Bundesverfassungsschutzgesetz) gegen die freiheitlich-demokratische Grundordnung oder – aus politischen Motiven – gegen die Sicherheit des Bundes oder eines Landes richten oder die durch Anwendung von Gewalt oder darauf gerichtete Vorbereitungshandlungen auswärtige Belange der Bundesrepublik Deutschland gefährden.

Die politischen Aktivitäten der im Bundesgebiet beobachteten Organisationen werden vor allem von den Konflikt- und Krisensituationen in den jeweiligen Heimatländern bestimmt. Die dortigen politischen, religiösen, ethnischen oder sonstigen Auseinandersetzungen werden auch hier ausgetragen. Ein Teil der in Deutschland tätigen ausländischen

Terrorgruppen verfolgt separatistische Ziele (z.b. Basken und ehemals auch die Nordiren), andere Gruppen streben Autonomie im Heimatland an (z.b. Kurden im Irak oder in der Türkei). Ein weiterer Teil kämpft für die politisch-religiöse Umgestaltung einer ganzen Region (islamische Extremisten im Nahen und Mittleren Osten sowie in Nordafrika). Gelegentlich führen auch Ereignisse in Deutschland zu politischen Aktivitäten von Ausländern. Insbesondere nach den Brandanschlägen von Mölln und Solingen kam es zu gewalttätigen Übergriffen auf vermeintliche oder tatsächliche deutsche Rechtsextremisten. Ferner lieferten sich im Rahmen von Protestdemonstrationen gegen fremdenfeindliche Gewalttaten linksextremistische und extremnationalistische Türken zum Teil heftige Schlägereien. Die Aktivitäten ausländischer Extremisten sind seit Jahren von mitunter schweren Gewalttaten begleitet (vgl. *Schwind* 1996, 418 f.).

Obwohl die Zahl der durch den Verfassungsschutz beobachteten Organisationen in den letzten Jahren weitgehend konstant blieb, stiegen die politisch-motivierten Straftaten, insbesondere die Gewalttaten mit ausländerextremistischem Hintergrund, erheblich an. In den Jahren 1991 bis Ende 1993 waren in Deutschland insgesamt 148 politisch motivierte Terror- und sonstige schwere Gewaltakte von Ausländern zu verzeichnen, bei denen 18 Personen getötet wurden (Frisch 1994, 156). Die Gewaltaktivitäten in den Jahren 1994 und 1995 forderten insgesamt 6 Todesopfer. Mit 283 gewaltsamen Aktionen im Jahre 1995 war gegenüber 1994 (262) erneut ein Anstieg zu verzeichnen. Fast alle Gewaltaktionen sind mutmaßlichen Tätern aus dem linksextremistischen kurdischen und türkischen Betätigungsfeld zuzurechnen (*Bundesministerium des Innern* 1995, 204 ff.).

Die 1978 gegründete linksextremistische „**Arbeiterpartei Kurdistans**" (**PKK**) ist trotz des gegen sie am 26.11.1993 erlassenen Betätigungsverbotes nach wie vor die größte und militanteste Kurdenvereinigung in Deutschland. Die Zahl ihrer aktiven Anhänger im Bundesgebiet dürfte trotz des Verbots etwa 8900 betragen. Für die überwiegende Zahl der 1995 im Vergleich zum Vorjahr um mehr als das Dreifache gestiegenen Brandanschläge sind mutmaßliche Anhänger der PKK verantwortlich. Die Anschlagsserie, an der auch türkische linksextremistische Organisationen beteiligt waren, richtete sich vor allem gegen türkische Reisebüros und andere türkische Einrichtungen wie Moscheen und Kulturvereine, aber auch gegen Polizeidienststellen. Zudem wurde mit gezielten Anschlägen auf deutsche Urlauber in der Türkei gedroht (*Bundesministerium des Innern* 1996, 207 ff.).

Organisierte kriminelle Aktivitäten von Ausländern erschöpfen sich freilich nicht im Ausländerextremismus. So sind unabhängig von den genannten Ausländergruppen, doch in gewissem Zusammenhang mit den Illegalen und Durchreisenden im letzten Jahrzehnt wiederholt Delinquenzformen sichtbar geworden, die den **Erscheinungen des organisierten Verbrechens** zuzurechnen sind. Obwohl kriminelle **Organi-**

sationen in Europa, und so auch in der Bundesrepublik Deutschland, nach Entstehung, Kapazität und Lebensdauer kaum mit jenen Nordamerikas vergleichbar sind, sind doch auch hierzulande zunehmend kriminelle Vereinigungen bekanntgeworden. Zum Teil rechnet man sie der süditalienischen Mafia zu. Zunehmend treten kriminelle Gruppierungen aus den osteuropäischen Staaten in Erscheinung.

1995 gehörten bereits **fast zwei Drittel** der knapp 8000 wegen organisierter Kriminalität ermittelten **Tatverdächtigen mehr als 80 verschiedenen Nationalitäten** an. Dabei stellten die größten Gruppen der nichtdeutschen Tatverdächtigen türkische Staatsangehörige mit 14,6%, Staatsangehörige aus Jugoslawien 7,5%, italienische Staatsangehörige 5,7% und polnische Staatsangehörige 5,7% aller Tatverdächtigen. Der Anteil der Tatverdächtigen aus osteuropäischen Staaten stieg von 10,6% im Jahr 1993 auf 14% im Jahr 1995 (*Bundeskriminalamt* 1995, 2 ff., 13). Besonders die vietnamesischen Straftäter, namentlich im Rahmen der sogenannten Zigarettenmafia, waren in hohem Maße bewaffnet. Bei etwa zwei Dritteln der vom Bundeskriminalamt ermittelten Verfahren gegen kriminelle Vereinigungen wurden Täterstrukturen festgestellt, bei denen Tatverdächtige unterschiedlicher Nationalitäten zusammengewirkt hatten. Organisierte Kraftfahrzeugverschiebung, Rauschgift und Menschenhandel mit begleitender Gewaltkriminalität bis hin zur politischen Korruption, Erpressung und Nuklearkriminalität kennzeichnen das Deliktsfeld. Ob und inwieweit auch Betrügereien zu Lasten der Europäischen Union durch innerhalb des Bundesgebiets agierende Ausländer begangen werden, läßt sich bislang noch nicht überblicken.

Trotz spektakulärer Einzelfälle haben derartige Entwicklungen für das Bundesgebiet **allgemein aber noch keinen bedrohlichen Charakter** (siehe oben § 22). Zwar gibt es Anzeichen dafür, daß fest verwurzelte Gebilde organisierter Kriminalität, die im Ausland gewachsen sind, im Bundesgebiet Stützpunkte bilden, um hier kriminelle Einzel- und Serienaktionen durchzuführen. Auch mag ein nicht integrierter Ausländeranteil in der Bundesrepublik die für das Entstehen von Stützpunkten erforderliche Subkultur bieten. Dennoch sollte man derartige Verbrechensformen nicht dramatisieren, so gravierend sie auch im Einzelfall erscheinen.

4. Täter und Opfer im Kulturkonflikt

Schrifttum: *Albrecht, H.-J.*, Ethnicity, Crime and Immigration: Comparative and Cross-National Perspectives. In: Crime and Justice 2 (1997), 31-99; *Kunz*, Ausländerkriminalität in der Schweiz – Umfang, Struktur und Erklärungsversuch. SchwZStr 106 (1989), 373-392; *Schöch/Gebauer*, Ausländerkriminalität in der Bundesrepublik Deutschland. Baden-Baden 1991; *Schüler-Springorum*, Ausländerkriminalität. Ursachen, Umfang und Entwicklung. NStZ 1983, 529-536; *Sellin*, Culture Conflict and Crime. New York 1938; *Shoham*, Culture-Conflict in the Frame of Reference for Research in Criminology and Social Action. In: Crime and Culture, ed. by Wolfgang. New York 1968, 55 ff.; *Sonnen*, Kulturkonflikt und Verbotsirrtum. Neue Kriminalpolitik 1990, 4, 42 f.; *Spiegel*, Kriminalität – von der Entwurzelung über die Arbeitslosigkeit in die Straffälligkeit. In: Vom Gastarbeiter zum Mitarbeiter, hrsg. v. Schlaffke u.a. Köln 1982, 195-206; *v. Trotha*, Kultur, Subkultur, Kulturkonflikt. In: KKW 1993[3], 338-345.

Wenn Kulturen mit ganz verschiedenen Verhaltensregeln in bestimmten Gebieten aufeinandertreffen oder Mitglieder der einen Kultur in die Bereiche einer anderen einwandern oder wenn bei der Eroberung den Ureinwohnern fremde Rechte auferlegt werden, beginnt die Stellung einer Person oder Gruppe unter Umständen marginal zu werden. Eine solche periphere Position liegt dann vor, wenn die Person oder Gruppe auf der Grenze zwischen mehreren Kulturen bzw. Normensystemen keine Möglichkeit hat oder sieht, sich ganz für die eine oder andere zu entscheiden, wenn sie ein gebrochenes Verhältnis zur herrschenden Ordnung hat.

Der Randseiter wird feststellen, daß er „anders" ist als die Angehörigen der dominierenden Kultur, anders hinsichtlich seiner ethnischen Zugehörigkeit, Bildung, Sprache und seiner sozialen Anschauung. Er empfindet sich deshalb als benachteiligt und ausgeschlossen. Er ist sich ungewiß darüber, ob er auf Bindung von Familie und Heimat verzichten soll, um vollgültiger Bürger der neuen Adoptivkultur zu werden. Andererseits erfährt er, daß die herrschende Kultur ihm Hindernisse in den Weg zur Integration legt. Zum Beispiel werden ihn schon äußere Kennzeichen wie Sprache und Hautfarbe als Fremden ausweisen. So ist die Situation der Marginal-Existenz häufig das Ergebnis sozialer Situationen, die mit dem „Fremd"-Sein zusammenhängen. Dem Gefühl der Heimatlosigkeit, der Orientierungslosigkeit, der **Ambivalenz** von Verhalten und Empfindungen sowie der sozialen Gefährdung **auf seiten der Minorität** stehen **Distanzierung** und Ablehnung **auf seiten der Majoritätsgruppe** gegenüber. Höchstwahrscheinlich erzeugt allein schon das Anderssein, die Andersartigkeit, das Abweichen vom Üblichen der Minderheit eine tiefe Aversion in der Majorität, die uniform ist; daher gilt die Uniformität auch als Bestätigung von Regel und Ordnung.

Mit dem Bewußtsein, beiden antagonistischen Normensystemen unmöglich zugleich entsprechen zu können, gerät der Randseiter in einen **Normenkonflikt**. Dessen Hintergrund ist insofern immer ein Motivkonflikt, als die Mitgliedschaft in beiden Gruppen sowohl anziehend als auch bedrohlich erscheint. Selbst innerhalb einer Kultur mögen sich schnellwandelnde Subkulturen und Einwanderer der ersten und zweiten Generation in Normenkonflikte verstricken, die wiederum kriminelles Verhalten erzeugen. Denn das Verharren im Normenkonflikt ist dem Randseiter unerträglich. Im Gegensatz zum anfänglichen Verständnis des Kulturkonflikts als Form sozialer Desorganisation oder als eines Gruppenkonflikts begriff *Sellin* den Kulturkonflikt umfassender. Nicht nur unter verschiedenen Gruppen, sondern auch innerhalb der Gruppe, zwischen dem einzelnen und der Gruppe, kann es zur Orientierungslosigkeit, zum Kulturkonflikt, zu anomischem Verhalten, also auch zur Kriminalität kommen. Auf derartigen Beobachtungen und Erwägungen gründet sich die **Annahme, daß die Verbrechensrate desto höher ist, je schärfer die Divergenzen und Zusammenstöße zwischen Rechtsnormen, Gebräuchen und Werten in einer** bestimmten **Gesellschaft sind** (*Shoham* 1968, 55 ff.).

Danach bietet sich das Konzept vom Kulturkonflikt zur Erklärung der Delinquenz von Ausländern an. Aus dieser Verknüpfung lassen sich folgende **Annahmen** herleiten:

1. Der Kulturkonflikt zwischen den Zuwanderern und der Wirtskultur, speziell mit den deutschen Normen, äußert sich in Verhaltensweisen sozialer Bezugs- und Integrationsstörungen, ablesbar an höheren Kriminalitäts-, Krankheits- und Betriebsunfallraten.
2. Es ist wahrscheinlich, daß der Konflikt zur Zeit des ersten Zusammentreffens kulturverschiedener Normensysteme größer und folgenreicher ist als nach Ablauf einer gewissen Zeit der Orientierung und Anpassung.
3. Die Art des Konflikts kann sowohl für die Herkunfts- als auch die Wirtskultur eigentümlich sein.
4. Soweit die Zuwanderer der Unterschicht angehören, muß sich der Konflikt verstärken, da die abweichenden kulturellen Muster der Minderheiten subkulturellen Charakter haben. Ausländergruppen mit höherer Mobilität und sichtbarer Fremdheit unterliegen wahrscheinlich schärferer Beobachtung und Zurückweisung als andere, fühlen sich der Wirtskultur aber auch offensichtlich weniger verbunden.

Somit ist zu fragen, ob und inwieweit sich aus der Kriminalität der Ausländer Anhaltspunkte für diese Annahmen gewinnen lassen.

Die vergleichende Untersuchung zwischen **Ausländerkriminalität** und Straffälligkeit der deutschen Staatsbürger hat davon auszugehen, daß es sich

- bei den ausländischen Zuwanderern hauptsächlich um Personen männlichen Geschlechts handelt und ferner
- um Altersklassen, die nach allgemein-kriminologischer Erfahrung ohnehin als besonders straffällig imponieren.

Um festzustellen, ob die Straffälligkeit der Ausländer hoch oder niedrig liegt, muß man daher auf die Kriminalität der entsprechenden deutschen Altersklassen, also der etwa 18- bis 50jährigen Männer, zurückgreifen (PKS 1995, 77 ff.). Allerdings erweist sich der prozentuale Vergleich nach Alters- und Geschlechtsstruktur der deutschen und nichtdeutschen Tatverdächtigen als unergiebig. Denn die Vergleichsgruppen weichen in der Bevölkerungsstruktur zu stark voneinander ab.

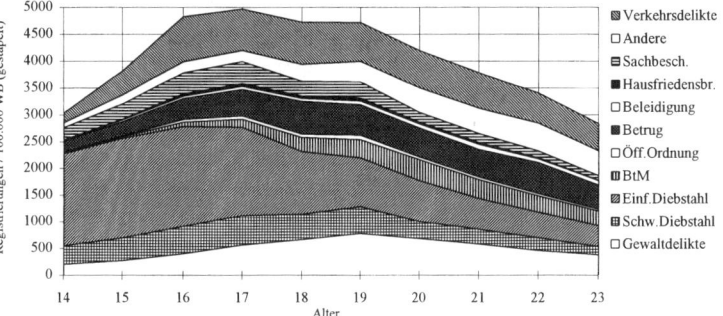

Quelle: Anlage zum Tätigkeitsbericht des MPI 1996, 46.

Schaubild 20: BZR-Registrierungen von Straftaten deutscher Männer von Geburtskohorten der Jahre 1970, 1973, 1975 und 1978 in Baden-Württemberg differenziert nach Alter pro 100 000 Wohnbevölkerung (Stand: 1996)

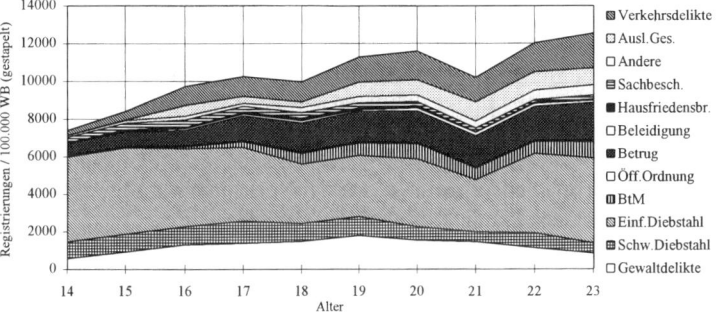

Quelle: Anlage zum Tätigkeitsbericht des MPI 1996, 46.

Schaubild 21: BZR-Registrierungen von Straftaten ausländischer Männer von Geburtskohorten der Jahre 1970, 1973, 1975 und 1978 in Baden-Württemberg differenziert nach Alter pro 100 000 der Wohnbevölkerung (Stand: 1996)

Aussagekräftig könnte nur der Vergleich nach Kriminalitätsbelastungsziffern sein, also die Beziehung der Tatverdächtigen auf ihre jeweilige Bezugsgruppe, etwa auf 100 000 Personen der entsprechenden Bevölkerung. Danach liegen auf dem ersten Blick die Kriminalitätsbelastungsziffern der Nichtdeutschen zwar insgesamt mehr als doppelt so hoch wie jene der deutschen Tatverdächtigen. Diese Zahlen sind aber überhöht, weil bei den ausländischen Tatverdächtigen im Gegensatz zur ausländischen Bevölkerung die Personen der Stationierungsstreitkräfte mit ihren Angehörigen, ferner die Touristen und illegal Eingereisten mitgezählt wurden. Bringt man jedoch diese Teilgruppen, die bei der Wohnbevölkerung ohnehin fehlen, auch bei den Tatverdächtigen in Abzug, so kommt man der wirklichen Kriminalitätsbelastung der nichtdeutschen Population mit einem festen Aufenthaltsstatus näher. Es ergibt sich dann eine Verteilung, die zwar niedriger und differenzierter ist als nach dem ersten Anschein, die aber noch immer, und zwar **über** alle **Altersgruppen hinweg, eine erheblich stärkere Kriminalitätsbelastung der Nichtdeutschen**, insbesondere des männlichen Geschlechts, ausweist. Spitzenwerte zeigen dabei die 16-25jährigen (vgl. hierzu Schaub. 20 u. 21).

Die Kriminalität der Ausländer läßt sich danach für das Bundesgebiet unter folgenden Gesichtspunkten zusammenfassen:

Im Gegensatz zur Gesamtheit der Ausländer weisen die Gastarbeiter nach den polizeilichen Kriminalitätsbelastungsziffern **kaum eine höhere Deliktsrate auf als die deutsche Vergleichspopulation.** Eine entsprechende Verteilung mit geringfügiger Überrepräsentation der Gastarbeiter liefern auch betriebskriminologische Erhebungen.

Bei einzelnen Straftaten und Deliktsgruppen fallen jedoch relativ gesehen mehr ausländische Arbeitnehmer auf als Deutsche. Dies trifft insbesondere für die Delikte der gefährlichen und schweren Körperverletzung zu sowie für Vergewaltigung, Raub, räuberische Erpressung und räuberischer Angriff auf Kraftfahrer, Urkundenfälschung und Rauschgiftdelikte. Außerdem sind sie vor allem am Glücksspiel beteiligt, möglicherweise weil heimatliche Gebräuche oder Probleme der Freizeitgestaltung hier von überragendem Einfluß sind (vgl. Tab. 11).

Hingegen ist die Kriminalitätsbelastung der Gastarbeiter bei Straftaten des Diebstahls, des Betruges, der Untreue, bei Brandstiftung und Verletzung der Unterhaltspflicht teilweise erheblich geringer als die Straffälligkeit der deutschen Vergleichsgruppe.

Der kriminalstatistischen Vergleichsanalyse lassen sich für die Überprüfung der Hypothese des Kulturkonflikts die nachstehenden Ergebnisse entnehmen:

Anhaltspunkte für reicheren oder intensiveren Kulturkonflikt im strafrechtlichen Normbereich liegen für Gastarbeiter nicht vor. **Ferner** ist die Abschwächung und **Neutralisierung des Kulturkonflikts** durch zumindest partielle Anpassungsbereitschaft dieser Bevölkerungsgruppe sowie durch Betreuung seitens der Sozialbehörden zu vermuten. Bei einzelnen Straftaten und Deliktstypen läßt sich jedoch **konfliktträchtiges Handeln** beobachten. Inwieweit Straftaten, die aus Situationen des

Kulturkonflikts erwachsen, **für die Herkunftskultur der Gastarbeiter eigentümlich** sind, ist freilich **nur in Ausnahmefällen** zu entscheiden. Im übrigen treffen wir bei der Analyse der Gastarbeiterkriminalität nicht nur auf **Delikte**, die erst im Hinblick auf die Herkunftskultur der Gastarbeiter verständlich werden, sondern auch auf solche, **die mehr auf die spezifische Empfindlichkeit, Verletzbarkeit und Verfolgungspraxis der deutschen Wirtskultur schließen lassen.**

Dem stehen Einzelfälle kulturspezifisch motivierter Kriminalität nicht entgegen. Doch liegt hier in der Regel nicht einmal ein Verbotsirrtum vor, obwohl er prinzipiell das angemessene strafrechtliche Regulativ für die gerechte Erledigung derartiger Fallgruppen bildet und dogmengeschichtlich aus dem Normenkonflikt hervorgegangen ist (vgl. dazu BGHSt 2, 194; 6, 46; 17, 230; 23, 42; *Sonnen* 1990, 42 f.). Auch häufige Hinweise der straffälligen Gastarbeiter auf die fehlende Beherrschung der Sprache sowie abweichende Sitten und Gebräuche im Herkunftsland können nicht darüber hinwegtäuschen, daß ein **Großteil etwaiger Kulturkonflikte offensichtlich anders als durch Kriminalität gelöst** wird. Für die eingeschränkte Bedeutung des Kulturkonflikts sprechen auch Beobachtungen, wonach die kriminelle Auffälligkeit der Gastarbeiter in der ersten Phase des Aufenthalts im Gastland erwartungswidrig gering ist.

Die ausländischen Arbeitnehmer rekrutieren sich ganz überwiegend aus Hilfsarbeitern. Sie sind dem Status nach schon in ihren Herkunftsländern weithin unterprivilegiert. Denn sie gehören insgesamt der **Unterschicht** an. Daher ist die **Verstärkung eines etwaigen Kulturkonflikts** bei Zusammentreffen mit einer fremdkulturellen Majoritätsgruppe zu vermuten. Die Beobachtungen jedoch weisen eine im ganzen geringere oder nur partiell höhere Kriminalitätsrate der Gastarbeiter aus als die der deutschen Vergleichspopulation. Sie erscheinen deshalb als **erwartungswidrig**. Nur insoweit die Delinquenz der Gastarbeiter über dem Durchschnitt liegt, enthält sie gewisse Anhaltspunkte für einen Konflikt mit subkultureller Problemlösung. In diesem Zusammenhang ist vor allem an die erwähnte Häufigkeit der **Angriffs- und Personendelikte** zu denken, **eine bevorzugte Art subkultureller Auseinandersetzung** in der Unterschicht, und an die **spezifische Begehungsform** dieser Angriffsdelinquenz. Insgesamt gesehen scheinen die straffälligen Gastarbeiter, verglichen mit den deutschen Delinquenten entsprechender Straftaten, weniger sozial desintegriert zu sein.

Damit wird an dieser Stelle auch die kriminologische Relevanz des subkulturellen Konzepts zweifelhaft (dazu oben § 31, 3.2). Obwohl die Gastarbeiter nach ihrem sozialen Status, den Minderheitsproblemen, den zu erwartenden Vorurteilen, der Gemeinschaftsunterbringung, dem Geschlecht und dem Alter weitgehend Gleichförmigkeit in den Handlungsmustern erwarten lassen, ist eine überdurchschnittliche Kriminalität, soweit sie kulturspezifisch zu motivieren ist, nur sehr begrenzt und im ganzen als gering festzustellen.

5. Ausländer als Opfer von Verbrechen

Schrifttum: *Alber*, Zur Erklärung von Ausländerfeindlichkeit in Deutschland. In: Gewalt in Deutschland. Soziale Befunde und Deutungslinien, hrsg.v. Mochmann/Gerhardt. München 1995, 39-77; *Bornewasser/Eckert*, Belastungen und Gefährdungen von Polizeibeamtinnen und -beamten im alltäglichen Umgang mit Fremden. Trier u.a. 1995; *Bundesministerium des Innern* (Hrsg.), Verfassungsschutzbericht 1993. Bonn 1994; *dass.* (Hrsg.), Verfassungsschutzbericht 1994. Bonn 1995; *dass.* (Hrsg.), Verfassungsschutzbericht 1995. Bonn 1996; *FitzGerald/Hale*, Ethnic Minorities, Victimization and Racial Harassment. Home Office Research Findings no. 39. London 1996; *Franzke*, Polizei und Ausländer. Kriminalistik 1993, 615-619; *Pfeiffer*, Strafrecht und organisierte Kriminalität. In: Strafrecht und organisierte Kriminalität, hrsg.v. der Landesgruppe Österreich der internationalen Strafrechtsgesellschaft. Wien 1996, 5-44; *Pitsela*, Straffälligkeit und kriminelle Viktimisierung ausländischer Minderheiten in der Bundesrepublik Deutschland. Freiburg 1986; *Steffen*, Ausländer als Kriminalitätsopfer. In: Das Opfer und die Kriminalitätsbekämpfung. BKA-Arbeitstagung 1995, hrsg.v. Bundeskriminalamt. Wiesbaden 1996, 247-282; *Streeck-Fischer*, „Geil auf Gewalt". Psychoanalytische Bemerkungen zu Adoleszenz und Rechtsextremismus. Psyche 46 (1992), 745-768; *Wahl*, Fremdenfeindlichkeit, Rechtsextremismus, Gewalt. In: Gewalt gegen Fremde, hrsg.v. Deutschen Jugendinstitut. München 1995[2], 11-74; *Willems*, Fremdenfeindliche Gewalt: Entwicklung, Strukturen, Eskalationsprozesse. In: Gruppendynamik 1992, 433-448.

Zwar hat sich seit Mitte der sechziger Jahre eine umfangreiche kriminologische Forschung zur Thematik der Straffälligkeit von Ausländern, ihrer Struktur und Gründe entwickelt. In welchem Ausmaß Ausländer aber Opfer von Straftaten werden, ist kaum erforscht worden. Immerhin scheint die Verbrechensfurcht von Ausländern allgemein nicht höher zu sein als jene der Deutschen (vgl. *Pitsela* 1986, 414; ferner *FitzGerald/Hale* 1996, 3 f. für England und Wales). Erst die fremdenfeindlichen Gewalttaten von Rechtsextremen und Skinheads in der Gegenwart scheinen manche Gruppen der in Deutschland lebenden Ausländer mit Angst zu erfüllen. Gleichwohl reicht jene Angst nicht so weit, daß sie den Immigrationsdruck aufgehoben oder den Einwandererstrom hätte versiegen lassen.

Nach einer für Bayern repräsentativen PKS-Stichprobe besaßen lediglich 11% der ermittelten Opfer nicht die deutsche Staatsangehörigkeit. Am häufigsten wurde die Polizei bei den Rohheitsdelikten, den Straftaten gegen die persönliche Freiheit sowie bei den strafrechtlichen Nebengesetzen mit ausländischen Opfern konfrontiert. Auffallend ist, daß die Mehrheit der ausländischen Opfer (insgesamt 54,4%) durch einen ausländischen Tatverdächtigen geschädigt wurde, davon über 60% durch einen Tatverdächtigen derselben Staatsangehörigkeit. Es ist jedoch nicht bekannt, wie das Dunkelfeld der Straftaten gegen Ausländer beschaffen ist. Der Umstand, daß fast drei Viertel der in der Stichprobe ermittelten ausländischen Opfer schon seit mindestens fünf Jahren in der Bundesrepublik Deutschland lebten, deutet jedenfalls darauf hin, daß erst vor kurzem eingereiste bzw. sich illegal in Deutschland aufhaltende Ausländer eine Anzeige aus Furcht vor dem Umgang mit den Behörden häufig unterlassen dürften (zum Ganzen *Steffen* 1996, 253 ff.).

5.1 Viktimisierung von Ausländern durch Deutsche

Die Übergriffe von Deutschen auf Ausländer und deren Schädigung erlangten bis in die achtziger Jahre hinein kaum besondere Beachtung, schienen also nicht problematisch zu sein. Auch die Zahl der **fremdenfeindlichen Straftaten** blieb ausweislich der polizeilichen Feststellungen über die achtziger Jahre hinweg relativ konstant. Doch **ab** der zweiten Jahreshälfte **1991** ließ sich in dieser Hinsicht temporär ein dramatischer Anstieg beobachten. Besonders gravierend erscheint dabei die erhebliche Steigerung von Brandanschlägen und Gewaltdelikten. Erst in der zweiten Jahreshälfte 1993 zeichnete sich ein leichter Rückgang ab. Im Laufe desselben Jahres gingen die rechtsextremen Gewaltdelikte bundesweit von 2638 im Jahr 1992 auf 2232 zurück, im Laufe des Jahres 1994 sogar auf 1489 und 1995 auf 837.

Starke Steigerungsraten ergaben sich im Herbst 1991 sowie im Herbst 1992 nach den Krawallen in Hoyerswerda bzw. Rostock. Im Zusammenhang damit ließen sich regelrecht **Eskalationswellen** beobachten. Der dann feststellbare Rückgang führte freilich nicht zu einem Absinken auf das Niveau vor der Eskalation. Waren zunächst vornehmlich Asylbewerber bevorzugte Opfer von Anschlägen, so zeigte sich nach dem Morden von Mölln und Solingen, daß nun auch bereits seit längerer Zeit in Deutschland wohnhafte Türken bedroht wurden.

Zwar liegt inzwischen der **räumliche Schwerpunkt** der ausländerfeindlichen Aktivitäten nicht mehr in den neuen Bundesländern. Dort finden sich zwar überproportionale Häufungen etwa in Brandenburg, Sachsen-Anhalt und Mecklenburg-Vorpommern. Aber die vergleichbaren Belastungen in Thüringen (2,5) und Sachsen (1,5) sind wiederum äußerst niedrig und liegen überdies weit unter dem Bundesdurchschnitt (10,4), jeweils bezogen auf 100 000 Einwohner im Jahr 1994. Danach kann im

Osten Deutschlands von einer häufigeren Gewalttätigkeit gegen Fremde kaum die Rede sein, und zwar auch dann nicht, wenn man berücksichtigt, daß in den neuen Bundesländern weniger Fremde leben als im Westen, obwohl auch hier erhebliche Belastungsunterschiede bestehen. Man vergleiche etwa Bayern (2,3) mit Nordrhein-Westfalen (5,8).

Bei der Analyse der **Täterstruktur** fremdenfeindlicher Straftaten hat sich gezeigt, daß über 95% von Männern begangen werden. Hierbei herrschen ganz eindeutig die unter 20jährigen vor. Die Straftaten werden typischerweise in Gruppen begangen. Das Bildungsniveau der Täter ist überwiegend niedrig (vgl. *Willems* 1992, 437). Neben dem eigentlichen Ausländerfeind spielen als Tätertypen auch bloße Mitläufer und Schläger eine Rolle, die keine eindeutig fremdenfeindliche Einstellung aufweisen. Selten sind die Taten geplant, oft entspringen sie einem unter erheblicher Alkoholeinwirkung gefaßten Spontanentschluß.

Die **Erklärungsansätze** zur Deutung dieser Entwicklung sind vielfältig. Neben den durch staatliche Repression in der ehemaligen DDR erzeugten autoritären Denk- und Persönlichkeitsstrukturen werden auch Frustrationserfahrungen hervorgehoben (*Willems* 1992, 438 ff.; vgl. auch *Alber* 1995, 51 ff., 59 ff.). Diese resultierten besonders aus enttäuschten Erwartungen in die wirtschaftliche Entwicklung nach der deutschen Vereinigung. Um den dramatischen Anstieg derartiger Straftaten hinreichend zu deuten, muß man auch die Interaktionsprozesse als Auslöser und Verstärker von fremdenfeindlichen Eskalationen und Mobilisierungswellen einbeziehen (vgl. *Willems* 1992, 441; ferner *Wahl* 1995[2], 24 ff.). Für Entwicklung und Ausmaß der Viktimisierungsprozesse sind ferner das Verhalten staatlicher Organe sowie die Berichterstattung in den Medien von Bedeutung. Vor allem die Asylverfahrenspraxis bis zum Jahr 1993 hat viele Gemeinden überfordert, so daß es zunehmend unmöglich wurde, Akzeptanz für die konkrete Unterbringung der Asylbewerber zu erreichen. Vielmehr waren Ablehnung und Mißtrauen die Folge. Aber auch die Fehlreaktion staatlicher Kontrollinstanzen, insbesondere durch mangelnde Polizeipräsenz, läßt sich namentlich für die Exzesse in Hoyerswerda und Rostock nicht ignorieren. Dies erscheint um so bedeutsamer, als die jungen Gewalttäter mit gewissem Verständnis, wenn nicht gar Sympathie durch manche Teile der Bevölkerung rechnen konnten. Ob es auch zutrifft, daß sich ablehnende Einstellungen gegenüber Ausländern bis hin zur Polizei fortsetzen, wie gelegentlich vermutet wird (vgl. *Franzke* 1993, 615 ff.; ferner *Bornewasser/Eckert* 1995, 146 f.), erscheint bezüglich der Verallgemeinerungsfähigkeit aber fraglich.

Trotz der Welle ausländerfeindlicher Gewalttaten Anfang der neunziger Jahre darf man nicht übersehen, daß Ausländer nicht nur von Deutschen, sondern auch von ihresgleichen viktimisiert werden. Allerdings ist es, abgesehen von seltenen Einzeluntersuchungen, schwierig, darüber ein treffsicheres Bild zu gewinnen. Schon in der polizeilichen Kriminalstatistik werden die erfaßten Opfer nicht nach Deutschen und Nichtdeutschen getrennt ausgewiesen. Ferner darf man bei der Viktimisierung von Ausländern durch Ausländer ein erhebliches Dunkelfeld vermuten, da man mit einem eher geringen Anzeigeverhalten rechnen muß. Gründe für die Nichtanzeige könnten von allem Angst vor den bekannten Tätern sein oder aber mangelndes Vertrauen in die Möglichkeiten der polizeilichen Aufklärung und des polizeilichen Zeugenschutzes. Möglicherweise gelangen auch einige Delikte deshalb nicht zur Anzeige, weil die Polizei die Strafanzeigen von ausländischen Opfern nicht oder nur zögernd aufnimmt und mit nur geringer Strafverfolgungsintensität antwortet, ihnen jedenfalls nicht die gebotene Beachtung schenkt (vgl. *Pitsela* 1986, 419; *Franzke* 1993, 615 ff.).

5.2 Ausländer als Opfer von ausländischen Straftätern

Die bislang bekannt gewordenen Fälle derartiger Ausländerviktimisierung entstammen überwiegend dem Bereich der organisierten Kriminalität, den Aktivitäten extremistischer Ausländergruppierungen oder dem privat-familiären Bereich aufgrund persönlicher, familiärer oder nachbarlicher Konflikte. Diese nämlich liefern nicht selten Motive zu ganzen Serien von Beziehungstaten ausländischer Täter untereinander.

Im Bereich der organisierten Kriminalität ist wahrscheinlich der größte Anteil von ausländischen Opfern nichtdeutscher Täter zu finden. Hervorzuheben ist in diesem Zusammenhang vor allem der internationale Menschenhandel. Aus existentieller Not im Heimatland heraus lassen sich Mädchen und junge Frauen als Tänzerinnen oder Serviererinnen meist von eigenen Landsleuten anwerben. In Deutschland jedoch werden sie aufgrund ihrer wirtschaftlichen Abhängigkeit zur Prostitution gezwungen. Eine weitere Variante ist die professionell organisierte internationale Ehevermittlung. Frauen aus Südostasien, Südamerika und Osteuropa werden zur Heirat an deutsche Männer vermittelt. Ein Auswahl- und Umtauschrecht würdigt diese Frauen zu Waren herab. Aber selbst im Falle einer Eheschließung besteht eine totale Abhängigkeit vom Ehemann. Ein weiterer Schwerpunkt des internationalen Menschenhandels bildet der „An- und Verkauf" von Kindern aus der Dritten Welt zur Adoption, aber auch zum sexuellen Mißbrauch oder – wie gelegentlich vermutet wird – gar zur Organentnahme.

Ferner fallen die **Schutzgelderpressungen** von Ausländern durch eigene Landsleute, eine der häufigsten Kriminalitäts- und Viktimisierungsformen von Ausländern, ebenfalls in den Bereich der organisierten Kriminalität. Aus Furcht vor Repressalien ist von einer nur geringen Anzeigebereitschaft und damit einem erheblichen Dunkelfeld auszugehen (zu den ersten Informationen einer Befragung von mehreren Tausend türkischen, italienischen, griechischen und deutschen Gaststätteninhabern mit zwei Dritteln Verweigerern und Opferquoten zwischen 15 und 25%, *Pfeiffer* 1996, 8 ff.). Das Ausmaß dieser Problematik ist demgemäß unbekannt und läßt sich bislang nur beispielhaft darstellen. So wurden allein von der Münchner Polizei zwischen 1980 und 1990 insgesamt 47 Fälle von Schutzgelderpressung bearbeitet. In 20 Fällen wurden Italiener, in vier Fällen Chinesen, in zwei Fällen Türken zu Verbrechensopfern. Alle jedoch wurden sie von Tätern derselben Nationalität wie jene der Opfer erpreßt. Ende 1994 wurde in Stuttgart mit der Festnahme von neun jungen Bosniern im Alter von 22 bis 27 Jahren eine Gruppe von Schutzgelderpressern zerschlagen, die einen bosnischen Gastwirt und dessen Mitarbeiter bedroht hatten (Badische Zeitung Nr. 87 v. 13.4.1995). In den neuen Bundesländern wurde die Schutzgelderpressung hauptsächlich unter vietnamesischen Zigarettenschmugglern beobachtet (vgl. z.B. FAZ Nr. 29 v. 4.2.1997). In diesem Milieu kam es außerdem wie im illegalen Rauschgifthandel zu Raubüberfällen und allein in den 90er Jahren zu rd. 70 Morden an den eigenen Landsleuten.

Weiterhin sind politisch motivierte Schutzgelderpressungen und Morde etwa durch Aktivitäten der inzwischen verbotenen PKK und ferner tamilischer Extremisten bekannt geworden (siehe oben § 38, 3). Die **Viktimisierung** von Ausländern im Rahmen politisch motivierter Straftaten **durch Mitglieder extremistischer Ausländerorganisationen** bildet daher einen bedeutsamen Komplex. Opfer sind entweder Angehörige des politischen Gegners oder Abtrünnige der eigenen Organisation.

Achtes Kapitel

Gewaltkriminalität

§ 39 Theorie, Struktur- und Trendanalyse der Gewaltdelikte

Gewalt, und das heißt auch kriminelle Gewaltanwendung, sind, wie es scheint, zu einer alltäglichen Erfahrung geworden. Vandalismus, ethnozentrische Gewalt, Fußballrowdytum, Mediengewalt, Gewalt in der Familie, Demonstrationsgewalt und Terrorismus, um nur einige Phänomene stichwortartig zu nennen, aber auch Machtmißbrauch durch Mächtige dieser Welt veranschaulichen und belegen das Gemeinte. Dem steht nicht entgegen, daß diese Wahrnehmung hauptsächlich durch die Massenmedien vermittelt und verstärkt wird. Denn – und auch das zeigt die durch neue Opferbefragungen überprüfte Erfahrung – unmittelbar und „hautnah" werden nur wenige Bürger durch Gewalttätigkeiten betroffen, so groß die Verbrechensfurcht (dazu oben § 36, 1) auch sein mag. **Gewaltkriminalität zählt noch immer**, auch in unserer Gesellschaft, **zu den seltenen Straftaten**. Nicht stets ist sie beängstigend.

Dennoch kommen wir nicht an dem Sachverhalt vorbei, daß die alltägliche Wahrnehmung von Gewalt und der Umgang damit offenbar eine **neue Empfindlichkeit und Verletzbarkeit unserer Gesellschaft gegenüber den Ausbrüchen roher Gewalt** bewirkt haben. Wahrscheinlich hat sich bereits die allgemeine Definitionsbereitschaft zur Stigmatisierung von Gewalthandlungen verstärkt und die Anzeigenschwelle gesenkt. Untersuchungen über erfragtes Täter-Opfer-Verhalten, aber auch die beachtliche Kluft zwischen Polizei- und Justizstatistik stützen diese Annahme.

Bei dieser Sichtweise dürften wir auch nicht nur Verzerrungen selektiver Wahrnehmung erliegen, sondern **echten Veränderungen in der Verbrechenswirklichkeit** begegnen. In den fünfziger Jahren sprach man im Hinblick auf den temporären Rückgang der vorsätzlichen Körperverletzungen und den Anstieg der Verkehrsunfälle noch von der Verlagerung der Aggressivität von Vorsatztaten in die Fahrlässigkeitsdelikte. Auf solchem Erfahrungshintergrund erscheinen die neuen Phänomene von Gewalt und Gewaltkriminalität geradezu erwartungswidrig. Manche mögen deshalb an eine modische Ausprägung des kriminellen Verhaltens denken. Daher zählt die Gewaltkriminalität neben Drogen-, Wirtschafts- und Umweltdelinquenz unverändert zu den aktuellen Erscheinungen und ihre Ursachen zu den nicht endenwollenden **Kontroversen der Gegenwart**.

1. Gewaltbegriff und Strukturelemente strafbarer Gewalttätigkeit

Schrifttum: *Krey*, Strafrecht. Besonderer Teil. Bd. 1. Stuttgart u.a. 1996[10], 149-184; *Merten*, Zur Vielschichtigkeit des Gewaltbegriffs. In: Gewalt und Kriminalität. BKA-Vortragsreihe 31 (1986), 22-32; *Neidhardt*, Gewalt. Soziale Bedeutungen und sozialwissenschaftliche Bestimmungen des Begriffs. In: Was ist Gewalt?, hrsg. v. BKA. Bd. 1. Wiesbaden 1986, 109-147; *Rolinski* u.a. (Hrsg.), Gewalt in unserer Gesellschaft. Berlin 1990; *Schönke/Schröder*, Strafgesetzbuch. Kommentar. München 1997[25]; *Schwind/Baumann* u.a. (Hrsg.), Ursachen, Prävention und Kontrolle von Gewalt. Analysen und Vorschläge der Unabhängigen Regierungskommission zur Verhinderung und Bekämpfung von Gewalt (Gewaltkommission). Bd. 1. Berlin 1990; *Wolter*, Gewaltanwendung und Gewalttätigkeit. NStZ 1985, 193-198, 245-252.

Schon über die Frage, was strafbare Gewaltanwendung ist, herrscht bekanntlich Streit, von „struktureller" oder „institutioneller Gewalt" ganz zu schweigen. Zwar ist Gewalt eines der häufigsten und wichtigsten Merkmale der strafgesetzlichen Tatbestände. Erscheinungen wie Verfassungsänderung, Gewinnerzielung oder Geschlechtsverkehr können durch Gewaltanwendung zu Hochverrat, Erpressung und Vergewaltigung werden. Vor allem bei der Nötigung dient das Merkmal der Gewalt dazu, den unerlaubten vom noch zulässigen sozialen Druck abzugrenzen. Dennoch ist umstritten, ob es Gewalt und Nötigung ist, wenn jemand auf der Autobahn durch dichtes Auffahren und aggressive Betätigung der Lichthupe den Vordermann von der Überholspur drängt oder einem anderen durch Beschädigung von dessen Auto eine Reise unmöglich macht. Seit zwei Jahrzehnten besteht daher in der Strafrechtswissenschaft, in der Rechtsprechung und in der Rechtspolitik ebenso wie in den empirischen Grundwissenschaften eine heftige Auseinandersetzung um den rechtlich und damit kriminologisch relevanten **Gewaltbegriff** (*Schwind* u.a. 1990, 35 ff.; kritisch *Krey* 1996, 149 ff.). Auch Juristen, obwohl zur Klärung von Kontroversen berufen, lassen uns hier anscheinend im Stich. Denn ihr Sachverstand versagt zumindest dann, wenn sie selbst „in Unruhe und Verwirrung" befangen sind (*Wolter* 1985, 194). Einmal geht es um die Frage,

• was Gewalt ist, und zum anderen darum,
• welche Gewalt gerechtfertigt erscheint.

Während im **Schrifttum** die eine Richtung zumindest eine Verletzung der körperlichen Integrität beim Opfer als Erfordernis verlangt (so z.B. *Krey* 1996, 158 f.), lehnt die andere Richtung einen derartigen Gewaltbegriff als primitiv-mechanistisch ab und möchte nur noch auf die psychische Zwangseinwirkung beim Opfer abstellen (vgl. *Schönke/Schröder/Eser* 1997, Vorbem. 6 ff. zu §§ 237 ff.).

Der **Bundesgerichtshof** folgt der weiten Auslegung des Gewaltbegriffs (vgl. BGHSt 18, 330; 23, 126). Nach seiner Ansicht können kompulsive Gewalt und Drohung ineinander übergehen, so daß sich die Unterschiede zwischen ihnen verwischen. In der Entscheidung gegen den Kölner AStA-Vorsitzenden *Laepple* (BGHSt 23, 49 f., 54) beurteilte er den Sitzstreik auf den Straßenbahnschienen nicht als Gewalt gegenüber dem Stadtrat, wohl aber als Gewaltausübung gegenüber den Straßenbahnführern. Noch stärker an dem physischen Gewaltbegriff scheint sich eine neuere Entscheidung des BGH zu orientieren, wonach das bloße Fahren zu einer abgelegenen Stelle, an der die mitgeführte Frau Hilfe nicht erwarten kann, nicht ohne weiteres eine Gewaltanwendung i.S.d. § 177 StGB darstellt (NJW 1981, 2204 ff.). Demgemäß steht in der höchstrichterlichen Rechtsprechung einer weiten Auslegung der Gewalt bei Demonstrationen ein enger Gewaltbegriff bei der Vergewaltigung gegenüber. Der Bürger versteht jedoch den Strafjuristen vielfach beide Male nicht. Zwar bedeutet Gewaltanwendung Unfriedlichkeit (Art. 8 Abs. 1 GG); auch ist sie regelmäßig verwerflich (§ 240 Abs. 2 StGB). Dennoch geben Sitzstreiks, Blockaden, Barrikaden, Vorlesungs- und Parlamentsstörungen durch Lärm schwierige Auslegungen auf.

Selbst das **Bundesverfassungsgericht** (NJW 1987, 43 ff.) hat sich zur Frage der behaupteten Verfassungswidrigkeit des Nötigungstatbestandes zunächst nur mühsam zu einer Kompromißentscheidung durchringen können:

So verstieß nach einheitlicher Ansicht des Ersten Senats die gesetzliche Normierung des Tatbestandsmerkmals „Gewalt" nicht gegen das Bestimmtheitsgebot (Art. 103 Abs. 2 GG). Infolge Stimmengleichheit konnte nicht festgestellt werden (§ 10 Abs. 3 S. 3 BVerfGG), daß die weite Auslegung des Gewaltbegriffs durch die Rechtsprechung (zuletzt BGH NJW 1986, 1803 ff., Gr. Senat) das aus Art. 103 Abs. 2 GG herleitbare Analogieverbot verletzt. Die Indizwirkung der „Gewalt" im weiteren Sinn für die Verwerflichkeit (§ 240 Abs. 2 StGB) wurde allerdings in Anlehnung an die neue Linie des BGH einheitlich als unverhältnismäßig abgelehnt. Wiederum infolge Stimmengleichheit wurde es aber verfassungsrechtlich nicht beanstandet, wenn der Tatrichter im Einzelfall Sitzblockaden als verwerflich und damit rechtswidrig wertet, ohne hierbei Fernziele der Demonstranten zu berücksichtigen.

Nach einer neueren Entscheidung (NJW 1995, 1141 ff.) hat jedoch das BVerfG diese gerichtliche Auslegung des Gewaltbegriffs des § 240 StGB als zu unbestimmt i.S.d. Bestimmtheitsgebotes des Art. 103 Abs. 2 GG und damit für verfassungswidrig erklärt. Nach Meinung des Ersten Senates kann eine Zwangseinwirkung, welche allein auf einem geistig-seelischen Einfluß beruht, keine Gewaltanwendung darstellen. Andernfalls lasse sich nicht mehr mit ausreichender

Sicherheit vorhersehen, welches körperliche Verhalten, das einen Dritten psychisch an der Durchsetzung seines Willens hindert, verboten ist und welches nicht. Diesem Beschluß liegen vier Verfassungsbeschwerden von aufgrund von Sitzblockaden wegen Nötigung bestrafter Demonstranten zugrunde. Die Tatsache, daß das bloße Sitzenbleiben von anderen Personen als Gewalt aufgefaßt wird, führe letztlich dazu, daß das Tatbestandsmerkmal so aufgelöst würde, daß es nicht mehr möglich wäre, unter allen Zwangswirkungen die strafwürdigen herauszufinden. Dabei verweist das BVerfG darauf, daß es bis heute nicht gelungen sei, einen hinreichend klar umrissenen Gewaltbegriff i.S. einer Nötigung zu finden (dazu kritisch *Krey* 1996, 156 ff.).

Die Absicht der Koalitionsfraktionen, Sitzblockaden und ähnliche Aktionen, die andere in ihrer Bewegungsfreiheit hindern, wieder strafbar werden zu lassen, hat sich in der ersten Formulierung eines Gesetzentwurfs niedergeschlagen. Die in Aussicht genommene Rechtsänderung setzt aber nicht beim Nötigungsparagraphen selbst an, sondern versucht eine Legaldefinition des Begriffs der Gewalt. Sie soll in § 11 StGB eingefügt werden, der ohnehin eine Reihe von Begriffsbestimmungen enthält. Unter „Gewalt" soll danach zu verstehen sein, „die körperliche oder psychisch vermittelte, mit einem gegenwärtigen empfindlichen Übel verbundene Zwangseinwirkung". Der Effekt i.S. einer wiederhergestellten Strafbarkeit von Sitz- und anderen Blockaden würde in den Begriff „psychisch vermittelt" liegen. Nach einer entsprechenden Gesetzänderung würde auch der psychische Zwang, der von einer scheinbar taten-, also auch gewaltlos verharrenden Menschenmenge, die anderen den Weg blockiert, wieder eine Bedingung für eine strafbare Nötigung sein, also, wie es in dem Entwurf heißt, eine „Strafbarkeitslücke" schließen, die durch die Entscheidung des BVerfG entstanden sei. Zu denken sei hier auch an Blockaden der Zufahrten zu Kernkraftwerken, aber auch an die Blockade eines Asylbewerberheims durch Rechtsextremisten. Eine das ganze Strafgesetzbuch erfassende allgemeine Definition des Gewaltbegriffs würde sich auf zahlreiche andere Vorschriften erstrecken, nämlich von jenen über Hochverrat bis zur Erpressung, zu Menschenraub und zur Kindesentziehung. Die Erweiterung auf eine psychische Einwirkung würde unschädlich sein, weil es sich hier um ein zusätzliches Merkmal des Gewaltbegriffs handelt, der sich zunächst in einer körperlich wirkenden Form darstellt. Etwas anders könnte es bei den Straftaten gegen die sexuelle Selbstbestimmung sein, besonders bei der Vorschrift gegen die Vergewaltigung. Hier würde eine definitorische Ausdehnung des Gewaltbegriffs in Richtung auf eine psychische Einwirkung auch auf der rechtspolitischen Linie moderner Strafrechtsauffassungen liegen (FAZ Nr. 110 v. 12.5.1995).

Allerdings wird der Begriff „Gewalt" schon in der **Umgangssprache** unterschiedlich gebraucht. Er wird sowohl in einem übertragenen („Wortgewalt") als auch in einem gegenständlichen Sinne („rohe Gewalt") verwendet. Für zusätzliche Begriffsverwirrung hat die Friedensforschung gesorgt. Sie sieht die sogenannte strukturelle Gewalt „in ungleichen Machtverhältnissen und folglich in ungleichen Lebenschancen". Auf diese Weise wird „Gewalt" allgegenwärtig. Sie läßt sich als „strukturelle", „politische", „expressive", „instrumentelle", „technologische" oder „ökonomische" Gewalt nahezu beliebig beschwören. Damit wird Gewalt zu einem Allerweltsbegriff, mit dem man kaum wissenschaftlich argumentieren, sondern nur noch polemisieren kann. Aber auch in der **Fachsprache** der Juristen bleibt der Begriff mehrdeutig. Im Staatsrecht weist „Gewalt" vielfach auf „Herrschaft" oder „Funktion" hin. In diesem Sinne versteht sie das Grundgesetz, wenn es von der „Staatsgewalt" von der „verfassungsgebenden" und „gesetzgebenden", von der „rechtsprechenden" und der „vollziehenden" Gewalt handelt. Körperliche Gewalt ist dagegen gemeint, wenn vom „Gewaltmonopol" als der dem Staat der Neuzeit ausschließlich zustehenden legitimen Befugnis der Anwendung körperlichen Zwanges die Rede ist (zum Ganzen *Krey* 1996, 149 ff.; *Merten* 1986, 22 ff.).

Soziokulturelle Anhaltspunkte sprechen dafür, daß der Gewaltbegriff in einem jahrhundertelang dauernden Zivilisationsprozeß – stark bestimmt durch ordnungspolitische Interessen – zunehmend negativ besetzt wurde, bis er ein Tabu markierte, wobei zunehmend eine „Entgrenzung des Gewaltbegriffs" zu beobachten ist: **Mit der Durchsetzung des Gewalttabus** ging die beginnende **Erweiterung des Gewaltbegriffs** einher, sei es als „Gewalt gegen Sachen", sei es als körperlicher und psychischer Zwang. Ferner erscheint Gewalt neuerdings nicht mehr als Gegenbegriff allein zur „Ordnung", sondern auch erneut zum „Frieden" und zur „Freiheit". Durch die „Entgrenzung", Uferlosigkeit und Umdeutung könnte der Gewaltbegriff das „Tabu" verschleißen, das er symbolisiert (*Neidhardt* 1986, 138 f., 140).

Das Gesetz – gleichgültig, ob es sich dabei um das österreichische, schweizerische oder das deutsche Strafgesetzbuch handelt – kennt allerdings keine Typologisierung strafbaren Verhaltens nach dem Gesichtspunkt der „Gewalt". Nach seinen Ordnungsgrundsätzen unterscheidet es – in Abgrenzung zu anderen Deliktsgruppen – nur Straftaten gegen Leib und Leben oder gegen die Person. Der **Begriff der „Gewaltkriminalität"** oder der „Gewaltdelikte" entstammt als Forschungsprinzip vielmehr der Wissenschaft und, genauer, der Kriminologie. Teilweise wird er im deutschsprachigen Bereich gleichsinnig mit Angriffs- oder Aggressionsdelikten gebraucht sowie anglo-amerikanischen Bereich als „criminal violence".

Freilich widmet das kriminologische Schrifttum der Problematisierung des Gewaltbegriffs keine große Sorgfalt (vgl. z.B. *Göppinger* 1997, 569 ff.; *Schneider* 1987, 237, 291 f.). Dennoch besteht ein **Bedürfnis**

der Forschung ebenso wie der Rechtspolitik, jene Delikte, die unter Ausübung oder Androhung von Gewalt begangen werden, zusammenzufassen, gemeinsam zu untersuchen und ihre Folgen abzuschätzen. Dieses Bestreben existiert unabhängig davon, ob sich die Deliktstypen vordergründig als vorsätzliche Tötung, vorsätzliche Körperverletzung, Freiheitsberaubung, Raub, sexuelle Nötigung oder Brandstiftung darstellen. Gerade die **Begehungsweise** oder Tatausführung **liefert** einen deutlichen **Hinweis für die gesteigerte Sozialgefährlichkeit**, auch wenn täuschendes oder listiges Vorgehen sozialethisch nicht weniger verwerflich sein mag als die Äußerung und Anwendung roher Gewalt.

2. Erklärungsansätze und Bedeutung empirischer Aggressionsforschung

Schrifttum: *Archer/Gartner*, Violence and Crime in Cross-National Perspective. New Haven u.a. 1984; *Baurmann*, Gewaltsam ausgetragene Konflikte, wie sie bei der Polizei bekannt werden. In: Gewalt und Kriminalität. BKA-Vortragsreihe 31 (1986), 131-144; *Berkowitz*, Aggression: A Social Psychological Analysis. New York u.a. 1962; *Dollard* u.a., Frustration and Aggression (1939). Weinheim u.a. 1971[2], *Freud*, Jenseits des Lustprinzips (1920). In: Gesammelte Werke. Bd. XIII, hrsg. v. Freud u.a. London 1943, 3-69; *Hacker*, Aggression. Die Brutalisierung unserer Welt. Düsseldorf u.a. 1985[2]; *Landau*, Trends in Violence and Aggression. A Cross-Cultural Analysis. Ann 22 (1984), 119-150; *Lösel/Selg* u.a., Ursachen, Prävention und Kontrolle von Gewalt aus psychologischer Sicht. In: Ursachen, Prävention und Kontrolle von Gewalt, hrsg. v. Schwind u.a. Bd. II. Berlin 1990, 1-156; *Lorenz*, Das sogenannte Böse. Zur Naturgeschichte der Aggression. Wien 1963; *Murken*, Aggressivität als Problem der Genetik. In: Plack (Hrsg.), Der Mythos vom Aggressionstrieb. München 1973, 121-144; *Neidhardt*, Aggressionstheorie und öffentliche Meinung: Aggressivität und Gewalt in der modernen Gesellschaft. In: Aggressivität und Gewalt in unserer Gesellschaft, hrsg. v. Neidhardt u.a. München 1973, 7-37; *Selg* u.a., Psychologie der Aggressivität. Göttingen 1997.

Auch wenn der Begriff der Gewaltkriminalität vielschichtig ist, so läßt sich doch auf ihn nicht verzichten. Es kann nur noch darauf ankommen, ihn zu klären und genauer zu fassen. Dafür bieten sich **Sozialschädlichkeit und Eingriffsintensität als Kriterien** der Strukturanalyse an. Geht man von der naiven Verhaltenstheorie (Alltagswissen) und der Aggressionsforschung aus, so kann man mehrere **Aggressionsgrade** unterscheiden:

- die **Aggression**, die sich nur **in Gedanken** äußert, indem man wütend und angriffslustig ist, sich aber noch bezähmen kann;

- die **verbale Aggression**, die sich in Schimpfen und Schreien Luft macht und bis zur Beleidigung führen kann;
- die **Aggression gegen Sachen** und Tiere mit deutlichem Zerstörungstrieb, z.b. vandalistische Handlungen und Tierquälerei, und schließlich
- die **Aggression gegen Menschen** bis zum vorsätzlichen Tötungsdelikt.

In den ersten beiden Formen äußert sich die Aggressivität gewöhnlich in Spott, Ironie, Kränkung, Mißachtung, Arroganz und in gezielt entwürdigendem Verhalten.

Vereinfachend kann man **drei Ansätze der Aggressionsforschung** unterscheiden, nämlich den

- psychoanalytischen, den
- behavioristischen (verhaltenstheoretischen) und den
- ethologischen (verhaltensbiologischen) Ansatz.

Für diese Unterscheidung bedeutet es nur einen geringen Gewinn, daß *Freud* und orthodoxe Psychoanalytiker mit dem Verhaltensforscher *Lorenz*, von dem sie durch Welten getrennt sind, im Ergebnis übereinstimmen. Denn beide Richtungen halten die Aggression für einen Trieb; sie folgen also **Triebtheorien**.

Es waren vor allem die Interpretationen mehr noch als die Erkenntnisse der *Lorenz*-Schule, die nicht nur auf das im Menschen biologisch angelegte Aggressionspotential hinwiesen, sondern als politische Implikation auch die institutionelle Überformung und Kontrolle nahelegten. Aggressive Verhaltensweisen spielen im Zusammenleben der Tiere wie der Menschheitsgeschichte eine so beherrschende Rolle, daß ihre Zurückführung auf einen angeborenen Trieb nur zu nahe liegt. Die Aggression gehört demnach zur Grundausstattung des Menschen. *Lorenz* hat diese Annahme, auch wenn sie heute überwiegend zurückgewiesen wird, fraglos eindrucksvoll begründet. Von der Beobachtung tierischen Verhaltens (Ethologie) herkommend, hat er in seiner „Naturgeschichte der Aggression" den überzeugendsten Versuch der biologischen Begründung eines angeborenen Aggressionstriebes unternommen. Neben gewichtigen Argumenten der Hirnphysiologie für eine biologische Fundierung der Aggresssionsbereitschaft sollen auch die Ergebnisse der neueren Psychopharmakologie zeigen, daß es Substanzen gibt, die am Limbischen System angreifen und eine Dämpfung von Angst und Aggression bewirken.

Gleichwohl wird die *Lorenz*sche **Triebtheorie scharf kritisiert und heute überwiegend abgelehnt** (vgl. *Neidhardt* 1973, 8 f.; *Selg* 1997, 20). Der Haupteinwand der Kritik beruht darauf, daß *Lorenz* unzulässige Analogieschlüsse vom Tier auf den Menschen gezogen habe.

Ob schließlich humangenetische Besonderheiten, insbesondere ein überzähliges Y-Chromosom, die entscheidenden Ursachen für Gewaltverbrechen liefern, hat die moderne Forschung zunehmend beschäftigt. Jedoch läßt sich bislang nicht beweisen, daß ein zusätzliches Y-Chromosom genetisch überhaupt aktiv ist (*Murken* 1973, 125; *Schwind* 1996, 89).

Sicher scheint hingegen zu sein, daß es mit Hochwuchs, häufig wohl auch mit Minderbegabung einhergeht (*Murken* 1973, 131). Dagegen konnte bei psychologischen Untersuchungen an XYY-Probanden keine gesteigerte Aggressivität festgestellt werden (*Murken* 1973, 129 f.). Die Tatsache, daß das Verhältnis von XYY- zu XXY-Aberrationen bei Straftätern dem in der Bevölkerung entspricht, läßt den Schluß zu, daß sowohl ein zusätzliches X- wie ein überzähliges Y-Chromosom nur durch eine allgemeine Störung der Genbalance in Erscheinung tritt (*Murken* 1973, 125). Im sozial auffälligen Verhalten von Klinefelter-Patienten und Männern mit XYY-Aberration besteht denn auch kein Unterschied. Wie sonstige Straftäter auch begehen sie am häufigsten Eigentumsdelikte.

Daher kann die **Hypothese einer ursächlichen Verknüpfung von überzähligem Y-Chromosom und Aggressivität nicht mehr aufrechterhalten** werden. Zwar disponiert sowohl die XYY-Aberration wie auch das Klinefelter-Syndrom zu „anomalem, möglicherweise kriminellem" Verhalten (*Murken* 1973, 127). Ob es jedoch tatsächlich zu diesem Verhalten kommt, kann allein mit der Chromosomenmißbildung nicht mehr erklärt werden. So bestätigt die moderne Chromosomenforschung die Erkenntnisse, die schon durch Zwillingsuntersuchungen gewonnen wurden (*Murken* 1973, 135; vgl. im übrigen oben § 31 m.N.). Für eine strafrechtliche Exkulpierung von Männern mit X- oder Y-Aberration bleibt daher kein Raum, zumal auch Personen mit normalem XY-Bild Anlagen besitzen können, die zu kriminellen Verhaltensweisen disponieren.

Die von *Freud* (1920) entwickelte Aggressionstheorie, die einen Destruktionstrieb postuliert, der aus einem allem Organischen innewohnenden Todestrieb abgeleitet wird, ist demgegenüber in ihrer Bedeutung zurückgetreten. Sie findet heute kaum noch Anhänger.

Den Triebtheorien, gleichgültig ob psychoanalytisch oder ethologisch begründet, stehen die psychologischen **Lerntheorien** gegenüber. So führt die moderne psychologische Aggressionsforschung aggressives Verhalten im Kern auf Lernprozesse zurück (*Lösel* u.a. 1990, 17).

Am bekanntesten ist die dem Behaviorismus folgende **Frustrations-Aggressions-Hypothese** von *Dollard* u.a. (1939, 1971, 9 ff.) geworden. Hier ist zwar umstritten, ob die Konzeption nicht auch eine Triebkomponente enthält; doch stellt nach dieser Richtung die Aggression immerhin eine Reaktion auf die Störung einer zielgerichteten Aktivität dar. In der Wissenschaft besteht heute Einigkeit darüber, daß die Frustrations-Aggressions-Hypothese in ihrer ursprünglichen Fassung falsch und eindeutig widerlegt ist (*Selg* 1997, 23 ff.).

Nach den modernen Lerntheorien wird nicht nur die Art und Weise aggressiven Verhaltens, sondern schon „die Bereitschaft zur Aggression, der Drang oder die bei einem Menschen erkennbare Lust zur Aggression … gelernt und eventuell wieder verlernt" (*Selg* 1997, 28). Gleichzeitig betont man aber den Wert der Frustrations-Aggressions-Hypothese als Teilstück einer **multikausalen Aggres-**

sionstheorie. Hierfür scheint sich heute im Schrifttum eine Mehrheit abzuzeichnen (*Neidhardt* 1973, 9; *Selg* 1997, 36; *Hacker* 1985, 174 ff.).

Die genannten **Ansätze** schöpfen die Fülle der verfügbaren Erklärungsangebote noch keinesfalls aus. Fast alle entsprechen unserer Alltagserfahrung; sie **leuchten** in vieler Hinsicht **ein. Und doch lassen sie uns unbefriedigt**. Zu sehr scheinen sie von spezifischen Lehrmeinungen, von subjektiven und einseitigen professionellen Perspektiven geprägt zu sein. Denn eine alles umgreifende, alle Gewaltphänomene erklärende, also universelle Theorie als „kriminologische Weltformel" besitzen wir nicht. Wenn aber viele Ursachen mitwirken, wie die sogenannte multikausale Aggressionstheorie annimmt, dann kommt es vor allem auf das Gewicht und die Verknüpfung der einzelnen Ursachen, aber auch auf die Bedeutung der konkreten Gewaltphänomene an. Deshalb müssen wir bei den Ursachen „der" Gewalt danach unterscheiden, welche Gewalt wir im einzelnen meinen. Denn Gewalttätigkeit ist als individual- oder sozialpathologisches Phänomen, als singuläres Phänomen oder als Massenerscheinung, als Beeinträchtigung von Personen oder von Sachen so vielgestaltig, daß es völlig **unwahrscheinlich** ist, **eine gemeinsame Wurzel zu finden**, auf die sich derart vielerlei Erscheinungen kausal zurückführen ließen.

Welche Bedingungen aber lassen sich in epochalspezifischer Sichtweise für unsere Gesellschaft benennen, die offenbar die kriminelle Gewalttätigkeit zu fördern imstande sind? Dabei kann es nicht darum gehen zu erklären, warum es überhaupt zu Gewaltkriminalität kommt. Denn dies ist eine Urerfahrung, wie wir mindestens seit der antiken Tragödie und dem Alten Testament wissen. **Erklärungsbedürftig** ist vielmehr, **warum kriminelle Gewalt** – verglichen mit den fünfziger Jahren – **derartige Dimensionen angenommen hat**, wie sie Kriminalstatistik und unsere tägliche Wahrnehmung vermitteln.

Anscheinend gibt es in Staaten wie der Schweiz oder in Japan noch immer Mechanismen informeller Art, die fähig sind, das Aggressionspotential einzubinden, zu kanalisieren, neutralisieren und einzudämmen, jedenfalls nicht als nach außen gerichtete Gewalt in Erscheinung treten zu lassen. Wenn aber bei uns derartige Mechanismen nicht mehr oder nicht so selbstverständlich wirken und die Übereinstimmung in den Grundwerten und im täglichen Umgang miteinander abhanden kommt, also nicht mehr selbstverständlich ist, dann gerät unser System offensichtlich in eine **Krise**. Diese Entwicklung erscheint in den Augen mancher Sozialkritiker, vor allem im Hinblick auf die verbreitete Orientierungs- und Zukunftslosigkeit in der jungen Generation, auch als

Legitimitätskrise. **Anomische Situationen** wie die individuelle und soziale Perspektivlosigkeit werden als „Vorboten der Gewalt" gedeutet. Dauerfrustration, Gefühle der Verlorenheit, der Orientierungs- und Zukunftslosigkeit können einen günstigen Nährboden für Gewaltkriminalität bilden. Ein solcher Zusammenhang läßt sich auch empirisch stützen. Fußballrowdytum, Demonstrationsgewalt und Gewalt in der Familie liefern Anwendungsfälle.

Auch hier lassen sich die sozialen Konflikte in Familie, Schule und Arbeitswelt nicht übersehen. Häufig ist Arbeitslosigkeit bei jungen Straffälligen nur ein Teil eines breiter gelagerten Mängelprofils. Auch reagiert nicht die große Zahl der Arbeitslosen aggressiv, obwohl viele von ihnen „leiden" (dazu oben § 24, 3.2). Ferner erreichte die Gewaltkriminalität bei uns schon Spitzenwerte, als von Massenarbeitslosigkeit in unserer Gesellschaft noch keine Rede sein konnte.

Offenbar beruht die Tatsache, daß unsere Gesellschaft ein gesteigertes Maß an Gewaltkriminalität hervorbringt, auf den vielschichtigen Veränderungen unserer Zeit, die man als sogenannten sozialen Wandel begreift. Er reicht von dem Wertsystem, der Familienstruktur, den Beziehungen der Menschen sowie der Wohn- und Arbeitswelt bis hin zum technologischen Wandel. Anscheinend steigen Bereitschaft und Anwendung von **Gewalt als Antwort auf Belastungssituationen (Streß), die der soziale Wandel bedingt** und die nicht konfliktfrei verarbeitet werden können, vielmehr als Sinnkrise erlebt werden. Dies ist wiederum vor allem dann wahrscheinlich, wenn die soziale Stützung durch Familie und Gesellschaft versagt oder ausfällt.

Demgemäß rückt die **soziale Streßtheorie** Faktoren wie Arbeitslosigkeit, ökonomische Ungleichheit bei gleichzeitigem Fehlen oder Versagen sozialer Unterstützung und Inflation und ihre Auswirkungen auf die Bereitschaft zu krimineller Aggression in den Blickpunkt (vgl. *Archer/Gartner* 1984, 157 ff.; *Landau* 1984, 119 ff.).

3. Einfluß massenmedialer Gewaltdarstellung

Schrifttum: *Bandura/Ross*, Imitation of Film-mediated Aggressive Models. JAbSocPsych 66 (1963), 3 ff.; *Bauer/Selg*, Gewaltdarstellungen im Fernsehen – Kennen wir die Folgen? BPS-Report 4 (1981), Nr. 5, 6-16; *Berkowitz* u.a., Film Violence and Subsequent Aggressive Tendencies. Public Opinion Quarterly 27 (1963), 217-229; *ders.* u.a., Reaction of Juvenile Delinquents to „Justified" and „Less Justified" Movie Violence. JResCrim 1 (1974), 16-24; *Feshbach*, The Stimulating Versus Cathartic Effects of a Vicarious Aggressive Activity. JAbSocPsych 63 (1961), 381-385; *ders.*, The Catharsis Effect: Research and Another View. In: A Staff Report to the National Commission on the Causes and Prevention of Violence. Prep. by Baker u.a. Washington/D.C. 1969, 461-472; *För-ster/Schenk*, Der Einfluß massenmedialer Verbrechensdarstellungen auf Verbrechensfurcht und Einstellungen zu Straftätern. MschrKrim 67 (1984), 90-103; *Groebel*, Medien und Gewalt. In: Medienwirkungsforschung in der Bundesrepublik Deutschland. Teil I: Berichte und Empfehlungen, hrsg. v. Schulz. Weinheim 1986, 47-60; *Jung*, Massenmedien und Kriminalität. In: KKW 1993[3], 345-350; *Kaiser*, Jugendschutz und Medien aus kriminologischer Sicht. In: Jugendschutz und Medien. Schriftenreihe des Instituts für Rundfunkrecht an der Universität zu Köln, hrsg. von Brack u.a. München 1987, 67-89; *Killias*, Massenmedien und Kriminalitätsfurcht. Abschied von einer plausiblen Hypothese. Schweiz. ZfSoz 2 (1983), 419-436.

Der Einfluß massenmedialer Gewaltdarstellung auf Aggressivität und Kriminalität ist in den letzten Jahren zunehmend untersucht worden. Ein wichtiger Beweggrund für dieses Interesse liegt in dem Anstieg der Gewaltkriminalität. Als Beispiel für die kriminogene **Bedeutung** von Film und Fernsehen ist auf die sogenannten **Anschlußdelikte** (z.B. „Halstuchmörder") hinzuweisen (zum Regensburger Horrorvideo-Fall s.o. § 24, 3.3).

Als Medien begreift man bekanntlich allgemeine Kommunikationsmittel. „**Massenmedien**" sind dabei diejenigen Kommunikationsmittel, die sich an eine große Zahl von Personen richten und zugleich zahlreich vorkommen. Sie können informativen und unterhaltenden Charakter haben. Entsprechend den benutzten technischen Verfahren und ihrem Inhalt hat man die Medien bisher in **drei Gruppen** unterteilt:

* **Druckmedien:** Bücher, Zeitungen, Zeitschriften, Comics usw.
* **Funkmedien** und Tonträger: Rundfunk- und Fernsehsendungen, Compact Discs (CDs), Schallplatten,
* **Filmmedien:** Filme aller Art im Kino und daheim.

Im Hinblick auf die zunehmende Verbreitung von Videorecordern jedoch, der Tendenz der Fernsehprogrammgestaltung hin zum Unterhaltungsfilm und dem Aufkommen von Musikfilmen und Musikvideos lassen sich die beiden letzten Gruppen nicht mehr scharf trennen. Zu beachten sind ferner Computer-Spiele, die oft Gewaltdarstellungen beinhalten.

Auch wenn von den einzelnen Medienarten recht unterschiedlich Gebrauch gemacht wird und hierfür Lebensalter, Geschlecht, Schichtzugehörigkeit, Bildungsgrad und Berufstätigkeit der Konsumenten, bei Jugendlichen auch der elterliche Erziehungsstil bedeutsam sind, so ist doch am unterschiedlichen Medienkonsum die einheitliche Dominanz der audiovisuellen Medien wie Rundfunk, Tonträger, Film und Fernsehen auffallend. Innerhalb dieser Medien stehen Tonträger an erster Stelle, gefolgt von Fernsehen und Film. Erst mit deutlichem Abstand folgen Druckmedien.

Da Gewalt zwar nicht ausschließlich, aber doch überwiegend durch Medien vermittelt wird und dies nicht nur punktuell, sondern vielfältig und langfristig geschieht, implizieren Mediengefahren zugleich den Jugendschutz. Fraglich kann nur sein, was „**Gefahren**" sind und wann eine Dosierung erreicht ist, die es rechtfertigt, Aktivitäten des Jugendschutzes auszulösen. Denn daß die Nutzung von Schriften, Ton- und Bildträgern, Abbildungen und anderen Darstellungen (§ 11 Abs. 3 StGB; § 1 Abs. 1 und 3 GjS) nicht schlechthin gefahrenträchtig und jugendschutzrelevant sein kann, liegt auf der Hand. Dies trifft selbst dann zu, wenn es erzieherisch unerwünscht ist, daß die Inanspruchnahme der audiovisuellen Massenmedien – unabhängig von deren Inhalt – einen beachtlichen Teil des Freizeitverhaltens junger Menschen ausmacht. Außerdem lassen sich Gefahren für die Entwicklung junger Menschen nur dann begründet annehmen, wenn nicht lediglich eine ganz abstrakte Möglichkeit, sondern eine hinreichende Wahrscheinlichkeit der Gefährdung für **Entwicklung, Wertorientierung und Verhalten** empirisch gesichert werden kann. Hierbei geht es also um Zusammenhänge zwischen Medienkonsum einerseits und Einstellung, Überzeugung und Verhaltensweisen des Nutzers und damit um die Einflüsse der Medien auf den einzelnen Rezipienten andererseits.

Im Gegensatz zu den Druckmedien liegt die Gefährdung bei Fernsehprogrammen überwiegend in der **Gewaltdarstellung**. Die große Verbreitung und leichte Zugänglichkeit des Fernsehens gerade für junge Menschen führen dazu, das Fernsehen als „Schule der Gewalt und des Verbrechens" zu bezeichnen. Anscheinend nimmt die alltägliche Brutalität auf dem Bildschirm auch bei den staatlichen Sendeanstalten zu, wenn man bestimmten Medienanalysen folgt. Auf dem Videomarkt ist das Potential an Jugendgefährdung besonders hoch, zumal die Ausbreitung von Videorecordern und Videofilmen stürmisch wächst. Erwartungsgemäß stehen hier sowohl Gewalt- als auch Sexualdarstellungen im Vordergrund. Etwa 40% der angebotenen Programme stammen aus der Sparte Western/Abenteuer/Horror/Krieg/Sexualität. Die Nachfrage nach derartigen Programmen soll dabei das Angebot noch übersteigen.

Insgesamt gibt es bislang zwar zahlreiche, aber keine umfassenden empirischen **Untersuchungen über die Auswirkungen der Mediengewalt** auf Aggressivität und Kriminalität. Die Erörterung dieses Problems stützt sich vor allem auf psychologische Laborexperimente und vereinzelte soziologische Studien, die im Laufe der letzten Jahrzehnte durchgeführt wurden. In dem Zeitraum 1970 bis 1980 sind allein 26 deutschsprachige **Forschungen zu Medien und Gewalt** dokumentiert, die dieses Thema entweder zentral behandeln oder zumindest Teilaspekte des Problems berühren. Dabei entfällt der überwiegende Teil der Untersuchungen auf universitäre Forschung, vor allem an psychologischen und pädagogischen Instituten. Einige Untersuchungen wurden im Auftrag nichtuniversitärer Medienforschungsinstitute durchgeführt. Fernsehen ist das am häufigsten behandelte Medium. Bei den Faktoren, deren Beeinflussung durch die Medien analysiert wird, steht die Aggression an erster Stelle (13 der 26 Arbeiten), es folgen Angst (5) und physiologische Erregung (4). Aufklärung und Information kommen dreimal, Aggressionsabbau einmal vor. Drei der Projekte befassen sich mit Inhaltsanalysen ohne Einbeziehung von Rezipientenreaktionen (*Groebel* 1986, 48 f.).

Obwohl die psychologischen Experimente durchweg ähnlich aufgebaut waren, gelangten die einzelnen Forschergruppen zu **widersprüchlichen Hypothesen**:

- Nach *Feshbach* (1961; 1969) soll das Ansehen von aggressiven Handlungen eine Ersatz- und Ventilfunktion haben und zur Abnahme aggressiver Regungen führen (**Katharsis-Hypothese**).
- Gegen diese Annahme wandten sich vor allem *Berkowitz* u.a. (1963). Nach ihrer **Inhibitionshypothese** löse die Beobachtung von aggressivem Verhalten beim Betrachter vielmehr eine Aggressionsangst aus, die sich hemmend auf das Auftreten eigenen aggressiven Verhaltens auswirke. Diese Hemmung trete vor allem beim Betrachten von als ungerecht empfundenen Aggressionsakten auf (hierzu *Berkowitz* u.a. 1974).
- Nach der **Stimulationshypothese** soll dagegen das Betrachten aggressiver Verhaltensweisen Lerneffekte auslösen und zur Nachahmung anregen (*Bandura* u.a. 1963). Bei einer Überprüfung der Langzeitwirkung bei der Beobachtung aggressiven Verhaltens stellte man fest, daß sich Kinder noch nach 6 Monaten an erlernte aggressive Verhaltensmodelle erinnern können.
- Nach einer vierten – ursprünglich nicht im Zusammenhang mit Massenmedien untersuchten – Hypothese soll die ständige Konfrontation des Zuschauers mit Gewaltdarstellungen zu einer Abnahme der Sensibilität gegenüber Gewalt und zu einem Gewöhnungseffekt führen (**Habitualisierungshypothese**).

Davon abgesehen, daß amerikanische Untersuchungen auch im Bereich des Fernsehens nicht ohne weiteres auf deutsche Verhältnisse übertragen werden können, liefern die genannten Untersuchungen **keine gesicherten Erkenntnisse**. Die Experimente fanden in einer künstlichen Laboratoriumsatmosphäre statt; die Anzahl der Probanden war sehr gering und nicht repräsentativ zusammengesetzt. Erhebliche Variablen wie Persönlichkeitsstruktur und Umweltsituation der Probanden wurden nicht erfaßt. Aggressionen äußerten sich oft nur verbal oder wie bei Kindern in Spielsituationen. Außerdem ist es verfehlt, Aggression und Kriminalität gleichzusetzen. Überdies ist das einfache Untersuchungsmodell eines Ursache-Wirkungs-Mechanismus zu kritisieren. Deshalb gilt das Gebiet der Medienwirkungen als wenig geklärt (*Jung* 1993, 346) und als äußerst kontrovers. So halten manche Wissenschaftler den Einfluß des Bildschirms für wichtig, andere für nichtig, die einen für aggressionsanregend, die anderen für aggressionsmindernd (*Schwind*

1996, 244). Diese vielschichtigen Befunde sperren sich offenbar eindeutigen Interpretationen und Schlußfolgerungen.

Da überdies eine mannigfaltige Verflechtung und Abhängigkeit von mächtigen Medienträgern vermutet wird, die Gutachten in Auftrag geben und damit die Forschungslage mitbestimmen, läßt sich eine Einigung auf diesem Gebiet auch kaum erwarten. Doch dürfte darin nicht die einzige, ja nicht einmal bedeutendste Schwierigkeit liegen, die eine empirisch abgesicherte Beurteilung hindert. Der entscheidende Gesichtspunkt dürfte vielmehr in der komplexen Struktur der sozialen Lernprozesse liegen, in der Gewaltdarstellungen nur eine Einflußkomponente ausmachen und zudem unterschiedlich verarbeitet werden. Ein Kind oder ein Jugendlicher wird trotz allem nicht nur durch die Videokultur sozialisiert. Selbst labile Jugendliche werden durch Videofilme wenig gefährdet, wenn deren Vorführung selten konsumiert wird und wenn die Umwelt die Auswirkungen auffangen und normalisieren kann.

Man wird nach den **Ergebnissen der bisherigen Forschung** annehmen können, daß

1. die Darstellung von Gewalt in Massenmedien zu delinquentem Verhalten beitragen, aber nicht als Hauptfaktor angesehen werden kann. Vielmehr müssen bestimmte Voraussetzungen beim Betrachter vorliegen;
2. vor allem jüngere Kinder unter bestimmten Voraussetzungen (Frustration, Persönlichkeitsdefekte usw.) im Rahmen eines Lernvorganges Handlungsmuster übernehmen und zur Nachahmung aggressiven Verhaltens angeregt werden können. Das Sehen von Gewalttätigkeit im Fernsehen scheint eher zu aggressivem Verhalten zu verleiten als das Fehlen solcher Darstellungen. Auch mögen aggressive Handlungen für das kindliche Verhalten Modellcharakter haben und aggressives Verhalten bei Kindern verstärken.
3. diese Nachahmung bei beobachteter Gewalt, die gerechtfertigt erscheint, eher auftritt. Dasselbe gilt, wenn das Objekt, gegen das sich die aggressiven Tendenzen richten, eine Ähnlichkeit (z.B. Name, Beruf, Nationalität, Situation) mit dem im Film Gezeigten besitzt.

Mit diesen Befunden stimmen im wesentlichen die amerikanischen Kommissionsberichte sowie der überwiegende Teil des deutschen Schrifttums überein. Nur eine Minderheitsmeinung ist der Ansicht, daß sich bislang weder Hinweise auf eine Aggressivitätsreduktion noch auf eine Aggressivitätssteigerung durch fiktive Fernsehgewalt finden lassen.

Gleichwohl ist die **Kriminalisierung der Verherrlichung von Gewalt** (§ 131 StGB und Art 135 schwStGB) **zweifelhaft**. Das sogenannte Brutaloverbot führte der (schweizerische) Gesetzgeber mit der Begründung ein, daß schon die Möglichkeit einer Gefahr für Personen, die nicht „normal" angepaßt seien, diese Kriminalisierung rechtfertige. Die Strafbestimmungen sind aber in der Praxis wenig bedeutsam und haben nur eine Symbolfunktion.

Die **Gefahren der Darstellung von Kriminalität in den Massenmedien** äußern sich aber auch in anderen Bereichen. Einmal sei in diesem Zusammenhang an das Lebach-Urteil des BVerfG erinnert, das sich in seiner Entscheidung mit der Abwägung von Rundfunkfreiheit und dem Informationsinteresse der Öffentlichkeit gegen die allgemeinen Persönlichkeitsrechte, insbesondere gegenüber dem Schutz und der **Resozialisierung** des Straftäters, auseinanderzusetzen hatte (BVerfGE 35, 202 ff.). Hervorzuheben sind also die Auswirkungen der Gewaltdarstellung auf das „Image" des Kriminellen in der Öffentlichkeit, auf die Auflösung und Verstärkung von **Verbrechenswellen sowie** auf die steigende **Verbrechensfurcht** (vgl. *Killias* 1983, 419 ff.; *Förster/Schenk* 1984, 91; *Schneider* 1987, 727 ff.; *Eisenberg* 1995, 1000 f.; *Schwind* 1996, 250 ff.).

4. Deliktstypen der Gewaltkriminalität

Schrifttum: *Kerner* u.a., Ursachen, Prävention und Kontrolle von Gewalt aus kriminologischer Sicht. In: Ursachen, Prävention und Kontrolle von Gewalt, hrsg. v. Schwind u.a. Bd. II. Berlin 1990, 415-606; *Kürzinger*, Gewaltkriminalität. KKW 1993[3], 170-177; *Kube*, Gewalt gegen Sachen. In: Gewalt und Kriminalität, hrsg. v. BKA. Wiesbaden 1986, 85-98; *Schneider*, Kriminologie der Gewalt. Stuttgart u.a. 1994.

Strafrechtlich und kriminologisch äußern sich Aggressionshandlungen, soweit sie relevant sind, nach ihrer Art und Weise in folgenden Deliktstypen:

Vorsätzliche Tötungsdelikte einschließlich Abtreibung, vorsätzliche Körperverletzung, Freiheitsberaubung und Bedrohung, sexuelle Nötigung und Vergewaltigung, Raub und Erpressung, ferner Hausfriedensbruch, Landfriedensbruch, Widerstand gegen die Staatsgewalt, Sachbeschädigung, vorsätzliche Brandstiftung und Tierquälerei, eventuell auch Beleidigung und Gewaltdarstellung.

Der gesetzlichen und strafrechtsdogmatischen Einteilung hingegen liegt, wie oben aufgezeigt, als Gliederungsgesichtspunkt zuallererst das geschützte Rechtsgut, sein Träger und sein Rang zugrunde. Bezüglich der Art und Weise der Tatbegehung unterscheidet das Gesetz nur zwischen Gewaltanwendung und der Drohung mit Gewalt oder einem sonstigen „Übel". Von den Rechtsgütern, teilweise „höchstpersönlich", werden erfaßt: Leib und Leben, Freiheit einschließlich

Freiheit zu sexueller Selbstbestimmung, öffentliche Gewalt und Sicherheit, Eigentum als befriedetes Besitztum, Gefühle und Empfinden, Hausrecht und Ehre.

Allgemein herrscht darüber **Einigkeit**, daß jedenfalls die vorsätzlichen Tötungs- und Körperverletzungsdelikte, der Raub sowie die Vergewaltigung und sexuelle Nötigung von der Gewaltkriminalität begrifflich gedeckt werden (*Schneider* 1994, 13 ff.; *Göppinger* 1997, 571).

Hingegen besteht über die Einbeziehung weiterer Deliktstypen **Streit**. Will man auf einen Eingriff in physische oder psychische Integrität des Verbrechensopfers abstellen (so *Kürzinger* 1993, 171; *ders.* 1996, 243), so wird man die vorsätzliche Beschädigung oder Zerstörung von Sachen begrifflich eliminieren. Die Ausklammerung der **Gewalt gegen Sachen** erscheint aber unbefriedigend, wenn man gewalttätige Demonstrationsstraftaten oder an Vandalismus, Hausbesetzung und Brandstiftung denkt (vgl. *Kube* 1986, 85 ff.; zum Begriff der Gewalttaten siehe § 126 Abs. 1 StGB; enger jedoch die Begriffsfassung in § 1 OEG). Ferner kann nicht überzeugen, die begrifflich nur den Raub einzubeziehen, jedoch die Erpressung auszuschließen. Abgesehen davon, daß die Kriminalstatistik selten „Raub und Erpressung" zusätzlich differenziert, würde dies dazu führen, zwar die Bedrohung mit zu berücksichtigen, jedoch die Drohung mit einem empfindlichen Übel im Falle der Erpressung außerhalb des begrifflichen Bereichs zu belassen. Hier könnte die erwähnte Zwangslage oder die Zwangswirkung für das Opfer einen Gesichtspunkt der Abgrenzung liefern. Ganz allgemein scheint das Schrifttum dazu zu neigen, Gewaltkriminalität vornehmlich im Sinne aggressiver **Delikte gegen die Person** zu verstehen (vgl. *Kerner* u.a. 1990, 423, 426; ferner *Schwind* 1996, 24 f.).

Da also über den Begriff keine Übereinstimmung herrscht, muß man jeweils nach den Untersuchungsabsichten und der davon abhängigen Fassung des Begriffs unterscheiden, also einen pragmatischen Verbrechensbegriff zugrunde legen.

5. Entwicklung und Stand der Gewaltdelikte

Schrifttum: *Bundeskriminalamt* (Hrsg.), Gewalt und Kriminalität. BKA-Vortragsreihe 31 (1986); *Kerner* u.a., Ursachen, Prävention und Kontrolle von Gewalt aus kriminologischer Sicht. In: Ursachen, Prävention und Kontrolle von Gewalt, hrsg. v. Schwind u.a. Bd. II. Berlin 1990, 415-606; *Kürzinger*, Private Strafanzeige und polizeiliche Reaktion. Berlin 1978; *Léauté*, Unsere Gewalt. Wuppertal 1978; *Mirrlees-Black* u.a., The 1996 British Crime Survey. Home Office Statistical Bull 19/1996. London 1996; *Roth*, Kollektive Gewalt und Strafrecht. Die Geschichte der Massendelikte in Deutschland. Berlin 1989; *Schneider*, Kriminologie der Gewalt. Stuttgart 1994; *US Dept. Justice*, Criminal Victimization in the United States 1993. Washington/D.C. 1995.

Seit Ende der fünfziger Jahre beobachten wir im Bereich der Jugenddelinquenz, dann auch auf die allgemeine Kriminalität übergreifend eine **zunehmende „Brutalisierung" der Deliktsbegehung**. Zu denken ist hier an die „Mode der Gewalt" bei jugendlichen Rechtsbrechern, an die häufigere Anwendung von Schußwaffen, das vermehrte Auftreten von Banküberfällen und Geiselnahmen und neuerdings vor allem an die Erscheinungen der Demonstrationsgewalt, der ausländerfeindlichen Gewaltakte und des politisch motivierten Terrorismus (zum Ganzen *BKA* 1986; *Kerner* u.a. 1990, 415 ff.; *Schneider* 1994, 28 ff.).

Dem entspricht auf der anderen Seite die wachsende Zahl von Schußwechseln bei der Verbrechensbekämpfung und von getöteten Polizeibeamten, aber auch die polizeiliche Auf- und Höherstufung strafrechtlicher Sachverhalte als Tötungsdelikte, die ehemals als Verkehrsgefährdung, Widerstandshandlungen gegen die Staatsgewalt oder Körperverletzungen mit Todesfolge definiert wurden. Offenbar hat sich **in den letzten Jahrzehnten die Definitionsbereitschaft zur Stigmatisierung von Gewalttätigkeiten allgemein verstärkt** und die Anzeigeschwelle gesenkt. Der vorübergehende Anstieg der angezeigten Fälle von Kindesmißhandlung, aber auch die auffälligen Diskrepanzen zwischen Täterermittlungsziffern und Verurteiltenzahlen im Verhältnis 9 : 1 scheinen dies ebenso zu belegen wie der nach der Polizeistatistik der Jahre 1960 bis 1995 feststellbare Rückgang der Körperverletzungen mit tödlichem Ausgang um mehr als 75%, wenn man die polizeilichen Häufigkeitsziffern zugrunde legt. Die bekanntgewordenen Tötungen und Tötungsversuche stiegen demgegenüber von 1116 Fällen im Jahre 1960 auf 3928 Fälle im Jahre 1995, also um mehr als das Dreifache. Die Steigerungsrate der bekanntgewordenen Raubtaten betrug in diesem Zeitraum gar fast 1000% mit 63 470 Fällen im Jahr 1995 (vgl. dazu *Kürzinger* 1996, 247 ff., 251 f.). Die Zahl der Verurteilungen wegen dieser Delikte weist freilich niedrigere Steigerungsraten auf. Am auffälligsten zeigt sich die Diskrepanz bei den Freiheitsberaubungen.

Betrachtet man die vorsätzlichen Tötungen, die Freiheitsberaubungen und Nötigungen, vorsätzlichen Körperverletzungen, den Raub und die Vergewaltigung insgesamt (vgl. Tab. 12), so zeigt sich,

*   daß der Anstieg dieser Delikte erheblich ist, aber noch unter dem der Gesamtkriminalität bleibt (anders jedoch in der Jugendkriminalität, dazu LB § 51, 3) und
*   daß ferner die quantitative Bedeutung dieser Straftaten im Vergleich zu anderen Deliktsgruppen relativ gering ist.

Im Jahre 1965 entfielen 6,5% der bekanntgewordenen Straftaten auf die erwähnten Delikte, 1995 waren es 7,4% bezogen auf das gesamte Bundesgebiet. Die wegen Gewalttaten Verurteilten machten 1994 für das Altbundesgebiet 9,7% aller Verurteilungen aus. Rechnet man zur Gewaltkriminalität auch noch die Schwangerschaftsabbrüche, Sachbeschä-

384

Tabelle 12: Internationaler Vergleich der Gewaltkriminalität

I. Gewaltdelikte in den Vereinigten Staaten und der Bundesrepublik Deutschland nach der Polizeilichen Kriminalstatistik 1966 und 1994

Straftaten	Grundzahlen der Delikte				Häufigkeitsziffer[1]				Anstieg in % 1966-1994			
	BRD		USA		BRD		USA		BRD		USA	
	1966	1994	1966	1994	1966	1994	1966	1994	Grund-zahlen	Häufig-keits-ziffer	Grund-zahlen	Häufig-keits-ziffer
1. Mord und Totschlag (*ohne* Versuche) (§§ 211-213, 216 StGB)	534	1 351	10 920	23 305	0,9	1,7	5,6	9,0	153,0	88,9	113,4	60,7
2. Vergewaltigung (§ 177 StGB; ehemals §§ 177, 178 StGB)	6 060	6 095	25 330	102 096	10,2	7,5	12,9	39,2	0,6	−26,5	303,1	203,9
3. Raub (§§ 249-252, 255, 316 a StGB)	9 010	57 752	153 420	618 817	15,1	71,0	78,3	237,7	541,0	370,2	303,3	203,6
4. Schwere und gefährliche Körperverletzung (einschl. Mord- und Totschlagsversuche) (§§ 223 a f., 226, 227 I, 229 II StGB)	32 151	90 856	231 800	1 119 950	53,9	111,7	118,4	430,2	182,6	107,2	383,2	263,3

II. Gewaltdelikte in Österreich, der Schweiz und der Bundesrepublik Deutschland nach der Rechtspflegestatistik 1955 und 1994

Straftaten	§§ (Art.) des StGB			Verurteiltenziffer[2]						Anstieg in % 1955-1994		
				1955			1994					
	CH	A	D	CH	A	D	CH	A	D	CH	A	D
1. Tötungsdelikte (vorsätzliche)	111-113, 116	75-79	211-213, 216 f.	1,1	1,6	0,7	0,8	0,9	1,4	-27,3	-43,8	100,0
2. Vergewalt. u. sex. Nötigung	187 f.[3]	201-204[4]	177 f.	1,5	7,6	3,5	1,0	2,1	3,4	-33,3	-72,4	-2,9
3. Raub	139	142 f.	249-252	1,2	1,7	2,6	6,0	7,4	9,1	400,0	335,3	250,0
4. Erpressung	156	144 f.	253	0,7	0,5[5]	0,9	0,7	0,8	1,2	0,0	60,0	33,3
5. Körperverletzung (einfache)	123, 126, 133	83	223	16,0	364,9	207,4	20,0	107,2	35,9	25,0	-70,6	-82,7
6. Körperverletzung (schwere und gefährliche)[6]	122, 129, 134	84-87, 91	223a-227, 229	0,7	66,7	26,6	0,9	21,5	36,3	28,6	-67,8	36,5
7. Freiheitsberaubung	–	99-104[7]	234 f., 236 f., 239 f.	–	3,5	0,8	–	1,2	0,9	–	-65,7	12,5
8. Nötigung und Bedrohung	–	105-107	240 f.	–	16,5	5,2	–	29,6	19,8	–	79,4	280,8
9. Sachbeschädigung	145	125 f.	303-305	–	42,0	14,3	44,6	32,0	20,8	–	-23,8	45,5
10. Haus- und Landfriedensbruch	–	109, 274 f.	123-125a	–	1,2	15,5	–	1,6	7,6	–	33,3	-51,0
11. Beleidigung	–	113-116	185	–	51,7	18,7	5,3	1,0	20,0	–	-98,1	7,0
12. Brandstiftung (vorsätzliche)	221	169	306-308	0,8	0,3	0,5	1,4	0,8	1,5	75,0	166,7	200,0

1 Straftaten auf 100 000 Einwohner.
2 Bagatelldelikte, die mit einer Buße bis zu 500 sfr. geahndet werden, tauchen in der Statistik nicht mehr auf, weshalb bei einigen Deliktsgruppen auf eine Ausweisung der Zahlen für die Schweiz verzichtet wurde.
3 Seit dem 1.10.1992 ist das neue Sexualstrafrecht in Kraft. Vergewaltigung wird nach Art. 190 geahndet und Nötigung nach Art. 189. Für 1994 liegen nur Angaben zu Art. 190 StGB vor.
4 Für 1994 nur noch §§ 201-202.
5 Die Verurteiltenziffer für Nötigung und Bedrohung in Österreich im Jahre 1955 wurde geschätzt, da die Erpressung im österreichischen StGB in der Fassung von 1955 noch nicht aus dem allgemeinen Nötigungstatbestand des § 98 a, b StGB a.F. ausgegliedert war und folglich auch in der Statistik nicht gesondert erscheinen.
6 Für 1994 ohne Art. 129 schwStGB.
7 Für 1994 nur noch § 99 und § 102.

Quellen: Polizeistatistiken der Bundesrepublik und der USA sowie Rechtspflegestatistiken und Statistische Jahrbücher der Bundesrepublik, Österreichs und der Schweiz

digungen, vorsätzlichen Brandstiftungen, die Erpressung, den Haus- und Landfriedensbruch sowie die Beleidigungen, so erfolgten 1994 rund **14,4% aller Verurteilungen wegen Gewaltdelikten.**

Nach den Opferbefragungen ist allerdings die relative Bedeutung der Gewaltkriminalität im Vergleich zur Eigentumskriminalität **höher,** als es die Polizeistatistik erkennen läßt. Der Grund für diese Diskrepanz dürfte in der geringeren Bereitschaft der Polizei zu suchen sein, Anzeigen bezüglich leichterer Gewalttaten aufzunehmen (vgl. *Kürzinger* 1978, 158 f.), zumal es sich überwiegend um Privatklagefälle handelt (§§ 374, 376 StPO). Denn die Anzeige- und Meldebereitschaft der Privatpersonen liegt bei diesen Rechtsbrüchen ebenso hoch wie allgemein bei Eigentumsdelikten. Überdies werden Gewalt- und Freiheitsdelikte von jungen Leuten erheblich schwerer eingestuft als Straftaten gegen das Eigentum.

Eine ähnliche Entwicklung wie im Bundesgebiet zeigt sich in England, Frankreich, Italien und Schweden. Einen überproportionalen Anstieg verzeichnen auch in diesen Ländern die unter Gewaltanwendung begangenen Eigentumsdelikte (vgl. *Léauté* 1978, 20; *Mirrlees-Black* u.a. 1996, 28 f.). Angewachsen sind weiter die vorsätzlichen Körperverletzungen, besonders in Schweden. Im übrigen gilt für die erwähnten Staaten, daß der Anstieg der Gewaltdelinquenz vom Zuwachs der Gesamtkriminalität überholt worden ist, vor allem von der Zunahme der Bereicherungsdelikte.

Auch in **Österreich** zeigen die Gewaltdelikte eine etwas günstigere Entwicklung als die Gesamtkriminalität. Nach der Polizeilichen Kriminalstatistik wurden im Jahre 1995 etwa 83 000 Straftaten gegen Leib und Leben (§§75-95 öStGB) registriert. Damit ist die Häufigkeitsziffer seit 1985 von 1108 auf 1037 Delikte pro 100 000 Einwohner gesunken. Die Zahl der gerichtlichen Verurteilungen dieser Deliktsgruppe ist von 1985 bis 1995 sogar um 23% zurückgegangen (öPKS 1985, 14; 1994, 14; 1995, 14; Gerichtliche Kriminalstatistik 1995, 26 f.).

Nahezu unproblematisch scheinen Entwicklung und Stand der Gewaltkriminalität in der **Schweiz** zu sein. Zwar haben sich dort die vorsätzlichen Tötungen und Körperverletzungen, der Raub und die Notzucht von 1954 bis 1994 etwa verdoppelt, wenn man die absoluten Zahlen der verurteilten Straftaten zugrunde legt. Die Verurteilungsziffern für diese Delikte sind in demselben Zeitraum jedoch nicht stets im gleichen Umfang gestiegen. Im Jahre 1994 machten diese Straftaten lediglich 2,1% aller Verurteilungen aus (schw. KriSta 1954, 5 ff.; schweiz. Strafurteilsstatistik 1994). Nach der seit 1982 bestehenden schweizerischen Polizeistatistik nimmt der Umfang der Gewaltkriminalität ständig zu. Danach sind bis 1995 die Körperverletzungen um etwa 28% angestiegen, vorsätzliche Tötungen (einschl. versuchter Tötungen) um 27% und Raub ungefähr 26%, die Notzucht hingegen hat um 29% abgenommen (schw. PKS 1982-1995). Da allerdings die absoluten Zahlen relativ gering sind, läßt sich angesichts des kurzen Beobachtungszeitraums noch kein sicherer Schluß auf die Entwicklungstendenz treffen.

In den Vereinigten Staaten wiederum steigt die Gewaltkriminalität unverändert an: Während alle von der Polizeistatistik erfaßten Indexstraftaten von 1960-1994 (1960: 1 861 300; 1994: 13 991 675) um 650% zunahmen, wuchs die Zahl der erfaßten Gewaltdelikte um über 660%, allen voran die schwere und gefährliche Körperverletzung (einschl. Mord- und Totschlagsversuche) mit fast 760% (UCR 1960, 2; 1994, 10 ff.). Betrug die Häufigkeitsziffer dieses Delikts 1994 in Deutschland 112 auf 100 000 Einwohner, so war sie in den USA mit rd. 430 etwa viermal so groß. Betrachtet man den Raub, so fiel einer der Belastungshöhepunkte in das Jahr 1981. Nach einer vorübergehenden Abnahme ist die Zahl der registrierten Raubstraftaten seit 1989 erneut stark angestiegen. Gleichwohl hat sich die Anzeigebereitschaft der Opfer von Gewaltdelikten wenig verändert (*US Dept. Justice,* Criminal Victimization 1992, mit einer Streubreite der Anzeigerate zwischen 46% [1972] und 50% [1992]). Legt man freilich denselben Zeitraum und dieselbe Deliktsgruppe nach der amerikanischen Polizeistatistik zugrunde, so ergibt sich insgesamt ein Anstieg nach Häufigkeitsziffern von mehr als 82%, wobei sich die Delikte der schweren Körperverletzung mit 170% verdreifacht haben (vgl. UCR 1973, 61, und 1992, 31). Im Unterschied zur polizeilichen Anzeigestatistik (Anstieg um mehr als 30%) ist also nach den Opferbefragungen (Abnahme rd. 8%) für die letzten zwei Jahrzehnte eine Stabilisierung des Niveaus der Gewaltstraftaten erkennbar. So werden nach den Befragungen in den Jahren sowohl 1981 als auch 1992 jeweils rd. 6,6 Millionen Gewaltstraftaten in den USA angenommen. Die erhebliche Diskrepanz zwischen den beiden Erfassungsweisen beruhen im wesentlichen auf methodisch bedingten Unterschieden der Wahrnehmung und Konstituierung von Kriminalität.

§ 40 Gewalt in der Familie

Schrifttum: *Lösel/Selg* u.a., Ursachen, Prävention und Kontrolle von Gewalt aus psychologischer Sicht. In: Ursachen, Prävention und Kontrolle von Gewalt, hrsg. v. Schwind u.a. Berlin 1990 Bd. I, 1-156; *Mirrlees-Black* u.a., The 1996 British Crime Survey. Home Office Statistical Bull 19/1996. London 1996; *Pillemer,* Violence against the Elderly. Social Problems 33 (1985), 146-159; *Sack,* Gewalt in der Familie. Kurzfassung des Forschungsberichts. Hannover 1985; *Schall/Schirrmacher*, Gewalt gegen Frauen und Möglichkeiten staatlicher Intervention. Stuttgart 1995; *Schneider, H.-J.*, Kriminologie der Gewalt. Stuttgart u.a. 1994; *Schneider, U.*, Gewalt in der Familie. Stuttgart 1993; *Schwarzenegger,*

Gewalt in der Familie in Japan. Ein Überblick. In: Gewalt in der Kleingruppe und das Recht, hrsg. v. Rehbinder. Berlin 1997; *Senatsverwaltung für Inneres* (Hrsg.), Endbericht der Unabhängigen Kommission zur Verhinderung von Gewalt in Berlin. Berlin 1994; *Steffen* u.a., Gewalt von Männern gegenüber Frauen: Befunde und Vorschläge zum polizeilichen Umgang mit weiblichen Opfern von Gewalttaten. München 1987; *dies.*, Familienstreitigkeiten und Polizei. München 1991; *US Dept. Justice*, Teenage Victims. A National Crime Survey Report. Washington/D.C. 1991; *dass.*, Violence Against Women: Estimates from the Re-designed Survey. Washington/D.C. 1995; *Wetzels/Grewe/Mecklenburg* u.a., Kriminalität im Leben alter Menschen. Stuttgart u.a. 1995; *Wetzels/Pfeiffer*, Sexuelle Gewalt gegen Frauen im öffentlichen und privaten Raum. Hannover 1995.

Gewalt in der Familie oder in einer familienähnlichen Beziehung umfaßt Mißhandlungen von Personen, die in einer auf gegenseitiger Sorge und Unterstützung angelegten engen Gemeinschaft zusammenleben (*Lösel* u.a. 1990, 93). Opfer der Gewalt sind die schwächsten Mitglieder in der Familie: die Kinder, die Frauen und auch die Eltern der (Ehe-)Partner. Dabei kann es sich sowohl um reine Aggressionsdelikte als auch um sexualbezogene Straftaten handeln. Standen in den fünfziger und sechziger Jahren die verletzten Kinder im Blickpunkt, so lenkten in den siebziger Jahren die mißhandelten Frauen und in den achtziger Jahren die älteren Personen, soweit sie viktimisiert wurden, die Aufmerksamkeit auf sich. Doch die Grundkonstellation – Viktimisierung der schwächsten Mitglieder des nach außen abgeschotteten Familienverbandes – ist in allen Fallstudien ähnlich. Die Beziehungen zwischen passiver Gewalterfahrung und eigener Gewalttätigkeit oder Duldung von Gewalt können auf den Grundlagen der Lernpsychologie als ursächliche Zusammenhänge aufgefaßt werden. Dabei scheint nicht nur die Täter-, sondern auch die Opferrolle gelernt zu werden. Freilich besteht keine mechanische oder gar gesetzliche Verbindung zwischen Gewalterfahrung im Elternhaus und eigener Gewaltanwendung, wie ihn der Begriff „Kreislauf der Gewalt" nahelegen könnte. Die Erlebnisse in der Herkunftsfamilie werden vielmehr von den Erfahrungen überlagert, die das Kind in der Schule, in der Freizeit und in informellen Gleichaltrigengruppen mit der Handhabung von Konflikten gewinnt (*Lösel* u.a. 1990, 106 f.).

Gewaltdelikte, die sich innerhalb der Familie ereignen, werden nur selten und unter erheblichen Schwierigkeiten aufgedeckt. Entsprechend groß bleibt das Dunkelfeld. Vielfach fehlen unbeteiligte Tatzeugen. Auch entspricht es sowohl der Einstellung vieler Ärzte als auch der Behörden, nur zögernd in den Intimbereich der Familie einzugreifen. Gewalttätige

Konflikte gehen allerdings nur selten über die Partner- oder Eltern-Kind-Beziehung hinaus, was gegen die „Gewaltträchtigkeit" des gesamten Familiensystems oder ein „familiäres Gewaltklima" spricht. Sie werden vorrangig durch Inanspruchnahme von Hilfe aus dem privaten Umfeld (Freunde, Verwandte) zu bewältigen versucht. Dies gilt generell für gruppenorientierte Kulturen mit der Bevorzugung informeller Konfliktregelung wie in Japan (dazu *Schwarzenegger* 1997). Gegenüber juristischer Regelung bestehen offensichtlich Vorbehalte, wie gegenüber Behörden Informationsschranken existieren. Diese werden nur bei schwerwiegenden Fällen oder Dauerkontakten zu Behörden wegen wirtschaftlicher Hilfeleistung durchbrochen (vgl. *Sack* 1985, 19 f. 25, 28). Die Einstellung der Öffentlichkeit zu den Problemen der Gewalt in der Familie ist gespalten: Auf der einen Seite werden die Taten mit ihren Folgen übersehen oder bagatellisiert, auf der anderen wird – falls Taten gerichtsbekannt werden – drastische Bestrafung gefordert. Aufgrund wachsender Sensibilisierung nimmt anscheinend die Bereitschaft der Opfer zu, Gewalt in der Familie gegenüber der Polizei offenzulegen. So geht aus der neuesten British Crime Survey hervor, daß mittlerweile 30% der Gewaltdelikte im häuslichen Bereich (domestic violence) der Polizei mitgeteilt werden. Im Jahre 1981 waren dagegen erst 20% dieser Delikte angezeigt worden. Entsprechend ist die Bereitschaft gewachsen, Gewaltdelikte in der Familie in Opferbefragungen zu offenbaren. Dies dürfte auch die erhebliche Steigerungsrate (1981-1995 um 242%) derartiger Delikte in England und Wales erklären (vgl. *Mirrlees-Black* u.a. 1996, 28 f.).

Das Hauptinteresse der Forschung während der letzten Jahre gilt begreiflicherweise den Delikten gegenüber Frauen, die unter dem Begriff „Gewalt in der Familie" zusammengefaßt werden. Die Vernachlässigung anderer Deliktsbereiche einerseits sowie die große Zahl der überwiegend im angloamerikanischen Raum erschienenen Arbeiten zu sexistisch geprägten Aggressionsdelikten andererseits finden ihre Erklärung darin, daß mit der Liberalisierung und Öffnung der Bereiche Sexualität und Familie eine tiefe Betroffenheit über das vorgefundene Ausmaß dieser Delikte einherging. Daraus wiederum folgte ein starkes Bedürfnis, Erkenntnisse über die Ursachen zu gewinnen und hieraus Präventionsstrategien zu entwickeln (vgl. dazu *Schneider* 1994, 126 f.). Nach dem gegenwärtigen Forschungsstand erscheinen derartige Viktimisierungen untrennbar verbunden mit der Stellung der Frau in der Gesellschaft, den tradierten geschlechtsspezifischen Verhaltensmaßstäben, Rollenerwartungen und Wertvorstellungen sowie der gesellschaftlichen Machtverteilung.

Wie Fallschilderungen und neuere Forschungen belegen, werden neben den Kindern auch die Frauen in der Familie **körperlich mißhandelt und sexuell mißbraucht**. Berichte aus den mehr als 320 Frauenhäusern in den Altbundesländern (in den USA sollen hingegen etwa 1200 und in Japan insgesamt nur 7 Frauenhäuser existieren; dazu *Schwarzenegger* 1997) zeigen deutlich, in welchem Ausmaß sie von ihren Ehemännern geschlagen und teilweise erheblich verletzt werden. Wenn auch die Frauen leichter als die Kinder die Möglichkeit haben, die Taten anzuzeigen, scheuen doch viele von ihnen aus Angst und Scham diesen Weg, so daß auch hier nur ein Bruchteil der Taten öffentlich bekannt wird. Eheprobleme, Alkoholgenuß und Arbeitslosigkeit dürften einige der Ursachen für das aggressive Verhalten der Ehemänner sein, das in allen Sozialschichten vermutet wird.

Die KFN-Studie von *Wetzels/Pfeiffer* (1995, 12 f.) gelangt aufgrund einer Befragung von 1089 Frauen zu einem Anteil von 16,1 % Opfern physischer Gewalt nur in engen sozialen Beziehungen in dem Fünfjahreszeitraum von 1987 bis 1991. Dies entspräche hochgerechnet weit mehr als 1 Mio. mißhandelter Frauen im Altbundesgebiet. Andere Autoren schätzen die Zahl der in der Ehe mißhandelten Frauen für das Gebiet der Altbundesländer gar bis zu 4 Mio. (*Schneider* 1993, 87). Auch bei Berücksichtigung der unterschiedlichen Definitionen, Zeiträume und Stichproben erscheinen die vertretenen Annahmen und Schätzungen jedoch wesentlich überhöht, ja spekulativ (zum Ganzen ferner m.w.N. *Schall/Schirrmacher* 1995, 11 ff.). So weist die britische Crime Survey 1995 „lediglich" 1,3% der Frauen als Opfer familiärer Gewalt aus (*Mirrlees-Black* 1996, 5, 30), dabei überwiegend durch ihren Partner.

Aus den Berichten der Frauenhäuser geht hervor, daß die **eheliche Vergewaltigung** keine Seltenheit ist. Allerdings wird dieses Thema von den betroffenen Frauen noch viel stärker tabuisiert, als dies sonst bei Gewalt innerhalb der Familie der Fall ist. Die körperliche Mißhandlung in Form von Treten, Schlagen und Würgen steht eindeutig im Vordergrund. Über die Häufigkeit der ehelichen Vergewaltigung gibt es wenig gesichertes Zahlenmaterial, zumal die Wirklichkeitskonstruktionen über die fraglichen Ereignisse begreiflicherweise weit auseinandergehen. Auch lassen die Erhebungen nicht selten die sonst für Opferbefragungen üblichen methodischen Standards weitgehend vermissen.

Immerhin gelangen neuere nordamerikanische Untersuchungen zu dem Ergebnis, daß etwa ein Zehntel der befragten Frauen angibt, von ihrem Ehemann durch Gewalt (oder Drohung) zum Beischlaf gezwungen worden zu sein (*US Dept. Justice* 1995, 2 ff.). Demgegenüber geht eine Untersuchung des KFN Niedersachsen (*Wetzels/Pfeiffer* 1995, 11, 14 f.) von einem erheblich höheren Anteil sexueller Gewalt gegenüber Frauen in Deutschland für die Jahre 1987 bis 1991 aus. Doch die von jener Befragung ausgewiesenen Ergebnisse stützen die Behauptung nur teilweise. Denn bei einer Gesamtstichprobe von 894 verheirateten Frauen und auf der Basis von 23 Fällen (ca. 3%), in denen der Täter als Ehemann im gemeinsamen Haushalt mit dem Opfer lebte, wird spekulativ auf 350 000 Frauen hochgerechnet, die „im Zeitraum von 1987 bis 1991 Opfer einer Vergewaltigung (sexuellen Nötigung) durch ihren mit ihnen zum Tatzeitpunkt im gleichen Haushalt lebenden

Ehemann wurden". Dabei wird freilich weder nach Vergewaltigung und sexueller Nötigung noch nach den ebenfalls erfragten Versuchshandlungen differenziert. Im Gegensatz zu jenen Ergebnissen und Interpretationen der deutschen Befragung wird für die gesamten Vereinigten Staaten die Zahl weiblicher Opfer von sexueller Gewalt auf 500 000 geschätzt. Im übrigen ist die Drohung oder Anwendung sexueller Gewalt durch den im Haushalt der Frauen wohnenden Ehemann mit 5% der Fälle keinesfalls höher als entsprechende Viktimisierungen durch Freunde (16%), Bekannte (53%) oder Fremde (18%). Danach begegnen den deutschen Schätzungen und Interpretationen erhebliche Bedenken. Soweit Ehegatten als Vergewaltigungstäter in Betracht kommen, scheint es sich in den fraglichen Fällen wohl um überwiegend und zur Tatzeit bereits getrenntlebende Paare zu handeln, wobei dieser Sachverhalt auch auf einer veränderten Wirklichkeitskonstruktion durch die Frau beruhen mag. Doch löst die Vergewaltigung auch während der (noch bestehenden) Ehe allgemein für die Opfer einen tiefen Schock, verbunden mit dem Verlust des Vertrauens und des Selbstwertgefühls, aus. Es sollte daher auch auf gesetzgeberischem Wege versucht werden, die betroffenen Frauen mit diesem Problem nicht allein zu lassen. Obwohl die Kriminalisierung der ehelichen Vergewaltigung in praktischer Hinsicht keine große Bedeutung haben wird, kann dadurch doch klargestellt werden, daß die Frau auch nach der Eheschließung, insbesondere aber nach einer Trennung vom Ehepartner, in diesem Verhaltensbereich nicht rechtlos gestellt ist. Demgemäß ist die Vergewaltigung in der Ehe künftig in den einheitlichen Straftatbestand der Vergewaltigung einbezogen.

Mehr noch als die Frauen zählen die **Kinder zu den Opfern von Gewaltakten** in der Familie. Vor allem handelt es sich um Kindesmißhandlungen, aber auch um den sexuellen Mißbrauch von Kindern. Gleichwohl bildet der Anteil von gewalttätigen Viktimisierungen durch Angehörige nicht mehr als 5% an allen entsprechenden Verletzungen und Schädigungen, die Jugendliche durch fremde Gewalttätigkeit erleiden (dazu und zur Verbreitung der Viktimisierung im Jugendalter *US Dept. Justice* 1991, 1 ff., 7, table 13). Die Opfer der Mißhandlungen sind in der Regel Kleinstkinder und Kinder im Vorschulalter. Entgegen früherer Feststellungen werden eheliche Kinder genauso häufig mißhandelt wie uneheliche oder Stiefkinder (dazu LB § 61, 1). Die männlichen und weiblichen Täter der bekanntgewordenen Fälle stammen fast immer aus den sozialen Unterschichten (*Senatsverwaltung für Inneres* 1994, 2, 42; *Kürzinger* 1996, 260). Dies hängt allerdings auch mit der größeren Sichtbarkeit bei sozial ungünstigen Verhältnissen zusammen. Häufig waren die Täter als Kinder selbst Opfer von Mißhandlungen. Den Umfang der Kindesmißhandlung in Deutschland schätzt man auf jährlich 60 000 bis zu mehr als 1 Mio.(*Senatsverwaltung für Inneres* 1994, 241; ferner oben § 34, 2).

Aber auch **alte Menschen werden in ihrer Familie** gelegentlich **miß-handelt**. Sie werden beschimpft, bedroht, geschlagen; man enthält ihnen Essen, Wasser und Kleidung vor. Manchmal werden sie gar an Möbelstücke festgebunden, um sie leichter kontrollieren zu können. Sogar „Ruhigstellung" mit Beruhigungs- und Schlaftabletten kommt gelegentlich vor. Ferner werden alte Menschen zu Objekten herabgewürdigt, die der Macht der Angehörigen ausgeliefert sind (zum Ganzen *Pillemer* 1985, 106 ff.). Zwar werden sie im Vergleich zu jüngeren deutlich seltener Opfer von Gewalt. Doch mit zunehmendem Alter steigt der Anteil von Täter-Opfer-Beziehungen, die im häuslich-familiären Bereich angesiedelt sind, an der Gesamtzahl der Opfererfahrungen an. Relativ zur Anzahl der Opferwerdungen insgesamt ist die Viktimisierung im sozialen Nahraum für ältere Menschen daher bedeutsamer. Bei einem weiten Begriff der Viktimisierung, der neben physischer Gewalt auch Vernachlässigung, Medikamentenmißbrauch sowie chronische und verbale Aggression und wirtschaftliche Ausnutzung umfaßt, wurden nach einer Befragung 1991 insgesamt 6,6% der Befragten 60-75jährigen nach deren Angaben als Opfer eingeschätzt. Dabei herrschte die physische Gewalterfahrung in mehr als der Hälfte der erfragten Opfererfahrungen vor (*Wetzels* u.a. 1995, 111 ff., 177 f., 187 f.).

§ 41 **Politisch motivierte Gewaltverbrechen und Terrorismus**

Schrifttum: *Blath/Hobe*, Strafverfahren gegen linksterroristische Straftäter und ihre Unterstützer, hrsg. v. BJM. Bonn o.J. (1982); *Bundesministerium des Innern*, Verfassungsschutzberichte 1991 ff. Bonn 1992 ff.; *Hassemer*, Ziviler Ungehorsam – ein Rechtfertigungsgrund? FS für Wassermann. Neuwied 1985, 325-349; *Jäger*, Verbrechen unter totalitärer Herrschaft. Studien zur nationalsozialistischen Gewaltkriminalität. Freiburg 1967; *ders.*, Makrokriminalität. Studien zur Kriminologie kollektiver Gewalt. Frankfurt/M. 1989; *Jubelius*, Frauen und Terror. Kriminalistik 35 (1981), 247-255; *Kaiser*, Terrorismus und Jugendprotest. In: Handbuch der Familien- und Jugendforschung. Bd. 2, hrsg. v. Markefka u.a. Neuwied 1989, 739-756; *Kalinowsky*, Rechtsextremismus und Strafrechtspflege. Eine Analyse von Strafverfahren wegen mutmaßlicher rechtsextremistischer Aktivitäten und Erscheinungen, hrsg. v. BMJ. Bonn 1990[3]; *Karstedt-Henke*, Theorien zur Erklärung terroristischer Bewegungen. In: Politik der inneren Sicherheit, hrsg. v. Blankenburg. Frankfurt/M. 1980, 169-234; *Kerner* u.a., Ursachen, Prävention und Kontrolle von Gewalt aus kriminologischer Sicht. In: Ursachen, Prävention und Kontrolle von Gewalt, hrsg. von Schwind u.a. Bd. II. Berlin 1990, 415-606; *Lampe* (Hrsg.), Die Verfolgung von Regierungskriminalität der DDR nach der Wiedervereinigung. Köln 1993; *Löw* (Hrsg.), Terror und Extremismus in Deutschland. Ursachen, Erscheinungsformen, Wege zur Überwindung. Berlin 1994; *Neidhardt*, Linker und rechter Terrorismus. Entscheidungsformen und Handlungspotentiale im Gruppenvergleich. In: Gruppenprozesse. Analysen zum Terrorismus 3, hrsg. v. v. Baeyer-Katte u.a. Opladen 1982, 434-476; *Sack*, Politische Delikte, politische Kriminalität. In: KKW 1993[3], 382-392; *Trifferer*, Kriminologische Erscheinungsformen des Machtmißbrauchs und Möglichkeiten zu ihrer Bekämpfung. ZfRechtsvergleichung 3 (1991), 184-210; *Uthoff*, Rollenkonforme Verbrechen unter einem totalitären System. Berlin 1975; *Willems* u.a., Fremdenfeindliche Gewalt. Tätertypen, Gewaltursachen und Ansatz zur Auseinandersetzung. Bonn 1993.

1. Kriminologisches Problem

Wie die Erfahrungen in den letzten Jahrzehnten verdeutlichen, kann sich politisch motivierte Gewaltkriminalität **in und gegen Ausübung staatlicher Herrschaft** äußern. Dabei kann nicht zweifelhaft sein, daß Gewalttätigkeit als staatlicher Machtmißbrauch folgenreicher ist als gegen staatliche Institutionen gerichtete Gewalthandlungen, selbst wenn diese in Gestalt terroristischer Aktivitäten durch nichtstaatliche Gruppen ausgeübt werden. Gewaltverbrechen unter totalitärer Herrschaft (dazu *Jäger* 1967, 11 f.; *Uthoff* 1975, 31 ff.), nicht selten Erscheinungen der Makrokriminalität (*Jäger* 1989), veranschaulichen dies. Darüber hinaus finden sich in der Gegenwart vielfältige Gewaltformen durch Mißbrauch staatlicher Macht, namentlich als Menschenrechtsverletzungen durch Unterdrückung, Folterung und Ausrottung (vgl. *Trifferer* 1991, 185 ff.).

Hat der Staat mindestens seit dem Bewußtsein der Verbrechen unter totalitärer Herrschaft und seit dem Vietnamkrieg seine „natürliche Unschuld" verloren und ist damit die Ausübung öffentlicher Gewalt problematisch geworden, so kann nicht verwundern, daß die **politische Grundlage des gesetzlich definierten Gewaltbegriffs** mit in die Überlegungen einbezogen wird. Gerade die Beiträge zur sogenannten strukturellen Gewalt und der kritischen Kriminologie (dazu oben § 4) zeigen, wie sehr dieses Definitionsproblem ständig neu durchdacht wird.

Die Differenzierung zwischen „normalen" und politisch motivierten Gewalttätern wird auf subjektiver Ebene vorgenommen. Danach gilt als ein **politischer Gewalttäter** derjenige, der die strafbare Handlung als Instrument und Mittel zu einem politischen, moralischen oder wertbezogenen, also einem über ihn hinausweisenden Zweck einsetzt (*Sack* 1993, 383). Da aber die Grenzziehung sehr schwierig ist, weil sich etwa die politischen Gegebenheiten ständig ändern, liefert diese Definition keine klare Unterscheidungsmöglichkeit. Sie erscheint überdies zu eng (zur Begriffsgeschichte und zum Bedeutungswandel der politischen Delikte siehe LB § 62, 1). Immerhin ist die politisch motivierte Gewaltkriminalität Ausdruck politischer Konflikte.

2. Gewaltverbrechen unter totalitärer Herrschaft

Zu den politisch motivierten Gewaltverbrechen, die bis zur Gegenwart und auf absehbare Zeit nachwirken, zählen vor allem die sog. **nationalsozialistischen Gewaltverbrechen.** In den knapp 50 Jahren bis 1993 wurden von über 105 000 Beschuldigten zwar rd. 6500 Personen wegen NS-Gewaltverbrechen von westdeutschen Gerichten rechtskräftig verurteilt. Hingegen wurde gegen mehr als 94 500 Beschuldigte das Verfahren eingestellt (zum Ganzen ferner oben § 23, 2 und 3).

Neue Formen staatlich organisierter Gewaltkriminalität sind namentlich aus der ehemaligen DDR bekanntgeworden (vgl. *Lampe* 1993). Jedoch steht hierzu die kriminologische Aufarbeitung und Dokumentation noch aus. Immerhin lassen Facetten wie die Strafverfahren gegen die sogenannten Mauerschützen sowie die Strafverfolgung von „Justizunrecht" erkennen, wie weit das Spektrum reicht, aber auch, wie begrenzt die Verfolgbarkeit der eigentlich verantwortlichen Haupttäter und der Hintermänner ist.

3. Politischer Extremismus, Gewalt und Terrorismus

Mit Beginn der neunziger Jahre hat sich das Erscheinungsbild der politisch motivierten Gewaltkriminalität erheblich gewandelt. Nunmehr stehen die fremdenfeindliche Gewalt, der Ausländerextremismus (dazu oben § 38, 3) sowie die gewalttätigen Ausschreitungen der sogenannten „Autonomen" im Vordergrund. Die Qualität des Verhaltens reicht freilich über Ordnungswidrigkeiten hinaus und meint ausschließlich strafbare Gewalttaten, die sich bis zu terroristischen Handlungen steigern. Formen allgemeinen Protestverhaltens und zivilen Ungehorsams, obschon sie mitunter in hohem Grade Gewaltbereitschaft indizieren, werden generell von politisch motivierter Gewalt nicht mehr erfaßt. Sie verharren gewöhnlich noch bei „begrenzter Regelverletzung" und dem Einsatz psychischer Gewalt. Demgegenüber greifen die militanten Aktivisten darüber hinaus, indem sie bewußt auch physische Gewalt gegen

Menschen und Sachen einsetzen oder billigend in Kauf nehmen. In gesteigerter Form münden sie in den Terrorismus.

Anfang der neunziger Jahre sind die rechtsextremistischen Gewalttaten mit 128 im Jahr 1990 auf 990 im Jahr 1991 sprunghaft angestiegen (*Bundesministerium des Innern* 1992, 76). Dieser Trend verstärkte sich noch im Jahr 1992. Jetzt wurden im westlichen Bundesgebiet mehr als 1700 rechtsextremistische Gewalttaten gezählt, wovon etwa 90% fremdenfeindlich motiviert waren. Dabei starben 18 Menschen, davon 7 Ausländer. Von den Taten entfielen etwa 681 auf Brand- und Sprengstoffanschläge gegenüber Asylbewerberunterkünften. In Ostdeutschland zählte man 1991 fast 500, 1992 weit mehr als 700 fremdenfeindliche Straftaten (*Bundesministerium des Innern* 1992, 70; *Willems* 1993).

Seit dem sogenannten Asylkompromiß von Juli 1993 ist die **Entwicklung rechtsextremistischer Gewalt** in Deutschland rückläufig. Die Zahl der Anschläge nahm erheblich ab. Im Vergleich zum Höchststand im Jahr 1993 ging die Zahl der fremdenfeindlichen Gewalttaten bis 1995 sogar um 66% von 1609 auf 540 Gewalttaten zurück. Tötungshandlungen mit rechtsextremistischem Hintergrund blieben 1994 und 1995 im Versuchsstadium stecken (*Bundesministerium des Innern* 1994, 79, 83; 1996, 99, 105).

Nach der empirischen Forschung handelt es sich ganz überwiegend um männliche Täter im Alter zwischen 15 und 20 Jahren, die mehrheitlich in der Gruppe handeln. Nur in wenigen Fällen waren die Taten planvoll organisiert; der Großteil hingegen erfolgte spontan, wobei die Täter oftmals unter Alkoholeinfluß standen. Während in den alten Bundesländern mehr als die Hälfte der Täter den Skinheads zugerechnet werden, ordnet man in Ostdeutschland den Großteil rechtsextremistischen Gruppen zu (*Willems* u.a. 1993, 110, 127 f., 136, 140 ff.).

Der Anstieg rechtsextremistisch motivierter Gewalttaten und ihre kommentierende Berichterstattung in den Massenmedien haben die **Entwicklung der linksextremistischen Militanz** dem Blick der Öffentlichkeit weitgehend entzogen. Zu Unrecht; denn Linksextremisten wenden zur Durchsetzung ihrer politischen Ziele nach wie vor in bedeutendem Umfang Gewalt an. Die körperverletzende Gewalt hat dabei ein bisher kaum bekanntes Maß an Brutalität erreicht. Die von linksextremistischen Tätern angerichteten Sachschäden gehen in die Millionen.

Obwohl sich bereits in derartigen Handlungen extremistische Verhaltensformen ausdrücken, greift der **Terrorismus** weit darüber hinaus. Denn er setzt die Gewalt nicht nur punktuell, sondern strategisch ein, um durch Aufsehen, Erschrecken und Einschüchterung optimale politische Wirkung zu erzielen. Nach dem Verständnis der Verfassungsschutzberichte ist Terrorismus „der nachhaltig geführte Kampf für politische Ziele, die mit Hilfe von Anschlägen auf Leib, Leben und Eigentum anderer Menschen durchgesetzt werden sollen, insbesondere durch schwere Straftaten, wie sie in § 129 a Abs. 1 StGB genannt sind, vor allem Mord, Totschlag, erpresserischer Menschenraub, Brandstiftung, Herbeiführung einer Explosion durch Sprengstoff oder durch andere Gewalttaten, die der Vorbereitung solcher Straftaten dienen (vgl. *Kerner* u.a. 1990, 512 m.N.).

Terrorismus läßt sich danach als die planvolle politisch motivierte Anwendung von krimineller Gewalt begreifen. Er kann sich **gegen den Staat**, gegen Mitglieder führender gesellschaftlicher Gruppen oder beliebige Bürger richten, aber als Staatsterror auch **durch den Staat** oder das Militär erfolgen. Die Gewaltaktionen werden systematisch, sei es punktuell oder kontinuierlich, und allgemein über längere Zeiträume hinweg eingesetzt. Sie sollen durch Art des Vorgehens, Wahl des Opfers oder Größe des Schadens Aufsehen erregen. Stets zielen sie darauf, um politischer Zwecke willen die Bevölkerung einzuschüchtern. Will der Terror des Staates oder Militärs das politische System stabilisieren, so der gegen den Staat gerichtete Terrorismus die herrschende Ordnung erschüttern, um die Bevölkerung für den Umsturz zu mobilisieren. Doch das geltende Recht versagt ihnen die Privilegierung, geschweige Anerkennung. Im übrigen kann man zwischen Gewalttätern, die politische Ereignisse lediglich als willkommenen Anlaß benutzen, um ihre Aggressionen und Frustrationen gewalttätig zu entladen, und der überwiegenden Zahl derer unterscheiden, die sich im Gefolge eskalierender Auseinandersetzung zu Gewalttaten hinreißen lassen.

Zwar sind terroristische Anschläge seit langer Zeit weltweit bekannt. Aber seit dem 19. Jahrhundert haben sie an Stärke und Umfang gewonnen. Offenbar setzt Terrorismus eine Gesellschaftsform voraus, die es ermöglicht, Anschläge im Verborgenen zu planen, zu organisieren und durchzuführen, gleichzeitig aber die Publizität des Anschlags durch Massenmedien sicherzustellen. Sieht man vom Terrorismus unterdrückter ethnischer Minderheiten ab, die nach kultureller und politischer Autonomie streben (z.B. ETA, IRA und PLO), so hat sich der Terrorismus vornehmlich den Umsturz des jeweils herrschenden politisch-gesellschaftlichen Systems zum Ziel gesetzt. Dies trifft sowohl für die anarchistischen Organisationen des 19. Jahrhunderts zu wie in neuerer Zeit für die Roten Brigaden in Italien, die Action directe in Frankreich sowie für die Rote-Armee-Fraktion und rechtsextremistische Gruppierungen in der Bundesrepublik. Sinngemäß zeichnen vielfältige Aktivitäten mehrerer Gruppierungen das Bild des Terrorismus. Im einzelnen handelt es sich um die „Rote-Armee-Fraktion" und ihr Umfeld, die „Revolutionären Zellen", ferner um sich „undogmatisch" oder „autonom" bezeichnende Gruppen einschließlich der sog. Bahnterroristen, rechtsextremistische Vereinigungen sowie ausländische Gruppierungen (dazu *Kürzinger* 1996, 264 ff., und LB § 62,3).

Die Themen, die in den letzten Jahrzehnten die öffentliche Protestdebatte bestimmt haben, sind im gesellschaftlichen Einstellungsspektrum eher mit „linken Sensibilisierungen" verknüpft. Daraus allerdings ableiten zu wollen, daß in Deutschland grundsätzlich das linke Gewaltpotential größer sei als das rechte, erschiene voreilig. Man denke nur an Themen, die im gesellschaftspolitischen Meinungsspektrum eher der „rechten Sensibilisierung" entsprechen wie z.b. Überfremdung, Ausländerzuzug, Asylbewerberzustrom, Schutz des Lebens. Immerhin hat sich im Gegensatz zu den linksterroristischen Vereinigungen trotz dem fraglos gewachsenen rechtsextremistischen Gewaltpotential bis heute keine stabile rechtsterroristische Bewegung gebildet. Dem steht nicht entgegen, daß sich auch – wie Hakenkreuzschmierereien, Friedhofsschändungen und Überfälle auf Ausländerheime zeigen –, am rechten Pol ein aktionswilliges und schnell mobilisierbares Potential entwickelt hat. Der Organisationsgrad rechtsextremer Terroristen variiert von spontanen Ad-hoc-Aktionen bis zu konspirativ agierenden Gruppen, die sich der terroristischen Logik der RAF bedienen. Die terroristischen Handlungen richten sich vor allem gegen Asylbewerberwohnheime, aber auch gegen einzelne Ausländer. In der zweiten Jahreshälfte 1991 ist es zu einem wellenartigen Anstieg von Überfällen und Brandanschlägen in Ost- und Westdeutschland gekommen, freilich nicht nur hier, sondern auch in Schweden und den Niederlanden. Trotz dieser und einzelner linksterroristischer Erscheinungen (z.B. die Ermordung von Herrhausen) hat sich in den neunziger Jahren das „terroristische Gewaltpotential" anscheinend nicht mehr ausgedehnt. Dies gilt wohl auch dann noch, wenn man neuere Randerscheinungen wie den sog. Bahnterrorismus im Zusammenhang mit dem Anti-Atom-Protest und dem Öko-Protest mitberücksichtigt.

Zwar trifft es sowohl für Links- wie Rechtsterroristen zu, daß es sich bei ihnen mehrheitlich um junge Leute handelt (siehe *Blath/Hobe* 1982, 37 f.; *Neidhardt* 1982, 447; *Kalinowsky* 1990, 45 f.). Dennoch läßt die Analyse der Altersstruktur von **links- und rechtsterroristischen Gruppen** signifikante Unterschiede erkennen. So finden sich bei der RAF und anderen linksterroristischen Gruppierungen weitgehend altershomogene Kollektive, während rechtsterroristische Gruppen eine Mehr-Generationen-Zusammensetzung aufweisen. Im übrigen sind die Anteile der Geschlechter verschieden: Setzen sich linksterroristische Gruppen etwa zu einem Drittel auch aus jungen Frauen zusammen, so herrschen bei den rechtsterroristischen Gruppen die jungen Männer mit mehr als 90% vor. Bedeutsame Unterschiede, nicht zuletzt im Hinblick auf das Leben im Untergrund bestehen zwischen links- und rechtsterroristischen Gruppierungen ferner im Hinblick auf Sympathisanten und das unterstützende Umfeld. Vergleicht man beide Seiten miteinander, so ergeben sich Abweichungen insofern, als es allein an den Rändern des linksextremistischen Lagers eine wirksame Ausdifferenzierung eindeutiger Unterstützungsorganisationen des Terrorismus gab und gibt. In ähnlichem Maße ist eine Ausdifferenzierung und Kristallisierung von eindeutigen Unterstützerorganisatoren des Terrorismus im rechtsextremistischen Lager noch nicht gelungen (*Neidhardt* 1982, 457). Auch fehlen im rechtsextremen Lager Zentren, wie sie der Linksextremismus in den Universitätsstädten entwickelt hat. Die das Gewaltkonzept der RAF bejahenden Gruppierungen bilden nach wie vor ein für sie verläßliches Unterstützungspotential (ferner *Schwind* 1996, 534 ff. m.N.).

Außerdem entspricht der abweichenden Entstehungsgeschichte der links- und rechtsterroristischen Gruppen ein unterschiedliches Bild der Mitglieder. Die linksterroristischen Organisationen sind aus dem Umfeld der Studentenbewegung hervorgegangen. Sie stammen durchweg aus den sozioökonomisch gehobenen Schichten. Rechtsterroristen hingegen weisen einen deutlich niedrigeren Bildungsstand auf als Linksterroristen. Vor allem stehen bei diesen sozialwissenschaftliche Ausbildungsgänge im Vordergrund, während sie bei Rechtsextremisten völlig fehlen. Dies mag die unterschiedlichen Reflexionsstile beider Gruppen und den geringen Wert, den Theorien und intellektueller Habitus bei rechten Gruppen einnehmen, erklären. Im übrigen freilich weist das Sozialprofil der Gewalttäter beider Extreme beachtliche Gemeinsamkeiten auf: Personen, die Anschläge begehen, sind tendenziell jünger und ledig, haben einen vergleichsweise eher geringeren Ausbildungsstand, gehören somit eher unteren Berufsgruppen an, stammen relativ selten aus höheren Sozialschichten, sind relativ häufig vorbestraft, obschon nicht einschlägig. Demgegenüber entsprechen linksterroristische Mitglieder, die wegen Unterstützungshandlungen oder gruppenbezogenen Beschaffungsdelikten bestraft wurden, eher dem Bild, das man sich von Linksterroristen generell macht. Sie weisen einen höheren Bildungsstand auf und stammen aus gehobenen Gesellschaftsschichten (*Blath/Hobe* 1982, 42). Außerdem folgt aus den Lebenslaufanalysen junger Terroristen, daß sie häufig vom Elternhaus politisch vorgeprägt wurden. Mißerfolge bezüglich eingeschlagener Bildungswege oder des angestrebten beruflichen Aufstiegs gehen der politischen Aktivität gewöhnlich voraus, die offenbar Erlebnisse der Selbstbestätigung bringt. Sie führen jedoch bei rechtsextremistischen Tätern überwiegend nicht zu einem Bruch mit der bisherigen Umgebung, wie dies für einen Teil linksextremistischer Terroristen kennzeichnend ist.

Ferner ergeben sich in der Wahl der Mittel und dem strategischen Vorgehen zwischen Links- und Rechtsterroristen Unterschiede. Wählen Linksterroristen in der Bundesrepublik ihre Opfer nach deren sozial herausragender Stellung in der Gesellschaft aus (Generalbundesanwalt, Arbeitgeberpräsident, Minister, Gerichtspräsident, General, Abgeordneter, führender Industrieller oder Banker), so richten sich rechtsterroristische Anschläge bislang nicht gegen Repräsentanten des politischen Systems, sondern vornehmlich gegen Ausländer, Angehörige von Minoritäten oder beliebige Dritte (vgl. *Willems* u.a. 1993).

4. Theorie und Erklärung politisch motivierter Gewalttätigkeit

Theoretische Ansätze zur Erklärung decken fast die gesamte Breite der traditionellen Anlage-Umweltdiskussion ab. Angesichts der Vielfalt von Erscheinungsformen und Motiven, insbesondere unterschieden nach Links- und Rechtsextremismus, ferner nach dem Zusammenhang von Jugend und Terrorismus, ist dies kaum verwunderlich. Als Teilursachen werden folgende **Faktoren** hervorgehoben:

- Die Enttäuschung über das Ausbleiben durchschlagender Erfolge der Studentenbewegung sowie kriminalisierende Prozesse als Folge sozialer Protestbewegungen (dazu *Karstedt-Henke* 1980, 22 ff.).
- allgemeine Gewöhnung an Sicherheit und Wohlstand,
- Abnormität der Persönlichkeiten (Fanatismus, Geltungssucht), obschon keine Geisteskrankheit,
- Fehleinschätzung radikaler Systemveränderungsversuche als kritisches Engagement bei vorausgehender Verzweiflung an der Gesellschaft,
- Legitimitätsschwäche des Staates als Teil einer umfassenden „Grundwertekrise", die bei Teilen der Jugend zu kulturrevolutionären Ansätzen führt,
- Abbau der Hemmschwelle durch Annahme eines „Kriegszustandes" mit der Bundesrepublik mit sozialisierender Drucksituation,
- Orientierungslosigkeit und Rollenkonflikt von sozialen Aufsteigern nach Hochschulstudium, verbunden mit beruflicher Unsicherheit,
- Generationskonflikt mit gestörten Beziehungen zum Elternhaus und
- spätpubertäre Entwicklungsstörungen.

Diese vereinfachende Aufzählung läßt erkennen, daß viele junge Menschen von dem Gefühl bestimmt werden, daß das herrschende Sozialsystem legitime Ansprüche kaum wahrnimmt oder erfüllen kann. Eigene Wertvorstellungen und Erwartungen zum Frieden, zum Umweltschutz und zum Leben ohne Atomkraft lassen sich nicht kurzfristig verwirklichen. Undurchschaubarkeit des Sozialsystems, vorherrschende Interessen der Privatwirtschaft, Schwerfälligkeit der Verwaltung, politische Skandale einerseits und die begrenzten Einwirkungsmöglichkeiten andererseits verdeutlichen die Ohnmacht des einzelnen und nähren das Protestpotential. Demgemäß geht das zwar angefochtene, aber unverändert zentrale Modell zur Erklärung politischen Protestes davon aus, daß individuelle Frustrationen kollektiviert werden und vornehmlich im Staat einen angehbaren Adressaten finden (vgl. *Kerner* u.a. 1990, 516 f.).

Um Aufmerksamkeit für ihre Ziele zu wecken, gehen die Anhänger der Protestbewegung auf die Straße, wollen auffallen, begehen zu diesem Zweck bewußt „begrenzte Regelverletzungen". Andernfalls würde wahrscheinlich die öffentliche Meinung gar nicht auf sie reagieren. Die Konfrontation mit der Polizei führt im Wege der Konfliktereignisse zu einem gegenseitigen Sich-Aufschaukeln, so daß die Beteiligten nicht selten in den Mittelpunkt der Prozesse geraten, obwohl die gewalttätige Auseinandersetzung am Anfang weder auf der einen noch auf der anderen Seite beabsichtigt war. Die Dynamik der Gewalt kann daher als Prozeß von Reiz und Reaktion gesehen werden, eine soziale Protestbewegung als Konfliktprozeß zwischen einer Protestgruppe und den Kontrollinstanzen des politischen Systems (vgl. *Karstedt-Henke* 1980, 171). Bei ihrer Antwort auf gewaltsame Provokationen politischer Protestbewegungen stehen die staatlichen Organe vor Unwägbarkeiten und kaum überschaubaren Entwicklungen, die sich aus der paradoxen Wirkung der Kontrolle ergeben. Verfolgung verursacht nämlich Angst und Resignation sowie Empörung und weitere Mobilisierung, kann also sowohl dämpfen als auch aufputschen. In Eskalationsprozessen bewegen sich die Beteiligten gewollt oder ungewollt in Richtung auf eine wachsende Abweichung und zunehmende Militanz. Jede Seite neigt dazu, die andere zu Überreaktionen zu veranlassen, wobei es schwierig, vielleicht unmöglich ist, den Anfang einer solchen Entwicklung zu ermitteln und den Hauptverursacher dingfest zu machen.

5. Vorbeugung, Kontrolle und Kriminalpolitik

Da politischer Protest und Demonstrationsgewalt soziale Mängellagen, Bedürfnisse und staatliches Versagen indizieren, mündet die Analyse in die Frage nach den politischen Lösungsmöglichkeiten.

Soziale Befriedung setzt vor allem voraus, das Vertrauen der Bevölkerung in das Funktionieren des demokratischen Prozesses zu sichern oder doch wiederherzustellen. Jedermann muß erkennen können, daß Politik und staatliche Einrichtungen von sich aus Bedürfnisse und Ängste des Bürgers wahrnehmen und ohne „Druck von der Straße" oder „Druck der Gewalt" angehen. Ferner muß die Bevölkerung die Überzeugung gewinnen, daß sie auch reale Einflußmöglichkeiten auf politische Entscheidungsprozesse hat. Politikern und staatlichen Einrichtungen obliegt es, in allen Teilen der Bevölkerung auf den notwendigen **demokratischen Grundkonsens** hinzuwirken und ihn zu festigen. Ein demokratischer Basiskonsens über die Ablehnungswürdigkeit politisch motivierter Gewaltanwendung wird aber nur dann gefestigt werden können, wenn sich die Politiker sensibler gegenüber Ängsten und Bedürfnissen der Bevölkerung zeigen. Der Bürger muß das Gefühl haben, auch ohne spektakuläre Aktionen beachtet und repräsentiert zu werden. Das gilt nicht nur für die jeweils aktuellen Themen, sondern ist eine dauernd anzustrebende Sensibilität. Schon im Vorfeld von Entscheidungen sollte auf **Bürgerinteressen** durch Anhörung Rücksicht genommen werden. Zwar sind plebiszitäre Formen wegen der Gefahr der Demagogie und Emotionalisierung von Debatten, insbesondere durch die Nutzung moderner Massenmedien, unerwünscht, ja gefährlich. Dennoch gilt es, neue Formen für das legitime Bedürfnis unmittelbar persönlicher Einflußnahme im politischen Willensbildungsprozeß außerhalb der traditionellen Foren wie den Parteien zu schaffen.

Als entscheidend für die Prävention politisch motivierter Gewalttätigkeit erscheinen die durchgängige **Unsicherheit und Inkonsistenz der strafrechtlichen Sozialkontrolle**, angefangen von Politik und Gesetzgebung über die Rechtsprechung bis hin zu den polizeilichen Einsatz- und Handlungsstrategien. Sie erscheinen folgenreicher als gelegentliche „Überreaktionen" der Kontrollinstanzen. Wenn Politiker, Gesetzgeber und Strafgerichte nicht genau wissen, was sie unter krimineller Gewalt verstehen sollen, dann muß man sich über das unterschiedliche Vorgehen der Polizei, geschweige der Demonstranten, nicht wundern. Die Berufung auf eine lageangemessene Flexibilität und der an sich zulässige Rückgriff auf den Grundsatz der Verhältnismäßigkeit können nur notdürftig die staatliche Hilflosigkeit verdecken (zur Kritik an der „Flexibilisierung" des Vorgehens gegenüber sogenanntem zivilen Ungehorsam *Hassemer* 1985, 341 ff., 345 ff.).

In dieser Unsicherheit drückt sich freilich nur der mangelnde Konsens in der Gesamtgesellschaft über die Grundlagen unserer Existenz und des Umgangs miteinander aus. Obschon man über diese Lebensfragen legitimerweise unterschiedlicher Meinung sein kann, erscheint es erforderlich, eine Strategie zu verfolgen, die nicht nur vordergründig auf Verminderung gewalttätiger Aktionen gerichtet ist, sondern deren Befolgung auch Aussicht auf Befriedung verspricht. Dazu gehört neben der Offenlegung, Information und Überzeugungsarbeit ferner die **Herstellung von Berechenbarkeit und Voraussehbarkeit**. Auch hier kommt es auf das konsistent und rechtsstaatlich gebundene Handeln von Polizei und Justiz an. Gerade das örtlich unterschiedliche Vorgehen gegen die Räumung von Hausbesetzungen etwa in Berlin, Hamburg und München verdeutlicht dies. Die unmittelbare Räumung jeder Besetzung, wie sie in München seit langer Zeit üblich ist, vermindert offensichtlich die Chancen der Etablierung einer Besetzerszene und die Erfolgserwartungen einer potentiellen Bewegung. Werden Besetzungen aber zunächst toleriert, später beendet oder bei gleichgelagerten Objekten verhindert, sind regelmäßig Krawalle die Folge.

Daraus folgt, daß dann, wenn es an Wille und Kraft zur Durchsetzung von Rechtsnormen fehlt, und damit an einem „capable guardian", auch Gewaltbereitschaft ungebremst in Gewalttätigkeit umschlagen kann. Aktuell rechtsfreie Räume für potentielle Gewalttäter mögen unerwünschte Solidarisierungseffekte kurzfristig unterbinden. Doch langfristig wird diese vermeintliche Befriedung auf Kosten der Legitimität des Staates teuer erkauft und ruft zur Nachahmung auf. Bei Hausbesetzungen kommt demgemäß nur die sofortige Räumung oder die Gewährung mittelfristiger Nutzungsverträge in Betracht. Hier ist die rechtzeitige und nicht erst mühsame nachträglich hergestellte Koordination der Behörden unerläßlich. Die Konsistenz staatlichen Vorgehens muß auch der Öffent-

lichkeit erkennbar und deshalb verdeutlicht werden. Ferner bedarf es
einer einheitlichen Rechtspraxis bei der Reaktion auf und der Sanktionierung von Handlungen wie Blockaden, um den Eindruck zu vermeiden, daß gleiche Aktionen eine unterschiedlich juristische Beurteilung
erfahren, je nachdem ob sie von sozialen Bewegungen oder von Berufs-
verbänden mit einer starken politischen Lobby ausgehen. Inkonsistenzen
in diesem Bereich beeinträchtigen nachhaltig das Rechtsbewußtsein,
damit das Bewußtsein der Unverbrüchlichkeit der Rechtsordnung und
das Vertrauen in deren Schutz durch die staatlichen Organe (vgl. *Kerner*
1990, 523 ff.).

Neuntes Kapitel

Aspekte angewandter Kriminologie

§ 42 Anwendungsorientierung
und Verwertungsinteressen

Schrifttum: *Barton*, Kriminologie für Strafverteidiger? StV 8 (1988), 228-232; *Göppinger* (Hrsg.), Angewandte Kriminologie. – International. Bonn 1988; *Jehle* (Hrsg.), Individualprävention und Strafzumessung im Gespräch zwischen Strafrechtspraxis und Kriminologie. Wiesbaden 1992; *Jehle/Egg* (Hrsg.), Anwendungsbezogene Kriminologie zwischen Grundlagenforschung und Praxis. Wiesbaden 1985; *Kerner*, Politik, Praxis und Wissenschaft – Reflexionen über Einsichten und Probleme (auch) anhand von Beispielen praktischer Vermittlungsversuche. In: Entwicklungstendenzen kriminologischer Forschung: Interdisziplinäre Wissenschaft zwischen Politik und Praxis, hrsg. v. Kury. Köln u.a. 1986, 235-277.

Anwendungsorientierte Kriminologie meint die **technologische Umsetzung und Verwertung von empirischen Befunden in Gesetzgebung und Praxis strafrechtlicher Sozialkontrolle.** Sie umfaßt damit mehrere Schritte. Diese reichen von der Gewinnung gesicherten Erfahrungswissens bis zu dessen Übertragung in die administrativen, legislativen und justitiellen Entscheidungsprozesse. Praxisbezogene Aufgaben bestimmen den Inhalt. Sie lassen sich mit den kriminologischen Forschungsfeldern Prävention, Prognose, Sanktion, Implementation, Evaluation und Reform stichwortartig umschreiben. Dabei rechnen zur Praxis vor allem Polizei, Staatsanwaltschaften, Strafgerichte, Gerichtshilfe, Bewährungshilfe, Führungsaufsicht, Strafvollzug und die Justizverwaltung, aber auch die Strafverteidiger.

Anwendungsbezogene Kriminologie ist also **wichtig**. Sie ist **aber auch problematisch**. Denn die Aufgaben und Denkweisen von Wissenschaft und Praxis sind verschieden: diskursives Lernen hier, strategisches Lernen dort. Dem steht nicht entgegen, daß es weder „die" Kriminologie noch „die" Praxis gibt. Jedoch sind Leistungsfähigkeit, Rolle und Verantwortung der Kriminologie als unabhängiger Wissenschaft ebenso herausgefordert wie Strafgesetzpolitik, Strafrechtspflege und Polizei. Unterschiedliche Aufgabenstellung und Rolle schließen eine Verschmelzung von Praxis und Forschung selbst in gemeinsamen Einrichtungen oder im Rahmen der sogenannten Aktionsforschung aus, wenn jede Seite die ihr obliegenden Funktionen fruchtbar erfüllen will. Auch wenn

Aufgaben und Rollen verschieden sind und sich die Erwartungen beider Systeme oder „Kulturen" nur teilweise decken, sind Zusammenarbeit und Transfer möglich.

Die Aktualität kriminologischer Anwendungsorientierung wird unterschiedlich bestimmt. Sie beruht einmal auf handfesten, obschon verschieden gelagerten Bedürfnissen der Praxis und zum anderen auf gegenläufigen Rationalitätsmodellen und Rollenkonflikten der Wissenschaft. Selbst dann, wenn man die Bedenken nicht teilt, die der Anwendungs- und Praxisorientierung entgegenstehen können, sind die Vorgänge der Übertragung empirischen Wissens in praktische Entscheidungen und deshalb auch die Beziehung zwischen Wissenschaft und Praxis noch immer schwierig. Aus diesem Grund sind die Zweifel an der Praxisrelevanz kriminologischen Wissens nie verstummt. Mitunter mag auch empirisches Wissen im kriminalpolitischen Willensbildungsprozeß lediglich eine Alibifunktion erfüllen, weil andere Interessen und Bewertungen den Vorrang gewinnen. Nicht minder wichtig erscheint die Erwägung, daß durch den Anwendungsbezug der Forschung kriminologisches Wissen eingeengt oder gar fremdbestimmt werden und damit eine Verarmung eintreten könnte und daß überdies durch die geforderte Anwendungsorientierung für die Grundlagenforschung zu wenig Mittel verfügbar blieben. Derartige Gefahren und Sorgen sind fraglos ernst zu nehmen. Sie erweisen sich aber bei genauerer Betrachtung für die Gegenwart und absehbare Zukunft als unbegründet.

Läßt die Geschichte anwendungsbezogener Kriminologie erhebliche **Wandlungen** erkennen, so stehen doch Entscheidungshilfen mittels Diagnose und Prognose für eine zweckrationale Sanktionsauswahl und Strafbemessung stets im Mittelpunkt. In neuerer Zeit haben ferner Erfolgskontrollen durch Implementations- und Evaluationsforschung zunehmend Bedeutung erlangt (siehe oben § 11, 4). Dabei ist allerdings die Betrachtungsweise fragwürdig geworden, wonach Probleme und deren Definition am Anfang stehen, um dann gelöst zu werden. Vielmehr werden Probleme häufig nicht gelöst, sondern entsprechend den ablaufenden Interventionen und deren Wirkungen ständig neudefiniert. Viele Wirkungen sind nur auf der symbolischen Ebene angesiedelt (zum „symbolischen Strafrecht" siehe oben § 10, 2).

Am stärksten gefestigt, obschon nicht unangefochten, ist die herkömmliche **Rolle des forensischen Sachverständigen**, gleichsam das **Grundmodell** etablierter Zusammenarbeit von Wissenschaft und Praxis. Die moderne Anhörung von Sachverständigen im Gesetzgebungsverfahren durch sogenanntes Hearing unterscheidet sich substantiell davon nicht. Freilich wird mit der Auswahl des kriminologischen Sachverständigen auch gleichzeitig über eine bestimmte Art der Wissensinhalte, die erfragt oder gar erwartet werden, vorentschieden. Anhörungsverfahren im Vorfeld der Gesetzgebung, seltener im Strafverfahren, liefern dafür anschauliche Beispiele. Sie zeigen nicht nur die Schwierigkeiten des Übertragungs- und Nutzungsprozesses von offensichtlich unterschiedlichem Erfahrungswissen, sondern lassen schon Fragen hinsichtlich der Sicherung empirischen Wissens aufkommen, Sicherung in der Gewinnung und Sicherung in der Übertragung. Die in neuerer Zeit zu dem Grundmodell des forensischen Sachverständigen entwickelten Organisationsalternativen, insbesondere das pragmatische oder partnerschaftliche Modell, können trotz aller Attraktivität die methodischen Schwierigkeiten nicht verhindern, mögen sie vielleicht noch eher verdunkeln.

Vielfältige Aufgaben für eine anwendungsorientierte Kriminologie liefern besonders die sozialen Dienste in der Justiz wie Jugendgerichtshilfe, Gerichtshilfe, Bewährungshilfe, Bewährungs- und Führungsaufsicht sowie der Strafvollzug und die Untersuchungshaft. Teilweise werden sie als praxisbegleitende Forschung dem Kriminologischen Dienst (§ 166 StVollzG) zugewiesen. Hier handelt es sich im wesentlichen um die **vergleichende Sanktionen- und Wirkungsforschung,** um die Mängel und Mißerfolge bisheriger Sanktionspraxis aufzudecken und das Bedingungsgefüge für eine günstigere Legalbewährung sowie Sozialintegration ausfindig zu machen. Offene Vollzugsgestaltung, Gewährung von Vollzugslockerungen, Intensivierung der Bewährungs- und Strafentlassenenhilfe sowie die Handhabung des Täter-Opfer-Ausgleichs stellen hier Forschungsaufgaben.

Immerhin ist in neuerer Zeit zur Handhabung der Untersuchungshaft und des Strafvollzugs, zu den Vollzugslockerungen, zu besonderen Vollzugsformen wie der sozialtherapeutischen Behandlung und schließlich auch zum Sorgenkind des Maßregelvollzuges eine Reihe von empirischen Erhebungen durchgeführt worden, die genauere und verläßlichere Einsichten in die Vollzugsrealität ermöglichen. Da sich der Strafvollzug, wie die Sanktionenstatistik erkennen läßt, im ständigen Wandel befindet, insbesondere in neuerer Zeit wiederum Überfüllungsprobleme bewältigen muß, hinkt die Forschung fast ständig hinter der sich verändernden Vollzugswirklichkeit hinterher. Schon deshalb besteht ein **nie zu Ende gehender Bedarf an empirischem Wissen zur aktuellen Vollzugssituation.** Sinngemäß das gleiche gilt für **Bewährungshilfe und Führungsaufsicht.** Beide Dienste haben bekanntlich in den letzten Jahren erheblich an Ausdehnung und Bedeutung gewonnen. Damit machen sie auch die Begleitung durch die Forschung notwendig. Hierfür ist der Kriminologische Dienst des Vollzugs nicht zuständig. Um so dringlicher sind andere Forschungseinrichtungen aufgerufen, die Lücke zu schließen.

Da aber selbst bei informierter Vorausschau die akuten Forschungsbedürfnisse der nächsten Jahre nicht immer antizipiert und vorab befriedigt werden können, werden in der Strafgesetzpolitik stets Entscheidungen bei partieller oder unvollständiger Information zu treffen sein. Hier kann nur im nachhinein anwendungsbezogene Forschung tätig werden, nämlich durch die erwähnte Implementations- und Evaluationsforschung, die auch aus empirischer Sicht eine Erfolgsabschätzung ermöglicht. Dabei unterliegt keinem Zweifel, daß kriminalrechtliche Sanktionen überwiegend zu punktuell, zu kurz und zu spät eingreifen, um das zugrundeliegende vielschichtige Bedingungsgefüge wirksam zu verändern. Wenn es richtig ist, daß lediglich komplex gedachte Erklärungsansätze der Verbrechensentstehung gerecht werden, so können auch nur entsprechend breit gefächerte und vielfältig eingreifende Programme der Verbrechensverhütung Aussicht auf Erfolg versprechen.

Im Bereich polizeilicher Praxis ist die Anwendungsorientierung in den letzten Jahrzehnten am häufigsten erörtert und am intensivsten geprüft worden. Die Zwischenergebnisse der fast permanenten Diskussion haben immer neue Impulse ausgelöst, um kriminologische Befunde in die alltägliche Praxis umzusetzen. Sie haben auch zur Frage der Aufnahme von Forschungsergebnissen durch die Praktiker geführt. Zwar gibt es manche Zweifel an Sicherung und Relevanz kriminologischen Wissens, aber keine „Akzeptanzkrise". Immerhin kann das Akzeptanzproblem erleichtert werden, wenn man anwendungsorientierte Forschung von vornherein mit der Praxis plant und durchführt sowie deren Ergebnisse in verständlicher Sprache mitteilt. Überdies ist dafür bedeutsam, daß Praktiker durch Aus- und Fortbildung mit empirischen Befunden und deren Interpretation frühzeitig und genügend vertraut gemacht werden. Mag es gelegentlich so scheinen, als seien die Probleme anwendungsorientierter Kriminologie größer und die Grenzen höher als die Möglichkeiten, so sind diese vielfältig und wichtig genug, um den Einsatz auch der unabhängigen Forschung zu rechtfertigen.

§ 43 Kriminalprognose

1. Problemstellung und Ausgangspunkte

Schrifttum: *Sontheimer*, Voraussage als Ziel und Problem moderner Sozialwissenschaft. In: Universitätstage 1965, hrsg. v. der Freien Universität Berlin 1965, 16-33.

Zwar beeinflussen die Unsicherheiten in der Verallgemeinerung von Tätermerkmalen und die Prozesse der Selektion auch die Kriminalprognose. Ferner müssen sozialethische und rechtsstaatliche Belange beachtet werden. Dies legen besonders die Erfahrungen mit der Gefährlichkeitsprognose nahe. Dennoch kann auf die Voraussage nicht verzichtet werden.

Denn überall, wo sich der Mensch nicht dem blinden Zufall oder unerwünschten sozialen Kräften überlassen, sondern sein Leben bewußt und verantwortlich gestalten will, muß er planen. Einer solchen Absicht entspricht ein rationales, zweckorientiertes, gezieltes und, wenn möglich, erfolgreiches Vorgehen. Dieses Bestreben setzt die Kenntnis von Zusammenhängen voraus, um künftige Entwicklungen abschätzen zu können („savoir pour prévoir" – *Comte*) und mögliche Gefahren verhindern zu können („prediction and control"). „Die **Verbindung von Voraussage mit Kontrolle** ist symptomatisch. Kontrolle ist die lenkende Beeinflussung und Beherrschung des sozialen Objekts" (*Sontheimer* 1965, 21). Daher hat man die empirisch vorgehenden Sozial- und Humanwissenschaften im Gegensatz zu den herkömmlichen Geisteswissenschaften als „Prognosewissenschaften" bezeichnet. Das Erfahrungswissen über die relevanten Zusammenhänge sollte daher so groß und gesichert sein, daß sich anhand der Kenntnis der Eintritt künftiger Ereignisse voraussagen läßt. Auf diese Weise kann man Gegenmittel ergreifen und Schutzvorkehrungen treffen. Man denke nur an die alltägliche Abschätzung von Risiken in Versicherungswirtschaft und Medizin, ferner an die düstere Kriminalitätsprognose für die nachwachsende Ausländergeneration (sog. soziale Zeitbombe!) oder einfach an unser Verhalten im täglichen Leben. Fast dauernd, wenn auch unbewußt, diagnostizieren und prognostizieren wir und handeln oft danach. Immer jedoch werden erfahrene Sachverhalte und Zusammenhänge dazu benützt, künftiges Verhalten zu steuern. Hierfür ist vor allem wichtig, alle relevanten Informationen zu kennen und sachkundig zu berücksichtigen.

2. Begriff der Kriminalprognose

Schrifttum: *Dölling* (Hrsg.), Die Täter-Individualprognose. Heidelberg 1995; *Gottfredson*, Diagnosis, Classification, and Prediction in the Criminal Justice System. In: Criminological Diagnosis. An International Perspective. Lexington/Mass. u.a. 1983, 203-233; *Leferenz*, Die Kriminalprognose. In: HB der forensischen Psychiatrie. Bd. 2, hrsg. v. Göppinger u.a. Berlin 1972, 1347-1384; *Schöch*, „Prognosefall". In: Jur. Studienkurs 1994[4], 95-104.

Gezielte und zweckmäßige Handhabung setzt auch im Bereich der Verbrechenskontrolle – in der Strafgesetzpolitik, der polizeilichen Verfolgungstätigkeit, der Strafzumessungspraxis oder im Strafvollzug – neben der Analyse von Sachzusammenhängen und Persönlichkeiten die Prognose voraus. Entsprechend den reichen Anwendungsfällen in der Strafrechtspflege beschränkt man den Begriff der Kriminalprognose im wesentlichen auf **Wahrscheinlichkeitsaussagen über das künftige Legalverhalten von Personen** (vgl. *Leferenz* 1972, 1347 ff.; *Schneider* 1987, 308, 312; *Eisenberg* 1995, 189 ff.; *Göppinger* 1997, 191).

Freilich handelt es sich dabei nur um eine wissenschaftliche Konvention. Denn auch kriminalpolitische Prognosen – z.B. über die Effektivität der Entkriminalisierung des Verkehrs- oder Demonstrationsstrafrechts, über die Wirkungen der Kriminalisierung des Drogengebrauchs und der Subventionserschleichung oder die Bekämpfung von Gewaltkriminalität und Terrorismus – **sowie Voraussagen über die Verbrechensbewegung** bis über das Jahr 2000 hinaus stellen Formen der Kriminalprognose dar (dazu eingehend *Kürzinger* 1996, 312 ff.; ferner oben § 24, 3.5). Doch wird eine solche Fragestellung entsprechend den forensischen Bedürfnissen und der strafrechtlichen Ausbildung an der Universität begrifflich überwiegend ausgeklammert.

Als **Elemente der täterbezogenen Individualprognose** lassen sich Diagnose, Klassifikation und Vorhersage unterscheiden. Dabei bezieht sich die Diagnose auf den Zustand eines bestimmten Täters. Klassifikation hingegen meint die auf der Diagnose beruhende Zuordnung zu einer Kategorie ähnlicher Individuen, während die Voraussage für eine Einschätzung des erwarteten zukünftigen Verhaltens eines Täters auf dessen Klassifikation zurückgreift (*Gottfredson* 1983, 204 ff.).

Der Schwerpunkt der Prognosepraxis und ihr folgend auch der Prognoseforschung liegt also in den Bereichen der Strafrechtspflege und des Strafvollzuges. Man denke nur an die spektakulären Triebtäterfälle in Belgien und Bayern im zweiten Halbjahr 1996, die zu einer bislang unbekannten Mobilisierung der Öffentlichkeit geführt haben. Die Voraussage über die künftige Straffälligkeit des Rechtsbrechers bildet dabei eine feste Voraussetzung für die gerichtliche Entscheidung, wenn häufig auch nur implizit. Mit der breiteren Öffnung des Strafrechts für den Zweckmäßigkeitsgedanken aufgrund der Strafrechtsreformgesetze ist die Prognosestellung wichtiger denn je (*Schöch* 1994, 96). Daher ist es nur folgerichtig, wenn man in der strafrechtlichen Lehrbuch- und Kommentarliteratur in zunehmendem Maße darauf hinweist, daß empirisch gesicherte Prognoseverfahren zumindest als Ergänzung von richterlichen Prognosen etwa bei Entscheidungen über die Strafaussetzung zur Bewährung oder über die Anordnung von Maßregeln der Besserung und Sicherung vom Richter herangezogen werden sollten. Unabhängig davon, ob es sich um die Prognose im Jugend- oder Erwachsenenstrafrecht handelt, ob es um die Urteils-, Entlassungs- oder Behandlungsprognose geht, soll die Voraussage die strafrechtliche **Entscheidungspraxis rationaler, durchsichtiger und wirksamer gestalten.** Der explizite Gebrauch von Prognosen ist geeignet, Ermessensspielräume einzuschränken. Die Stellung von Kriminalprognosen dient deshalb nicht nur der Vorbereitung von Entscheidungen, sondern zugleich deren Legitimierung. Ausgangspunkte sind jedoch immer die Straftat und die Täterpersönlichkeit.

3. Anwendungsbereich

Schrifttum: *Frisch*, Prognoseentscheidungen im Strafrecht. Zur normativen Relevanz empirischen Wissens und zur Entscheidung bei Nichtwissen. Hamburg u.a. 1983; *ders.*, Dogmatische Grundfragen der bedingten Entlassung und der Lockerungen des Vollzugs von Strafen und Maßregeln. ZStW 102 (1990), 707-792; *Geisler*, Prognoseentscheidungen – ein empirisches und entscheidungstheoretisches Problem. In: GS für Kaufmann. Berlin u.a. 1986, 253-266; *Kühl/Schumann*, Prognosen im Strafrecht – Probleme der Methodologie und Legitimation. RuP 7 (1989), 126-148; *Rasch*, Die Prognose im Maßregelvollzug als kalkuliertes Risiko. In: FS für Blau. Berlin u.a. 1985, 309-325; *Schönke/Schröder*, Strafgesetzbuch. Kommentar. München 1997[25].

Die Kriminalprognose weist einen breiten Anwendungsbereich auf. Bekannte und wichtige **Anwendungsfälle** liegen der Strafaussetzung zur Bewährung (§ 56 Abs. 1 StGB) und der bedingten Entlassung aus dem stationären Strafvollzug (§§ 57 Abs. 1, 57 a StGB, 454 StPO) zugrunde. Ferner setzen die Verhängung und Bestimmung von Maßregeln der Besserung und Sicherung gem. §§ 61 ff. StGB jeweils eine positive Gefährlichkeitsprognose voraus. Das Gericht ordnet die Unterbringung in ein psychiatrisches Krankenhaus nur dann an, wenn der Täter „für die Allgemeinheit gefährlich ist", oder die Sicherungsverwahrung, wenn „die Gesamtwürdigung des Täters und seiner Taten ergibt, daß er infolge eines Hanges zu erheblichen Straftaten ... für die Allgemeinheit gefährlich ist". Um die Gefährlichkeitsprognose zu gewährleisten, wird sie vom Gesetz teilweise kraft Vorliegens bestimmter Tatsachen vermutet (z.B. in § 69 Abs. 2 StGB; zum Ganzen *Schönke/Schröder/Stree* 1997, § 56, Rn. 14 ff.).

Außerdem machen das Jugendstrafrecht (insb. §§ 5, 17 ff., 88 f. JGG), das Strafverfahrensrecht (§ 112 a Abs. 1 StPO), das Strafvollzugsrecht (§§ 7 Abs. 1, 9 ff., 11 Abs. 2, 13 StVollzG) und das Punkteverfahren für Verkehrstäter nach § 15 b StVZO Prognosen notwendig. Immer jedoch handelt es sich bei der Kriminalprognose um die angewandte Erklärung kriminologischer Befunde, um ein Stück „Herrschaftswissen", da sie in den Dienst der Verbrechenskontrolle, partiell durch Resozialisierung des Rechtsbrechers, gestellt wird. Damit wirft sie auch ethische Fragen auf, sei es bezüglich der Zulässigkeit von Maßnahmen oder der Konsequenzen.

Angesichts begrenzter empirischer Erkenntnisse, vor allem über das breite Mittelfeld der Probanden, aber auch über die Extremgruppe der Insassen des Maßregelvollzuges (vgl. *Rasch* 1985, 309 ff.), deren künftiges Legalverhalten sich nach den vorhandenen Prognosemethoden nur ungenau abschätzen läßt, erhebt sich immer wieder **Kritik**. So wird gefordert, den Anwendungsbereich der Kriminalprognose im Strafrecht einzuschränken. Für die überwiegende Zahl der Täter wird dazu vorgeschlagen, unsichere Prognosemethoden durch andere Kriterien wie Geeignetheit und Erforderlichkeit der jeweiligen Sanktionen zu ersetzen (*Frisch* 1983, 95 ff., 127 ff.). Hierbei wird jedoch verkannt, daß Eignung und vor allem Notwendigkeit einer Sanktion sich erfahrungswissenschaftlich kaum weniger schwierig beurteilen lassen und die Begründungen auf die Elemente der Kriminalprognose nicht verzichten können. Dies gilt insbesondere für die Gefährlichkeitsprognose auf dem Gebiet des Maßregelrechts und die Mißbrauchsprognose bei der Gewährung von Vollzugslockerungen. Es handelt sich um Anwendungsfälle, welche Rechtsprechung und Schrifttum zunehmend beschäftigen (dazu eingehend unten 4.).

4. Entwicklung und Stand der Prognoseforschung

Schrifttum: *Bock*, Die Methode der idealtypisch-vergleichenden Einzelfallanalyse und ihre Bedeutung für die Kriminalprognose. In: Die Täter-Individualprognose, hrsg.v. Dölling. Heidelberg 1995, 1-28; *Fenn*, Kriminalprognose bei jungen Straffälligen. Freiburg 1981; *Frey*, Der frühkriminelle Rückfallverbrecher. Basel 1951; *Glueck/Glueck* (eds.), Identification of Predelinquents. New York 1972; *Göppinger*, Angewandte Kriminologie. Ein Leitfaden für die Praxis. Berlin u.a. 1985; *Höbbel*, Bewährung des statistischen Prognoseverfahrens im Jugendstrafrecht. Göttingen 1968; *Meyer*, Rückfallprognose bei unbestimmt verurteilten Jugendlichen. Bonn 1956; *Sarnecki u.a.*, Predicting Social Maladjustment. Stockholm Boys Grown Up. Stockholm 1985; *Schöch*, Prognosefall. In: Jur. Studienkurs 1994[4], 95-104; *Schultz*, Zum Problem der Prognose in der Bewährungshilfe. Köln 1975; *Spieß*, Aussetzungspraxis, Bewährungsprognose und Bewährungserfolg bei einer Gruppe jugendlicher Probanden. In: Empirische Kriminologie, hrsg. v. d. Forschungsgruppe Kriminologie. Freiburg 1980, 425-445.

Hat mit den zahlreichen Anwendungsfällen prognostischer Aussagen im Strafrecht der **„Zweckgedanke"** seinen späten gesetzlichen Ausdruck gefunden, so bleiben Qualität und Durchsetzung nicht nur von der Strafrechtspflege, sondern auch von der wissenschaftlichen Zurüstung abhängig, und d.h. zunächst von der kriminalprognostischen Konkretisierung. Die heutige Prognoseforschung teilt freilich den Bedeutungsverlust des „ätiologischen Paradigmas" oder der nur täterorientierten Analyse.

Die Vielzahl der Ansätze und Einzeluntersuchungen kann nicht darüber hinwegtäuschen, daß die prognostischen Instrumente im breiten Mittelfeld der Untersuchungs- und Bewährungsprobanden ungenau blieben. Um erstens die **Prognostizierbarkeit** der Fälle und zweitens die **Treffsicherheit** der Voraussagen zu erhöhen, bemühte man sich um die weitere **Verwissenschaftlichung der Kriminalprognose.** Man versuchte, bessere Verfahrensweisen zu entwickeln. Damit war der Methodenstreit auch in der Kriminalprognostik fest angelegt. Weil Juristen, Psychologen und Psychiater in gleicher Weise die Verbesserung der Kriminalprognose erstrebten, handelt es sich hier zugleich um einen verdeckten Streit um die Sachverständigenkompetenz.

Die Praktiker der Strafrechtspflege gehen allgemein von einer **„intuitiven Prognose"** aus. Sie lassen sich dabei von sogenannten Alltags- oder naiven Verhaltenstheorien über menschliches Handeln leiten. Derartige Alltagstheorien und ihr Einfluß auf das richterliche Entscheidungsverhalten sind bis jetzt erst selten in das Blickfeld kriminologischer Forschung gerückt. Es besteht freilich begründeter Anlaß zu der Vermutung, daß die wesentlichen Faktoren, die Richter und Staatsanwälte ihren Prognosen zugrunde legen, mit den auf der Basis des Mehrfaktorenansatzes gewonnenen Prognosefaktoren übereinstimmen (siehe *Fenn* 1981, 133 ff.). Diese allgemeinen nur auf wenige Merkmale reduzierten Informationen – vor allem der Legalbiographie und der sozialen Integration als Indikatoren entnommen – entsprechen in hohem Maße dem allgemeinen Menschenverstand. Es handelt sich wohl um „geronnene Erfahrung". Jedoch ist das Verfahren der intuitiven Prognose nicht gegen den Einfluß von individuellen Werthaltungen und Einstellungen abgesichert. Ein solches Vorgehen kann zu richtigen Ergebnissen führen, bewirkt diese aber keinesfalls notwendigerweise oder in der Mehrzahl der Fälle (irrig deshalb KG NJW 1972, 2228; 1973, 1420). Daher kann nicht verwundern, daß diese Methode, obwohl nicht minder auf Lebens- und Berufserfahrung gegründet, den stärksten wissenschaftlichen Einwänden ausgesetzt ist.

Strenggenommen handelt es sich bei der sogenannten intuitiven Prognose um keine wissenschaftliche Methode, sondern um ein selbständig erarbeitetes Verfahren der Praktiker in Strafrechtspflege, Bewährungshilfe und Strafvollzug. Deshalb verdient dieses Verfahren auch keine besondere Beachtung mit Ausnahme der Tatsache, daß es mangels besserer wissenschaftlicher Zurüstung weit verbreitet ist (nach *Fenn* 1981, 90 wenden nur 3 bis 5% der befragten Strafrichter und Staatsanwälte wissenschaftliche Prognoseverfahren an), zumal die Heranziehung von speziellen Sachverständigen in vielen Fällen zu zeitraubend und kostenaufwendig wäre.

Wissenschaftliche Prognoseverfahren gliedern sich der herkömmlichen Übung folgend in die klinische und die statistische Methode (dazu eingehend *Göppinger* 1997, 194 ff.). Als dritte Technik wird man noch die Strukturprognostik, die in der Persönlichkeitsforschung der Herausarbeitung von Syndromen oder Konstellationen entspricht, hinzuzählen müssen. Dieses letzte Verfahren bildet eine Art Synthese der beiden erstgenannten.

Die **klinische Methode oder empirische Individualprognose** will die Prognoseentscheidung durch Untersuchungen des Lebenslaufes, der Familien-, Arbeits- und Freizeitverhältnisse des Probanden, ferner durch gezielte Explorationen und Anwendungen psychodiagnostischer Tests empirisch stützen. Sachkundig hierfür sind speziell geschulte und erfahrene Psychiater und Psychologen. Allgemein wird das erwähnte Vorgehen durch eine körperliche Untersuchung und weitere klinische Hilfsuntersuchungen ergänzt. Die Befunde bestimmen dann, wenn sie mit dem kriminologischen Bezugswissen verknüpft werden, die Kriminalprognose.

Die Verfahren dieser Methode leiden daran, daß sie empirisch durchweg an kriminologischen Extremgruppen gesichert wurden, daß daher ihre Verläßlichkeit im Mittelfeld der Untersuchungsprobanden nachläßt. Im übrigen wurden sie i.d.R. anhand kleinerer Zahlen von Untersuchungspersonen erprobt, deren Auswahl nicht zufällig war. Auch wurde die klinische Methode nur selten einer ähnlichen Effizienzkontrolle ausgesetzt wie die statistischen Prognoseverfahren. Schließlich beschränkt sich die Handhabung der klinischen Methode auf einen kleinen Kreis von Sachverständigen und ist aus Gründen der Kapazität und Prozeßökonomie für die große Zahl der Prognoseentscheidungen wenig praktikabel.

Die **statistische Prognose** will aufgrund der Häufung von Merkmalen der Rechtsbrecher eine Voraussage treffen. Dabei liegt ihr die Überlegung zugrunde, daß mit der Zunahme kriminogen gedachter Faktoren auch die Zahl der Schlechtpunkte wächst und damit eine ungünstige Prognose rechtfertigt. Die benutzten prognostischen Faktoren sind durchweg im Wege empirischer Verallgemeinerung der Analyse von Lebensläufen einzelner Rechtsbrechergruppen entnommen. Wegen der größeren Ergiebigkeit an gesuchten Faktoren wurden bevorzugt Unterlagen ausgewertet, die Rückfalltäter betrafen. Die nach Auffassung der Untersucher zwischen Rückfälligkeit und Rechtskonformität unterscheidungsfähigsten Faktoren physischer und vor allem psychischer und sozialer Art wurden in einer oftmals eklektischen Vorgehensweise aneinandergereiht und auf ihre empirische Bedeutung mittels unterschiedlicher statistischer Verfahren untersucht. Die danach aussagekräftigen Faktoren für die Straffälligkeit wurden in Zahlen ausgedrückt und zu sogenannten Prognosetafeln zusammengestellt. In der praktischen Anwendung werden vom Benutzer dieser Tafeln zunächst die relevanten Merkmale aus den Akten des Straffälligen oder Untersuchungsprobanden erhoben, der Prognosetafel entsprechend bewertet und eine Gesamtzahl ermittelt. Je nach deren Größe, und das heißt nach Zahl der sogenannten Gut- oder Schlechtpunkte, ist die Prognose günstig oder ungünstig. Zweck der Prognosetabellen oder -tafeln ist es, den Praktikern der Strafrechtspflege und des Strafvollzuges ein Hilfsmittel zur Prognosestellung zu liefern. Ebenso wie beim klinischen Verfahren gibt es auch bei der statistischen Methode mehrere Techniken.

Fraglos liegt eine **Bestätigung** des der statistischen Prognose zugrundeliegenden Prinzips darin, daß die Rückfallquote von Risikogruppe zu Risikogruppe mit der Zahl der Rückfallfaktoren wächst (*Schultz* 1975, 96 ff.). Aber die **Schwäche** derartiger statistischer Verfahren besteht ebenso wie jene der klinischen Methoden in der nur unsicheren prognostischen Aussagekraft im sogenannten Mittelfeld der Straftäter. Außerdem fällt auf, daß die statistischen Techniken durchweg ungünstiger prognostizieren, als das spätere Legalverhalten der fraglichen Personen zeigt. Die mangelnde Treffsicherheit der statistischen Methode beruht wohl im wesentlichen auf einem vereinfachten Verständnis der Kriminalität in Anlehnung an das pragmatische Mehrfaktorenkonzept. Dieses Vorgehen erweist sich zwar in Fällen gravierender Sozialisationsdefekte aufgrund handfester Indikatoren als aussagekräftig. Es versagt aber dort, wo der Sozialisationsdefekt weniger sichtbar wird oder wo Konflikte gegenläufiger Sozialisationsrichtungen, etwa Elternhaus gegen Altersgruppe, auftreten. Im übrigen leidet es an der geringen Beachtung der voraussichtlichen Sanktionswirkung (*Schöch* 1994, 100) und der Nachentlassungssituation, ferner an der prinzipiellen Nichtberücksichtigung jeglichen Spontanhandelns. Denn wir wissen heute, daß zwar die große Zahl junger Menschen irgendwann einmal oder gelegentlich delinquiert, es jedoch im übrigen versteht, auch ohne folgenreiche Kontakte mit Polizei und Justiz sozial unauffällig und überwiegend rechtstreu zu leben. Das in den Prognosetafeln zum Ausdruck gelangende Bild der Straffälligkeit trägt sowohl der unterschiedlichen Komplexität und Dynamik des Rechtsbruchs als auch der vielschichtigen Umweltlage in der Risikozeit nicht genügend Rechnung.

An dieser starren Mechanik krankt insbesondere die **Frühprognose** von potentiellen Tätern im Kindesalter. Das Ehepaar *Glueck* meinte zwar, anhand von drei

Faktoren (Aufsicht durch Mutter, Erziehung und Bestrafung durch Mutter, Zusammenhalt innerhalb der Familie) potentielle Delinquenten schon im Alter von zwei bis drei Jahren erkennen zu können. Doch andere Untersuchungen konnten die Brauchbarkeit der bisherigen Frühprognose nicht bestätigen. Wenn es irgendwo eine Eigendynamik sozialer Voraussagen („self-fulfilling prophecy") gibt, so böte sich hier ein reiches Anwendungsfeld. Auf diese Weise aber entstünde die Gefahr, daß Diagnose und Prognose erst die soziale Eigendynamik auslösen und in Gang halten, ja daß sie erst dadurch einen Stigmatisierungsprozeß einleiten.

Als dritte Methode zur wissenschaftlichen Gewinnung von Voraussagen will die **Strukturprognose** sowohl die Mängel der klinischen als auch der statistischen Methode dadurch vermeiden, daß sie beide Wege in gewisser Hinsicht miteinander verbindet. Die Unterschiedlichkeit der straffälligen Population soll durch spezifische Strukturen erfaßt werden und in den Prognosetafeln Ausdruck finden. Jedoch haben sich bis heute auch die Strukturprognosetafeln als unstabil erwiesen (dazu eingehend LB § 88).

Beachtung verdient ferner der Versuch Göppingers, mit der Methode der **idealtypisch-vergleichenden Einzelfallanalyse** ein prognostisches Instrumentarium zu schaffen, das als Ergänzung zur klinischen Prognose gedacht ist und allen in der Strafrechtspflege tätigen Berufsgruppen offenstehen soll (dazu eingehend *Göppinger* 1997, 411 ff.). Aufbauend auf die Ergebnisse der Tübinger Jungtäter-Vergleichsuntersuchung wurde eine Anleitung zur Erstellung einer kriminologischen Diagnose entwickelt, die besonders für Fälle der Eigentums- und Vermögenskriminalität von psychisch unauffälligen Tätern mit sozial auffälligem Lebenszuschnitt geeignet sein soll (dazu *Göppinger* 1985, 16 ff., 150 ff.). Ferner wird eine Anwendung der Einzelfallanalyse als Instrument der Früherkennung drohender Straffälligkeit für möglich gehalten (vgl. *Bock* 1995, 18 ff.; *Göppinger* 1997, 456 ff.). Allerdings bleiben Integration und Gewichtung der vielfältigen Befunde schwierig und setzen eine gewisse Erfahrung im Umgang mit dem Menschen voraus. Da das anspruchsvolle prognostische Instrumentarium zudem zeitlich recht aufwendig sein dürfte, stellt sich die Frage nach der Praxistauglichkeit der idealtypisch-vergleichenden Einzelfallanalyse. Im übrigen fehlt es an einer retrospektiven oder prospektiven Überprüfung der Methode (vgl. dazu *Schöch* 1994, 103).

5. Zusammenfassung und Kritik

Schrifttum: *Bischof*, Zum weiteren Verbleib strafrechtlich Untergebrachter im psychiatrischen Krankenhaus nach Aussetzung des Maßregelvollzugs. Forensia 8 (1987), 108-112; *Farrington* u.a., Criminological Prediction: The Way Forward. In: Prediction in Criminology, ed. by Farrington u.a. New York 1985, 258-269; *Frisch*, Unsichere Prognose und Erprobungsstrategie – am Beispiel der Urlaubsgewährung im Strafvollzug. StV 8 (1988), 359-367; *Hinz*, Gefährlichkeitsprognose im Maßregelvollzug. Recht und Psychiatrie 1986, 122-127; *Horstkotte*, Strafrechtliche Fragen zur Entlassungspraxis nach § 67 d Abs. 2 StGB. MschrKrim 69

(1986), 332-341; *Jung*, Die Prognoseentscheidung zwischen rechtlichem Anspruch und kriminologischer Einlösung. In: FS für Pongratz. München 1986,
251-261; *Lösel*, Prognose und Prävention von Delinquenzproblemen. In: Psychologische Prävention, hrsg. v. Brandstädter u.a. Bern u.a. 1982, 197-239; *Men-
de/Schüler-Springorum*, Aktuelle Fragen der forensischen Psychiatrie. In: Brenn-
punkte der Psychiatrie, hrsg. v. Kisker u.a. Berlin u.a. 1990, 303-338; *Rasch*, Die
Prognose im Maßregelvollzug als kalkuliertes Risiko. In: FS für Blau. Berlin u.a.
1985, 309-326; *Schöch*, „Prognosefall". In: Jur. Studienkurs 1994[4], 95-104;
Volbert, Zwischenfälle im Maßregelvollzug. Wie kalkulierbar ist das Risiko?
MschrKrim 69 (1986), 341-348.

Insgesamt läßt sich folgendes feststellen: Es bestehen theoretische und
praktische **Notwendigkeiten** zur Voraussage von Legalverhalten und
Kriminalität. Im Hinblick auf die forensischen Aufgaben ist besonders
die empirische Individualprognose bedeutsam. Urteils-, Entlassungs-
und Behandlungsprognose bestimmen hier den Anwendungsbereich.
Diesen rechtspolitischen Bedürfnissen steht nicht entgegen, daß gegenwärtig in der internationalen Kriminologie ebenso wie die Täteranalyse
auch die Prognoseforschung keinen breiten Raum einnimmt. Doch abgesehen von der Beurteilung von Extremgruppen unter den Rechtsbrechern teilt die Prognose die **Unsicherheiten** der Täterdiagnose. Zwischen beiden existiert ein Zusammenhang insofern, als die Diagnose der
Prognose vorausgeht und logisch kein Unterschied zwischen der Erklärung vergangenen Verhaltens und der Voraussage künftigen Verhaltens
besteht. Die Prognose kann also keine größere Genauigkeit erreichen als
die Persönlichkeitsbeurteilung. Dies zeigt sich besonders an der verhältnismäßig treffsicheren Leistungsprognose im Gegensatz zur unsicheren
Voraussage sozialen Verhaltens. Soweit die Nachprüfung kriminolo-
gisch-psychiatrischer Individualprognosen relativ verläßliche Ergebnisse ausweist, ist die Verallgemeinerungsfähigkeit derartiger Befunde auf
vergleichbare Extremgruppen der straffälligen Population begrenzt. Für
die herkömmlichen Verfahren der statistischen Methode gilt, daß sie
weder absolut gesehen genügend verläßlich noch dem „intuitiven" Vorgehen gegenüber überlegen sind. Auch wenn zumindest ältere Tafeln
nicht einmal treffsicherer als der Zufall vorauszusagen vermögen, so
haben doch neuere Arbeiten diskriminative Werte erzielt, die über die
Kenntnis von A-priori-Wahrscheinlichkeiten der Rückfälligkeit hinausgehen. Freilich ist hiermit noch nicht die Überlegenheit derartiger Verfahren gegenüber dem „intuitiven" Vorgehen dargetan. Die **Mängel**
liegen vor allem in der prospektiven Validierung, der geringen theoretischen Fundierung und der mangelnden Berücksichtigung jener Auswirkungen, die durch kriminalprognostische Entscheidungen bei den Straf-

fälligen induziert werden. Allerdings steht der Behebung des Theoriedefizits die Schwierigkeit entgegen, daß nach ihrem gegenwärtigen Stand kriminologische Theorie (dazu oben § 9, 1) kaum in der Lage ist, die Auswahl der aussagekräftigen Prädiktoren umfassend zu leiten. Auch die als Korrektiv geforderte „ganzheitliche Betrachtung" liefert kein überlegenes Verfahren. Denn es wird nicht erkennbar, worauf sich genau die Prognosestellung stützt. Die empirische Verallgemeinerung und Überprüfung werden hier erschwert.

Von den verschiedenen wissenschaftlichen Wegen zur Voraussage dürfte – gemessen an den praktischen Möglichkeiten und Bedürfnissen – **nur** die **Strukturprognoseforschung** weiterführen und **aussagetsreich** sein. Insofern trifft sie sich mit den neueren Tendenzen der Persönlichkeitsforschung in der Kriminologie (siehe oben §§ 27-30). Für die Praxis der Gegenwart und der nahen Zukunft bleibt einstweilen bloß die reichere Heranziehung von Sachverständigen für die empirische Individualprognose übrig, insbesondere in Fällen der Behandlung, aber auch der bedingten Entlassung. Die Übertragbarkeit auf Fälle des sogenannten Mittelfeldes, die nicht vom psychiatrischen Erfahrungsgut gedeckt werden, erscheint jedoch in ihrer Gültigkeit fraglich und ungesichert.

Problematisch gestaltet sich die **Gefährlichkeitsprognose** auf dem Gebiet des Maßregelrechts der §§ 61 ff. StGB. Dabei nimmt die Prognose im Rahmen der Bestimmung der Aussichtslosigkeit einer Entziehungskur nach § 64 Abs. 2 StGB eine gewisse Sonderstellung ein. Denn zum einen führt etwa bei der Sicherungsverwahrung und der Unterbringung in einem psychiatrischen Krankenhaus eine negative Prognose zu einschneidenden Konsequenzen, die im Einzelfall bis zur lebenslangen Unterbringung – überdies generell unter schlechteren Bedingungen als jenen des Strafvollzugs – reichen. Zum anderen bringt die zwangsläufig schwierige Probandenstruktur im Maßregelvollzug zusätzliche Unsicherheiten mit sich. Angesichts der komplizierten Rechtslage und der Sensibilität des Bereiches neigt man wohl manchmal dazu, die tatsächliche Gefährlichkeit zu überschätzen (*Rasch* 1985, 309 ff.) und vorschnell eine negative Prognose zu erstellen. Deshalb wird das gelegentlich zu beobachtende „naive Zutrauen" in die Fähigkeit der Experten, künftiges Verhalten vorauszusehen sowie die Gefährlichkeit von Menschen zu bestimmen und zu quantifizieren, kritisiert (*Horstkotte* 1986, 333). Allerdings gibt es auch gegenteilige Fälle mit folgenschwerer Unterschätzung der Rückfallgefahr. Dies gilt besonders für den Anwendungsbereich der **Entlassungsprognose**, während die Einweisungsprognose diesen speziellen Schwierigkeiten nicht in demselben Maße ausgesetzt ist. Im Rahmen der Entlassung äußert sich die Prognose als „**kalkuliertes Risiko**" (*Rasch* 1985, 319). Das Gesetz verlangt allerdings keine volle Gewähr künftigen Wohlverhaltens, keine absolut sichere Prognose (*Horstkotte* 1986, 338), was ohnehin unmöglich wäre. In den Grenzen der Verantwortlichkeit kommt der Erprobung vielmehr der Charakter eines Experimentes zu; dabei dienen Vollzugslockerungen der Erprobung der Belastbarkeit unter erweiterter Bewegungsfreiheit (zur Erprobungsstrategie *Frisch* 1988, 361 ff.), die Aussetzung der Maßregel der Erprobung in Freiheit (*Horstkotte* 1986, 337).

Freilich, nur der Rechtsbrecher, der auch von den Einrichtungen der strafrechtlichen Sozialkontrolle erfaßt wird, gibt besondere Veranlassung zur Persönlichkeitsbeurteilung und Kriminalprognose; nur er wird sanktioniert. Mögen die Einschätzungen hinsichtlich der Täterpersönlichkeit und die kriminalprognostischen Folgerungen auch knapp und flüchtig sein, immer bestimmen sie Auswahl und Verhängung der Kriminalsanktionen mit oder liegen ihnen schon implizit zugrunde.

§ 44 Strukturwandel des kriminalrechtlichen Sanktionensystems

Schrifttum: *Heinz*, Die Wechselwirkungen zwischen Sanktionen und Rückfall bzw. Kriminalitätsentwicklung. In: Strafrechtliche Probleme der Gegenwart, hrsg.v. Bundesministerium der Justiz. Wien 1996, 1-163; *Hirsch*, Bilanz der Strafrechtsreform. In: GS für Kaufmann. Berlin u.a. 1986, 133-165; *Horstkotte*, Rückblick auf die Strafrechtsreform von 1969: Erwartungen, Erfolge, Enttäuschungen. BewHi 31 (1984), 2-13; *Jung*, Sanktionensysteme und Menschenrechte. Bern 1992; *Schöch*, Kriminologie und Sanktionsgesetzgebung. ZStW 92 (1980), 143-184; *Streng*, Strafrechtliche Sanktionen. Stuttgart u.a. 1991; *Terdenge*, Strafsanktionen in Gesetzgebung und Gerichtspraxis. Eine rechtspolitische und statistische Untersuchung der Straf- und Jugendrechtsfolgen. Entwicklung von 1945-1980. Göttingen 1983.

Welche Beweggründe veranlaßten den Gesetzgeber in der Nachkriegszeit, das Sanktionensystem neu zu gestalten? Im Hinblick auf den Grundrechtsgehalt der Verfassung sollte das Strafrecht vor allem rechtsstaatlicher, verhältnismäßiger und humaner werden. Dabei gewann auch der Gedanke einer europäischen Rechtsangleichung an Bedeutung, waren doch damals im Ausland freiheitsentziehende Sanktionen schon zum Teil erheblich eingeschränkt worden. Deshalb sollte durch Zurückdrängen des Freiheitsentzuges überflüssiges Leiden vermieden sowie der

Rückfall durch Behandlung in Freiheit und nur hilfsweise in Unfreiheit verhütet werden.

Diese allgemeinen und grundsätzlichen kriminalpolitischen Erwägungen führten zu dem **sanktionenrechtlichen Programm**, die kurze Freiheitsstrafe zurückzudrängen, der Geldstrafe Priorität bei der strafrechtlichen Sozialkontrolle im Bereich der unteren und mittleren Kriminalität einzuräumen, die Freiheitsstrafe zu vereinheitlichen sowie den Anwendungsbereich der Strafaussetzung zur Bewährung zu erweitern.

Bei der Zieldiskussion und programmatischen Konkretisierung spielte der Resozialisierungsgedanke eine wichtige Rolle (vgl. *Hirsch* 1986, 160), auch wenn er zunächst nirgends ausdrücklich normiert wurde. Erst mit Einführung des Strafvollzugsgesetzes (insbesondere §§ 2 f. StVollzG) fand er seinen gesetzlichen Ausdruck. Schon zwischenzeitlich hatte sich der Bundesgerichtshof in seiner Rechtsprechung die Neuorientierung der Strafziele mit der neuen **Bedeutung präventiver Strafzwecke** zu eigen gemacht, wonach „die Strafe nicht die Aufgabe hat, Schuldausgleich um ihrer selbst willen zu üben, sondern nur gerechtfertigt ist, wenn sie sich zugleich als notwendiges Mittel zur Erfüllung der präventiven Schutzaufgabe des Strafrechts erweist" (BGHSt 24, 42, Urteil v. 8.12.1970).

Insgesamt lassen sich die Wandlungen durch drei **Merkmale** kennzeichnen:

- Bedeutungsverlust freiheitsentziehender Kriminalsanktionen durch wachsenden Legitimationsdruck, Beschränkung und Vollzugslockerungen,
- Vordringen ambulanter Sanktionsmittel, insbesondere der Strafaussetzung zur Bewährung und der sogenannten informellen Sanktionierung, sowie
- Siegeszug der Geldstrafe.

Versucht man die gegenwärtige Phase der Strafrechtsentwicklung auf eine kennzeichnende Formel zu bringen, so könnte man ebenso von einem begrenzten Schuldstrafrecht wie gemäßigten Zweckstrafrecht sprechen. Zwar ist die **Theorie der Verbrechenskontrolle**, die der gegenwärtigen Kriminalpolitik implizit zugrunde liegt, vielschichtig strukturiert, da sie als **diffuse Vereinigungstheorie** verschiedene Strafziele, Strategien und Mittel zuläßt. Jedoch sind die Kontroll- und Sanktionsstrategien der Praxiswillkür insoweit entzogen, als die Gesetze innerhalb eines Handlungsspielraums klare Prioritäten und Handlungsanweisungen vorschreiben – etwa Vermeidung von Freiheitsstrafen zugunsten ambulanter Kriminalsanktionen (§§ 46 Abs. 1 S. 2, 46 a, 47, 56 StGB) –, die durch eine relativ gleichförmige professionelle Sozialisation der Juristen innerhalb einer begrenzten Variationsbreite auch einheitlich befolgt werden.

Eine Analyse von Soll und Haben der Strafrechtsreform unter dem Aspekt des Sanktionensystems kann heutzutage auf die Erörterung von **gemeinnütziger Arbeit** und **Wiedergutmachung** durch den Täter nicht verzichten. Daß diese Gesichtspunkte in der Zielsetzung des Reformgesetzgebers Ende der sechziger Jahre keine oder nur geringe Berücksichtigung gefunden haben, ist nicht zu leugnen. Doch läßt sich andererseits nicht weniger übersehen, daß verallgemeinerungsfähige Erfahrungen über gemeinnützige Arbeit, Wiedergutmachung und Täter-Opfer-Ausgleich in den sechziger Jahren noch fehlten und selbst gegenwärtig nur eingeschränkt vorliegen. Diese ermutigen bestenfalls zum Experimentieren im Rahmen des Jugendstrafrechts und zur Berücksichtigung im Strafverfahren oder im Zusammenhang mit der Strafaussetzung zur Bewährung bzw. der Verfahrenseinstellung gem. § 153 a Abs. 1 Nr. 1 und Nr. 3 StPO sowie im Rahmen der Strafzumessung (siehe etwa § 46 a StGB). Ob und inwieweit die Erfahrungen des hessischen Modells zur gemeinnützigen Arbeit oder die Bestrebungen des schweizerischen Reformgesetzgebers weitergehende Forderungen zur Veränderung des Sanktionensystems rechtfertigen, wird sich erst noch zeigen müssen. Aus der mangelnden Antizipation derartiger Entwicklungen, die auch gegenwärtig noch als unüberschaubar gelten, läßt sich jedoch eine Kritik am Reformgesetzgeber des Jahres 1969 nicht herleiten.

Dort aber, wo der Reformgesetzgeber innerhalb seiner Ziele und seines Programms zu zaghaft und ängstlich oder auf falschem Wege zu sein schien, hat er inzwischen einige **Korrekturen** vorgenommen: Die Anwendung der Strafaussetzung zur Bewährung bzw. die Strafrestaussetzung wurden erleichtert, die bedingte Entlassung für zu lebenslanger Freiheitsstrafe Verurteilte gem. § 57 a StGB eingeführt und die Rückfallverschärfung nach § 48 StGB a.F. aufgehoben. Freilich sei dabei nicht verkannt, daß schweizerische Reformbestrebungen über das bislang erzielte Reformergebnis hinausgreifen. Folgt man den neueren Einstellungsbefragungen und der **Akzeptanz der geltenden Sanktionsstrategien** durch die Öffentlichkeit, so kann man feststellen, daß im ganzen betrachtet die Bevölkerung Reformziele und Sanktionenpraxis mitträgt (siehe dazu oben § 15).Dem steht die mitunter mißbilligte Praxis der Vollzugslockerungen und bedingten Entlassungen nicht entgegen. So gesehen ist auch eine behutsame Fortschreibung bisheriger Entwicklun-

Tabelle 13: Entwicklung der Strafen 1882-1994 im Gebiet des Deutschen Reiches bzw. der Bundesrepublik Deutschland*

	Hauptstrafen				
	Freiheitsstrafe		Geldstrafe	Todesstrafe	Summe
	Vollstrek-kung ange-ordnet	Strafaus-setzung z. Bewährung			
	%	%	%	%	%	abs. (N)
1882	76,8	–	22,2	0,03	100	315 849
1890	68,7	–	29,4	0,02	100	362 163
1900	57,8	–	39,7	0,01	100	456 479
1910	48,2	–	49,0	0,01	100	538 225
1920	57,5	–	42,5	0,02	100	517 392
1925	35,0	–	65,0	0,02	100	550 974
1930	32,6	–	67,4	0,01	100	568 199
1935	39,5	–	60,5	0,02	100	412 335
1950	37,3	–	62,7	–	100	275 182
1955	19,0	10,4	70,6	–	100	482 393
1960	19,0	11,8	69,2	–	100	485 661
1965	23,0	11,6	65,4	–	100	505 441
1970	7,6	8,5	83,9	–	100	553 692
1975	5,9	10,0	84,0	–	100	503 880
1980	6,0	11,6	82,4	–	100	599 832
1985	6,3	12,3	81,3	–	100	600 798
1990	5,3	11,3	83,3	–	100	615 089
1994	5,1	11,5	83,4	–	100	693 432

* Hauptstrafen (ohne Doppelstrafen) wegen Verbrechen und Vergehen nach allgemeinem Strafrecht (ohne Jugendstrafrecht); bis 1920 einschl. 12 bis unter 18 Jahre alte Personen; gegen Reichsgesetze (ohne Delikte nach §§ 140, 142 f. RStGB, ohne Verbrechen und Vergehen gegen das Militärstrafgesetzbuch und ohne die aus Anlaß des Krieges oder der Übergangszeit erlassenen Strafvorschriften) und ab 1950 gegen Bundes- und Landesgesetze; 1950-1960 ohne Saarland und (West-) Berlin und 1990-1994 ohne neue Bundesländer.

Quellen: Die Entwicklung der Strafen im Deutschen Reich seit 1882. In: Statistik des Deutschen Reichs Bd. 384, Kriminalstatistik für das Jahr 1928, 65, 69; Bd. 577, Kriminalstatistik für die Jahre 1935 und 1936; Kriminalität in den Jahren 1950/1951, RechtspflegeSta 1955; 1960, 58 f.; 1965, 56 f.; 1970, 112 f. (bzw. 1975, 46 f.); StVSta 1980, 72 f.; 1985, 72 f.; StVSta (A) 1990, 108, 134; 1994, 66 f.

Bis 1935 Zuchthaus, Gefängnis, Festungshaft und Haft; ab 1950 zunächst Zuchthaus, Gefängnis und Haft, seit 1953 auch Einschließung, ferner seit 1957 auch Strafarrest nach dem Wehrstrafgesetz. Seit dem 1. Strafrechtsreformgesetz vom 25.6.1969 sind nur noch Freiheitsstrafen und Strafarrest bei Verurteilungen nach allgemeinem Strafrecht zu unterscheiden.

gen zu erwarten. Die Strafrechtsreform hat uns den Anschluß an die internationale Reformentwicklung, vielleicht sogar den Durchbruch gebracht. Mag die partielle Behandlungsorientierung in manchen Teilen der Welt als „verspätet" gelten, so sind über die Richtigkeit und den

Erfolg dieses Vorgehens die Würfel noch keineswegs gefallen. Für Praxis und Vollzug der Sanktionen in Deutschland jedoch hat sie Anstöße, Erfahrungen, Humanisierung und im ganzen einen gewaltigen Schritt nach vorn bewirkt. Die Ausgestaltung der Rechtsstellung des Strafgefangenen und des Beschwerdesystems ist ferner eine nicht gering zu veranschlagende Eigentümlichkeit des deutschen Sanktionenvollzugs, die freilich nicht dazu dienen sollte, inhaltliche Innovationen des Sanktionensystems entbehrlich zu machen. Der deutliche **Strukturwandel im Sanktionensystem** seit der Jahrhundertwende, insbesondere aber in der Zeit nach dem Zweiten Weltkrieg mit seiner Hinwendung zu ambulanten Sanktionen und der Einschränkung von Freiheitsstrafen (vgl. Tab. 13), hat zu unterschiedlichen Interpretationen Anlaß gegeben. Die **Deutungen reichen von der Ausweitung sozialer Kontrolle einerseits bis zu einem Zuwachs an Freiheit, Humanisierung, ja „Zivilisierung" der Macht bis zum „Machtverfall" des Staates andererseits.** Jedoch wird man der Entwicklung kaum gerecht, wenn man sie eindimensional verengt sowie den internationalen Harmonisierungsdruck vernachlässigt.

Die beschriebenen Wandlungen lassen sich erwartungsgemäß an der Praxis ablesen. Zur Kennzeichnung der Strukturen muß es in diesem Einführungsbuch allerdings genügen, wenn die wichtigsten Formen und Ausprägungen der Kriminalsanktionen erörtert werden (vgl. im übrigen die Lehrbücher für Kriminologie und Strafvollzug).

§ 45 Praxis kriminalrechtlicher Sanktionen

1. Lebenslange Freiheitsstrafe

Schrifttum: *Goeman*, Das Schicksal der Lebenslänglichen. Berlin 1977; *Jescheck*, Die lebenslange Freiheitsstrafe. In: Die Freiheitsstrafe und ihre Surrogate im deutschen und ausländischen Recht, hrsg. v. Jescheck. Baden-Baden 1983/84, 2005-2018; *Jescheck/Triffterer* (Hrsg.), Ist die lebenslange Freiheitsstrafe verfassungswidrig? Dokumentation über die mündliche Verhandlung vor dem Bundesverfassungsgericht am 22. und 23. März 1977. Baden-Baden 1978; *Jung/Müller-Dietz* (Hrsg.), Langer Freiheitsentzug – Wie lange noch? Bonn 1994; *Kaiser*, „Lebenslänglichenfall". In: Jur. Studienkurs 1994[4], 134-145; *Kerner*, Tötungsdelikte und lebenslange Freiheitsstrafe. ZStW 98 (1986), 874-918; *Laubenthal*,

Lebenslange Freiheitsstrafe. Vollzug und Aussetzung des Strafrestes zur Bewährung. Lübeck (um 1987); *Maguire*, Dangerousness and the Tariff: The Decision-making Process in Release from Life Sentences. BritJCrim 24 (1984), 250-268; *Schultz*, Bericht und Vorentwurf zur Revision des Allgemeinen Teils des Schweizerischen Strafgesetzbuches. Bern 1985; *Sessar*, Die Umgehung der lebenslangen Freiheitsstrafe. MschrKrim 63 (1980), 193-206; *Smith* (ed.), Life-Sentence Prisoners. London 1979; *Snacken* u.a., Changing Prison Populations in Western Countries: Fate or Policing. European Journal of Crime 3 (1995), 18-53; *Weber*, Die Abschaffung der lebenslangen Freiheitsstrafe über Tatschuld und positive Generalprävention. MschrKrim 73 (1990), 65-81; *Wulf*, Kriminelle Karrieren von „Lebenslänglichen". Eine empirische Analyse ihrer Verlaufsformen und Strukturen anhand von 141 Straf- und Vollzugsakten. München 1979.

Das deutsche Strafgesetzbuch kennt seit dem 1. April 1970 und das österreichische Strafgesetzbuch seit dem 1. Januar 1975 nur noch einheitlich die „Freiheitsstrafe". Diese ist entweder lebenslang oder zeitlich begrenzt (§ 38 Abs. 1 dtStGB; § 18 Abs. 1 öStGB). Nach Abschaffung der Todesstrafe durch Art. 102 GG ist die lebenslange Freiheitsstrafe in der Bundesrepublik die **schwerste Strafe**, so als absolute Strafe für Mord und Völkermord, freilich mit der Möglichkeit einer Strafmilderung. Sie bringt in Androhung und Verhängung den Schuldvergeltungsgedanken ungebrochen und damit am entschiedensten zum Ausdruck. Für ihren Vollzug wiederum gilt der Resozialisierungsgedanke, allerdings begrenzt durch Sicherungsbedürfnis (§ 13 Abs. 2 StVollzG) und besondere Schuldschwere (§ 57 a Abs. 1 StGB). Dennoch sind ihre Androhung, Verhängung und ihr Vollzug problematisch geblieben.

Die Verminderung der natürlichen Lebensfunktion, der Persönlichkeitsabbau, die Regression in infantile Stadien und die zunehmende Lebensuntüchtigkeit von zu lebenslanger Freiheitsstrafe Verurteilten sind vielfach beschrieben worden. Demgegenüber nimmt die neuere Forschung (*Goeman* 1977, 57; *Wulf* 1979, 239 ff., 254) nicht mehr wie bisher an, daß der Vollzug der lebenslangen Freiheitsstrafe einer allmählichen Zerstörung der Persönlichkeit gleichkommt. Dabei muß man allerdings berücksichtigen, daß aufgrund der Gnadenpraxis ein Großteil der sogenannten „Lebenslänglichen" im Bundesgebiet nach etwa 20 Jahren, im Ausland zum Teil nach zehn Jahren, bedingt entlassen wurde. Neuere Erhebungen über ungünstige prognostische Fälle, also sozialgefährlich bleibende Lebenslängliche, die keine Aussicht auf bedingte Entlassung haben, gibt es aber kaum (siehe im einzelnen BVerfGE 34, 187 ff., und den Sammelband von *Jescheck/Triffterer* 1978). Immerhin läßt der englische Sammelbericht von *Smith* (1979) über „Lebenslängliche" erkennen, daß diejenigen Inhaftierten, welche die längsten Zeiten verbüßen müssen, häufig Symptome geistiger Störung zeigen, und zwar schon zum Zeitpunkt der Verurteilung.

Dennoch hat das Bundesverfassungsgericht die lebenslange Freiheitsstrafe im Ergebnis gebilligt (weiterhin kritisch, aber wenig überzeugend

Weber 1990, 65 ff.), obschon mit Auflagen an den Gesetzgeber. Daraufhin wurde mit Einführung des § 57 a in das StGB im Jahre 1982 auch bei der lebenslangen Freiheitsstrafe die Strafrestaussetzung gesetzlich vorgesehen und die bis dahin schon weithin übliche Gnadenpraxis durch Einführung der sogenannten Justizlösung überwiegend auf eine gerichtlich überprüfbare Rechtsgrundlage gestellt. Die mögliche Entlassung wird heute als festes Kalkül in das Bedingungsgefüge der Haftschicksale einbezogen, so daß die lebenslange Freiheitsstrafe **praktisch** als **Freiheitsstrafe unbestimmter Dauer** erscheint. Dabei treten aber die Fälle mit ungünstiger Kriminalprognose allzu leicht zurück. Wird der fortdauernde Vollzug der lebenslangen Freiheitsstrafe mit der besonderen Gefährlichkeit des Täters begründet, was für etwa ein Drittel aller Lebenslänglichen zutrifft und sich vor allem in den Prognoseentscheidungen äußert (vgl. *Maguire* 1984, 250 ff.), so muß die Gefährlichkeit aufgrund ständiger Beobachtung und Begutachtung der Persönlichkeit des Gefangenen immer wieder neu festgestellt werden. Nur dann kann sie den Vollzug der lebenslangen Freiheitsstrafe rechtfertigen (siehe dazu BVerfG, NStZ 1992, 405 ff.).

Zieht man die Strafverfolgungsstatistik zu Rate, so zeigt sich, daß in den Jahren 1945 bis einschließlich 1975 in insgesamt 1915 Fällen eine lebenslange Freiheitsstrafe verhängt wurde (vgl. BVerfGE 45, 203). Davon entfielen auf Mord ungefähr 97%, auf besonders schweren Totschlag 1,6%, auf besonders schweren Raub 0,9%, auf Vergewaltigung mit Todesfolge und räuberischen Angriff auf Kraftfahrer zusammen noch einmal 0,5%. Daraus folgt, daß die **Verhängung der lebenslangen Freiheitsstrafe** durch die Gerichte **immer mehr auf** die gesetzlich zwingenden **Fälle des § 211 StGB beschränkt** wird. Im Jahr 1994 traf dies auf 82 der 86 Verurteilungen zu lebenslanger Freiheitsstrafe zu (StVSta 1994, 118 ff.; zu den Definitionsprozessen bei Tötungsdelikten eingehend *Sessar* 1980, 193 ff.). In jüngster Zeit ist allerdings erneut eine leichte Zunahme der inhaftierten Lebenslänglichen zu beobachten. Nachdem die Zahl Mitte der siebziger Jahre auf unter 1000 gesunken war, hat sie jetzt wieder diese Marke überschritten. Diese Entwicklung beruht wohl auf dem allgemeinen Wandel der Strafzumessungs- und Entlassungsstrategien, die offenbar restriktiver geworden sind. Von den 1177 Verbüßern einer lebenslangen Freiheitsstrafe waren am 31. März 1991 51 Frauen, aber auch 17 Personen im Alter von 70 Jahren und mehr (StVollzSta 1991, Reihe 4.1, 10 f.).

Mit der Entwicklung von Verbüßern einer lebenslangen Freiheitsstrafe und damit der gesamten Problematik dieser Kriminalsanktion ist die **Entlassungspraxis** untrennbar verknüpft. Bis zur Einführung des § 57 a StGB im Jahr 1982 wurde die Mehrzahl der Lebenslänglichen im Gnadenweg nach einer **Strafzeit von etwa 20 Jahren** bedingt entlassen, im westlichen Ausland schon nach erheblich kürzerer Verbüßungszeit.

Wichtige Gründe sprechen, wenn nicht für die Abschaffung, so doch für die faktische Begrenzung der lebenslangen Freiheitsstrafe (vgl. BVerfGE 45, 188 ff.). Zu denken ist hier in erster Linie an die Aussetzung des Strafrestes zur Bewährung (vgl. § 57 a dtStGB; § 46 Abs. 4 öStGB; Art. 38 Ziff. 1 Abs. 2 schwStGB). Besonders die **Frage nach der bedingten Entlassung** hängt fundamental mit der Rückfallgefährdung des Täters, d.h. mit dem Problem einer verläßlichen Kriminalprognose, zusammen. Das Rückfallrisiko ist jedoch nach den bisherigen Erfahrungen, insbesondere im Vergleich mit anderen Straftätergruppen, gering. Daher kann man davon ausgehen, daß bei der überwiegenden Mehrheit der Insassen die probeweise Entlassung gewagt werden kann, wenngleich eine Schematisierung des zu entscheidenden Einzelfalles vermieden werden muß.

In der Handhabung des § 57 a StGB zeigt sich allerdings, daß sich manche Erwartungen in diese Vorschrift nicht erfüllt haben. Insgesamt verfolgen die Strafvollstreckungskammern und die Oberlandesgerichte, vor allem im Anschluß an BVerfGE 64, 261 ff., einen restriktiven Kurs. Im Jahr 1992 wurden insgesamt nur 167 Strafrestaussetzungen nach § 57 a StGB gezählt (StVollzSta 1992, Reihe 4.2, 7). Ein Vergleich mit Staaten des westlichen **Auslandes** führt zu dem Ergebnis, daß dort „lebenslänglich" erheblich kürzer ist als in der Bundesrepublik (eingehende Nachweise siehe LB § 93, 1). Immerhin führte die Verknüpfung von gesetzlich vorgeschriebenen lebenslangen Freiheitsstrafen mit einem schärferen Strafzumessungssystem in England und Wales zu einem eindrucksvollen Anstieg der Lebenslänglichen im Strafvollzug (von 76 Strafgefangenen im Jahr 1965 zu 229 im Jahr 1990) und der durchschnittlichen Dauer der Freiheitsstrafen vor der bedingten Entlassung (nämlich von 9 Jahren Anfang der 70er Jahre zu 13 Jahren im Jahr 1990). Entsprechend stieg die Durchschnittspopulation der Lebenslänglichen von 140 im Jahr 1957 auf 1675 im Jahr 1981 und auf etwa 3000 im Jahr 1992 an. Danach gilt Großbritannien als Land mit mehr Lebenslänglichen im Vollzug als alle anderen Staaten des Europarates zusammen (berichtet nach *Snacken* u.a. 1995, 33 m.N.).

Die allgemein zurückhaltende Aussetzungspraxis in Deutschland entspricht der gesetzlichen Regelung und ihrer Auslegung durch das Bundesverfassungsgericht. Denn nach § 57 a Abs. 1 Ziff. 2 StGB ist ähnlich § 46 Abs. 4 S. 2 öStGB bei der Entscheidung über die bedingte Entlassung Lebenslänglicher – anders als bei den zu zeitiger Freiheitsstrafe Verurteilten nach § 57 StGB – der Gesichtspunkt der besonderen **Schuldschwere** zu beachten. Die Berücksichtigung dieses Kriteriums kann dazu führen, daß die Mindestverbüßungszeit von 15 Jahren im Einzelfall erheblich überschritten wird, wie die Praxis zeigt. Da der Gesichtspunkt der besonderen Schuldschwere im Anschluß an BVerfGE 64, 261 ff. keineswegs nur in Ausnahmefällen herangezogen wird, besteht die Gefahr, daß sich weiterhin die Verbüßungszeiten der lebenslangen Freiheitsstrafen stark unterscheiden, ohne durch entsprechend unterschiedliche Sozialprognosen begründet zu sein.

Insgesamt freilich deckt sich die Tendenz der Rechtsprechung des Bundesverfassungsgerichts mit den Auffassungen anderer oberster Gerichte des westlichen Auslands bis zu jenen der USA und Japans. Eine **Änderung** ist **in naher Zukunft nicht zu erwarten**. Auch die Bundesregierung sieht hier keinen Änderungsbedarf (vgl. Recht Nr. 4/1996, 58, 62). Lediglich **kleinere Korrekturen** werden mittlerweile von den Strafgerichten vorgenommen, nachdem der Große Senat für Strafsachen (BGHSt 30, 105 ff.) die Durchbrechung der zwingenden Anordnung zu lebenslanger Freiheitsstrafe bei Mord ermöglicht hat (sog. **Rechtsfolgenlösung des Bundesgerichtshofs**). Diese ist allerdings im Schrifttum auf breite Kritik gestoßen. Da sie **nur in Ausnahmefällen** gelten soll, werden vom Bundesgerichtshof seitdem sämtliche Urteile von Untergerichten, welche in der Regel bei § 211 StGB von der lebenslangen Freiheitsstrafe abweichen, aufgehoben. Man wird deshalb feststellen müssen, daß die Lage der lebenslangen Freiheitsstrafe, bei allem Wandel im Detail, im wesentlichen über die Jahrzehnte hinweg konstant geblieben ist.

2. Kurze Freiheitsstrafe

Schrifttum: *Albrecht, H.-J.*, Die Geldstrafe als Mittel moderner Kriminalpolitik. In: Vergleichung als Methode der Strafrechtswissenschaft und der Kriminologie, hrsg. v. Jescheck u.a. Berlin 1980, 235-255; *Dolde/Jehle*, Wirklichkeit und Möglichkeiten des Kurzstrafenvollzugs. ZStrVo 35 (1986), 195-202; *Dolde/Rössner*, Auf dem Wege zu einer neuen Sanktion: Vollzug der Freiheitsstrafe als Freizeitstrafe. ZStrVo 99 (1987), 424-451; *Hüsler/Locher*, Kurze Freiheitsstrafen und Alternativen. Analyse der Sanktionspraxis und Rückfall-Vergleichsuntersuchung. Bern 1991; *Killias*, Der Kreuzzug gegen die kurze Freiheitsstrafe. In: Reform strafrechtlicher Sanktionen, hrsg.v. Bauhofer u.a. Chur 1994, 111-139; *Kohlmann*, Vollstreckung kurzfristiger Freiheitsstrafen – wirksames Mittel zur Bekämpfung von Kriminalität? In: FS für Triffterer. Wien 1996, 603-616; *Kunz*, Die kurzzeitige Freiheitsstrafe und die Möglichkeit ihres Ersatzes. SchwZStr 103 (1986), 182-215; *Riklin*, Die Diskussion über die kurzen Freiheitsstrafen und die Alternativen im europäischen Ausland. In: Der Strafvollzug in der Schweiz 3 (1985), 122-130; *Schaffmeister*, Durch Modifikation zu einer neuen Strafe. Versuch einer Erklärung der fortdauernden Verwendung der kurzen Freiheitsstrafe in den Niederlanden. In: FS für Jescheck. Berlin u.a. 1985, 991-1014; *Tiedemann*, Sanktionen gegen Wirtschaftskriminelle. In: Politische Kriminalität und

Wirtschaftskriminalität, hrsg. v. der Schweizerischen Arbeitsgruppe für Kriminologie. Diessenhoffen 1984, 273-284; *Tournier*, Statistics on Prison Population in the Member States of the Council of Europe. Penological Information Bull 19 and 20 (1994-1995), 34-92; *Weigend*, Die kurze Freiheitsstrafe – Eine Sanktion mit Zukunft? JZ 1986, 260-269.

Unter kurzer Freiheitsstrafe versteht man allgemein eine Freiheitsentziehung mit Strafcharakter bis zu 6 Monaten. Ihre Funktion als Individualabschreckung (Prinzip des „short sharp shock") und Generalprävention („Verteidigung der Rechtsordnung") sowie die von ihr tatsächlich ausgehenden Wirkungen sind umstritten. Ihre Anwendungshäufigkeit ist international beachtlich.

Die Zurückdrängung der kurzen Freiheitsstrafe zählt zu den wichtigsten Forderungen strafrechtlicher **Reformbewegung** der letzten einhundert Jahre. So ist in § 47 StGB die kurze Freiheitsstrafe mit einer Dauer von weniger als 6 Monaten zwar anerkannt. Gleichwohl hat der Gesetzgeber versucht, sie zur ultima ratio auszugestalten. Sie soll nur dann eingreifen, wenn besondere Umstände ihre Verhängung unumgänglich machen (§ 47 Abs. 1 StGB). Schwerwiegende **Einwände gegen ihre Anwendung** bestehen deshalb, weil der Täter aus seinen sozialen Bezügen gerissen wird, nur um kurze Zeit später nach seiner Entlassung wieder vor dem alten Problem zu stehen. Hinzu tritt, daß durch eine Freiheitsstrafe von weniger als 6 Monaten eine integrierende Beeinflussung des Täters kaum möglich ist. Vor allem hat der Verurteilte während seiner Haftzeit keinerlei Möglichkeiten, rechtstreues Verhalten einzuüben und zu beweisen. Neben der Gefahr erhöhter krimineller Ansteckung, welcher der Gefangene ausgesetzt wird, ist für die Zurückhaltung bei der Vollstreckung der kurzen Freiheitsstrafe ferner die finanzielle Ersparnis hervorzuheben. Statistische Untersuchungen gelangen denn auch zu dem Schluß, daß zu kurzer Freiheitsstrafe Verurteilte in den ersten sechs Monaten nach der Verurteilung überdurchschnittlich **viele Rückfälle** aufweisen (für die Schweiz *Hüsler/Locher* 1991, 182).

Dennoch ist die **kurze Freiheitsstrafe keineswegs zur erwarteten Ausnahme geworden**. Zwar hat sie bei der Strafverhängung erheblich abgenommen und ist auf etwa ein Zehntel ihres früheren Umfanges zurückgedrängt worden. So wurde sie 1994 nur in 9 545 Fällen verhängt (26,8%) von insgesamt 35 577 unbedingt ausgesprochenen Freiheitsstrafen im Altbundesgebiet (StVSta 1994, 118). Aber die Zahl derjenigen, die jährlich tatsächlich eine Freiheitsstrafe von weniger als 6 Monaten verbüßen, wird auf das Sechsfache des Verhängten geschätzt: das sind ungefähr 60 000 oder 10% aller nach allgemeinem Strafrecht

Verurteilten (*Weigend* 1986, 261). Dieser **beträchtliche Zuwachs er-folgt auf Umwegen.** Er beruht auf den an sich unbeabsichtigten Neben-folgen bei der Vollstreckung anderer Sanktionen, insbesondere durch Vollzug von Ersatzfreiheitsstrafen, durch Widerruf von Straf- und Straf-restaussetzung, durch bedingte Entlassung bei längeren Freiheitsstrafen und die Anrechnung von Untersuchungshaft. Gleichwohl werden damit Reformintention und Entscheidungsprogramm nach § 47 Abs. 1 StGB keineswegs aufgehoben, sondern im Ergebnis nur geschwächt.

Mit der Häufigkeit kurzer Freiheitsstrafen steht die Bundesrepublik nicht allein, obschon die Gründe der Anwendung international erheblich von-einander abweichen. Aufgrund anderer Erwägungen erlebt die kurze Freiheitsstrafe **im Ausland** geradezu eine **Renaissance.** War die Beibe-haltung dieser Strafe in der Bundesrepublik Deutschland eine Kompro-mißlösung und sollte sie lediglich als „kriminalpolitische Notbremse" (*Weigend* 1986, 261), insbesondere für die Ersatzfreiheitsstrafe, dienen, so liegt sie nunmehr voll im **aktuellen kriminalpolitischen Trend** (dazu ausführlich *Riklin* 1985, 122 ff.; *Dolde/Jehle* 1986, 195 ff.; *Kunz* 1986, 182 ff.; *Weigend* 1986, 260 ff.; *Killias* 1994, 111 ff.; *Kohlmann* 1996, 415). Dies zeigt auch der nähere Blick in die Sanktionenpraxis des westlichen Auslandes.

In **Österreich** wurden bei Erwachsenen 1995 insgesamt 13 147 Freiheitsstrafen von bis zu 6 Monaten Dauer verhängt (= 68,0% aller Freiheitsstrafen), davon 3200 unbedingt (= 16,6% von allen). Dies waren 4,8% aller gerichtlichen Verur-teilungen (Gerichtl. Kriminalstatistik 1995, 152).

In der **Schweiz** überwiegen bei den 1994 verhängten Freiheitsstrafen die kurzen Strafen eindeutig. In 89% der Fälle lag die Strafdauer bei drei Monaten oder weniger. Bei 81% der bedingten und 61% der unbedingten Freiheitsstrafen betrug die Dauer sogar weniger als 30 Tage. Nur 4% der verhängten Freiheitsstrafen wiesen eine Dauer von einem Jahr und mehr auf (Strafurteilsstatistik 1994).

Die **faktische Dominanz der kurzen Freiheitsstrafe** wird noch deutlicher am Beispiel der als kriminalpolitisch besonders fortschrittlich geltenden Staaten:

So steht in den **Niederlanden** die kurze Freiheitsstrafe klar im Vordergrund. Im Gegensatz zum Bundesgebiet mit durchschnittlich 5,5 Monaten beträgt dort die mittlere Haftzeit lediglich 3,2 Monate. Ähnliches gilt für **Dänemark**, welches eine mittlere Haftdauer von etwa einem Monat aufweist, ferner für **Norwegen** (*Tournier* 1994-1995, 74, 84).

Die Gründe für diese Entwicklung sind denn auch erwartungsgemäß vielfältig. Wie schon die erwähnten internationalen Unterschiede in der durchschnittlichen Inhaftierungsdauer erkennen lassen, ist in den Nie-derlanden, in Skandinavien und der Schweiz die kurze Freiheitsstrafe unter Zurückdrängung längerer Strafzeiten zur Freiheitsstrafe schlechthin geworden, während man dies in der Bundesrepublik Deutschland und in Österreich nicht feststellen kann. Deshalb handelt es sich auch nur sehr eingeschränkt um eine Auswirkung der allgemeinen Krise des Behandlungsgedankens (dazu ausführlich oben § 13, 5). Wie dort findet sich freilich auch hier in Zusammenhang mit der Befürwortung kurzer Freiheitsstrafen eine eigenartige Koalition einer mehr konservativen Strömung mit punitiver Grundhaltung sowie dem konträren Lager liberal-progressiv denkender Kreise, die auf eine Verkleinerung strafrechtlicher Übelszufügung bedacht sind und in den kurzen Freiheitsstrafen den unbestrittenen Vorteil sehen, daß sie eben kurz sind (*Kunz* 1986, 198). Hinzu kommt die Einschätzung, daß in der modernen westlichen Wohlstands- und Freizeitgesellschaft die persönliche Handlungsfreiheit hohen Wert genießt und deshalb auch ihr kurzzeitiger Entzug als empfindliche Einbuße empfunden wird (vgl. *Schaffmeister* 1985; *Kunz* 1986, 199; ferner *Riklin* 1985, 127, Fn. 57 zur schwedischen Reformdiskussion). Dafür hat sich international inzwischen die dem englischen Criminal Justice Act 1948 entnommene Formel des „short sharp shock" durchgesetzt, die ironischerweise aus der Operette „Mikado" (1885) von *Sullivan* und *Gilbert* stammt.

In dieser Funktion des empfindlichen Denkzettels wird die kurze Freiheitsstrafe als **besonders geeignet für sozialintegrierte Personen**, namentlich **in den Bereichen der Verkehrs- und Wirtschaftsdelinquenz**, angesehen. Sie trifft einerseits solche Täter höchstpersönlich, die aber andererseits einer Resozialisierung im üblichen Sinne nicht bedürfen. Außerdem entfaltet die Furcht vor Freiheitsentzug und wirtschaftlicher Existenzbeeinträchtigung im Falle der Betriebsschließung positive Wirkungen auf potentielle Täter (*Tiedemann* 1984, 273 ff.; *Riklin* 1985, 126; *Kunz* 1986, 199, jeweils m.N.). Jedoch stehen die vergleichenden Wirkungsanalysen darüber noch aus und damit auch die Erkenntnisse über die Erforderlichkeit der Verhängung.

Eine abschließende Beurteilung dieser gegenläufigen und vielschichtigen Strömungen im In- und Ausland fällt nicht leicht. Denn die Aufgaben, die der kurzen Freiheitsstrafe in den verschiedenen Ländern angesonnen werden, decken sich nur teilweise.

Nach dem gesetzlichen Entscheidungsprogramm mag in der Schweiz und auch in Österreich eine breite Anwendung kurzer Freiheitsstrafen zulässig sein. In der Bundesrepublik hingegen läuft eine derartige Erwägung den Zielen der Strafrechtsreform zuwider. Die Mindeststrafe beträgt nach geltendem Recht (§ 38 StGB) einen Monat. Diese Regelung verdient Zustimmung, denn die „short sharp shock"-Ideologie ist nicht nur in ihrer straftheoretischen Begründung, sondern auch in ihrer praktischen Durchsetzung anfechtbar. Weder läßt sich mit Sicherheit von der kurzen Freiheitsstrafe eine bessere Verwirklichung der präventiven Strafziele erwarten als von anderen Sanktionen, noch kann von einer prinzipiell geringeren Effizienz gesprochen werden. Besteht insoweit eine „Non-liquet"-Situation, dann führt das verfassungsrechtliche Prinzip des Mindesteingriffs oder der Grundsatz der Erforderlichkeit zur Ablehnung der kurzen Freiheitsstrafe (dazu *Weigend* 1986, 262 ff.). Wenn sich hierzulande der Gesetzgeber trotz schwerer Bedenken nicht dazu entschließen konnte, vollständig auf die kurze Freiheitsstrafe zu verzichten, so aufgrund anderer Erwägungen. Denn die **kurzfristige Freiheitsentziehung erscheint vor allem** in Form der Ersatzfreiheitsstrafe **als Druckmittel notwendig,** um die Geldstrafe gegenüber säumigen Zahlern durchzusetzen und um ferner die Strafaussetzung zur Bewährung für den Fall des Scheiterns mit fühlbaren Konsequenzen abzusichern. Der weitere Kurzstrafenvollzug auf dem Wege der bedingten Entlassung oder der Untersuchungshaft läßt sich ohnedies nicht völlig vermeiden, ganz abgesehen davon, daß dies auch teilweise gar nicht wünschenswert wäre. Ob darüber hinaus Wissen und Diskussion der Gegenwart Anlaß bieten, das Niveau der Strafdauer generell zu senken, um damit übergeordneten Humanisierungsbestrebungen zu entsprechen, bedarf noch stärkerer empirischer Überprüfung.

3. Strafaussetzung zur Bewährung

Schrifttum: *Bieker*, Bewährungshilfe aus der Adressatenperspektive. Sichtweisen, Erfahrungen und Reaktionen der Probanden. Bonn 1989; *Bockwoldt*, Strafaussetzung und Bewährungshilfe in Theorie und Praxis. Lübeck 1982; *Böhm/Erhard*, Strafrestaussetzung und Legalbewährung; Ergänzungsuntersuchung. Darmstadt 1991; *Dünkel/Ganz*, Kriterien der richterlichen Entscheidung bei der Strafaussetzung nach § 57 StGB. MschrKrim 68 (1985), 157-175; *Feltes*, Strafaussetzung zur Bewährung bei freiheitsentziehenden Strafen von mehr als einem Jahr. Heidelberg 1982; *Heinz*, Strafrechtsreform und Sanktionsentwicklung. ZStW 94 (1982), 632-668; *Kerner* u.a., Straf(rest)aussetzung und Bewährungshilfe. Heidelberg 1984; *Riklin*, Neue Sanktionen und ihre Stellung im Sanktionensystem. In: Reform strafrechtlicher Sanktionen, hrsg.v. Bauhofer u.a. Chur 1994, 143-182; *Spieß*, Prognose. In: Prävention abweichenden Verhaltens. Maßnahmen der Vorbeugung und Nachbetreuung, hrsg. v. Kury. Köln u.a. 1982, 571-604.

Strafaussetzung zur Bewährung oder bedingter Strafvollzug ist ein kriminalpolitisch bedeutsames Sanktionsmittel der Gegenwart. Sie kann sich auf die Vollstreckung der Freiheitsstrafe (§ 56 dtStGB; Art. 41 schwStGB) und der Geldstrafe (z.b. § 43 Abs. 1 öStGB; siehe auch § 59 dtStGB) beziehen. Ihre Rechtsnatur ist umstritten. Die Funktions- und Wirkungsanalyse spricht dafür, in der Strafaussetzung entgegen ihrer rechtlichen Konstruktion nicht nur die Modifikation einer Hauptstrafe zu erblicken, sondern mindestens eine **Kriminalsanktion eigener Art**, wenn nicht gar eine „dritte Spur" des Sanktionensystems. Die Strafaussetzung muß sich nicht im bedingten Strafausspruch erschöpfen, sondern kann mit Weisungen und Auflagen sowie der Unterstellung unter die Bewährungsaufsicht verbunden werden. Im Hinblick darauf dient sie in erster Linie der Resozialisierung der Verurteilten – vor allem in Verbindung mit der Bewährungshilfe –, sekundär, insbesondere bei nicht Resozialisierungsbedürftigen, auch bloßer Individualabschreckung und der Entlastung des stationären Strafvollzugs. Vom Verurteilten und der Öffentlichkeit her betrachtet gilt sie nicht selten als „Vergünstigung" gegenüber der Vollstreckung der Bezugsstrafe. Nach ihrer Anwendungshäufigkeit hat sie – in der Bundesrepublik Deutschland ebenso wie in der Schweiz – die vollstreckte Freiheitsstrafe seit den siebziger Jahren überflügelt. Die Strafaussetzung kann sich ferner auf die gesamte Strafe oder nur einen Teil davon, insbesondere den Strafrest, beziehen. Auch die Strafrestaussetzung (§§ 57 f. dtStGB) oder bedingte Entlassung (§ 46 öStGB; Art. 38 schwStGB) ist kriminalpolitisch äußerst wichtig.

Wie über die Veränderungen des Sanktionensystems bereits ausgeführt wurde (vgl. oben § 44), stellt die Entwicklung der Strafaussetzung zur Bewährung **eine der bedeutendsten Wandlungen der Sanktionspraxis** in den letzten drei Jahrzehnten dar. Betrug die Aussetzungsquote im Jahr 1968 nur etwa 35%, so hat sie sich unmittelbar nach der Strafrechtsreform sprunghaft auf 53% im Jahr 1970 erhöht und liegt nun etwa bei 69% (StVSta 1994, 66 f.).

Die **Dauer der Bewährungszeit** beträgt bei Erwachsenen in den meisten Fällen im Durchschnitt ebenso wie bei Jugendlichen 3 Jahre, obwohl das Gesetz bei Erwachsenen einen Rahmen von 2 bis 5 Jahren (vgl. § 56 a StGB), bei Jugendlichen aber nur einen von 2 bis 3 Jahren (vgl. § 22 Abs. 1 JGG) vorschreibt. 1994 wurden bei 51,9% der zur Bewährung ausgesetzten Freiheitsstrafen **Auflagen** angeordnet und bei 41,4% **Weisungen** erteilt (StVSta 1994, 66 f.). Als Auflage wurde überwiegend die Zahlung einer Geldbuße verfügt.

Allerdings werden nur etwa 25% aller verurteilten Bewährungsprobanden auch der Bewährungshilfe unterstellt. Dennoch hat sich die Zahl der **Unterstellungen** unter die Bewährungshilfe insgesamt verzehnfacht, wobei der Zuwachs bei den Erwachsenen mit einer nunmehr elfmal höheren Probandenzahl überproportional ausgefallen ist. Insgesamt wurden im Jahr 1991 130 750 Bewährungsaufsichten gezählt, davon 97 293 bei Erwachsenen (BewHiSta 1991, 8).

Der allgemeine Trend – weg von stationären Maßnahmen und hin zu ambulanten Sanktionen – zeigt sich aber nicht nur in diesem Bereich. Bei der **Aussetzung des Strafrestes zur Bewährung** nach § 57 StGB wird die Bewährungshilfe schon vom Gesetz her als Regelfall angesehen, wenn der Täter mindestens ein Jahr der Strafe verbüßt hat (§ 57 Abs. 3 S. 2 StGB). Diese Bestimmung trägt den besonderen Eingliederungsschwierigkeiten nach längerer Haft Rechnung. Deshalb ist bei der Strafrestaussetzung auch die **Unterstellungsquote** unter die Bewährungshilfe **höher**. Selbst hinsichtlich der für den Strafvollzug verbleibenden Population der Straffälligen scheint die Strafrechtspflege zunehmend auf ambulante Maßnahmen zu vertrauen, wie sich aus dem prozentualen **Zuwachs der bedingten Strafentlassung** (§ 57 StGB) ergibt.

Diese Entwicklung hat erwartungsgemäß zu erheblichen **Kapazitätsproblemen** geführt. Neben der Überlastung haben die Bewährungshelfer zusätzlich mit einer schwieriger werdenden Probandenstruktur zu kämpfen.

Am 31.12.1991 unterstanden 97 293 Erwachsene den insgesamt 2129 Bewährungshelfern in der Bundesrepublik. Bezieht man diese Zahl auf alle 130 750 Probanden der **Bewährungshilfe**, so ergibt sich eine **Probandenzahl** von 61 **pro Bewährungshelfer** (BewHiSta 1991, 10). Am 31.12.1963 kamen hingegen auf die 496 Bewährungshelfer 27 401 Probanden, davon nur 7141 Erwachsene, also insgesamt ca. 55 Probanden pro Bewährungshelfer (vgl. BewHiSta 1963, 8). Angesichts der erhöhten Belastung der Bewährungshelfer ist nicht zu verkennen, daß sich diese durch die Ausdehnung des Anwendungsbereichs und die sich wandelnde Sanktionspraxis der Gerichte zahlreichen Schwierigkeiten gegenübergestellt sehen. Dazu hat vor allem der starke Anstieg der Probandenzahl beigetragen, der nur allmählich durch vermehrte Einstellung von Bewährungshelfern aufgefangen werden konnte.

Von den am 31.12.1991 gezählten 98 912 nach allgemeinem Strafrecht verurteilten Bewährungsprobanden war bei 55 063 (= 55,7%) die gesamte Freiheitsstrafe zur Bewährung ausgesetzt, bei 44 791 (= 42,3%) nur der Strafrest (BewHiSta 1991, 10). Damit zeigt sich, daß jeweils nur **bei ungefähr der Hälfte der unterstellten Probanden die Strafe unmittelbar zur Bewährung ausgesetzt wird, während die andere Hälfte in der Regel einen längeren Aufenthalt im Strafvollzug hinter sich** hat. Die Konsequenzen hieraus im Hinblick auf den Erfolg der Bewährungshilfe sollen anhand der empirischen Arbeiten näher beleuchtet werden.

In der zum Teil veränderten Struktur der Probanden und in der anhaltenden Fallzunahme, die mit der Vergrößerung der Dienststellen zahlreiche Organisationsfragen geschaffen hat, werden die **Hauptprobleme** der gegenwärtigen Bewährungshilfe gesehen. Abgesehen von der großen Probandenzahl, die weit über der geforderten Sollzahl von 30-40 pro Bewährungshelfer liegt, treten besondere Schwierigkeiten durch den erweiterten Personenkreis auf. So werden heute viele Täter der Bewährungsaufsicht unterstellt, die früher mit einer Aussetzung nicht rechnen konnten; darunter auch so verschiedene und schwierige Behandlungsfälle wie Drogendelinquenten und Täter der mittelschweren bis schweren Kriminalität mit zum Teil schlechter Prognose. Man muß auch bei dem hier zunehmend in Betracht kommenden **Probandenkreis** also beachten, daß erhebliche **Sozialisationsmängel und Mehrebenenkonflikte im sozialen Nahraum** vorliegen. Eine weitere Schwierigkeit wird in der **Doppelfunktion** des Bewährungshelfers gesehen (vgl. *Bieker* 1989, 243, 249).

Bei der **Frage nach der Effizienz** der Strafaussetzung zur Bewährung schlagen sich im besonderen Maße die unterschiedlichen Erfolgskriterien, regionale Verschiedenheiten der einzelnen Untersuchungen und die Struktur des Probandenkreises nieder. Als **Erfolgskriterien** bieten sich sowohl die Rückfälligkeit als auch die Widerrufsquote an, wobei ein Widerruf in vielen Fällen nicht mit Rückfall gleichzusetzen ist. Nach den empirischen Untersuchungen wird auch deutlich, daß **Erfolgs- und Mißerfolgsquote** je nach Kriterium und Probandenkreis **sehr unterschiedlich** sind. Insgesamt gesehen ist jedoch bei der Widerrufspraxis inzwischen eine **gestiegene Risikobereitschaft** erkennbar, so daß die positive Entwicklung der Straferlaßquote zunehmend auch vorbestraften Probanden zugutekommt, freilich mit noch unsicherem Ergebnis dieser Strafzumessungsstrategie.

Verglichen mit den entsprechenden Relationen des Jahres 1964 hat sich die **Mißerfolgsrate** der unterstellten Bewährungsprobanden **kaum erhöht** (dazu *Spieß* 1982, 581 f.), und zwar ganz im Gegensatz zu jener der nicht unterstellten Bewährungsprobanden. Eine gegenteilige Erwartung lag aber nach der erheblichen Ausdehnung des Anwendungsbereichs nahe. Wahrscheinlich sind in der Gerichtspraxis die Bewährungskriterien allmählich großzügiger und die Widerrufsgründe einengender ausgelegt worden. Gegenwärtig muß man davon ausgehen daß **insgesamt betrachtet in annähernd 35% aller Fälle die Strafaussetzung zur Bewährung widerrufen** werden muß (dazu *Heinz* 1982, 653), freilich bei den der Bewährungshilfe unterstellten Probanden etwa zu 50%, obschon nur in rd. 35% der Fälle wegen erneuter Straffälligkeit.

Das **Mängelprofil der Bewährungshilfe** liegt demgegenüber in der erneut gestiegenen Fallzahl, also in der Belastung, in den beschränkten

Übergangs- und Unterbringungsmöglichkeiten für die Probanden, in der noch unsicheren Eignung von Verurteilten für die Bewährungshilfe und in der äußerst geringen Kontaktintensität, wenn nicht gar Beziehungslosigkeit zwischen Bewährungshelfer und Bewährungsprobanden (dazu *Bockwoldt* 1982, 226 ff.), welche sich aus den vorerwähnten Gründen ergibt.

Immerhin zeigen sich die derzeitige Strafaussetzung zur Bewährung und die Bewährungshilfe für einen bestimmten Täterkreis als zumindest **gleich wirksames, wenn nicht gar der unbedingten Freiheitsstrafe überlegenes Sanktionsinstrument**, ganz abgesehen von der geringeren Eingriffsintensität und der Kostenersparnis. Vor allem bei älteren und erstmalig bestraften Tätern sowie bei weiblichen Probanden scheint sich die Strafaussetzung in den meisten Fällen als wirksames Sanktionsmittel zu bewähren. Allerdings sind **bei Jugendlichen und Heranwachsenden** tendenziell **höhere Widerrufsquoten** zu verzeichnen. Dieses Phänomen scheint aber so alt wie der Gedanke der Strafaussetzung zu sein. Die alte Klage zur bedingten Begnadigung bezeugt dies. Dennoch ist zur Erfolgssteigerung eine bessere richterliche Prognose notwendig, eine größere Zahl von Bewährungshelfern und eine im Hinblick auf die zunehmend schwieriger werdenden Probandenfälle verbesserte Ausbildung. Unter solchen Bedingungen läßt sich die Ausdehnung der Strafaussetzung zur Bewährung als Sanktionsmittel rechtfertigen und auch effizient gestalten (vgl. etwa *Feltes* 1982, 43 ff.; *Riklin* 1994, 156).

4. Geldstrafe

Schrifttum: *Albrecht, H.-J.*, Strafzumessung und Vollstreckung bei Geldstrafen unter Berücksichtigung des Tagessatzsystems. Berlin 1980; *ders.*, Die Legalbewährung bei zu Geld- und Freiheitsstrafen Verurteilten. Freiburg 1982; *Bernhard*, Der Bußenvollzug gemäß Art. 49 StGB unter besonderer Berücksichtigung der Praxis des Kantons Zürich. Diessenhofen/CH 1982; *Carlen/Cook* (eds.), Paying for Crime. Milton Keynes/GB 1989; *Fleischer*, Die Strafzumessung bei Geldstrafen. Darstellung des Sanktionsmittels Geldstrafe und dessen empirische Überprüfung nach Einführung des Tagessatzsystems. Jur. Diss. Gießen 1983; *Heinz*, Strafrechtliche Sozialkontrolle. Beständigkeit im Wandel? BewHi 31 (1984), 13-37; *Hillsman*, Fines and Day Fines. Crime-Justice 12 (1990), 49-98; *Morris/Tonry*, Between Prison and Probation. New York 1990; *Softley*, Fines in Magistrates Courts. London 1978; *Tonry*, Sentencing Matters. New York u.a. 1995.

Die Geldstrafe besteht in der persönlichen Verpflichtung des Verurteilten, eine bestimmte Geldleistung an den Staat zu erbringen. Sie ist nach bisherigem Recht die einzige Hauptstrafe am Vermögen und gilt als die mildeste Strafart. Zugleich ist sie wie überwiegend in den westeuropäischen Ländern die zahlenmäßig bedeutsamste Sanktion. Schon kurz nach der Jahrhundertwende erblickte man in ihr die „Hauptstrafe der Zukunft". Sie erfüllt vor allem eine **schuldvergeltende** Aufgabe und schließt in diesem Rahmen die Berücksichtigung präventiver Funktionen mit ein. Sie soll als **Reaktion auf leichte bis mittelschwere Kriminalität** dienen. Hier kommt ihr als Regelstrafe erhebliche Bedeutung im strafrechtlichen Sanktionskatalog zu. Wurde sie ursprünglich auch nicht (nur) als **Alternative zur kurzen Freiheitsstrafe** geschaffen, so hat sie doch zunehmend einen solchen Charakter angenommen. Im Zusammenhang mit der Geldstrafe muß auch die große Zahl der Geldbußen, insbesondere nach § 153 a StPO, beachtet werden, um die vorherrschende Rolle der pekuniären Sanktionen deutlich werden zu lassen.

Die **Situation der Geldstrafe im Bundesgebiet** stellt sich derzeit folgendermaßen dar: Es entfielen 1994 bei rd. 690 000 Strafen etwa 83% auf die Geldstrafe. Danach wurde von der Geldstrafe allgemein und der Höhe nach am häufigsten von allen Sanktionsmitteln Gebrauch gemacht. Hierbei beschränken sich Durchbruch und Anwendungsbreite der Geldstrafe keineswegs auf das Verkehrsstrafrecht. Auch bei den einfachen Eigentums- und Vermögensdelikten, bei Straftaten gegen den Staat, die öffentliche Ordnung und im Amte – darunter insbesondere bei Widerstand gegen Vollstreckungsbeamte und bei Hausfriedensbruch – wurde die Freiheitsstrafe weitgehend durch die Geldstrafe ersetzt. Geringere Anwendung fand sie hingegen vor allem bei Verstößen gegen das Betäubungsmittelgesetz, bei Unterhaltspflichtverletzungen und Straftaten gegen die sexuelle Selbstbestimmung (*Heinz* 1984, 17). Im Bereich der mittleren Kriminalität läßt sich hingegen keine schematische Handhabung feststellen. Dennoch zeigt der Blick auf die **Sanktionspraxis**, daß bislang durch die Geldstrafe lediglich kurze Freiheitsstrafen bis zu drei Monaten ersetzt wurden. Denn etwa **96% der verhängten Geldstrafen liegen unter 90 Tagessätzen** (StVSta 1994, 146).

Die nähere Analyse der Geldstrafenpraxis im Jahre 1994 zeigt im einzelnen, daß von insgesamt 578 419 Geldstrafen 556 792 90 Tagessätze nicht überschritten. Eine nennenswerte Anwendung im oberen Bereich der **Tagessatzzahl** ist nicht zu verzeichnen. Hier läge für die weitere Entwicklung noch ein beachtlicher Anwendungsspielraum, der sich besonders im Bereich der Wirtschafts- und Umweltkriminalität nutzen ließe. Auch bei der **Höhe der Tagessätze** herrschen Summen im unteren bis mittleren Bereich vor. Insgesamt lagen von allen Geldstrafen bis 90 Tagessätzen nur rd. 19% zwischen 50 und 100 DM, lediglich 0,9% über der 100

DM-Grenze, wobei der Prozentsatz mit steigender Höhe der Tagessätze etwas zunimmt.

In **Österreich** wird die Geldstrafe ebenfalls nach dem Tagessatzsystem verhängt. Dabei scheint die Zahl der Tagessätze im Durchschnitt höher zu liegen als in der Bundesrepublik Deutschland, obwohl der Anteil der Geldstrafe an allen verhängten Kriminalsanktionen in Österreich geringer ist. 47,5% der 1995 (unbedingt und bedingt) bei Erwachsenen verhängten Geldstrafen betrugen bis zu 5000 Schillinge (ca. 715 DM). Immerhin lagen 4,0% aller 44 362 Geldstrafen in dem Bereich zwischen 25 000 und 50 000 S., 1,3% darüber. 31,1% aller Geldstrafen und 40,9% der Geldstrafen gegen nicht vorbelastete Täter wurden bedingt ausgesprochen, allerdings bei starken regionalen Unterschieden (Gerichtl. Kriminalstatistik 1995, 178).

In der **Schweiz** scheint die Bedeutung der Geldstrafe auf den ersten Blick sehr gering zu sein. Nach Angaben des Bundesamts für Statistik waren 1994 ca. 30% (= 21 292) der registrierten Strafen Geldbußen. Diese Zahlen spiegeln aber die Sanktionspraxis nur unvollkommen und verzerrt wider, weil die wegen Übertretungen verhängten Bußen erst ab einer bestimmten Höhe in das Strafregister eingetragen werden, seit 1. Juli 1982 ab 500 Sfr. Vermutlich sind bei fast allen Straftaten die Bußen im unteren Bereich stark überrepräsentiert. Die Höhe der Buße variiert zwischen 1 Sfr. und mehr als 100 000 Sfr., wobei die Höhe in der Mehrzahl der Bußen nicht mehr als 500 Sfr. beträgt. Eine beträchtliche Anzahl von Bußen wird jedoch kumulativ neben stationären Sanktionen verhängt. Außerdem sind die Bußen bei Bagatellzuwiderhandlungen und im kantonalen Recht von erheblicher Bedeutung (*Bernhard* 1982, 6 ff.). Schätzungen bewegen sich in der Größenordnung von 300 000 bis 500 000 Verurteilungen zu Bußen pro Jahr.

Hingegen spielt die Geldstrafe in den **USA** nur eine untergeordnete Rolle. Zwar wird sie häufig neben anderen Sanktionen verhängt (in 86% der Urteile von lower courts, 42% bei upper courts), aber selten allein (36% bei lower courts, 8% bei upper courts). Ihre in Europa allenthalben durchgesetzte Position als legitime Alternative zur – insbesondere kurzfristigen – Freiheitsstrafe konnte sie in den USA daher nicht erreichen (vgl. *Hillsman* 1990, 62; zu den Gründen *Morris/Tonry* 1990, 129; *Tonry* 1995, 124). Im Gegenteil schließen die Gesetzbücher verschiedener Einzelstaaten die Ahndung schwerer Straftaten durch Geldstrafe allein ausdrücklich aus. Auch im Bereich der Bagatellkriminalität sind die Gerichte niemals gehindert, den Täter zu einer Freiheitsstrafe zu verurteilen. Statistisch verläßliche Informationen über die Anwendungshäufigkeit der Geldstrafe lassen sich kaum finden. Die wenigen vorhandenen Daten unterstreichen freilich die **geringe Bedeutung der Geldstrafe** in den Vereinigten Staaten.

Angesichts der beachtlichen, obschon international unterschiedlichen Anwendungsbreite der Geldstrafe bleibt zu fragen, ob sich die neue Geldstrafenpraxis bewährt hat oder ob Gesetzgeber und Strafrechtspflege in der Bundesrepublik nicht zu sehr auf die Anwendung der Geldstrafe vertraut haben. Immerhin geben einige **Schwierigkeiten** und **Mängel** zu denken; sie bieten zu weitergehenden **Reformbestrebungen** Anlaß.

5. Ersatzfreiheitsstrafe

Schrifttum: *Albrecht, H.-J.*, Strafzumessung und Vollstreckung bei Geldstrafen unter Berücksichtigung des Tagessatzsystems. Berlin 1980; *Bernhard*, Der Bußenvollzug gem. Art. 49 StGB unter besonderer Berücksichtigung der Praxis des Kantons Zürich. Diessenhofen/CH 1982; *Moxon*, Fine Default: Unemployment and the Use of Imprisonment. HomOffResBull 16 (1983), 38-41; *Schädler*, Das Projekt „Gemeinnützige Arbeit" – die nicht nur theoretische Chance des Art. 293 EGStGB. ZRP 16 (1983), 5-10; *ders.*, Der „weiße Fleck" im Sanktionensystem. Ein Beitrag zur Diskussion um Geldstrafe, freie Arbeit und Ersatzfreiheitsstrafe. ZRP 18 (1985), 186-192; *Shaw*, Monetary Penalties and Imprisonment: The Realistic Alternatives. In: Paying for Crime, ed. by Carlen u.a. Milton Keynes 1989, 29-45.

Wie das Gesetz bestimmt, tritt an die Stelle einer uneinbringlichen Geldstrafe Freiheitsstrafe (§ 43 S. 1 StGB). Die Ersatzfreiheitsstrafe ist echte Strafe. Ihre Verbüßung tilgt zugleich die Geldstrafe. Ihrer Art nach ist die Ersatzfreiheitsstrafe grundsätzlich Freiheitsstrafe.

Angesichts der Bemühungen, den Vollzug von Freiheitsstrafen einzuschränken, erscheint die Ersatzfreiheitsstrafe äußerst kontraproduktiv. Vor allem hat sich seit Ende der siebziger Jahre der Vollzug der Ersatzfreiheitsstrafe mit der Zunahme der Geldstrafen einerseits und der zunehmend schwieriger gewordenen Wirtschaftslage andererseits zu einem **Problem** entwickelt.

So müssen ungefähr **5% aller zu Geldstrafe Verurteilten** diese wegen Uneinbringlichkeit im Wege der Ersatzfreiheitsstrafe „absitzen". An der gesamten an einem Stichtag vorhandenen Vollzugspopulation machen die Ersatzfreiheitsstrafe Verbüßenden lediglich 3,3% aus. Von allen in einem Jahr beginnenden Freiheitsstrafvollstreckungen (Zugängen) entfielen 1992 aber 6,1% auf Ersatzfreiheitsstrafe. Der Unterschied zwischen den beiden abweichenden Prozentsätzen beruht auf der relativen Kürze der Ersatzfreiheitsstrafe gegenüber der normalen Freiheitsstrafe, so daß sie bei Stichtagsbetrachtungen weniger zu Buche schlägt. Dabei sind beträchtliche **regionale Unterschiede** festzustellen (StVollzSta 1992, Reihe 4.2, 10 ff.): Der Anteil der Ersatzfreiheitsstrafe Verbüßenden an der Vollzugspopulation ist am geringsten in Rheinland-Pfalz (2,2%) und im Saarland (0,7%), am höchsten hingegen in Thüringen mit 5,8%. Ihr Anteil an den Zugängen eines Jahres schwankt noch stärker: In Hessen (4,1%) ist er am geringsten, in Bremen (20,4%) am höchsten.

Diese Entwicklung beruht freilich auf dem erheblichen Vordringen der Geldstrafe im Zuge der Strafrechtsreform. Dies zeigt deutlich, daß die damalige Reform stark durch die zu jenem Zeitpunkt günstige Wirtschaftslage beeinflußt wurde, als nahezu jedermann über ausreichende finanzielle Mittel zu verfügen schien. Festzuhalten ist aber auch, daß die

Ersatzfreiheitsstrafe als „Rückgrat des Geldstrafensystems" (dazu *Schädler* 1983, 7 m.n.) unverzichtbar erscheint. In diesem Sinne übt sie die **Funktion eines letzten Druckmittels** aus, dessen Notwendigkeit besonders gegenüber zahlungsunwilligen Verurteilten deutlich wird.

Auf der anderen Seite ist die **Ersatzfreiheitsstrafenregelung** jedoch höchst **widersprüchlich**. Denn Geldstrafe und Freiheitsstrafe sind zwei völlig verschiedene Kriminalsanktionen mit einem in der Regel unterschiedlichen Adressatenkreis. So ist zu beachten, daß auch die Vollstreckung einer uneinbringlichen Geldstrafe eine Freiheitsstrafe darstellt, und zwar eine echte Freiheitsstrafe (BGHSt 20, 16). Diese wird vollstreckt ohne ein Abstellen auf die Schuldfrage und trotz problematischer Umrechnungskriterien bezüglich der Freiheitsstrafendauer einerseits und der Anzahl der Tagessätze andererseits (dazu *Eisenberg* 1995, 519).

Die Hauptschwierigkeit wird darin erblickt, daß es höchst unverhältnismäßig erscheint, Verurteilte wegen ihrer finanziellen Schwäche mit einschneidenden und stigmatisierenden Wirkungen einer – sei es auch noch so kurzen – Freiheitsstrafe zu konfrontieren (*Schädler* 1983, 5). So ergibt sich relativ häufig, daß allein die Mittellosigkeit des Verurteilten Anlaß zur Einweisung in die Strafanstalt bildet, was gleichzeitig bedeutet, daß er eine ihrer Natur nach einschneidendere Qualität von Strafe erleidet, als ihm gegenüber durch den Richter ursprünglich verhängt worden war. Auf diese Weise kann die Vollstreckung der Ersatzfreiheitsstrafe mit niedrigerer Berufsposition bzw. Arbeitslosigkeit zusammentreffen (vgl. *Albrecht* 1980, 271, 301) bzw. mit sozialer Randständigkeit und Alter (*Schädler* 1985, 190; zur Substitution der Ersatzfreiheitsstrafe durch freie Arbeit gem. Art. 293 EGStGB siehe unten 8.).

6. Gewinnabschöpfung

Schrifttum: *Dessecker*, Gewinnabschöpfung im Strafrecht und in der Strafrechtspraxis. Freiburg 1992; *Eser*, Neue Wege der Gewinnabschöpfung. In: FS für Stree und Wessels. Heidelberg 1993, 833-853; *Gradowski/Ziegler*, Geldwäsche, Gewinnabschöpfung. Wiesbaden 1996; *Hildenstab*, Die Gewinnabschöpfung im Umweltstrafrecht. Köln 1990; *Kaiser*, Die Gewinnabschöpfung als kriminologisches Problem und kriminalpolitische Aufgabe. In: FS für Tröndle. Berlin 1989, 684-704; *Kerner*, Der Verbrechensgewinn als Tatanreiz aus kriminologischer Sicht. In: Macht sich Kriminalität bezahlt? Hrsg. v. Bundeskriminalamt. Wiesbaden 1987, 17-50; *Kilchling* u.a., Möglichkeiten der Gewinnabschöpfung zur Bekämpfung der organisierten Kriminalität. Freiburg 1997; *Oswald*, Geldwäsche – Die Implementation gesetzlicher Maßnahmen zur Bekämpfung der Geldwäsche in der Bundesrepublik Deutschland. Eine empirische Untersuchung des § 261 StGB in Verbindung mit dem Geldwäschegesetz. Freiburg 1997; *Perron*, Vermögensstrafe und erweiterter Verfall. JZ 48 (1993), 918-925; *Werner*, Bekämpfung der Geldwäsche in der Kreditwirtschaft. Freiburg 1996.

Im Rahmen der Bekämpfung organisierter Betäubungsmittelkriminalität hat die Gewinnabschöpfung in der rechtspolitischen Diskussion **Bedeutung** erlangt. Mit ihr wird eine „dritte Dimension" der Verbrechensbekämpfung neben der Überführung der Tatbeteiligten und der Sicherstellung illegaler Drogen verfolgt. Der Anreiz zur Begehung besonders gewinnträchtiger Straftaten wie Betäubungsmittel- und Waffenhandel, Zuhälterei und bandenmäßiger Diebstahl soll durch die Gewinnabschöpfung verringert werden. Daneben gilt es, durch die Gewinnabschöpfung auch der Umweltkriminalität entgegenzuwirken (dazu *Hildenstab* 1990).

Das geltende Recht stellt als Möglichkeiten zur Gewinn- und Erlösabschöpfung seit dem im Herbst 1992 in Kraft getretenen Gesetz zur Bekämpfung des illegalen Rauschgifthandels und anderer Erscheinungsformen der Organisierten Kriminalität (OrgKG) den **Verfall**, den **Erweiterten Verfall** und die **Vermögensstrafe** bereit. Die beiden Formen des Verfalls richten sich gegen das Eigentum. Sie beziehen sich allerdings nicht wie die Einziehung (§§ 74 ff. StGB) auf Tatwerkzeuge oder Tatprodukte, sondern auf den Bruttoerlös aus der Tat. Während die Grundform des Verfalls (§ 73 StGB) fordert, daß der Erlös aus einer Tat erlangt wurde, wegen der die Verurteilung erfolgt, greift der Erweiterte Verfall (§ 73 d StGB) bei bestimmten Delikten bereits dann ein, wenn die Umstände die Annahme rechtfertigen, daß Gegenstände Erlöse aus (irgendwelchen) Straftaten darstellen. Der Gesetzgeber hat die **Rechtsnatur** dieser Sanktionen offen gelassen. Die Einordnung als Maßnahme unter § 11 Abs. 1 Nr. 8 StGB ist ordnungstechnischer Natur und gibt keinen Aufschluß darüber, ob es sich bei den genannten Sanktionen um Strafen, Maßregeln oder Rechtsfolgen eigener Art handelt. Der Verfall, der nach altem Recht auf den Nettogewinn aus der Tat beschränkt war, wurde als quasi-kondiktionelle Ausgleichsmaßnahme verstanden. Nach der Reform liegt es näher, ihm wie manchen Formen der Einziehung einen strafähnlichen Charakter zuzusprechen. Demgegenüber richtet sich die Vermögensstrafe (§ 43 a StGB) wie die Geldstrafe gegen das Vermögen, wird in ihrer Höhe aber außer durch den Grundsatz der Schuldangemessenheit der Strafe letztlich nur durch den Wert des Vermögens begrenzt.

Vor allem die Beweisschwierigkeiten, die eine zügige und erfolgreiche Gewinnabschöpfung hindern, führten dazu, die **Geldwäsche** als Vorbereitungshandlung und Rechtspflegedelikt unter Strafe zu stellen. Der Gesetzgeber hatte dabei von der Vielfalt der Erscheinungsformen auszugehen, in denen sich die Erschwerung oder Vereitelung des staatlichen Abschöpfungsanspruchs manifestiert. In Deutschland hat der Gesetzgeber durch das OrgKG § 261 StGB die Geldwäsche unter Strafe gestellt, jedoch mit nur wenigen Vortaten verknüpft, aus denen die Vermögensgegenstände herrühren. Deshalb besteht die Tendenz, die sogenannten

Katalogtaten über die Zugehörigkeit zu einer kriminellen Vereinigung und Betäubungsmittelstraftaten auf Menschenhandel, Zuhälterei und umweltgefährdende Abfallbeseitigung sowie Korruption, Erpressung, Hehlerei und andere Vermögensdelikte zu erweitern (dazu *Oswald* 1997 m.N.). Das im Oktober 1993 in Kraft getretene Geldwäsche-Gesetz statuiert überdies bußgeldbewehrte Identifizierungs-, Aufzeichnungs- und Aufbewahrungspflichten vor allem der Kredit- und Finanzinstitute und hat zudem die Funktion eines „ Ausführungsgesetzes" zu § 261 StGB, in dem die Verletzung seiner Handlungspflichten zugleich die objektive Pflichtwidrigkeit begründet, die den Vorwurf der Fahrlässigkeit, auch in Form der Leichtfertigkeit, bei der Erfüllung des Straftatbestandes der Geldwäsche beinhaltet (vgl. *Werner* 1996, 65 ff.). Allerdings bleibt noch immer der Zugriff auf die illegalen Gewinne des organisierten Verbrechens weit hinter den Erwartungen zurück (vgl. *Kilchling* u.a. 1997 m.N.). Die Bundesregierung beabsichtigt nunmehr mit dem Entwurf eines Gesetzes zur Verbesserung der Geldwäschebekämpfung (BR-Drucks. 554/96) eine Erweiterung des Katalogs der Straftaten, die Vortaten einer Geldwäsche sein können. Zudem soll die Verdachtsschwelle bei der Sicherstellung von Gegenständen zum Zwecke des Verfalls oder der Einziehung abgesenkt werden.

Die präventive Wirkung derartiger Maßnahmen zielt dahin, daß Kriminalität sich nicht lohnen darf. Voraussetzung für die Effektivität gewinnabschöpfender Maßnahmen ist, daß der erzielbare Gewinn einen Auslösefaktor für kriminelles Verhalten darstellt. Die **Annahme beruht auf der kriminalökonomischen Theorie** (dazu *Dessecker* 1992, 66 ff.). Danach läßt sich der handelnde Mensch von Kosten-Nutzen-Erwägungen leiten. Eine bestimmte Tätigkeit wird nur vorgenommen, wenn der erwartbare Nutzen die Aufwendungen überwiegt (*Kaiser* 1989, 688). Neben der Kriminalitätsbekämpfung durch Erhöhung der Sanktionskosten (Sanktionsintensität, -geschwindigkeit und -wahrscheinlichkeit) soll die Gewinnabschöpfung auf der anderen Seite des ökonomischen Kalküls ansetzen, der Verringerung des Nutzens (*Kerner* 1987, 28). Diese Theorie erscheint insofern fraglich, als sie den multikausalen Vorgang der Entstehung kriminellen Verhaltens zu eindimensional mit einer Kosten-Nutzen-Analyse erklärt. Auch entfalten nach Modellrechnungen gewinnabschöpfende Maßnahmen geringere Präventionswirkung als Sanktionserhöhungen.

Trotz der Unwägbarkeiten bei der Effizienzprognose – es fehlt vor allem an der empirischen Überprüfung der kriminalökonomischen Thesen – soll das Institut der Gewinnabschöpfung intensiviert werden, um so die organisierte Kriminalität mit ihren immensen Gewinnen treffen zu können. Doch gegenwärtig wird davon noch selten Gebrauch gemacht. So entfielen in den Jahren 1976 und 1989 auf durchschnittlich 670 Verurteilungen 70 bzw. 307 Verfallanordnungen. Der **Grund für die geringe**

Anwendung liegt auch in den Mängeln des bis 1992 geltenden Rechts. Auf Kritik sind insbesondere das nun beseitigte Nettoprinzip gem. § 73 Abs. 1 Nr. 1 StGB, die Subsidiarität des staatlichen Verfallanspruchs gegenüber Regreßansprüchen Dritter gem. § 73 Abs. 1 Nr. 2 StGB und verfahrensrechtliche Defizite bei der Beschlagnahme nach § 111 b StPO gestoßen. Ob die jüngsten Reformen die nach wie vor komplizierte Gesetzesregelung praktikabler gemacht haben, bleibt abzuwarten. Immerhin enthalten diese verschiedene Beweiserleichterungen beim Nachweis krimineller Gewinne aus einer Straftat. Die Novellierung begegnet aber verfassungsrechtlichen Bedenken im Hinblick auf die Unschuldsvermutung und die Eigentumsgarantie des Art. 14 GG (*Dessecker* 1992, 296 ff.).

7. Maßregeln der Besserung und Sicherung

Schrifttum: *Bühringer* u.a., Die Ausübung von justiziellem Zwang bei der Behandlung von Drogenabhängigen. In: *Feuerlein* u.a. (Hrsg.), Therapieverläufe bei Drogenabhängigen. Berlin u.a. 1989, 43-74; *Bundesamt für Justiz* (Hrsg.), Bericht zur Revision des Allgemeinen Teils und des Dritten Buches des schweizerischen Gesetzbuches. Bern 1993; *Dessecker*, Suchtbehandlung als strafrechtliche Sanktion. Wiesbaden 1996; *Eder-Rieder*, Rückfallstrafschärfung und Unterbringung gefährlicher Rückfalltäter im deutschen, österreichischen und schweizerischen Recht. KrimGegfr 17 (1986), 15-30; *Jehle*, Strafrechtspflege in Deutschland, hrsg.v. Bundesministerium der Justiz. Bonn 1996; *Kaiser*, Befinden sich die kriminalrechtlichen Maßregeln in der Krise? Heidelberg 1990; *Kinzig*, Die Sicherungsverwahrung auf dem Prüfstand. Freiburg 1996; *Leygraf*, Psychisch kranke Straftäter. Epidemiologie und aktuelle Praxis des psychiatrischen Vollzugs. Berlin u.a. 1988; *Mayerhofer*, Die Krise der Sicherungsverwahrung. In: KrimGegfr 17 (1986), 31-45; *Pallin*, §§ 21-27 ÖStGB. In: Wiener Kommentar, hrsg. v. Foregger u.a. Wien 1979 ff.; *Rasch*, Die Prognose im Maßregelvollzug als kalkuliertes Risiko. In: FS für Blau. Berlin u.a. 1985, 309-325; *ders.*, Forensische Psychiatrie. Stuttgart u.a. 1986, 72-110; *Rinke*, Therapeutische Zwangsmaßnahmen bei Maßregelvollzug im Psychiatrischen Krankenhaus. NStZ 1988, 10-15; *Schönke/Schröder*, Strafgesetzbuch. Kommentar. München 1997[25]; *Schüler-Springorum*, Die sozialtherapeutischen Anstalten – ein kriminalpolitisches Lehrstück? In: GS für Kaufmann. Berlin 1986, 167-187; *Streng*, Vikariierungs-Prinzip und Leidensdruck. Überlegungen zum Verhältnis von Therapie und Strafe im Rahmen von § 67 StGB. StrV 1987, 41-42; *Volckart*, Maßregelvollzug. Neuwied 1996[4]; *Weber*, Katamnesen psychisch auffälliger Straftäter unter Führungsaufsicht. München 1985.

Maßregeln der Besserung und Sicherung sind Kriminalsanktionen, welchen nach der Absicht des Gesetzgebers **kein Strafcharakter** zukommen soll. Sie entziehen oder beschränken die Freiheit der Betroffenen. Diese sollen nach Möglichkeit resozialisiert, zumindest aber soll die Allgemeinheit für begrenzte Zeit vor ihnen geschützt werden. **Aufgabe und Zweck** der Maßregeln ist in erster Linie die Besserung, weil die bloße Verwahrung, selbst wenn sie als „humane containment" menschenwürdig erfolgt, als unbefriedigend empfunden wird. Verwahrung als einziger Zweck kann dem **gesteigerten Legitimationsdruck**, dem die freiheitsentziehenden Kriminalsanktionen in der modernen Gesellschaft ausgesetzt sind, nicht standhalten. Dazu ist nur die Wiedereingliederung imstande. Deshalb darf auch der bloß zur Sicherung Untergebrachte von den sozialisierenden oder heilenden Angeboten der Vollzugs- und Verwahrungseinrichtungen nicht ausgeschlossen werden (§§ 129 f. StVollzG). Dem widerspricht keinesfalls, daß es im Rahmen der Freiheitsentziehung nicht als die Aufgabe des Staates betrachtet wird, Menschen um ihrer selbst willen oder zum Zweck sittlicher Hebung zu bessern (BVerfGE 22, 219). Denn eine Ausnahme gilt jedenfalls dann, wenn Menschen andere oder sich selbst gefährden. Ihre grundsätzliche Rechtfertigung finden die Maßregeln somit im **Sicherungsbedürfnis der staatlichen Gesellschaft und in deren notwehrähnlicher Lage** (vgl. dazu BVerfGE 91, 1, 28). Denn die Gesellschaft muß und darf sich vor ihren gefährlichen Mitgliedern in einem Umfang schützen, der ihr Sicherungsbedürfnis befriedigt (*Schönke/Schröder/Stree* 1997, Vorbem. 2 zu §§ 61 ff. StGB).

Im Grundsatz geht also auch das Maßregelsystem – obschon von der Sicherungsfunktion gerechtfertigt und teilweise durchdrungen – vom Therapiegedanken aus, so daß man in der Regel ein Recht auf Behandlung annimmt. Einen solchen Weg hat der Gesetzgeber etwa im Betäubungsmittelgesetz gemäß der Strategie „**Therapie statt Strafe**" beschritten. Mangels Therapieplätzen von dem Vorwegvollzug der Unterbringung in einer Entziehungsanstalt zugunsten der Strafverbüßung abzusehen, wäre unzulässig (BGH, NStZ 1982, 132).

Auch im übrigen meint der Gesetzgeber, den Sicherungsbedürfnissen der Allgemeinheit am besten dadurch Rechnung zu tragen, daß man Anstrengungen zur Heilung und Resozialisierung im Vollzug unternimmt. Allerdings wird diese **Aufgabe von den einzelnen Maßregeln unterschiedlich wahrgenommen.** Während die Unterbringung in einer Entziehungsanstalt vor allem therapeutische Zwecke verfolgt, streben Sicherungsverwahrung, Berufsverbot, Entziehung der Fahrerlaubnis und Führungsaufsicht primär die Sicherung an. Die Unterbringung in einem psychiatrischen Krankenhaus nimmt wiederum eine Zwischenstellung ein.

Dem steht auf der anderen Seite aber ein Anspruch, von Behandlungsmaßnahmen verschont zu werden, gegenüber („right to be different"). Dies fordert vor allem die jüngere **Kritik** ein, welche – parallel zur allgemeinen Kritik am Behandlungsvollzug – die These von der Unmöglichkeit wirklicher Therapie in Unfreiheit vertritt. Die Erzwingung von äußerlicher Therapiebereitschaft durch Strafvollzug sei nicht nur unergiebig, sondern geradezu ein erschwerender Faktor für die Therapie (so etwa *Streng* 1987, 41 f. m.w.N.). Als Konsequenz bliebe in diesem Fall allerdings nur die reine Verwahrung oder Strafverbüßung. Ein genereller Anspruch des Täters, von Behandlungsmaßnahmen verschont zu bleiben, besteht aber nicht. Jedoch muß für die Anordnung einer freiheitsentziehenden Maßregel nach einem neueren Urteil des BVerfG zumindest eine hinreichend konkrete Aussicht bestehen, den Süchtigen zu heilen oder doch über eine gewisse Zeitspanne vor dem Rückfall in die akute Sucht zu bewahren. Die bisherige Formulierung des § 64 II StGB, wonach die Anordnung einer Suchttherapie nur zulässig ist, wenn sie nicht von vornherein aussichtslos erscheint, verstößt dagegen nach Ansicht des 2. Senats des BVerfG gegen die Grundrechte aus Art. 2 Abs. 1, Abs. 2 S. 2 GG in Verbindung mit dem Grundsatz der Verhältnismäßigkeit (BVerfGE 91, 1 ff.; dazu *Dessecker* 1996, 1 ff., 23 ff.). In Fällen besonderer Akutsituationen – zu denken ist z.B. an eine Zwangsernährung beim Hungerstreik – und bei fehlender Krankheitseinsicht von bestimmten Gruppen der Gefangenen wie drogenabhängigen Delinquenten oder psychisch kranken Rechtsbrechern, ist die Zulässigkeit der Behandlung auch gegen den Willen des Betroffenen allgemein anerkannt (*Rinke* 1988, 11, 15). Im übrigen zeigen jüngere Ergebnisse der Evaluationsforschung aus der Schweiz und den USA (*Bühringer* u.a. 1989, 43, 70 f.), daß die unter Zwang vollzogene therapeutische Behandlung nicht unbedingt erfolgloser als die freiwillige Therapie ist. Im Hinblick auf die Schwierigkeiten, die Ziele der Besserung mit der Wirklichkeit in Einklang zu bringen, gelten die Maßregeln als „empfindliche Stellen unseres Strafrechtssystems" (*Rasch* 1986, 72).

Einen Schritt weg von der geschilderten therapeutischen Ausrichtung des Maßregelsystems vollzog der Gesetzgeber, indem er im Jahre 1984 die geplante Maßregel der Überweisung in eine **sozialtherapeutische Anstalt** (§ 65 StGB a.F.) nach mehreren „Verschiebegesetzen" vor deren endgültigem Inkrafttreten zum 1.1.1985 gestrichen hat. Diese war ursprünglich als Kernstück des Maßregelsystems gedacht und in der Reformdiskussion ehemals „vollzugspolitisches Thema Nummer eins" (*Schüler-Springorum* 1986, 167 f.).

Im Gegensatz zur bundesdeutschen Entwicklung wird jedoch in der **Schweiz** im Rahmen der Diskussion um eine Revision des Allgemeinen Teils des Schweizerischen StGB die **Einführung der Sozialtherapie** erwogen, und zwar im Sinne der **Maßregellösung** (dazu *Bundesamt für Justiz* 1993). Als Vorbild dienen nicht nur die Erfahrungen in der Bundesrepublik, sondern auch entsprechende Regelungen in Portugal und Spanien.

Österreich, das den Maßregelvollzug erst seit 1975 eingeführt hat (dazu *Rasch* 1986, 73), kennt zwar keine spezifisch sozialtherapeutische Anstalt, doch in § 20 Abs. 2 öStGB die Unterbringung in einer Anstalt für geistig abnorme Rechtsbrecher, die sich hinsichtlich der für sie bestimmten Täter und insbesondere der angestrebten Resozialisierung in ihrem Anwendungsbereich mit dem der sozialtherapeutischen Anstalten überschneidet (dazu *Pallin* im Wiener Kommentar zum öStGB 1979 ff., § 21 Rdn. 1 u. 16). Die praktische Relevanz ist allerdings, verglichen mit den Gesamtzahlen im deutschen Maßregelvollzug geringer: 1995 gab es insgesamt 69 Unterbringungen nach §§ 21 Abs. 2, 22, 23 öStGB (öGer-KriSta 1995, 149). Dazu kamen noch 39 wegen Unzurechnungsfähigkeit Eingewiesene gem. § 21 Abs. 1 öStGB. Die jährliche Anordnung von Maßnahmen betrifft insgesamt weniger als 1% aller gerichtlichen Kriminalsanktionen.

Nach dem in Deutschland geltenden Maßregelrecht setzt die Verhängung von Maßregeln neben der konkreten Anlaßtat allgemein die begründete Erwartung künftiger nicht unerheblicher Straffälligkeit voraus (positive **Gefährlichkeitsprognose**: zur prognostischen Problematik eingehend oben § 43, 5). So wie die Zumessung der Strafe durch das Schuldprinzip begrenzt wird, ist die Anordnung einer Maßregel nur insoweit zulässig, als die mit ihr verbundenen Lasten **nicht außer Verhältnis** zu der vom Täter ausgehenden Gefahr stehen (§ 62 StGB). Um der optimalen Effizienz willen sollen die Maßregeln und Strafen der jeweils wechselnden Behandlungsbedürftigkeit und -empfänglichkeit des Täters angepaßt werden. Die Erfüllung dieser Aufgabe erscheint eher durch den Maßregelvollzug lösbar als durch den Strafvollzug. Deshalb bestimmt das Gesetz, daß – mit Ausnahme der Sicherungsverwahrung – die Maßregel grundsätzlich vor der Strafe, aber unter Anrechnung auf diese vollzogen werden soll (§ 67 Abs. 1 StGB). Dabei kann gegebenenfalls die Strafe zur Bewährung ausgesetzt werden (§ 67 Abs. 5 StGB). Außerdem eröffnet das Gesetz **Möglichkeiten zum vikariierenden Austausch** von Strafen und Maßregeln und zur Überweisung des Täters aus einer Maßregelform in eine andere, wenn dadurch die spezialpräventiven Zwecke erreicht werden können (dazu *Streng* 1987, 41 f.).

Allerdings ist das Vikariierungsprinzip in jüngerer Zeit modifiziert worden, indem im Zuge des 23. StrÄndG vom 13.4.1986 das Verhältnis von Therapie und Strafe im Rahmen von § 67 StGB umgestaltet wurde. Die Neufassung hat dabei vor allem den drogenabhängigen Straftäter im Auge. Nach der Absicht des Gesetzgebers soll anscheinend die Motivation zur Therapie durch Erzeugung eines „**Leidensdruckes**" gefördert werden (*Streng* 1987, 41). Dies bedeutet, daß die Bereitschaft, an der eigenen Rehabilitation mitzuwirken, durch den Druck einer noch nicht vollständig verbüßten Freiheitsstrafe erhöht werden soll (BT-Drucks. 10/2720, 13). Aber auch ein **teilweiser Vorwegvollzug** ist nunmehr gesetzlich erleichtert worden (§ 67 Abs. 2 StGB n.F.). Obschon der Gesetzgeber den Begriff des Leidensdruckes vermieden hat, schließt er damit an die Judikatur einiger Senate des Bundesgerichtshofes an (z.B. BGH, NJW 1986, 141 m. Anm. v. *Schüler-Springorum*, StrV 1986, 478 ff.). Nach BGH (NStZ 1985, 91 f.) ist der Gesichtspunkt des Leidensdruckes „kein taugliches Kriterium für die Entscheidung" in diesem Zusammenhang. Die Frage, ob Strafe Therapie fördert, ist aber bislang höchst umstritten und zumeist bezweifelt worden (vgl. z.B. *Rasch* 1986,

76, 93 ff.). Man sieht in dieser Konzeption angeblich irrationale Vergeltungsbe-
dürfnisse der Gesellschaft verwirklicht, welche in Therapiebedürfnisse des Täters
gekleidet würden, und äußert den Verdacht des Etikettenschwindels (*Streng* 1987,
41 f.).

Zahlenmäßig spielen allerdings Verhängung und Vollzug der freiheitsentziehenden Maßregeln im Gegensatz zu ihrer Eingriffsintensität keine
große Rolle. Sie beziehen sich im Altbundesgebiet auf **etwa 4800
Untergebrachte** pro Jahresstichtag. Diese machen **weniger als 10%
aller Strafgefangenen und Verwahrten** aufgrund strafrichterlicher
Entscheidung aus. Dabei entfallen etwa zwei Drittel auf psychisch
Kranke, der Rest auf Suchtkranke sowie Sicherungsverwahrte (vgl.
StVollzSta 1991, Reihe 4.1, 24). Jährlich ergehen knapp 1000 richterliche Anordnungen zum Maßregelvollzug.

Dabei sind die **deliktstypischen Schwerpunkte** je nach Maßregelart
verschieden gelagert. Während Personendelikte und danach Sexualstraftaten bei der Unterbringung in einem psychiatrischen Krankenhaus
vorherrschen, dominieren bei der Unterbringung in einer Entziehungsanstalt die Betäubungsmittel- und Eigentumskriminalität sowie bei der
Sicherungsverwahrung wiederum die Sexualstraftaten und nachrangig
Raub und Totschlag (vgl. *Kinzig* 1996, 210 ff., 569 f.). Dabei verändert
sich das Kriminalitätsprofil bei der Unterbringung in einem psychiatrischen Krankenhaus entsprechend dem Alter. Während bei Jugendlichen
und Heranwachsenden Sexualdelikte vorherrschen, rücken bei den Erwachsenen Gewaltdelikte in den Vordergrund.

Vornehmster Zweck der Anordnung zur **Unterbringung in einem
psychiatrischen Krankenhaus** ist Sicherung durch Heilung oder Besserung mittels der spezifischen Methoden der Psychiatrie. Die nach § 63
StGB erforderliche Gefährlichkeitsprognose mit folgender Unterbringung in die psychiatrische Krankenanstalt wird in etwa einem Dreißig-
stel der einschlägigen Fälle (i.S.d. §§ 20, 21 StGB) bejaht (vgl. *Rasch*
1986, 79 unter Hinweis auf die gegenläufigen Entwicklungen in der
Anwendung von § 20 StGB einerseits und § 21 StGB andererseits). In
der Mitte der fünfziger Jahre wurde die Maßregel der Unterbringung in
einem psychiatrischen Krankenhaus noch doppelt so häufig angeordnet
wie heute. Auch bestehen regionale Unterschiede. Nicht selten sind die
Beurteilungen von den Möglichkeiten der Unterbringung oder Behandlung des Rechtsbrechers abhängig. Besteht bei vermindert Zurechnungs-
fähigen die Möglichkeit, den Zustand durch Unterbringung und durch
ärztliche Behandlung zu bessern, so ist die psychiatrische Krankenanstalt gegenüber der herkömmlichen Vollzugsanstalt zu bevorzugen. Al-

lerdings ist die Unterbringung eines neurotischen oder triebgestörten Verurteilten in einem psychiatrischen Krankenhaus, das über keine Sonderabteilung mit für solche Persönlichkeiten notwendigen Sicherungen sowie über kein geeignetes und differenziertes Arbeits- und Behandlungsangebot verfügt, die ungünstigste Maßregel (zur demographischen Struktur der Patienten des Maßregelvollzugs *Leygraf* 1988, 19 ff.). Oft herrschen dort noch schlechte Unterbringungsbedingungen, die sogar weit hinter denen des Strafvollzugs zurückbleiben (*Rasch* 1986, 85). Dies kann wiederum zugleich die Entlassungschancen der Untergebrachten vermindern.

Die fortschreitenden Unsicherheiten in Diagnose und Prognose sind es wiederum, die besonders in den Vereinigten Staaten zu wachsender Kritik Anlaß geboten haben. Auch ist die Behandlung der psychisch kranken Täter im geltenden Recht nur unzureichend geregelt. § 136 StVollzG sieht lediglich vor, daß die nötige Aufsicht, Betreuung und Pflege gewährleistet werden. Ist aber die Behandlung aussichtslos, so beschränkt sich die Maßregel lediglich auf eine Unterbringung zum Schutz der Allgemeinheit. Tatsächlich hat denn auch die Verwahrung häufig den Vorrang. Daher ist die Gefahr des Mißbrauchs bei diesem Maßregelinstitut kaum abzuschätzen. Die durchschnittliche **Unterbringungsdauer** soll 6 bis 12 Jahre betragen. Deshalb kann bei manchen Untergebrachten infolge jahre- oder jahrzehntelanger Verwahrung oft kaum unterschieden werden, inwieweit ihr Verhalten noch von der ursprünglichen psychischen Störung oder aber von typischen Hospitalisierungsschäden bestimmt wird. Da im Laufe der Unterbringung die Ärzte nur vereinzelt Zustandsverbesserungen beobachten können, sind sie in ihrer Entlassungsbereitschaft sehr zurückhaltend, obwohl die Bewertung des Verhaltens auf der Krankenstation als Indikator einer Gefährlichkeitsprognose von umstrittenem Wert ist. Doch stets beinhaltet die **Prognose** nach der gesetzlichen Regelung – gerade im Hinblick auf die methodischen Unsicherheiten – ein „**kalkuliertes Risiko**" (*Rasch* 1985, 319; 1986, 291 ff.). Auch werden wegen der unsicheren und schwierigen Rechtslage Experimente anhand von Vollzugslockerungen kaum gewagt.

Wie problematisch die Unterbringung im psychiatrischen Krankenhaus auch heute trotz allgemein gestiegenen Problembewußtseins noch ist, veranschaulicht ein 1985 ergangenes Urteil des Bundesverfassungsgerichts (BVerfGE 70, 297). Gerade die Umstände des zugrunde liegenden Sachverhaltes verdeutlichen, wie großzügig gelegentlich auch heute noch mit dieser problematischen Maßregel umgegangen wird. Dabei zielt die Kritik des Bundesverfassungsgerichts nicht auf den Gesetzgeber, sondern auf die Praxis, in der auch bedenklich leichtfertige Routinebeurteilungen vorzukommen scheinen. Eine derartige Handhabung aber möchte das Gericht – welches der Verfassungsbeschwerde des Antragstellers stattgegeben hat – offensichtlich eingeschränkt sehen, wenn es betont, daß eine mögliche Gefährdung der Allgemeinheit stets in ausreichendem Maße mit dem Freiheitsrecht des Betroffenen in Ausgleich gebracht werden muß und dabei die

Anforderungen mit zunehmender Dauer der Maßregel steigen. Dabei muß der Richter – so das Bundesverfassungsgericht weiter – ein vertretbares **Risiko** auch eingehen (a.a.O., 315). Von diesem Urteil könnte ein Impuls zur weiteren Senkung der Häufigkeit dieser Maßregel ausgehen; immerhin betrug die Zahl der Anordnungen im Jahre 1994 noch 551. Teilweise ist auch an eine Verlagerung hin zur ambulanten Betreuung und Nachsorge wie im Schweizer Recht zu denken (vgl. etwa *Rasch* 1986, 78).

Die zahlenmäßige Bedeutung der **Sicherungsverwahrung** ist in den letzten Jahrzehnten empfindlich zurückgegangen. Dies entspricht auch der Intention des Gesetzgebers.

So wurden gegenüber 206 Personen im Jahre 1964 lediglich 40 Täter im Jahre 1994 zur Unterbringung in der Sicherungsverwahrung verurteilt. Die Gesamtzahl der Sicherungsverwahrten verminderte sich dementsprechend von 883 auf nur noch 180 Personen (StVSta 1994, 267; StVollzSta 1964, 27; *Jehle* 1996, 44; zur empirischen Bestandsaufnahme *Kinzig* 1996, 129 ff., 563 ff.).

In **Österreich** besteht mit der Anstalt für gefährliche Rückfalltäter (§ 23 öStGB) ebenso wie in der **Schweiz** hinsichtlich der Verwahrung von Gewohnheitsverbrechern (Art. 42 schwStGB) eine ähnliche Rechtseinrichtung. Wenn sich diese in der Ausgestaltung und den gesetzlichen Voraussetzungen auch untereinander und gegenüber der deutschen Regelung unterscheiden (dazu *Eder-Rieder* 1986, insbesondere 26 ff.), so ist doch übereinstimmend die **praktische Relevanz relativ gering** (*Eder-Rieder* 1986, 28 m.N.; ferner *Mayerhofer* 1986, 31 ff.). Dabei sind aber nicht unerhebliche **Unterschiede** festzustellen. Während **Österreich** schon hinsichtlich der gesetzlichen Voraussetzungen (insb. der eng umschriebenen Anlaßtat) im Vergleich der drei Länder die restriktivste Lösung verwirklicht hat, ist die Lage in der **Schweiz** bei näherer Betrachtung wesentlich anders, obgleich auch hier ein gewisser Rückgang seit Beginn der siebziger Jahre auffällt. So stehen einer Zahl von 68 Verwahrungen im Jahre 1970 eine durchschnittliche Neuanordnung von bis zu 10 Fällen in den neunziger Jahren gegenüber. Dadurch befinden sich im Jahresdurchschnitt nur noch rd. 100 Verwahrte im Vollzug dieser Maßnahme, eine Zahl, die angesichts der 200 Sicherungsverwahrten in der Bundesrepublik Deutschland als relativ hoch erscheint. So wird denn auch die zu breit angelegte gesetzliche Regelung zunehmend kritisiert und im Zuge des Vorentwurfs zur Revision des Allgemeinen Teils des schwStGB überdies die Abschaffung dieser Maßnahme, jedenfalls aber deren erhebliche Einschränkung vorgeschlagen. Man orientiert sich dabei an den Beispielen der Niederlande und Schwedens, die keine entsprechende Maßnahmen kennen. Auf jeden Fall müsse geändert werden, daß Art. 42 schwStGB immer noch gegenüber bloß asozialen, sogenannten harmlos-lästigen Gewohnheitstätern Anwendung findet.

Ganz anders wiederum verhält es sich mit den nicht freiheitsentziehenden, sondern nur **freiheitsbeschränkenden Maßregeln**. Diese erfüllen vor allem eine Überwachungs- und Sicherungsaufgabe. Obwohl sie als ambulante Maßnahmen weniger eingreifen als stationäre Sanktionen, ja diese partiell ersetzen, sind sie teilweise wie im Falle der Führungsaufsicht umstritten. Sie haben jedoch eine recht erhebliche Bedeutung gewonnen. Allein die Entziehung der Fahrerlaubnis erfolgt jährlich in mehr als 170 000 Fällen. Demgegenüber treten die jährlichen Anordnungen von Führungsaufsicht und Berufsverbot mit kaum mehr als 200 Fällen stark zurück (StVSta 1994, 71 ff.).

8. Alternativen zur Freiheitsstrafe

Schrifttum: *Albrecht, H.-J.*, Ansätze und Perspektiven für die gemeinnützige Arbeit in der Strafrechtspflege. BewHi (1985), 121-134; *Cornils*, Gemeinnützige Arbeit in den nordischen Ländern. MschrKrim 78 (1995), 322-329; *Dölling*, Die Weiterentwicklung der Sanktionen ohne Freiheitsentzug. ZStW 104 (1992), 259-289; *Dünkel*, Alternativen zur Freiheitsstrafe im europäischen Vergleich. In: Freiheit statt Strafe, hrsg. v. Ortner. Tübingen 1986², 147-186; *Foucault*, Überwachen und Strafen. Frankfurt/M. 1977; *Fuchs*, Der community service als Alternative zur Freiheitsstrafe. Pfaffenweiler 1985; *Heinz*, Neue Formen der Bewährung in Freiheit in der Sanktionspraxis der Bundesrepublik Deutschland. In: FS für Jescheck. Berlin u.a. 1985, 955-976; *Kerner/Kästner* (Hrsg.), Gemeinnützige Arbeit in der Strafrechtspflege. Bonn-Bad Godesberg 1986; *Riklin*, Gemeinnützige Arbeit statt Freiheitsstrafe? In: Festgabe für Rötheli. Solothurn 1990, 511-526; *Schöch*, Empfehlen sich Änderungen und Ergänzungen bei den strafrechtlichen Sanktionen ohne Freiheitsentzug? Gutachten zum 59. DJT. Hannover 1992; *Tonry*, Sentencing Matters. New York u.a. 1996; *Weigend*, Privatgefängnisse, Hausarrest und andere Neuheiten. Antworten auf die Krise des amerikanischen Strafvollzugs. BewHi 36 (1989), 289-301; *ders.*, Sanktionen ohne Freiheitsentzug. GA 139 (1992), 345-367.

Wie die Häufung im Fachschrifttum und die wachsende Dichte der Diskussion anzeigen, finden die aktuellen Veränderungsbedürfnisse des Systems der Kriminalsanktionen ihren Schwerpunkt in der Frage nach den Alternativen zur Freiheitsstrafe. Die **Suche nach überlegenen Problemlösungen** stellt sich heute mit zunehmender Dringlichkeit: Krise der Freiheitsstrafe sowie kaum noch finanzierbare Haft- und Folgekosten verstärken den Druck, Änderungen im strafrechtlichen Sanktionenbereich herbeizuführen. Besonders die **Bundesrepublik**, aber auch **Österreich** weisen hohe Gefangenenzahlen auf. Beide Staaten stehen bezüglich der Gefangenenrate mit an der Spitze sämtlicher Mitgliedstaaten des Europarates. Demgegenüber bewegt sich die **Schweiz** im Mittelfeld – angesichts des relativ hohen Anteils an unbedingt verhängten Freiheitsstrafen ein erstaunlich gutes Ergebnis. Dennoch stellen sich die Überlegungen dort nicht prinzipiell anders.

Das Nachdenken über Alternativen zur Freiheitsstrafe beherrscht auch deshalb in verstärktem Maße die internationale Diskussion, da der Strafvollzug die in ihn gesetzten Erwartungen offenbar nicht erfüllt. Rückfallquoten von mehr als 60% bescheinigen ihm Versagen: Haftschäden und Stigmatisierungswirkungen lassen ihn im Hinblick auf das Ziel der Resozialisierung geradezu als kontraindiziert erscheinen. Kosten-Nutzen-Analysen belegen das krasse Mißverhältnis von Aufwand und Erfolg. Selbst der Behandlungsvollzug läßt sich mit dem Anspruch, derartige Mängel zu vermeiden, nur selten verwirklichen und schon gar nicht breitenwirksam anwenden. Es bestehen deshalb Zweifel, ob der Strafvollzug den an ihn gerichteten Anspruch **überhaupt** erfüllen kann. Ansätze, welche die **Institution des Gefängnisses in Frage stellen**, haben dort ihren Ausgangspunkt.

Der **Abolitionismus**, welcher – partiell auf der Strafphilosophie *Foucaults* (1977) und dessen Analyse des Gefängnisses beruhend – eine totale Absage an das Gefängnis postuliert und dem heutigen Strafrecht die Hypothese des Nichtbedarfs an Strafe entgegenstellt, ist nur das extreme Beispiel einer breitgefächerten Erörterung, welche eine Reihe berechtigter Fragen aufgeworfen und bereits ein beachtliches Spektrum an Alternativsanktionen entworfen hat, obschon diese nicht immer ausgereift, zweckmäßig oder sinnvoll erscheinen (zum Abolitionismus eingehend oben § 14, 5; zu den Möglichkeiten der Konfliktregelung siehe unten § 49).

Wichtige **Ersatzmittel** sind nach geltendem Recht die Strafaussetzung zur Bewährung – in der Schweiz bedingter Strafvollzug –, die bedingte Entlassung sowie die Geldstrafe. Aber auch die bedingte Einstellung nach §§ 153, 153 a StPO leistet einen erheblichen Beitrag zur Senkung der Verurteiltenzahl und mittelbar auch zur Einschränkung der Freiheitsstrafe.

Trotz starker Ausweitung der **Strafaussetzung** in den letzten Jahren wurde die beabsichtigte Verminderung der Gefangenenbevölkerung nicht erreicht. Auch die **Geldstrafe** kann gegenwärtig nicht als Alternative zur Freiheitsstrafe schlechthin verstanden werden, da ihr Anwendungsbereich in der Bundesrepublik, anders als z.B. in Japan, auf die kleine und mittlere Kriminalität beschränkt wird. Solange die Ersatzfreiheitsstrafe überdies den einzigen oder hauptsächlichen Ersatz für die uneinbringliche Geldstrafe darstellt, bleibt diese Alternative zur Freiheitsstrafe unzulänglich.

Indessen zeichnet sich eine Änderung dieser unbefriedigenden Situation ab. So wird z.B. Art. 293 EGStGB, wonach die Länder Rechtsverordnungen erlassen können, welche die Tilgung uneinbringlicher Geldstrafen durch **freie Arbeit** regeln, als realistische Möglichkeit begriffen, der Überbelegung des geschlossenen Vollzugs und besonders dem Ansteigen der Ersatzfreiheitsstrafen entgegenzuwirken. Neu ist diese Alternative zwar nicht. Denn bereits 1924 hatte der Gesetzgeber in § 28 b StGB a.F. diese Tilgungsmöglichkeit vorgesehen. Mangels Bereitschaft der Verwaltung, die notwendigen Ausgestaltungsregelungen zu treffen, war sie jedoch praktisch nie genutzt worden.

Die neueren Erfahrungen aus Hessen und Bremen haben überdies gezeigt, daß die bislang vorherrschenden Bedenken und Hindernisse nicht unüberwindlich sind. Der gemeinnützigen Arbeit als Alternative zur Ersatzfreiheitsstrafe wird in ihrer gegenwärtigen Erprobungsphase im Schrifttum außerdem eine Art Pilotfunktion für die Einführung der gemeinnützigen Arbeit als eigenständiger Sanktion beigemessen.

Im Gegensatz zur freien Arbeit i.S.d. Art. 293 EGStGB als Alternative zur Ersatzfreiheitsstrafe ist der englische **community service**, durch den Criminal Justice Act 1972 eingeführt und seit 1975 in ganz England und Wales angewandt, als selbständige Hauptstrafe für alle Taten gedacht, die mit Freiheitsstrafe geahndet werden können. Unter Aufsicht leistet der Verurteilte während seiner Freizeit zwischen 40 und 240 Stunden unentgeltlicher sozialer Arbeit. Seine Einwilligung ist hierfür erforderlich, nicht nur im Hinblick auf Art. 4 III a EMRK, sondern auch deshalb, weil eine auf Zwang beruhende, vom Verurteilten abgelehnte Arbeit als wenig sinnvoll und wirksam angesehen wird.

Für die gemeinnützige Arbeit als alternative Hauptstrafe spricht neben Kostengesichtspunkten ferner die Kombination verschiedener Strafzwecke, die durch sie verwirklicht werden können: Das Strafübel für den Täter besteht in dem Entzug der Freiheit, die in der heutigen Gesellschaft immer höher bewertet wird; Wiedergutmachung wird durch die soziale Arbeit an die Gesellschaft geleistet; Resozialisierung des Täters wird dadurch erleichtert, daß seine sozialen Kontakte durch den Eingriff nicht gestört werden, und gefördert, indem er durch die Arbeit konstantes Arbeitsverhalten erlernt, soziales Verantwortungsgefühl entwickelt und mehr Selbstvertrauen erhält. Skepsis hinsichtlich der Eignung gemeinnütziger Arbeit, in größerem Umfang die unbedingte Freiheitsstrafe zu ersetzen, folgt aus der Erfahrung der angloamerikanischen Praxis (vgl. dazu *Tonry* 1996, 121 ff.). Trotz entgegenstehender Intention wird der community service in England vorwiegend als Alternative zur Geld- bzw. kurzen Freiheitsstrafe eingesetzt. Daher wurde der eigentliche Zweck, die Verminderung der Gefängnispopulation, nicht erreicht. Ungleiche Zumessungspraktiken, Unsicherheiten hinsichtlich der Einstufung des community service im Sanktionensystem, Probleme im Hinblick auf Ersatzmaßnahmen bei Nicht- oder Schlechtleistung sowie Rückfallquoten von ca. 44 % nach Beendigung des community service relativieren den anfangs nahezu uneingeschränkten Optimismus. Spielarten des community service wie auch der freien Arbeit i.S.d. Art. 293 EGStGB bestehen jedoch inzwischen in den meisten westeuropäischen Ländern (zur Lage in Skandinavien siehe *Cornils* 1995, 322 ff.), in Amerika und schließlich in Form arbeits- und freiheitsbeschränkender Strafen auch in Osteuropa. Sie befinden sich offenbar auf dem Vormarsch.

Möglichkeiten, die **gemeinnützige Arbeit** ohne die Verbindung mit uneinbringlicher Geldstrafe gem. Art. 293 EGStGB einzusetzen, bestehen **de lege lata** in der Bundesrepublik lediglich in Form der Weisung gem. § 10 Abs. 1 Nr. 4 JGG bzw. i.V.m. §§ 23 I, 27, 29 JGG im Jugendstrafrecht oder als Nebenanordnungen im Erwachsenenstrafrecht in Form der Bewährungsauflage gem. § 56 b II Nr. 3 bzw. i.V.m. §§ 57 I, III, 59 a II StGB. Ferner kann gemeinnützige Arbeit im Bereich der Bagatellkriminalität als Auflage gem. § 153 a I Nr. 3 StPO angeordnet werden. § 52 AE-StGB, der die gemeinnützige Arbeit als Alternativsanktion zur Freiheitsstrafe, also nicht lediglich im Falle ihrer Uneinbringlichkeit als Surrogat für die Ersatzfreiheitsstrafe einführen wollte, konnte sich in der Reformdiskussion nicht durchsetzen. Immerhin stehen verfassungsrechtliche Bedenken der Einführung gemeinnütziger Arbeit als eigenständiger Sanktion in der Bundesrepublik, namentlich in Bezug auf das Verbot des Arbeitszwanges und der Zwangsarbeit (Art. 12 Abs. 2, 3 GG), nicht entgegen, da die Verhängung der Sanktion von der Zustimmung des Verurteilten abhängt.

In der **Schweiz** hingegen wird die Verpflichtung zu einer Arbeitsleistung seit 1974 im Jugendstrafrecht in großem Umfang erfolgreich angewandt. Daneben besteht seit Mai 1990 für die einzelnen Kantone die Möglichkeit, kurze Freiheitsstrafen bis zu 30 Tagen in der Form der gemeinnützigen Arbeit zu vollziehen. Damit hat der Schweizer Bundesrat die gemeinnützige Arbeit grundsätzlich als Vollzugsform anerkannt. Man rechnet damit, daß bis zum Ende dieses Jahrzehnts die gemeinnützige Arbeit als selbständige Sanktion Aufnahme in das StGB finden wird; der Vorentwurf zur Revision des Allgemeinen Teils sieht diese Möglichkeit bereits heute vor (*Riklin* 1990, 512 f.).

Wie die gemeinnützige Arbeit zielt die **Wiedergutmachung** auf eine möglichst sinnvolle und konstruktive Leistung des Täters als Beitrag zur Aussöhnung mit der Gesellschaft. Als Sanktion ist sie in der Bundesrepublik nur in Form von Auflagen und Weisungen, meist i.V.m. anderen Sanktionen möglich und kommt bloß selten zur Anwendung (dazu unten § 49 mit eingehenden Belegen). Die während der letzten Jahre zahlreich eingeführten Wiedergutmachungsprogramme wirken jedoch ermutigend aufgrund ihres Erfolges – gemessen an gesellschaftlicher Akzeptanz und Erfüllung der jeweiligen Auflagen durch die Verurteilen. Im Verbrechensbekämpfungsgesetz von 1994 wurden zusätzliche Elemente des Täter-Opfer-Ausgleichs und der Wiedergutmachung aufgenommen. So ist nunmehr im Falle der Wiedergutmachung ein Strafverzicht bei allen Taten möglich, durch die eine Geldstrafe oder Freiheitsstrafe bis zu einem Jahr verwirkt ist (§ 46 a StGB, zu Wiedergutmachung und Täter-Opfer-Ausgleich siehe unten § 49).

Als Alternative zur klassischen Freiheitsstrafe ist weiterhin der auf bestimmte Zeiten beschränkte Freiheitsentzug zu nennen, bei welchem die Freiheit grundsätzlich am Wochenende, am Feierabend oder über Nacht entzogen wird, so daß der normale Tagesrhythmus und das soziale Umfeld erhalten bleiben. Davon zu unterscheiden sind Sanktionen wie die **„kontrollierte Freiheit"** (Italien) oder die **Freiheitsbeschränkungsstrafe** einiger osteuropäischer Staaten (z.B. Polen). Eine Nebenstrafe nicht freiheitsentziehender Natur bildet ferner das **Fahrverbot**. Zudem ist die Verwarnung mit Strafvorbehalt gem. § 59 StGB hervorzuheben, von der allerdings die Praxis wenig Gebrauch macht. Eine Sanktion ganz anderer Art ist in Schweden vorgesehen und in einigen Staaten Nordamerikas eingeführt: das sogenannte **„contract treatment"** sowie sein Vorläufer, das „Civil-Commitment-Program". Ihnen liegt die Auffassung zugrunde, daß die Gesellschaft eher bereit ist, auf traditionelle Bestrafung zu verzichten, wenn ein Entgegenkommen des Delinquenten in Form des Eingehens einer Verpflichtung zur Behandlung die Unrechtseinsicht und den Besserungswillen verdeutlicht. Da die Zielgruppe dieser Sanktion lediglich aus alkohol- und drogenabhängigen Tätern besteht – für letztere bildet § 35 des deutschen Betäubungsmittelgesetzes eine vergleichbare Regelung –, ist die Alternativwirkung dieser Sanktion sehr beschränkt.

Außerdem wird in den USA seit 1987 ein **elektronischer Hausarrest** („electronic monitoring") praktiziert, der sich dort seither wachsender Beliebtheit erfreut. 1989 wurde diese primär als Alternative zur unbedingten Freiheitsstrafe, jedoch auch anstelle einer Bewährungsstrafe oder Untersuchungshaft vorgesehene Sanktion bereits in 37 Bundesstaaten angewandt (NIJ-Report 221 [1990], 9). Dabei wird der Verurteilte mittels eines Armbandes an ein Computersystem angeschlossen, so daß sein Aufenthaltsort jederzeit zu ermitteln ist. Damit kann die Befolgung von Anweisungen, z.B. sich zu bestimmten Zeiten über einen bestimmten Zeitraum zu Hause aufzuhalten, von außen lückenlos kontrolliert werden (kritisch jedoch *Tonry* 1996, 117 ff. m.N.).

In der Bundesrepublik Deutschland wird der elektronisch überwachte Hausarrest, so wie er in den USA angewandt wird, von Anfang an erheblich kritisiert (vgl. *Weigend* 1989, 289 ff.). Zwar ist zuzugeben, daß der Verurteilte in seinem beruflichen und sozialen Lebensbereich verbleiben kann und nicht mit der totalen Institution „Gefängnis" konfrontiert wird. Ferner besticht die Sanktion durch ihre Flexibilität, da sie den persönlichen Umständen des Verurteilten angepaßt werden kann. Dennoch überwiegen die Nachteile. Einmal ist zu berücksichtigen, daß die unverschlossene Haustür – anders als im Fall der Inhaftierung in der Strafvollzugsanstalt – eine ständige Versuchung darstellt und den psychischen Druck verstärkt. Zum anderen ergeben sich verfassungsrechtliche Bedenken. So stellt der elektronische Hausarrest einen Eingriff in die Privatsphäre, ein Einfallstor für legale Möglichkeiten der elektronischen Totalüberwachung und -ausforschung dar (*Weigend* 1989, 300 ff.). Eine Einführung des „electronic monitoring" dürfte damit in der Bundesrepublik nicht in Betracht kommen (kritisch *Schöch* 1992, 101). Gleichwohl wird sie neuerdings von den Senatoren für Justiz in Berlin und Hamburg erwogen (vgl. FAZ Nr. 22 v. 22.1.1997).

Insgesamt ist festzuhalten, daß die bisher entwickelten **Alternativen** nur zum Teil einen wirklichen Ersatz für die Freiheitsstrafe darstellen. Entweder beschränken sie sich auf bestimmte Tätergruppen oder Deliktsbereiche, häufig auf beides, oder sie sind besonders aus verfassungsrechtlichen Gründen bedenklich und daher nicht anwendbar. Als allgemein leichtere Sanktionen führen sie **in der Mehrzahl der Fälle** zu einem **Austausch mit ebenfalls weniger eingreifenden Sanktionen** und nicht, wie eigentlich beabsichtigt, der Freiheitsstrafe. Daher gilt es, nicht nur weitere Alternativen auch hinsichtlich der Täter – die aufgrund ihrer Persönlichkeit oder des begangenen Unrechts tatsächlich eine Freiheitsstrafe zu erwarten hätten – zu entwickeln, sondern darüber hinaus die Bereitschaft der Organe der Strafverfolgung zu fördern, diese Alternativsanktionen anstelle der Freiheitsstrafe auch tatsächlich zu verhängen.

§ 46 International-pönologische Perspektiven

Schrifttum: *Burgstaller*, Zur Entwicklung der Strafenpraxis nach der Strafrechtsreform. ÖJZ 42 (1987), 417-428; *Dünkel/Spieß*, Alternativen zur Freiheitsstrafe – Strafaussetzung zur Bewährung und Bewährungshilfe im internationalen Vergleich. Freiburg 1983; *Garland*, The Limits of the Sovereign State. Strategies of Crime Control in Contemporary Society. BritJCrim 36 (1996), 445-471; *Heiland*, Das wohlfahrtsstaatliche Sanktionspuzzle – Zur Entwicklung und Verteilung der Strafen in England und Wales, Frankreich und der Bundesrepublik Deutschland. In: Der Wohlfahrtsstaat und seine Politik des Strafens, hrsg. v. Haferkamp. Opladen 1990, 63-133; *Jescheck* (Hrsg.), Die Freiheitsstrafe und ihre Surrogate im deutschen und ausländischen Recht. Baden-Baden 1984; *Kaiser*, Perspektiven vergleichender Pönologie. MschrKrim 63 (1980), 366-378; *ders.*, Strafvollzug im internationalen Vergleich. In: GS für Kaufmann. Berlin u.a. 1986, 499-621; *Kalmthout/Tak*, Sanctions-Systems in the Member States of the Council of Europe. Deprivation of Liberty, Community Service and other Substitutes. Bd. 1 u. 2. Deventer u.a. 1988 u. 1992; *Morgan*, English Penal Politics and Prisons: Going for Broke. Overcrowded Times 7 (1996), 6, 1, 20 f.; *Riklin*, The Death of Common Sense – Kritische Gedanken zur gegenwärtigen amerikanischen Kriminalpolitik. In: FS für Rehberg. Zürich 1996, 269-283; *Shichor/Sechrest* (eds.), Three Strikes and You're Out. Vengeance is Social Policy. London u.a. 1996; *Tournier*, Statistics on Prison Population in the Member States of the Council of Europe. Penological Information Bull 19 and 20 (1994-1995), 34-92.

Zu komparativer Pönologie kann man bekanntlich auf verschiedenen Wegen ansetzen. Doch stets steht die **Frage im Mittelpunkt, wieviele Strafen in welcher Art und Höhe im Sinne eines präventiven Optimums notwendig** sind. Obgleich die Hindernisse nicht verkannt werden, die dem internationalen oder dem interkulturellen Vergleich entgegenstehen, hat man in neuerer Zeit die **komparative Analyse von Strafrechtssystemen** und den jeweils betroffenen Populationen vorangetrieben. So kann man Systeme der Verbrechenskontrolle sowohl nach ihrer rechtsstaatlichen Qualität, nach dem Grad der (negativen) Chancengleichheit als auch nach ihrem Sozialisationspotential zu messen suchen und einander gegenüberstellen. Will der Maßstab für Punitivität oder Reaktionsbereitschaft des Systems jedoch überzeugen, so müßte er eigentlich die Zahl der Strafen mit der Zahl der Verbrechen nach Art und Schwere in Beziehung setzen. Um den punitiven Gehalt der verschiedenen Strafrechtssysteme vergleichbar zu machen, bedarf es der Benutzung von **Indikatoren** und Indexbildungen. Bei der Suche danach nehmen Freiheitsstrafe und Gefangenenzahlen eine zentrale Stellung ein. Dies kann einmal als Zeichen dafür gelten, welch hohen Rang heutzutage Staat und Gesellschaft der Entziehung oder Beschränkung von Freiheit einräumen. Zum anderen verdeutlicht es, in welchem Grade Zwecke der Prävention und „inneren Sicherheit" noch immer durch die Verknüpfungen mit der Freiheitsstrafe verfolgt werden. Dies lassen besonders repressive Strategien und Praxis der amerikanischen Kriminalpolitik erkennen. Berühmt geworden ist das 1994 in Kalifornien geschaffene „Three Strikes and you're out"-Gesetz (Drei Fehltritte und Du bist weg!), welches in Fällen, in denen sich ein Straftäter zum dritten Mal vor Gericht verantworten muß, besonders drastische Strafen von mindestens 25 Jahren Dauer oder lebenslängliche Haft ermöglicht, wobei eine bedingte Entlassung frühestens nach zehnjähriger Verbüßung in Betracht kommt (kritisch *Riklin* 1996, 272; *Shichor* u.a. 1996).

Bekanntlich herrschte in den fünfziger und sechziger Jahren der Behandlungsgedanke in der internationalen Theoriediskussion vor, nicht zuletzt unter dem Einfluß der défense sociale. Seit den 70er Jahren hat der Strafgedanke eine Renaissance erfahren. Werden derartige Wandlungen auch vorwiegend in Nordamerika, England und Skandinavien erörtert, so widersprechen sie doch einem Trend, der hierzulande vor drei Jahrzehnten mit dem „Abschied von *Kant* und *Hegel*" eingeleitet wurde. Wird die niederländische Praxis der kurzen Freiheitsstrafen nachträglich mit *Hegel* und dem Vergeltungsgedanken theoretisch zu begründen gesucht, so die nordische Handhabung mit der Generalprävention. Wie in anderen europäischen Staaten beobachten auch wir einerseits die erneute Zunahme langer Freiheitsstrafen. Andererseits hat die Strafaussetzung während der letzten beiden Jahrzehnte in Westeuropa und den USA die vollstreckte Freiheitsstrafe durchweg an Häufigkeit überrundet. Hier handelt es sich um eine Entwicklung, die mit dem Behandlungsgedanken verbunden oder als „Alternative zur Freiheitsstrafe" ausgestaltet, schon in den fünfziger Jahren eingesetzt hat. Die vergleichende Analyse der Sanktionenstatistik zeigt überdies den Siegeszug der Geldstrafe als Ausdruck des Strafgedankens, freilich nicht uneingeschränkt. Staaten der postkommunistischen Gesellschaft einerseits und westliche Länder wie Frankreich und die Schweiz andererseits veranschaulichen, daß man einem abweichenden Sanktionsstil mit nicht mindergroßem „Erfolg" anhängen kann. Hingegen sichern Deutschland, England und Wales, Japan und Schweden der Geldstrafe eine beachtliche Anwendungsbreite, ordnen jedoch im Falle der Nichtbeitreibung die Ersatzfreiheitsstrafe höchst unterschiedlich an, ohne daß es dadurch bislang erkennbar zu erheblichen Störungen im Sanktionenvollzug gekommen wäre. Wenn dies aber so ist, stellt sich die **Frage nach der Erforderlichkeit von Sanktion und Praxis** mit besonderer Schärfe. Dabei kann wiederum die Verbrechenswirklichkeit und deren Wahrnehmung durch die Bevölkerung nicht außer Betracht bleiben.

In vergleichender Perspektive hat der **Sanktionierungsstil der Niederlande** zunehmend **Modellcharakter** gewonnen. Die dort noch immer relativ niedrige Gefangenenpopulation (*Tournier* 1994-1995, 37, 69) ist um so erstaunlicher, als Kriminalitätsrate und Verbrechenswirklichkeit den entsprechenden Befunden in den übrigen westeuropäischen Staaten kaum nachstehen. Allerdings muß man neben der weitgehenden Praktizierung kurzer Freiheitsstrafen auch die von Zeit zu Zeit notwendig werdende Anordnung von Gnadenaktionen, die Einrichtung einer sogenannten „Warteliste" für die zu Freiheitsstrafe Verurteilten und nicht zuletzt die billigende Hinnahme einer derartigen Praxis durch die niederländische Bevölkerung berücksichtigen. Immerhin ist es auch in den Niederlanden gelegentlich zu Proteststreiks der Gefangenen wegen der Verminderung des Aufsichtspersonals und der beträchtlichen Erhöhung der Kapazität der Strafanstalten gekommen. Wenn aber die Bevölkerung wegen rigider Wertvorstellungen oder spektakulärer Kriminalfälle und aus Verbrechensangst nicht geneigt ist, eine auf Resozialisierung und Solidarität angelegte Vollzugspolitik mitzutragen oder zumindest zu tolerieren, dann dürfte es auch kaum möglich sein, mit niedrigen Gefangenenzahlen auszukommen.

Vergleicht man freilich nicht die Gefangenenziffern, sondern die Verurteilungen zu Freiheitsstrafe, bezogen auf die Zahl derjenigen Personen, die in der Bevölkerung überhaupt von Freiheitsstrafen betroffen werden, dann sieht das Bild der Niederlande ebenso wie jenes von Schweden, wo ebenfalls eine sogenannte Warteliste existiert, wesentlich anders aus. Dann nämlich werden im Durchschnitt in den Niederlanden und in Schweden erheblich mehr Personen pro hunderttausend der jeweiligen Bevölkerung zu Freiheitsstrafen verurteilt, als dies etwa im Bundesgebiet der Fall ist. Auch andere Länder wie die Schweiz, Österreich, Frankreich oder Italien verurteilen wesentlich häufiger zu Freiheitsstrafen, wenn man die Bezugsgruppen der Bevölkerung konstant hält (dazu *Tournier* 1994-1995, 56, 85). Daß sie mit Ausnahme Österreichs gleichwohl geringere Gefangenenpopulationen – bezogen auf die jeweilige Bevölkerung – aufweisen, wirft erneut die Frage auf, wie diese Staaten es fertigbringen, ein solches Ergebnis zu erzielen: offenbar durch eine gemischte Strategie von kurzen Freiheitsstrafen, bedingten Entlassungen, Gnadenerlassen und sonstigem Sanktionsverzicht. Andernfalls müßten die Staaten, die eine der Bundesrepublik vergleichbare Zahl von Tätern zu langen Freiheitsstrafen verurteilen wie die Schweiz und Frankreich, wesentlich höhere Gefangenenziffern aufweisen.

Überdies zeigt die vom Gesamtsystem der Sozialkontrolle abhängige Bedeutung der Kriminalsanktionen, daß Vergleiche nur dann aussagekräftig werden, wenn die Strukturen der Kontrollsysteme in den zu untersuchenden Gesellschaften insgesamt ähnlich sind und damit vergleichbar erscheinen. Andernfalls kann aus unterschiedlichen Gefangenenziffern der zu vergleichenden Länder nicht geschlossen werden, daß Staaten mit höherer Gefangenenziffer auch entsprechend punitiver seien, z.B. England und Wales oder die Bundesrepublik doppelt und die USA gar sechsmal so punitiv wie die Niederlande. Erfragte Einstellungen der Bevölkerung, insbesondere nach dem sogenannten Euro-Barometer, sprechen eher für das Gegenteil.

§ 47 Angewandte Viktimologie: Verbrechensopfer und Strafrechtspflege

Schrifttum: *Arzt*, Viktimologie und Strafrecht. MschrKrim 67 (1984), 105-124; *Eser*, Zur Renaissance des Opfers im Strafverfahren. Nationale und internationale Tendenzen. In: GS für A. Kaufmann. Köln u.a. 1989, 723-747; *Hassemer*, Rücksichten auf das Verbrechensopfer. In: FS für Klug. Köln 1983, 217-234; *Hillenkamp*, Vorsatztat und Opferverhalten. Göttingen 1981; *Hirsch*, Zur Stellung des Verletzten im Straf- und Strafverfahrensrecht. Über die Grenzen strafrechtlicher Aufgaben. In: GS für A. Kaufmann. Köln u.a. 1989, 699-721; *Janssen/Kerner* (Hrsg.), Verbrechensopfer, Sozialarbeit und Justiz. Das Opfer im Spannungsfeld der Handlungs- und Interessenkonflikte. Bonn 1985; *Kaiser/Kury/Albrecht* (eds.), Victims and Criminal Justice. Vol. 51: Legal Protection, Restitution and

Support. Freiburg 1991; *Rössner/Wulf*, Opferbezogene Strafrechtspflege. Leitgedanken und Handlungsvorschläge für Praxis und Gesetzgebung. Bonn 1984; *Roxin*, Viktimodogmatik und materielles Unrecht. In: Strafrecht A.T. München 1992, 375-378; *Schneider* (Hrsg.), Das Verbrechensopfer in der Strafrechtspflege. Berlin u.a. 1982; *Schünemann*, Die Zukunft der Viktimo-Dogmatik: die viktimologische Maxime als umfassendes regulatives Prinzip zur Tatbestandseingrenzung im Strafrecht. In: FS für Faller. München 1984, 357-372; *Zipf*, Schadenswiedergutmachung, gemeinnützige Arbeit, Täter-Opfer-Ausgleich. In: Verhandlungen des 10. Österreichischen Juristentages. Abteilung Strafrecht. Wien 1989, 75-125.

Nach Theorie, System und Handhabung des Strafrechts treten das Verbrechensopfer und seine Belange zunächst zurück. Indessen würde sich ein Strafrecht, das sich allein um Schuldausgleich und Resozialisierung des Täters bemühte, ohne Rücksicht auf das Opfer zu nehmen, zu seinen eigenen Zielen, insbesondere der Normakzeptanz, der Humanisierung und Befriedung, in Widerspruch setzen. Selbst dem traditionellen Strafrecht und seiner Theorie waren Rücksichten auf das Opfer keineswegs fremd (*Hassemer* 1983, 218). Doch die Opferbefragungen der letzten zwei Jahrzehnte und die Opferforschung haben die breite Viktimisierung ebenso wie die kriminalpolitische Vernachlässigung des Opfers verdeutlicht. Fragestellungen der Viktimologie und die von ihr veranlaßte „Wiederentdeckung" des Verbrechensopfers in der kriminalpolitischen Diskussion haben in der Gegenwart ein Problembewußtsein geschaffen und den Blick für die Erwartungen und Interessen des Verbrechensopfers geschärft. Häufig empfindet der Verletzte den staatlichen Schutz durch Strafverfolgung und Justizgewährung als zu spät, ungenügend und unökonomisch. Eine „opferbezogene Strafrechtspflege" (*Rössner* u.a. 1984) soll daher körperlichen, seelischen, finanziellen und sozialen Schäden begegnen. Demgemäß ist etwa der Täter-Opfer-Ausgleich derzeit **zu einem der zentralen Themen der internationalen Kriminalpolitik geworden**. Seine Faszination besteht darin, daß ihm nahezu jede kriminalpolitische Grundposition zustimmungsfähige Aspekte abgewinnen kann und er für ganz unterschiedliche Auffassungen konsensfähig erscheint (*Zipf* 1989, 103). Selbst Richtungen, die der Viktimologie von Hause aus distanziert und fremd gegenüberstehen, gewinnen der Opferorientierung Vorzüge ab, indem diese Elemente der Entregelung und des Informalismus zumindest nicht ausschließen. Materielles und formelles Strafrecht sowie Jugendstrafrecht sind von der Opferorientierung nicht unbeeinflußt geblieben. Seit den achtziger Jahren ist die Rolle des Verbrechensopfers in der Strafrechtspflege aktuell. Der Verletzte beeinflußt mindestens mittelbar die sanktionierende Behandlung, die der

Rechtsbrecher seitens der Träger formeller Sozialkontrolle erfährt. Dabei geht es sowohl um den Rang der Wiedergutmachung im Rahmen der Strafzwecke als auch um die Bedeutung des Opferverhaltens für die Konstruktion und Interpretation strafrechtlicher Tatbestände bis zur Stellung des Verletzten im Strafverfahren.

Umstritten ist vor allem, inwieweit und an welchem systematischen Ort mit welcher Zielsetzung die Beteiligung des Opfers am Tatgeschehen strafrechtlich berücksichtigungsfähig ist. Als strafrechtliche Themenkreise der **„Viktimo-Dogmatik"** (grundlegend *Hillenkamp* 1981; kritisch *Hassemer* 1983, 220 ff.; *Arzt* 1984, 13 ff.; *Schünemann* 1984, 364 ff.; *Hirsch* 1989, 720 f.; zusammenfassend *Roxin* 1992, 375 ff.) kommen in Betracht: Die Gewichtung der Straftaten (Schwereeinschätzung), die Präzisierung von Straftaten und Rechtsgütern durch genauere Umschreibung der Opferverluste und die Strafzumessung, insbesondere die Konsequenzen aus dem Opfermitverschulden, die extensive bzw. restriktive Tatbestandsauslegung sowie die Rechtsgutskonkretisierung im Hinblick auf das Opfermitverschulden. Die Strafrechtsdogmatik ist aufgerufen, die Verweigerung strafrechtlichen Schutzes unter Berufung auf das Selbstverantwortungsprinzip bewußt und sichtbar zu machen (*Arzt* 1984, 106, 111). Während *Hillenkamp* (1981, 213, 235 ff., 250 ff.) den Ausgleich von Mitverantwortung auf die Ebene der Strafzumessung verweist, will vor allem *Schünemann* (1984, 362) die viktimologische Maxime als umfassendes, regulatives Prinzip zur Tatbestandseingrenzung im Strafrecht begreifen. So gesehen erweist sich die Viktimologie auch als Prüfstein für die Bestimmung von Aufgaben und Funktionen des Strafrechts.

Für den besseren **Opferschutz** im Strafverfahren hat der Gesetzgeber erste Vorkehrungen getroffen. Doch die Interessen des Opfers erschöpfen sich nicht in verfahrensrechtlichen Opferschutzbelangen, sondern umfassen auch Bedürfnisse nach Schadensausgleich und Hilfe. So stehen Schadenswiedergutmachung und **Täter-Opfer-Ausgleich** (dazu unten § 49) auf dem Reformprogramm. Diese unterschiedlichen Aspekte angewandter Viktimologie suchen die Verfahrensgerechtigkeit zu verbessern und eine sekundäre Viktimisierung des Verbrechensopfers zu vermeiden. Die Ziele sollen durch folgende **Mittel und Wege** erreicht werden:

- Anhörung, Beteiligung, Einflußnahme (Informations- und Kontrollrechte) des Opfers,
- Begrenzung der Prozeßabsprachen zwischen Strafjustiz und Täter („plea-bargaining"),
- Genugtuung, Schadenswiedergutmachung und Täter-Opfer-Ausgleich,
- Fairness des Verfahrens und
- Wiederherstellung des Rechtsfriedens, insbesondere durch Schlichtung.

§ 48 Stellung des Verletzten im Strafverfahren

Schrifttum: *Eser*, Zur Renaissance des Opfers im Strafverfahren. In: GS für A. Kaufmann. Köln u.a. 1989, 723-747; *Hirsch*, Zur Stellung des Verletzten im Straf- und Strafverfahrensrecht. In: GS für A. Kaufmann. Köln u.a. 1989, 699-721; *Jung*, Zur Rechtsstellung des Verletzten im Strafverfahren. JR 1984, 209-312; *Kaiser, M.*, Die Stellung des Verletzten im Strafverfahren. Implementation und Evaluation des „Opferschutzgesetzes". Freiburg 1992; *Kühne* (Hrsg.), Opferrechte im Strafprozeß. Ein europäischer Vergleich. Kehl. u.a. 1988; *Martin*, Das Sühneverfahren vor dem Schiedsmann in Strafsachen. Lübeck 1988; *Rieß*, Die Rechtsstellung des Verletzten im Strafverfahren. Gutachten C für den 55. DJT. München 1984; *ders.*, Der Strafprozeß und der Verletzte – eine Zwischenbilanz. Jura 1987, 281 ff.; *Rössner/Wulf*, Opferbezogene Strafrechtspflege. Bonn 1984; *Schöch*, Die Rechtsstellung des Verletzten im Strafverfahren. NStZ 1984, 385-391; *Schünemann*, Zur Stellung des Opfers im System der Strafrechtspflege. NStZ 1986, 193-200; *Seelmann*, Paradoxien der Opferorientierung im Strafrecht. JZ 1989, 670-676; *Weigend*, Viktimologische und kriminalpolitische Überlegungen zur Stellung des Verletzten im Strafverfahren. ZStW 96 (1984), 761-793; *ders.*, Deliktsopfer und Strafverfahren. Berlin u.a. 1989.

Täter- und Opfermerkmale sowie unterschiedliche Empfindlichkeit gegenüber der Begehung bestimmter Delikte prägen den Zusammenhang zwischen Anzeigebereitschaft, Aufwand und Verfahrensausgang. Aber nicht nur durch sein Anzeigeverhalten – Strafverfahren werden überwiegend durch private Strafanzeige in Gang gesetzt –, sondern auch in seiner Rolle als Zeuge oder Nebenkläger nimmt das **Verbrechensopfer** auf den Gang des Strafverfahrens **Einfluß**. Vor den sechziger Jahren galt allerdings die Stellung des Verletzten für Wissenschaft und Praxis nicht als ernsthaft problematisch (*Hirsch* 1989, 700), auch wenn genau betrachtet das Verbrechensopfer nicht wieder entdeckt werden mußte. Jedoch wurde im Zuge der Blickschärfung für das Opfer zunehmend erkannt, auch im Ermittlungs- und Strafverfahren sicherzustellen, daß der Verletzte nicht ein zweites Mal zum Opfer gemacht wird (sog. **sekundäre Viktimisierung**). So richtet sich die Aufmerksamkeit sowohl auf den verstärkten prozessualen Schutz auf der Passivseite, z.B. bei der Vernehmung des Opfers, als auch auf den Ausbau der prozessualen Aktivbefugnisse, z.B. auf die Erweiterung des Klageerzwingungsverfahrens und der Beteiligung des Verletzten am Strafprozeß (vgl. *Hirsch* 1989, 701 m.N.).

Unmittelbar nach der Straftat kommt der Verletzte in der Regel mit der Polizei in Berührung. In dieser Phase geht es einmal darum, vor allem nach Gewalt- und Sexualdelikten ausgleichende Hilfen zur Überwindung psychischer Folgen der Tat zur Verfügung zu stellen. Zum anderen ist im gesamten **Ermittlungsverfahren** darauf zu achten, daß das Opfer soweit wie möglich geschützt wird. Bei

Vernehmungen ist ihm mit Einfühlung und Rücksichtnahme zu begegnen. Vernehmungen sollen gut vorbereitet sein und möglichst selten wiederholt werden (*Rieß* 1984, 112 ff.; *Rössner* u.a. 1984, 34 ff.). Der **Staatsanwaltschaft** stehen verschiedene informelle Sanktionsinstrumente zur Verfügung, die zugleich opferausgleichenden Charakter haben, z.B. Schadenswiedergutmachungsauflagen bei Verfahrenseinstellungen. In der Hauptverhandlung kann sie die Einhaltung opferschützender Maßnahmen kontrollieren (*Rössner* u.a. 1984, 48 ff.).

Obwohl nur ein Bruchteil aller Verbrechensopfer vor Gericht als Zeugen aussagt, kommt dem Opferschutz im **Hauptverfahren** große Bedeutung zu. Hier müssen sekundäre Viktimisierungseffekte verhindert werden. Der Grundsatz des fairen Strafprozesses ist auch für den Verletzten nutzbar zu machen. Dazu gehört das Recht, sich eines Rechtsanwalts oder eines sonstigen Beistandes zu bedienen (vgl. BVerfGE 38, 112). Man spricht in diesem Zusammenhang in Anlehnung an die angloamerikanische Terminologie von einem **Opferanwalt**. Ferner ist der Anspruch auf richterliche Verfahrenshilfe hervorzuheben (*Rössner* u.a. 1984, 87). Die zwar im Strafprozeßrecht verankerte, aber in der Praxis – abgesehen vom Jugendstrafverfahren – bisher eher marginale **Gerichtshilfe** könnte Belange des Verletzten im Strafverfahren ebenfalls stärker zur Geltung bringen. Sie wäre nicht nur dazu geeignet, schon in einem frühen Stadium des Verfahrens einen Ausgleich zwischen Täter und Opfer anzustreben, sondern nach Erhebungen über die Situation des Verletzten einen „Opferbericht" zu erstatten, der zum Gegenstand des Verfahrens gemacht werden könnte (*Rössner* u.a. 1984, 61 ff.).

Die herkömmliche Ausgestaltung der Stellung des Verletzten im Strafverfahren bietet ein uneinheitliches Bild. Eine klare Konzeption ist nicht erkennbar (*Rieß* 1984, 44 f.; *Weigend* 1984, 764). Auszubauen sind zunächst **Informations- und Kontrollrechte**. Hier ist an die Einführung eines Akteneinsichtsrechts und die Erstreckung des Klageerzwingungsverfahrens (zur bisherigen Handhabung *Rieß* 1989, 194 m.N.) auf alle Verfahrenseinstellungen durch die Staatsanwaltschaft zu denken (*Schöch* 1984, 388 f.; *Weigend* 1984, 878; *Hirsch* 1989, 704). Weitere Beteiligungsrechte könnten von einer besonderen Anschlußerklärung abhängig gemacht werden (*Rieß* 1984, 81, 107 f.; *Weigend* 1984, 782 ff.). Soweit eine gesteigerte Beteiligung des Verletzten am Hauptverfahren nach geltendem Recht besonderen Verfahrensarten vorbehalten bleibt, ist zu prüfen, inwieweit diese als Basis für den Ausbau der Stellung des Opfers im Strafverfahren tauglich sind. Die Verweisung auf die **Privatklage** scheint angesichts ihrer weitgehenden Einstellungswirkung für die Verbrechensopfer eher eine Last als ein Privileg zu sein. Elemente der bisherigen Regelung wie das vorgeschaltete **Sühneverfahren** (*Martin* 1988), das vor allem dort zu funktionieren scheint, wo es ehrenamtlichen Schiedsrichtern anvertraut ist (*Rössner* u.a. 1984, 31 f.), könnten dagegen verallgemeinert werden und so Tendenzen der Diversion entgegenkommen (*Rieß* 1984, 88 ff.). Allerdings ist angesichts vorliegender Erfahrungen mit Schlichtungsmodellen, insbesondere aus den USA, eine gewisse Skepsis angebracht (*Schöch* 1984, 390 f.; *Weigend* 1984, 773 ff.; *ders.*, 1989, 241; insbes. gegen die Entrechtung durch Entrechtlichung).

Auch die bestehende Ausgestaltung der **Nebenklage** bringt die Belange des Verletzten im Strafverfahren nicht genügend zur Geltung. Bei einer allgemeinen Verbesserung der Stellung des Verbrechensopfers wäre sie entbehrlich (*Rieß* 1984, 86). Ob sich dagegen das **Adhäsionsverfahren** für dieses Anliegen nutzbar machen läßt, kann bezweifelt werden. Einerseits erscheint das praktische Bedürfnis nach dieser Verfahrensart nicht allzu groß, wenn das Hauptproblem für den Verletzten nicht in der gerichtlichen Feststellung, sondern in der Vollstreckung seines Schadensersatzanspruchs liegt (*Rieß* 1984, 101). Andererseits lassen sich strafprozessuale Beweisanforderungen schlecht mit denen des Zivilprozeßrechts vereinbaren (*Schöch* 1984, 390).

Aufgrund der reformbedürftigen Rechtsstellung des Verbrechensopfers hat inzwischen der Gesetzgeber erste Schritte unternommen, um den Opferschutz im Strafverfahren zu verbessern. Das **Erste Gesetz zur Verbesserung der Stellung des Verletzten im Strafverfahren (Opferschutzgesetz)** vom 18. Dezember 1986 will die Stellung der Opfer von Straftaten im Prozeß gegen den mutmaßlichen Täter durch Einräumung erweiterter eigener Rechte verstärken. Es beabsichtigt, den Persönlichkeitsschutz, insbesondere der Opfer von Sexualdelikten, im Strafprozeß zu verbessern und gleichzeitig sicherzustellen, daß die Verteidigungsmöglichkeiten der Beschuldigten gewahrt bleiben (kritisch-distanziert *Schünemann* 1986, 193 f.). Im einzelnen trifft das Gesetz folgende Regelungen:

1. Die **Informationsmöglichkeiten** aller Verletzten – ungeachtet welcher Straftat sie zum Opfer gefallen sind – über den Stand des Verfahrens gegen den Täter werden verbessert. Einem Verletzten wird ein gesetzliches **Recht auf Akteneinsicht** und auf Mitteilung über Verlauf und Ausgang des Strafverfahrens eingeräumt (§§ 406 d ff. StPO).
2. In § 406 f StPO wird gesetzlich bestimmt, daß sich alle Verletzten des **Beistandes** eines Rechtsanwaltes bedienen können, der ihnen auch zur Seite steht, wenn sie vor Gericht als Zeugen vernommen werden.
3. **Opfer schwerer Straftaten**, etwa von Vergewaltigungen, schwerwiegenden Körperverletzungen, schwerwiegenden Freiheitsberaubungen und versuchten Tötungsdelikten, **erhalten weitergehende Rechte:**
   a) Sie können sich unmittelbar **als Nebenkläger** aktiv am Verfahren gegen den Täter beteiligen (§§ 395 ff. StPO), im Prozeß eigene Anträge stellen sowie sich gegen ehrverletzende Befragungen und Schuldzuweisungen verteidigen.
   b) Ihnen kann ein Rechtsanwalt auf Kosten der Staatskasse **als Beistand** zugeordnet werden (§ 397 a StPO), und zwar auch schon im Ermittlungsverfahren (§ 406 g Abs. 1 StPO).
4. Der Schutz der Persönlichkeitssphäre des Verletzten vor Gericht wird verbessert: Den Opfern wird das **Recht** eingeräumt, generell **Fragen** aus dem persönlichen Lebensbereich **zu beanstanden** (§ 406 f Abs. 2 StPO). Bei der

Erörterung höchstpersönlicher Angelegenheiten kann im weiteren Umfange als bisher die Öffentlichkeit in der Hauptverhandlung ausgeschlossen werden (§ 171 b GVG).

5. Die **Wiedergutmachung** des durch die Straftat erlittenen Schadens zugunsten des Opfers wird verbessert durch

   a) eine **erleichterte Geltendmachung von Schadensersatzansprüchen** des Verletzten gegen den Täter schon im Strafprozeß (§ 403 Abs. 1 StPO);

   b) **Vorrang der Ersatzansprüche** des Opfers vor staatlichen Ansprüchen auf Geldstrafe und Gerichtskosten. Der Täter soll zunächst den Schaden des Verletzten wiedergutmachen (vgl. § 459 a Abs. 1 Satz 2 StPO).

Wie allerdings erste Implementationsstudien zum Opferschutzgesetz erkennen lassen, hat sich in der alltäglichen Praxis erst wenig an der Stellung des Verletzten im Strafverfahren geändert (vgl. *M. Kaiser* 1992, 13 ff.). Offenbar hängt eine wirksame Umsetzung vor allem von einer besseren Lösung der Kostenfrage ab. Eine angemessene **Kostenverteilung** darf daher nicht vernachlässigt werden. Die geltende Vorschrift des § 465 StPO, welche die Kosten einer Nebenklage schematisch dem Verurteilten auferlegt, dient weder den Interessen des Verurteilten noch denen des Verletzten (*Rieß* 1984, 130 ff.; *Weigend* 1984, 791 f.; *Schünemann* 1986, 200).

Der Bundesrat hat am 16.12.1996 beschlossen, den *Entwurf eines Zweiten Opferschutzgesetzes* (BR-Drucks. 709/96) in den Bundestag einzubringen. Der Gesetzentwurf sieht eine Erweiterung des Nebenklagerechts für Opfer des einfachen Menschenhandels und des sexuellen Mißbrauchs von Jugendlichen sowie die obligatorische Beiordnung eines Rechtsanwaltes für die Opfer von Sexualstraftaten („Opferanwalt") vor. Zudem soll mit einer Aktivierung des Adhäsionsverfahrens die Möglichkeit der Geschädigten verbessert werden, bereits im Strafverfahren vermögensrechtliche Ansprüche geltend zu machen. So soll die strafgerichtliche Befugnis, im Adhäsionsverfahren von der Entscheidung über Schadensersatz und Schmerzensgeld abzusehen, beschränkt werden, wenn vorsätzliche Straftaten gegen die sexuelle Selbstbestimmung, den Körper, das Leben und die persönliche Freiheit verwirklicht sind. Eine solche Regelung würde eine Reihe von Mängeln beheben und zur Verbesserung der Stellung des Opfers im Strafverfahren beitragen. Das Problem der Kostenverteilung bliebe jedoch weiterhin ungelöst.

§ 49 Schadenswiedergutmachung

Schrifttum: *Bannenberg*, Wiedergutmachung in der Strafrechtspraxis: Eine empirisch-kriminologische Untersuchung von Täter-Opfer-Ausgleichsprojekten in der Bundesrepublik Deutschland. Bonn 1993; *Baumann* u.a., Alternativ-Entwurf Wiedergutmachung (AE-WGM). München 1992; *Dölling*, Der Täter-Opfer-Ausgleich, JZ 1992, 493-499; *Eser/Kaiser/Madlener* (Hrsg.), Neue Wege der Wiedergutmachung im Strafrecht. Freiburg 1990; *Eser/Walther* (Hrsg.), Wiedergutmachung im Kriminalrecht. Internationale Perspektiven. Freiburg 1996; *Frehsee*, Schadenswiedergutmachung als Instrument der strafrechtlichen Sozialkontrolle. Berlin 1987; *Hartmann*, Schlichten oder Richten: Der Täter-Opfer-Ausgleich und das (Jugend-)Strafrecht. München 1995; *Hirsch*, Wiedergutmachung des Schadens im Rahmen des materiellen Strafrechts. ZStW 102 (1990), 534-559; *Jescheck/Weigend*, Lehrbuch des Strafrechts. A.T. Berlin 1996[5]; *Kaiser*, Erfahrungen mit dem Täter-Opfer-Ausgleich im Ausland. In: Täter-Opfer-Ausgleich – Zwischenbilanz und Perspektiven, hrsg. v. BMJ. Bonn 1991, 40-50; *Kilchling*, Opferinteressen und Strafverfolgung. Freiburg 1995; *ders.*, Aktuelle Perspektiven für Täter-Opfer-Ausgleich und Wiedergutmachung im Erwachsenenstrafrecht. NStZ 1996, 309-317; *Löschnig-Gspandl*, Die Wiedergutmachung im Strafrecht. Auf dem Weg zu einem neuen Kriminalrecht? Wien 1996; *Marks/Rössner* (Hrsg.), Täter-Opfer-Ausgleich. Bonn 1989; *Messmer*, Unrechtsaufarbeitung im Täter-Opfer-Ausgleich: Sozialwissenschaftliche Analysen zur außergerichtlichen Verfahrenspraxis bei Jugendlichen. Bonn 1996; *Roxin*, Die Wiedergutmachung im System der Strafzwecke. In: Wiedergutmachung und Strafrecht, hrsg. v. Schöch. München 1987, 37-57; *Schöch*, Strafrecht zwischen Freien und Gleichen im demokratischen Rechtsstaat. Zur konkreten Utopie der Wiedergutmachung im Strafverfahren. In: FS für Maihofer. Frankfurt/M. 1988, 461-479; *Schreckling* u.a., Bestandsaufnahmen zur Praxis des Täter-Opfer-Ausgleichs in der Bundesrepublik Deutschland. Bonn 1991; *Sessar*, Wiedergutmachen oder Strafen. Pfaffenweiler 1992; *Weigend*, Deliktsopfer und Strafverfahren. Berlin 1989; *ders.*, Täter-Opfer-Ausgleich in den USA. MschrKrim 75 (1992), 105-114.

Der prägnante, schlagwortartige Begriff des **Täter-Opfer-Ausgleichs** findet sich im deutschsprachigen Schrifttum erst seit den späten siebziger Jahren. Doch das ihm zugrundeliegende und motivierende Opferinteresse reicht weit zurück. Als Schadenswiedergutmachung ist es seit unvordenklicher Zeit bekannt. Vor mehr als einhundert Jahren befaßte sich die Internationale Kriminalistische Vereinigung auf einer Tagung speziell mit der Frage, ob und inwieweit Gesetzgebung, Strafrechtspflege und Vollzug die Interessen des Verletzten, insbesondere durch Schadensersatz, stärker berücksichtigen sollten. Die Schadenswiedergutmachung gilt denn auch als „Kristallisationskern" des Täter-Opfer-Ausgleichs (*Frehsee* 1987).

Man kann dem geltenden Sanktionensystem nicht vorwerfen, daß es den Gedanken der **Wiedergutmachung** ausklammere. Neben der allgemeinen Strafzumessungsnorm des § 46 Abs. 2 Satz 2 StGB, die unter anderem „das Bemühen des Täters" erwähnt, „den Schaden wiedergutzumachen" sowie einen Ausgleich mit dem Verletzten zu erreichen, bestehen Regelungen, die bei der Aussetzung einer Freiheitsstrafe zur Bewährung die Auflage der Schadenswiedergutmachung ermöglichen (z.B. §§ 45 b StGB, 23 JGG; Art. 41 schwStGB). Größeres Gewicht erlangt die Wiedergutmachung im Bereich der informellen Sanktionierung durch Verfahrenseinstellung (§ 153 a StPO). Doch werden in der Praxis alle diese Regelungen noch relativ selten angewendet. Das gilt auch für die zusätzlichen Elemente des Täter-Opfer-Ausgleichs und der Wiedergutmachung, die durch das Verbrechensbekämpfungsgesetz von 1994 in das Strafrecht aufgenommen wurden (dazu kritisch *Jescheck/Weigend* 1996, 867). Deshalb geht das Opfer noch immer häufig leer aus. Das zivilrechtliche Schadensersatzrecht vermag die Lücke nicht zu schließen, obwohl auch seine Funktion auf Befriedung zielt.

Daher ist der Einbau der Wiedergutmachung als ein Element innerhalb des Sanktionensystems kriminalpolitisch zu fordern (zu den Möglichkeiten der Integration in die Strafrechtspflege *Dölling* 1992, 497 ff.). Die Anwendbarkeit kann für weite Bereiche der Kriminalität erfolgen, ohne daß traditionelle Strafzwecke vernachlässigt werden (zur „Wiedergutmachung im System der Strafzwecke" *Roxin* 1987, 37 ff.; ferner *Jescheck/Weigend* 1996, 7, 864 f.). So wäre zu erwägen, den Schadensersatzanspruch des Geschädigten auf die Geldstrafe anzurechnen. Bei der Aussetzung einer Freiheitsstrafe zur Bewährung sollte der Wiedergutmachungsauflage Vorrang eingeräumt werden. Solange sich die Arbeitsentlohnung der Strafgefangenen auf Bruchteile des Durchschnittseinkommens beschränkt, erscheint eine angemessene Wiedergutmachung im Bereich der vollstreckten Freiheitsstrafen dagegen wenig realistisch. Immerhin kann sie im Rahmen von Entschuldungsprogrammen für Straftäter berücksichtigt werden. Das Jugendstrafrecht enthält bereits Normen (§§ 10, 45, 47 JGG), die den Gedanken der Wiedergutmachung stärker zur Geltung bringen.

International schätzt man die **praktischen Möglichkeiten eines Täter-Opfer-Ausgleichs** als vielversprechend ein. So begegnet man in Nordamerika ebenso wie in Europa zahlreichen Experimenten (dazu *Weigend* 1989; *Marks/Rössner* 1989; *Kaiser* 1991; *Schreckling* u.a. 1991; *Bannenberg* 1993; *Hartmann* 1995; *Messmer* 1995). Forderungen nach Ausgleichs- und Wiedergutmachungsleistungen des Täters erfreuen sich überdies einer breiten Akzeptanz in der Öffentlichkeit, im engeren Kreis der Betroffenen und abgeschwächt auch in der Strafjustiz. Die **Evaluationen** verdeutlichen jedoch, daß die Täter-Opfer-Ausgleichsbemühungen nur in den Fällen aussichtsreich erscheinen, in denen ein natürliches Opfer existiert sowie der Sachverhalt zweifelsfrei ist. Bei manchen Verbrechensformen, insbesondere bei abstrakten Gefährdungsdelikten, sind schon die Voraussetzungen nicht erfüllt. Ferner schätzen Opfer und Strafjuristen die Vereinbarkeit von Schadenswiedergutmachung und Bestrafung offensichtlich verschieden ein. Während die Opfer zwischen Zivil- und Strafrecht wenig unterscheiden und das Recht möglichst aus einer Hand begehren, betonen traditionelle juristische Denkweisen eher die Trennung von zivilrechtlichem Schadensersatz und Kriminalsanktion, was sich im Ergebnis wiederum frustrierend auf das sich selbst überlassene Opfer auswirkt. Außerdem läßt die Akzeptanz dort erhebliche Einbußen erkennen, wo eine spezielle Wiedergutmachung aufgrund von ausgleichenden Versicherungsleistungen entbehrlich erscheint. Auch findet der Vorschlag einer persönlichen Begegnung von Täter und Opfer allgemein nur abgeschwächte Zustimmung. Die Bereitschaft zum Eingehen einer Wiedergutmachungsvereinbarung und zu einem Vermittlungsgespräch sind auf seiten des Opfers stark von der Deliktsart und dem Bestehen einer persönlichen Beziehung zum Täter vor der Tat abhängig. Sie ist offenbar um so geringer, je besser das Opfer den Täter gekannt und je gravierender das Opfer das Delikt empfunden hat. Die in abstrakter Sicht beachtliche Aufmerksamkeit der Opfer gegenüber dem Gedanken des Täter-Opfer-Ausgleichs weicht somit im Falle konkreter Betroffenheit einer differenzierten Einstellung. Die mitunter mit dem Täter-Opfer-Ausgleich verknüpften Ansprüche und Ziele erscheinen daher weitgehend als zu hoch gesteckt.

Gleichwohl läßt sich nicht verkennen, daß ein entformalisiertes Ausgleichsverfahren die unmittelbar Betroffenen stärker zu Wort kommen läßt, die nur punktuelle Betrachtung des Konfliktereignisses vermeidet sowie Täter und Opfer zu sinnvolleren Lösungen führt (*Weigend* 1989, 343). Interpersonale Konflikte werden beim Täter-Opfer-Ausgleich anscheinend in einer Weise abgearbeitet, die ihrer zwischenmenschlichen Dimension besser entspricht als das in dieser Hinsicht allzu starre Strafverfahren (vgl. *Messmer* 1996). Offenbar werden Gespräche und Schlichtung auch von den Beteiligten befriedigend und konfliktlösend empfunden, was der beachtliche Grad an Zufriedenheit der Betroffenen mit der vorausgegangenen Schlichtungsverhandlung belegt (*Bannenberg* 1993, 229 ff., 261). Wenn überhaupt, so läßt sich Versöhnung und Konfliktschlichtung wohl nur auf solche Weise erreichen. Bisherige Erfahrungen haben Befürchtungen von Opfer- und Täterbenachteiligungen auch nicht bestätigt. Allerdings entstammen die dem Täter-Opfer-

Ausgleich zugänglichen Fälle nach Deliktstypus und Schweregrad vornehmlich dem minderschweren Bereich. Die Schadenswiedergutmachung und der Täter-Opfer-Ausgleich können daher nur eine marginale Funktion in Höhe von etwa 10% an allen anhängigen Kriminalfällen erfüllen. Kann daher bei Lichte betrachtet von einer „Abrüstung des Strafrechts" durch den Täter-Opfer-Ausgleich keine Rede sein, so bleibt doch dessen Potential zur Friedensstiftung beachtlich und ist noch keinesfalls ausgeschöpft.

Darüber hinaus verbindet man in der gegenwärtigen Diskussion mit dem Täter-Opfer-Ausgleich nicht selten eine weitergreifende Strategie der **Konfliktregelung**, die bis zum Abolitionismus reicht. Jedoch darf eine ebenso legitime wie verstärkte Opferorientierung nicht zur Beschneidung von Verteidigungsrechten des Beschuldigten führen. Dessen Interessen bilden ein Hindernis, das trotz Beachtung der besonderen Opferlage eingehalten werden muß.

Die der Befragungsforschung gelegentlich zugrunde gelegte Alternative „Wiedergutmachung als Unrechtsausgleich anstelle von Strafen" (vgl. etwa *Sessar* 1992, 204 ff.) ist allerdings ungenau, weil sie den Begriff der Bestrafung auf Freiheits- und Geldstrafen einengt und die Ausdrucksmöglichkeiten der Strafe als Wiedergutmachung, Entschuldigung und gemeinnützige Arbeit ausschließt. Im übrigen wird offen gelassen, was bei jenen Straftaten geschehen soll, die zu keinem meßbaren Schaden führen. Aber selbst nach den Befragungsergebnissen kann von dem behaupteten „Nichtbedarf an Strafe" (*Sessar* 1992, 243) keine Rede sein. Addiert man die Bestrafungsbedürfnisse, welcher Art auch immer, mit dem Wunsch nach Entschuldigung und gemeinnütziger Arbeit – sämtlich Sanktionen mit materiellem Strafcharakter –, so überwiegen die Strafbedürfnisse eindeutig. Dies ist um so mehr der Fall, je schwerer das Unrecht, je unsicherer die eigene Position und je stärker die eigene Betroffenheit begriffen werden. Dies zeigt sich nicht nur bei Gewaltdelikten, sondern auch beim Wohnungseinbruch.

§ 50 Opferentschädigung und Opferhilfe

1. Staatliche Opferentschädigung

Schrifttum: *Keller*, Überblick über das Opferhilfegesetz. Krim 1995, 65-69; *Möllhoff/Kontner/Schmidt*, Täter-Opfer-Entschädigungsgesetz (OEG) und seine Durchführung in Baden-Württemberg 1976-1980. In: FS für Leferenz. Heidelberg 1983, 233-257; *Villmow*, Staatliche Opferentschädigung – Entscheidungsstrukturen in den Bundesländern unter besonderer Berücksichtigung der Hamburger Situation. In: KrimFo 35 (1988), 1013-1041; *ders./Plemper*, Praxis der

Opferentschädigung. Pfaffenweiler 1989; *Weintraud*, Staatliche Entschädigung für Opfer von Gewalttaten in Großbritannien und der Bundesrepublik Deutschland. Baden-Baden 1980.

Nicht stets ist der Täter bekannt, willens und in der Lage, den durch seine Straftat verursachten Schaden wiedergutzumachen. Insoweit geht der Verletzte leer aus, was namentlich bei Gewaltopfern zu Härten führt. Staatliche Opferentschädigung soll hier die Lücke schließen, Schäden ausgleichen und die Härten mildern. Entsprechende Bestrebungen reichen international bis in die frühen sechziger Jahre zurück. In Deutschland sieht das **Opferentschädigungsgesetz** (OEG) aus dem Jahre 1976 Ausgleichsansprüche des Gewaltopfers vor.

Daß das Gesetz nur unvollkommen Schutz gewährt, wird schon aus der gesetzlichen Regelung deutlich. Entschädigungsansprüche werden nur für Opfer von vorsätzlichen Gewalttaten gewährt, die für einen Zeitraum von mehr als 5 Monaten geschädigt sind und deren Erwerbsfähigkeit um mindestens 25% beeinträchtigt ist. Leistungen sind zu versagen, wenn die entscheidende Behörde ein Mitverschulden des Opfers feststellt oder das Opfer nicht unverzüglich Anzeige erstattet hat. Das OEG gewährt den Versorgungsämtern, die es ausführen, weite Entscheidungsspielräume. Angesichts solcher Regelungen kann erwartet werden, daß Leistungen nur einem kleinen Personenkreis zugutekommen. Die vorliegenden Untersuchungen zur Anwendung des Gesetzes bestätigen diese Bedenken. Die veranschlagten Mittel werden bisher nicht ausgeschöpft.

Selbst wenn man von einer engen Definition der Gewaltkriminalität und einer begrenzten Anzahl potentieller Antragsteller ausgeht, ist die Zahl der gestellten Entschädigungsanträge allgemein gering. 1981 waren es in der Bundesrepublik etwa 9% der Gewaltopfer, die einen Antrag auf Entschädigung stellten. Bis 1993 hatte sich dieser Anteil auf etwa 15% erhöht. Dabei zeigen sich erhebliche regionale Unterschiede, die sich nicht durch eine unterschiedliche Struktur der registrierten Gewaltkriminalität erklären lassen. Vielmehr wird die Zahl der gestellten Anträge entscheidend durch die Krankenkassen gesteuert (*Villmow* 1988, 1029 ff.). Nach dem OEG gibt es nämlich Fälle, in denen zwar das Verbrechensopfer keine Entschädigung erhält, aber ein Kostenausgleich zwischen den verschiedenen Sozialversicherungsträgern stattfindet. Aus dieser Konstellation folgt die begründete Befürchtung, nicht die Verbrechensopfer seien die Hauptnutznießer des Gesetzes, sondern ihre Krankenkasse (*Weintraud* 1980, 182; *Schwind* 1996, 354).

Eine zweite Selektionsstufe liegt im Entscheidungsverhalten der Versorgungsverwaltung. In der Bundesrepublik wurden von 16 929 im Jahre 1993 erledigten Anträgen nach dem OEG ungefähr 30% positiv entschieden. In dieser Quote sind allerdings die Fälle enthalten, in denen lediglich die Krankenkasse des Opfers einen Erstattungsanspruch gegen die Versorgungsverwaltung erhält. Nach bisher vorliegenden Erfahrungen liegt der Anteil dieser Fälle relativ hoch. Die Quoten, in denen für die Antragsteller positive Bescheide ergehen, variieren von Bundesland zu Bundesland sehr stark (*Möllhoff* u.a. 1983, 244 ff.; *Villmow* 1988, 1022 f.). Dabei werden niedrige Antragszahlen nicht durch hohe Bewilligungsanteile ausgeglichen. Offenbar werden die zahlreichen unbestimmten Gesetzesbegriffe im OEG von den verschiedenen Behörden sehr unterschiedlich ausgelegt, wobei sich soziale Merkmale der Antragsteller auswirken können (*Villmow* 1988, 1035). Zur Verbesserung der Effizienz der Opferentschädigung wird vorgeschlagen, die enge Koppelung an die Kriegsopferversorgung aufzugeben, Bagatellfälle aus dem Anwendungsbereich des Gesetzes von vornherein deutlich erkennbar auszuschließen und auch Leistungen an Verbrechensopfer zu gewähren, die nur vorübergehend oder durch eine fahrlässige Tat geschädigt sind.

Inzwischen hat der Bundesrat auf Initiative des Freistaates Bayern den Entwurf eines zivilrechtlichen Opferentschädigungsgesetzes (ZOEG – BR-Drucks. 787/97) in den Bundestag eingebracht, der ein gesetzliches Pfandrecht an allen Forderungen, die Straftäter aus der öffentlichen Darstellung ihrer Taten erwerben, zugunsten der Opfer vorsieht. Allerdings dürfte eine solche Regelung nur bei wenigen spektakulären Kriminalfällen zur Anwendung gelangen.

Während die Opferentschädigung in der Bundesrepublik in Form einer Rente gezahlt wird, gilt in **Großbritannien** seit 1964 eine Regelung, nach der die Leistung als einmalige Zahlung aus einem besonderen Fonds erfolgt, deren Höhe sich aus dem Zivilrecht ergibt (*Weintraud* 1980, 158 ff.). Das in **Österreich** seit 1972 geltende Bundesgesetz über die Gewährung von Hilfeleistungen an Opfer von Verbrechen orientiert sich dagegen, ähnlich wie das deutsche OEG, am Versorgungsrecht. Renten werden nur an Bedürftige gezahlt. Neben verschiedenen Ausschlußgründen besteht die Möglichkeit, die Leistung zu mindern. In der **Schweiz** haben National- und Ständerat 1991 das „Opferhilfegesetz" beschlossen, das am 1. Januar 1993 in Kraft getreten ist. Es beinhaltet eine Entschädigung für Personen, die „durch eine Straftat in ihrer körperlichen, sexuellen oder psychischen Integrität unmittelbar beeinträchtigt" worden sind, unabhängig davon, ob der Täter ermittelt werden konnte oder nur fahrlässig gehandelt hat. Der Anspruch auf Entschädigung steht allerdings nur Opfern zu, die bestimmte Einkommensgrenzen nicht überschreiten (dazu *Keller* 1995, 65 ff.).

Trotz der staatlichen Opferentschädigung in Geld bleibt noch immer genügend Raum für die Tätigkeit **privater Initiativen**. Dabei sollte der Schwerpunkt auf persönlichen Hilfen liegen.

2. Private Opferhilfe

Schrifttum: *Böhm*, Praktische Erfahrungen mit Opferschutz und Opferhilfe. In: Kriminologische Opferforschung, Bd. I, hrsg.v. Kaiser/Jehle. Heidelberg 1995, 99-115; *Schädler/Baurmann/Sievering* (Hrsg.), „Hilfe für Kriminalitätsopfer als internationale Bewegung". Ein Vergleich mit den Niederlanden und den USA. Bonn 1990; *Schuster*, Opferschutz und Opferberatung – eine Bestandsaufnahme. In: Gewalt und Kriminalität, hrsg. v. BKA. Wiesbaden 1986, 161-189; *Wetzels*,

Über die Nutzung von Opferhilfeeinrichtungen – Ergebnisse einer bundesweit repräsentativen Opferbefragung. Hannover 1995.

Die auf privater Grundlage beruhenden Wege der Opferhilfe gewinnen neben den justiziellen Entscheidungen und Verwaltungsmaßnahmen zur Schadenswiedergutmachung und Opferentschädigung zunehmend Bedeutung. Dies lassen die allgemeine Bestandsaufnahme (siehe *Schuster* 1986, 161 ff.), aber auch die vergleichenden Analysen der Opferhilfen (dazu *Schädler* u.a. 1990) erkennen.

Der Vorzug privater Opferhilfe besteht vor allem in der flexibleren, schnelleren und unmittelbaren Unterstützung, ohne streng an Formvorschriften gebunden zu sein. Ferner sind der persönliche Beistand und die Korrekturmöglichkeit in Härtefällen hervorzuheben. Der „Weisse Ring" ist eine gemeinnützige Organisation, die sich vor allem im Bereich der Opferbetreuung engagiert und seine Finanzmittel aus Mitgliedsbeiträgen, Spenden und Bußgeldzuweisungen erhält (vgl. *Böhm* 1995, 99 ff.). Bei schweren Verletzungen gewährt die Verkehrsopferhilfe, ein gemeinnütziger Verein der deutschen Versicherer, auf Antrag Schmerzensgeld. Im Jahr 1989 zahlte sie knapp 4 Millionen DM Entschädigung an Opfer von Verkehrsunfällen, bei denen der schuldige Verursacher unerkannt entkam. Einen weiteren, nicht minder konstruktiven Einsatz stellen die Projekte einer Opferhilfe im Zusammenhang mit gemeinnütziger Arbeit dar. Hier werden Hilfeleistungen erbracht, die durch gemeinnützige Leistungen von Straftätern oder Spendern erlangt worden sind. Insgesamt und im internationalen Vergleich werden bislang nur in 2 bis 8% der Kriminalfälle, je nach Strafart verschieden, Unterstützungen an Verbrechensopfer geleistet. Jedoch weisen die Befragungen auf den mehrfachen Bedarf der Opfer an Beistand und Hilfe.

Gelten Schadenswiedergutmachung, Opferentschädigung und -hilfe als Bedürfnisse, die in der Bevölkerung sowie bei den Verletzten verwurzelt sind und Anerkennung finden, so verdienen sie auch in der modernen Strafrechtspflege verstärkte Beachtung. Fraglich ist nicht mehr das „Ob", sondern lediglich das „Wie". Die Analyse der verschiedenen Ausgleichs- und Hilfsstrategien zeigt, daß sowohl der Täter wie auch Staat und Gesellschaft gefordert sind. Die angemessene Lösung dieser Problematik reicht ebenso zur übergreifenden Theorie und Ausgestaltung der Verbrechenskontrolle wie zur Perspektive des künftigen Strafrechts.

Zehntes Kapitel

Kriminologie und Kriminalpolitik

Schrifttum: *Ancel*, La défense sociale nouvelle. Paris 1954, 1981[3] (deutsch: Die neue Sozialverteidigung. Stuttgart 1970); *Eser*, Hundert Jahre deutsche Strafgesetzgebung. In: FS für Maihofer. Frankfurt/M. 1988, 109-134; *Frehsee*, Die Strafe auf dem Prüfstand. Verunsicherung des Strafrechts angesichts gesellschaftlicher Modernisierungsprozesse. StV 126 (1996), 222-230; *Hassemer*, Perspektiven einer neuen Kriminalpolitik. StV 125 (1995), 483-490; *Heinz*, Kriminalpolitische Modellprojekte. Planungen, Funktionen, Wirkungschancen. In: Die 13. Bundestagung, hrsg. v. der Deutschen Bewährungshilfe. Bonn 1990, 241-276; *Jescheck*, Die Krise der Kriminalpolitik. ZStW 91 (1979), 1037-1064; *Jung*, Zur Privatisierung des Strafrechts. In: Perspektiven der Strafrechtsentwicklung, hrsg.v. Jung. Baden-Baden 1996, 69-78; *Kaiser*, Perspektiven rationaler Kriminalpolitik. Krim 46 (1992), 735-744; *Kunz*, Die Innere Sicherheit: Schlüsseldimension einer neuen Kriminalpolitik. In: Innere Sicherheit – Innere Unsicherheit? hrsg.v. Bauhofer u.a. Chur u.a. 1995, 327-340; *Maelicke/Ortner* (Hrsg.), Alternative Kriminalpolitik. Zukunftsperspektiven eines anderen Umgangs mit Kriminalität. Weinheim u.a. 1988; *Naucke*, Die Abhängigkeit zwischen Kriminologie und Kriminalpolitik. Kiel 1977; *Pitschas*, Revisionsbedarfe der polizeilichen Zusammenarbeit in Europa. Innere Sicherheit als gemeinschaftsrechtliches und interkulturelles Problem. In: Politik und Recht der Inneren Sicherheit in Mittel- und Osteuropa. München 1996, 1-32; *Riklin*, The Death of Common Sense – kritische Gedanken zur gegenwärtigen amerikanischen Kriminalpolitik. In: FS für J. Rehberg. Zürich 1996, 269-283; *Roxin*, Zur neueren Entwicklung der Kriminalpolitik. In: FS für Gagnér. München 1991, 341-356; *Schüler-Springorum*, Zum Verhältnis von Kriminologie und Kriminalpolitik. In: GS für Noll. Zürich 1984, 141-156; *ders.*, Kriminalpolitik für Menschen. Frankfurt/M. 1991; *Tsitsoura*, The Role of Council of Europe in the Field of Crime Policy. In: Fourth Conference on Crime Policy, ed. by the Council of Europe. Strasbourg 1991, 20-30; *Zipf*, Kriminalpolitik. Ein Lehrbuch. Heidelberg u.a. 1980[2].

Die Analyse der Beziehungen zwischen Kriminologie und Kriminalpolitik wird vor allem durch die **Frage** bestimmt, **in welchem Grad kriminologische Befunde die Kriminalpolitik beeinflussen** (dazu *Schüler-Springorum* 1984, 141 ff.), und darüber hinaus, inwieweit kriminalpolitische Entscheidungen des Gesetzgebers oder Strafrichters überhaupt wissenschaftlicher Begründung, Festlegung und Kontrolle zugänglich sind. Die Klärung dieses Fragenkreises setzt voraus, daß man sich zunächst darüber verständigt, was unter Kriminalpolitik begriffen wird oder werden kann.

Kriminalpolitik zielt bekanntlich **auf den kriminalrechtlich verankerten Rechtsgüterschutz**. Bezeichnung und internationale Bewegung der sogenannten Sozialverteidigung („défense sociale", vgl. *Ancel* 1970) verdeutlichen **Zielsetzung und Inhalt**. Die Kriminalpolitik bezieht sich dabei vornehmlich auf das strafrechtliche Teilsystem sozialer Kontrolle. Sie will den Bürger und die staatlich organisierte Gesellschaft vor Strafunrecht schützen oder nach neuerem, obschon angefochtenem Sprachgebrauch „innere Sicherheit" gewährleisten (vgl. *Kunz* 1995, 327 ff.). Zur Erfüllung dieser Aufgabe bedient sie sich vor allem der Normen, Grundsätze und Mittel des Kriminalrechts. Insofern ist sie Teil übergreifender Rechtspolitik. Sie ist bestrebt, sich dem Wertewandel sowie den sozialen und technologischen Herausforderungen anzupassen oder sich ihnen erforderlichenfalls zu widersetzen.

Da gemessen an der wahrnehmbaren Kriminalität und an ihren unerwünschten Nebenwirkungen kein uns bekanntes System des Rechtsgüterschutzes befriedigt, findet die Kriminalpolitik seit jeher ihren **Schwerpunkt** in der **Erneuerung des Strafrechts**, sei es des Verbrechensbegriffes (Kriminalisierung), des Sanktionensystems, des Strafverfahrens oder sei es der Strafvollstreckung und des Strafvollzugs (vgl. *Zipf* 1980). Etwa 120 allein das materielle Strafrecht ändernde Gesetze seit Einführung des Strafgesetzbuches 1871 (dazu eingehend *Eser* 1988, 109 ff.), davon ein Fünftel in den vergangenen zwei Jahrzehnten, künden von dem ungebrochenen Reformbedürfnis und den kriminalpolitischen Aktivitäten. Daher faßt man Kriminalpolitik und Strafrechtsreform nicht selten sinngleich auf. Unabhängig davon, ob „Bekämpfung", „Kontrolle" oder „Verwaltung" der Kriminalität beabsichtigt ist, wird schon seit den Anfängen der kriminalpolitischen Reflexion im 18. Jahrhundert vor allem die Strafgesetzpolitik zum zentralen Inhalt der Überlegungen gemacht. Dem liegt die Erwartung zugrunde, durch rationale Erörterung und Handhabung die optimale Problemlösung der Kriminalpolitik zu verwirklichen, wenn möglich gar „etwas Besseres" als das Strafrecht zu schaffen. Neuere Tendenzen des sogenannten Abolitionismus, die auf die „Abschaffung" oder „Privatisierung" des Strafrechts gerichtet sind und nach überlegenen Alternativen suchen (dazu oben § 14, 5), treffen allerdings auf gegenläufige Forderungen nach verstärktem Einsatz des Strafrechts, etwa im Umweltschutz, gegenüber der Korruption und selbst in der Intimsphäre, z.B. gegenüber der „Gewalt in der Familie", dem sexuellen Mißbrauch von Kindern und der Kinderpornographie oder gegenüber sexuellen Belästigungen am Arbeitsplatz. Nimmt man jedoch dem Staat das Strafrecht weg, so zerstört man den Staat selbst (*Jung* 1996, 73).

Soweit sich **Kriminalpolitik wissenschaftlich** versteht, strebt sie die systematisch geordnete Darstellung der gesellschaftlichen Strategien, Taktiken und Sanktionsmittel zur Erzielung optimaler Verbrechenskontrolle an. Sie zielt daher vor allem auf die wissenschaftliche **Analyse** der entsprechenden Überlegungen und Prozesse der Willensbildung des Gesetzgebers, insbesondere die Erneuerung des Verbrechensbegriffes und des Sanktionensystems.

Praktische Kriminalpolitik hingegen beschränkt sich auf jene staatliche **Tätigkeit**, die vor allem mit den Grundsätzen, Verfahrensweisen und Mitteln des Kriminalrechts auf Verbrechenskontrolle zielt und vorwiegend durch Strafjustiz und Polizei ausgeübt wird.

Als **Mittel der Kriminalpolitik** dienen danach sowohl der Verbrechensbegriff als Instrument der Verhaltenskontrolle wie die Sanktionen, d.h. die Strafen und Maßregeln der Besserung und Sicherung sowie die Bußen und Maßnahmen des Ordnungswidrigkeitenrechts. Deren Androhung und Verhängung ist aber nur zulässig, wenn bestimmte **rechtspolitische Grundsätze** beachtet werden. Diese haben sich im Laufe der strafrechtlichen Entwicklung als notwendig und unverzichtbar herausgebildet. Zu denken ist vor allem an die Grundsätze der Humanität, der Verhältnismäßigkeit, der Freiheit („in dubio pro libertate"), der Gleichheit, der Sozialstaatlichkeit, der Effizienz und des rechtsstaatlichen Verfahrens (dazu *Zipf* 1980, 7, 26 ff.).

Diese „Konstanten der Kriminalpolitik" einschließlich des Schutzes der Menschenrechte kennzeichnen nicht mehr nur die Grenzen strafrechtlicher Intervention, sondern gelten zunehmend als Bestandteil und Ziel moderner Kriminalpolitik überhaupt.

Obgleich die Kriminalpolitik bestrebt ist, das Verbrechen nach Schwere und Umfang einzudämmen, kann dieses Ziel nicht uneingeschränkt und kompromißlos verfolgt werden. Die genannten, als fundamental begriffenen rechtspolitischen Grundsätze, die zum Teil im Spannungsverhältnis zueinander stehen, sollen zwar eine gleichmäßige Handhabung der Strafrechtspflege gewährleisten, begrenzen aber zugleich das auf maximale Effizienz ausgerichtete Prinzip. Daraus folgen kriminalpolitische Kompromißlösungen, die wiederum gerade deshalb als anstößig, ja als wirkungslos oder gar als kontraproduktiv gelten.

Das seit der Aufklärung zunehmend stärker gewordene Postulat einer rationalen Kriminalpolitik beruht offenbar auf der Erwartung, daß mit der diagnostischen Erhellung bestimmter Sachverhalte, die als solche unvermittelt nicht mehr durchschaubar erscheinen, auch eine angemessene Strategie zur Änderung ärgerniserregender und sozial mißbilligter Phänomene entwickelt werden könne. Ja, man hat vermutet, daß schon aus dem Akt der analytischen Betrachtung gleichsam von selbst auch ein festes Instrumentarium zur Abhilfe und damit zum kriminalpolitischen Fortschritt nach der Formel „Besseres Wissen = besseres Handeln = besseres Leben" erwachse. Die **Naivität der kriminologischen Frühforschung**, schon aus der induktiv gedachten Deskription des Verbrechens und des Verbrechers auch die Veränderung dieser Sachverhalte ableiten, d.h. kriminalpolitisch schlußfolgern zu können, ist mit der Einsicht in die Vielschichtigkeit straffälligen Verhaltens wie in die des Übertragungsprozesses weithin einer kritischeren, ja skeptischen Haltung gewichen. Diese setzt sich bis hin zur Einschätzung der kriminalpolitischen Interventionsmöglichkeiten fort. Mitunter neigt man dazu, geradezu einen „Rationalitätsbruch" zwischen Theorie und Praxis anzunehmen.

Insgesamt gesehen dürfte dem **sozialen Wandel** einschließlich des Wertewandels und der Veränderung des „Zeitgeistes" die kriminalpolitisch entscheidende Funktion zukommen. Freilich schließt dies keinesfalls die fatalistische Hinnahme einer als verfehlt beurteilten Entwicklungsrichtung ein. Auch sogenannte Modernisierungsprozesse erzwingen keine andere Sichtweise (a.A. *Frehsee* 1996, 223, 229). Immerhin betrachtet es die kriminologische Forschung seit langem als eine ihrer vornehmsten Aufgaben, derartige Wandlungen anzuregen, wenn möglich zu planen und erforderlichenfalls „antizyklisch" auf sie einzuwirken, zumindest aber sie kritisch zu begleiten. Darin liegt eine ihrer praktischen Implikationen. Den Ausgangspunkt liefert die freilich zu **wissenschaftszentrierte Überzeugung,** daß wissenschaftliches Wissen anderen Wissensformen überlegen und daher vorzuziehen ist, um praktisches Handeln anzuleiten. Jedoch lassen sich konkrete Einflüsse der kriminologischen Forschung auf die Kriminalpolitik und ihr Gewicht zuverlässig nur sehr schwer sichern. Der Grund hierfür liegt weniger in einer „Akzeptanzkrise" kriminologischen Wissens als vielmehr in der Vielschichtigkeit sowohl des kriminalpolitischen Willensbildungsprozesses als auch der Folgenabschätzung. Immerhin haben die kriminologischen Befunde, so vage sie auch sein und so falsch sie auch eingeschätzt werden mochten, eine nicht zu übersehende Rolle in der kriminalpolitischen Erörterung der letzten Jahrzehnte gespielt. So hat die **Kriminologie auf eine Reihe von Verengungen und Einseitigkeiten der herkömmlichen Kriminalpolitik aufmerksam gemacht.** Vor allem bei der Weißen-Kragen-Kriminalität, beim Dunkelfeld und den Selektions- und Stigmatisierungsprozessen sowie bei der defizitären Opferstellung hat sie auf die zwar nicht beabsichtigte, dennoch empirisch zu sichernde Verkürzung von Gleichheit und Gerechtigkeit durch die herkömmliche Strafrechtspraxis hingewiesen. Der Blick für die strafrechtliche Folgenorientierung sowie für die Ungleichheiten in Strafzumessung und informeller Erledigung ist in erster Linie empirisch orientierter Analyse zu danken, bevor derartige Einsichten in den kriminalpolitischen Wissensbestand aufgenommen worden sind. Auch ein Vergleich von Recht und Wirklichkeit nach der Strafrechtsreform sowie eine **Kontrolle** des gesetzlichen Ent-

scheidungsprogramms und seiner Implementation ist ohne erfahrungswissenschaftlichen Beitrag schon gar nicht zu leisten. Aber **nur in
seltenen Fällen** läßt sich ein bedeutender **Zusammenhang zwischen
erfahrungswissenschaftlicher Forschung und kriminalpolitischer
Entscheidung** nachweisen. Ein solcher liegt namentlich bei der Beeinflussung des Strafrechts durch die neueren Fortschritte auf den Gebieten
der Biologie und der Medizin vor, soweit es sich um Anfang und Ende
des Lebens sowie um die Zulässigkeit von biotechnologischen Eingrif-
fen handelt. Weitere Anwendungsfälle liefert der Einfluß kriminolo-
gisch-viktimologischer Befunde auf die Opferschutzgesetzgebung und
den Täter-Opfer-Ausgleich. Im allgemeinen jedoch sind die empirischen
Befunde nicht so zwingend, daß sie kriminalpolitische Veränderungen
gebieten. Vielmehr gehen diese voraus, um ihrerseits die empirische
Forschung zu beeinflussen und zur Überprüfung anzuregen. Wie überdies die Forschungsergebnisse zur Sozialtherapie als „kriminalpolitisches Lehrstück" veranschaulichen, kann sich der Gesetzgeber aus anderen Erwägungen über den Stand der Forschung völlig hinwegsetzen.
Denn **Kriminalpolitik** befindet sich **zwischen kriminologischer, strafrechtlicher und politischer Rationalität**.

Damit wird erkennbar, daß die Rolle der kriminologischen Forschung
für die Kriminalpolitik zwar wichtig bleibt, sich aber, verglichen mit
einem gegenläufigen „Zeitgeist" und dem stets verfügbaren Argument
fiskalischen Sachzwanges, nach Durchsetzungs- und Überzeugungs-
kraft sehr schwer tut. Im übrigen teilt sie als Ratgeberin der Kriminalpolitik diese Aufgabe mit der Rechtsvergleichung (siehe *Jescheck* 1979,
133 ff.) und der Strafrechtsdogmatik. Überdies erscheinen die Einflüsse
des utopischen Denkens und der metaempirischen Überzeugungen sowie die Fernwirkungen aufsehenerregender Kriminalfälle kriminalpolitisch mitunter folgenreicher als die erfahrungswissenschaftliche Stützung. Nicht selten erfüllt hier die sog. administrative Kriminologie nur
noch eine Art „Feigenblattfunktion". Weil die Kriminalpolitik darauf
bedacht sein muß, möglichst alle „erheblichen" Gesichtspunkte zu berücksichtigen, ist schon deshalb der Einfluß der Erfahrungswissenschaft
notwendig beschränkt. Die **empirische Forschung** kann daher **nur eine
Antriebskraft im kriminalpolitischen Willensbildungsprozeß** stellen. Der Informationsfluß von der Forschung zur Kriminalpolitik ist
offensichtlich komplizierter, als man sich dies früher unter der Herrschaft
monokausaler Denkformen vorgestellt hat.

Die empirische Anbahnung bestimmter kriminalpolitischer Entscheidungen,
Strategien und Konzepte kann auch nur selten mit dem gesamten **Einsatz der**

wissenschaftlichen Objektivität geleistet werden. Der Einfluß der erfahrungswissenschaftlichen Forschung ist also nicht nur rein tatsächlich beschränkt, sondern schon logisch begrenzt. Die Politisierung im kriminologischen Denken der letzten Jahrzehnte und gelegentliche Bestrebungen, die „Trennung von Politik und Wissenschaft, von Kriminologie und Dogmatik, von Kriminologie und Strafrecht" zu überwinden, hat im Ergebnis eher das Bedürfnis nach Objektivität bekräftigt denn das Gegenteil bewirkt. Allerdings wird eine Gesellschaft, die nicht entscheidungsfähig ist, es auch durch Kriminologie nicht werden.

Aufgrund der unterschiedlichen Praxisnähe, der verschiedenen Reichweite und Relevanz wissenschaftlicher Erkenntnis wird man prinzipiell von einer **unterschiedlichen Einflußnahme des kriminologischen Erfahrungswissens auf kriminalpolitische Entscheidungen** auszugehen haben. Je nach Frage und Gegenstand können eine völlige Trennung (dezisionistisches Modell), eine starke Bindung und Abhängigkeit des Kriminalpolitikers vom Kriminologen (technokratisches Modell) und eine partnerschaftliche Zusammenarbeit (pragmatisches Modell) bestehen. Dabei wird die Einflußnahme aufgrund des letztgenannten Modells die größeren Zukunftschancen haben.

Blicken wir auf die Nachkriegsentwicklung im Bundesgebiet zurück, so läßt sich feststellen, daß Wissenschaft und Kriminalpolitik Anschluß an die internationale Entwicklung gefunden und auch schon beachtliche Erfolge erzielt haben. Die empirisch-rationale Orientierung hat sich im Ganzen durchgesetzt. Man kann begründet annehmen, daß die **Konvergenzen in der Grundüberzeugung zwischen Strafrecht, Kriminologie und Kriminalpolitik heute größer** sind, als sie dies in der bisherigen Geschichte waren.

Dem stehen retardierende Momente und Rückschritte sowie partielle Divergenzen und gegenläufige Richtungen, etwa überzeichnende Kritik am sog. Sicherheitsstaat, Überfolgerungen von Modernisierungsprozessen sowie Modelle „alternativer Kriminalpolitik", nicht entgegen. Weniger Politisierung und Radikalisierung als vielmehr **Zurückhaltung und Unsicherheit** tragen dazu bei und zu dem Befund, daß die Strafrechtserneuerung nur schleppend vorankommt. Es handelt sich dabei nicht allein um die Klärung der Umstände, welche terroristische und extremistische Gewaltakte der letzten Jahrzehnte ausgelöst haben. Auch aus anderen europäischen Ländern wissen wir um die Skepsis gegenüber der Effektivität der Verbrechenskontrolle und der kriminalpolitischen Fortentwicklung (vgl. z.B. *Jescheck* 1979, 1037 ff.). Doch anders als in der Vergangenheit entzündet sich die kriminalpolitische Diskussion nicht nur am Sanktionensystem, sondern an der Reichweite des Verbrechensbegriffes und an der Strafrechtsanwendung im polizeilichen Ermittlungs- und im Strafverfahren (dazu *Hassemer* 1995, 486). Die sogenannte „innere Sicherheit", bis in die Gegenwart als Begriff, Forderung und Argumentationstopos der kriminalwissenschaftlichen Diskussion so gut wie unbekannt, hat seit einiger Zeit Konjunktur (siehe *Kunz* 1995, 327 ff.). Verbrechensfurcht mehr noch als Verbrechensanstieg mobilisiert Wissenschaft und Praxis. Beides läßt auch die Politik nicht ruhen. Den konkreten Anlaß bieten Massen- und Gewaltkriminalität sowie das organisierte Verbrechen einschließlich Geldwäsche und Korruption. Schlagwortartig verkürzt geht es um „Auf- oder Abrüstung des Strafrechts".

Faßt man den neueren **Forschungsertrag** zur Problematik der inneren Sicherheit sowie zu Sicherheits- und Strafbedürfnissen der Bevölkerung zusammen, so läßt sich nicht verkennen, daß innere Sicherheit nicht nur ein Begriff von Polizei und Politik ist, sondern auch im Bewußtsein und Erleben der Bevölkerung ihre Realität hat. Daß dieser Sachverhalt nur oder vor allem auf manipulative Einflüsse staatlicher Institutionen zurückzuführen wäre, entbehrt jeglicher Anhaltspunkte, wenn man die Wahrnehmung von Kriminalität und die verbreitete Viktimisierungserfahrung berücksichtigt. Eine Kriminalpolitik, die diese Bedürfnislage verkennt und nicht ernstnimmt, indem sie als Antwort nur auf Entkriminalisierung, Privatisierung des Strafrechts und die informelle Konfliktregelung verweist, muß langfristig scheitern und wird schließlich die punitiven Einstellungen in der Bevölkerung provozieren, die einer rationalen Bewältigung der Kriminalität und einem humanen Umgang mit dem Rechtsbrecher zutiefst abträglich wären.

Den zeitgenössischen Forderungen nach Entkriminalisierung folgen die Postulate nach Entpönalisierung oder informeller Regelung, etwa durch Diversion und Täter-Opfer-Ausgleich, in weitem Abstand. Demgemäß haben die Forderungen nach Reform des Sanktionenrechts inzwischen wesentlich an Prägnanz verloren und beschränken sich als Restbestände im wesentlichen auf die Ausweitung der gemeinnützigen Arbeit und die Abschaffung der lebenslangen Freiheitsstrafe. Doch ihren Schwerpunkt findet die aktuelle Diskussion der Kriminalpolitik in Recht und Praxis der Verbrechensverfolgung, das heißt im wesentlichen im Strafprozeßrecht (so mit Recht *Hassemer* 1995, 186 ff.).

Faßt man die gegenwärtige kriminalpolitische Diskussion zusammen, so steht die **Gewährleistung „innerer Sicherheit"** fraglos **im Brennpunkt**. Sie gilt als aktueller Topos nicht nur in Deutschland, sondern auch in Österreich, der Schweiz und vielen anderen Ländern. Zu ihrer fruchtbaren Analyse und erfolgreichen Bewältigung bedarf es jedoch weder der Überhöhung durch eine „Sicherheitskultur" noch eines „neuen Kulturalismus" in der europäischen Kriminal- und Sicherheitspolitik (a.A. allerdings *Pitschas* 1996, 18 ff.). Mag auch in Deutschland die Verbrechensfurcht geringfügig zurückgehen, wie neuere Befragungen andeuten, so bleibt sie doch insgesamt beachtlich genug, um weiterhin ernstgenommen zu werden. Darüber hinaus bestimmen Gefährdungen durch Korruption und organisiertes Verbrechen sowie Viktimisierungserfahrungen, deren subjektive Verarbeitung und Folgenbewältigung neben Alter und Geschlecht die Sicherheitsbedürfnisse. Diese äußern sich als Erwartungen und Forderungen gegenüber den staatlichen Organen der Verbrechenskontrolle. Dies anzuerkennen und gegenteilige Deutungen zurückzuweisen, bedeutet keineswegs den Versuch zur unkritischen Verteidigung oder gar Legitimierung des geltenden Strafrechts. Gefahren zur ideologischen Vereinnahmung von realen oder vermeintlichen Sicherheitsbedürfnissen bestehen nicht nur auf seiten staatlicher Verbrechenskontrolle, sondern auch auf seiten kritischer Positionen in Wissenschaft und Schrifttum. Jedoch ist an der Existenz von elementaren Sicherheitsbedürfnissen der Bürger nicht zu zweifeln. Nichts unterstreicht die Dringlichkeit des Sicherheitsbedarfes stärker als der Siegeszug des privaten Sicherheitsgewerbes, dessen wachsende Inanspruchnahme durch den Bürger sowie die aktuellen Ansätze kommunaler Kriminalprävention. Da vor allem staatliche Träger der Verbrechenskontrolle Adressaten entsprechender Erwartungen sind, hängt die Erfüllung von Sicherheitsbedürfnissen besonders von den Institutionen der strafrechtlichen Sozialkontrolle ab. Doch das Strafrecht tut sich augenscheinlich schwer.

Welches die Zukunft des Strafrechts auch sei, in welche Richtung es sich auch bewegen mag, rationale Kriminalpolitik ist noch keinesfalls gewährleistet, indem man sie durch empirisch gesicherte Erfahrung zu stützen sucht. Denn schon längst hat sich kriminalpolitischer Richtungsstreit des empirischen Wissens bemächtigt, und zwar nicht nur, um es zu nutzen, sondern um es entsprechend der vorrangigen Ziele inhaltlich zu bestimmen. Demgemäß wird stärker als zuvor der Streit auf das gesicherte kriminologische Wissen vorverlagert. Anschauliche Beispiele liefern schon gegenwärtig die unterschiedlichen Befunde zu Verbrechensfurcht, Viktimisierung und Strafbedürfnissen sowie zur Realität von Umweltstrafrecht, Drogenstrafrecht und organisiertem Verbrechen, von der sogenannten Ausländerkriminalität ganz zu schweigen. Überdies wird die künftige Entwicklung sorgfältiger als bisher Gewalt-, Wirtschafts- und Umweltkriminalität wie auch die Interessen der Verbrechensopfer zu beachten haben. Die Strafjustiz wird aber auch dem strafrechtlichen Vorverfahren, einschließlich der Kontrollmuster der Staatsanwaltschaft, stärkere Beachtung schenken müssen. Eine gesteigerte Durchsichtigkeit des Strafverfahrens gerade in der ersten Phase ist geboten.

Angesichts der bekannten Schwierigkeiten für die **Fortentwicklung rationaler Kriminalpolitik** hat sich die Berücksichtigung ausländischer Erfahrungen und internationaler Tendenzen als hilfreich erwiesen. Im Hinblick auf die grenzüberschreitende internationale Kriminalität wird Kriminalität weniger denn je auf den nationalen Bereich beschränkt bleiben. Wirksame Verbrechenskontrolle setzt daher vielfältige Bezüge zwischenstaatlicher Zusammenarbeit voraus. Sie macht ferner die Harmonisierung der Rechtsbereiche sowie die Erleichterung der Fahndung, des Rechtshilfe- und Auslieferungsverkehrs erforderlich. Gleichwohl zeichnet sich das Programm einer Kriminalpolitik, die Chancen hätte, das Jahr 2000 zu überdauern, noch kaum in Umrissen ab. Zu sehr belasten die akuten Nöte und die Verstrickungen in den ideologisch motivierten Richtungsstreit. Doch unüberbrückbare Kontroversen, lähmende Ratlosigkeit und resignative Untätigkeit liefern keinerlei aussichtsreiche Perspektive, um die „Kriminalpolitik von morgen" zu bewältigen (zur „europäischen Kriminalpolitik als Zukunftsaufgabe" *Schwind* 1996, 556 ff.).

Sachregister

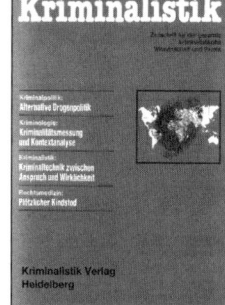

C.F. Müller Großes Lehrbuch

**Maurach/Zipf –
Strafrecht/Allgemeiner Teil**
**Teilband 1: Grundlehren des Strafrechts und
Aufbau der Straftat**
Begründet von Prof. Dr. Reinhart Maurach †.
Fortgeführt von Prof. Dr. Heinz Zipf †.
8., neubearbeitete und erweiterte Auflage. 1992.
XVII, 578 Seiten. DM/sFr 168,– öS 1311,–.
ISBN 3-8114-3292-3

**Maurach/Gössel/Zipf –
Strafrecht/Allgemeiner Teil**
**Teilband 2: Erscheinungsformen des Verbrechens
und Rechtsfolgen der Tat**
Begründet von Prof. Dr. Reinhart Maurach †.
Fortgeführt von Prof. Dr. Heinz Zipf † und Prof.
Dr. Karl Heinz Gössel. 7., neubearbeitete und
erweiterte Auflage. 1989. XXI, 800 Seiten.
DM/sFr 198,– öS 1545,–.
ISBN 3-8114-4088-8

**Maurach/Schroeder/Maiwald –
Strafrecht/Besonderer Teil**
Begründet von Prof. Dr. Reinhart Maurach †.
Fortgeführt von Prof. Dr. Friedrich-Christian
Schroeder und Prof. Dr. Manfred Maiwald.
**Teilband 1: Straftaten gegen Persönlichkeits- und
Vermögenswerte**
8., neubearbeitete Auflage. 1995. XIX, 610 Seiten.
DM 178,– öS 1300,– sFr 160,–.
ISBN 3-8114-1695-2
Teilband 2: Straftaten gegen Gemeinschaftswerte
7., neubearbeitete Auflage. 1991.
XX, 446 Seiten. DM/sFr 128,– öS 999,–.
ISBN 3-8114-0189-0

● **Medicus – Allgemeiner Teil des BGB**
Von Prof. Dr. Dieter Medicus. 7., neubearbeitete
Auflage. 1997. In Vorbereitung.
ISBN 3-8114-7397-2

**Pawlowski –
Methodenlehre für Juristen**
Theorie der Norm und des Gesetzes.
Von Prof. Dr. Hans-Martin Pawlowski.
2., überarbeitete und erweiterte Auflage. 1991.
XXIX, 451 Seiten. DM/sFr 128,– öS 999,–.
ISBN 3-8114-6790-5

Rittner – Wirtschaftsrecht
Von Prof. Dr. Fritz Rittner. 2., völlig neubearbei-
tete und erweiterte Auflage. 1987.
XXXVIII, 661 Seiten. DM/sFr 168,– öS 1311,–.
ISBN 3-8114-1187-X

Schellhammer – Zivilprozeß
Gesetz – Praxis – Fälle. Von Kurt Schellhammer.
7., überarbeitete Auflage. 1996.
XLVII, 1014 Seiten. DM 228,– öS 1.664,– sFr 202,–.
ISBN 3-8114-7796-X
Studienausgabe: 7., überarbeitete Auflage. 1996.
Kartoniert. XLVII, 1014 Seiten. DM 138,– öS 1.007,–
sFr 122,–. ISBN 3-8114-7896-6

**Schellhammer – Zivilrecht
nach Anspruchsgrundlagen.**
BGB Allgemeiner Teil und gesamtes Schuldrecht
mit Nebengesetzen.
Von Kurt Schellhammer, Vorsitzender Richter am
Oberlandesgericht Karlsruhe. 2., überarbeitete Auf-
lage. 1996. XLIX, 952 Seiten. Gebunden.
DM 168,– öS 1227,– sFr 151,–. ISBN 3-8114-2296-0
Studienausgabe. 2., überarbeitete Auflage. 1996.
XLIX, 952 Seiten. Kartoniert. DM 98,– öS 716,–
sFr 93,–. ISBN 3-8114-2496-3

Schneider – Gesetzgebung
Von Prof. Dr. Hans Schneider. 2., verbesserte und
erweiterte Auflage. 1991. XVIII, 471 Seiten.
DM/sFr 168,– öS 1311,–. ISBN 3-8114-6290-3

Westermann – Sachenrecht
Begründet von Prof. Dr. Harry Westermann †.
Fortgeführt von Prof. Dieter Eickmann, Prof.
Dr. Karl-Heinz Gursky, Prof. Dr. Winfried Pinger
und Prof. Dr. Harm Peter Westermann.
**Band I: Grundlagen und Recht der beweglichen
Sachen**
Von Prof. Dr. Harm Peter Westermann, Prof. Dr.
Karl-Heinz Gursky und Prof. Dr. Winfried Pinger.
6., völlig neubearbeitete und erweiterte Auflage.
1990. XX, 545 Seiten. DM/sFr 168,– öS 1311,–.
ISBN 3-8114-0288-9
Band II: Immobiliarsachenrecht
Von Prof. Dr. Dieter Eickmann und Prof. Dr. Winfried
Pinger. 6., völlig neubearbeitete und erweiterte
Auflage. 1988. XVIII, 418 Seiten. DM/sFr 128,–
öS 999,–. ISBN 3-8114-3987-1

0455440

Hüthig Fachverlage, Im Weiher 10, D- 69121 Heidelberg
Tel. 0 62 21/489-0, Fax 0 62 21/489-476, Internet http://www.huethig.de